中国供应链研究

供应链企业实战

丁俊发　主编

中国铁道出版社
CHINA RAILWAY PUBLISHING HOUSE

内 容 简 介

“中国供应链研究”丛书，从“供应链管理是战略思维，供应链管理是模式创新，供应链管理是技术进步”三个维度，“国家供应链战略、产业供应链战略、城市供应链战略、企业供应链战略”四个战略层面来论述供应链战略。其中，供应链企业战略是基础，供应链国家战略是根本。丛书力图体现如下特色：全面性和系统性；前沿性和前瞻性；实践性。

本册为《供应链企业实战》，精选了我国制造业、流通业、农业、金融业、信息业等行业有代表性的案例，如海尔、中兴、香港利丰、苏宁云商、顺丰、京东商场、鲜易、平安银行、中企数据等，介绍其企业背景，剖析其供应链模式及其实施，评估其效益，分析评价其优缺点，将对各行业企业和理论工作者具有重要的参考价值和借鉴意义。

本书适合物流和供应链研究人员、相关专业的高校教师和研究生、政府管理人员、企业管理人员参考。

图书在版编目(CIP)数据

供应链企业实战/丁俊发主编. —北京：中国铁道出版社，2017.10
(中国供应链研究)
ISBN 978-7-113-23278-8

Ⅰ.①供… Ⅱ.①丁… Ⅲ.①企业管理-供应链管理-研究-中国
Ⅳ.①F279.23

中国版本图书馆 CIP 数据核字(2017)第 145836 号

书　　名：供应链企业实战
作　　者：丁俊发　主编

策　　划：吴和俊　李小军　　　**读者热线：**(010) 63550836
责任编辑：李小军　许　璐　李学敏
封面设计：MXK DESIGN STUDIO
责任校对：张玉华
责任印制：郭向伟

出版发行：中国铁道出版社（100054，北京市西城区右安门西街 8 号）
网　　址：http://www.tdpress.com/51eds/
印　　刷：三河市宏盛印务有限公司
版　　次：2017 年 10 月第 1 版　2017 年 10 月第 1 次印刷
开　　本：787 mm×1 092 mm　1/16　**印张：**28.25　**字数：**637 千
书　　号：ISBN 978-7-113-23278-8
定　　价：99.00 元

学术顾问 吴敬琏 冯国经 樊 刚 魏 杰 林兆木 钟朋荣

主　　编 丁俊发

副 主 编 张家敏 胡跃飞 王文举 刘 武 王国文 许建华
朱献福 朱光辉 李洪国 耿 勇

执行主编 耿 勇

策　　划 北京中物联物流规划研究院丁俊发工作室
香港冯氏集团
浙江供应链协会
平安银行
中国(深圳)综合开发研究院
北京物资学院
广东宝供物流集团
河南鲜易供应链有限公司
江苏物润船联网络股份有限公司
泰德煤网股份有限公司

主编的话

2017年10月，经国务院同意，国务院办公厅印发了《关于积极推进供应链创新与应用的指导意见》。这是一个战略性、里程碑的文件，是中国经济新常态下提升经济发展新动能的一个重大举措。这个文件的颁发标志着中国物流业发展将进入智慧供应链新阶段。

供应链是以客户需求为导向，以提高质量和效率为目标，以整合资源为手段，实现产品设计、采购、生产、销售、服务等全过程高效协同的组织形态。供应链，是一个国家、一个产业、一个城市、一个企业在经济与社会领域，通过资源整合与流程优化，将产品与服务提供给最终用户的上游与下游企业所形成的网链结构，是运用计算机网络技术，全面规划商流、物流、信息流、资金流、人文流，并进行计划、组织、协调与控制的运作模式，是经济新常态下推动中国经济中高速增长的新动能，对经济从粗放经营到集约经营，提高经济质量与效率，改善有效供给，调整经济结构，提升中国经济与社会运行的软实力将发挥重要作用。供应链建设，要从企业入手，以产业与城市为重点，服务于国家核心利益。供应链也可以叫供需链，是20世纪经济全球化的必然产物。在社会分工充分与信息化发展的今天，生产经营呈现全球采购、全球生产、全球流通、全球消费特征。一个企业、一个产业、一个城市、一个国家要发展，不可能单打独斗，必须做好两件事：一是内部资源整合与优化；二是内外资源整合与优化，扬长避短，优势互补，合作共赢。在现实生产与生活中，已不存在一个企业与另一个企业的竞争，存在的是一条供应链与另一条供应链的竞争；一些企业已从单纯的生产、流通、服务的组织者，变成资源的整合者；实体经济的发展既经历了通过社会分工提高生产率，又经历了产业融合提高生产率的过程。供应链是产业融合的推进剂。在国际上，供应链整合能力，是衡量一个国家、一个城市、一个产业、一个企业综合竞争力的重要标志。

改革开放以来，特别是加入WTO以来，中国的物流业得到快速发展，物流的基础设施加大投入，物流技术装备水平极大提高，物流服务商迅速壮大，物流信息化、标准化快速推进，物流的行政管理与行业自律得到提升。在供给侧结构性改革中，供应链管理作为物流业本身的转型升级，加速推进，已取得阶段性成果。

对于推进供应链发展，国家领导人早已提出明确要求。1978年中国实行改革开放，邓小平同志及时提出，中国经济的发展要充分利用国内外两种资源和国内外两个市场，"现在的世界是开放的世界"。(《邓小平文选》第3卷64页)"任何一个国家要发展，孤立起来，闭关自守是不可能的，不加强国际交往，不引进发达国家的先进经验、先进科学技术和资金，是不可能的”。(《邓小平文选》第3卷117页)2013年9月和10月，习近平同志在出访中亚和东南亚国家期间，先后提出共建“丝绸之路经济带”和“21世纪海上丝绸之路”的重大倡议和战略构想，得到了国际社会的一致好评与广泛响应。“一带一路”重大倡议是中国的全球供应链战略。互联互通、合作共赢，打造全球经济命运共同体，将是一条全新的经济全球化之路。2014年11月8日，习近平同志在亚太经合组织会议上指出：“现在需要对接各国战略和规划，找出优先领域和项目，集中资源，联合推进，这有利于降低物流成本，创造需求和就业，发挥比较优势，在全球供应链、产业链、价值链中占据有利位置，提高综合竞争力，打造强劲、可持续、平衡增长的亚洲发展新气象。”2014年12月5日，习近平同志在政治局第29次集体学习会议上指出，中国要“勇于并善于在全球范围内配置资源”。2016年底中央经济工作会议上，习近平同志又明确提出：“要促进形成大中小企业专业化分工协作的网络体系，形成完整高效的产业供应链。”李克强同志在2016年政府工作报告中提出：“利用信息网络等现代技术，推动生产、管理和营销模式变革，重塑产业链、供应链、价值链，改造提升传统动能，使之焕发新的生机和活力。”

2009年国务院发布的《物流业调整和振兴规划》，一方面要求“推动物流企业与生产、商贸企业互动发展，促进供应链各环节的有机结合”，另一方面要求“向以信息技术和供应链管理为核心的现代物流业发展”。2014年国务院发布的《物流业发展中长期规划(2014—2020)》中，把推动与发展供应链管理列为十二个重点工程之一。2017年8月，商务部与财政部颁发了《关于开展供应链体系建设工作的通知》，10月，国务院又发出了《关于积极推进供应链创新与应用的指导意见》，供应链发展将进入一个崭新的阶段。

现阶段，市场是推动中国供应链管理的根本动力，民营经济是主力，珠三角、长三角是主战场，在全国已涌现了一批供应链管理优秀企业，供应链集成、供应链透明化、协同供应链、供应链金融、绿色供应链等快速推进。但在不同区域、不同行业，供应链发展极不平衡，市场运作不规范，由世界银行2016年发布的全球供应链绩效指数排名中，中国为27位，与世界第二大经济体、第一大进出口贸易国极不相称。中国必须寻求供应链变革，“供应链＋”必与“互联网＋”一样，在新常态下，在供给侧结构性改革中，成为两个“翅膀”。

2005年，美国物流管理协会更名为美国供应链管理专业协会，这标志着全世界的物流已进入到供应链管理时代。我把供应链管理分为三个维度去理解。第一，供应链管理是战略思维；第二，供应链管理是模式创新；第三，供应链管理是技术进步。

1. 战略思维

1)国家供应链战略

2012年，美国总统奥巴马颁发了“美国全球供应链国家安全战略”，指出“我们谋求加强全球供应链,以维护美国人民的福祉和利益,保障我国的经济繁荣”。研究历史上世界三次经济危机与三次产业革命,美国就凭其对“帝国木桶理论”中工业、科技、金融、军事、文化五大板块实施超强的全球供应链整合,使美国始终走在世界的前列,美国始终把整合全球资源作为国家核心竞争力。除美国外,德国、英国、法国、日本等国家,都有自己的全球供应链战略。他们认为,任何国家都不可能单打独斗,要在全球范围内去发展产业链、供应链与价值链,以取得大国间的平衡与优势。

2)产业供应链战略

许多国家也把供应链战略作为产业发展战略的重点,即以全球地域为空间布局,打造某些优势产业的“微笑曲线”,建立从战略资源、金融资本到制造生产再到销售与服务市场的全产业链与价值链。从19世纪初的英国开始,先后有美国、日本、德国成为全球制造业中心。20世纪末,在改革开放的推动下,中国形成了新的制造业优势,成为新的全球制造业中心。但中国是一个工业大国,还不是工业强国,“中国制造2025”,即再经过近十年的奋斗,才能进入工业制造强国行列。这里所指的产业包括工业、农业、流通业、建筑业、服务业,供应链涉及所有产业。

3)城市供应链战略

在互联网与物联网时代,人们开始研究与打造智慧城市。实际上,一个城市的管理是“五流”,即商流、物流、信息流、资金流、人文流等各种资源的优化组合,以实现发展模式、产业结构、空间布局、运作流程的最优化。波特提出,城市竞争力的发展有四个阶段,即生产要素导向阶段、投资导向阶段、创新导向阶段和富裕导向阶段。中国城市基本处于投资导向阶段,有些城市已向创新导向转移。城市的情况千差万别,城市供应链战略有共性,更有个性,正因如此,形成了不同的城市水平与风格。

4)企业供应链战略

物流本质上是人类社会的一种实践活动,普遍存在于物质资料的生产、交换、分配和消费等各项社会活动过程中,是以企业为活动基点的。物流对于经济、社会发展的作用,就好比人体中的动脉与静脉,起到了基本的流通与循环作用,是支撑经济运行不可或缺的组成部分。但物流作为一个独立的产业并不是一开始就有的,物流产业是由于分工的不断深入以及物流社会化、专业化发展而逐渐形成的一种复合型服务产业,所以,我把供应链区分为国家供应链、产业供应链、城市供应链与企业供应链四个层面,在这四大层面中,企业供应链是基础,产业、城市供应链是重点,国家供应链是根本。

2. 模式创新

严格地讲,供应链管理也是一种模式创新,是移动互联网、大数据、云计算支撑下的模式创新。而模式创新在各种创新中,对传统模式最具颠覆性和最具冲击力。供应链管理的发展正在改变传统的商流、物流、信息流与资金流的运作模式。集群经济、平台经济、生态经济、链条经济、枢纽经济等等将成为社会与经济发展的新模式，供应链集成将成为社会与经济发展的基本形态。

3. 技术进步

供应链管理也是一种技术进步，包括供应链可视化、绿色供应链、协同供应链、虚拟供应链、供应链金融、供应链风险、服务供应链、智慧供应链、物流机器人等。至今最前沿的高新技术都在供应链中得到应用。

总之，推进和优化供应链管理，可以极大地改变一个国家的经济发展方式、产业发展方式、城市发展方式、企业发展方式，对经济从粗放经营到集约经营的转变做出不可估量的贡献。

为了推动中国供应链管理的发展，由著名经济学家吴敬琏、冯国经、樊纲、魏杰任学术顾问，由我任主编，组织国内知名高校、研究部门、知名企业参加，编写了《中国供应链管理蓝皮书》，在2011年首次正式推出，每年一本。该书填补了国内空白，受到经济界、企业界、学术界、教育界的广泛关注与热烈欢迎，成为全面了解国际与中国供应链管理发展现状以及优秀企业供应链管理案例的重要参考书。对政府经济部门、企业供应链管理部门、中外投资者、物流与供应链管理院校、研究机构和培训机构等都具有重要的参考价值和研究意义。

这几年，笔者向政府有关部门报送了"'供应链+'十年行动计划的建议""中国供应链创新与变革的十大建议"。在有关报刊上发表了"世界因供应链而变""一带一路与全球供应链""美国为什么要把全球供应链列为国家安全战略"等文章。为了满足个性化要求，我们以2011—2016年的《中国供应链管理蓝皮书》为基础，在广度与深度上，在理论与实际的结合上，编撰出版《中国供应链研究》系列丛书，即《供应链理论前沿》《供应链国家战略》《供应链产业突围》和《供应链企业实战》，为推动中国供应链的发展添砖加瓦。

在这里，我要特别感谢香港冯氏集团、浙江供应链协会、平安银行、中国(深圳)综合开发研究院、青岛日日顺物流有限公司、广东宝供物流集团、北京物资学院、《现代物流报》报社、河南鲜易供应链有限公司、深圳市创捷供应链有限公司、江苏物润船联网络股份有限公司、亚洲物流与供应链管理协会、广东省物流行业协会、广州物流与供应链协会、泰德煤网股份有限公司、翼中能源国际物流集团有限公司、河北中顺物流股份有限公司等企事业单位的大力支持，感谢许多同行专家的大力支持。

丁俊发

2017年10月

目　　录

第一篇　制造业供应链管理优秀案例

第二篇　流通业、物流业供应链管理优秀案例

第三篇 农业供应链管理优秀案例

第四篇 金融业、信息业供应链管理优秀案例

第一篇　制造业供应链管理优秀案例

案例1　海尔:构建运营卓越供应链,提升企业核心竞争力

一、企业简介

海尔是全球领先的整套家电解决方案提供商和虚实融合通路商,公司1984年创立于青岛。创立以来,海尔坚持以用户需求为中心的创新体系驱动企业持续健康发展,从一家资不抵债、濒临倒闭的集体小厂发展成为全球最大的家用电器制造商之一,从单一的冰箱业务扩展到洗衣机、空调、热水器、厨房家电等成套白色家电研发、生产、销售以及渠道综合服务业务,其中海尔冰箱、洗衣机、冷柜、热水器等产品的国内市场占有率持续位于行业第一,空调业务位居行业前三。海尔集团营销网、物流网、服务网覆盖全国绝大部分城市社区和农村市场。

互联网时代,企业之间的竞争将比以往更加激烈,从而对企业的生存能力和应对变化的能力提出了严峻的挑战。企业不再是管理生产流程,而是管理用户需求,随着用户购买方式日趋多样化、个性化,市场竞争的格局已经发生变化。

为适应市场竞争并推动企业的快速发展,海尔的供应链管理先后经历了供应链整合阶段、供应链再造阶段和供应链转型阶段三个阶段。

二、供应链整合阶段

(一)传统供应链遇到的问题

在传统经济条件下,企业决定市场,"我生产你购买"。所以海尔供应链发展之初,仅仅是一个横向的链条,链条上的各个节点,如采购、制造、物流等环节均是分散在各个产品事业部自行管理。这种分散化的组织自行制定和控制着各自的供应、流程、决策,并由各个业务运营部门或者是工厂负责采购、制造及物流的执行,这种分散化的管理极大程度限制资源的最大化利用与创新发展,并逐渐呈现出来自企业内外部的博弈。

1. 外部供需买卖的博弈

从事业部层面来看,其与供应商只是简单的供需买卖关系,供应双方信息沟通不顺,互相封闭,采购一方很难参与到供应商的生产组织过程和质量控制活动,只能在事后解决采购过程中的交期、质量、成本等问题,提供库存调整、采购计划和储备量等信息。从集团层面来看,整体的采购需求及资源被打散在各个产品事业部,各个节点之间缺乏信息的协调与共享,无法在全集团范围内共享系统、技能、资源,造成整体运营效率偏低、成本占用过大的局面。

传统的采购管理模式,带来的需求预测不准、响应速度慢,质量、交货期难以控制的问题日益凸显。

2. 内部产、供、销的博弈

在生产环节,生产系统设计并不是根据外部市场因素、客户需求,而是主要考虑内部环境与能力,侧重点在生产系统的可制造性、质量、效率、生产率、可服务性等方面。在分销环节,由于订单预测不准确造成的生产计划波动,给产品下线发货带来极大困难,一方面,订单资源小而散,造成配送成本的浪费;另一方面,订单的不确定性对配送能力的弹性需求,造成物流资源的时而过剩,时而不足。

企业内部产、供、销缺乏协同,将终端客户及用户的需求割裂,产、供、销各个环节不是基于用户需求展开工作,而是越来越趋向于基于库存的运营。

(二)供应链整合

企业间的竞争已经演变成供应链与供应链的竞争,谁的供应链响应速度最优化,谁就能获得市场竞争的优势。所以,海尔在1998年开始业务流程再造时,也步入了供应链整合阶段。

1. 以"市场链"为基础的业务流程再造

海尔集团对业务流程进行调整,把原来各事业部的采购、配送、销售业务全部分离出来,借助先进的信息技术对供应链中的商流、物流、信息流和资金流等进行全面规划,整合成立商流推进本部、物流推进本部、资金流推进本部,实行全集团统一营销、采购、物流配送和全面预算,这样就形成了直接面对市场的、完整的核心流程体系和3R(研发、人力资源、客户管理)、3T(全面预算、全面生产管理、全面质量管理)等支持体系,业务流程再造框架如图1-1-1所示。

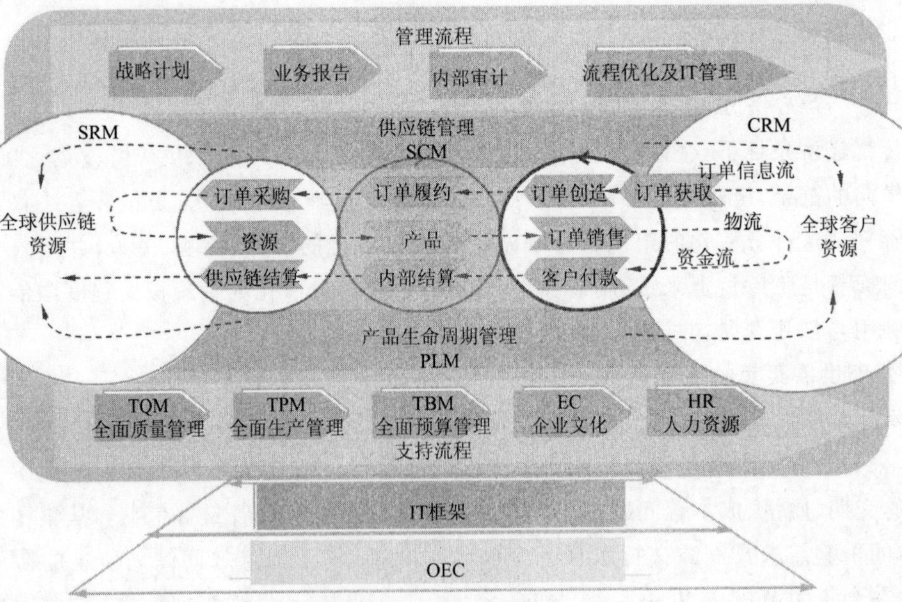

图1-1-1 业务流程再造框架

整合后，商流本部、海外推进本部从全球营销网络获得的订单形成订单信息流，传递到产品本部和物流本部，物流本部按照订单安排采购配送，产品部组织安排生产；生产的产品通过物流的配送系统送到用户手中，而用户的货款也通过资金流依次传递到商流、产品本部、物流和分供方手中，这样就形成横向网络化的同步业务流程。

市场链流程通过信息化使企业与市场以最短的流程联结在一起，使流程不再被割裂，并使组织简化，向零管理层努力，同时将供应链各环节集中整合，资源共享，形成规模效应，提升订单响应速度及成本竞争力。

2."一流三网"的同步模式，为订单信息流提速

"一流"是指以订单信息流为中心，"三网"分别是全球采购资源网络、全球配送资源网络和计算机信息网络。围绕订单信息流为中心，将海尔遍布全球的分支机构整合在统一的平台上，从而使供应商和客户、企业内部信息网络这"三网"同时开始执行，同步运动，为订单信息流的增值提供支持，海尔"一流三网"同步模式如图1-1-2所示。

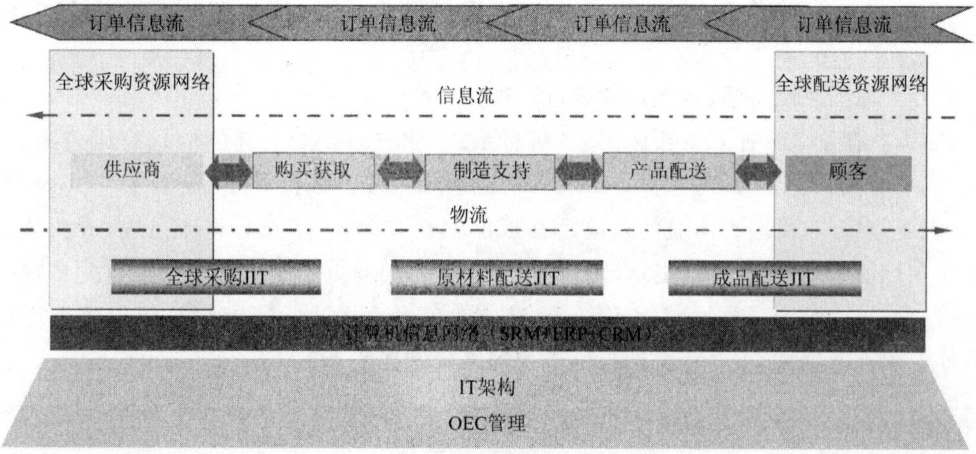

图1-1-2　海尔"一流三网"同步模式

(1)整合全球供应链资源网，快速满足用户需求

随着资源在全球化范围内调配，企业间的业务联系越来越紧密，海尔提出与供应商共同面对市场，共同满足消费者的需求，建立起全球采购资源网，建立双赢的合作伙伴关系。

一是从买卖关系到战略合作关系转变。海尔通过资源整合不断优化供应商的结构，国际化供应商的比例提高到80%以上，同时与这些供应商在全球范围内建立战略联盟的伙伴关系，极大提高了海尔应对市场变化的能力。

二是从采购管理到资源管理转变。海尔通过实施并行工程，引进一批国际化大公司，以其高科技和新技术参与到海尔产品的前端设计中，不但保证了海尔产品技术的领先性，增加了产品的技术含量，加快了开发速度，而且供应商也可以提高自身配套产品的技术，这样双方共同发展，共同受益。

(2)整合全球配送资源网，实现JIT过站式物流

在海尔，仓库不再是储存物资的"水库"，而是一条流动的"河"，采购、生产、配送全部都

是以订单信息为中心，实现了对市场的快速响应。

一是为订单而采购，消灭库存，“革传统仓库管理的命”。在海尔，仓库中的物资都是按照订单信息来采购、制造，从根本上消除了呆滞物资、消灭了库存，实现JIT过站式物流。

二是看板拉动料件配送，建立快速响应订单的生产组织系统。为实现“以时间消灭空间”的海尔物流管理目的，生产部门按照订单需求采用看板拉动式管理实现柔性生产，通过物流容器单元化、标准化、集装化、通用化和物料搬运机械化，逐步深入到工位的五定送料的改进，使每条生产线每天可以生产几十个国家上百种规格的产品，实现了柔性生产和订单的快速响应。目前，对订单的响应时间从原有的36天以上，降低到10天以下。

三是整合全球配送网络，形成全国最大的物流体系。海尔一手抓住全球用户需求，一手开始整合全球配送网络，建立起连接全球供应链资源与全球用户资源的网络。在国内，海尔通过信息化将全国配送中心连接成网，实现物流中心城市6～8小时配送到位，区域24小时配送到位，全国主干线分拨配送平均4.5天，同时B2C产品与备件配送全面开展，完善了成品分拨物流体系、备件配送体系与返回物流体系，形成全国最大的分拨物流体系。

(3)计算机信息网络建设，连接新经济速度

海尔由一把手亲自抓对内实施ERP信息系统，建立起企业内部的信息高速公路，将用户信息同步转化为企业内部的信息，实现以信息替代库存。在企业外部，CRM与BBP平台搭建起企业与用户、供应商沟通的桥梁。在成品配送方面，海尔智慧物流系统，成功地将运输、仓库和订单管理高度一体化整合，从而提高对客户的响应速度。海尔的信息化贯穿整条供应链始末，目的是为了更加贴近用户，并以比竞争对手更快的速度满足用户的个性化需求，从而形成企业的核心竞争力，计算机信息网络建设如图1-1-3所示。

图1-1-3　计算机信息网络建设

一是打破“信息孤岛”，建立企业内部信息高速公路。ERP实施后，打破了原有的“信息孤岛”，建立了企业内部的信息高速公路，提高了信息的实时性与准确性，实现以信息替代库存。ERP系统与商流的CRM系统无缝连接，同步将信息传递到销售、计划、仓库、采购部门，保证了所有部门以订单为中心同步开展工作，加快了对客户的响应速度。

二是CRM与BBP平台搭建起企业与用户、企业与供应商沟通的桥梁。该平台的意义在于通过它的业务协同功能，通过海尔的BBP采购平台，所有的供应商均在网上接收订单，并通过网上查询计划与库存，及时补货，实现JIT供货；供应商在网上还可接收图纸与技术资料，使技术资料的传递时间缩短了一倍；通过网上进行招标竞价，使招标更加公平、公正，防止了暗箱操作；海尔与招商银行联合，与供应商实现货款的网上支付，一方面付款及时率与准确率均达到100%，另一方面每年可节约供应商上千万元费用。海尔通过BBP采购平台不但加快了整条供应链的反应速度，而且与供应商真正实现了双赢。

三、供应链再造阶段

在互联网时代下，消费者购买方式、个性化服务需求日新月异，企业要在竞争中取胜就需要做到"低成本提供所有产品，高质量地帮助顾客找到它"，这对企业提出了新的挑战：要消灭与客户及用户之间的空间与时间距离，为用户提供零库存下即需即供、零距离下虚实融合的一站到位服务。同时，企业也将面临着诸多问题：订单预测准确性问题、库存问题、信息流不透明问题，内部协同响应速度问题等，这就需要端到端全流程去优化供应链，海尔端到端的流程变革如图1-1-4所示。

图1-1-4 端到端的供应链流程变革

（一）供应链管理面临三个主要的挑战

挑战一：供应链可视。实现最终用户能够对从原材料采购到成品发运的整个过程进行有效的跟踪、控制、调整，对整个供应链从采购到销售全过程的监控，掌握充分的信息。

挑战二：供应链柔性与协作。当下游的市场情况或上游的供应商供应情况发生变化时，能够比竞争对手更快地调整供应链运作方式及策略，能够通过优势资源整合、互换方式，提升企业的核心竞争力。

挑战三：供应链快速。能够比竞争对手提供更快更好的服务与产品，借助供应链体系对市场的快速响应能力，及时掌握市场动态信息，并快速调整，从而提供更符合客户需求的产品和服务。

所以，海尔端到端供应链优化是从端到端协同、端到端可视化、端到端的快速响应三项展开。

（二）端到端供应链优化

1. 端到端协同

(1)对外：端到端协同的核心是“资源互换”

供应链协同要求节点企业共同面对市场需求，使整条供应链能够对市场需求迅速应对，减少不必要的资源浪费，降低成本，实现整条链的利益最大化，达到多赢互惠的效果，即实现供应链节点间的价值交互。

海尔与经过整合的优质供应商资源共同面对用户需求，通过协同设计与开发，以及零库存下的即需即供创造一流的产品资源，一流的产品资源必然会吸引更多的客户、用户订单资源，从而促进海尔对服务资源的升级，如物流服务、售后服务资源的日益更新，送装同步、直配到镇的差异化模式的不断创新，差异化的服务模式为客户、用户打造了一流的服务体验，会有更多的客户、用户资源聚集到海尔的平台之上。端到端协同要求企业不仅要快速地满足用户需求，还要不断地创造用户价值，才能建立生生不息的供应链生态圈。

(2)对内：端到端的核心是“One Goal One Plan”

海尔内部推进端到端协同的创新做法是：产销协同。产销协同是承接企业战略，围绕市场竞争力目标，以订单信息为中心，整体平衡需求、开发、采购、制造、配送、销售等企业全流程各节点的作业模式。他们有着共同的目标，就是为满足终端客户、用户需求倒逼自己的工作预算。月度的产销协同会上，首先将来自市场的客户及用户需求订单锁定，然后采购围绕这个目标倒推采购能力，制造将提供产能规划报告，物流将提供配送能力规划，营销将制定其销售计划。通过产销协同这个环节，撬动供应链全流程各节点，使之相互衔接，相互咬合，对赌，聚焦目标，实现全流程高效运转，适应市场发展，满足用户需求。

海尔的产销协同有效地利用和管理供应链端到端资源，包括三个层面：组织层面的协同、业务流程层面的协同、信息层面的协同。通过协同，确定整个运营链的 One Plan，建立起各环节消灭竞争力差距的行动计划，实现 One Goal 的目的。

2. 端到端可视化

海尔信息化的核心是“以订单为主线”，企业内部所有的信息，都必须围绕着订单流动。信息流贯穿了整个海尔内部的业务流——资金流、商流、物流，同时又延伸到企业与用户、分销商，企业与供应商之间，整个体系保障了信息的同步传递和可视追踪，是企业迅速响应市场需求的“信息命脉”。

(1)订单信息同步到达

传统企业的模式通常是信息逐步传递，在每一级都可能有延迟或差异，到最后准确率和及时率都难以保障。海尔流程再造后，推行同步信息流程，提高企业对订单的响应速度，实现企业内部信息化目标——准确、高效、低成本。比如：销售部门得到客户订单需求，该需求会被分解，通过信息系统传递到设计、生产、采购部门、供应商，使他们能够及时调整计划，几乎实时地对订单变化进行响应。

(2)产品全程可视化

海尔全球增值系统(HGVS)将原先分散的信息孤岛有机集成，同时采用先进的条码信息技术对产品全流程信息实时监控。条码管理就像一条纽带，对原材料收货、原材料仓储配送、产成品下线、成品装车、成品仓储配送各阶段信息进行实时取数，并实时追踪产品从生产到配送的全过程，使企业在最快的时间获得最准确的信息，实现了从原材料按单采购、按单配送、按单生产到成品的按单装车、按单配送的全程可视化追踪，并通过正确的决策在激烈的市场竞争中处于有利地位。

(3)服务全程可视化

海尔物流通过先进的信息化管理系统，实现对产品全过程的精细化管理，每一个和物流相关的环节都进行终端数据采集，实现供应链全过程的可视化追踪，同时也实现了对各种信息的自动闸口和责任追溯，从而使供应链各环节得到不断改进与提高。

同时，将GPS信息化资源融入先进的管理模式，通过TMS、智能APP等信息化工具实现配送服务全流程可视化，可以实时看到配送产品及车辆的运行状态；同时，客户服务信息可以即时传输，大大提升了客户满意度。

3. 端到端的快速响应

经济全球化的迅速发展，带来了全球化的竞争，同时也带来了全球资源的竞争。在高科技迅速发展、市场竞争日趋激烈、顾客需求不断变化的今天，谁能够快速抢到有效的资源，最大限度利用全球资源，谁就能在市场竞争中取得竞争优势。所以，面对快速变化的外部因素，我们需要集成和整合供应链的各个环节，达到加速供应链响应速度，并且要关注整体的协同运作速度，以速度来对付变化。

(1)零库存下的即需即供

模块化制造换取高速度和低成本。随着大规模生产已不能满足用户个性化需求，海尔建立起按需定制、即需即供的模块化、同步的制造模式。海尔的模块化设计、采购、生产战略，具有独立性、互换性、通用性的特点。

• 模块化设计，实现产品个性化设计的灵活性。

模块化设计是模块化采购的前提，应用模块化技术，将复杂的产品分解为一个个功能模块，借助模块的选择和模块间的组合实现产品个性化设计的灵活性，快速满足用户个性化的需求，同时又降低产品成本。

• 模块化采购，与供应商共发展。

实现模块化采购，首先需要企业及供应商迅速转型：对企业来讲，要从卖产品向卖服务转型，采购作业要从采购零部件向与模块化供应商全流程的战略协同转变；对供应商来讲，由关注海尔向关注海尔的用户转型，由供应零部件向标准化接口下独立开发模块化子系统转变。模块化采购最终的目标是共同满足用户需求，共发展。

• 模块化生产，快速满足用户个性化需求。

传统生产模式下，市场需求的多品种、小批量给企业造成很大的成本压力，通过模块化生产，我们只需在同一产品界面标准上安插不同的产品模块就能实现目的，不仅成本低，而且最大限度地实现了顾客价值，提升企业竞争力。

(2)打造完整的家电产业链，加快订单响应速度

海尔推进产业链建设，形成了企业、供应商和政府多赢的效果，同时也加速对订单的响应速度。对于海尔内部来讲，供应商在周边地区建厂后，供应链的响应速度更快、成本更低，在竞争中不断超越竞争对手。对供应商来讲，不仅可以提高质量、成本、交货期的竞争力，获得更多、更稳定的海尔及全球其他外部订单，还可以通过海尔的产品将其新材料与新技术优先转化为生产力，提高竞争力。

对政府来讲，形成家电产业链制造基地，不但发展了当地的经济、解决了当地的就业，而且随着国际化供应商建厂，研发中心也转移当地，促进当地技术水平的提升。

海尔的产业集群，不是普通的企业集群，是名牌加名牌的集群，是总部核心控制一切的品牌集群，最终实现整合全球一流采购资源，提升订单响应速度，以应对供应链需求变化。

(3)零距离下的即需即送

海尔物流整合全球优质的物流资源，建立即需即送与用户零距离的物流网。

在国内，海尔物流网络建立了 14 个发运基地，100 个过站式配送中心，建立了 3 300 多条配送班车专线，6 000 个服务网点，实现全国网络覆盖零盲区，可配送到 2 800 多个区县，配送服务到村、入户。

在海外，海尔物流与全球知名的船公司签订战略合作伙伴关系，与世界排名前 30 位的船公司建立了密切的合作关系，海运航线遍及全球 200 多个港口和城市，可为客户提供港到港、门到门的集装箱海运运输服务

四、供应链转型阶段

供应链转型阶段是打造互联网时代下开放的供应链生态圈。海尔应对互联网时代挑战，提出了“三个无”的转型：企业无边界、管理无领导、供应链无尺度。

企业无边界：企业的平台化发展，体现在开放交互。所谓开放，就是从原来封闭的体系，变成一个开放的体系，整合全球一流的资源和不只局限于企业内部资源能力；所谓交互，就是从原来企业内外的博弈变成一个交互关系，需要和各个方面进行交互，通过交互来增加价值。

管理无领导：体现在人人创客，让员工创客化。互联网时代，将传统的在指令下的创新颠覆为自创意、自发起、自组织的为用户体验的创业，每位员工都可以成为互联网时代的创业家。

供应链无尺度：首先是中心的转换，过去是以企业为中心，现在必须要以用户为中心。过去用户是购买者，现在颠覆为主动参与的体验者。把用户当成企业的战略资源，而用户需要的不是价值传递，而是交互价值，是价值的共同创造者。

供应链无尺度的转型具体体现在三方面：

(一) 全流程参与的体验

全流程参与的体验，即 O2O 用户参与交互的体验和人机环境与机交互体验的“无尺度”。

1. 零距离下的虚实网融合

海尔的 O2O 就是零距离下的虚实融合，实现前台与后台的拉动，前台和用户的交互平台与企业后台的供应链系统、营销系统、研发系统能够形成无缝对接。通过海尔模块化的设计和流程化的制造，对电商的消费群体可以做个性化定制，线上与线下融合，把线下变成创造用户感动的平台，在线上获取用户的口碑，再通过用户的需求产生新的研发导向。

虚网用户的定制，实现虚网、实网的不可比性，对海尔来讲，实网销售规模接近一千亿元，那么不能把虚网变成包袱和资源，在虚网上可以跟用户交流互动，在实网上变成配送中心和用户体验中心。对海尔来讲，电子商务绝对不是新建的流通渠道，而是商业模式的转型，通过电子商务来改造企业，使其成为时代的主流。

2. 营销自动化

营销自动化的发展分四个阶段：第一个阶段是传统的互联网营销，第二个阶段是社会化的经营营销，第三个阶段就是互动性的公司网站，第四个阶段是推进营销自动化。有 70% 的企业意识到了营销自动化，但只有 30% 的企业去做了，而只有 10% 的企业做成了。所以，海尔通过营销自动化，借助电子商务这个时代的机会，形成新的突破。

怎么来看电子商务？如果把电子商务看成一个球形，要发展，就需要虚实融合的能力，如果没有这些，电子商务会成为空中楼阁。电子商务拉动的是营销自动化的管理，它体现的是用户全流程体验。营销的本质不是卖而是买，营销的最高境界是使销售成为多余。

（二）物流参与的体验

物流参与的体验，即从配送体验的“无尺度”，进而融入物流全流程体验的无尺度。

1. 开放的物流资源价值交互生态圈

海尔物流以用户的全流程最佳体验为核心，以用户付薪机制驱动，一端互联着一流的客户资源，一端互通着一流的物流资源，快速吸引物流地产商、仓储管理合作商、设备商、运输商、区域配送商、加盟车主、“最后一公里”服务商、保险公司等一流的物流资源自进入，建立起开放的互联互通的物流资源生态圈，实现平台与物流资源方的共创共赢。

例如，海尔物流建立的“车小微”平台，颠覆了传统的物流形态，消除了传统的“中间层”，搭建与用户资源零距离的价值交互平台。现在海尔物流“车小微”平台（见图 1-1-5）上社会化车辆有 9 万辆，通过用户付薪机制将这些社会资源吸引进来，“车小微”是一个动态优化的平台，用户通过互联网自主进入、自主抢单、自交互、自优化。

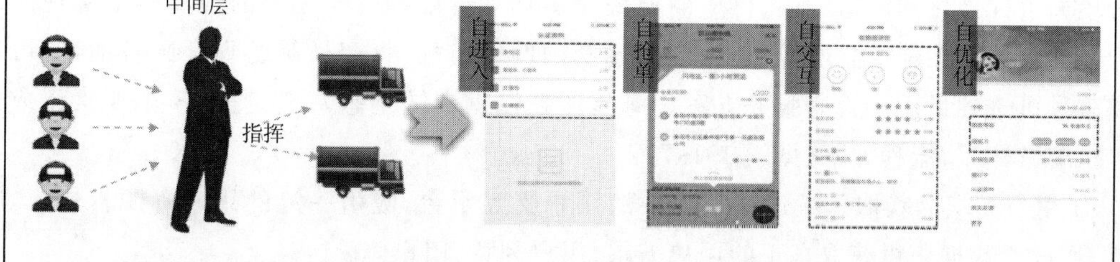

图 1-1-5　“车小微”平台

2. 打造供应链一体化集成服务能力

海尔物流已经建立起供应链一体化的服务能力，向前可以提供基于订单的 VMI 物流解决方案，向后可以延伸为客户提供虚实融合分销物流链解决方案，搭建起上网、进区、到村、入户的多元化物流配送模式，如图 1-1-6 所示。日日顺物流通过布局全国的三级云仓网络、全覆盖的配送网络及全流程可视化的智慧物流系统等核心能力建设，打造与用户零距离、以用户评价驱动全流程的智能多级云仓、干线集配、区域可视化配送、“最后一公里”送装、价值交互增值 5 大供应链一体化的定制解决方案，为用户提供诚信的一站式最佳服务体验。

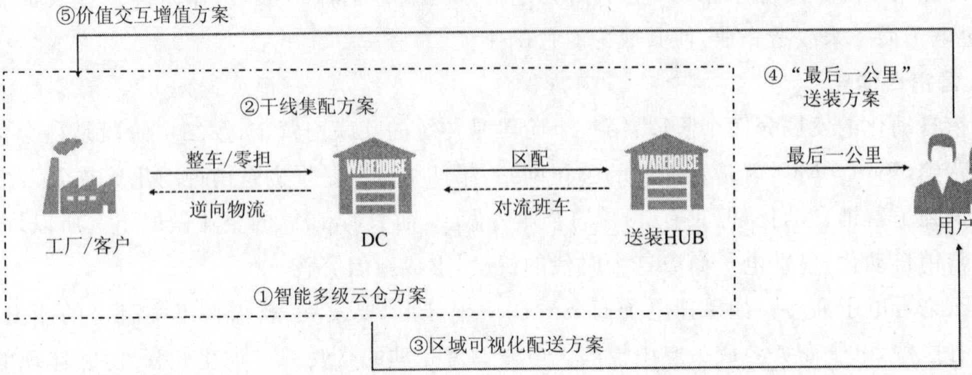

图 1-1-6 打造供应链一体化集成服务能力

3. 建立智慧物流信息服务平台

海尔物流的信息化建设定位是要做信息化物流企业而不是物流企业信息化，两者的本质区别在于是否以客户及用户为中心。海尔物流的信息系统在 2000 年全面上线，逐步建立起面向上下游企业的物流管理信息系统。在信息化平台建设中，打造订单管理系统、仓储管理系统、配送管理系统、预约管理系统、资源协同平台、车辆轨迹平台、移动应用平台、服务质量平台 8 大管理系统，实现全流程各节点信息交互及运营智能化管理。

（三）个性化定制

个性化定制，即从以模块化自选满足个性化需求阶段，到云计算（如 3D 打印等），满足网络时代全流程无尺度的个性化需求。

1. 模块化自选满足个性化需求

现在海尔做的是通过用户交互和大数据分析获取用户需求，进行产品模块化企划、设计和开发，并通过精准营销获得订单，产销协同倒逼采购、生产、物流、营销能力规划，在生产制造阶段通过标准化的制造工厂、供应商模块化供货和智能、互联、可视的管控体系实现产品的智能化制造。在配送阶段，海尔物流通过全国网络布局，将产品运送到全国各地，并可以提供多种可选的最后一公里服务方案。海尔端到端供应链生态系统通过 13 个要素组成的全局供应链体系，流程如下（见图 1-1-7）：

① 用户需求的获取。搭建线上线下的用户交互平台，吸引一流的用户资源自进入，自交互，通过大数据分析获取真正的用户需求、用户创意、用户体验。

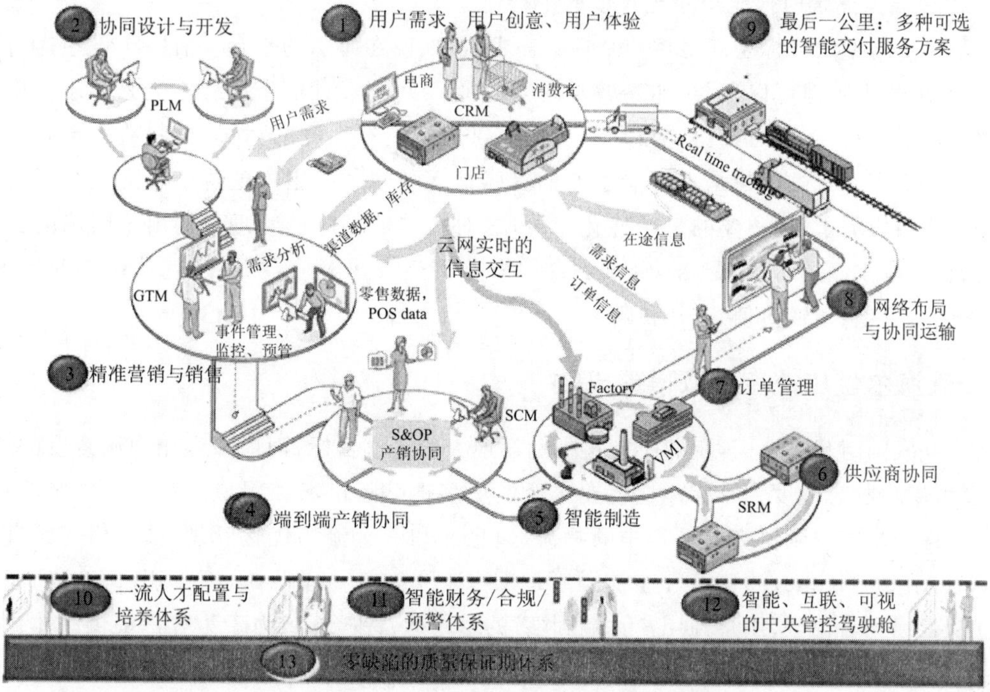

图 1-1-7　端到端的供应链生态系统流程

② 协同设计与开发。与一流资源、用户交互创意，模块化企划、设计、开发均由用户全程参与。

③ 精准营销与销售。通过平台交互获取用户、客户大数据驱动的自媒体营销方案，创造用户口碑。

④ 端到端产销协同。围绕市场竞争力目标，以订单信息为中心，整体平衡需求、开发、采购、制造、配送、销售等企业全流程各节点的作业模式，达到事前算赢的目的。

⑤ 智能制造。通过标准化和数字化工厂，实现产品的精益生产，满足用户的个性化定制需求。

⑥ 供应商协同。海尔与供应商建立战略合作关系，实现大资源换大资源，供应商采用参与设计、模块化供货、分时配送的模式，满足生产制造的需要。

⑦ 订单管理。以订单信息流为中心实现了从原材料按单采购、按单配送、按单生产到成品的按单装车、按单配送的全程可视化追踪，实现动态进销存分析。

⑧ 网络布局与协同运输。根据订单信息，依托全国的仓储网络布局，实现运输计划与订单的智能协同。

⑨ 最后一公里配送。依托先进的智慧物流系统，实现“24 小时限时达，超时免单”等多种可选的智能交付服务方案。

海尔的供应链生态圈需要一流的人才配置与培养体系、智能财务/合规/预警体系、智能互联可视的中央管控驾驶舱、零缺陷的质量保证期体系作为支撑。

2. 云计算满足时代全流程无尺度的个性化需求

下一步转型的目标是满足用户个性化需求，比如说在海尔的平台上有一个设想，上传到网络，其他的人不但可以下载，如果需要也可以购买，可能设计的东西就不光是海尔使用，别人也使用了，设计者还可以得到设计费。以前供应链是有尺度的，大规模制造一定有尺度，因为如果不够一定的数量是不可能生产的。但是互联网时代用户把这个尺度颠覆了，因为一切围绕用户需求，用户要的是个性化定制，这对海尔的供应链管理也提出了明确的目标：按需设计、按需制造、按需配送，用户一台的需求也要快速响应，主要还是从用户的需求出发，来创造价值、传递价值、送达价值。

五、海尔供应链变革取得的成效

在互联网时代的今天，企业不能再把利润最大化当作目标，而应该以用户满意度的最大化、获取用户的忠诚度为目标。这就要求企业更多地贴近市场和用户。海尔的供应链管理是全面综合从客户到供应商过程中的物流、信息流和资金流的优化管理，强调供应链 TAT (Turn Around Time)的速度和全流程管理 CCC(China Complusory Certification)的能力。建立从目标到目标，从用户到用户，"端到端"的卓越运营平台，致力于为客户提供一体化、差异化服务解决方案和最佳用户体验，创造互联网时代下的世界名牌。

（一）供应链全流程成本优化，提高核心竞争力

海尔的供应链模式创新取得了一系列成果，在采购、生产、运输、服务各环节的供应链成本优化，增强了企业的核心竞争力，实现产品交付准确度提高 197%，客户订单交付周期降低 32%，总供应链成本降低 16%，原材料库存降低 75%，成品库存降低 43%。

（二）搭建零库存下即需即供供应链网络

海尔为订单而采购，消灭库存，采购成本大幅降低，通过即时采购、即时配送、即时分拨的三个 JIT，搭建起零库存下的即需即供供应链网络。实现网上查询计划与库存，及时补货；根据看板管理 4 小时送料到工位；按 B to B、B to C 订单的需求生产，交货及时，中心城市实现 8 小时配送到位，区域内 24 小时配送到位，全国 4 天以内配送到位。

（三）建立一个相互进化的供应链生态圈

海尔以供应链利益最大化为目标，搭建了一个供应链平台生态圈，这个平台上，除了企业内部的研发、制造、销售要利益共享之外，还要引入外部的供应商，实现利益上的最大协同，实现资源不断优化。这个生态圈，具有"三生"的特征，一是共生，所有人都可以分享到生长的利益；二是互生，即大家互相依赖，共同成长；三是重生，可以再去产生一个新的生态圈。

撰稿人：王正刚　青岛日日顺物流有限公司总经理
张　丽　青岛日日顺物流有限公司战略项目总监
李　青　青岛日日顺物流有限公司物流经理
姚丙路　青岛日日顺物流有限公司战略规划部

案例2　上海安吉:海通物流“一体化”汽车物流供应链管理模式

一、企业简介

（一）上海安吉

上海安吉汽车零部件物流有限公司(以下简称“上海安吉”)建立于2002年6月12日，是由安吉汽车物流有限公司及CEVA各出资50%建立的国内首家中外合资汽车物流有限公司,公司在售后物流、网络运输、进出口和包装业务等板块积极拓展社会化业务,强化供应链管理能力,打造品牌竞争力。2013年上海安吉收入突破38亿元,而且在2008—2013年零部件业务年均复合增长高达33%。上海安吉力争成为国内领先、具有国际竞争力的一体化物流技术和服务的汽车零部件物流供应商,着力打造最佳实践和一体化物流与供应链解决方案两大核心竞争力。

上海安吉的核心业务领域涉及汽车供应链管理中的三大内容,如图1-2-1所示。

① 采购:国内循环取货、干线运输、JIT运输,进口海外集散中心和海运空运;

② 生产:入厂、仓储、LOC/RDC/VMI…排序;

③ 销售:售后物流仓储、售后区域配送,出口集散中心和海运空运。

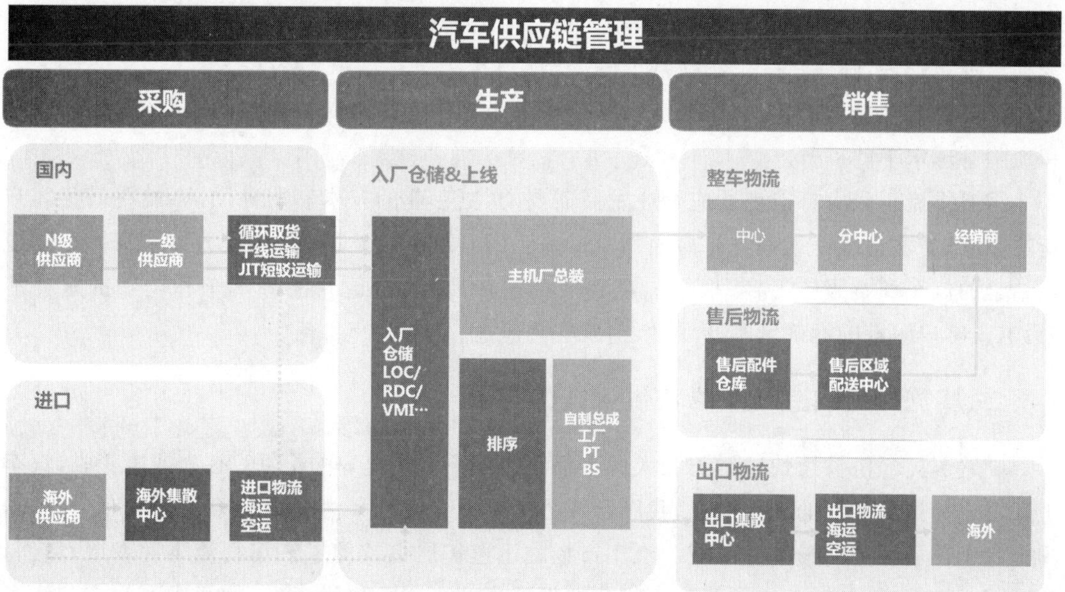

图1-2-1　安吉汽车供应链管理

（二）海通物流

上海海通物流国际汽车码头/物流有限公司(以下简称“海通物流”),是上海口岸专业从事整车物流的公共物流服务商。海通物流集成口岸物流供应链资源,打造口岸整车物流平台,为客户提供一体化汽车物流解决方案。

整车物流平台已形成供应链管理、信息服务、码头装卸、整车检测、加装改装、售前检查、仓储管理、整车运输、进出口代理、国际中转等十大类服务产品。海通物流外高桥码头拥有岸线 1 019 m,可同时靠泊 3 艘 5 万吨级以上滚装船和 1 艘 3000 吨级以上江轮,拥有场地 116 万 m^2。海通物流洋山码头拥有岸线 318 m,可靠泊 1 艘 5 万吨级以上滚装船,拥有场地近 14 万 m^2。海通物流太仓码头于 2016 年建成,新增岸线 700 m、场地 50 万 m^2。届时,外高桥、洋山、太仓三地码头合计年产能将达 210 万辆。海通物流目前拥有 3 座大型室内立体停车库(12 000 车位)。

30 多家船公司在海通物流开辟的 20 多条航线通达全球各大口岸,每月超过 100 艘次的国内和国际班轮,能为客户提供便捷的江海联运服务。海通物流配备齐全的专业设备和经验丰富的专业团队,可为客户提供各类特种车及重大件装卸服务。海通物流是国内同行中首家获得 CNAS 资质的企业,平均每天为超过 1 200 辆汽车出具权威的检测报告,同时根据客户的要求提供各类增值服务。海通物流目前为 40 多个世界知名汽车品牌提供港口和一体化物流服务,不断提升的服务能力将更好地为长江、中国沿海和全球客户服务。

海通物流致力于提供中国最好的口岸汽车物流技术服务和质量服务。目前在产品技术能力上,《滚装作业安全操作规程》已成为国家标准;参与主编的《滚装码头》成为国内第一本大学专用教材;拥有覆盖全部增值服务的符合厂商要求的技术工艺标准;自主研发的专业工具和设备获得了国家专利。

在信息技术能力上,整车物流平台拥有定制的 R-TOPS、LMP、VLMS 等系统。可视化信息系统,为客户提供船舶靠离港、作业计划、货物状态和位置等实时信息,实现物流供应链全程可视化管理,确保每一个物流环节的安全可靠。

在质量管理能力上,海通物流获得了挪威船级社管理体系认证,帮助公司持续推动质量和风险管理水平的提升。

海通物流正致力打造更适应行业发展需要的、更专业的技术和服务团队,始终满足客户新的需求,为客户赢得竞争力。海通物流目前正编制新一轮发展规划,致力打造与汽车物流相结合的汽车商贸服务平台;根据绿色物流的发展要求,打造新能源汽车和船舶的服务能力;追求客户服务的准确度和感受度,追求客户满意,实现客户价值。

二、实施“一体化”汽车物流供应链的背景

随着国民经济持续快速增长和人民生活水平的不断提高,中国汽车消费迅速膨胀,汽车工业已成为国民经济的支柱产业,我国已成为世界第二大汽车消费国和第三大汽车生产国,国内汽车市场发展前景十分乐观。汽车市场的迅速扩展也拉动了汽车物流飞速发展,然而,我国属于发展中国家,相应的第三方物流的发展还处于起步阶段,汽车物流成本约占到汽车工业总产值的 10%。

我国现行的主体汽车物流供应链模式是供产销一体化的自营物流,即汽车产品原材料、零部件、辅助材料等的采购物流、汽车产品的制造物流与分销物流等物流活动主要由汽车制造企业完成。汽车制造企业既是汽车产品生产活动的组织者、实施者,又是企业相应物流供应链活动的组织者和实施者。在这种模式下,随着物流供应链的不断扩大,供应链全球化和电子商务都对企业产品物流的信息化、自动化和柔性化提出了全新的要求。要求物流制造企业拥有更加强大的物流供应链整合能力,不断加大对物流供应链的投入以适应日益发展的电子商务的需要。这些变化对自营物流供应链的汽车制造企业而言,不但加重了资金负担,而且不能充分发挥市场经济中专业分工的优势,从而降低了汽车产业整体的物流效率。同时,自营物流由汽车企业自身掌控,往往会从自身角度考虑而导致资源分配的不均衡,造成社会资源的浪费。

随着整车销售量增加,汽车物流业务也相应增长,使得汽车整车原本资源不畅的物流供应链处于负压状态,导致高库存、高成本、资源利用率低。汽车物流供应链流程过长,导致汽车物流供应链物流效率不高,无法“增值”。迫切需要构建物流体系,整合供应链,提高供应链上各个关键环节的增值性。作为汽车物流供应链重要环节之一的港口生产服务业,伴随着汽车市场的迅速扩张取得了长足发展。从目前我国汽车物流提供的服务功能看,运输、仓储等传统基础性物流业务还占据相当大的比重,而相应的第三方汽车物流发展尚处于起步阶段,一些相对技术要求高、利润大的增值服务所占比重很小。因此,发展汽车增值服务业务受到越来越多的重视,对于提高我国汽车物流行业竞争力具有重要意义。

汽车物流在整车批量运输时,往往趋向水运,汽车物流的特殊性促进了港口的多元发展,给专业化汽车滚装码头的兴起创造了有利环境。欧洲丹麦、德国和比利时的汽车滚装码头实践应用起步较早,基础设施建设齐全,港口吞吐能力强,业务操作量大,服务功能众多,已呈现增值服务业务量大于吞吐能力的趋势。而德国不莱梅哈芬港口更是拥有18个滚装泊位,具有一批稳定的客户和船公司,包括WWL、CTO、CDMZ等,对客户提供针对性的增值服务,已成为世界汽车转运的现代化多功能港口。基于滚装码头的汽车物流平台提供从汽车原材料采购到整车分拨一系列标准化流程服务,具备供应链整合能力,为用户提供了高效专业的物流解决方案。

三、“一体化”汽车物流供应链的运作模式

(一)汽车物流供应链的运行目标

海通物流依托汽车滚装码头运营与汽车物流一体化的物流服务,致力于实现面向客户定制化服务需求的汽车物流供应链。通过对基于口岸汽车物流中心的布局规划设计、相应汽车物流业务流程的优化、定制化物流服务需求的响应与管理系统、公共信息服务及应用服务平台的深入研究,实现基于口岸的汽车物流服务中心、汽车增值服务中心(VPC)、口岸汽车整车分拨中心的一体化全程服务,以此作为以汽车物流供应链在口岸的服务内容为基础,以客户的不同需求为出发点,形成独特的、有竞争力的“菜单式”服务模式,从而实现口岸汽车物流服务能力和服务品质的全面提升,建设差异化核心竞争力。

海通物流的整车分拨配送中心,降低了物流运营成本,实现精准配送,优化整个汽车物流供应链的业务流程,将目前汽车物流分散的供应链充分整合为一体化的汽车物流供应链,

建设面向客户定制化服务的敏捷汽车物流中心，以促进汽车行业的高速发展。

（二）汽车物流供应链的运行模式

海通物流汽车供应链运行结构与时效如图 1-2-2 所示。海通物流汽车供应链运行功能如图 1-2-3 所示。

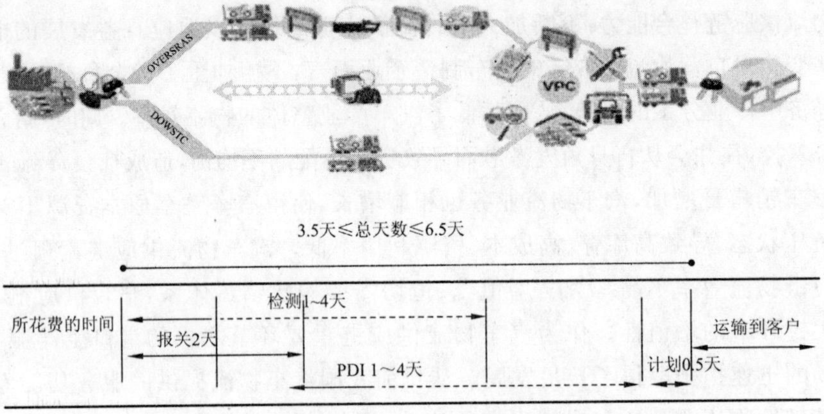

图 1-2-2 海通物流汽车供应链运行结构与时效

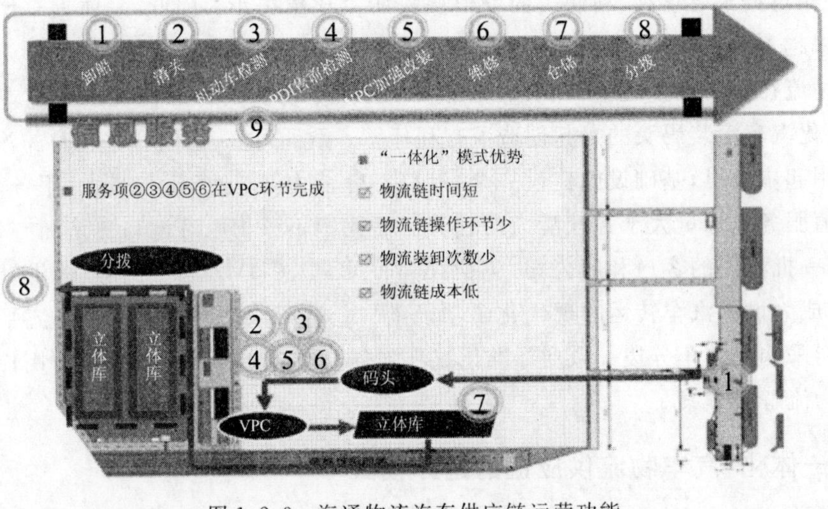

图 1-2-3 海通物流汽车供应链运营功能

根据欧美国家统计，在完全成熟的国际化汽车市场中，汽车的销售利润在整个汽车业的利润中仅占 10%～20%，零部件供应利润占 20%，而 50%～60%的利润是从汽车服务业中产生的。

海通物流汽车物流供应链实现了三个层面的服务功能：第一层面是码头基础服务，包括船舶靠泊、装卸作业、车辆堆存管理、车辆冲洗和检查。这个层面是传统的码头车辆装卸服务；第二层面是为到港车辆提供一站式服务的汽车增值服务中心（Vehicle Processing Center，VPC），主要包含机动车检测（CIQ）、PDI 售前检测、汽车个性化的 VPC 加装改装作业、汽车维修、汽车仓储以及库存车辆维护等。第三层面是提供一系列汽车物流服务，包括汽车分拨、汽车物流信息服务以实现整车“门到门”配送服务，设立汽车分拨中心，实现汽车物流供应链优化整合，同时实现供应链上信息的传输和共享等。

1. 卸船

卸船流程图如图 1-2-4 所示，根据滚装码头运营系统(R-TOPS)获得的车辆到港信息，提前做好堆场计划，布置好堆场停车区域，同时海通物流为每台到港车辆准备好条码标签，粘贴在车辆钥匙袋上随车发送。卸船的车辆到检测区域进行交验，扫描车辆条形码作为交验的记录，完成交验的车辆驶入预先配置的堆场区域，到达指定停车位后，通过手持终端设备发送确认停车信息。卸车结束后生成溢缺交接单、货物残损单，航次关闭，同时卸船结果通过海通物流管理平台(LMP)交换给相关单位、部门共享。

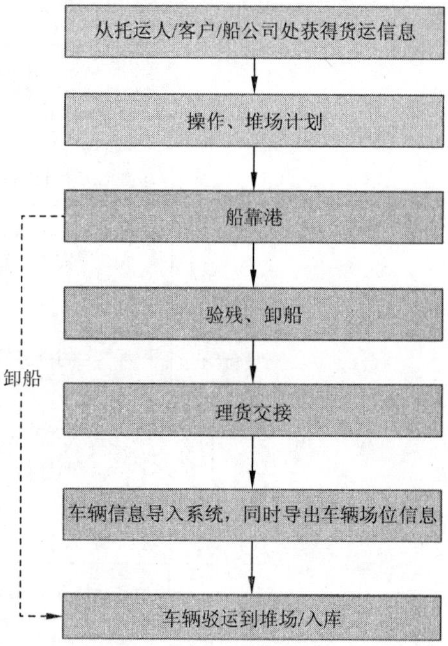

图 1-2-4　卸船流程图

2. 清关

通过海通物流的物流管理平台(LMP)从相关单位获得车辆装船等相关信息，船舶到港后，跟踪码头与船方就数量、外观质量交接，车辆卸船并将商品车移至监管区域，接受客户进口商品车报关、报检相关单证，及时审核查收正本单证后安排至船代处进行换单，跟踪报关报检状态，海关放行后及时通知客户安排付税。

3. 机动车检测

现阶段汽车从进口到在口岸办理机动车检测业务时存在两大瓶颈。一是验车地点远离码头和仓库，汽车企业将进口车送检要额外增加短驳和装卸费用，同时由于增加了物流环节也增加了因装卸导致车辆质损的风险。二是汽车企业在报关结束后才能验车并等待领取机动车检测证书，增加了一个工作日的流程时间。上述原因降低了口岸汽车进口的通过速度，不利于提高口岸企业竞争力。

通过建立机动车检测线，报关同时通过海通物流管理平台(LMP)将到港车辆信息包括《检测车辆信息表》，下达给整车检测系统(CIQ)，通过该系统生成车辆检测作业计划，安排车辆直接在码头内进行机动车检测作业，整批车辆检测完成后海通物流可直接签发机动车检测报告，出入境检验检疫局按照机动车检测报告出具《进口机动车辆随车检验单》，机动车检测流程图如图 1-2-5 所示。

海通物流机动车安全检测线作为国内同行业中首家获得中国合格认可评定(CNAS)质量体系认证的单位，严格依据国家《机动车运行安全技术条件》GB7258—2012、《机动车安全技术检验项目和方法》GB21861—2008、《机动车安全技术检验操作规范》DB31/619—2012等相关标准的规定，对到港进口车辆进行车辆尾气、车速仪表、刹车制动、轴重、灯光、底盘、侧滑、声级等方面的检测，并出具权威的车辆检测报告，确保符合标准的车辆进入市场。实现了大幅度减少汽车进口企业因车辆检测而需额外负担的短驳、装卸费用，并减少了进口车辆通关时间，提高了汽车进口的通关效率。

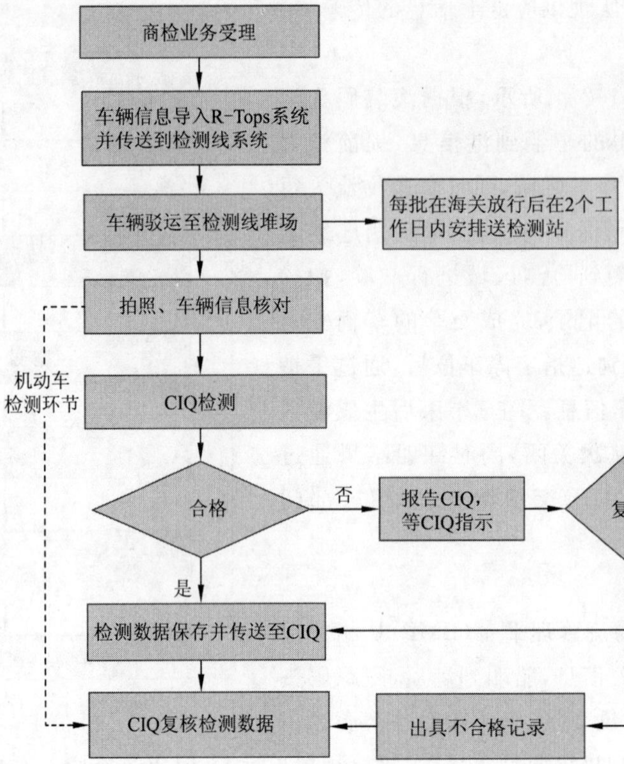

图 1-2-5　CIQ 流程图

4. PDI 售前检测

PDI 售前检测在口岸主要指在交车前对委托的商品车进行损坏、损伤、错装、漏装等总体方面的检查工作，包括外观检查、功能检查、随车附件核对等，根据检查表实行机械/电气装置工作状态、各种油/液状态、外观状态及行驶状态检查，PDI 售前检测如图 1-2-6 所示。整车消费市场的扩大，导致 PDI 售前检测需求的迅速增长。海通物流建立先进的 PDI 售前检测流水线，大幅提高 PDI 售前检测效率，同时拓展了 PDI 售前检测功能，提高了检测过程质量。PDI 服务不但可以加快车辆进口流通速度，更实现了海通物流汽车物流业务的增值，并且伴随着 PDI 业务量的增长，成为企业的一个新的利润增长点。

5. VPC 加装改装、维修

海通物流汽车增值服务中心 VPC 还可以根据客户需要对到港的进口车进行部分定制化的加装和改装、车辆去膜、加油、充电、故障诊断及消除、车辆系统升级等一系列服务，同时对汽车物流过程中出现的问题进行修复和维护。一方面，提高了汽车物流的服务质量，对在海通物流汽车物流供应链内经过 PDI 售前检测发现的车辆表面损伤，过去需要将这些车辆经过运输至码头外的 4S 店或整车厂设立的维修点，增加了汽车企业短驳、装卸的费用，同时增加了汽车流通环节，现在对于车辆表面普通质损的修理可以在海通物流内完成；另一方面，进一步拓展延伸了码头汽车物流供应链，实现了海通物流汽车物流业务的增值，成为企业利润增长点。

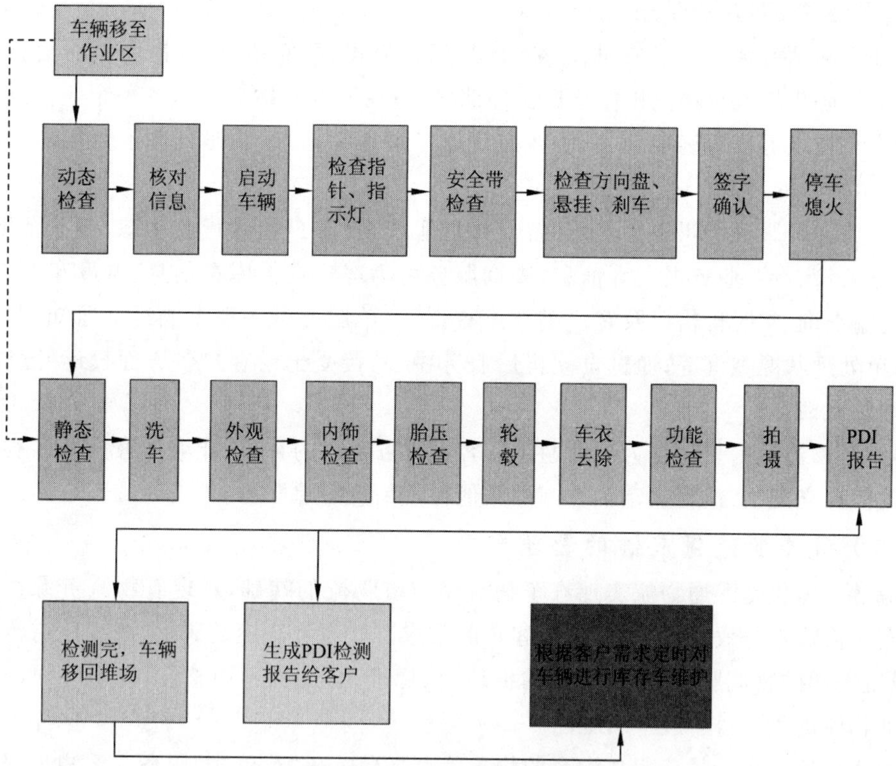

图 1-2-6　PDI 售前检测图

6. 仓储、分拨

海通物流管理平台（LMP）仓储管理实现可视化，堆存的车辆实行定制定位管理，通过管理系统可以查询车辆库存的实时状态，通过调取车辆条形码查询每台车的型号、货主、目的港、库存、保养周期及状态等相关信息，并推送其他生产管理系统生成车辆维护保养作业计划、车辆配送发运信息等。

客户通过海通物流管理平台（LMP）发送准备进场车辆信息，海通物流审核后计划收发车辆的信息被录入系统，同时确认车辆停放场位，并做好收发车准备，车辆根据系统生成的计划被移到指定位置，库场员再对车辆进行收发确认，将收发车辆的信息录入《库场日志》，反馈给整车物流系统。

整车配送的经营管理和合理调度是海通汽车物流供应链管理系统的重要一环。以往，用于交通管理系统的设备主要是无线电通信设备，由调度中心向车辆驾驶员发出调度指令，驾驶员根据自己的判断说出车辆大概位置，在生疏的地方就无法判断自己的确切位置。海通物流先进的车队系统（TMS）利用 GPS 定位技术，给商品车运输车辆导航定位提供了具体的实时定位能力，通过车载 GPS 接收机，车队驾驶员可以随时掌握自己的具体位置，车队系统又将车辆信息实时传送给车队调度指挥中心，并对车辆进行监控、调度、定位导航等多项操作，同时向客户反馈运输车辆位置及到达预测等服务。

7. 信息服务

海通物流的生产管理系统为及时、全面、准确的网上服务提供了详实的数据信息，综合信息服务平台主要包含三部分：

(1)外网网站实现与汽车公司、船舶公司、运输公司、政府单位、分销商等的信息交换和整合，为港口码头的汽车物流供应链提供外部接口；在外网网站上展示各种企业信息及服务功能；为客户提供远程查询接口，以便客户及时了解货物信息，同时具备了为客户产品提供其商品展示平台的功能。

(2)作为客户服务呼叫中心，包含售前咨询服务，为客户提供行业动态、服务范围、行业法规、业务政策、行业业务报表等信息；查询服务可为客户提供库存信息、调度车辆查询、货物在途运输查询、实时价格以及客户满意度查询；订单服务可实现车辆运抵通知、车辆运输预定、订单处理状况查询等；通过设立售后服务中心，接受记录客户各方面投诉并进行相应跟踪处理及反馈。

(3)海通物流微信平台作为外网网站和客户服务中心的补充，能够为客户及各类供方建立便捷的信息交流平台，提供车辆查询及其他物流信息跟踪服务。

（三）汽车物流供应链的管理平台

供应链一体化是海通物流实现汽车物流供应链物流的基础，对现有物流资源进行整合实现汽车物流成本与效率的优势，满足客户的需求。建立汽车滚装码头，改变原有汽车物流流程，设置不同的物流服务，进行合理的模块化、标准化，进行不同整合，满足客户的不同需求。海通物流的供应链管理平台如图 1-2-7 所示。

与海通物流汽车一体化服务配套的物流信息平台——“菜单式”服务为客户度身定制了物流解决方案，让不同客户的需求都能在海通物流的汽车物流服务中心得到满足。同时，海通物流“一体化”汽车物流供应链过程中，通过对到港车辆进行条码标识等操作，在海通物流管理平台(LMP)各个环节共享数据，贯穿整个流通过程，物流管理平台实现了货物全程的实时状态跟踪，从全程起点到客户手中终点，可随时调取货物状态资料，通过客户端平台，一切尽在掌握，提供让客户放心的物流服务。物流管理平台通过对汽车条码信息数据的采集、反馈，提高了整个海通物流汽车物流供应链的效益。

与海通物流管理平台(LMP)连接的节点，彼此间实现信息交换，政府部门、企业等均可在此平台上发布信息，运行和掌握与自己相关的业务及对应货物信息。贸易企业或生产企业将国际贸易中的相关货物信息，通过物流管理平台发送给相关政府部门、运输企业，水运、公路、铁路等运输企业，码头、货运代理、仓储企业，通过该管理平台将运输信息传递给相关政府的监管部门或反馈相关贸易或生产企业；海关、检验检疫等政府部门，通过物流管理平台对企业申报信息进行审批，并将审批信息进行反馈。

利用先进的物流管理平台，充分整合、挖掘信息资源，使得海通物流逐步实现与海关、机动车检测、海事局、交管局等政府监管部门，与船公司、船代、货主、货代、报关行、储运、运输车队等各类企业的联网，实现电子交换业务、无纸贸易及信息的增值服务，为用户提供一体化、个性化服务。通过海通物流的物流管理平台(LMP)从相关单位获得船舶挂靠、舱单、船图等信息，根据获得的信息生成作业计划，并下达给包括滚装码头运营系统(R－TOPS)、整车物流系统(VLMS)、机动车检测系统(CIQ System)、车队系统(TMS)等生产管理系统，上述生产管理系统根据获得信息对现场作业进行实时管理。

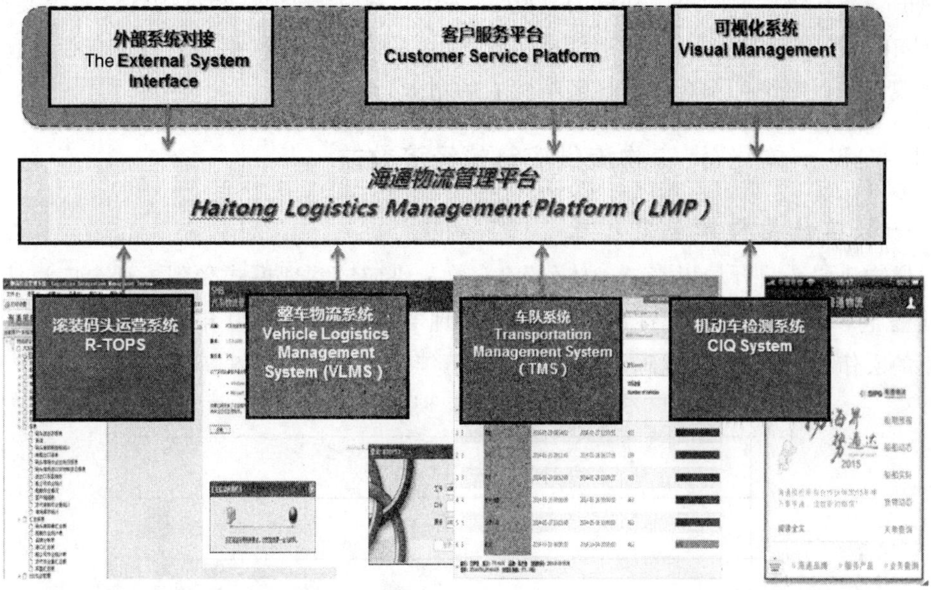

(a)

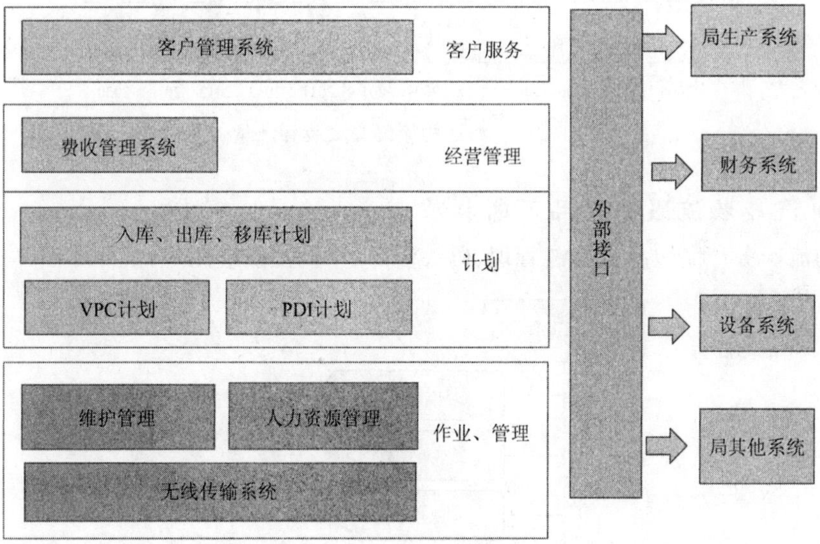

(b)

图 1-2-7　汽车物流供应链管理平台

滚装码头运营系统(R-TOPS)是以条形码技术为基础,对汽车进行管理的信息管理系统,主要对海通物流生产中汽车及杂货的进出口整个流程进行动态实时地信息化管理,并提供公司管理决策所需的各类报表,通过外网向客户、供应商、上级管理公司提供相关信息服务,并进行必要的信息交换和共享。

整车物流系统(VLMS)是利用现代仓储理念和最新 IT 技术,针对专业仓库所开发的整车仓库管理系统。系统涵盖了仓库管理、PDI 售前检测、VPC 加装改装、人力资源、客户服务、费收财务、系统配置等功能,为经营者提供了一系列、多层次的管理工具。该系统以客户为中心、以计划为主线对每批货物进行管理;以节约时间成本、减少人力成本,提高资源利用率为目的。在提供全面的系统功能的基础上，保证可靠性、安全性和准确性。系统支持多仓库，只需在设置中增加仓库信息，选择指定仓库后，系统所有的作业都只限定在指定仓库中，真正实现多个仓库统一和各自仓库系统独立的功能。

四、实施"一体化"汽车物流供应链的经济效益

（一）吞吐量持续稳定增长

海通物流码头自开埠以来，"一体化"汽车物流供应链管理模式受到了社会广泛认可，码头吞吐量连年增长，服务品牌逐步扩展，公司管理层提出了到 2020 年，目标形成 300 万台吞吐规模的宏伟目标，海通物流码头滚装吞吐量历年数据如图 1-2-8 所示。

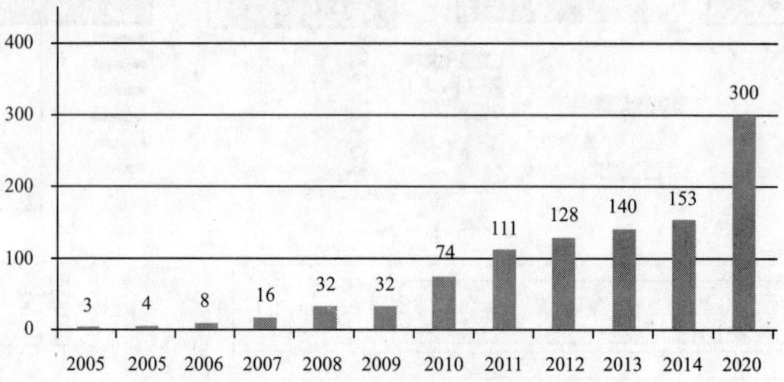

图 1-2-8　海通物流码头滚装吞吐量

（二）汽车物流服务产品不断拓展

汽车物流服务产品包括供应链管理、码头装卸、车辆性能检测等，具体如图 1-2-9 所示。

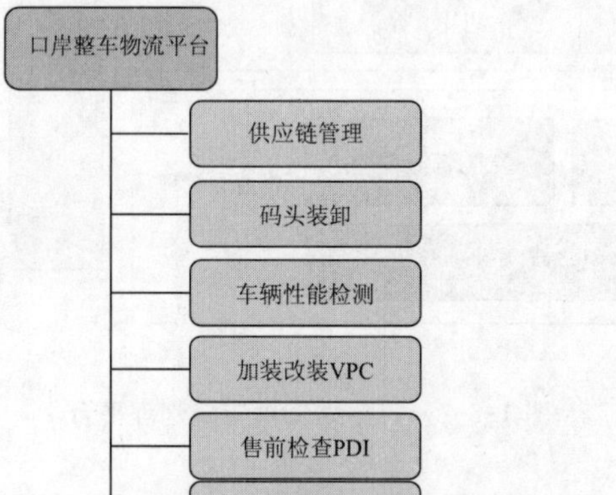

图 1-2-9　汽车物流服务产品

（三）涵盖客户

目前，海通物流为近 50 个世界知名汽车品牌提供港口“一体化”汽车物流服务，不断提升的服务能力将更好地为长江、中国沿海和全球客户服务，部分客户名单如图 1-2-10 所示。

图 1-2-10　部分客户名单图

（四）设施环境

海通汽车物流设施环境如图 1-2-11 所示。

（a）整车立

（b）汽车堆场

（c）机动车检测线

（d）五万吨级以上滚装船岸线

图 1-2-11　海通汽车物流设施环境

（五）企业文化与管理特色

海通汽车物流企业文化如图 1-2-12，汽车物流管理特色如图 1-2-13 所示。

公司提倡	感恩　诚信
干部提倡	担当未来发展的重任 创造员工发展的空间
员工提倡	创造岗位价值　追求客户满意
团队提倡	相互帮助　相互支持 相互关爱　相互欣赏
市场提倡	合作　追求客户价值
管理提倡	可持续　共同进步

公司愿景——建设差异化核心竞争力，成为具有国际竞争力的公共物流服务商

公司使命——为全体利益相关者共同创造价值

图 1-2-12　海通汽车物流企业文化

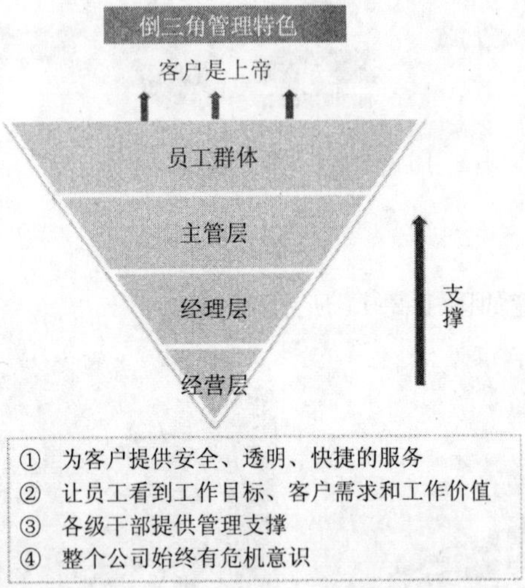

图 1-2-13　海通汽车物流管理特色

（六）专业团队、组织架构

专业团队与组织架构如图 1-2-14 所示。

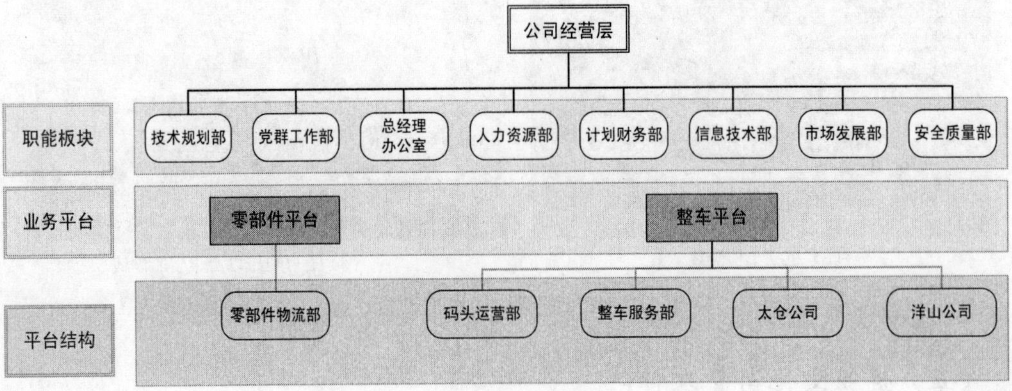

图 1-2-14　组织架构

五、实施“一体化”汽车物流供应链的经验

扎实推进“十大能力”建设，积极探索、不断创新，建设数字化、智能化汽车滚装码头，使海通物流的汽车物流供应链的功能更加广泛；不断完善汽车物流中心、信息中心、增值服务中心建设，持续为汽车整车提供中转、装卸、仓储、分拨、增值服务等优质高效的综合物流服务，大力拓展和优化多式联运服务；为用户提供方便的汽车运输、商贸和金融信息服务，完善和统一信息交换平台，实现信息的流通和共享；进一步拓展增值服务功能，延伸汽车物流供应链，提高增值服务技术水平和服务质量。

撰稿人：余　德　上海安吉汽车零部件物流有限公司董事长
齐道清　海通物流国际汽车物流有限公司技术规划部技术科经理
史湧哲　海通物流国际汽车物流有限公司

案例3　深圳创捷:构造产业“互联网+供应链”金融生态圈的商业模式

一、企业简介

随着移动互联网的发展,全球一体化趋势更加明显,产业分工日益明晰并呈现出高度链式专业化的特点,企业各自回归核心业务并构建战略能力,在全球产业链格局中形成错综复杂的关系。如何创新贸易新业态,充分利用新技术,将全球的采购、研发设计、生产制造、交付退运、融资结算协同起来,成为全球供应链服务面对的首要问题。

在贸易全球化的过程中,深圳及珠三角供应链服务行业实现了跨越式发展。根据2014年企业统计显示,深圳诞生了中国80%的供应链服务公司,这些供应链企业的模式创新是原创性的、世界级的、产业集群式的,主要包括三种类型:第一种是项目型,针对某一项目或流程提供专门BPO(Business Process Outsourcing)流程外包服务,这是供应链服务的基本形态;第二种是平台型,即供应链服务综合方案商,如外贸综合服务平台,他们针对某些流程或者组合提供一体化的解决方案;第三种则是生态型,站在世界产业链全局高度,协同各企业之间的流程与要素,基于不过分约束的伙伴关系的规则来服务顾客。生态型模式基于全球价值链网络协同治理,有别于传统市场和科层治理,也有别于前两种供应链服务方式。

深圳市创捷供应链有限公司(以下简称创捷)是生态型模式的典型代表。这一模式有如下四个特点:第一,针对链式专业化的各利益相关者,将供应链服务嵌入产业链,针对具体的产业特点提供服务;第二,将产业链上的利益相关者互联网化,实现信息协同与集成;第三,构建不过分约束的商业伙伴关系,推动产融生态圈的建立,最终促成产融一体化,解决产业链中小型成长企业融资难、贵、乱的问题;第四,协助产业利益相关者归核化、降低供应链交易成本、提高供应链绩效、解决资金难题,帮助更多中小型企业更好服务全球客户,走向世界。

项目型、平台型、生态型这三种类型的供应链服务商,沿着各自的路径和方向发展,服务于不同的客户群。相比前两种模式,生态型模式在规模经济、范围经济、网络经济等方面更能充分体现供应链的价值,最终表现为供应链模式的先进性。这点也得到了国家领导人的关注和认可。2015年1月5日,国务院总理李克强在广州主持召开外贸企业座谈会,8家优秀企业参加;创捷作为唯一的供应链服务企业位列其中,向总理就产业生态圈经济发展献言建策。2014年9月11日,国务院副总理汪洋在创捷视察调研期间,充分肯定了创捷供应链“产业互联网+供应链金融”生态圈的商业模式,鼓励创捷供应链加快发展,力争在全国复制,助力更多中小企业转型升级。

创捷供应链成立于2007年,由创立于20年前的创捷科技进出口事业部发展而成,连续多年获得深圳海关"纳税大户"称号,是海关总署认定的"AA类企业"、深圳海关"客户协调员制度企业",2014年上半年位列全国一般贸易出口企业百强第37位。

该公司专注于"产业互联网+供应链金融生态圈"的新模式,并与国际信息化咨询领军企业形成战略联盟,搭建以"创捷供应链B2B电子商务平台"为基础的大型跨国商贸综合服务平台,是SAP全球标杆企业,所创新的商业模式入选众多知名商学院教学案例。

该公司目前与多家500强企业及中小成长型新锐企业长期保持战略合作关系,业务总额以年均60%的比率高速增长,已聚集3 000多家全球供应商,100多家生产工厂,多家设计商和多家国内外客户。近5年来,创捷为中小企业提供供应链金融融资突破400亿元。

二、创捷供应链的商业运作

(一)基于行业的供应链金融生态圈

供应链金融生态圈如图1-3-1所示,生态圈以创捷供应链网络为核心,具备生产、运营、管理、融资于一体。

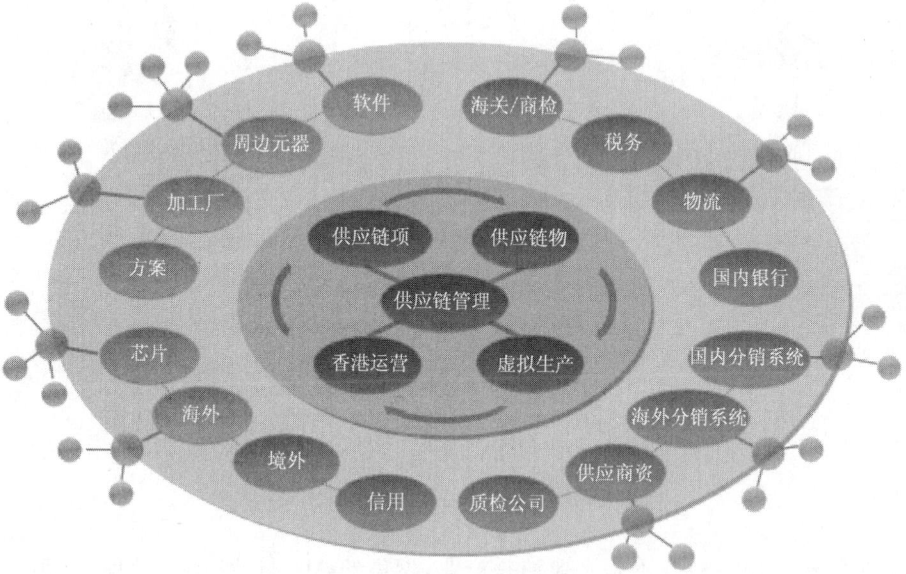

图1-3-1　供应链金融生态圈

1. 供应链运营平台

涵盖海关、税务、商检、物流、仓储、采购、生产、分销、保税仓储等环节,并形成第三方物流的集成解决方案。

2. 供应链信息平台

为一般的中小型企业提供信息化工作平台,创造接入即可享受的国际先进信息化管理工作体验。

3. 供应链金融平台

依托运营平台建立信用体系及支付体系,提供供应链融资及金融衍生服务。

4. 供应链关系链

构建"不过分约束伙伴关系"的社会化商业圈关系链。

供应链生态圈为圈内各企业带来的好处：

① 业务归核，帮助客户真正回归核心业务。

② 提升效益，整个供应链运营效益提高，流程时间缩短，商业关系链得到优化。

③ 解决项目生产资金问题，实现供应链融资。

④ 有效降低成本。

（二）创捷供应链 B2B 电子商务平台

B2B 电子商务平台是基于国际贸易、供应链整合和现代服务业理念建立的一个开放的生态平台，融合了"三大平台"：供应链运营服务平台、商务电子信息化平台、金控投融资平台，B2B 电子商务平台如图 1-3-2 所示。

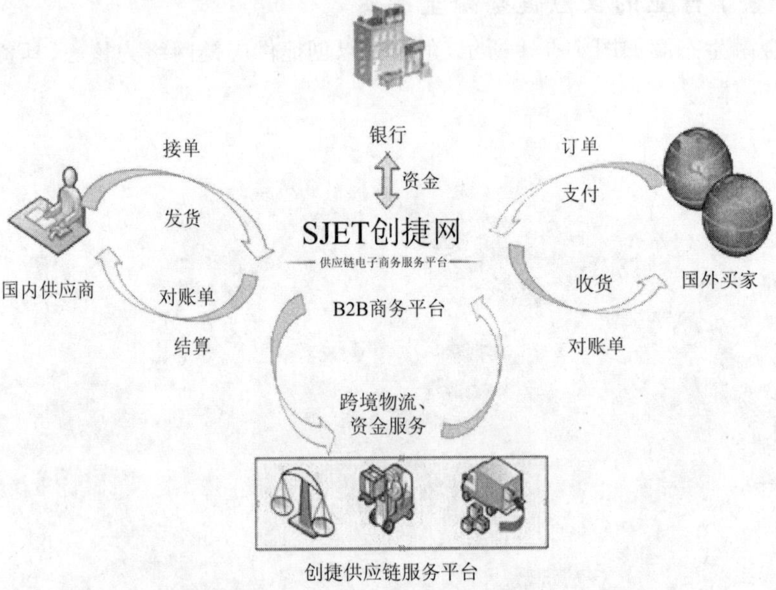

图 1-3-2 B2B 电子商务平台

创捷供应链的服务对象不是企业而是产业，聚焦的八大行业有 IT 及周边产品、通信产品、电子元器件、快速消费品、医疗器械、新材料新能源、消费类电子产品等。

创捷供应链 B2B 电子商务平台与一般的 B2B 电子商务平台存在明显的区别。一般的 B2B 电子商务平台主要是提供交易信息与撮合服务，平台建设方并不提供诸如资金、进出口物流等服务；创捷供应链 B2B 电子商务平台作为供应链行业的"协调员"之一，服务金融、通关、退税、外汇、销售、物流等所有环节，并通过 B2B 电子商务平台聚集了众多的海外客户、供应商、加工厂、物流服务商、银行、税务、海关、商检等，其数据交换功能如图 1-3-3 所示。基于供应链行业的电子商务平台新模式符合国家外贸政策，不仅是电商平台向海外市场的拓展和延伸，更是对海外市场本地化运营的生动阐释。

图 1-3-3 数据交换

三、创捷供应链的服务案例

（一）案例1

客户A是一家全球领先的无线通信技术产品和服务提供商,专业从事手机设计、手机整机业务、无线通信、数据产品、无线宽带技术、无线互联网应用等产品研发和服务,产品领域覆盖面广,涉及移动终端、通信产品、消费电子、汽车产品、计算机等领域。总部位于上海,在北京、深圳、西安、香港特别行政区、日本、印度、越南等地设有分支机构,研发中心及生产基地均设在深圳。该客户连续多年入选"中国高科技、高成长50强企业"和"亚太区高科技、高成长500强企业"。

客户A保持与国际通信领域顶尖企业密切合作,专注于信息产业领域的新技术和新业务开发,持续增强核心竞争力,不断创新,向其客户提供最全面的服务及提供最强有力的支持。

得益于近两年全球范围内3G、4G网络的不断完善,智能手机、平板等个人移动终端设备的需求不断增长,客户A的业务收入得到了较快增长。

创捷供应链在采购执行、进出口及供应链金融等领域与客户A保持有长期的战略合作,A公司是创捷供应链电子商务平台的核心VIP用户,通过电子商务平台得知印度买家有手机需求后,在创捷供应链电子商务服务平台的特色服务下完成交易,交易流程如图1-3-4所示。

通过公司的B2B电子商务平台,客户A公司可自如地与印度买家等跨境国际客户开展贸易,满足各方所需,通过多年的合作,客户A公司在印度的手机市场占有率达到30%,每年贸易额达10亿美金,为国家创汇及纳税做了重要的作用。

创捷供应链与客户A自2011年合作至今,已配合其完成10亿元的业务量。创捷供应链 B2B 电子商务平台具有实时性高、交互能力强、数据准确度高、响应速度快等优点，使创捷供应链成为客户 A 的优秀合作伙伴，深得其信赖。

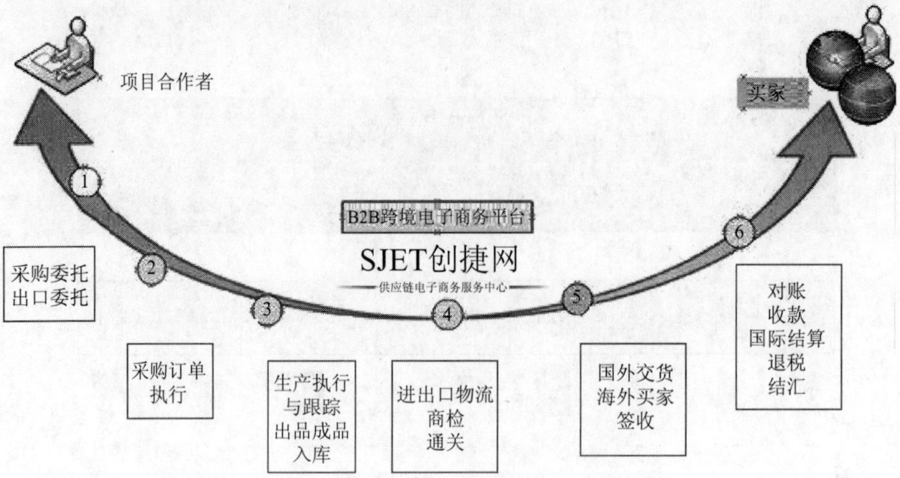

图 1-3-4 创捷网交易流程

具体实施效果：

1. 人力成本

在创捷供应链为其实施供应链管理方案以前，客户 A 须在该项目供应链平台配置 50 人以完成该业务的操作。创捷供应链的方案实施后，客户只需配置 6 名操作人员，配合创捷供应链该项目组人员 7 名，共 13 名人员即可完成原来的任务，客户 A 的人力成本大幅下降。

2. 业务处理能力

在创捷供应链方案实施前，原 50 人的项目组完成 3 亿元的业务量；方案实施后 13 人可以完成 5 亿元的业务量，业务处理能力提高 65%。

3. 运作成本及效率

由于信息支持到位、准确、及时，供应链流程整体效率提高，生产周期从原来 35 天缩减至 25 天；价格定位更加准确，报价需时由原来一周缩减为 2 天，提高客户商务谈判实力；库存监控决策系统进行了大量有效的即时数据分析，原材料备货量由原来 60 天减少 50% 至 30 天，盘活大量资金。

4. 帮助客户回归核心业务

创捷供应链方案实施前，客户 A 需要四地机构或部门配合，共同管理原料仓、成品仓以及加工厂，沟通成本及人力成本过高。方案实施后，客户由独立为其开放的端口进入创捷供应链 B2B 电子商务平台，监控管理统一在平台上完成，便捷有效地实施管理，帮助客户释放其在供应链上的管理成本，有效提高供应链决策准确率，能够使更多人力物力回归其核心业务。

根据客户 A 公布的 2012 年财务报告，2012 年与 2011 年销售收入同比增长 8%，分析结果为得益于 3G 智能手机需求增长，该集团对产品进行了优化以及上下游关系得到改善；与此同时，2012 年与 2011 年营业成本同比下降 27%，分析结果为得益于该集团优化其成本结构，以及在供应链管理环节进行了有效合理的优化。

（二）案例2

1. 客户简介

客户B是一家快速崛起的移动通信产品ODM提供商，专业从事移动通信产品、智能穿戴设备等产品研发和销售，短短5年已经成为中国移动通信产品ODM行业的领军企业。总部位于深圳，在深圳、上海、江苏、香港、印度、越南、泰国、俄罗斯等地设有分支机构，研发中心及生产基地设在深圳。该客户连续4年成为南亚、东南亚等地主流运营商、通路商的核心供应商，出货量行业领先。

得益于全球移动通信市场的蓬勃发展，客户B的业绩取得了飞速增长，2011年到2014年期间，其年均销售收入增速高达61%。稳居移动通信产品ODM提供商前列。

2. 客户需求分析

目前手机市场竞争日趋激烈，尤其价格压力巨大。企业逐渐从研发竞争转向供应链竞争，以保证其产业链的综合竞争优势。

客户B在创立初期，即对自身优劣势进行了剖析并形成清晰认识：

客户具备优秀的产品研发和市场开拓能力，但缺乏专业的供应链管理能力，急需建立一个适合自身需求的具备敏捷性（Agility）、实用性（Adaptability）、协作性（Alignment）的供应链管理体系（简称3A要素）。通过数据的归集、整理和分析，供应链管理体系能够降低外部因素对内部运作的影响，提高供应链的敏感性，能够对变化做出快速反应。产品在生命周期的不同阶段其供应链可能采用不同的运作模式，必须建立具有适应性和能够应对市场和客户变化的供应链。客户需要将供应链环节进行结构优化，在其供应链环节中转变上下游敌对状态，建立同盟关系，保持利益一致性，使整条供应链效益最大化。由于其产品具有更新速度快、生命周期短等特点，所以其供应链要求速度更快、效率更高、决策能力更强，从而保证其供应链具备3A要素。具体需求体现在：

① 快捷的通关及物流服务；

② 先进的数据管理手段；

③ 实现价格全程监控、库存实时监控；

④ 实时货物在途管理；

⑤ 交易在线化；

⑥ 智慧化的数据分析能力；

⑦ 资金交易的透明化管理；

⑧ 高度集成、智能化的决策。

客户B与国外客户签订采购协议，采购国内外原材料送至工厂生产。工厂生产出成品后交回客户B，客户B进而交付给其国外客户。在此过程中，客户B要负责研发与销售、原材料采购、进出口报关、国内外物流仓储、资金、生产品质管控、银行议付、退税等繁杂流程，相应会导致人力成本增加，并需要专业的供应链统筹管理能力。但客户B的核心竞争力是研发和销售，其他环节并非其核心能力，全程供应链如果由其操盘，则将大幅提升运营成本，牵绊其整体供应链效率，为订单增加了不可预见的风险，降低了整体竞争力。

针对客户情况，创捷对症下药，为其量身打造了一套供应链管理解决方案：将其供应链中的采购执行、进出口报关、国内外物流仓储、资金、银行议付、退税等非核心业务承包，以创捷的核心竞争力支持客户的非核心业务，解放客户使其更专注于研发和销售。

具体合作模式为：客户 B 与创捷签订协议并提供生产计划物料清单（BOM），创捷依据 BOM 采购国内外物料并集货于创捷 VMI 仓库分拣、齐套后交付工厂。生产过程由客户监控品质。成品完成后由创捷交付给客户 B 的国外客户。

至此，客户 B 通过创捷供应链基于产业生态圈的供应链综合管理平台，成功为客户提供了供应链优化和信息化增值服务。

3. 客户收益表现

① 降低了人力成本等综合运营成本（仅人力成本相对行业平均水平降低 65%）。

② 提高数据、信息准确度，杜绝了人为判断或违法风险。

③ 提高了运作效率，例如生产周期从原来 40 天缩减至 25 天；产品定价周期缩短 5 天（时间缩短 70%），提高了客户商务谈判能力等。

④ 帮助客户聚焦于核心业务，即业务“归核化”，进而提升了客户的核心竞争力。

经过与创捷稳定互信的战略合作，该客户的发展突飞猛进。

自 2010 年合作以来，在创捷的支持之下，该客户已完成业务量 6.2 亿美元，在南亚、东南亚的手机市场占有率攀升至 19%，为国家创汇、纳税、就业等做出了重要贡献，成为了业内赫赫有名的后起之秀。

创捷也通过这种模式为通信行业的产业升级做出了扎实贡献。历经多年的战略合作积淀，客户 B 与创捷建立了牢固的战略同盟关系，并分享双赢成果，成为业内供应链整合与产业升级的标杆案例。

（三）创捷供应链成功案例——手机产业生态圈发展规模

根据《中国手机市场发展及消费趋势调查报告》显示，2014 年全球手机出货量 18.9 亿部，增长 4.9%，我国共计生产手机 16 亿部，占到全球产量的 85%，其中 80% 的手机为深圳企业生产。2015 年国内智能手机的增长减缓，但全球市场依旧很大并且不断增加，越来越多的国产手机品牌将会拓展国际市场。国产知名品牌会不断分化，寻找自己的发展空间，不少子品牌会不断兴起，终端换机热潮会爆发，价格战仍会持续。

手机已经是最大的个人信息、商务信息接收和管理平台；未来可能是最大的信息发布平台、最大的结算平台、最大的信息交互平台、最大的商务对接平台、最大的娱乐多媒体平台、最大的游戏平台、最大的物品和个人身份识别平台、最大的监控和服务实施平台……也就是说，智能手机时代仍然会持续相当长的时间。

根据创捷多年手机行业发展研究，到目前，深圳行业存量资金是以亿为计量单位；深圳手机产业链日趋完善，不缺整合资源的环境；深圳也不缺创业的冲动和激情，涌入手机行业的人员也是以十万来计算；深圳更不缺少吃苦耐劳的拼搏精神，为赶进度日夜操劳的老板和工作人员随处可见。

在此基础上，目前创捷供应链打造的手机产业生态圈已初具规模，已聚集大批产业相关上、中、下游企业，其中：导入项目上万个，总额近 100 亿美元；项目管理企业近百家；各类芯片、软件、配套供应商近3 000家；制造商/加工厂近百家；方案设计商多家；辐射南亚、南美、非洲、东南亚、俄罗斯等新兴国家市场的海外客户多家，创捷供应链业务流程如图1-3-5所示。

图1-3-5　创捷供应链业务流程

（四）创捷供应链B2B电子商务平台核心竞争力

基于产业链的电子商务平台。创捷供应链电子商务平台根植于创捷供应链生态圈模式，以业务为主导，产业链贯穿其中，整合了上下游的需求与能力，能够实现需求的最大化满足，目前电子商务平台已聚焦深圳智能终端产业集群、珠三角光电产业集群等。

以大数据分析中心为架构的电子商务信息化平台。从B2B电子商务发展的历程来看，第一阶段以信息撮合机制为主，通过互联网有效地汇聚买卖双方信息；第二阶段以在线交易为主，信息展现模式、在线交易工具、配套服务产品的发展使得各平台都在想方设法解决在线交易问题；第三阶段以资源集聚为主，所谓资源集聚正是突出两个核心要素：数据穿针引线，服务本质所需。可见，如何布局大数据，以及在大数据基础上创新模式，成为B2B电商未来要思考的重要问题。电子商务信息化平台通过整合全互联网的B2B数据，提升供需双方的信息匹配度，尽力提高交易效率。这是一个变革的时代，未来的竞争核心肯定是开放性的大数据，这决定了数据将成为一种重要的竞争力。因此，如何对海量的数据加以分析，提炼出有价值的信息，从中挖出金块，将会成为B2B电商争夺的新高地。

"信息流、资金流、物流"三流合一的电子商务平台。电商平台基于创捷供应链在供应链行业的深厚积淀，独创的供应链金融生态圈的模式令"信息流、资金流、物流"实现三流合一。在B2B电子商务"三流合一"的大环境下，物流合作、在线支付是重要的发展方向。中国B2B电子商务产业正由信息服务向交易服务方向转换。信息服务模式解决企业间信息不对称的问题，而交易服务模式更关注帮助客户实现在线交易，实现信息流、物流和资金流的三流合一。B2B电子商务未来发展趋势是服务精细化和盈利多元化。

（五）创捷供应链核心优势

1. 人才团队优势

创捷供应链拥有众多行业精英加盟，涵盖金融、财税、运营、电商各个领域；现有管理团队均由从业8年以上、经验丰富的行业专家组成，大部分拥有硕士以上学历，为创捷供应链未来的持续发展提供可靠人才团队保证。

2. 商业模式优势

创捷供应链"产业互联网＋供应链金融"生态圈的商业模式，已经在泛珠三角地区得到了充分的实践验证；当该模式逐步成功复制到其他产业集群地后，将引领中国供应链行业产融生态圈模式的未来走向。

3. 服务平台优势

深度的商务电子化使得公司通过"E－SCM B2B 平台＋IBM SI 数据集成中心＋各个子系统"，实现了商务信息流的高度协作与集成，业务实时协同集成，匹配创捷在海关、税务、银行、运营领域的平台优势，真正实现共营链、共赢链。

四、创捷供应链发展愿景

当今，移动互联网浪潮席卷世界，全球一体化、产业分工愈加明晰，企业逐步选择回归核心业务并构建核心竞争力，在全球的产业链中逐步占据重要地位。作为供应链服务的综合方案商，创捷构建"产业互联网＋供应链金融"的生态圈，服务更多企业转型升级。

站在世界产业链全局高度，协同各国家之间、企业之间的联动与衔接，以便更好服务客户，在这一过程中创捷供应链不仅助力中国中小企业发展，帮助中国产品走向世界。

同时，创捷供应链积极引进更多海外优质产品，搭建国内外产品交流的桥梁，让更多海外优质产品惠及国内企业。

面向未来，创捷供应链有信心、有能力将供应链生态圈商业模式从深圳，复制到珠三角区、全中国、乃至国际区域，覆盖更多行业，并将供应链服务嵌入产业链中，基于产业互联网，构建不过分约束的商业关系生态圈，实现全球产业的协同，真正帮助企业走向成功，并在这一过程中，实现自身的可持续发展，构建百年企业。

撰稿人：文健君　深圳市创捷供应链有限公司总裁

史　书　深圳市创捷供应链有限公司市场总监

案例4　上海电气:全链条的产业供应链管理

一、实施供应链管理的背景

改革开放30多年,中国企业,无论是国企还是民企,在制造业的各个领域,特别是中低端制造业,无论在产品质量、品种还是生产规模上都有了长足的进步。有很多企业积累了相当的实力,在国内、甚至国际市场上有了主导的份额和地位。中国已是制造业大国,对世界制造格局都有相当的影响。

普遍地看,中低端制造业的特点是技术门槛普遍相对比较低、劳动力和资本密集程度较高。企业优势地位不稳定。

在我国,成本洼地逐渐趋平,竞争已是日益明显和激烈。在产品短缺已经不在、成本普遍上升的今天,企业面临的困难不少。其中,在经济和市场都不稳定的形势下,市场占有率和成本控制一直是影响企业生存和竞争力的重要方面。

对大型企业来说,生产规模对降低成本有一定好处,但从另一方面讲,它也是一把双刃剑。大企业管理难度相对较大,操作的失误会让企业陷入更大困境。因此提升管理水平和生产效率成为绝大多数中国企业的发展机会和出路。

上海电气集团是上海国资委旗下的大型国企,也是我国装备制造业最大的企业集团。2004年通过改制成立企业集团公司和股份制公司。以推进“产业集约化发展、技术高端化提升、资源全球化集成”为三大战略,目标是建立世界领先,具有创新活力、国际竞争力和可持续发展能力的现代装备制造业国际化大集团。

上海电气集团股份公司是上海电气集团的核心资产。主营电站设备,包括新能源、风电、核电、电站工程、输配电工程等。与东方电气、哈动力一并成为我国最具实力的、主要的电站设备制造商。

“十二五”期间,上海电气正处于一个转型发展期。公司面临调结构、转方式、促发展的关键时期,产业进入提升阶段,管理需要提升和创新,以保持持续两位数的增长,进一步增强企业市场竞争力和抗风险能力。这是上海电气在“十二五”期间面临的新的挑战。

2010年是上海电气的管理年。在“打造世界级工厂,推进现代化管理”理念的推动下,由上海市商委指导牵头,上海电气正式引入国际先进企业普遍采用的“供应链管理操作模式”。巧合的是西门子总部、上海电气和德国西门子公司的合资企业使用的正是同一种管理方法。咨询项目的实施让合作方西门子也深受鼓舞。由于管理模式的一致,双方流程、系统更加容易兼容,协调性得以大幅改善,效率提高。

二、供应链管理项目的实施

供应链管理方法论的引入和实施分为以下两大阶段，如图 1-4-1 所示。

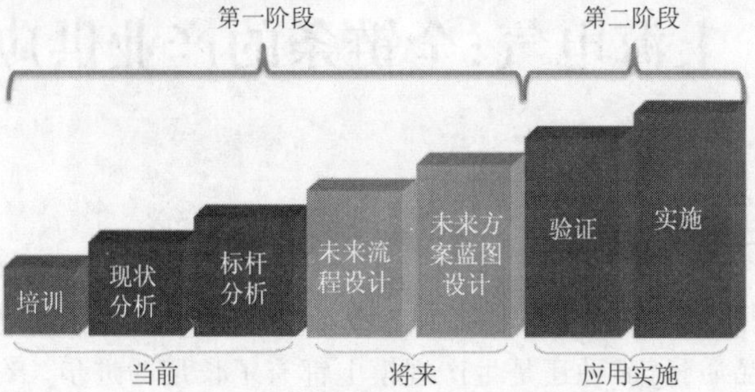

图 1-4-1 两阶段引入与实施

本阶段的特点是以供应链管理方法论的培训为先导，以现状调研和分析为主干展开的。

（一）企业现状

1. 现状分析

纳入现状分析的范围包括计划、采购、生产、配送、退货的全内部供应链环节，再加上 IT 和财务方面。由咨询师和电气各个部门事先约定的负责人在企业的各个部门展开。

从了解现状和从流程梳理、财务指标分析比对入手，对上海电气股份公司内部管理模式的现状进行了解和解析；通过系统的分析、统计、计算与假定等方法，为项目的具体实施阶段规划蓝图方案并确定潜在的改善重点。

2. 现状分析的方法

① 就现状流程建模。从资源配置、时间周期、绩效水平、财务流、供应链第一到四层流程、客户分析、供应商分析等多维度流程要素带入模型进行全方位的审视。绘制战略层流程、策略层流程、执行层与系统层流程。

② 引入财务分析软件系统，接入企业财务数据。事实上，企业的供应链水平，最终会落实在财务数据上。通过企业财务数据流这些较量化的指标评价企业的供应链水平是比较准确的。

③ 同时还引入：最佳实践应用概况分析、供应链资源配置分析、流程断点分析、供应链绩效分析（SCOR 记分卡）、财务流分析、时间周期分析、IT 系统概况分析。

④ 按照标准的操作方法，引入同行业标杆企业西门子做财务数据比对，通过以上了解和对应调研结论，最终评价和确定上海电气当前的供应链水平。

3. 现状分析结论

(1)流程不完善

供应链型的企业是以客户为中心、以流程为基础的。企业需要从基于事务的管理模式向全面基于流程的管理模式发展。其中非常重要的是处理好流程与 IT 系统的关系（IT 服从流程还是流程服从 IT），这是项目中应该着力解决的问题，如图 1-4-2 所示。

绩效属性		绩效指标	企业
运营方面	销售	营业额	1,453,624,460
		增长率	14%
	成本	营业成本(%)	68%
		供应链管理成本(%)	4%
	资产管理	现金周转时间	514
		库存供应天数	338
		应收账款天数	286
		应付账款天数	111
		固定资产回报率	102%
		流动资金回报率	19%
		资产周转率	0.37
财务方面		资产回报率	7%
	营利性	净利润	19%
		股东权益回报率	99%

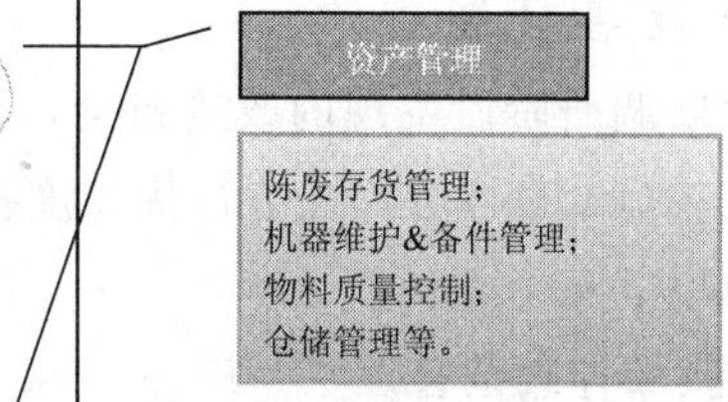

图 1-4-2　初步财务数据结果及潜在挑战领域①

(2)缺少绩效评估系统

(3)缺少规范化的计划流程,对计划变更无法实施有效的管理

对电气这样的企业来讲,不确定性主要来自原材料市场和国家政策的改变和不确定性对订单和生产所产生的巨大影响。比如用户电站项目是否能通过国家的审批,如何预定原材料,如何将原材料衔接进入生产或退货等。事实上,闭环的计划与执行流程,被现代管理学越来越多地提及,因为一个闭环的计划流程可以更好地处理实际与计划之间的差距而不断地调整计划。这当中,增加下游的灵活性、及时的响应能力以及模块化设计和生产是解决问题的关键,而这些都是供应链参考模型中推荐测量的绩效指标。此外,诸如计划时间维度、计划合作范围、计划变更方案等都是进一步提升计划效率的有效方法。

(4)缺失整个退货流程

退货流程需要有很强的操作性、更高效的业务流程。多个部门都反映退料的操作性不强或存在潜在困难等问题,并由退货流程所带来的一系列关于物流与库存的管理都需要良好的管理措施。供应链运作参考模型恰好有良好规范化的退货流程。

(5)维修及备件管理

备件管理是保证生产效率的重要因素,会影响产出合格率等各种生产指标。备件管理是资产管理的一部分,不是成本但会影响成本。尽管备件管理在预测上存在种种困难,但更加固化的操作流程,会在很大程度上完善备件管理的优化配置。

(6)存货水平高

缩短和减少生产计划的周期,清理生产周期较长订单占据的生产资源,从而降低存货水平,也是亟待解决的任务。发电机的生产步骤环节较多,生产环节中需要的零部件品种、协作采购和自加工的部件多而且流程复杂,受政策、合同、技术可行性等因素影响较大,如何适

① 由于敏感性,略去标杆企业财务数据和本合作企业名称。

当分解这些因素从而针对生产计划周期进行提升(可能涉及对某些流程进行合并、平行化甚至顺序调整),也是项目的一个重点。此外,既经济又合理有效的库存结构和供应安排是解决库存问题的出路。生产计划周期和库存水平有一定程度的依存性,处理好订单履行周期对库存有着积极影响。

(二)改善计划

针对深度调研阶段发现的改进机会,设计企业未来的供应链提升方案,并根据各个方案的财务贡献率(ROI)与可行性进行优先度排序。最终,通过和企业的共同分析和评估,改进的重点选取以下几个方面。

1. 仓储、库存规范管理

由初步财务数据分析显示,企业的库存供应天数高达 338 天,如图 1-4-3 所示,其中仓储存货管理规范有待完善、质检周期因行业的特殊性过长、生产领件流程需要进一步的改进以及维修备件管理方面考虑不足等为直接或间接原因。针对这一结果,项目的第二阶段可以协同企业进行一系列针对性的最佳实践来降低其库存水平,提高现金流周转。

事实上,很多这样的大国企,都存在备件库存偏高的共性问题。这个企业光是备件仓库就有 25 个。根据统计和测算,每一年从 25 个仓库到车间、车间到仓库,备品备件的运送距离不会少于 5 万 km。

最终,建议通过战略采购机制、供应商原料分类分担系统、备品备件高效登录和查询系统,以及优化配置、布局,在不影响生产需要的前提下,可以将仓库减少到 5～7 个。

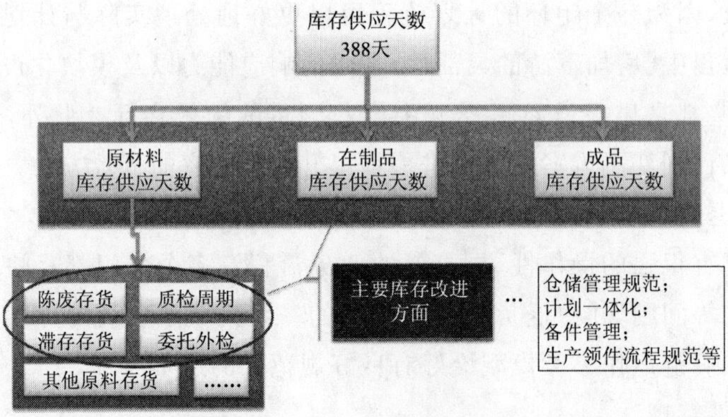

图 1-4-3　库存分析结果

2. 一体化计划流程

由于该企业是集团计划下二级计划的执行方,现有的计划流程,是行政色彩很浓的计划模式,它势必在多方面影响其供应链的响应能力、灵活性和自由度。

良好的计划过程,是对于需求和资源的平衡过程。这个平衡过程,应该是持续化的、固定优化的和以需求为导向的。然而事实上,计划流程要求的各个部门协作,往往因为缺乏有效的流程管理和严明的纪律而难以维持,这也就影响了计划变动时处理变动的各方响应能力。因此,我们建议实施计划一体化流程。

3. 战略和绩效管理

综合客观的绩效评估系统对于企业的贡献是巨大的。该系统不仅能对企业进行现状评估和标杆分析提供重要依据,而且能对设定未来目标提供量化指导。不仅如此,这个绩效评估系统还可以帮助企业完成组织结构调整的转变以及职能流程之间的整合。绩效管理的重点和要求是:结构化、标准化的绩效指标层级系统,覆盖计划、采购、生产、配送、退货(原料退货、成品退货)的第一至四层流程,引入响应性与灵活性指标。

4. 其他重点改进方面

其他重点改进的方面包括两部分:评估企业供应链最佳实践覆盖程度、量身开发可供实施的最佳实践蓝图。后者涵盖资产管理其他相关方面、资源配置水平评估、风险管理、供应商评价管理、信息系统与流程的支持等。

最后,企业绘制了五年战略发展规划,如图 1-4-4 所示。它包含一个由不用项目类型组成的可选方案组合,其中包括如何实施新的业务流程及需要采用哪些最佳实践的明确的指导和规划,现该规划已成功完成。

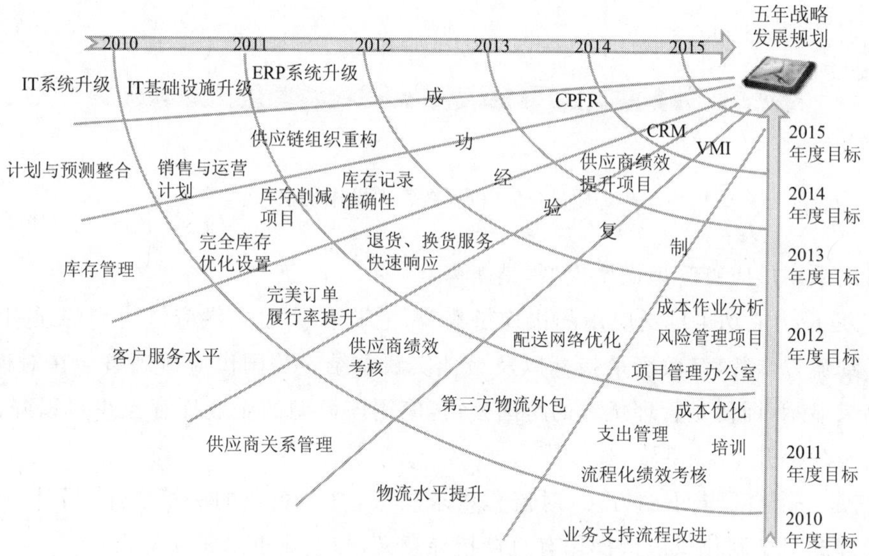

图 1-4-4　五年战略发展规划图

三、供应链管理目标的实施

(一)目标

① 支持工厂运用供应链管理操作模型的实施方法重新配置及优化其供应链运作水平,建立标准化、结构化的绩效评价系统与流程架构,提高资产管理水平,并协助工厂实现第一阶段的目标:引入供应链标准化模型;梳理现行供应链分层流程,识别供应链管理断点;引入供应链标准绩效体系,支持持续的效率提升;设计供应链提升具体方案,加快流程化管理进程。

② 携手实施供应链提升方案,达到量化改善,实现第二阶段项目目标。可具体针对提高供应链灵活性与响应性,完善端到端供应链的流程整合、提高资产管理的成熟度等。

（二）方法

采用美国供应链理事会开发的一套标准的、结构化的提升方法——供应链管理操作模型。该方法是通过对不同生产方式的区别化管理来提升企业供应链运作的一种全面而深入的方法，在国际诸多领域有着广泛而成功的应用实例。该模型是建立在五个主要运作管理流程之上：计划、采购、生产、配送、退货，如图 1-4-5 所示。

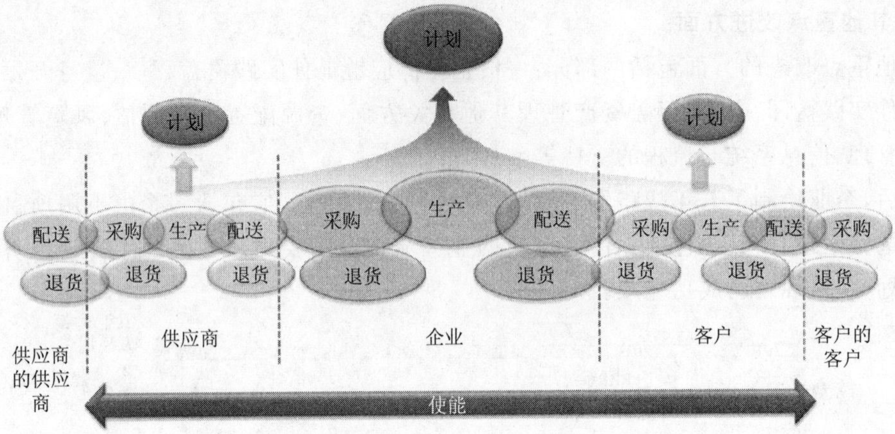

图 1-4-5　供应链管理操作模型

之所以采用供应链管理操作模型，是因为：

① 它是最为成功也广泛应用的供应链模型，它提供了建立供应链模型的通用语言，其中包括详细流程步骤、绩效衡量指标以及最佳实践总结。美国供应链理事会在对模型使用的观察结果显示，即便是管理优秀的跨国公司，应用该模型的企业库存至少可以降低 30%，年度收益至少提升 1%～3%。

② 它是一个自顶向下的方法，对流程讲求层级，符合企业的决策顺序，另外，深入第四层的建模理念对于固化供应链操作有直接指导意义，与企业重组相互补充。

③ 它强调计划，是以计划流程为指导的供应链配置模型，并讲求采购、生产、物流和退货的整合链接，这与该企业的组织机构重组的变革思路相吻合。

④ 在该模型中有详细论述的退货流程（包括原料退货、成品退货），对于现行供应的运作有深刻的指导意义，而对退货流程的处理并非在所有供应链模型中都如此规范条理。

⑤ 它有完善客观的绩效指标体系，超过 300 个绩效指标，从可靠性、响应性、灵活性、成本控制和资产管理等多个维度、3 个层次提出对供应链运作的综合评价。

（三）范围

该阶段项目所涉及的项目范围将包括发电机厂的全部供应链管理运作，供应链管理实体简图如图 1-4-6 所示。

范围包括企业流程计划、采购、生产、配送、退货的第 1 层到第 4 层（如图 1-4-7 所示），同时包括第一级主要供应商和主要客户（可进行选择）。其中，对供应链的分析和改进涵盖从财务(包括成本)、工具、时间周期、绩效水平、最佳实践等多个维度的全流程图绘制。

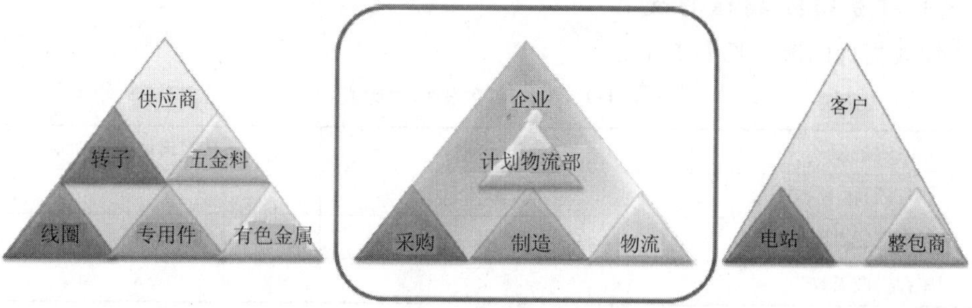

图 1-4-6　供应链管理实体简图

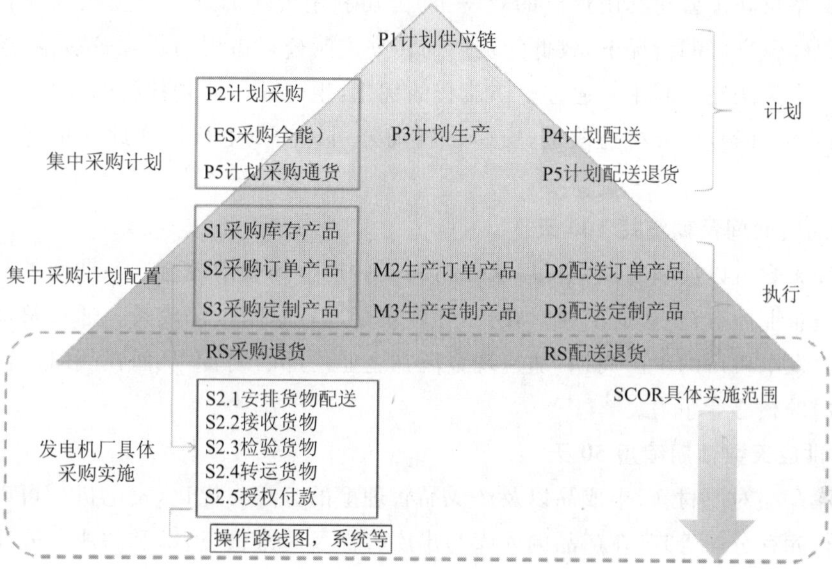

图 1-4-7　1～4 层的涵盖流程图

四、供应链管理的绩效分析

值得指出的是,很多企业花高昂代价购进了软件系统,如 ERP、SAP。他们面临一些共性的问题比如这些软件系统并没有在企业里成功运行而成为昂贵的摆设。还有一些企业仅仅停留在做报表的阶段而浪费了系统强大的功能。而其中绝大多数的原因是流程不完整,布满流程断点,从而导致系统采集不到可靠数据而无法运行。通过供应链标准流程的梳理,可以迅速了解软件系统的逻辑关系、补充缺失流程、建立可靠数据链而让系统高效运行。

按不同的生产方式区别地建立不同的供应链生产模式。全方位设计建立计划、采购、生产、配送、退货 5 个供应链环节 1～4 级的完整流程。

引入供应链管理标准流程从模型的第四层梳理出流程近 2 000 个,合并流程三成,发现重要的、需要重建的流程断点 301 个,识别和最终确定重点改进目标 30 多个。

建立完善的绩效考核体系:第一层 11 个,第二层 45 个,第三层超过 500 个,易于系统性规划，支持供应链绩效的持续提升。

（一）财务绩效指标的改善

财务绩效指标的改善见表 1-4-1。

表 1-4-1　财务绩效指标对比表

绩效指标	初步调研分析	初步预估未来目标
资产周转率	0.37	0.5
现金周转时间	514 天	414 天
库存供应天数	338 天	288 天

1. 资产周转率预期提高 35%

资产周转率反映了公司利用资产的效率，即公司利用公司的资产产生收入或者盈利的能力。在公司经营良好的情况下，较低的资产周转率说明公司占用的资源较多，有较多的现金流注入资源中无法充分利用。通过整体流程的优化，生产部门计划执行的调整，并对所有流程中不衔接环节断点的分析与改进，安库格咨询公司认为发电机厂在此项指标上还有提升空间。

2. 现金周转时间预期缩短 100 天

现金周转天数可以反映出发电机厂从原材料支付现金到收回现金这一期间的长度。对于大型装备型企业而言，生产周期通常较长，导致现金周转时间也比较长。通过整体流程的优化可以减少发电机厂的生产周期，加速现金流在企业内部的周转，从而在战略层面上提高企业在行业内的核心竞争力。

3. 库存供应天数预期缩短 50 天

根据在库存品对原材料、半成品以及产成品管理上的分类与优化，发电机厂可以根据其历史数据进行库存分类管理，在产品的入库与出库方面及时跟进、追踪和解决。安库格咨询公司相信发电机厂可以更快速地减少其库存供应天数，并以此为出发点建立与供应商之间的长期战略合作关系。

4. 释放现金

如按销售额 30 亿元算，预期释放现金 1 亿元以上。

（二）推进工厂一体化计划

有效的计划模式由于减少技术准备、采购和制造原因造成的延误而使得生产周期明显缩短，因而也使得原材料和成品库存全面降低，减少因延期交货而产生的罚款，改善集团与工厂之间的计划流程分离而产生的非协调动作。

五、实施供应链管理的评价

上海电气集团股份有限公司首席运营官陈干锦认为：实施阶段项目有多种多样的，有些关注直接成本和库存节约，并展示直接成果；另外一些更多的是关注企业管理能力、员工技能方面的投入，需要更长时间才能产生可以衡量的成果。在实施阶段，工厂决定选择更关注长期管理能力提升的实施项目。因此，项目成效更多的是无形的。

供应链管理操作模型为我们供应链管理提供了一个非常系统的参考。横向以计划、采购、制造、配送、退货业务为研究主线，纵向自上而下以战略层、配送层、要素层、执行层、使能层等层层展开，使不同级、不同部门需要关注的内容更加清晰。

另外，管理可以是有标准的。供应链思想的一个明显优点在于关注整个业务流程的协同和资源的匹配，从而实现整体效益的最大化。

撰稿人：王大海　上海电气集团股份有限公司项目经理

案例5　川山甲:打造基于物联网的工业品B2R供应链管理平台

一、企业简介

川山甲供应链管理股份有限公司(以下简称川山甲或公司)的前身是浙江川山甲物资供应链有限公司,成立于2008年11月4日,总部位于杭州市滨江区高新技术开发区内。2013年9月,依法整体变更为股份有限公司。公司于2016年4月26日完成新三板挂牌。

公司从成立以来一直专注于工业品供应链管理服务领域,公司以工业品供应链管理服务商为战略定位,依托大型制造企业和产业集群区,向上下游产业链延伸,发展集库存管理信息化、采购管理优化、工业品B2R交易平台、供应链管理信息系统、集中分拣配送、供应链金融以及物联网溯源服务等在内的综合性服务,以帮助生产制造企业降本增效为使命,打造基于"物联网+B2R平台"的工业品智慧供应链。

多年来,公司的发展获得了社会的广泛认可,赢得了"国家AAAA级物流企业""全国先进物流企业""浙江供应链协会会长单位""中国供应链管理示范企业""浙江省服务业重点企业""美国供应链管理专业协会浙江分会主席单位""2014年度杭州高新区(滨江)瞪羚企业""2009年浙商最具投资价值企业""2010年浙商最具投资价值企业榜首""2011年浙商最具投资价值企业""2011年浙江名牌产品称号""浙江省商贸百强企业""2011年度浙江省成长之星企业""浙江省创新物流企业""2016年度全国先进物流企业""商务部颁布的首批智慧物流配送示范单位"等社会荣誉。

二、实施供应链管理的背景

(一)供应链管理的作用日益受到重视

英国著名供应链研究专家马丁·克里斯托弗曾经论断:"21世纪的竞争,不再是企业和企业之间的竞争,而是供应链和供应链之间的竞争。"这句话高度概括了供应链的重要性。随着世界经济一体化及企业一站式采购的需要,企业供应链管理已经被日益提高到战略地位。

现代经济条件下,企业所面对的市场需求多样化、个性化、变化频繁的特点日益突出,而企业之间的竞争也日益激烈。通过专业化分工、服务外包的手段提高核心竞争力、提升对市场的响应速度、降低非核心业务的运行成本成为企业竞争的主要热点。其中,通过利用高效的外部供应链服务平台、借助专业的供应链管理公司所提供的服务,改进企业的内部供应链架构,提升供应链的运行效率,降低供应链的运行成本,是现代经济发展的主要趋势之一。

（二）工业4.0转型升级，供应链管理需求日益迫切

在很多行业中，制造成本的降低几乎走到了极限，销售额的增加也难有大的突破，对供应链的优化和细化最有可能成为成长型企业的另外一个利润源。更重要的是，对供应链的优化和细化，并不仅仅是一个与效率和成本相关的话题，对那些希望加快自己的市场反应速度，更好地满足客户需求的成长型公司来说，选择合适的供应链，可能就等于选择一款生死攸关的防身或攻击性利器。

传统制造业工厂采取平铺式布局的大规模生产，产品品种单一、标准化，难以满足用户多种多样的需求，而定制生产又存在成本高、效率低、交货慢等诸多问题，在工业4.0时代，可以通过智能化信息管理系统、RFID无线射频等技术模拟上千种工厂物流，从而实现了大规模定制生产，生产成本低、效率高、交货快，又满足了用户多样化与个性化的产品需求。同时企业将不仅仅进行硬件的销售，更是通过提供完善的售前售后服务与多种多样的增值服务，以获取更多的附加价值。

（三）供应链管理的市场前景

1. 经济持续增长推动供应链管理服务行业交易总量持续增长

基于通过供应链管理职能外包，缩短交易时间，提升交易效率、降低交易成本的供应链管理服务业与所服务行业的交易总规模息息相关。在供应链管理功能外包比例一定的条件下，所服务行业的交易总规模越大，则供应链管理服务业的市场规模越大。

近年来，全球经济总体呈增长趋势，国际分工的加强，全球经济一体化的趋势促进世界经济交易总规模持续扩大。同时，中国经济的持续高速发展，更是大步推动着国内社会经济交易规模的不断扩大。全球经济，尤其是中国经济的持续增长推动供应链管理服务行业交易总量持续增长。

2. 产业升级、竞争加剧、管理理念更新造成供应链服务管理外包比例不断攀升

供应链管理业务外包是现代经济形态的产物，其根源在于为应对日益多样化、个性化、变化频繁的市场需求而提升对市场的响应速度；为应对企业之间日益激烈的竞争而强调专业化分工、降低非核心业务的运行成本将非核心业务外包；为利用高效的外部供应链服务平台，提升企业供、产、销的整体运行效率。

产业升级导致现代经济结构的前沿领域已转向对市场的响应速度要求很高的消费、电子类行业；竞争加剧导致越来越多的企业选择强调突出核心业务而将非核心业务外包；管理理念更新促使越来越多的企业接受了通过供应链功能外包提高整体运行效率的战略选择。产业升级、竞争加剧、管理理念更新使得供应链服务管理外包的比例不断攀升，越来越多的行业、企业提出了供应链管理服务的需求。

3. 商业银行业务拓展、中小企业融资需求推动供应链金融的不断发展

在供应链金融模式下，银行可以适当淡化对企业的财务分析和贷款准入控制，其关注的重心是每笔具体的业务交易。降低了中小企业融资风险，拓宽了可选择客户的范围，同时有效地缓解了一部分中小企业融资难的问题，规避了银行与中小企业之间的信息不对称。

近年来商业银行受到信贷规模的限制，商业银行在进行经营战略转型过程中，已纷纷将供应链金融作为转型的着力点和突破口之一。供应链管理已成为企业的生存支柱与利润源泉，几乎所有的企业管理者都认识到供应链管理对于企业战略有着举足轻重的作用。

4. 政策利好支撑供应链管理发展

政策红利持续释放，推动供应链管理实现跨越式发展。2014 年 9 月，国务院发布《物流业发展中长期规划(2014－2020)》，提出鼓励传统运输、仓储企业向供应链上下游延伸服务，建设第三方供应链管理平台，加快发展具有供应链设计、咨询管理能力的专业物流企业，着力提升面向制造业企业的供应链管理服务水平。根据统计，2014 年我国供应链管理市场规模达 1.34 万亿美元，预计 2020 年将达到 3.1 亿美元。

2016 年 2 月，央行、发改委、工信部等八部委联合发布《关于金融支持工业稳增长调结构增效益的若干意见》，专门提及"大力发展应收账款融资"，还提到"推动更多供应链加入应收账款质押融资服务平台""推动大企业和政府采购主体积极确认应收账款，帮助中小企业供应商融资"等内容。2016 年 11 月商务部等 10 部门联合发布《国内贸易流通"十三五"发展规划》也有专门章节提及"鼓励流通企业采用投资基金、动产质押等多种方式融资，发挥典当、融资租赁、商业保理等相关行业的补充作用，多渠道筹集内贸流通发展资金，降低企业融资成本，稳步推广供应链金融"。

三、川山甲工业品 B2R 供应链管理模式

(一) 传统的 MRO 工业品供应链的问题

MRO 是英文 Maintenance(维护)、Repair(维修)、Operations(运行)的缩写，通常是指在企业生产过程不直接构成产品，只用于维护、维修、运行设备的物料和服务，包括紧固件、专业工具、维修机具、备品备件、仪器仪表、耗材、安全及安防、气动液压、泵及管阀件等多个品类。

通常情况下，MRO 产品消耗量约占一家制造企业主营业务收入的 2%～3%。根据国家统计局官方数据，2013 年我国规模以上工业企业的主营业务收入约为 102.91 万亿元，按照 2%～3%测算，我国当年的 MRO 工业品市场空间约为 2 万亿至 3 万亿元，市场空间巨大。生产资料流通行业对我国制造业的转型升级有着举足轻重的影响，受到国家政策的大力支持，具有非常广阔的发展前景。

目前，我国 MRO 工业品的流通方式仍然以传统经销代理模式为主。一般情况下，MRO 工业品制造商生产的产品，首先销售给总代理，然后由总代理负责分销，经过多层代理之后，由终端零售商销售给终端客户。与消费品流通领域相比，我国 MRO 工业品流通行业的发展仍处于比较落后的水平，主要存在以下问题：

① 从制造商的角度来看，产品销售中间环节多，渠道成本高；对渠道控制力较弱，假冒、窜货频发；由于不能直接与终端客户接触，无法及时准确获取销售数据，对市场变化响应慢，库存控制难度大。

② 从代理商和零售商的角度来看，MRO 工业品制造商压库存给总代理，总代理再层层向下游转移库存，所以各级代理商库存压力大，资金占用多。对于零售商来说，产品品种多，

备货压力大,管理难度高,客户账期长,配送成本高,现场服务要求高,因此往往只能维持较小的经营规模。

③ 从终端客户的角度来看,MRO工业品价格不透明,质量无法保证,供应商数量庞大,库存管理难度大,虽然MRO工业品采购金额仅占企业采购金额的2%～3%,却要消耗采购部门80%的精力,采购成本非常高。同时,由于供应商多为中小型的传统贸易商,服务能力弱,难以满足终端客户的MRO工业品采购及仓库管理等非核心业务外包需求。

（二）基于物联网的工业品B2R供应链管理模式

川山甲基于物联网的工业品B2R供应链管理平台,用智能链接取代平台传递,将供应链与工业互联网、金融、大数据和物联网技术相结合,打造产业链+供应链+价值链三链合一共生圈。B2R是Business-to-Retailer(商家对零售商)的缩写,指通过思考问题一体化、综合管理智慧化、经营运作网络化、硬件平台智能化等"四化",实现缩短中间环节、优化关键节点,帮助工业企业达到降本增效的目的。

川山甲的工业品B2R供应链管理模式的总体战略是:以合作社为总基调,以供应链金融为抓手,以中央厨房+5S服务站+自动货柜+一键式信息平台为支持,以五大服务产品为卖点,迅速集成工业品流通资源,实现增值服务。

通过专业的精细化物流管理能力帮助终端客户管理库存,致力于实现终端客户工业品的"零库存",实现领用结算;通过强大的信息系统,以信息代替库存,将终端客户库存的信息及计划需求共享给供应商,帮助供应商有计划地备货和组织生产,形成"拉动式"供应链;基于工业品中央厨房——终端服务站高效的配送体系,保证客户的需求快速反应,准时准点送达指定地点;通过系统大数据的分析,为终端客户和他的供应商提供更优的采购方案和金融支持方案,降低供应链总成本,基于物联网的工业品B2R供应链管理模式如图1-5-1所示。

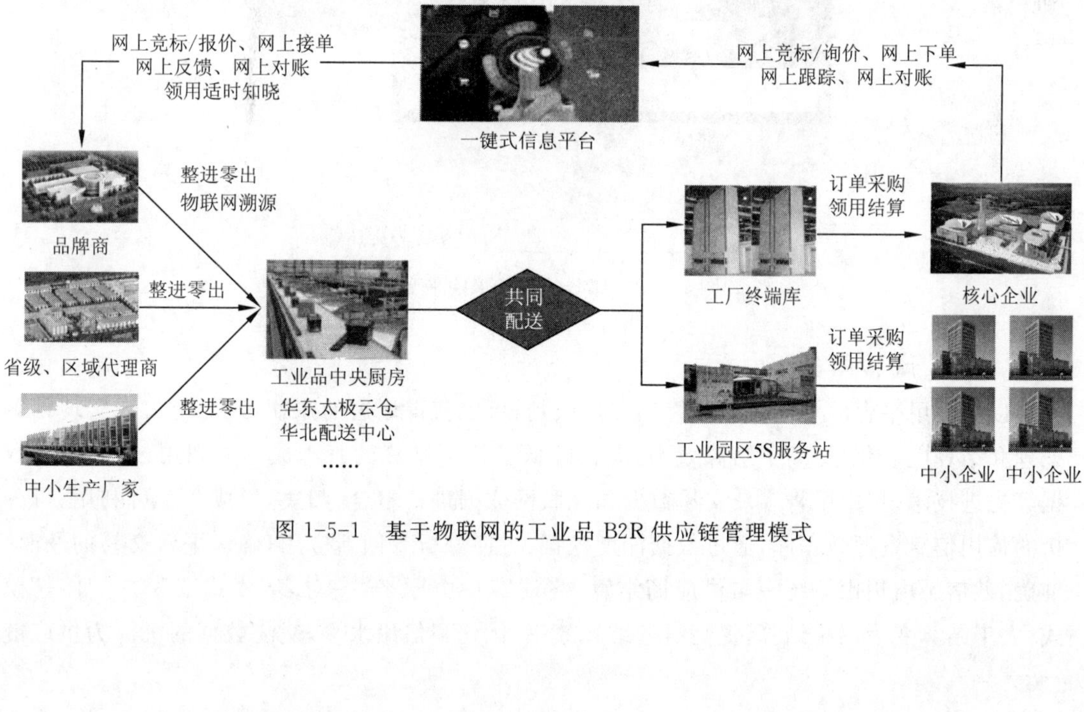

图1-5-1　基于物联网的工业品B2R供应链管理模式

四、川山甲工业品 B2R 供应链管理内容

供应链管理是一种对供应链中的贸易流、物流、资金流和信息流进行集成化运营，通过减少环节、节点优化，使供应链的结构更简单，物流安排、资金结算更合理，信息传递更顺畅，从而达到从整体上提高供应链效率、降低成本等效果的管理模式。

川山甲的供应链管理服务由交易撮合、诚信结算、智能仓配、供应链金融和物品溯源等五项内容构成，以 5S 服务站连锁网络、太极云仓和自动货柜、供应链管理信息系统、物联网信息溯源系统为支撑。

（一）交易撮合

在工业品领域，终端客户的供应商数量众多，品牌商的经销商数量也非常庞大，终端客户希望获得稳定、高质量的供应商资源，品牌商希望对经销商进行有效管理，在现有的条件下，管理难度大，效率低下。

川山甲为客户提供 B2B 的电子采购平台、网上招标、寻源支持、定价支持、电子合同、供应商管理支持等服务内容，降低库存成本、渠道成本、组织成本、交易成本，提增对接效率、优化资源配置效率、运营效率。B2B 的电子采购平台界面如图 1-5-2 所示。

图 1-5-2 B2B 的电子采购平台界面

（二）诚信结算

以川山甲平台的整体形象与终端客户谈判，可以获得更短的账期，避免拖欠。实现订单处理和结算电子化，提高了结算效率，大大降低了线下结算的管理成本。利用云计算、大数据等先进技术，川山甲将客户交易数据和互联网数据进行整合、归集，形成一个可利用、可分析的信用信息资源数据库，通过数据深度挖掘、碰撞分析等创新应用，确保平台交易的及时、准确、诚信。由川山甲统一与供应商结算，终端客户由原来“一对多”模式变为“一对一”模式，人工结算变为系统结算，提高财务结算效率，优化了信用水平，交易数据的沉淀为供应链

金融奠定基础。

（三）智能仓配

为了实现MRO产品的集中仓储和共同配送，提高物流现代化、智能化水平，降低物流成本，川山甲建成了集“展示、体验、交易、分拣、配送”功能于一体的自动分拣配送中心，同时在各地5S服务站和客户厂内部署自动货柜机，形成了“太极云仓→5S服务站→客户自动货柜”的三级智能物流配送体系，为客户提供集中分拣配送的物流管理服务，物流的操作执行外包给第三方物流公司，将原来分散的仓储变为集中仓储，降低库存管理成本，将原来分散的配送变为集中配送，降低物流配送成本，智能仓配结构如图1-5-1所示。

（四）供应链金融

供应链金融服务是川山甲基于封闭式流通管控系统的流动资金支持服务，如库存现货融资、应收账款融资、订单融资等。川山甲具有良好的银行资源，并具备多年的供应链金融服务经验，将作为银行和客户之间的桥梁，为客户定制化提供金融产品和服务。

基于大数据的供应链融资，是以川山甲平台上发生的真实交易为背景，在供应链各环节的海量信息数据基础上，川山甲通过和银行等机构合作，对中小型供应商进行融资的模式。川山甲起到对信息进行确认审核或提供信息的作用，并没有实质上提供资金的融通，这一职责仍旧由银行或别的资金供给方担任。

从供应商的角度来看，由于金融借贷需要信用凭证，其往往和支付、物流等供应链环节紧密对接，通过供应商在支付、物流上的数据和凭证进行抵押担保。这就意味着，供应商一旦要申请金融贷款服务，就需要在物流、支付上与川山甲深度对接，因此很难脱离川山甲的生态圈。供应链金融服务模式如图1-5-3所示。

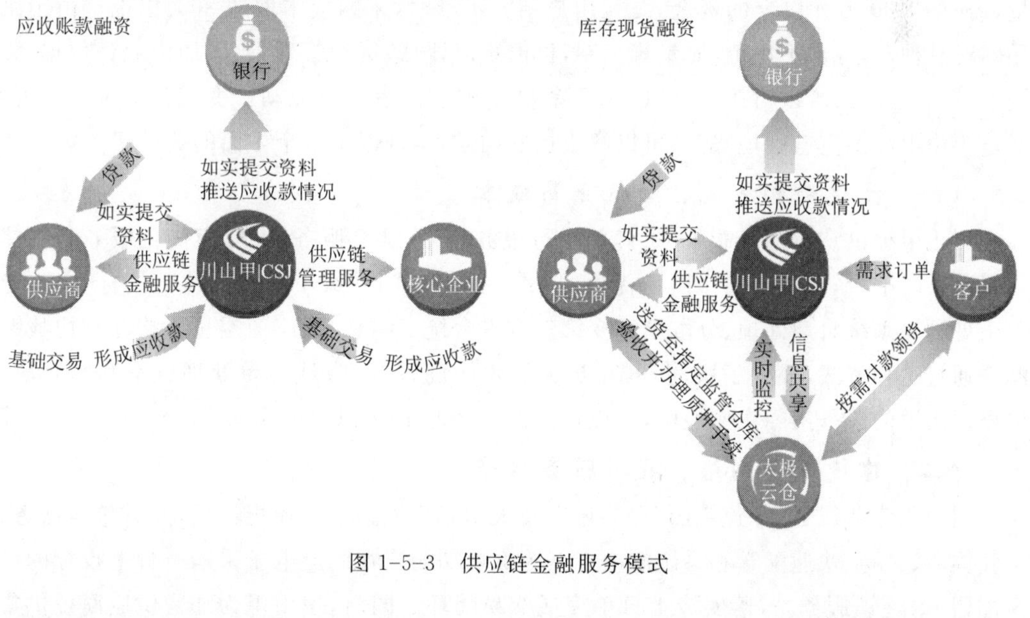

图1-5-3　供应链金融服务模式

（五）物品溯源

进入川山甲降本增效供应链管理平台内的每批次/每个工业品，都被赋予由“国家物联网标识管理公共服务平台”认证的一个唯一的标识(二维码或 RFID),可以提供覆盖工业品生产及流通各节点的全过程周期追溯服务,确保每一个环节都在监控和可追溯的状态。物品追溯界面如图 1-5-4 所示。

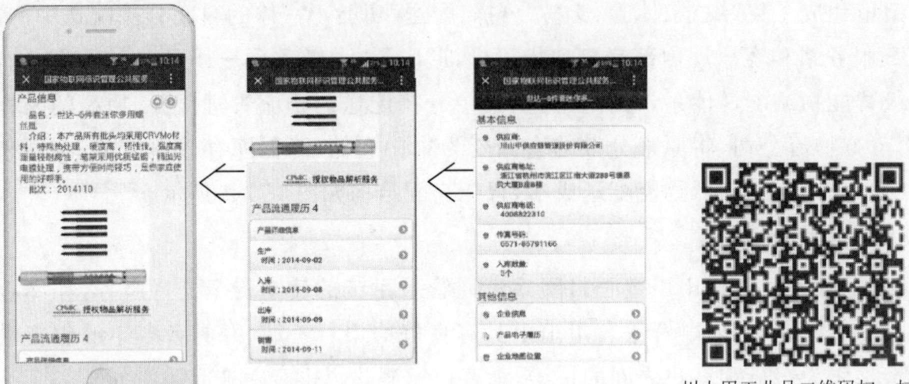

川山甲工业品二维码扫一扫体验

图 1-5-4　物品追溯界面和条码

五、川山甲工业品 B2R 供应链管理效益

目前,我国的工业品流通方式还处于比较落后的状态,从总体上与消费品流通相比,基本还处于 20 年前的水平,工业流通总成本高于发达国家 40%以上。

从原材料供应商→产品制造商→层层经销商/代理商→零售商→终端用户,经过层层转换,造成环节多、效率低下、信息孤岛、库存积压。供应商资金占用大,每月 1 000 万的业务量,需要 4 000 万元以上的资金,终端用户结算不准时,采购成本增加 30%以上。由于工业品辅料品种多,标准不规范,质量难控制,价值难以评估;货物管理难、无历史业务数据,无信用平台,金融产品难以对接。所以,银行除大宗物资外,制造企业动产变流动资金几乎为零。通过川山甲的供应链管理服务,可以解决这些问题,实现以下六个方面的效果:

(一) 优化采购方式，降低交易成本

川山甲提供从招标寻源服务、订单执行服务、统一结算服务、供应商优化服务为一体的互联网采购平台,该平台的作用是优化原来的采购模式,变线下招标为线上招标竞价、订单手工处理变系统自动处理、分散结算变第三方平台统一结算,供应商零星采购变长协战略采购。通过这种方式,减少了中间环节,扩大了供应商来源,降低订单处理成本和结算成本。根据川山甲的业务实际案例经验,可以帮助客户降低 10%以上的采购成本。

(二) 建设线下网络，提升服务水平

川山甲建造线下 5S 连锁服务站,遍布在大型客户周边或产业集群区,具有售后服务、展示和体验、交易、快速配送和系统解决方案等五项功能。在线上电子采购平台上投标的供应商加盟 5S 连锁服务站,落实线上订单完成交易闭环。同时,川山甲为加盟供应商提供集中分拣配送、供应链信息系统、订单集中采购、统一资金结算、品牌形象支持等平台服务。此项服务有利于降低客户经营与采购成本,实现零库存,降低客户资金占用。

（三）升级结算方式，降低结算成本

以川山甲平台的整体形象与终端客户谈判，可以获得更短的账期，避免拖欠。实现订单处理和结算电子化，提高了结算效率。由川山甲统一与供应商结算，终端客户由原来“一对多”模式变为“一对一”模式，人工结算变为系统结算，提高财务结算效率，优化了信用水平，同时交易数据的沉淀为供应链金融奠定基础。

（四）集中智能仓配，降低物流成本

川山甲建成了集“展示、体验、交易、分拣、配送”功能于一体自动分拣配送中心——太极云仓，同时在各地 5S 服务站和客户厂内部署自动货柜机，形成了“分拣中心→5S 服务站→客户”的三级智能物流配送体系，为客户提供集中分拣配送的物流管理服务，物流的操作执行外包给第三方物流公司，将原来分散的仓储变为集中仓储，降低库存管理成本，将原来分散的配送变为集中配送，实现了集中仓储和共同配送，提高物流现代化、智能化水平，降低物流成本。

（五）依托大数据，解决融资难题

基于川山甲平台上发生的真实交易的订单、结算、物流等信息数据，川山甲通过和银行等机构合作为中小型供应商提供供应链金融服务。川山甲负责提供数据和确认审核，银行等金融机构负责提供融资，通过这种方式，解决供应商的融资难题，帮助平台上的企业扩大经营规模，降低经营成本。

（六）物联网溯源，解决假货窜货

川山甲的产品都可以实现物联网溯源，通过手机扫描二维码查阅产品流通数据即可判断产品是否假冒伪劣，促进流通渠道的规范化。能够实时监控产品的流通渠道，保证渠道正规化，防止跨区域窜货销售。实现了供求信息的共享，基于数据分析来进行单品管理、渠道库存分配和销售预测，减少了库存浪费。

六、可提供的经验和下一步计划

从供应链管理的文化基础上讲，川山甲的核心价值观是“和”，践行“川山互动，天下共甲”的经营理念。川山甲以“和”文化重新定义供应链，打造一键式降本增效供应链。这是一个互联共享的智创平台，助力中国制造企业向中国智造转型升级，全力推进物联网＋两化融合，实现供应链共生圈和共生发展。

从平台模式的实施方式上讲，川山甲的“物联网＋B2R 平台”供应链管理模式就是融合电子商务、连锁经营、现代物流管理、供应链金融和物联网云计算等经营元素而成的一种工业互联网新模式。它的特点是：利用物联网、云计算技术让供应链上下游成员更加紧密地粘结在一起，促成供应链的一体化协同运作；通过搭建网上交易平台，线上利用电子商务来实现交易、结算，线下利用连锁经营和现代物流管理实现售后服务和配送的闭环；基于沉淀在平台上的数据，与银行合作提供供应链金融等增值服务。

从供应链管理的奋斗目标上讲，川山甲向整个制造业扩展，提供降本增效供应链管理服务平台，降低四大成本；提增三大效率。川山甲致力于打造“一键式供应链”，“一键式”是信

息化、数字化、自动化、智能化的最高体现。川山甲降本增效供应链打通工业品供应链领域各个环节，按需、无缝、实时一键式供应，实现用户的省钱、省时、省心。

作为一个有着强烈使命感和社会责任感的企业，未来川山甲将继续秉承“和”文化，沿着战略规划的既定方向，不断努力为平台上的客户提供更加有价值的服务，打造合作共赢的供应链共生圈，为更多的中国企业实现降本增效，为中国工业的转型升级做出贡献。

撰稿人：许建华　川山甲供应链管理股份有限公司董事长
王广伟　川山甲供应链管理股份有限公司董事会秘书
邱桂英　川山甲供应链管理股份有限公司证券事务专员

案例 6　宏伟供应链：核电行业供应链管理的创新与应用

一、企业简介

浙江宏伟供应链股份有限公司成立于 2001 年，是现代服务业中集产品供应链和服务供应链为一体的具有平台型供应链管理能力的创新发展企业。其主要服务于能源行业（核电、石化、天然气）和大型高端装备制造业（航空、机车、船舶），为工业客户量身定制工业物资供应链管理方案，如图 1-6-1 所示。

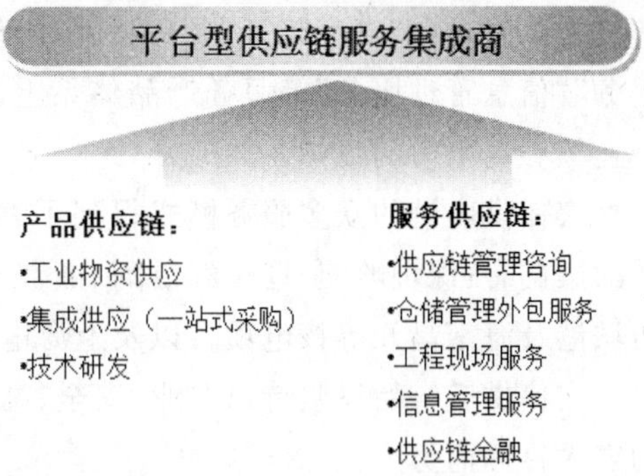

图 1-6-1　平台型供应链服务集成商

目前宏伟供应链已具备 16 年核电行业服务经验，致力于搭建供应链集成服务平台，包括产品供应链和服务供应链。核心的业务模式包括工业物资供应、一站式采购/集成供应平台、技术研发平台、供应链管理咨询、仓储物流服务平台、工程现场服务平台、信息管理服务平台、供应链金融服务平台，如图 1-6-2 所示。

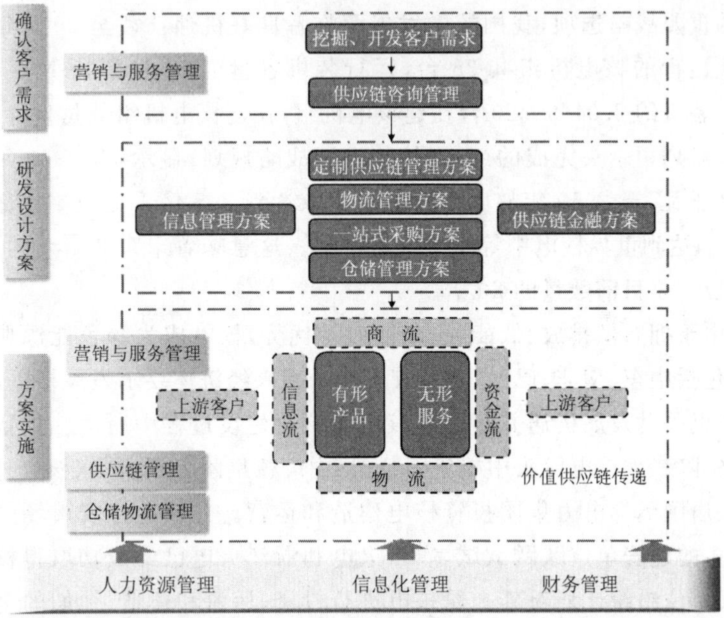

图 1-6-2　关键过程图

现宏伟公司员工总人数600多人，200多名销售，400多名仓储人员。2014年公司销售总额超过3个亿。自成立以来，公司在全国有战略地发展一站式连锁服务，目前已拥有宏伟工业总部、境内外两家全资子公司以及13家项目部，并通过兴原认证对公司质量管理体系、环境管理体系、职业健康安全管理体系的认证。在未来的发展中，将根据国家能源发展规划、现代服务业发展方向和装备制造产业政策，不断在工业客户中提升供应链服务的创新价值和能力。

在服务于工业物资供应管理的十多年来，宏伟供应链广泛地与核电建设、安装、运营、设备配套厂、设计院及大型高端装备制造业等客户合作，拥有众多国内外知名品牌的代理权，并建立了强有力的销售网络和服务队伍，实现了物资采购、供应、检验、接收、保管、配送等一站式服务。十多年的供货服务经验以及完整、高效的采购、供应渠道优势，让宏伟供应链对核电行业不同建设阶段的物资需求把握更为精准，从而高效地为客户提供量身定制的物资解决方案并且在“供应链管理咨询”“国内外采购外包服务”“仓储管理外包服务”“工程现场服务”“信息管理服务”等服务产品体系上具有领先的优势，实现了降低客户各项成本，提升企业核心竞争力的目标。

宏伟供应链的众多服务模式得到了客户的广泛好评与认可，也不断得到成功复制。成功的案例有：深圳岭澳、辽宁红沿河、浙江秦山方家山、福建宁德、广东阳江、广东台山、广西防城港及海南昌江等核电项目以及上海电气、中核动力等众多大型高端装备制造厂。

宏伟供应链始终坚持以专业、安全、高效为服务宗旨，为引领供应链管理，助推民族工业的宏大目标而努力。

二、核电行业实施供应链管理背景

随着雾霾及环境问题的日益严峻，安全高效发展核电成为我国加快调整能源结构、增加清洁能源供给的重要战略选项，我国核电发展面临着良好机遇。截至2016年12月31日，我国已投入商业运行的核电机组共35台，运行装机容量为33 632.16 MWe（额定装机容量），占全国电力装机约2.04%。20台在建核电机组，在建核电机组数量世界第一。由中国国家能源局发展规划司牵头完成的《中国核能发展战略规划》显示，至2030年，核电装机容量将达到1.2亿千瓦，至2050年核电装机总量争取达到3.5亿千瓦至4.5亿千瓦，占电力装机总量的15%，达到世界核电中等发达国家水平。这意味着未来30年内，中国将建设大约400台核电机组，是目前数量的20倍。

在国际上，由于拥有低排放、低能耗、高能效等优势，核电成为绿色能源典范，国际核电市场迅速扩容，包括中东、南非、巴西、土耳其等多个新兴经济体要求发展核电。

与国内外核电蓬勃发展机遇并存的是核电运营及建设过程中所面临的挑战。国内，根据国家发展战略，除三大核电巨头中核集团公司、中广核集团公司、国家核电外，还首次允许中电投、华能、大唐国际等电力集团投资核电建造和运营。在核电建安市场，尤其是核岛安装市场，越来越多的建安单位跃跃欲试，广东火电和浙江火电已经成功取得核岛安装资质。电力集团和建安单位纷纷计划对新一轮核电进行投资、运营和建造，他们的全方位进入，给我国核电的发展注入了新的活力，同时，也使得目前核电市场将由垄断进入市场竞争。国外，在“华龙一号”机组推出后，如何在与国际核电巨头竞逐中逆转取胜。

对于核电单位只有不断提高核心建造和运行能力及不断优化其建造成本，才能在竞争日益激烈的核电市场中占据更加有利的市场。随着核电行业竞争加剧，经营领域人为降低成本的空间愈来愈小，而在企业采购、库存、物资管理等环节，却有着极大的成本降低空间。尤其是，目前国内在建和运行的核电机组囊括CNP300、M310(改进型)、CPR1000、AP1000、VVER-1000、HTR、CAP1400、ACP1000、CNP600、EPR、华龙一号等众多堆型，以及国内、国际(巴基斯坦恰希玛、英国欣克利角核电项目和罗马尼亚切尔纳沃德核电站3、4号机组)等核电项目建设双线作战的局势。对于目前运行发电的核电机组，业主方面临着多基地、多机组的运营管理，不同业主方由于技术不统一、各自为阵的分散管理形式，导致各自的运营和管理成本居高不下。

针对这种核电形势，宏伟供应链响应国家核电建设，作为核电供应链中的一个环节，浙江宏伟供应链股份有限公司在核电领域已有13年的供货经验。作为核能行业协会的一员深感行业的蓬勃发展和肩负的使命，现已成为众多核电客户(如中广核、中核工程公司、国核工程公司、中核二三、中核二二等)的战略合作伙伴，宏伟供应链将把握核电发展脉搏，充分发挥宏伟供应链的集成服务优势，希望能够在各核电项目中尽到一己之力。

三、宏伟在核电行业供应链管理的典型模式

(一)一站式采购服务/集成供应模式

长期以来，国内施工企业的物资管理基本上是围绕物资计划、采购、接收、保管、发放等基础工作进行。从供应方式上看，有的企业采取集权制，由企业总部设立物资公司，对本企业的所有工程项目物资进行集中采购和供应；有的企业采取放权制，由本企业的各个工程项目部自行组织采购和供应，企业总部只进行宏观控制。从管理手段上看，有的企业仍处于手工作业阶段；有的企业通过专门的物资管理软件，从物资需求计划、供应商管理、采购计划、验收入库、仓储、发放、库存信息、计量器具管理、固定资产管理等实行微机化管理，以及电脑打印料单(入库单、出库单等)和无账簿管理(电子账簿)等的实现，保证了物资数据的一致性并大大提高了工作效率和降低了物资管理成本。不管施工企业的物资管理水平多高，最后要解决的是库存物资问题。所以每一个工程完工后，物资管理部门就忙着“打扫战场”，这时的工程剩余物资就成了“鸡肋”：食之无味，弃之可惜。尽管每个企业各有各的招，但一番“劳民伤财”是免不了的。特别是国有企业，相关账务还比较难处理。

世界知名的柏克德公司这样解释：如果完成某项工作的成本由别人来做更便宜，那么就应当把这项工作交给外部更专业的产品、服务供应商。国外的施工企业中，值得借鉴的有美国的百克德公司和福陆丹尼尔公司。作为大型的国际施工企业，他们将工程施工和物资供应都进行分包，因此每个工程干完后剩下的只有钞票。

一般来说，对于采购物品，应从以下两方面给予重点关注：一是采购产品(或服务)支出(采购金额)占企业经营总成本或总收入的百分比；二是采购对达成企业目标的影响或风险。

综合考虑以上两个对采购物品关注的方面，可以将企业的全部采购物品分为四个类型：

(1)战略产品：采购的货物采购支出水平高，并且产品专业化程度高，供应风险高，即只有少数供应商能够提供的构成企业产品核心零部件的产品。

(2)杠杆产品:采购的货物采购支出水平高,但是该货物有较多的供应商能够提供,产品标准化程度高,供应风险低,这种物品是杠杆产品。一般有两种满足以上特征的采购物品可以归类为杠杆产品:一是单价价格低但使用量大导致采购支出大的物品,二是单价价格很高但使用量较少的物品。

(3)一般产品:采购的货物采购支出水平低,标准化程度高,供应风险低,具有多个供应商且服务较容易获得。

(4)瓶颈产品:采购的物品采购支出水平低,但是产品专业化程度高,供应风险高,只有少数供应商能够提供。

综合以上分析,可建立采购定位模型如图 1-6-3 所示。

年采购额		
高	杠杆产品 （标准化采购流程，品牌标准化，统一）如工具、仪器仪表、安防、机电设备、特色产品、紧固件等	战略产品 （重点维护和推广）如金属材料、焊割、化工、管道等产品线及核级产品
低	一般产品 （寻找集成供应商，减少供应商数量，进行“外包”）如清洁办公及消耗品	瓶颈产品 （寻找代理商合作，以摆脱完全被动的局面）
	低　　不可替换性	高

图 1-6-3　采购定位模型图

针对以上不同的产品类型,宏伟供应链为核电客户提供两种定制的物资解决方案:

① 战略产品:宏伟为客户提供采购执行服务、框架协议采购服务和产品联合研发服务。

采购执行服务指由宏伟与客户指定供应商签订合同且宏伟与供应商直接进行结算,但采购价格由客户与供应商直接确定,宏伟负责采购执行和配送至客户仓库,客户按需分批付款提货。宏伟仅收取资金占用费及仓储、物流费,宏伟不对供应商质量及生产过程负责,该方案流程如图 1-6-4 所示。

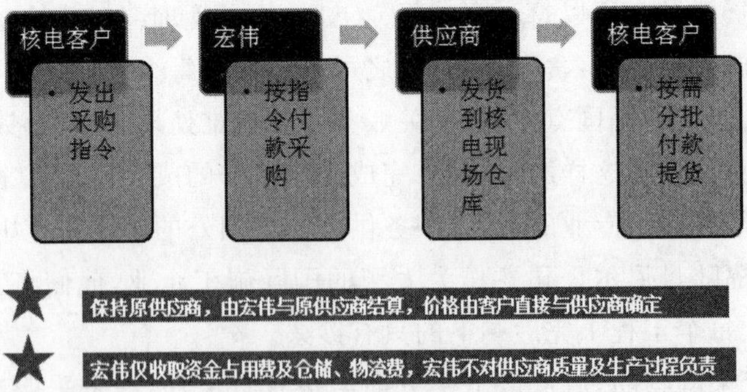

图 1-6-4　方案流程图

框架协议采购服务指通过集成一定时期的需求,经过技术与商务谈判形成采购框架协议,有效控制采购成本和采购风险。它着眼于通过有序竞争,形成相对稳定供需关系,实现供应链上企业之间的合作;以框架协议的形式将所需求物资向少数有实力的供应商集中进行采购，是集中采购理念的再实践、再提升；改造“一单一谈、一单一询、一单一签、一单一结”的传统采购模式，推动采购业务由操作型向管理型转变。

产品联合研发服务针对战略产品中厂家垄断性产品，往往是进口品牌产品。宏伟根据自身在国内行业建立的产品信息资源和渠道优势，为客户提供产品国产化解决方案，并通过宏伟的技术研发平台，以客户需求为导向，与供应商共同研发核电专用产品，从而实现产品的国产化和国内技术空白的填补，最终实现多方共赢，宏伟供应链与客户、供应商三方联合开发业务流程如图1-6-5所示。

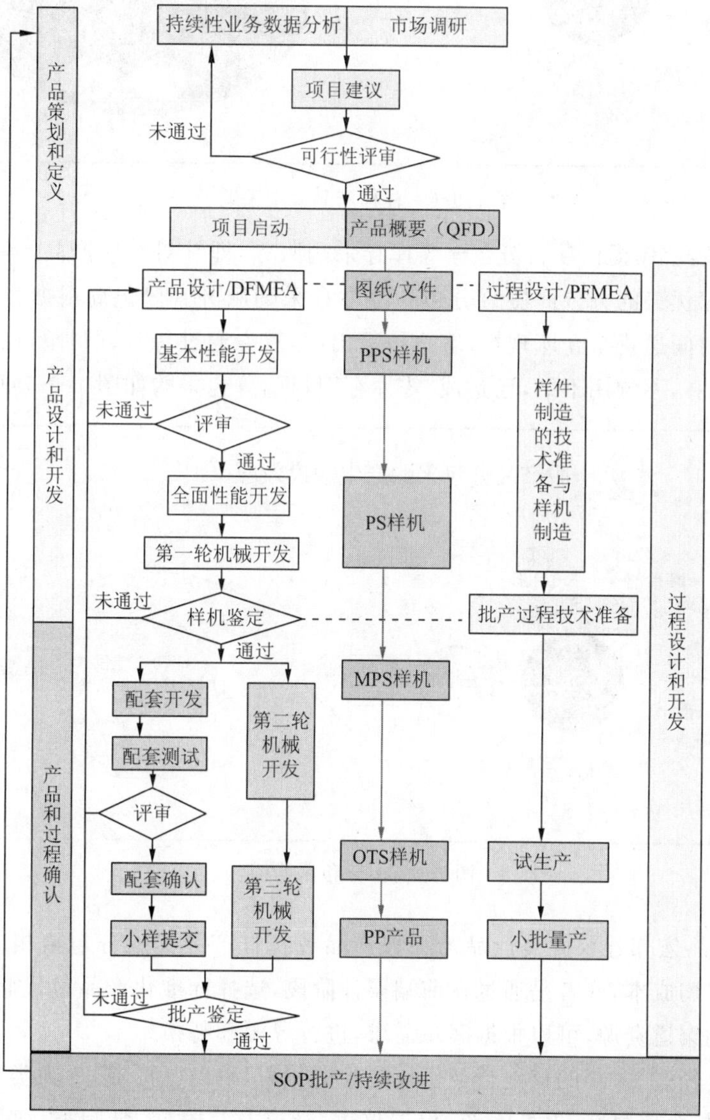

图1-6-5　宏伟供应链与客户、供应商三方联合开发业务流程

② 杠杆产品：宏伟为客户提供集中采购模式，即对于此类产品不再分散在各个项目部进行独立采购，而是成立集中采购中心，并且通过品牌的标准化、规范化和各项目部物料编码统一工作，达成规模采购的最大效益和多项目库存流通带来的库存成本降低的双向收益

（见图 1-6-6）。

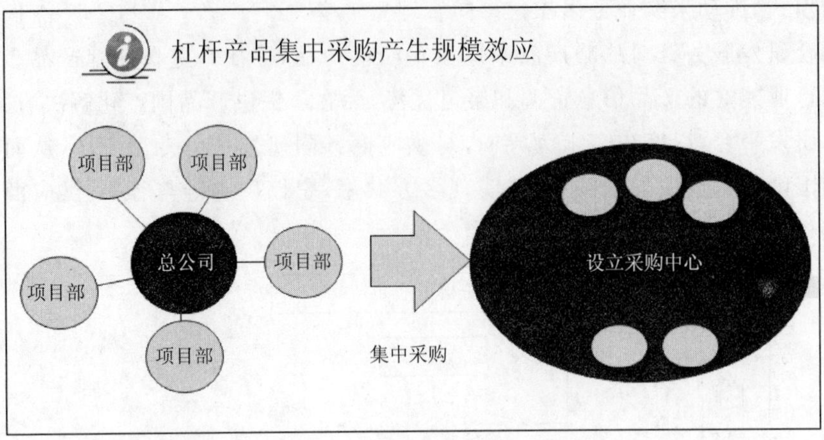

图 1-6-6　杠杆产品集中采购

③ 一般产品：宏伟提供项目分包－零库存采购服务，即针对一般产品，各个项目部根据产品大类，与几家优势的分包商签订分包－零库存采购服务。分包商根据客户的采购需求计划，在规定的时间送货至仓库现场，客户按需出库，双方通过每月领料单进行结算，结算的原则是领用即结算，不领用不结，已达成“零库存”目标，分包采购如图 1-6-7 所示。

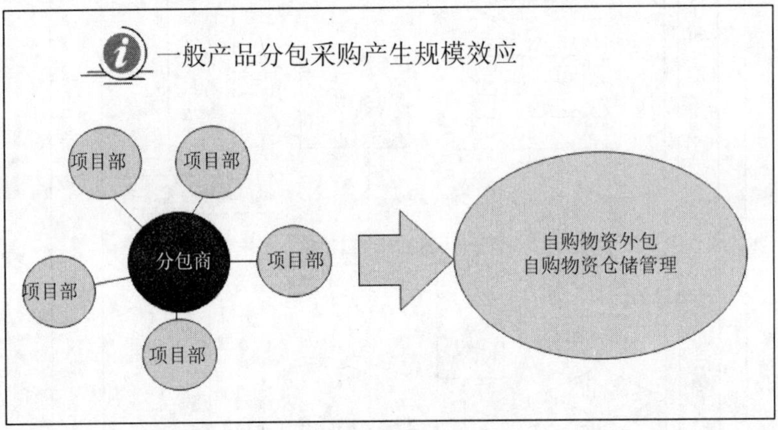

图 1-6-7　分包采购图

④ 瓶颈产品：宏伟建议此类产品与一般产品或杆杠产品集成分包给相应的分包商，降低采购风险和采购成本，或者是通过在前端设计阶段，选择标准化产品替代瓶颈产品。宏伟通过丰富的采购渠道资源，可以根据客户需求，进行寻源和替换。

宏伟供应链经过 13 年的核电行业供应经验的积累，目前已形成 14 大类产品线系统，几十万种产品，包括金属材料、电气系统、仪器仪表、管道及其附件、泵阀类、通风保温、机电设备、工具、焊割系统、小五金、化工系列、安全防护系统、工程耗材、特色产品，能够满足不同工业客户的一站式物资采购需求，这一优势使得宏伟供应链成为核电客户采购优化的首选合作伙伴。物资集成供应示意图如图 1-6-8 所示；针对核电不同建设周期的物资供应解决方案如图 1-6-9 所示；宏伟物资系统模块化供应解决方案如图 1-6-10 所示；宏伟供应链 13 个项目部的库存调拨方案如图 1-6-11 所示;资源调配平台如图 1-6-12 所示。

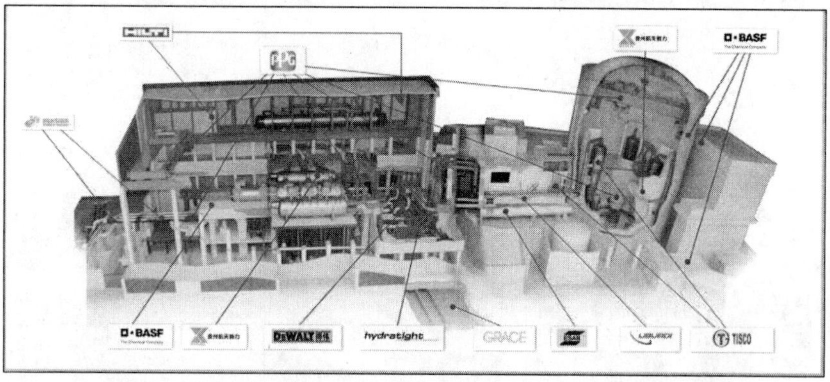

图 1-6-8　宏伟供应链覆盖核岛、常规岛全方位、专业、安全的物资集成供应

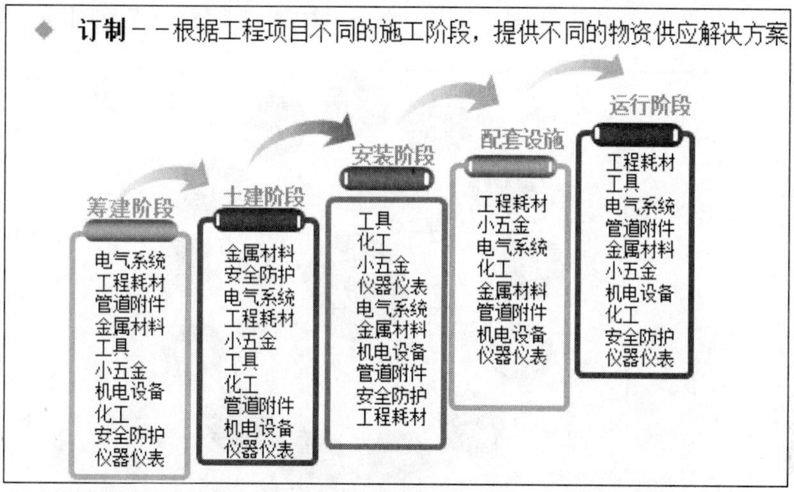

图 1-6-9　核电不同建设周期,宏伟可以提供一站式的物资供应

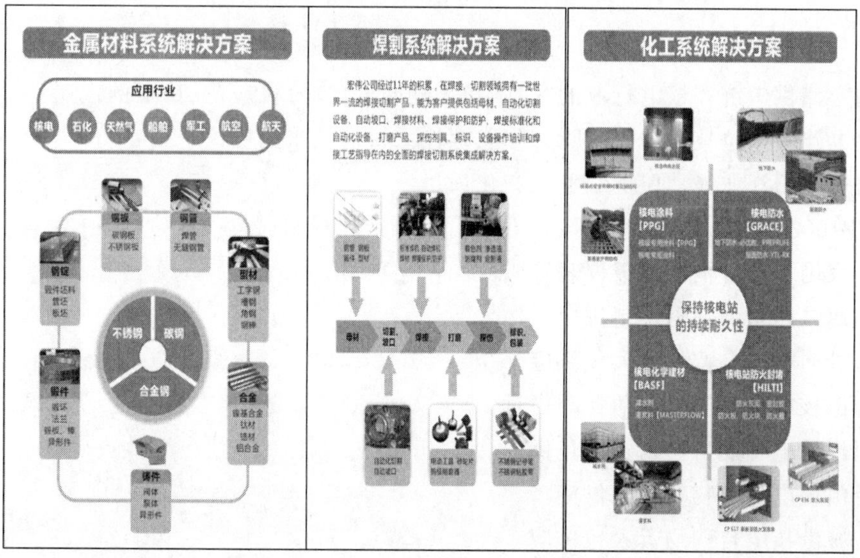

图 1-6-10　宏伟物资系统模块化供应

图 1-6-11 宏伟供应链通过 13 个项目部的库存调拨，实现零库存目标

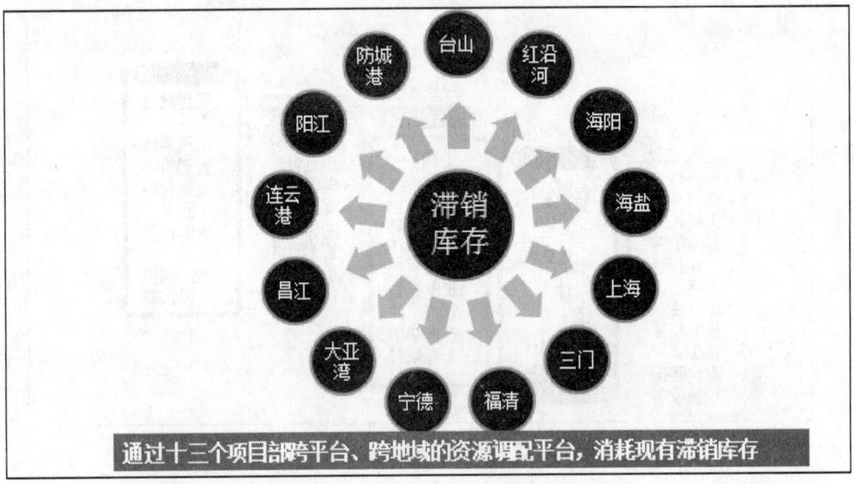

图 1-6-12 资源调配平台

目前宏伟供应链在核电行业的“一站式采购服务/物资供应”成功案例：

- 核电建安单位核级焊材、油漆、膨胀螺栓项目框架采购协议。
- 防城港阳江非能动保护装置国产化项目。
- AP1000 海阳、荣成示范堆安注箱复合板国产化项目。
- 方家山、海南、福清核级仪表管阀件国产化项目。
- 岭澳二期自购物资大包供应。
- 红沿河核电自购物资大包供应。
- 宁德核电调试工具及消耗品供货。
- 阳江核电一期自购物资大包供应。
- 台山核电自购物资大包供应。
- 防城港核电自购物资大包供应。
- 田湾核电电气耗材包供应。

- 中核华兴红沿河项目部物资分包。
- 中核二二方家山项目物资大包方案。
- 海南昌江核电工程现场紧急需求物资框架合同。

浙江省火电建设公司一主管道模拟焊接系统解决方案如图 1-6-13 所示。主要的物资分包和受控物资供应案例的资质文件如图 1-6-14 所示。

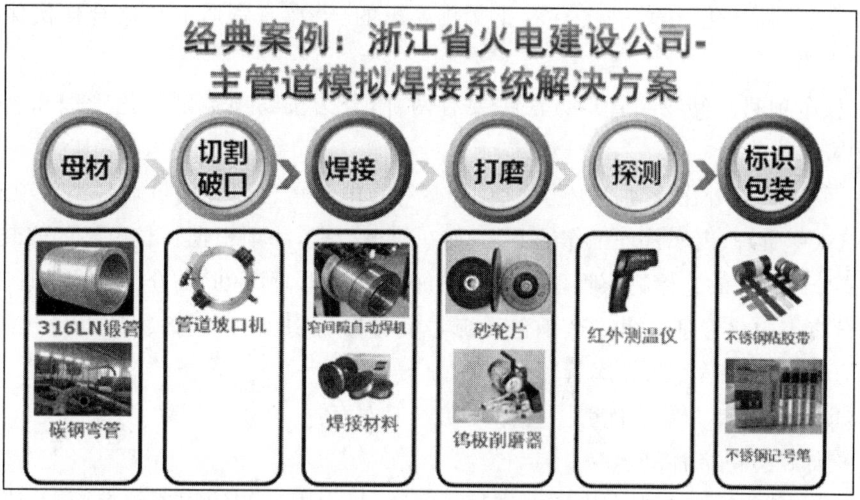

图 1-6-13　浙江火电建设公司

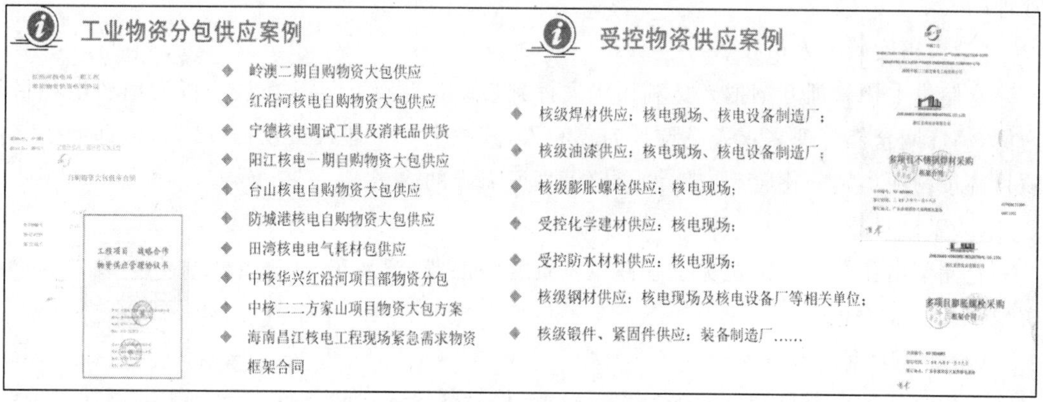

图 1-6-14　工业物质分包案例

（二）核电项目仓储物项管理服务模式

仓储及物流业务外包是企业业务外包的一种主要形式，是供应链管理环境下企业物流资源配置的一种新形式，为集中精力增强核心竞争力，而将其仓储及物流业务以合同的方式委托于专业的第三方仓储及现代物流公司运作，这是一种长期的、战略的、相互渗透的、互利互惠的业务委托和合约执行方式，是提升企业核心竞争能力的必要手段。简言之，仓储及物流业务外包是发包方或委托方与承包方或受托方之间基于契约合同而产生的一种紧密业务合作关系。

仓储及物流业务外包是企业管理方面一个新的理念：如果在供应链上的仓储及物流业务自营并不是最好的，而且它不是企业的核心竞争优势所在，同时外包后不至于使企业与客户分开，那么就可以把它外包给最好的第三方现代物流合作商去做。据对欧洲发达国家统计，第三方仓储及物流占物流服务份额的比例为：德国 23.33%，法国 26.8%，英国 34.4%，意大利 12.77%，西班牙 18%，欧盟国家平均为 20%左右，目前其需求仍呈增长趋势。这些都从一个侧面说明了仓储及物流外包在世界范围内的迅猛发展已经成为了一种社会行业的发展趋势。

从长期意义来看，仓储外包服务是行业的一个发展方向，也便于业主专心做大做强主业、剥离辅业并社会化，培养一支有专业文化底蕴的、潜在有资质的战略合作伙伴来完成是业主必选之路。

现有核电项目仓储物项管理方法主要有两种，分为按物项类别分化管理和仓储集中化管理两种：

(1)按物项类别分化管理是按物项类别的不同，由各承包商分别负责各类物项到货接收、开箱验收、入库管理、出库管理工作的方案；如在核电行业，物项根据在核电站的安装位置来分类的，主要分为核岛的仓储物项管理、常规岛的仓储物项管理、BOP 的仓储物项管理三种。

(2)仓储集中化管理是由一个承包商统一负责核岛物项、常规岛物项、BOP 物项的到货接收、开箱验收、入库管理、出库管理工作的方案。

仓储集中化管理方案的优势主要体现在以下方面：

(1)极大节约仓储面积

仓储集中化管理方案把仓库资源进行了整合，极大限度节约物项储存面积，降低了仓储管理的成本。

(2)大幅度减少人员投入

仓储集中化管理方案把人员利用率发挥到最大化，节约了人力成本；以海南核电项目部为例，高峰期仓储管理需求人员预计为 120 人，其中主要管理人员仅需 32 人，远远低于其他项目部按物项类别分化管理方案的仓储管理所需求的人员。

(3)工机具投入

仓储集中化管理方案避免了仓储设备资源的浪费，把叉车、吊车、工具、办公设备等资源实现了利用最大化。

(4)降低大型设备投入

与按物项类别分化管理的项目相比较，大型设备投入量较小而实际使用率增加，提高了现场施工工作效率，形成资源共享、信息共享，同时业主只需要针对一家施工单位进行安全、质量监督检查，减少了沟通环节和监督检查人员数的投入。

(5)仓储管理系统软件投入

仓储集中化管理方案只实行一套仓储管理系统，减少了仓库管理系统开发和维护的费用。

(6)分包商管理

仓储集中化管理方案由一家分包商集中管理所有物项，减少了仓储工作中复杂的工作关系，极大地提高了工作效率，保证了工程进度。

(7)物项储存管理

仓储集中化管理对各等级物项的储存管理更加可控。通过这种方式可以把现在各区域的工程设备和物项统一进行管控。

(8)接口与流程管理

仓储集中化管理对各接口单位、部门管理更加顺畅和高效。

(9)质量安全管理

仓储集中化管理方案实施,可大幅度减少贵司原对应系统的各岗位人员,对物项产品质量和作业安全管理可以更加高效。

(10)库存动态数据共享

仓储集中化管理方案的数据共享度更准确。可以及时查阅和共享所库存动态的各类信息。

(11)专业化管理

仓储集中化管理方案的实施,可以让核电业主更加专注于核心领域,剥离不是他们核心业务模块,真正实现专业化提升和管理,提升核心竞争力。

我公司将采取以计划管理为中心,物项管理和仓储管理为两翼的管理模式,仓储物项管理从信息跟踪开始,经过接货、验收、入库、仓储、维护保养、计划出库,到物项出入库分析等全程管理方式,管理结构如图 1-6-15 所示。

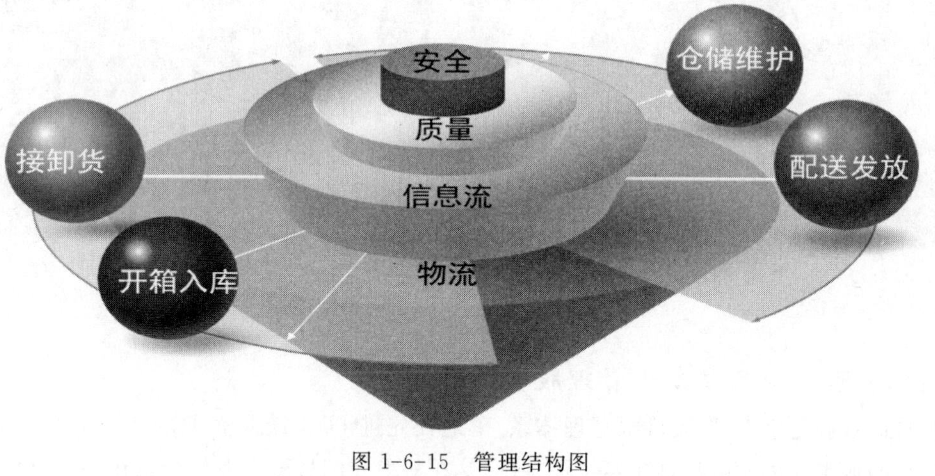

图 1-6-15　管理结构图

我公司将仓储管理作为项目建设准备的一个环节,力图让物项需求、到货验收入库、仓储管理、使用形成良性循环。在管理过程中,展现仓储物项管理的三大功能:

① 服务功能:以服务理念、服务质量、适应性、对外融通能力四方来为特定项目建设服务。

② 系统效率功能:以物项需求为目标,结合预到货情况和库存物资进行预备料,高效的为一线服务。

③ 管理功能:通过专业的技术管理手段,努力打造一流的能源仓储管理样板工程。

自 2007 年起,宏伟供应链创新性地在核电行业开始提供仓储物流业务的外包服务,现管理的仓储面积达 100 多万平方米,管理的物资价值高达 100 多亿人民币。通过此项服务,每个项目现场客户减少了上百人的仓储服务队伍,提升了竞争力。2014 年,宏伟公司实现了浙江永康 211 亩(1 亩$=667.7m^2$)中央仓储物流基地的开工建设,正迈向现代化第四方物流基地的发展中,部分仓库实地图如图 1-6-16 所示。宏伟供应链先后被评为全国仓储服务与管理创新奖、中国仓储服务金牌企业、中国星级仓库等。

目前宏伟供应链在核电项目仓储物项外包管理的案例有：

- 上海电气核级焊材仓储管理。
- 宁德核电 1～4＃核电物项仓储管理。
- 深圳惠州预制厂物项仓储管理。
- 红沿河核电物项仓储管理。
- 广东阳江核电物项仓储管理。
- 广东台山核电物项仓储管理。
- 广西防城港核电物项仓储管理。
- 海南昌江核电工程设备仓储管理。
- 连云港核电物项仓储管理。

图 1-6-16　仓库实地图

（三）核电项目信息化管理服务模式

为打造核心竞争力，形成科学管理体系，落地在先进 IT 系统是企业的转型重心。宏伟供应链以长期从事的供应链信息化系统为基础，又在从事我国核电企业的信息化建设过程中，积累了大量宝贵的经验，形成了极具核电及装备制造业供应链领域特色的信息化综合解决方案，为不同层次的用户提供了全方位实现信息化的可能性，在最大范围和程度上满足不同规模的供应链企业对信息化的需要。目前宏伟供应链可以为核电客户提供的信息管理服务包括：

① 提供一体化高效协同运作平台。

② 提供自主研发基于核电供应链仓储管理系统平台，如图 1-6-17 所示。

③ 提供供应链管理咨询系统建设与实施，系统界面如图 1-6-18 所示。

④ 提供信息化科技项目申报服务。

仓储管理系统与条形码系统：条码全程跟踪管理，快速准确采集数据源，实现仓储电子化管理。仓储管理系统与条形码系统服务流程如图 1-6-19 所示；宏伟核电仓储管理化提升计划见表 1-6-1；宏伟供应链信息管理系统见表 1-6-2；宏伟供应链信息化系统规划见表 1-6-3。

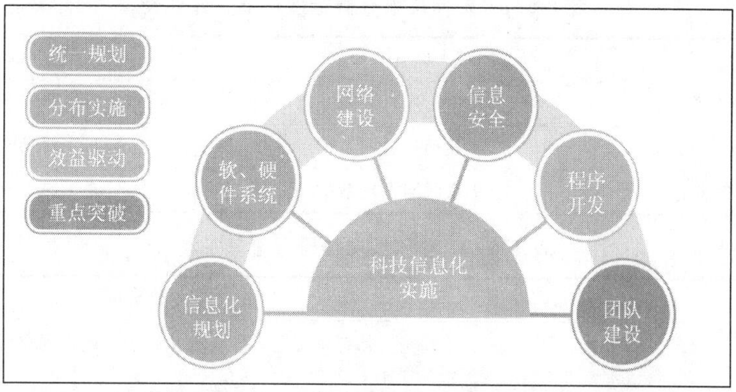

图 1-6-17　自主研发基于核电供应链仓储管理系统平台

图 1-6-18　系统展示

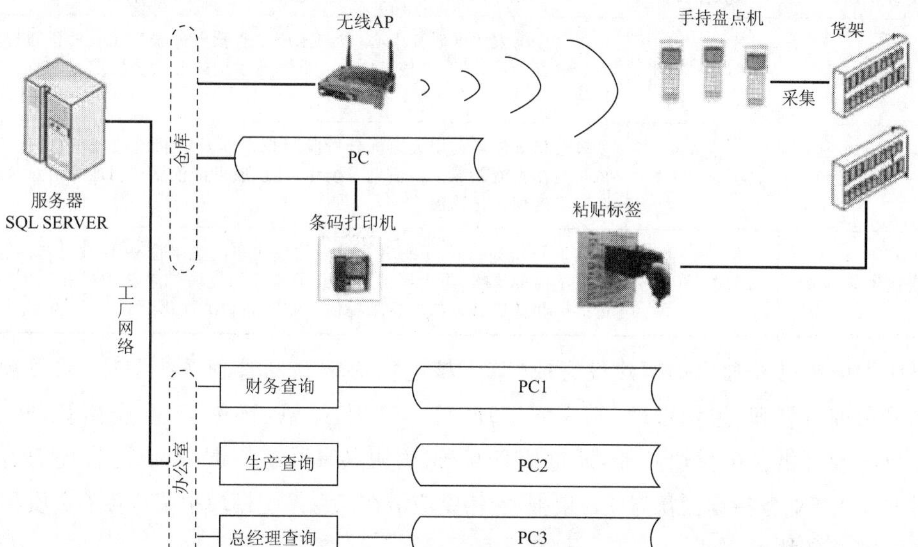

图 1-6-19　服务流程图

表 1-6-1　宏伟核电仓储管理化提升计划表

目的	设备内容	更新渠道
仓储管理信息化现代化	条形码系统	自主研发＋采购设备
仓储管理信息化现代化	移动互联网系统	自主研发＋采购设备
仓储管理智能化	物联网平台系统	自主研发＋采购设备

表 1-6-2　宏伟供应链信息管理系统

<table>
<tr><th>IT 核心系统</th><th>信息化战略合作方</th><th>主要输出内容</th></tr>
<tr><td>电子商务</td><td rowspan="7">IBM：是全球最大的信息技术和业务解决方案公司。
SAP：SAP 软件是国际信息化软件的领跑者。是全球最大的企业管理和协同化商务解决方案供应商。
一采通：是采购管理系统服务商，专注于“采购管理＋IT 实现”</td><td>基于宏伟智慧工业供应链云从管理上疏理现有流程，建立科学标准化流程体系</td></tr>
<tr><td>销售管理</td><td>以 SAP 为核心后台的升级，建立财务业务一体化，并与云平台集成</td></tr>
<tr><td>研发管理</td><td>打造统一的供应链信息共享平台，实现客户订购、物流、仓储及供应商信息的准确、及时和全面共享</td></tr>
<tr><td>客户关系管理 CRM</td><td>以销售、采购、库存、仓储、物流、结算等端到端业务流程为纽带，建立服务于客户、供应商、第三方物流及内部员工的端到端协同工作平台</td></tr>
<tr><td>E－HR</td><td>梳理和细化销售、采购、库存等各阶段的业务流程和数据交换标准，建立规范化的供应链管理流程和协同工作环境</td></tr>
<tr><td>RTX、EFAX、OA、MAIL</td><td>通过与金融机构的协作，实现供应链电子支付、电子结算功能，并通过供应链金融服务体系的搭建，为中小供应商提供供应链金融服务</td></tr>
<tr><td>核心供应链一体化平台</td><td>通过建立供应链专家体系，为中小企业提供供应链咨询服务</td></tr>
</table>

表 1-6-3　宏伟供应链信息化系统规划

规划方向	规划时间	规划内容
智慧核电供应链	2014－2016	建立核电大数据研究中心，参与永康市省核电关联产业中央仓储物流供应中心重点项目开发，对核电中央仓储物流供应中心大数据挖掘的整合、分析、利用
智慧五金供应链	2016－2018	对大物流领域利用大数据分析应用技术涉及的利用地理信息、位置服务、物联网在物流领域里做信息系统化，建设成可以依据空间地理信息来统一协调监管的现代化物流
智慧宏伟供应链云	2018－2020	收集和分析数据，了解客户的采购模式和消费体验，从而改进产品设计，调整电子商务策略，为金华本地区电子商务的发展带来新契机和巨大收益，通过捕捉和存储、刷选、分析来提供定制产品和个性化服务

宏伟供应链已经独立承担建设完成“基于核电供应链仓储管理系统”自主研发项目，完成开发采购询价管理、报价管理、供应商管理、订单管理、运输、运单管理、仓储管理、质保管理和客户管理等供应链模块功能，通过信息互通、资源共享并统一调配，满足管理的需要。

通过近几年业务持续创新与项目申报，宏伟供应链在信息系统模块中荣获各项资质和荣誉：

- 国家高新技术企业
- 浙江省科技型企业
- 金华市“两化”融合示范企业
- 荣获十多项计算机软件著作权及两个计算机软件产品登记

• 中国物流信息化优秀应用企业
• 金华市高技术服务业企业技术中心

目前已拥有十多个信息化系统自主知识产权：

• 和能物流资讯舆情分析系统 V1.0(2011SR032320)
• 和能物流短信管理软件 V1.0,2011SR030241
• 和能物流手机定位管理系统软件 V1.0,2011SR030239
• 和能物流运输管理系统软件 V1.0,2011SR025790
• 和能物流仓储管理系统软件 V1.0,2011SR026607
• 和能物流运单费用管理系统 V1.0,2011SR026939
• 和能物流运单管理管理系统软件 V1.0,2011SR013249
• 和能物流客户管理系统软件 V1.0,2011SR027358

大数据与云计算已经成为推动社会创新的新动力，逐渐成为企业发展的趋势。在此背景下，自 2013 年以来，宏伟供应链股份有限公司与全球知名企业 IBM 国际商业机器(中国)有限公司建立了战略合作协议并启动“宏伟供应链云”项目，集成云计算，打造统一的供应链信息共享平台。宏伟工业供应以供应链云项目助推信息化开发与建设，致力于资源的不断整合和充分利用，实现企业内部与外部大协作，使企业高效实现按需索取、随需而变，为客户提供专业化、自动化、智能化的云平台服务。

四、宏伟核电行业供应链管理绩效分析

（一）提升客户的核心竞争力

核电供应链管理是行业的一个发展方向，也便于核电单位专心做大做强主业、剥离辅业并社会化，为客户培养了一支有专业文化底蕴的潜在有资质的战略合作伙伴。这种合作，有利于有效沟通和增加服务附加值，结成战略同盟合作关系。

（二）内部管理转变为市场化合同管理

将内部管理转变为市场化合同管理，可以使决策和执行更加高效，并以结果为导向。通过分包将内部管理转变为市场化管理和运作，可以充分利用合同法律约束和管控工作；项目部各项决策可以快速高效的实施；以结果为导向，强调过程的管控，更有利于资源的统一调动和调配。

（三）客户角色转变为监管

客户角色转变为监管，体系更加健全，优质资源配置更为合理。可以利用客户丰富的管理经验，监督和指导分包商的工作；可以使客户抽调更多的优质资源配置到其他模块；更有利于合作伙伴快速的培养和成长。

（四）采购和管理成本下降

核电客户只需要对口几家分包商，管理的标准容易统一，流程简化。原本管理数百家供应商的人员可以大批量减少，补充到其他待开发项目中。分包中，分包商更容易实现规模效益，降低采购成本，从而使采购方的总体采购成本降低(包括人员成本、管理成本、库存成本、

资金成本等)。

(五)阳光采购、杜绝腐败

通过供应链的战略合作,使得物资管理活动始终透明化,始终是在阳光下运作,物资质量价格得到了很好的控制,杜绝了产生不正当交易的腐败温床。

(六)供应链信息管理系统建设

通过供应链信息管理解决平台,为客户在供应链管理咨询及服务的基础上提供现代化的信息网络功能,以实现采购、物流跟踪、到货检验、进出库、库存预警等方面的信息流动态呈现和有效控制,从而使量身定制的供应链管理方案与信息技术完美结合,满足核电客户不同阶段的自身特性及发展变革需求,集成供应物资质量和服务质量变化趋势见表 1-6-4,宏伟核电项目仓储管理绩效成果见表 1-6-5。

表 1-6-4　集成供应物资质量和服务质量变化趋势

序号	主要绩效指标	分包前	分包后	变化趋势评价
1	采购成本下降率(%)	2.00	18.00	提升
2	库存成本下降率(%)	3.30	18.50	提升
3	一次交检合格率(%)	94.66	98.84	提升
4	全过程不良率(%)	2.96	1.55	降低
5	准时交付率(%)	87.93	94.50	提升
6	不良品退货率(PPM)	348	205	降低
7	质量损失率(%)	1.56	0.76	降低
8	战略供应商占比(%)	10.4	15.00	提升

表 1-6-5　宏伟核电项目仓储管理绩效成果

序号	工作内容	分包前	分包后
1	配送范围广	局部重点配送(成品预制厂直接和施工队厂交接量占 90%)	全面配送管理(成品存储面积是原来存储面积的 6 倍)
2	配送服务界限深	配送到分队	配送到班组
3	配送地点多	配送到四个区域大门	配送到指定地点
4	配送周期短	三天内配送	次日配送
5	现场存储条件严	存储一周至半月的材料	现场存储不超过三天
6	配送频率高	批量配送频率低	按需配送频率高出 3 倍

五、可提供的经验

“21 世纪的竞争不是企业和企业之间的竞争,而是供应链之间的竞争”。在竞争日益激烈的市场环境下,供应链管理已成为企业的生存支柱与利润源泉。宏伟供应链致力于建立以产品供应链和服务供应链为中心的平台型供应链服务集成商。在核电行业蓬勃发展的今天,宏伟供应链作为一家专业的供应链服务公司,我们希望通过服务模式的创新应用,通过跨界互联网的思维,并应用四流合一的方式,从软件方面升级,为中国核电的快速发展助力。

① 基于核电行业供应链采购管理专业高效与协同的运营涉及零库存管理、物资大包管理、一站式集成供应、产品联合研发服务等创新模式，同时搭配一套信息化、自动化、智能化的管理信息系统整合供应链各业务环节，从而满足高效地为客户提供量身定制的物资解决方案，实现了降低客户各项成本，提升企业的核心竞争力的目标。

② 基于核电仓储管理以现代仓储管理服务为工业型客户提供第三方仓储管理服务，为客户生产不仅降低动态库存，同时实现库存管理是其竞争力优势的重要组成。

③ 基于核电设备及工程物资国产化进行全面推行之际，宏伟根据自身在国内行业建立的产品信息资源和渠道优势，为客户提供产品国产化解决方案，并通过宏伟的技术研发平台，以客户需求为导向，与供应商共同研发核电专用产品，从而实现产品的国产化和国内技术空白的填补，最终实现多方共赢。

撰稿人：吕惠芳　浙江宏伟供应链股份有限公司常务副总经理

吴艳芳　浙江宏伟供应链股份有限公司合同及采购管理部高级主管

案例7 广州嘉诚物流:打造"嵌入式全程供应链一体化管理"

一、企业简介

广州市嘉诚国际物流股份有限公司(以下简称公司),成立于2000年,2010年10月改制为股份制企业,注册资本1.128亿元。公司2012年初已向中国证监会申报IPO,是广州唯一一家进入资本市场的大型物流企业。

公司是一家与制造企业达成深度两业联动,为大型制造企业提供嵌入式全程供应链一体化管理的第三方综合物流服务商。公司服务领域涵盖了制造企业的原材料物流、生产物流、成品物流以及逆物流等制造企业供应链运作的全过程。通过提供适合不同制造业客户的多样化、个性化物流服务,满足客户实现"零"库存管理、缩短生产周期和提高运营效率的业务流程革新需求。通过承接制造企业全程供应链管理整体外包业务,使制造企业更加专注于产品研发和生产,有助于提升制造企业的核心竞争力。

公司自成立以来,从传统的货物仓储、运输业务起步,在承接大型制造企业物流业务外包过程中,通过业务模式创新和技术研发,逐步形成了成熟的嵌入式全程供应链一体化管理的嘉诚物流服务运营模式,成功运用于世界500强企业——松下电器,并逐渐向国内大型日化、汽车零部件制造企业推广开来。目前公司已经实现了松下空调、华南橡胶、广州浪奇等大型制造企业的全程供应链一体化管理,并承接了杭州松下、万宝压缩机、日立冷机、住友电工等知名制造企业的主要供应链环节的物流服务,建立了长期的战略合作关系。嵌入式全程供应链一体化管理的"嘉诚模式"不但使公司获得持续快速的发展,也极大地提高了制造企业的生产运营效率和企业产品竞争力,实现我国制造业整体物流外包和物流产业的转型升级。

为顺应国家大力发展国际物流、保税物流和商贸物流的趋势,公司投资了5亿元人民币建设13.8万平方米的天运南沙多功能国际物流中心,是广东省现代产业500强项目。天运南沙多功能物流中心坐落在广州南沙保税港区的保税物流园区内,与南沙港区一期、二期码头无缝连接实现区港联动;天运南沙多功能物流中心目前不管在硬件和软件建设方面都代表了当今物流行业的最高国际水准。整体总建筑面积13.8万平方米,其中仓库面积为12万平方米,辅助办公写字楼面积1.8万平方米,集装箱装卸平台192个;是一栋两层带双循环车道现代化立体物流仓库,配套邻接库房的CBD办公楼。

多年以来,嘉诚物流致力于为区域和产业的产业升级、技术创新和节能环保等方面贡献自己的力量,企业所取得的成绩和所做出的贡献也得到了各个方面的充分肯定,并获得了一系列荣誉:国家AAAA级物流企业、全国制造业与物流业联动示范企业、全国物流行业先进集体、高新技术企业、“2013年中国物流创新企业”、“2012年中国物流杰出企业”、广州市重点现代物流企业、广州市首批总部企业等。

二、实施供应链管理背景

(一)第三方物流与供应链管理

1. 第三方物流

第三方物流又称为物流联盟、物流伙伴、合同物流、物流社会化或物流市场化。第三方物流的特征首先是“第三方物流具有关系契约化的特征,第三方物流是通过契约形式来规范物流经营者与物流消费者之间的关系”;其次是“第三方物流具有服务个性化的特征,不同的物流消费者存在不同的物流服务需求”。

我国2001年公布的国际《物流术语》中,将第三方物流定义为“供方与需方以外的物流企业提供物流服务的业务模式”。第三方物流是在物流渠道中,由专业物流企业以合同的形式在一定期限内提供用户所需的全部或部分物流服务。第三方物流企业的利润来源基于物流的供应链管理推广所产生的价值。

2. 供应链管理

第三方物流属于产业概念,而供应链管理则是管理的内容。供应链是指产品生产和流通过程中所涉及的原材料供应商、生产商、分销商、零售商以及最终消费者等成员通过与上游、下游成员的连接(linkage)组成的网络结构,即由物料获取、物料加工,并将成品送到用户手中这一过程所涉及的企业和企业部门组成的一个网络。供应链的主要活动分为四个方面:一是原材料的采购,二是商品的开发与制造,三是商品的配送,四是商品的销售与售后服务。供应链管理则是对供应链中的物资流、商业流、信息流和资金流进行设计、规划和控制,从而增强竞争实力,提高供应链中各成员的效率和效益。供应链管理的核心是以客户为中心,通过合理设定供应链各环节的衔接界面,对各环节信息沟通方式及信息内容进行统一化和标准化,建立起整个供应链上各成员间的有效合作机制,使供应链各环节的参与者之间形成共享利益、共担风险的紧密合作伙伴关系,从而实现资源在供应链各环节的有效配置和供应链中贸易伙伴利益的最大化。

物流业与制造业的两业联动是实现全程供应链一体化管理的有效途径。两业联动是指制造企业和物流企业相互介入对方企业的管理、组织、计划、运作和控制等过程,共同追求资源集约化经营和企业整体优化的协同合作。实践中主要体现为制造企业物流业务的整体分离外包、物流企业参与制造企业业务流程改造等形式。上述过程需要物流企业能够深入制造企业除研发和生产以外的业务流程的每一个环节,主要包括原材料物流、生产物流、成品物流和逆物流等环节,进行上下游供应链一体化管理,通过整体规划发挥供应链各环节的集成、协同作用,利用信息化工具保证制造企业产、供、销各环节物资调配实现JIT,从而压缩了供应链各环节各种不必要的资源占用,减少物流成本,优化制造企业库存管理,实现制造业和物流业的效益共赢。供应链一体化管理可以参与的制造业业务流程如图1-7-1所示。

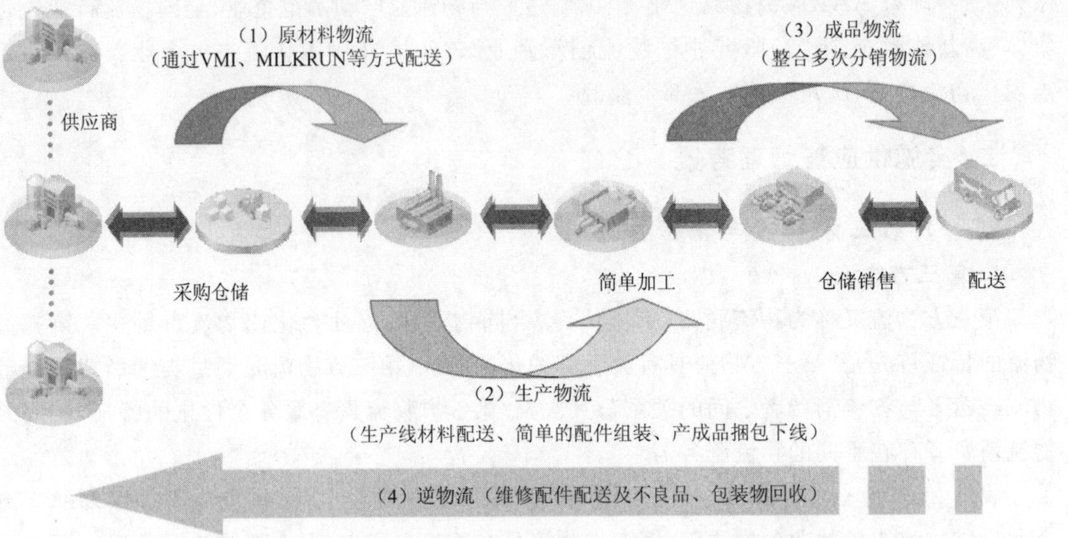

图 1-7-1　物流业与制造业全程供应链一体化联动发展示意图

目前，我国制造企业业务流程总体布局一般缺乏合理物流规划设计，导致物流环节除了停滞之外，经常处于交叉、迂回、倒流、跳跃和拥挤状态，重复搬运多，无效搬运占 70%左右，生产流程不合理，物流流动路径长，时间占用多，空间浪费大。制造业从原材料到产成品转换过程中，95%为物料的停顿或等待时间，其余 5%中的 70%为工装及其前后时间，真正创造产品价值的时间仅占到整个周期的 1.5%；机械制造企业各种仓库与储存区的面积占到全厂生产面积的 40%～50%，冶金制造企业约为 30%～40%（摘自《现代管理科学》2009 年 3 期）。通过供应链一体化管理，能够大大减少产品在各工艺阶段、工序间的停滞和流动时间，使生产系统环节衔接流畅，可以保证生产制造的连续性，缩短生产周期；通过电子数据交换（EDI）、准时生产制（JIT）、配送需求计划（DRP）等先进物流技术，可降低库存量，直接减少流动资金占用；通过优质物流服务，可降低物料流转损耗，保证产品质量。通过物流改造、整合降低企业综合成本，增加企业利润。产业联动是制造业和物流业发展的必然趋势。

（二）全球第三方物流行业发展状况

1. 第三方物流在全球物流市场中占有重要的位置

据统计，英国第三方物流占本国整个物流市场份额的 76%，美国的第三方物流每年要完成本国 58%的物流量，而在日本这一比例更是高达 80%，是世界上第三方物流比例最高的国家和地区（摘自《2009 年我国第三方物流市场深度研究报告》）。我国第三方物流较西方国家落后很多，尚不足全国物流量的 20%（摘自《物流科技》）。根据国际咨询机构 Armstrong& Associates，Inc 统计，2014 年全球第三方物流的收入规模已达 7 507 亿美元，如表 1-7-1 所示。

表 1-7-1　2014 年全球第三方物流收入规模　　单位：亿美元

地区	北美地区	欧洲	亚太地区	南美地区	其他地区	合计
收入规模	1 882	1 744	2 696	419	766	7 507

2. 物流业与制造业的发展日益融合

物流业与制造业联动发展使供应链一体化管理普遍应用于产业各环节，从而创造了良好的经济效益。目前，全球制造业已包括产品制造、设计、原材料采购、仓储运输、订单处理、批发经营和零售等各个领域，与现代服务业中的物流产业密不可分，发达国家的第三产业占GDP比重70%以上，生产性服务业又占第三产业的70%以上(参见《我国制造业与物流业联动发展的趋势及建议》)。据Armstrong&Associates，Inc统计，2014年美国物流总费用达14 366亿美元，占GDP的8.2%。根据日本通产省的调查，日本制造业物流成本已占日本物流总成本的50%以上，由于精细化供应链管理的实施，在日本制造业复苏期间，物流费用占GDP的比重已经成为我国经济发展的战略。另据北京交通大学一项跟踪研究表明，开展“两业联动”后制造企业的订单完成周期由11.8天降至6.2天，货物周转时间由26.6天降至16.2天，存货周期由14.8天降至12.3天(摘自《经济日报》2014.2.17.)。

3. 供应链一体化管理已成为国际知名制造企业通行的物流运营模式

随着全球工业化的快速发展，产品的环境与生态影响已经成为普遍关心的重要问题，在产品的不同阶段，如产品概念、设计、原材料加工、制造、装配、仓储、包装、运输、再利用和翻新等所产生的生态环境影响均需要相应的测定，所以21世纪供应链管理又被称为绿色供应链管理(Green Supply Chain Management，GrSCM)，即将环境思想整合到供应链管理，包括产品设计、原材料的采购和选择、制造与加工、最终产品传递到消费者和产品使用后生命终结管理；通过消除废弃物、节约资源和提高生产能力给企业带来绿色竞争优势。美国环保署还制订了相应的绿色供应链运作参考模型，推行全程供应链一体化管理，美国物流管理协会(CLM)2005年正式更名为供应链管理专业协会(CSCMP)。

在发达国家制造企业的实际运作过程中，不同程度体现了供应链一体化管理的模式，并且取得了明显的经济效益。美国戴尔公司采用“电子供应链”技术，形成顾客与制造之间的“直通模式”。戴尔每两个小时对全球每个生产厂的生产线制订一次生产计划，通过订单分配系统和需求计划系统安排送货，从而避免库存，减少运输；通过供应商需求信息共享、电子商务等手段，实现对客户需求的快速反应。

美国波音公司通过制造流程再造和供应商JIT管理，降低延迟到货量和工人制造成套工具、零件的时间，实现飞机产量翻番。“波音一体化系统”实现定制软件与硬件系统的一体化，并管理、跟踪美国40个制造网络的耗品。物流信息技术帮助波音应对资产成本高、库存控制难等挑战，使波音通过“波音一体化系统”运作全球的资源和货物。

日本丰田公司通过供应链环境下的精益生产，使外部物流、内部物流、车辆调度和顾客配送等达到JIT要求。丰田供应链的一体化管理消除了供应链上的一切浪费，通过组织形式、节点精益化、信息技术支持、信息网络设施以及合作机制等手段，在产品种类、质量、价格以及时间上最大限度地满足客户的需求。日本索尼公司通过因特网与世界各地的数十家公司连接，实行零件的按时调配，只有当索尼在生产中使用这些零部件时才向交易单位付款，从而减少了资金的占用。

（三）我国第三方物流行业的发展状况

1. 我国第三方物流业发展空间较大

2016年，我国社会物流总费用11.1万亿元，比上年增长2.9%。增速比上年提高0.1个百分点。其中，运输费用6.0万亿元，增长3.3%；保管费用3.7万亿元，增长1.3%；管理费用1.4万亿元，增长5.6%，物流市场规模较大。另一方面，我国社会物流总费用偏高，2016年社会物流总费用与GDP的比率为14.9%，比上年下降1.1个百分点，而西方发达国家仅约为10%。2016年全国社会物流总额229.7万亿元，比上年增长6.1%。从构成看，工业品物流总额214.0万亿元，比上年增长6.0%；进口货物物流总额10.5万亿元，增长7.4%；农产品物流总额3.6万亿元，增长3.1%；再生资源物流总额0.9万亿元，增长7.5%；单位与居民物品物流总额0.7万亿元，增长42.8%。

从物流运行效果看，发达国家商业流资金的年周转次数一般在10次以上，日本的年周转次数在14次左右，而我国限额以上工业企业流动资金的年周转次数不到2次，商业流动资金的周转次数不到3次。近20年来美国物流总费用增长近1倍，而占GDP的比重下降一半。物流费用占我国国民经济很大比重，推行物流外包，发展第三方物流，降低物流费用占GDP的比重已经成为我国经济发展的战略（摘自《我国制造业与物流业联动发展的趋势及建议》）。发达国家的实践证明，独立的第三方物流要占到社会物流的50%以上，物流产业才算完成（摘自《借鉴国外经验大力发展我国第三方物流业》），未来我国第三方物流市场面临较大发展空间。

2. 我国物流服务层次较低，能够提供全方位服务的物流供应商较少

目前，我国的第三方物流企业多数只能提供单项或分段的物流服务，物流功能主要停留在储存、运输、配送等传统物流环节上，加工、JIT配送、“零”库存管理、物流咨询与培训、物流信息等增值服务不多，不能形成完整的物流供应链。据调查，我国第三方物流供应商收益的85%来自基础性服务，增值服务及物资信息服务与支持物流的财务服务的收益只占15%，服务功能较单一；而美国第三方物流企业的服务已远远超出传统理念的范畴，有39%的第三方物流企业在美国境内外直接或间接地为客户提供合同制造服务，有67%的第三方物流企业为客户提供融资服务，包括客户存货融资、保险服务、车队融资、应收款融资、资本设备融资等；有44%的第三方物流企业为客户提供采购服务，包括办公用品和资本货物，生产物料、包装材料、存货采购和供应商选择管理等，美国第三方物流企业通过这种“全方位”的增值服务来开拓市场，而我国的第三方物流企业的服务水平与发达国家相比还有相当大的差距（摘自《我国第三方物流发展中存在的问题与对策》）。

3. 推动物流业与制造业联动发展已成为我国物流产业规划的必然选择

(1)社会库存直接影响我国社会物流成本

目前我国物流成本居高不下，已经引起全社会的关注。2011年上半年由于出现“菜农蔬菜烂在地里，而城镇居民抱怨菜价太高”的现象引发了一场全社会的物流大讨论，最终将原因归结于流通环节过多，以及运输过程中的“乱收费、乱罚款”等因素。的确，对于货值较低的物品，价格对物流成本的敏感性很高，但是造成我国物流总成本的GDP占比高出发达国家同类指标一倍的主要原因还在于全社会的库存过大。经济研究和咨询公司IHS Global

Insight于2011年3月发表的报告指出,2010年我国制造业产值占全球制造业总产值的19.8%,而美国所占比例为19.4%,即从制造业产值方面衡量,我国已在2010年超过美国成为全球制造业第一大国。2016年,我国工业品物流总额为214万亿元,同比增长6%,占社会物流总额的比重为93.16%;但是,由于缺乏产销协调的供应链信息化管理,我国的工业企业需要保存45天甚至90天的存货,而发达国家大型企业一般情况下只需保存5天的生产存货,整体不超过10天(中国物流与采购网),所以我国生产企业日常保留的呆滞存货(指库存量过大,而耗用极少,周转率极低的存货)比例相对过大,过多的存货不仅占用资金,而且需要制造企业提供大量的仓储面积,大量的待销库存需要不断地转运、存放,其中,不能适销对路的存货以及呆滞存货从进货、生产、储存到处理甚至销毁都会产生物流成本,不仅浪费了大量资源,也直接推高了全社会的物流成本。

(2)推行供应链一体化管理可以优化库存结构,降低物流成本

目前,我国物流企业主要集中服务于客户供应链流程中的某一两个环节,由于企业追寻利益最大化,物流企业希望当前处理的货物量越多越好,与客户的利益诉求不尽相同,导致物流各环节缺乏协同效应,整体物流成本居高不下。实现供应链一体化管理后制造企业的供应链由一家或两家企业统一运作,各环节有效协同,保持制造企业一定时段安全期合理库存,整体库存主要体现为有效需求对应的在途库存,以此有效降低制造企业乃至全社会的物流成本。

物流业与制造业联动,实现供应链一体化管理还可有效消除“牛鞭效应”。所谓“牛鞭效应”是指销售商与供应商在需求预测、修正、订货批量决策、价格波动、短缺博弈、库存责任失衡和应付环境变异等方面博弈的结果,增大了供应商的生产、供应、库存管理和市场营销的不稳定性。传统上,由于供应链每一个环节都是各自管理的库存,都有自己的库存控制目标和相应的策略,而且相互之间缺乏信息沟通,彼此独占库存信息,因此不可避免地产生了需求信息的扭曲和时滞,使供应商无法快速准确地满足用户的需求。在快速响应用户需求的整个供应链上,供应链各个环节的活动都应该是同步进行的,而传统的库存和分销管理思想显然无法满足这一要求。供应链库存管理(VMI)正在成为生产制造避免“牛鞭效应”的突破点。实行供应链一体化管理,库存不再由企业自行管理,而是作为供需双方共同管理的“第三方库存”。

21世纪的供应链管理又被称为绿色供应链管理,通过推行供应链一体化管理,实现物流业与制造业联动发展,一方面可以帮助制造企业合理规划库存管理,减少呆滞存货,避免过度生产造成的资源浪费与环境影响;另一方面,社会物流总费用的有效降低可以直接减少物流行业运行的能源消耗和资源浪费;提倡节能减排,绿色物流,实现物流行业的社会效益与企业效益的共赢。

(3)“促进物流业与制造业联动发展”已成为我国物流行业政策导向

我国已经将推动物流业与制造业联动发展作为物流业产业规划的重要方向。2007年3月《国务院关于加快发展服务业的若干意见》中就已提出“大力发展面向生产的服务业,促进现代制造业与服务业有机融合、互动发展,细化深化专业分工,鼓励生产制造企业改造现有业务流程,推进业务外包,加强核心竞争力。”国家发改委2009年3月10日发布了《物流业

调整和振兴规划》，其中第四部分“重点工程”中明确了国家将加强指导和促进“制造业与物流业联动发展工程”，国家将“制定鼓励制造业与物流业联动发展的相关政策，组织实施一批制造业与物流业联动发展的示范工程和重点项目，促进现代制造业与物流业有机融合、联动发展。”十大产业调整和振兴规划中其余的九大调整和振兴产业规划均为制造行业，这为物流业与制造业两业联动创造了良好契机。在国家十大产业调整和振兴规划出台前后，国家发改委和中国物流与采购联合会曾联合召开两届全国制造业与物流业联动发展大会，围绕如何推动制造业与物流业联动发展，引导制造业释放物流需求为主题，就各地推动制造业与物流业联动发展工作的政策措施、经验做法及有关情况进行了交流介绍。

2010 年 4 月 9 日，全国现代物流工作部际联席会议办公室下发关于印发《关于促进制造业与物流业联动发展的意见》的通知，意见明确了两业联动的重要性、指导思想、基本原则，提出促进制造业与物流业信息共享、标准对接，并提出了鼓励联动发展的政策措施。2010 年 9 月 28 日，全国现代物流工作部际联席会议办公室发出了《关于开展制造业与物流业联动发展示范工作的通知》，全国现代物流工作部际联席会议办公室将组织有关专家进行评审和考察，对示范企业进行表彰，授予“全国制造业与物流业联动发展示范企业”称号，并适时组织有关专家对示范企业进行指导和模式总结，采取案例宣传、召开现场会、组织培训等多种形式进行宣传推广。2011 年 12 月，全国现代物流工作部际联席会议办公室授予嘉诚股份“全国制造业与物流业联动发展示范企业”称号。

2011 年 8 月 2 日，国务院办公厅下发国办发[2011]38 号《国务院办公厅关于促进物流业健康发展政策措施的意见》中明确提出“鼓励整合物流设施资源，支持物流企业加强与制造企业合作，全面参与制造企业的供应链管理，或与制造企业共同组建第三方物流企业”，支持制造企业将物流业务与资产剥离，推行社会化物流服务。

2012 年 6 月 8 日，国家发改委、公安部、财政部、国土资源部、交通运输部、铁道部、商务部、人民银行、税务总局、工商总局、银监会、证监会等国务院十二部委联合发布《关于鼓励和引导民间投资进入物流领域的实施意见》(发改经贸[2012]1619 号)，明确提出要积极引导民间资本投资第三方物流服务领域，加快形成支持民间资本进入物流领域的管理体制，打破阻碍物流设施资源整合利用的管理瓶颈，为民营物流企业创造公平规范的市场竞争环境，切实减轻民营物流企业税收负担，加大对民营物流企业的土地政策支持力度，优化民营物流企业融资环境，鼓励民营物流企业做强做大。

2012 年 12 月，国务院印发《服务业发展“十二五”规划》指出“我国服务业发展长期滞后，结构不合理，生产性服务业水平不高，尚未形成对产业结构优化升级的有力支撑；规划中提出的“十二五”服务业发展重点“第一节”便是生产性服务业，明确发展现代物流业，“大力发展第三方物流，优先整合利用现有物流资源，拓展服务功能，完善服务网络，鼓励物流业与制造业联动发展，提高一体化运作水平和规模化程度。”

2013 年 5 月 30 日，国务院办公厅印发《深化流通体制改革加快流通产业发展重点工作部门分工方案》指出“加强现代流通体系建设：大力发展第三方物流，促进企业内部物流社会化”，“加大流通业用地支持力度：鼓励利用旧厂房、闲置仓库等建设符合规划的流通设施，设计原划拨土地使用权转让或租赁的，经批准可采取协议方式供应，拓宽流通企业融资渠道，支持符合条件的大型流通企业上市融资、设立财务公司及发行公司(企业)债券和中期票据等债务融资工具。”

国务院办公厅关于深入实施“互联网＋流通”行动计划的意见(〔2016〕24 号)加强智慧流通基础设施建设。加大对物流基地建设、冷链系统建设等的政策性扶持力度,科学规划和布局物流基地、分拨中心、公共配送中心、末端配送网点,加大流通基础设施投入,支持建设农产品流通全程冷链系统,重点加强全国重点农业产区冷库建设。

国家发展改革委《“互联网＋”高效物流实施意见》的通知(〔2016〕1647 号)强调指出,“互联网＋”高效物流的发展目标是强调先进信息技术在物流领域广泛应用,仓储、运输、配送等环节智能化水平显著提升,物流组织方式不断优化创新;基于互联网的物流新技术、新模式、新业态成为行业发展新动力,与“互联网＋”高效物流发展相适应的行业管理政策体系基本建立;形成以互联网为依托,开放共享、合作共赢、高效便捷、绿色安全的智慧物流生态体系,物流效率效益大幅提高。

三、供应链管理运作模式

公司推行全程供应链一体化管理的物流运营模式,将物流服务嵌入到制造类企业原材料采购、产品生产、配送、销售及售后服务各个环节,与制造企业达成深度联动,通过合理的全程供应链一体化物流流程设计,集成供应链的各个环节,提供“一站式”全程物流服务,实现原材料物流、成品物流以及逆物流的循环对流运输,往返配载;合理规划相关联的原材料仓储,就地加工半成品;并根据配送料件的具体情况合理运用 VMI、Milk Run、直送、KANBAN 等物流管理技术,实现客户生产流水线材料配件的 JIT 物流配送;最后通过代理销售整合成品分销物流。通过全程供应链一体化管理,帮助制造业客户减少物流环节,降低物流成本,缩短制造周期,实现“零”库存管理。公司嵌入式全程供应链一体化管理运营模式如图 1-7-2所示。

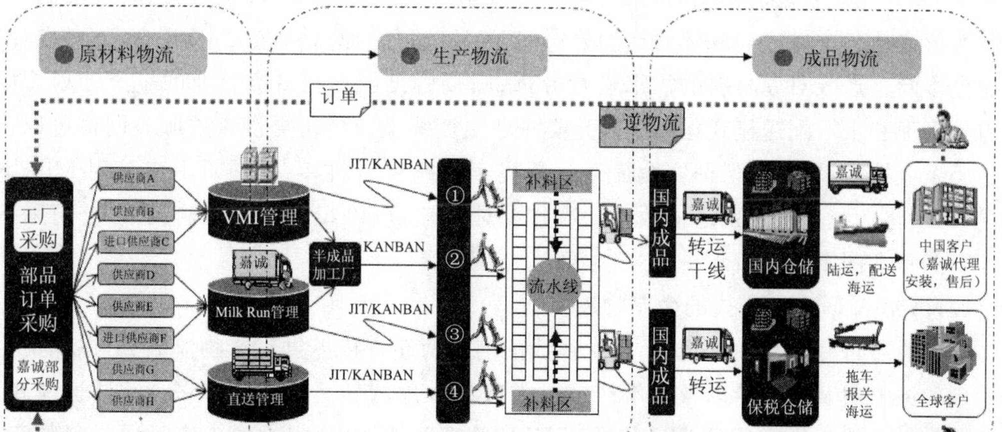

图 1-7-2　公司嵌入式全程供应链一体化管理运营模式图

此外，由于全程供应链管理服务涉及客户产、供、销全程，能够将销售环节获取的市场信息及时准确地反馈给客户采购、生产等部门，协助客户制订合理的生产计划和采购计划，实现制造企业生产流水线部品的 2 小时 JIT 配送。近几年，借助与世界著名大型制造企业的成功合作，公司将全程供应链一体化管理的物流运营模式逐渐向国内大型日化、汽车零部件制造企业推广开来；制造业客户实施全程供应链管理外包模式后，将与公司形成相对稳定的长期战略合作关系，稳固公司的业务基础；同时自身也可以专注于生产、研发和业务拓展，提高制造企业核心竞争能力。

（一）嵌入式全程供应链一体化管理物流服务模式

公司通过参与制造类企业原材料采购、产品开发与生产、配送、产品销售及售后服务，为制造类企业提供集成协同式供应链一体化管理服务。在原材料采购阶段公司提供采购物流服务，在生产物料调达过程中提供 KANBAN＋JIT 模式的生产物流服务，在产品销售环节提供成品物流服务，在产品售后环节及生产环节提供逆物流服务。

1. 原材料物流

公司从事的采购物流主要是为制造类企业提供原材料采购、运输、配送服务。公司为制造类企业提供的采购物流可分为国际采购和国内采购。

在国际采购方面，制造类企业下达采购订单给公司，委托公司代为境外采购，采购货物由与公司长期合作的船运公司和航空公司运达境内，公司将货物运输到保税仓库内保管，采用看板管理，根据制造类企业生产计划，批量先后出仓报关，实现制造类企业生产线上原材料的 JIT 配送。公司在提供该项服务过程中可以协助制造类企业进行“零”库存管理，实现当天的生产计划，在保证安全库存量的前提下消减原材料库存，以集中申报、快速通关保证原材料及时配送到生产线，优化生产流程。

在国内采购方面，制造类企业可以直接向原材料供应商下达订单，或由公司代理采购后采用两种方式运送到公司的 VMI 仓库：对于距离较远的供应商，由供应商派车运送；对于距离公司 VMI 仓库较近的供应商，由公司统一派车采用 Milk Run 模式，按照路线规划，一次性派车依次从各个供应商取货后运到公司的 VMI 仓库。原材料进入 VMI 仓库后根据制造类企业不同生产线对原材料的需求进行分拣、归整后再依据制造类企业的生产计划按需采用看板管理和 JIT 配送模式运送到制造类企业生产线上。公司提供该项服务同样可以协助制造类企业按需采购，在保证安全库存量前提下消减原材料库存，同时由于采用 Milk Run 运输模式，将传统多次分别运输改为一次性整体运输，可以相应降低运输成本，公司采购物流业务流程如图 1-7-3 所示。

2. KANBAN＋JIT 模式的生产物流

公司通过进驻客户生产现场，在生产线的前后两端直接提供生产物流服务，以保证生产线前端的原材料及时补给以及后端产成品的收纳入库或转运。在 KANBAN 调达模式下，客户原材料补给的指令通过 EDI 传送到 VMI 管理系统，系统根据要求安排原材料物流，以 VMI 库存管理为核心，辅以 Milk Run 模式把原材料按时、按需、按量送达至生产线上，实现生产线上部品的 JIT 配送；在生产流水线的产成品下线端，公司提供包装、捆包、贴标等服务。在生产线的上述物流服务，实现了物流服务与制造企业客户生产现场的无缝对接，辅助以公司与客户的信息系统对接，准确核实物料、产品的纳入和输出数量。公司能够根据客户的生产特点提供贴身的生产物流服务，有助于优化企业生产流程。公司生产物流业务流程如图 1-7-4 所示。

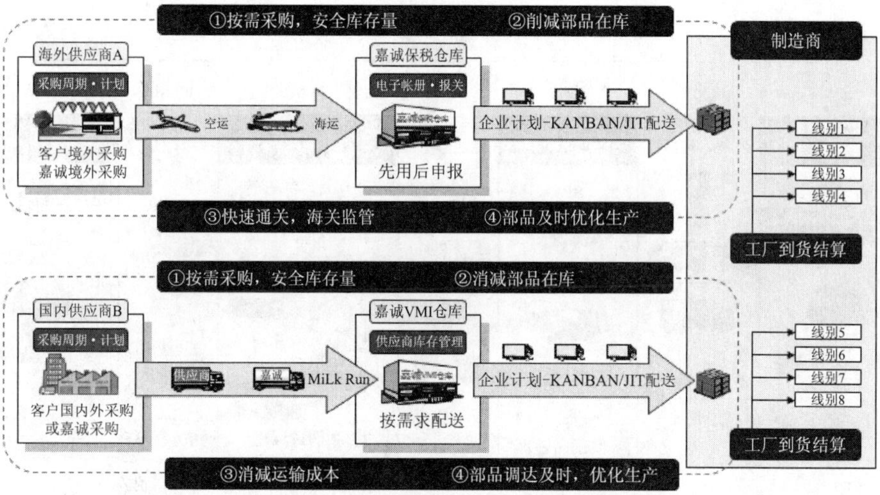

图 1-7-3　采购物流业务流程图

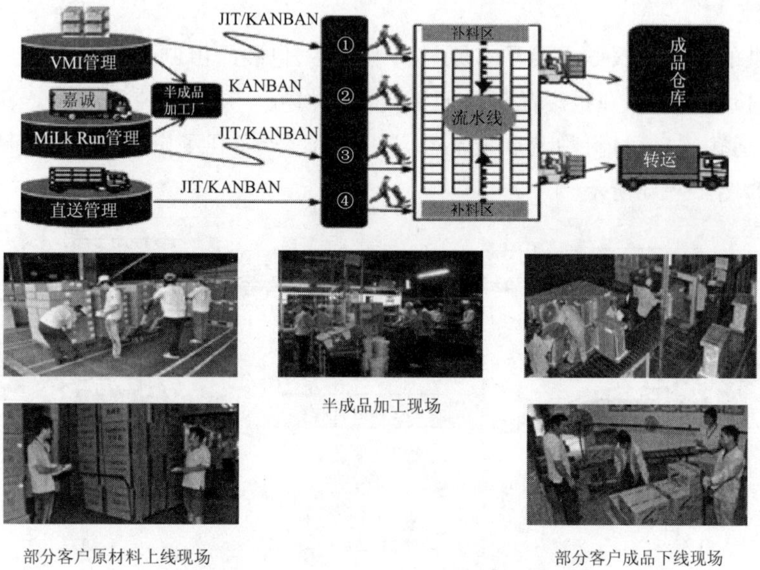

图 1-7-4　生产物流业务流程图

3. 成品物流

客户的成品下线后，首先经过企业的成品仓库中转，经过一次物流干线运输至公司在全国各地的外部成品仓，再经二次物流进行区域配送将货物运送至各级经销商指定的仓库。对于国际成品物流而言，客户产品下线后由公司的车辆转运到出口成品仓，经过报关、专业装柜和短距离运输至码头，再由船公司运输到海外。

公司在提供成品物流业务过程中，制造商的出口信息和国内销售信息会通过公司的物流信息平台第一时间反馈给制造类企业，使制造类企业可以根据销售情况预测客户需求，相应制定生产计划。公司成品物流业务流程如图 1-7-5 所示。

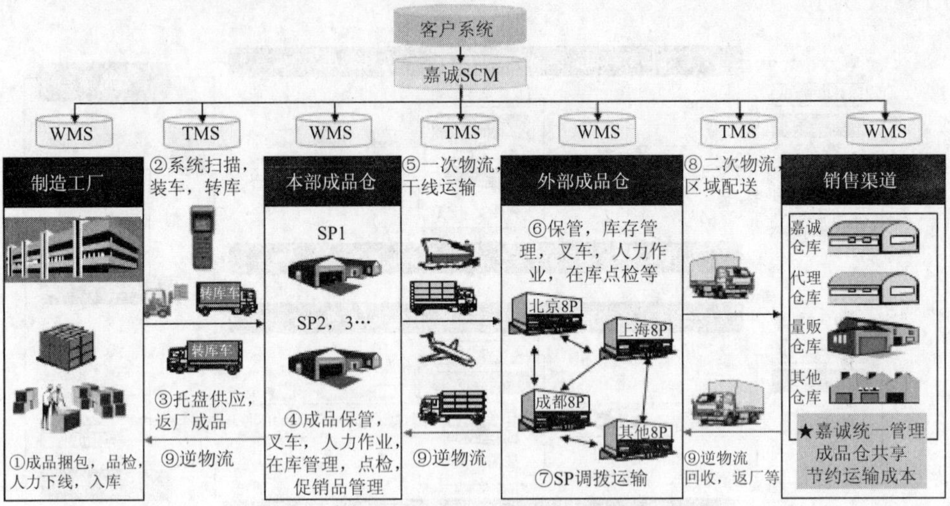

图 1-7-5　成品物流业务流程图

4. 逆物流

公司提供的逆物流服务主要是将原材料不良品、包装品由制造商运送回原材料供应商，将商品退货、检测维修品和报废品运送回制造商的物流。在逆物流服务中，公司通过合理规划，实现对流运输，与原材料物流和成品物流有机整合，实现了资源的充分利用。公司逆物流业务流程如图 1-7-6 所示。

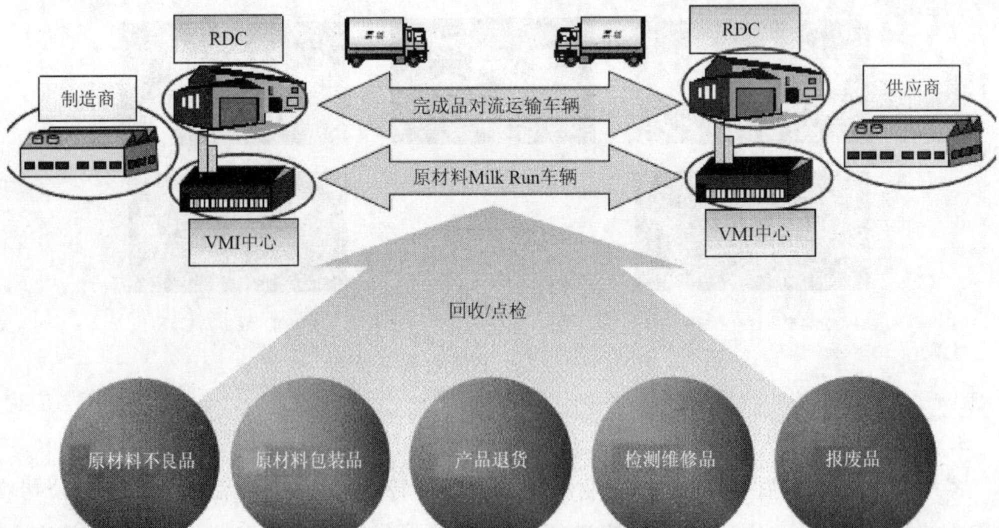

图 1-7-6　逆物流业务流程图

（二）特色物流服务及增值服务介绍

在全程供应链的不同阶段,公司运用相应的物流功能和增值服务,与制造企业客户密切合作,将物流与原材料采购、制造生产、销售以及售后服务等环节实现无缝衔接。

1. 特色运输服务

公司具有较强的运输整合规划和运输设备技术研发的能力,能够提供物流方案及线路的优化组合和设计,综合运输优化策略的实施主要考虑到成本、速度、品质三个方面,涵盖的主要因素为:公司通过多个客户成品、原材料及回收物流货物的订单加上线路系统分析自动组合,可准确选择恰当或专用车型,再运用装卸计算机系统模拟装卸以充分提高装载率,结合循环对流运输的科学运输方式,减少中间环节和浪费,达到降低成本、提高效率、保证品质的运输服务。通过上述物流方案及线路的规划组合,公司已经形成了成熟的 Milk Run 和保税物流运输运营模式:

(1)牛奶取货(Milk Run)

公司根据珠三角等经济发达地区成品销售地与原材料制造地域重合度较高的特点,设计最优的 Milk Run 循环运输管理方案如图 1-7-7 所示,实现"成品出,部品回",确保车辆满载,降低运输成本。

图 1-7-7　Milk Run 示意图

(2)保税物流运输

公司根据保税物流中心内的进口原材料和出口成品运输整合,充分利用海关便利的通关政策优势实现了保税物流仓的原材料出(JIT)、成品进的运输服务,打破长期以来国内短程港口运输车辆空返的传统模式,提高了运输效率,降低了运输成本,保税物流示意图如图 1-7-8 所示。

2. 特色仓储服务

公司可以全面承揽从入库到出库的各项业务,并可提供配套的流通加工服务。在主要全程供应链服务客户区域公司设置了 VMI 部品仓，国际、国内成品仓以及保税、出口成品仓等多种功能仓库。其中，VMI 部品仓是全程供应链一体化管理过程中连接原材料物流与生产物流的关键节点，通过 VMI 库存管理技术，由供应商、客户和第三方物流企业共同管理库存，借助 WMS 仓库管理系统实现对应多品种、小批量货物所必需的“单件管理”，信息互通，按时、按量、按需实现客户生产线所需料件的及时调达（JIT），VMI 仓储管理运营示意图如图 1-7-9 所示。

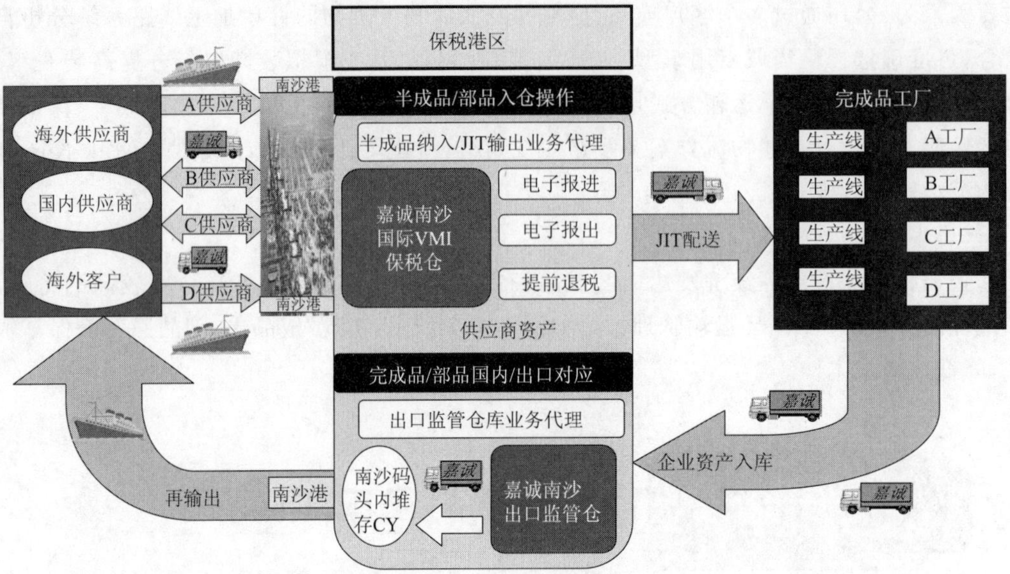

图 1-7-8　保税物流示意图

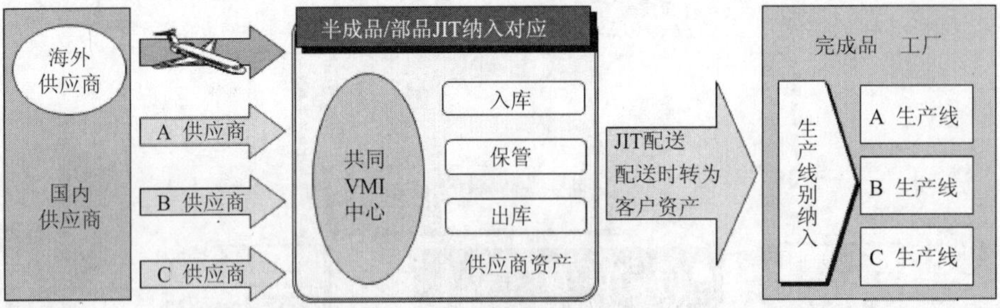

图 1-7-9　VMI 仓储管理运营示意图

3. 流通加工及增值服务

公司提供可以提升客户供应链价值的一系列增值服务，充分运用两业联动理念，对四大主营物流板块（原材料物流、生产物流、成品物流、逆物流）中各环节的部分原材料及成品提供流通加工服务，主要服务内容包含：半成品组装、包装、贴标、捆包下线、检测、分拣、指定交货单、标签发行、维修等，为客户提供经济、高效、灵活、便捷的增值服务，促进销售，维护商品质量和提高物流效率；公司子公司天运塑胶整合原材料和松下空调电子零配件仓储库存管理的优势，结合 JIT 运送，为松下空调配套进行半成品组装，生产加工 C－BOX，确保了成品组装所需的半成品物料供应，优化生产，实现半成品的“零”库存管理，节约工厂场地资源，提高产能，同时也稳固了与下游企业的长期紧密合作。

四、供应链管理绩效分析

嘉诚物流创新的“嵌入式全程供应链一体化管理”，将世界先进制造企业的供应链管理理念以及现代化的信息技术应用到全程供应链管理的业务上，对全程供应链上的各个环节（各个企业）都将产生巨大的经济效益，具体分析如下：

1. 有效优化物流流程

在嵌入式全程供应链一体化管理模式下，公司与制造企业深度合作的物流流程如图 1-7-10所示。公司主要将原材料物流、生产物流、配销物流、逆向物流、流通加工和全球售后服务等六大服务模块融入制造业企业中，以先进物流管理理念作为指导，以物流技术体系作为支撑，以物流金融作为增值手段，并将一体化供应链管理及保税物流作为公司的重点建设对象，切实融合制造供应链体系的生产和流通环节。其中，物流信息技术是支撑基础，因为只有良好的物流信息沟通和交流，才能使物流与制造之间的联动更深入，更加快速和准确地了解市场的需求变化，对市场的需求做出快速的反应，从而帮助制造企业及时调整物流作业，满足制造生产的变化。

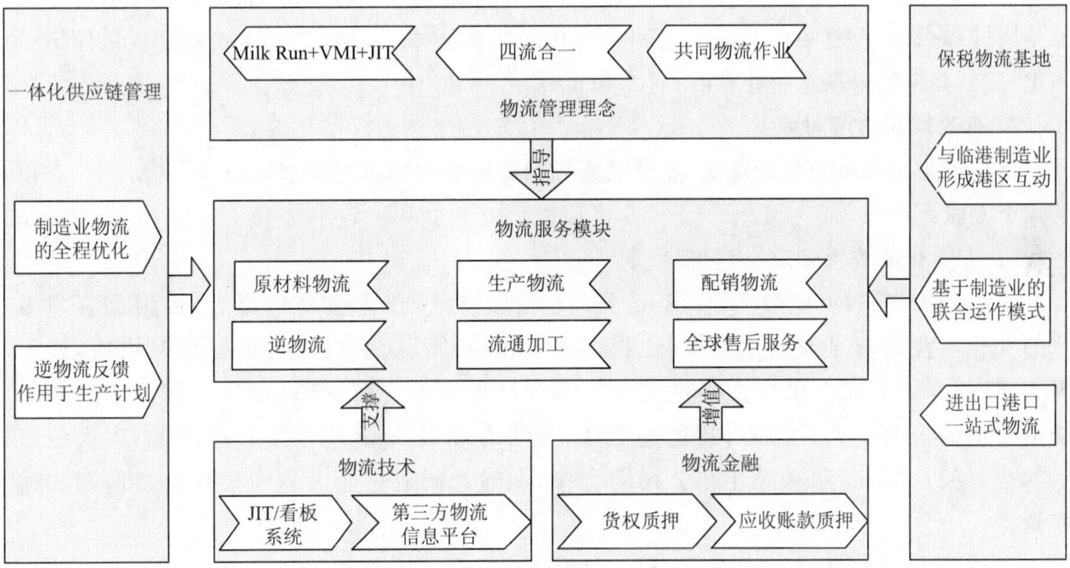

图 1-7-10 公司发展“嵌入式全程供应链一体化管理”联动的架构图

图 1-7-11 表示，公司供应链管理推动制造业物流改革实施，不仅将 Milk Run，VMI 以及 JIT/看板等先进管理手段运用到供应链管理中，并且通过与制造企业的密切合作，将物流与原材料采购、制造生产、销售以及售后安装等环节实现无缝衔接。如公司负责对配送半成品的组合加工以及捆包；公司成为制造企业品牌的成品代理；公司实施逆物流，通过客户订单需求的反馈，为制造企业进行生产改革提供建议。这些都为公司在实现制造业供应链管理的全程优化方面提供了良好的运作模式。

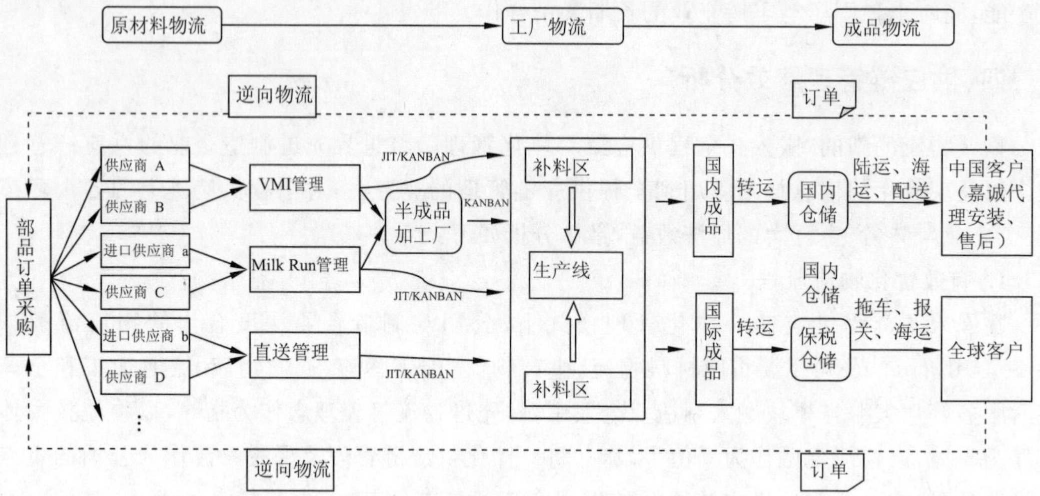

图 1-7-11 公司实施的制造业供应链管理流程

由此，不难发现：优化后的流程实现了公司与制造企业的密切合作。公司为制造企业实现原材料的集中采购、共同配送、零库存管理、逆向物流、保税物流等一体化服务；真正优化了制造企业的生产结构；减少了制造企业产品的多个流通环节；提高了制造企业原有的物流服务质量；为制造企业实现了标准化和专业化的物流运作。因此，"嵌入式的全程供应链一体化管理"能够使得制造企业省心、省力和省钱。

2. 有效缩短物流时间

制造企业和公司的联动发展，能有效降低制造企业的物流时间成本，这一优势体现在以下几个方面：

(1)专业化的物流管理，缩短提前期

公司具备先进的 VMI、Milk Run、JIT 等管理技术，在原材料物流上，可根据客户需求的变化以及制造企业的生产变化，提前告知供应商及时安排相应的原材料供应，或采用 VMI 的方式即时向供应商提供完整的采购计划为供应商管理库存，从而将生产提前期由 4 天缩短为 1 天。另外，还通过全球、全国的 Milk Run 取货及直拨配送，大大缩短了物流时间。因此，制造企业与公司的合作，能够为制造企业大力缩短订购提前期和库存量。

(2)实现信息共享，减少缺货等待的时间

公司根据制造企业客户的需求，自主开发了相应的 ERP 系统、WMS 系统、TMS 系统等，整合到公司的信息一体化平台上，有效支撑企业的业务运作，同时，该信息化平台使供应商和生产商实现 VMI 的信息共享，共有 VMI 仓库的入库、出库、预测缺料信息。制造企业与公司合作后，缺货等待时间减少了 20%，保证了生产的顺利进行。

(3)共同物流作业，缩短物流时间

公司致力于原材料、半成品与产成品的共同物流作业。在原材料物流上执行全球、全国的 Milk Run 取货及直拨配送；在半成品上执行包括生产线上的加工和产品捆包下线；在产成品上则囊括国内产品和出口产品的下线转运，仓储管理、国内干线及区域配送通过整合代理商的二次物流、三次物流等实现共同仓储、共同配送、共同理货的理念，达到缩短物流时间的目的。

3. 有效节约物流成本

(1)订单处理作业成本

联动前，零售商直接下订单给制造企业，制造企业接到订单后，交给相应的订单处理人员进行处理，开始检查库存和准备运输车辆等，但是订单处理人员之间几乎没有沟通，因此信息沟通力度不够。

联动后，制造企业接到零售商的订单后，把订单的内容传送给公司，公司把一段时间的订单进行汇总、整合、分类，把在同一条路线上的订单归类，并安排车辆进行共同配送。

联动前后的订单处理成本如表1-7-2所示。

表1-7-2　联动前后的订单处理成本对比

成本项目	联动前	联动后
平均每个月订单数	675	700
每单平均处理时间(天)	7	5.5
所需订单处理人员(人)	16	11
其他管理费用(元)	3 800	2 580

(2)生产作业成本

联动前，制造企业独立承担着生产和配料工作，其产品生产周期长，配料的出错率高，导致次品率居高不下，而且由于配料出错，造成大量的原料浪费，或者过剩的原料没有及时回收，从而造成了资源浪费。

联动后，公司承担了制造企业的配料工作，采用RFID射频技术，对入库及出库的原材料进行实时跟踪。生产线上，公司员工可以根据信息中心的指示，确定需要及时地补料的环节，能够做到数量上的精确，从而避免了原料的浪费。

联动前后相比，原料节约了39%以上，生产周期缩短了28%，补料人员减少了3个。

(3)出入库及仓储作业成本

联动前，制造企业根据历史数据预测市场需求，并进行生产计划和设置库存水平，但是由于市场需求变化的不规则性，预测经常发生较大的偏差，出现过量的库存，导致巨大的库存持有成本，或者缺货不足，导致较大的缺货成本。同时，制造企业仓库内的设备运作效率低下，有些机械设备处于空闲状态，利用率不高，而有些却不间断地工作，设备的使用寿命严重下降。

联动后，公司负责制造企业的库存管理。公司能够根据需求订单，做出比较准确的市场预测，并为制造企业的库存进行全面管理。

联动前后相比，制造企业设备利用率提高24%，库存周转率缩短43%。联动前后的仓储成本如表1-7-3所示。

表1-7-3　联动前后的仓储成本对比

成本项目	联动前	联动后
仓库面积(m^2)	320 000	26 000
仓库管理人员(人)	630	593
每月管理费用(元)	160 000	148 260

(4)配送作业成本

联动前，制造企业的货物配送是以订单为单位进行，且经常出现返程空驶现象，车辆的实载率低；运输路径的选择大都凭司机经验，迂回运输现象频繁，运输距离增大。因此油费、路费、车辆维修费等相关成本上升，导致配送作业成本居高不下。

联动后，公司承担制造企业的配送工作，由于公司拥有专业的配送车队和长期合作的协议车队，可以通过整合制造企业的订单，选用合理的包装容器和装载方式，使车辆利用率达到最大化；通过合理地安排运输计划，减少车辆返程空驶现象；通过优化配送路径，减少运输迂回现象；通过合理的选择包装以及包装容器的循环利用，减少包装费用。

联动前后相比，车辆实载率由 75%上升到 95%以上，车辆返程的实载率也提高了 62%，车辆运行总里程节约了 35%以上，耗油量减少了 28%以上，相关的管理费用节约 36%以上。短途运输的时间由原来的 4 天以上，缩短为现在的 2 天以内，缩短率达 50%以上。同时，包装材料费用降低了 16%以上。

(5)资金成本

资金成本方面，不仅仅是减少了制造企业的资金成本，而且对零部件和原材料供应商也减少了资金成本压力。如图 1-7-12 所示，引入公司后通过零库存管理，制造企业实现了资产的转移，减少了在库数量和资金成本；同时，通过 VMI 信息共有 Web，公司会将采购计划、库存水平与供应商进行分享，减少了供应商库存成本和原材料资金占用时间。

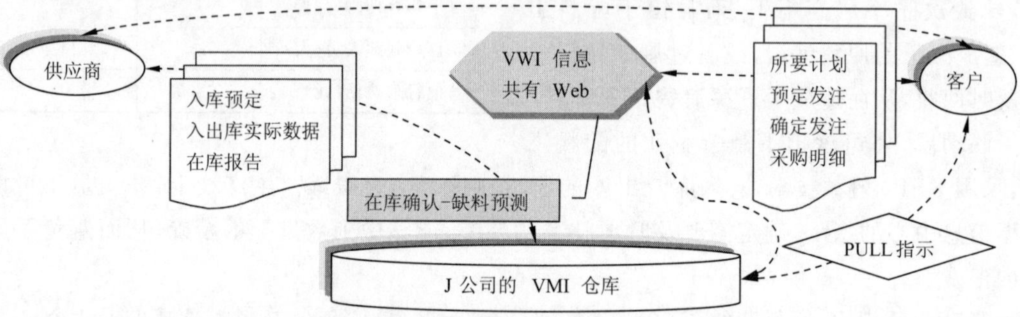

图 1-7-12　“两业”联动的信息共享图

五、可提供的经验

（一）实现全程供应链一体化运营模式优势

公司作为从事供应链一体化管理服务的专业第三方物流企业，与同行业中重资产型大型物流服务企业运营模式不同，运输型企业如中远集团、中海股份、大秦铁路等，仓储型企业如中储股份、保税科技等，这些重资产型物流企业依靠物流资产提供基础物流服务取得营业收入，而公司主要依靠物流管理技术，整合、规划物流资源为制造企业提供供应链管理相关的综合物流服务。

全程供应链一体化管理运营模式的实施方面，公司在同行业中处于领先地位，主要表现在：公司与主要业务客户签订了全程供应链一体化物流服务合同，成为松下空调、广州浪奇等制造企业客户排他的全程供应链外包服务商；业务收入实现过程贯穿了主要客户原材料采购物流、生产物流、成品物流以及逆物流等物流供应链全过程，实现了制造企业生产流水线的物流作业无缝对接，特别是与强调精细化管理的日本知名电器制造企业——松下电器合作，公司成为国内为数不多的与世界 500 强大型制造企业互动合作，实现全程供应链一体化管理的第三方物流企业。

（二）为客户提供增值服务

公司在为大型制造企业提供全程供应链一体化服务的过程中，不断为客户提供增值服务：首先，降低制造企业的生产成本，公司通过整合物流资源，推行物流管理技术，如运筹学中的管理技术、单品管理技术、条形码技术和信息技术等，提高物流效率，降低物流成本；同时，高质量的物流服务也降低了客户的包装成本；其次，公司通过延伸服务整合物流、商流、资金流和信息流，向上延伸至市场调查与预测、采购及订单处理，向下延伸至配送、流通加工服务、货款回收与结算等；最后，通过优化物流中心信息化网络，来减少物流环节，优化物流过程，提高物流系统的快速反应能力，从而缩短制造周期。

（三）物流流程标准化、管理精细化

公司将精细化管理贯彻到公司运营的每一环节，将全程供应链的每一操作环节进行动作分解，整理出标准化流程，并在实践中不断完善，形成标准的作业指导书，明确岗位职责和操作规范，并通过对组织内部流程的输入端、输出端的关键参数进行设置、计算、分析，衡量流程绩效，进行 KPI 管理，把企业的战略目标分解为可操作的工作目标，提高精细化管理水平，使每一员工的操作规范化、岗位职责明晰化、业务流程标准化。此外，公司还根据不同物流环节设计相应标准化的物流器具，既提高了工作效率，又有效降低了成本。通过精细化管理，使得物流操作规范、严谨，由于物流操作产生的物料损耗大大降低，从而可以相应减少产品包装物的要求，直接节省客户经营成本。如 2008 年公司将松下空调出口日本机种的全封闭包装改为定位包装（见图 1-7-13），公司物流现场操作的精确度可以与发达国家同行保持同步。

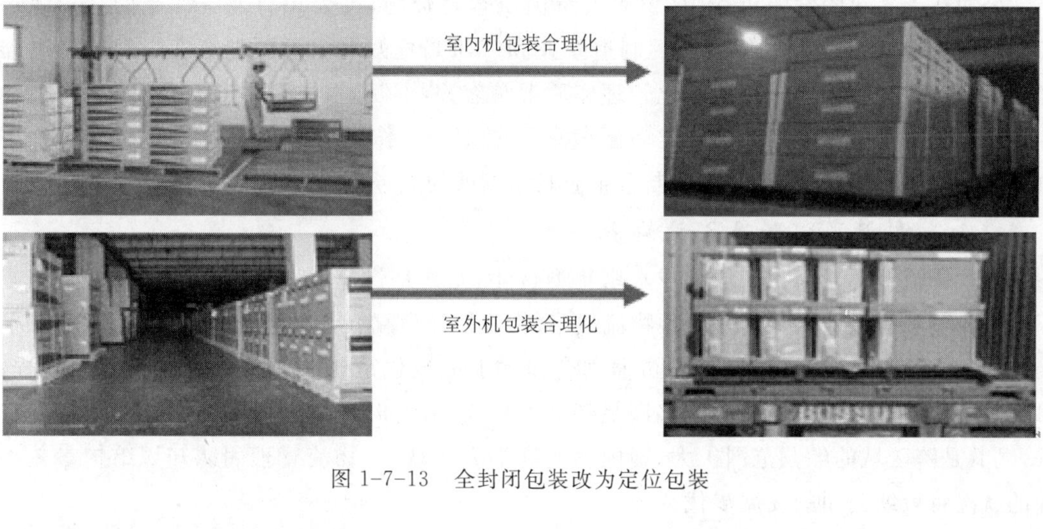

图 1-7-13　全封闭包装改为定位包装

（四）技术创新与研发

公司技术创新首先体现为物流运营模式创新。一方面，公司可以根据不同制造企业的业务流程特点，通过企业物流咨询诊断，设计个性化的全程物流一体化方案，在方案中明确对客户进行流程再造后的物流成本节省效果；另一方面，公司在物流方案实施中综合运用 VMI、Milk Run 等物流管理技术，配合看板、信息系统对接等技术手段实现货物的 JIT 配

送，协助制造类企业实现当前库存的消减和供应链的优化。

公司根据业务需求设计研发了多项运输和装卸装置、物流器具和信息采集设备。通过物流技术设备的研发创新，达到减少作业环节，实现自动化、高效率、高品质的物流作业。

公司设有物流研发技术中心，被评为"省级企业技术中心"，根据全程供应链管理的物流需求设置成品物流研发、部品物流研发、生产物流研发等专职部门。同时公司和华南理工大学等科研院校进行长期技术合作，进行重大科研课题攻关以及科技成果试验。

（五）重视信息化建设

公司信息化建设一方面表现为，公司内部拥有物流 ERP 管理信息系统、TMS 运输管理系统、WMS 仓储保管服务系统、保税物流进出口系统、货运代理系统等系列信息化整体供应链控制平台，各个系统信息互通互享；另一方面表现为，整体信息系统对内通过商业智能分析测算与公司管理、考核、核算职能部门对接，实现人、财、物的实时控制，对外通过订单处理系统分别与客户以及客户的供应商等制造类企业信息系统对接，实现信息传送快速化、查询方便化、操作简便化、咨询无纸化，实现数据与信息共享。

公司拥有 16 项软件著作权，这些软件著作权涉及的软件为公司实现物流管理信息化打下坚实基础。

（六）发挥网络与客户优势

公司以珠三角为基地，积极拓展全国市场，目前在广州、香港、北京、上海、杭州等城市拥有仓库及办事点。全国化的服务网络相互配合，拓展了公司业务辐射半径，可以为客户提供全国性的全程物流服务。

公司在十多年的发展历程中，积累大量优质客户资源，与公司有业务往来的客户超过 200 家，主要是外资企业在华投资的制造企业和广州当地知名大型制造企业以及知名电器经销企业。由于全程供应链一体化管理实质上是客户物流业务的整体外包服务，所以上述客户已经逐渐与公司形成长期的战略合作关系，在双方合作逐渐深入的过程中，公司稳固了自身的业务基础，积累与不同行业制造企业联动发展的业务经验。

（七）重视高端物流人才培养

现代物流业属于知识密集和技术密集型行业，尤其是供应链一体化管理业务需要众多了解物流业和制造业内涵的复合型物流战略、物流设计高端管理人才，物流运作控制过程中又需要大量信息技术人才，各类人员通力合作才能完成供应链一体化管理的系统性工程。目前公司储备的物流人才资源能够满足现有经营规模的需要，随着公司业务规模的逐步扩张，尤其是跨区域的经营范围扩大，国内物流高端人才缺乏，物流管理团队知识结构参差不齐的状况将束缚公司的发展步伐。

撰稿人：黄艳婷　广州市嘉诚国际物流股份有限公司董事长
黄　平　广州市嘉诚国际物流股份有限公司总经理

案例8　泰德煤网:供应链管理实践

一、企业简介

泰德煤网股份有限公司(以下简称“泰德煤网”)在2008年正式提出了煤炭供应链管理的战略定位:通过专业化发展,不买船、不买矿、不买地,以运营低热值煤为主,快速跻身国内大型煤炭流通企业行列;通过优质服务,与大型煤炭生产企业和电厂客户结成稳定的合作关系。2013年,煤矿供应商多达90家,其中74.5%为大中型国有煤炭企业,电厂客户多达150家,其中81.2%属于五大电力集团,89%为国有电厂;不需为任何一笔煤炭交易支付货款,吨煤运营总额不足10元/吨,仅以1亿元的资金运营了其他企业需几亿、几十亿流动资金才能支撑的相同规模。

在买方市场环境中,泰德煤网没有出现市场萎缩、经营亏损的局面,依然保持了平稳的发展态势。2016年销售收入超过55亿元,员工人数200人,人均产值2 750万元。

泰德煤网通过实践摸索逐渐发展到今天,通过实施供应链管理取得了较好的绩效,下面从泰德煤网的发展历程、发展规划、发展模式及经验进行详细的阐述。

(一)发展历程

泰德煤网创立于1999年,2007年改制为“泰德煤网股份有限公司”,是国内领先的以供应链管理能力为核心的煤炭流通服务企业。泰德煤网致力于推动中国煤炭供应链走向集约、高效和环保,成为煤炭供应链管理专家。

泰德煤网创立至今,大体经历了六个发展阶段:

① 1999—2001年,煤炭业务起步阶段,单纯的煤炭贸易,业务规模每年数万吨,客户群体也较为单一。

② 2002—2003年,煤炭业务酝酿期,业务规模十万吨左右,客户群逐渐扩大至十家左右。

③ 2004—2006年,煤炭业务快速发展期,2005年销售量71万吨,净利润首次突破3 000万元;,2006年销售量119万吨,已经形成相对稳定的数十家客户群体。

④ 2007—2008年,煤炭业务网络化发展期,2008年销售量达600万吨,净利润首次突破1亿元,形成了以辽宁为核心、辐射长三角及华东地区的销售网络,拥有上百家稳定客户。

⑤ 2009—2010年,煤炭供应链管理培育期,2010年销售量近1 000万吨,建立起运营N+1管理体系,建立起覆盖沿海多省区的煤炭分销网络,国际业务完成数十万吨煤炭进口,2010年东北亚煤炭交易中心挂牌成立。

⑥ 2011年至今,专业化煤炭供应链管理服务期,泰德煤网通过引入现代化供应链管理思想和工具,自主研发了基于SCOR模型的煤炭供应链管理系统,依托专业的煤炭供应链管

理能力，形成了由覆盖全球主要煤炭生产区的采购网络、覆盖国内主要中转区的物流网络、覆盖国内主要消费区的交付服务网络组成的全球化煤炭供应链网络，是我国大型煤炭流通商。2016 年，泰德煤网销售量达 1624 万吨，销售额 55 亿元。

随着公司的快速发展，泰德煤网先后与国内大中型煤炭生产企业集团、大中型电力企业集团、铁路、港口、海运公司及银行等金融服务企业建立了战略合作关系，在上游建立了沈阳、哈尔滨、海拉尔、锡林浩特、西北、北京等国内以及蒙古、朝鲜、越南等国际煤源采购网络；在中游构建了大连、锦州、丹东、营口、京唐港、日照、秦皇岛、张家港、宁波、上海、乍浦等煤炭储配基地；在下游设立了大连、吉林、山东、上海、福建、广东等市场营销网络。

泰德煤网运用供应链管理及信息技术，优化煤炭供应链各环节的专业服务能力，推广标准化配煤，动态优化以信息流、商流、物流、资金流为核心的煤炭价值链，为客户提供集约、高效、环保的煤炭供应链管理服务。

泰德煤网是中国燃料流通协会常务理事单位、中国物流与采购联合会常务理事单位、中国煤炭运销协会会员单位、辽宁省煤炭行业协会常务理事单位、大连市煤炭流通协会副会长单位、大连市高新技术企业、大连市重点推荐拟上市企业、最具成长力企业、最佳纳税企业，如表 1-1-1 所示。

表 1-1-1 泰德煤网获得的主要荣誉

2016 年 9 月	中国供应链示范企业
2016 年 7 月	企业信用评价 AAA 级信用企业
2015 年 10 月	市场功能点单位
2015 年 2 月	辽宁省服务业区域领军企业
2014 年 12 月	大连慈善事业突出贡献奖证书
2014 年 10 月	大连市企业 100 强
2014 年 7 月	2014 年度纳税等级 AAA 级企业
2014 年 7 月	2014 年中国物流与采购信息化优秀案例
2014 年 6 月	大连市信息化和工业化企业深度结合示范企业
2013 年 12 月	中国燃料流通协会颁发的企业信用评价 AAA 级信用企业
2013 年 11 月	2013 中国物流社会责任贡献奖
2013 年 09 月	辽宁省现代物流示范企业称号
2013 年 7 月	辽宁省服务业领军企业
2013 年 03 月	大连市工商行政管理局颁发的免检企业证书 2012 年
2011 年 10 月	大连市科学技术局颁发的高新技术企业认定证书
2011 年 10 月	中国物流与采购联合会副会长单位
2011 年 10 月	中央电视台央视网物流频道颁发的中国物流文化建设示范基地
2011 年 09 月	董事长李洪国任中国物流与采购联合会第五届理事会副会长
2011 年 09 月	中国物流与采购联合会颁发的“中国生产资料流通创新型企业”称号
2011 年 08 月	董事长李洪国荣获中国交通运输协会运输与物流研究分会、中国能源物流产业大会组委会办公室颁发的“中国能源物流十大影响力人物”
2011 年 07 月	中国物流与采购联合会颁发的“全国燃料流通十大品牌企业”称号
2011 年 03 月	辽宁省服务业委员会颁发的“2010 年度辽宁省流通领域现代物流示范企业”称号

（二）打造创新型服务业态的发展规划

1. 发展战略

随着煤炭产业环境的深刻变化以及市场化进程的加快，泰德煤网首先提出“煤炭供应链管理服务商”的战略定位，全方位建设和整合采购、物流、配煤、销售、资金、信息等煤炭流通服务能力，研发、引进、培育现代管理技术和工具，实施创新和集约的煤炭供应链管理服务；整合价值链资源，建立煤炭流通标准，提升协同运行能力，动态优化以信息流、商流、物流和资金流为核心的煤炭价值链，实现标准化和高效的煤炭供应链管理服务；拓展全球资源和市场，建立精细化配煤能力，提升减碳减排科技应用水平，提供国际化和环保的煤炭供应链管理服务。

2. 商业模式

通过建设上游煤炭采购网络、中游物流服务网络、下游销售服务网络，建立与大型煤炭生产企业、电力企业、铁路、港口、运输企业的战略合作关系，优化煤炭供应链各环节的专业服务能力，推广标准化配煤，整合金融资本，提升信息技术和减碳减排科技应用水平，动态优化以信息流、商流、物流、资金流为核心的煤炭价值链，为客户提供集约、高效、环保的煤炭供应链管理服务商业模式如图 1-8-1 所示。

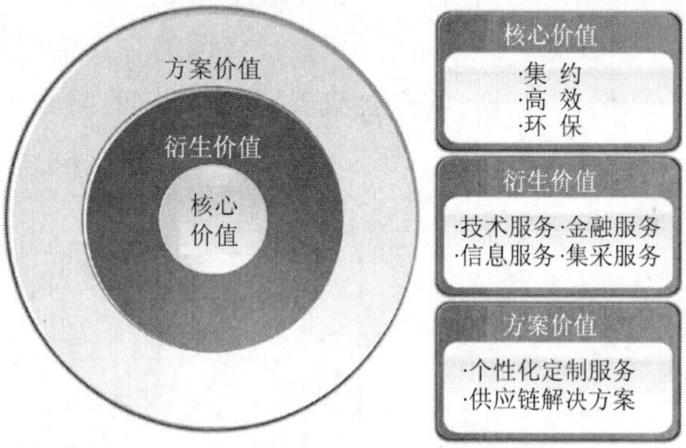

图 1-8-1　泰德煤网的商业模式

泰德煤网战略规划的提出，代表着“煤炭供应链管理服务”成为行业内一种创新型服务业态，其在泰德煤网的成熟发展，代表着“流通创造价值”理念在煤炭产业的成功应用。

（三）以文化、组织、战略为核心的三位管理的发展优势

1. 先进的企业文化

泰德核心价值观是“真、细、德、诚”。泰德核心价值观是泰德文化、泰德组织、泰德战略的内核，是泰德灵魂，泰德煤网的企业文化如图 1-8-2 所示。

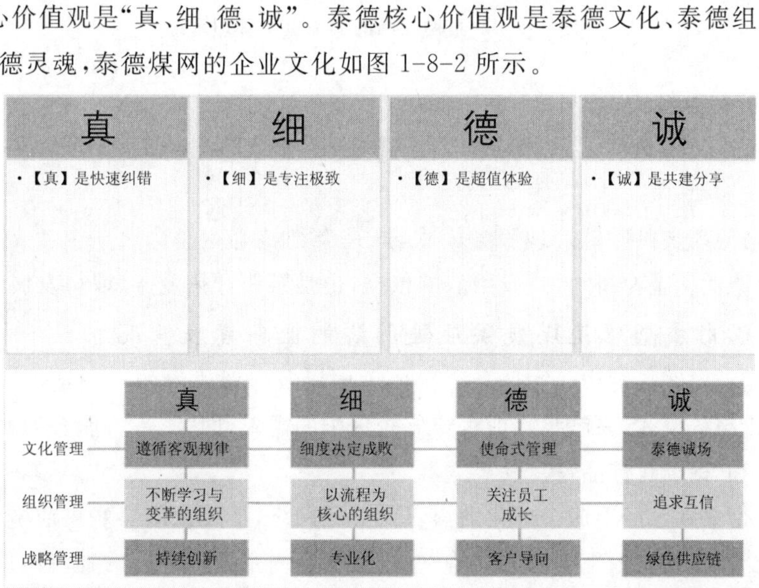

图 1-8-2　泰德煤网的企业文化

泰德认为，企业如同人一样是生命体，有其思想、躯体和智慧，即企业文化、企业组织和企业战略。泰德将核心价值观统领下的文化管理、组织管理、战略管理辩证三维一体的企业管理模式定义为三维管理。

- 文化管理理念——遵循客观规律，细度决定成败，使命式管理，泰德诚场；
- 组织管理理念——不断学习与变革的组织，以流程为中心的组织，关注员工成长、追求互信；
- 战略管理理念——持续创新、专业化、客户导向、绿色供应链。

2. 学习型的企业组织

泰德煤网致力于建设精良的企业组织，通过文化管理、组织管理、战略管理三维一体管理架构，不断培养优秀人才、孕育先进制度，构造了一个能够学习成长的、动态发展完善的企业组织。

在企业发展过程中，泰德煤网的企业组织自觉顺应公司内外部时刻发生的变化，不断调整、优化、创新，甚至自我否定，逐步培养向企业理想不断迈进的能力。人力资源管理系统如图 1-8-3 所示。

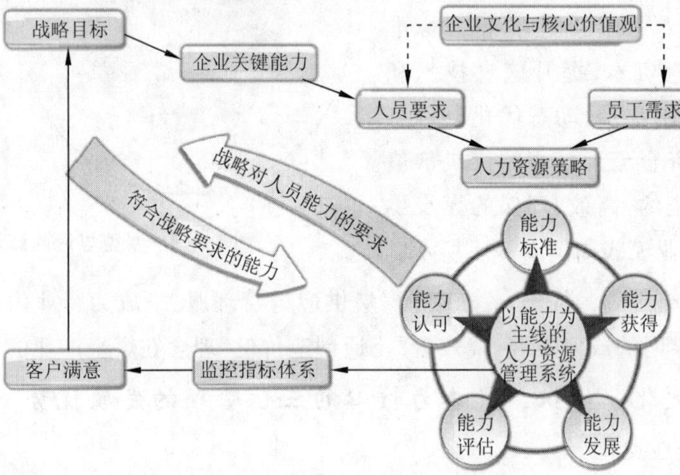

图 1-8-3 泰德煤网的人力资源管理系统

3. 创新的商业模式

先进的企业文化造就了前瞻性的企业战略，企业战略指导着成功商业模式的创新和发展。

泰德煤网的煤炭供应链管理服务模式，既是泰德核心竞争力——企业文化——发展的结果，又是泰德优化企业组织、建设团队的依据，也是泰德开拓业务、取得发展的有力武器。

（四）已形成全球化煤炭供应链网络的业务发展情况

泰德煤网针对客户对产品和服务需求的不同以及煤源供给的不确定性，具体推出了以下三种专业化服务模式，来满足当前客户比较集中的需求，即"第三方服务"模式、"全流程解决方案"模式和"标准化产品"模式。

目前，泰德煤网已经形成全球化的煤炭供应链网络，平台化的煤炭供应链信息协同管理体系。覆盖全球主要煤炭生产区的采购网络、覆盖国内主要中转区的物流网络、覆盖国内主要消费区的交付服务网络组成的供应链网络,正成为泰德煤网供应链能力最核心资源。

二、实施供应链管理的背景

煤炭作为中国最主要的能源,在能源供给中将长期处于主导地位,煤炭产业价值链巨大。随着煤炭需求的不断增长、行业规模不断扩大,在煤炭流通领域内,存在着诸如煤炭生产及消费企业高度分散,煤炭流通企业分布散乱,数量众多,且规模偏小;流通企业参与主体管理粗放,效率低下,供应链服务意识匮乏;煤炭资源供给区域与煤炭消费区域呈逆向分布,导致流通距离长,环节众多;加之传统铁路运输发展滞后,造成煤炭运力长期偏紧;流通企业区隔严重,业务单一,缺少专业的煤炭流通服务商等问题。

我国煤炭生产与消费的逆向分布,决定了煤炭流通行业规模将必然伴随国民经济的增长而不断提高。目前,我国煤炭长距离、巨量流通已造成众多经济、社会问题,如煤炭粗放运输、粗放仓储带来的能源损失浪费和环境污染;煤炭流通主体众多带来的宏观经济调控政策难于实施;煤炭交易信息不对称带来的区域煤炭市场价格波动等问题。未来,煤炭流通行业势必将以客户个性化需求为导向,进一步提升行业集中度,提高专业化和集约化服务水平,逐步向节能和环保的供应链管理服务方向发展。

中国的煤炭流通商,他们或以贸易为主、或以物流为主,共同组成了中国的煤炭流通行业。随着煤炭行业市场化进程的加快、上下游企业纵向一体化的战略选择以及IT技术应用的普及,生产企业和消费企业直接交易变得越来越容易,价格也越来越透明;同时,消费企业对成本、服务、质量、效率的关注度也越来越高。这一切,一方面在不断压缩着中间商的利润空间,另一方面也对中间商提出了更高的价值创造要求。可以说,如果中间商创造的价值不能弥补最终消费者由于中间商的存在而增加的成本的时候,煤炭流通行业将没有任何出路。

因此,泰德煤网在国内率先将供应链管理思想和技术引入了煤炭流通行业,有助于为客户提供煤炭流通个性化解决方案、不断提升煤炭流通行业集中度、促进煤炭行业专业化和集约化结合发展改善,从而改进煤炭流通领域内的诸多不足、参与重构我国煤炭市场体系的市场化进程。

三、供应链管理运作模式

泰德煤网的运营"n+N+1"模式是以位于总部的运营管理中心为运营计划平台的"1"和以上游供应链主渠道的"N",以及各业务部、子公司为分销主体的"n"共同构成的供应链运营体系。

运营"n+N+1"模式是泰德煤网供应链管理的平台和基础。通过这一模式,泰德煤网形成了对供应链网络的集约管理,实现了对商业流、实物流、资金流和信息流的高度整合和持续优化,从而集约、高效地为下游外部客户提供用煤解决方案和个性化服务,支撑稳健的战略合作关系。

1. 构建清晰稳定的煤炭供应链网络

泰德煤网的全球供应链网络已具备规模,由覆盖全球主要煤炭生产区的采购网络、覆盖国内主要煤炭中转区的物流网络、覆盖国内主要煤炭消费区的交付服务网络组成的供应链网络，正成为泰德煤网供应链能力最核心资源。

(1)煤炭采购网络

国内：涵盖东北、三西（山西、陕西、蒙西）地区主要的烟煤、褐煤煤源。

国际：进口煤覆盖澳大利亚煤、南非煤、俄罗斯煤、印尼煤等市场主流国际煤源，稳定、高效的全球化煤炭供应网络，为客户提供专业化服务奠定基础。

(2)煤炭销售网络

泰德煤网销售网络以港口、基地为依托，销售区域已经覆盖东北、东部南部沿海、长江中上游地区等十几个省市，囊括了中国最主要的煤炭消费地，目前，公司销售网络仍在不断拓展。

以泰德煤网从蒙东某矿采购煤炭、销往江苏南通某电厂为例，泰德煤网基于供应链网络能够平衡上下游的供需，为电厂提供煤炭和服务，通过网络化运营解决煤炭的供应和电厂的需求协调问题。

第一，煤矿煤质并不能满足电厂需求，泰德煤网在港口将蒙东煤矿的煤与从其他煤矿采购的煤配比后运往电厂；第二，运输环节多，电厂独立运煤难度大，泰德煤网在有业务往来的多个海港和码头中选择合适装卸点，从众多合作物流企业中选择合适的车队和船队，通过最经济的路线运输煤炭；第三，泰德煤网在煤炭供不应求时从网络中其他煤矿采购煤炭保证南通电厂供应，在煤炭供大于求时向网络中其他电厂销售煤炭或利用网络中的港口库存保证蒙东煤矿均衡生产；第四，泰德煤网利用网络信誉，替电厂非现金垫付购煤款；第五，泰德煤网多点采购、多点销售的煤炭量较大且稳定性强、信誉度高，因此成为了网络节点企业的战略合作伙伴。

泰德煤网并非仅在自身与电厂交易煤炭时才为客户提供服务，在电厂与其他供应商交易煤炭时也有能力为电厂采购合同的执行提供服务。这类服务更能体现煤炭供应链管理的价值。

2. 打造强大交付能力的物流网络

泰德煤网物流网络覆盖国内煤炭流通主要下水港、中转港和上水港，可为各类客户提供集约、高效、个性化的供应链物流与配送服务。

泰德煤网物流途径以海运、江运为主，并以铁路直流、汽运等方式作为有力补充，物流范围遍布环渤海地区、华东华南沿海、长江沿线港口，形成了完备的物流网络。如图 1-8-4 所示。

3. 依托煤炭供应链网络建立以客户需求为导向的扇形模式

泰德煤网依托遍布国内的销售渠道及交付网络，集约客户需求，建立稳定、高效的煤炭供应链网络；以供应链计划管理为核心，完成集中采购、集约物流、高效资金流管理、精细质量管理及专业化配煤；建立了以客户需求为导向的扇形供需传导模式，使供应链效率大为提高。泰德煤网的需求导向扇面如图 1-8-5 所示。

以泰德煤网的配煤服务为例，泰德煤网以智能配煤管理为手段优化配置网络资源，满足电厂个性化需求。泰德煤网的配煤服务并不局限于配煤技术的应用，而是广义的资源配置。泰德煤网以褐煤起步，以配煤为核心进行供应链节点资源优化配置，已成为国内褐煤市场的最大运营者，具有国内褐煤市场的定价权。智能化配煤对电厂的价值在于：第一，煤质与锅炉指标吻合度高，且质量均匀、稳定，电厂锅炉燃烧效率得到提高；第二，价格低廉的褐煤与高价煤优化配比，并做到送货上门，电厂直接燃烧成品煤不需再加工处理从而降低了燃料成本。对于泰德煤网而言，效益同样明显：第一，通过配煤能够为电厂提供所需的成品煤，成功开拓市场；第二，通过有效利用易得的低价格煤源，成功拓展采购渠道。

■ 北方下水港

辽宁省：大连、丹东、锦州、鲅鱼圈、葫芦岛

河北省：秦皇岛、京唐港、曹妃甸

■ 北方接卸港

山东：青岛、日照、潍坊、烟台、龙口、威海、蓬莱

■ 长江沿线港口

上海：罗泾

江苏：连云港、南通、太仓、张家港、靖江、江阴、镇江、南京

安徽：马鞍山、芜湖、铜陵、安庆

江西：九江、丰城

湖北：武汉、赤壁

湖南：城陵矶、益阳

以及长江水系流经的各港口

■ 南方港口

浙江：北仑、温州

福建：福州、泉州、厦门

广东：广州

广西：防城港

图 1-8-4　泰德煤网的物流网络

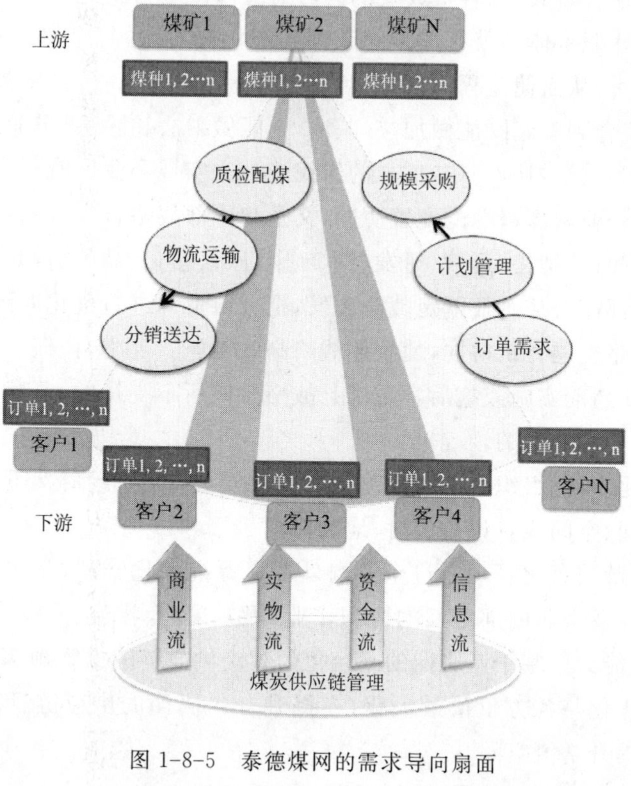

图 1-8-5　泰德煤网的需求导向扇面

以泰德煤网的资金流服务为例，泰德煤网探索供应链金融业务，开发“虚流”服务价值。资金流是供应链网络中“虚流”的重要组成部分，资金流服务是煤炭供应链管理的高端服务。泰德煤网的供应链金融业务价值主要体现在三个方面：第一，降低供应链管理网络节点企业的财务费用，强化网络的链接强度，同时通过资金流服务拓宽了市场渠道。第二，依托企业自身信用和供应链信用降低供应链运营的资金风险。第三，利用闲置资金投资理财，仅有 3 个人的资金管理部门年创利超过 6 000 万元。

4. 基于互联网平台化的煤炭供应链信息协同管理

每个企业都有自己的个性，都有自己的核心价值观、愿景和使命，这些就像一面旗帜时刻向企业内外部昭示企业的主张；同样，每个职业人也都有自己的价值观、理想和目标。从理想主义出发，企业就像一艘艘挂满各色旗帜的远洋巨轮，每一位职业人都会依据自己的价值观和理想去选择与自己价值观趋同的旗帜企业一同远航、追逐自我的人生理想和目标。当然，现实不完全是这样的，当下很多职业人进入企业的缘由是多种多样的，企业中每个员工的价值观和理想也是丰富多彩的。然而，毕竟每个企业的愿景和目标是明确的，企业中的每个员工让自己的价值观和企业的核心价值观趋同是一个必然选择，企业员工在企业核心价值观的旗帜下相互包容、求同存异直至“志同道合”，企业因此形成一种强大持久而无形的文化协同力，泰德一直认为这是企业的核心竞争力。

每个企业都是一个组织和团队，从董事会、高管层、职能管理层、业务管理层以及业务单元等组织架构和分工是组织协同的开始。明晰职责，逐级授权，梳理和优化各级流程，让企业员工和各个单元在各就其位、各负其责的同时通过以流程为主导的方式实现整体协同，供应链管理中的 RACI 职责体系就是非常有效的组织协同机制，每个单元在各流程运行中都被清晰界定所负职责，从而使流程的效能大为提高。企业中每一位员工都是有能力、有潜力的，所有员工能力聚合到一起既能做加法、减法，更能做乘法和除法，企业组织协同就是要实现员工能力的加法和乘法，从而打造优异的组织能力去实现企业价值。

战略协同既是企业内部资源的配置协同，又是与外部战略合作者的跨界协同，就泰德煤网而言，从采购、储配运、销售、运营、研发、资金、财务、信息化、品牌、行政到市场、客户、供应商和战略合作者等都需要从企业既定战略出发，把有限资源进行优化匹配，从而形成企业在战略周期内让各战略主题有机协同，使企业战略高效实施。反之，任何一个业务或战略主题过多占用资源，过度超前实施或拖后实现都是战略协同所不支持的，而某些脱离企业战略协同的单兵作战则是不能容忍的。

当然，企业文化协同、组织协同和战略协同之间更需要协同，企业还要同自身的企业生命周期协同，与时间、空间或者说与天时、地利协同。

泰德煤网供应链信息化管理通过企业内外部资源统一化管理，完成了客户、供应商、物流提供商、合作伙伴及企业内部之间的协同作业，提升采购、物流、配煤、销售、资金、信息等煤炭流通服务整合能力。基于互联网的平台化的煤炭供应链信息管理绑定最广泛的参与群体，实现成本的最优化与各方价值最大化，在提升合作伙伴的供应链管理能力和效率的同时，进一步为客户提升增值空间。

泰德煤网以 SCM－ERP 为核心的协同平台：

① 一体化信息管理平台，使采购、储配、质检、销售与交付等各环节信息，以及价格、成本、费用、利润、资金等各要素信息更加透明和可视化。

② 高效的实体运营网络——运营管理平台——决策支持平台三层递进式供应链信息和数据生产线，泰德煤网的协同平台如图 1-8-6 所示。

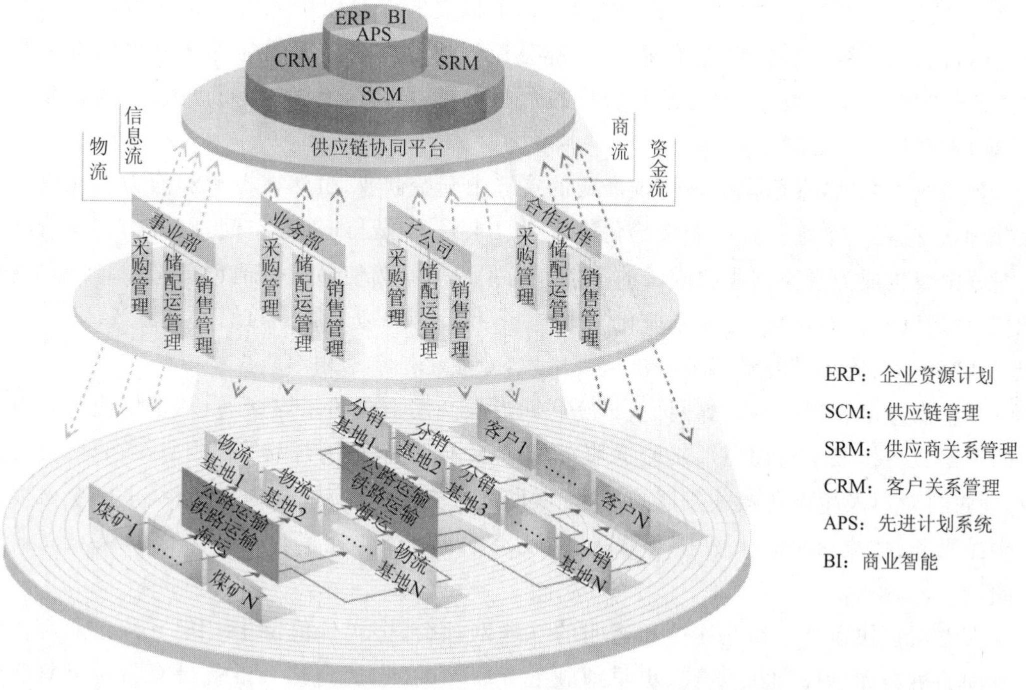

图 1-8-6　泰德煤网的协同平台

5. 体现专业化的煤炭供应链服务能力

泰德煤网，在过去相当长一段时期总结为朴素的供应链管理探索阶段，那么从 2009 年开始，泰德进入专业的供应链管理服务阶段，新的泰德战略表述的中心词就是专业化。

社会进步与社会分工是同步的，越来越细的社会分工使企业分布在社会不同的行业和不同的价值链中，而对一个企业来说，面对相对无限的社会需求和相对有限的企业资源和能力，企业唯有将自己的战略聚焦到所在价值链的某一个环节中，不断专注地提升战略聚焦领域的专业能力，只有这样，企业才有资格长期参与整体价值链的协同，共同创造企业价值，共同承担社会责任。

在企业内部，专业化分工使企业逐步构建和发育了越来越多的业务和职能体系，各体系内部又分工为各专业部门以及部门中的专业岗位和人才。如果一个企业能够实现以专业的人才、专业的部门、专业的体系和专业的企业组织去执行一个专业化的企业战略，那确是一个理想的专业化企业。很显然，由于资源、能力和时间等要素的制约，现实中没有企业可以实现理想的专业化，企业只有在通往专业化的路上进一步聚焦企业内部的核心业务和职能，尽可能地将有限资源专注于核心能力的成长和提升，而对那些非核心和辅助的业务和职能，积极开展外部合作，可以将一些业务和职能外包出去，以外部提供的专业化能力配合企业核心业务和职能的专业化能力，共同实现企业面向客户的专业化能力。这种内外专业化的结合让我们展示给客户的是一个“专家级”的企业，也只有“专家级”企业才能为客户提供真正专业化价值的解决方案。

无论是企业内部各专业化单元之间，还是企业由内到外的专业化过程，没有流程的链接，企业的专业化能力当然是无法实现的。各个孤立的专业化单元通过企业组织内部流程逐级向自己的下级内部客户传递绩效，一部分流程通过企业界面成为外部流程而将企业绩效传递给客户。由此看来，面对不断变化的企业内外部环境，流程的不断优化更是企业专业化能力不断提升的必要条件。

公司成立之初，泰德在中国传统产业的夹缝中开始创业，虽然在资源和能力上几近一无所有，但坚持在一个逐步开启的市场化进程中寻求属于自己的细分空间，以“认真”的信念并在细分中聚焦成为泰德创业和成长的本能。为了以“德”为使命的价值创造，持“真”而“细”，“细”而“优”则必“专业化”。在专业化的方向下，我们必将迎来属于我们的泰德“诚”场。

从“真、细、德、诚”的泰德核心价值观出发，专业化是泰德的本质。

基于供应链管理的泰德煤网、基于互联网煤炭交易平台的东煤交易、基于供应链金融服务的泰德金控构成了泰德在煤炭流通服务领域三大业务，作为煤炭商业生态圈的平台型企业，通过自营以及生态化模式发展贸易、互联网煤炭交易、供应链管理、线上线下的金融以及衍生品服务、物流、仓储、大数据等服务，致力于打造开放、分享、高效、环保的煤炭商业生态圈。

人类正在快速进入相互连接和透明的互联网社会，煤炭价值链上、中、下游企业都面临着不同的机会和挑战，谁能更快、更早地驶上互联网的“超速公路”，谁就最有希望早日收获新市场环境所蕴含的红利，从而突破重围，实现企业新时期的跨越式发展。

四、供应链上的合作伙伴关系

泰德煤网通过与服务性企业的合作，实现了价值的创造。泰德与港口、铁路、海运等企业建立以及金融机构建立了长期、稳定的合作。同时，于 2010 年 7 月成立了东北亚煤炭交易中心，为煤炭行业供应链上中下游的合作提供了平台。

基于以上描述，泰德煤网的供应链关系可描述为：泰德煤网与煤炭供应链上、中、下游企业建立了多种形式的良好战略合作关系，进一步推动供应链各节点企业之间多方合作，长期共赢。在上游，泰德与大型煤矿（如神华集团、中煤）建立了基于集中采购、规模化、互惠共赢的战略供应商合作关系。中游，泰德煤网与港口（大连湾、曹妃甸港）、铁路（哈铁、吉通铁路等）、海运等企业建立了及时稳定、信息共享的物流全程监控、合作管理的战略合作伙伴模式；与金融机构（建设银行、中国银行等）合作，共建供应链金融服务平台。在下游，泰德煤网与大型电厂（五大电厂）等客户建立了稳定供应、个性服务的战略合作关系。泰德煤网推动供应链各节点企业之间合作，信息共享，在实现多赢的基础上提升整个供应链的竞争能力。供应链伙伴关系如图 1-8-7 所示。

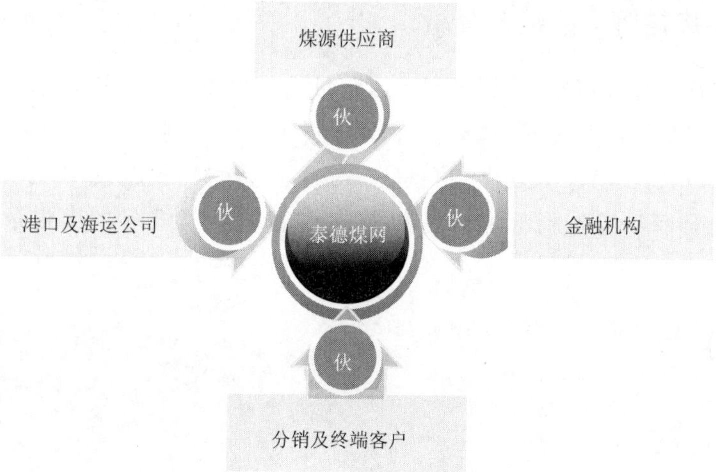

图 1-8-7　泰德煤网供应链关系

五、实施供应链管理中的信息化水平

泰德煤网供应链信息化管理平台是支撑泰德煤炭流通网络运行的数字化平台，由企业ERP 系统、供应链管理平台、先进计划系统、决策支持系统、其他支持系统和协同平台与电子商务系统等部分构成。通过使用协同的供应链信息管理平台，建立完备的硬件基础设施，将企业内外部资源统一化管理。同时实现客户、供应商、运输提供商、合作伙伴及企业内部管理部门和员工之间协同的敏捷作业。实现采购、物流、配煤、销售、资金、信息等煤炭流通服务能力的建设和整合。使用现代管理技术和工具，实施创新和集约的煤炭供应链管理服务，以达到整合价值链资源、建立煤炭流通标准、提升协同运行能力的目的。通过使用信息化工具动态优化以信息流、商流、物流和资金流为核心的煤炭价值链，不断拓展资源和市场，建立精细化配煤能力，提升减碳减排科技应用水平，实现标准化和高效的煤炭供应链管理服务。

泰德煤网供应链信息化管理平台建设来源于泰德多年对供应链理论的研讨和自身信息化建设经验的积累。2008 年 5 月，泰德煤网聘请金蝶软件公司完成了信息化建设咨询服务项目，制定了信息化建设的战略目标、系统架构、应用架构及实施策略。2009 年 6 月，泰德煤网根据公司发展战略，重新修订信息化规划，确定了以建立煤炭供应链管理协同平台为核心的信息化发展规划。2010 年 4 月，泰德煤网聘请领先的供应链咨询专家 PRTM 公司，聚焦于煤炭供应链管理协同平台，重新修订信息化规划。目前财务管理系统、人力资源管理系统、协同办公系统、资金管理系统、预算管理系统、绩效管理系统、在线调查系统、泰德社区、企业情报收集系统已全部上线。“供应链管理协同平台”、视频会议系统、移动接入系统等系统已相继进入实施状态。泰德煤网信息化硬件系统和网络系统历经 6 年多的建设，2015 年已达到一定规模，为泰德煤网的业务发展提供了强有力的支持。

六、实施供应链管理的绩效分析

全面实施供应链管理以来，泰德煤网年运营量始终保持高速的增长率。2013 年营业收入超过 60 亿元人民币，纳税总额突破 1.3 亿元人民币。人均创收超过 1000 万元，人均实现利税总额超过 100 万元，其中人均净利润超过 60 万元，人均纳税超过 40 万元。光鲜数据的背后是企业供应链各项监控指标的改进和提升，泰德煤网近几年的销售量和营业收入如图 1-8-8所示。

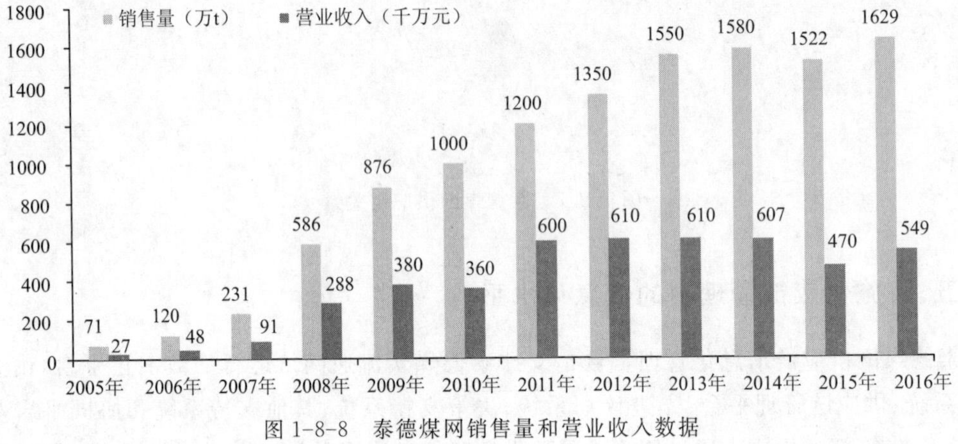

图 1-8-8　泰德煤网销售量和营业收入数据

泰德煤网依托五要素，分别从稳定性、响应性、灵活性、成本以及资产效率五方面建立了完善的绩效管理体系，改变以往仅仅依托财务报表的事后管理办法，实时监控各项运营流程的运行情况。实施全面的供应链管理以来，泰德煤网采用了一系列卓有成效的绩效改进方案，使各项指标得到均衡发展。具体体现在如下几个方面：

（一）稳定性

煤炭供应链的稳定性要求泰德煤网将正确的产品在正确的时间、正确的地点以正确的数量交付给客户。“完美订单比率”作为稳定性最具典型的指标之一，泰德煤网努力将其由最初的 50%改进到目前的 96%，这得益于市场需求预测方案的实施，使泰德能够根据煤炭需求的季节性变化灵活安排绩效指标走向，大大降低市场带来的不确定性，虽然这以牺牲一定的利润为代价，但稳定的供给系统奠定了泰德长期发展的基础，为实现全面的客户服务能力提供保障。

（二）响应性

煤炭供应链的响应性要求泰德煤网以最短的时间完成客户订单，特别是在煤炭需求旺季，铁路运力限制、港口船舶滞压，拉长了物流时间的情况下。泰德煤网建立快速完善的煤炭应急流程，开辟了大量煤炭流通渠道，将“平均订单完成周期”由过去的 24 天降低到目前的 14 天，这一举措既保证了客户响应性的需要，又提升了公司的周转效率。

（三）灵活性

煤炭供应链的灵活性要求泰德煤网具备灵活应对煤炭需求的突然变化，这体现在自然灾害、紧急事故，甚至是国家应急措施发生时。泰德依托庞大的流通网络建设，多层级库存支持，既保证了战略客户最近的供给渠道，又保证了最快的应急供给能力。这一能力使泰德提升了客户心目中的地位，将下游大型电厂紧紧联系在一起，并发展成为战略伙伴，保证了运营体量的快速增长。

（四）降低交易成本，提升资金使用价值

煤炭"供应链管理成本"区别于传统财务核算中成本的计算方法，它综合考虑了资金的时间价值、库存的机会成本、售后的维护成本等，并科学的与运营流程联系在一起。煤炭流通行业庞大的资金流动要求泰德煤网具备精细的成本核算和管理能力，任何细节的调整均能产生极大的成本和效益。一直以来依靠战略采购、海运整合等方案，采取规模优势降低成本的策略虽然起到了一定作用，但交易成本、资金成本是泰德供应链管理成本最亟待降低的对象。泰德煤网目前努力推进交易平台的建设，以达到整合资源，降低交易成本、提升资金使用价值的目的。

（五）提高资产周转效率

煤炭的高污染、易损耗、价格波动频繁、资金成本高等特点要求泰德煤网将资产周转效率始终放在最重要的位置去管理。为此，长期以来泰德煤网一直将"采购订单""销售订单""库存水平"作为实时监控对象，通过实施信用评级、关系管理、平滑销售等一系列措施努力将"预付账款周转天数""应收账款周转天数""库存周转天数"降低到最低水平。

七、可提供的经验

（一）先进企业文化下的供应链管理

先进的企业文化造就了前瞻性的企业战略，企业战略指导着成功商业模式的创新和发展。

泰德煤网的煤炭供应链管理服务模式，既是泰德核心竞争力——企业文化——发展的结果，又是泰德优化企业组织、建设团队的依据，也是泰德开拓业务、取得发展的有力武器。

泰德煤网战略规划的提出，代表着"煤炭供应链管理服务"作为行业内一种创新型服务业态，在泰德煤网的成熟发展，代表着"流通创造价值"理念在煤炭产业的成功应用。

（二）泰德煤网的变革之路

在企业生命周期中，企业组织的变革是企业发展的重要标志，在泰德创业至今的十多年成长历程中，企业组织的变化是有规律可循的。

2009 年 7 月下旬，一个创新的泰德煤网组织架构正式发布并执行，我们把泰德煤网职能管理部门和运营管理部门横向排列，把泰德煤网区域化的业务运营网络机构纵向排列，泰德煤网新的矩阵型组织就清晰可见了，"横向"部门更多地以职能管理和专业化管理为重心，"纵向"机构更多地在各自区域内"贴身"面向我们的供应商和客户。由此而来的企业组织层级明显减少，扁平化显现；职能和专业化部门更集约，流程大大缩短。泰德正是在这种不断突破自我中快速成长的，企业组织变革与创新将长期伴随泰德企业成长并成为泰德企业组织管理的价值追求和使命。

（三）专业化的供应链管理组织模式

通过十几年的发展壮大，泰德依据自身在煤炭流通行业积累的丰富经验，意识到不断快速增长的泰德煤炭供应链网络下的动态协同和优化正是泰德煤网这样的供应链管理服务企业的真正核心能力。因此，随着泰德进入专业化的煤炭供应链管理阶段，与其相匹配的专业化组织应运而生。

泰德煤网基于供应链运营管理的创新商业模式，对组织结构、核心功能进行优化，建立适应于供应链管理的专业化矩阵式组织，形成了一整套完善的组织管控模型，即“N＋1”的组织管控模式。

（四）供应链效率与泰德煤网运营一体化平台

泰德煤网结合国内外不断更新的供应链管理知识和公司多年在供应链管理方面的经验构建一体化运营管理平台，以供应链运营计划为核心，一体化管理采购、储配运、交付和资金等各环节，集约供应链运营信息，科学配置内部资源，从而提升供应链运营效率。在一体化运营过程中，供应链的商流、物流、资金流和信息流相互叠加，协同作用，而在这其间，信息流又是商流、物流和资金流管理的基础。煤炭供应链管理的本质就是通过资源整合提升供应链运营效率，降低供应链运营成本，而资源整合的前提保障就是信息整合。因此，一体化运营平台首先需要搭建一体化信息管理平台，集约供应链各节点业务信息，使计划、采购、储配运、交付等各环节信息，以及价格、成本、费用、利润、资金等各要素信息更加透明和可视化，并将即时发生的业务信息及时加工和传递，最终建成高效的“实体运营网络——运营管理平台——决策支持平台”三层递进式供应链信息和数据生产线，提升决策效率和运营效率。

（五）泰德煤网的供应链协同机制

战略协同既是企业内部资源的配置协同，又是与外部战略合作者的跨界协同，就泰德煤网而言，从采购、储配运、销售、运营、研发、资金、财务、信息化、品牌、行政到市场、客户、供应商和战略合作者等都需要从企业既定战略出发，把有限资源进行优化匹配，从而形成企业在战略周期内让各战略主题有机协同，使企业战略高效实施。企业文化协同、组织协同和战略协同之间更需要协同，企业还要同自身的企业生命周期协同，与时间、空间或者说与天时、地利协同。

（六）泰德煤网供应链专业化能力

无论是企业内部各专业化单元之间，还是企业由内到外的专业化过程，没有流程的链接，企业的专业化能力当然是无法实现的。各个孤立的专业化单元通过企业组织内部流程逐级向自己的下级内部客户传递绩效，一部分流程通过企业界面成为外部流程而将企业绩效传递给客户。由此看来，面对不断变化的企业内外部环境，流程的不断优化更是企业专业化能力不断提升的必要条件。

撰稿人：李洪国　泰德煤网股份有限公司董事长、总裁
徐风宇　泰德煤网股份有限公司战略管理总监

案例9　国药控股:全新打造专业医药供应链服务体系

一、企业简介

国药控股股份有限公司(以下简称“国药控股”)是中国医药集团总公司所属核心企业,自2003年1月成立以来,始终保持着近40%的复合增长率,是中国最大的医疗健康集成服务提供商。2009年9月23日在香港上市。成立十余年来,公司的经营规模不断扩大,经济运行质量不断提高,盈利能力持续增长,已发展为中国最大的药品、医疗保健产品分销商及领先的供应链服务提供商,拥有并经营中国最大的药品分销及配送网络,形成了药品分销、物流配送、零售连锁、药品制造、化学试剂、医疗器械、医疗健康产业等相关业态协同发展的一体化产业链,迄今,公司市值名列全球医药分销企业第四位。2005年以来,连续蝉联中国医药商业企业销售额榜首;2011年,荣膺“国内首家医药流通业务超千亿元”的企业;2014年,公司销售额更是突破2000亿大关,销售规模雄居亚洲医药批发企业之首,强势保持着中国最大的药品及医疗保健产品分销商及领先的供应链服务商的市场地位。

作为国家医药储备定点单位,公司承担着全国重大灾情、疫情、事故的急救供应工作。在2003年“非典”、2008年南方特大雪灾、汶川地震、2010年玉树地震等危急时刻,公司履行国家命令,肩负社会责任,坚决圆满地完成了储备药品的调拨配送任务,为保障人民的生命安全与社会稳定发挥了重要作用。同时,公司积极参与各类社会慈善事业,开展丰富多彩的企业文化融合活动,创建和谐企业。

公司多次获得中央机构、社会各届授予的“社会工作贡献奖”“中国红十字服务奖”等荣誉称号。2009年,国药控股股份有限公司通过了全球首个道德规范国际标准SA8000认证。2011年,公司被授予2009—2010年度上海市文明单位荣誉称号。2012年,公司荣获中国企业文化研究会颁发的“企业文化建设优秀单位”称号。2012年,公司党委荣获中央组织部颁发的“全国创先争优先进基层党组织”称号。

截至2016年底,公司拥有400多家全资及控股子公司(含国药股份、一致药业两家境内上市公司),经营配送网络覆盖全国大陆所有31个省市自治区。作为一家国际化的公众公司,国药控股为国内外众多知名药品、保健品制造商和其他供应商提供分销、物流及其他增值服务。当前,国药控股正站在全球化的高度,进一步优化产业资源,实现从传统分销向现代服务,由单纯药品配送向现代医疗健康集成服务提供商的转型,加速由医药产品分销商向健康产业服务提供商的转变,以发展成为“具有国际竞争力的世界级医药健康服务提供商”。

在物流业务方面,国药控股以下属全资子公司国药集团医药物流有限公司(简称以下“国药物流”)为载体,正在打造中国健康物流产业最具知名度的供应链交付服务公司。

国药物流于2004年5月注册成立,注册资本3亿元人民币。自成立以来,公司的经营规模不断扩大，经济运行质量不断提高，盈利能力持续增长，现已发展为中国最大的药品、医疗保健产品的供应链服务提供商，拥有并经营覆盖全国大陆全部省（市区）的药品配送服务网络。截至 2016 年年底，国药物流依托国药控股网络资源，已在北京、上海、天津、广东、辽宁、山西、湖北、湖南、广西、江苏、安徽、新疆、河南、河北、四川、吉林等地建有 20 多个现代化物流中心。公司核心物流业务包括进口保税物流、药品物流、器械物流、冷链物流、零售物流、院内物流、临床试验物流和各类个性化的医药物流解决方案。公司以“关爱生命、呵护健康、用心交付”为物流运营理念，推进全国医药物流与分销配送网络的建设，并致力于全国物流运营的一体化运作和管理，各物流中心实施统一的标准化作业规范和管理以及通过量化、可视的运营数据体系，确保物流中心之间网络运作的协调和效率。

国药物流是国药控股供应链管理服务执行实体。国药物流的战略目标是依托国药控股的网络资源，对内优化供应链管理，创新服务，提高国药控股核心业务竞争力；对外提供专业物流和供应链管理增值服务。当前，公司正着力打造基于“赛飞（SAVE）供应链云服务平台”（以下简称“赛飞”平台）的专业医药供应链交付服务体系，通过国药物流开拓新的赢利模式，提升国药控股可持续的竞争能力。

二、“赛飞”供应链云服务平台的建设背景

2011 年 5 月 5 日，商务部正式发布《全医药品流通行业发展规划纲领（2011－2015）》。纲要明确指出要大力发展现代医药物流，提高药品流通效率，以信息化带动现代医药物流发展；要广泛使用先进信息技术，运用企业资源计划管理系统（ERP）、供应链管理等新型管理方法，优化业务流程，提高管理水平；发展基于信息化的新型电子支付和电子结算方式，降低交易成本；构建全医药品市场数据、电子监管等信息平台，引导产业发展，实现药品从生产、流通到使用全过程的信息共享和反馈追溯机制；用现代科技手段改造传统的医药物流方式。鼓励积极探索使用无线射频（RFID）、全球卫星定位（GPS）、无线通信、温度传感等物联网技术，不断提高流通效率，降低流通成本；推动医药物流服务专业化发展，鼓励药品流通企业的物流功能社会化，实施医药物流服务延伸示范工程，引导有实力的企业向医疗机构和生产企业延伸现代医药物流服务。

基于对医改大背景下行业变革的思考，结合国药控股大网络、多业态、“国家药网”的发展定位，国药控股制定了相应的十二五规划，明确了成为“全球医药企业在中国最佳供应链合作伙伴”和“智慧供应链的最佳实践者”，通过服务产品创新、服务手段创新，打造“健康之星”现代医药流通供应链服务平台，“健康之星”现代医药流通供应链服务平台如图 1-9-1 所示。

“健康之星”平台的价值是通过应用互联网、电子商务和云平台等技术，为医药供应链上下游及相关方提供全新的服务交付模式，推动行业供应链的扁平化，实现医药流通模式的全面创新，为配合新医改背景下的药品流通及配送优化做出应有的贡献。而支撑“国家药网”和“健康之星”建设和运营的核心能力之一便是智能化的供应链体系和信息系统。

国药物流遵循国药控股“高起点、新模式、更融合、再跨越”的发展指导方针，以国药控股的全国网络资源为依托，遵循供应链管理的理念，以安全（Safe）、可及（Accessibility）、可视（Visible）、高效（Efficient）的世界级专业物流服务能力，为健康产业精心打造横跨上下游、纵连产品线、中立、开放的“赛飞”供应链管理云服务平台。

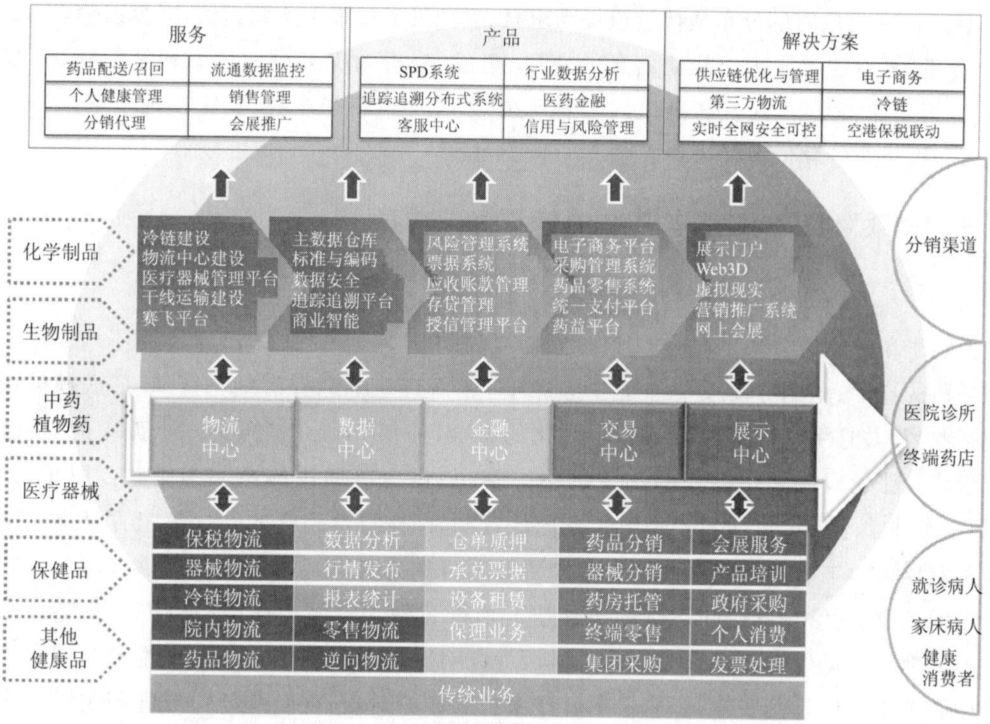

图 1-9-1　“健康之星”现代医药流通供应链服务平台

“赛飞”平台是国药物流信息系统建设的核心内容，体现了国药物流向社会提供的“安全、可及、可视、高效”的供应链管理服务能力及其承诺。

安全(Safe)：以冷链为代表的质量安全保障管理。提供冷库温度验证、冷藏车温度验证、冷藏箱设计、温度全程跟踪、验收依据等服务。

可及(Accessibility)：及时准确的信息可及以及覆盖全国的分拨配送物流网络可及。向国家食品药品监督管理局申请了第一份全国药品第三方物流经营资质，为实现多仓配送优化取得了合规资质，保障了分拨配送两网覆盖全国。

可视(Visible)：多维管理要素如在库在途和温湿度的状态可视、物流资源可视、运营效率可视等，为合作伙伴实现供应链体系可视化和可追溯管理。

高效(Efficient)：智能实现供应链上下游计划与执行协同以及运输一体化运作及优化。全网多仓多级运营，分拨配送横向调拨运输全网覆盖，送达更快、覆盖更广、成本更优，效益显著，达成客户高效的供应链管理目标。

“赛飞”平台是一个需求驱动的供应链管理云服务平台。它不仅仅满足物流运作的管理功能，还在供应链的智能管理上有明显的优势，主要表现在：

① 实时库存优化管理：终端需求的变化和渠道库存的实时对接，为同一产品的不同货主提供了实时的库存信息，同时还提供智能分析，为供应商进行合理的订货提供决策依据。

② 配送集单的优化：系统对各物流点需要补货的预测可以指导货物移库过程的智能配载，加大整件发送效率，优化运输资源。

③ 库区智能选择：赛飞系统分布式订单管理功能将生产地和配送地之间的物流关系进行

优化，使产品在出厂时的分布最接近市场需求，以避免渠道过程中逆向运输，减少运输成本。

“赛飞”平台的智能化功能让信息的获取、集成、分析和决策更加科学和智能化，将智慧采购、智慧仓储、智慧配送及智能医院信息系统等，贯穿整个产业链，真正实现上下游间的增值服务和提供个性化的解决方案。

三、“赛飞”供应链云服务平台的创新解决方案

（一）“赛飞”供应链运作体系

区别于单体物流公司的运作以及一家物流公司几个仓库的协同运作，“赛飞”平台可将不同公司的仓库、车辆等设施设备通过仓储与运输管理系统进行信息化管理，形成规模化的物流资源池，并且将这些资源进行互联网化的整合，任何一个点不再是一个孤立的点，而是共同形成一张可以协同化运作的物流网络，“赛飞”供应链动作体系如图 1-9-2 所示。“赛飞”的资源池将不仅仅包括国控物流体系内的资源，同样符合条件的外部第三方仓储资源及运输资源也可以纳入赛飞的资源池。整个资源池将作为赛飞供应链平台提供区域或全国物流服务的基础，为管理其协同运作的运作中心所配置使用。而运作中心也不再只是一个单一公司或部门。运作中心的构成取决于其服务的对象，如第三方货主、一个物流公司的多个仓储中心等都可以是其服务对象，根据运作中心服务的对象，可以跨公司或部门组成一个业务实体，来对服务对象提供供应链及物流服务。以下是运作中心的一般职责：

① 对物流内外部资源、货主的统一协同和管理。

② 对外部物流资源的采购、价格管理和计费结算。

③ 对货主的业务拓展、报价和合同签订。

④ 对货主的接入、日常管理和服务，包括订单管理、流程管理、货主计费收费、增值服务、客户服务管理。

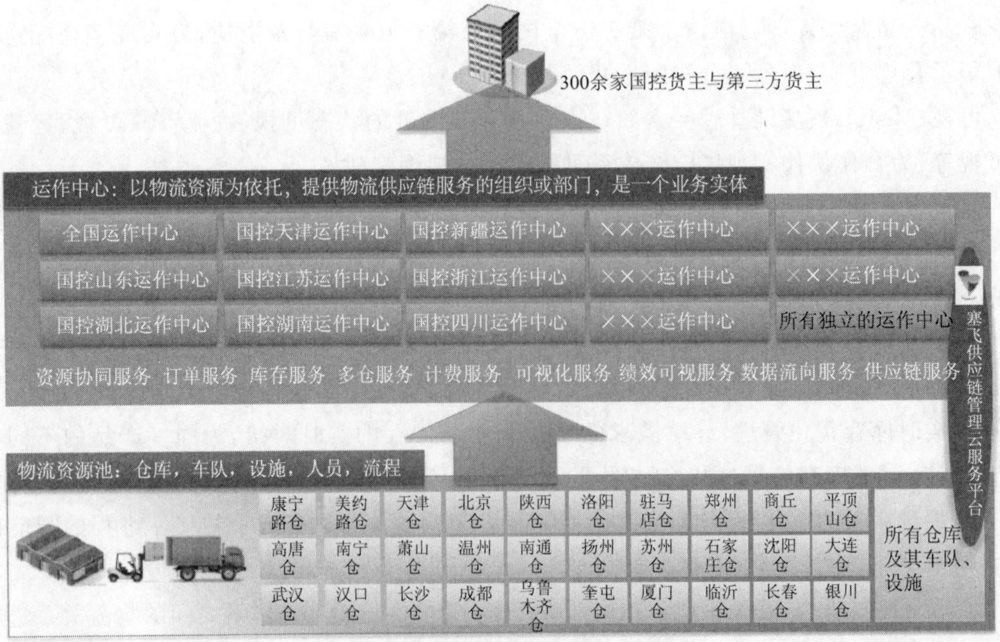

图 1-9-2　“赛飞”供应链运作体系

以客户自己的运作中心或为客户提供服务的运作中心为供应链管理、执行体系的核心，利用“赛飞”供应链平台的供应链建模、订单管理功能实现符合 GSP 的多仓同步运营，“赛飞”供应链平台动作中心如图 1-9-3 所示。

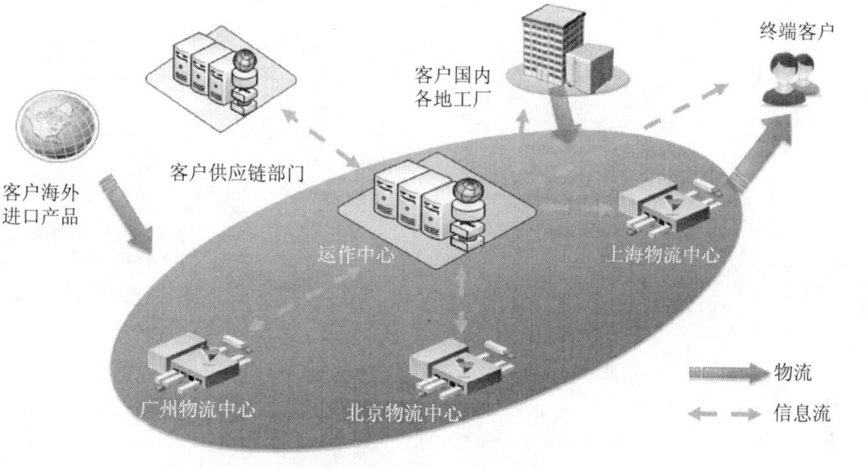

图 1-9-3　“赛飞”供应链平台运作中心

“赛飞”平台提供分布式订单管理以及与 WMS 和 TMS 的协同，以实现就近收货、就近发货、多点储备、分段接力运输，将成为货主供应链网络建成后最常规化的运作模式，而这种运作模式通过 7 系统的支持可以避免迂回运输，降低运营成本，减少在途风险，提高配送效率，将会大大提高药品供应的准确性、及时性、安全性。

（二）“赛飞”供应链物流服务体系

目前各类物流系统有的已经提供了很多物流作业节点的动态数据，为客户对于作业执行的监控提供了“可视化”。而“可视”作为“赛飞”平台的一个重要理念，除了完整体现订单在整个生命周期内的状态变化和异常事件跟踪外，更重要的是体现药品等对于质量管理要求非常高的商品的温湿度的全程跟踪。同时不仅仅是对于冷链药品的监管，也可以实现一般药品在夏季或冬季等气候条件下的监管，从而更有力地保障药品物流的安全性，“赛飞”供应链物流服务体系如图 1-9-4 所示。

“赛飞”平台通过 WMS 与 TMS 所记录的实时作业动作以及时间，调用对应库区库位的温湿度监控探头以及出库箱内的温湿度跟踪仪的读数，最终汇总形成整个订单作业过程各个节点的温湿度情况。该情况通过“赛飞”门户网站对外展现，确保客户对物流执行过程的“透明化”监控。

通过“赛飞”平台，可以实现仓储与运输的有效协同，根据订单对于仓配的不同协同要求，“赛飞”平台可按不同订单分发优先控制，先调度还是先拣配的顺序，从而让运输运力有效配合仓储拣配集货的时间窗口。同时让承运商在派车前能事先知晓货物件数、重量、体积等详情，安排最合适的车辆完成运输任务。

在全国多仓运营的场景下，“赛飞”平台提供统一的 GSP 质量管理标准以及主数据服务，不仅使平台下所有的物流服务提供商具备一致的物流服务水平，同时也为全局的数据管理、分析打下有效的基础。

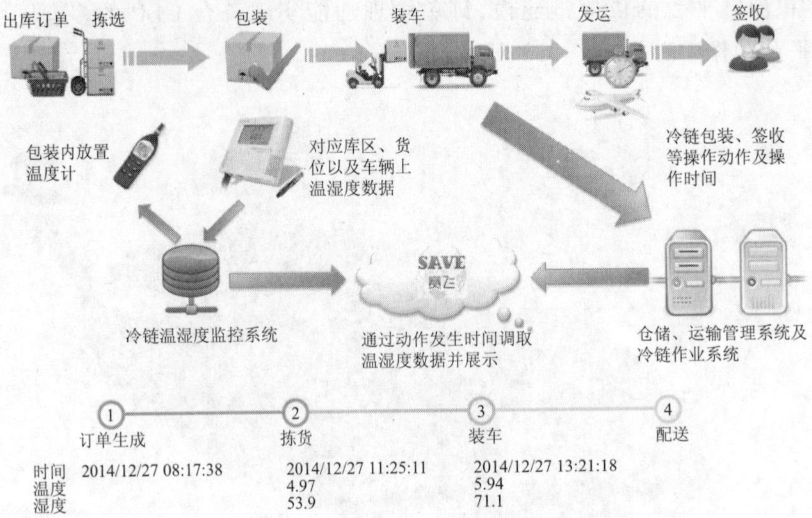

图 1-9-4 "赛飞"供应链物流服务体系

（三）"赛飞"供应链数据服务体系

"赛飞"平台可为货主提供完整的数据服务功能，包括：

① KPI 绩效展现（数据从底层执行系统，如 WMS、TMS 等提取）。

② 计费结算、成本分析（通过可配置性的货主计费模板）。

③ 商业流向数据（产品、产品组维度，各层级库存、入出库量，在途数量也可纳入统计）。

④ 数据分析、钻取、挖掘服务（通过 GIS 服务，得到医院布点、药房布点，销售热区等）。

同时，通过数据共享，可以达到出库箱条码与电子监管码数据全局共享，大大提高多仓运营调拨的收货效率，减少仓库作业动作，降低作业成本，"赛飞"供应链数据服务体系如图 1-9-5 所示。

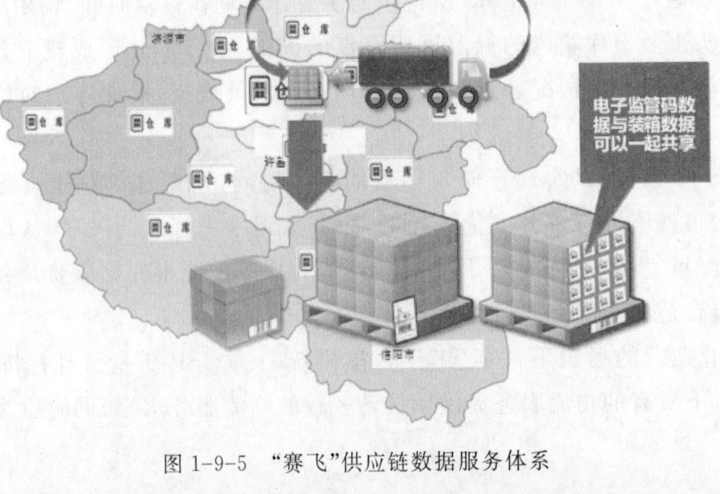

图 1-9-5 "赛飞"供应链数据服务体系

四、"赛飞"供应链云服务平台在线优化,分布式订单管理引擎

"赛飞"分布式订单管理通过销售应答引擎、高级补货引擎及推式入库引擎,实现对终端销售订单的实时应答、各级仓库间的连续补货、采购订单的及时入库,构建以终端需求为驱动的实时供应链价值网络。

分布式订单引擎的主要内容包括需求预测、分布式入库策略和分布式出库策略、自动补货。通过分布式订单引擎,可以实现对物流资源的整合计划和灵活调度,实现对物流订单分布执行,并为货主提供销售需求预测、订单承诺及补货建议等增值服务。

分布式订单管理通过提高客户订单满足率和完美订单,提高客户服务水平;通过库存管理和多层次的供应链可视化,减低销售损失和缺货;通过需求驱动的供应链价值网络,降低库存水平;通过将货物在正确的时间以正确的数量送到正确的地点,降低运营成本;通过多方参与,多层次工作流,许可管理和可视化,改善供应链的敏捷性。

(一)分布式订单管理的数据来源

分布式订单管理最重要的事情是要有正确的供应链模型加上准确的库存策略和库存信息。

有了正确的供应链模型,系统和用户能够知道供应链是如何连接的。当订单需要从供给推送到需求的地方时,我们知道移动货物到哪里。当订单生成来拉动货物时,我们知道到哪里去拉存货。当订单需要承诺时,我们知道货物在哪里可以发送到消费地点。

如果有正确的库存策略和在库库存的数据,部署订单和推送订单可以找到和推送正确的数量和位置。为了自动生成补货订单,补货策略和在库库存是关键数据。

(二)需求预测

通过分布式订单管理,实现终端需求拉动,逐级汇总的需求驱动模式。分布式订单引擎通过终端历史销售数据,实现终端销售需求预测,并依据修正的销售预测结果,进行库存调整、补货调整,实现需求驱动的实时销售订单应答。

供应链中存在的"牛鞭效应",造成终端信息在向上游传递过程中所出现的信息扭曲和逐级放大效应,并由此而产生的库存流动停滞和库存短缺同时存在,一方面,整体供应链上各级物资的库存存量较高,所占用的资金成本也较高,另一方面,由于对终端信息的传递和有效反馈变慢而导致商品短缺,无法有效满足客户需求所产生的销售损失以及潜在的丢失客户和对企业商誉的影响。因此,有必要对造成"牛鞭效应"的原因进行深入的分析,并找出应对之策。而解决需求预测修正的一个很重要的方法就是建立有效的预测模型,并基于预测模型,对历史的销售(需求)信息进行处理,从而能较准确地预测未来一段时间的需求,进而为上游供应链成员传递相对准确无误信息,以减少"牛鞭效应"。

"赛飞"平台可以根据2～3年的终端历史销售数据,采用BOX－Jenkins、指数平滑、曲线求和、专家预测等多种预测方法,实现对终端消费需求的短期、中期、长期预测;并将预测结果以图表形式实现展示、对比等功能,供货主参考、修改和审核;经货主审核的需求预测可以转化成预测的销售订单,并可依据此预测订单生成采购计划、进行库存调整;在需求预测及库存调整的基础上进行终端销售应答(发货)和仓间补货,需求预测过程如图1-9-6所示。

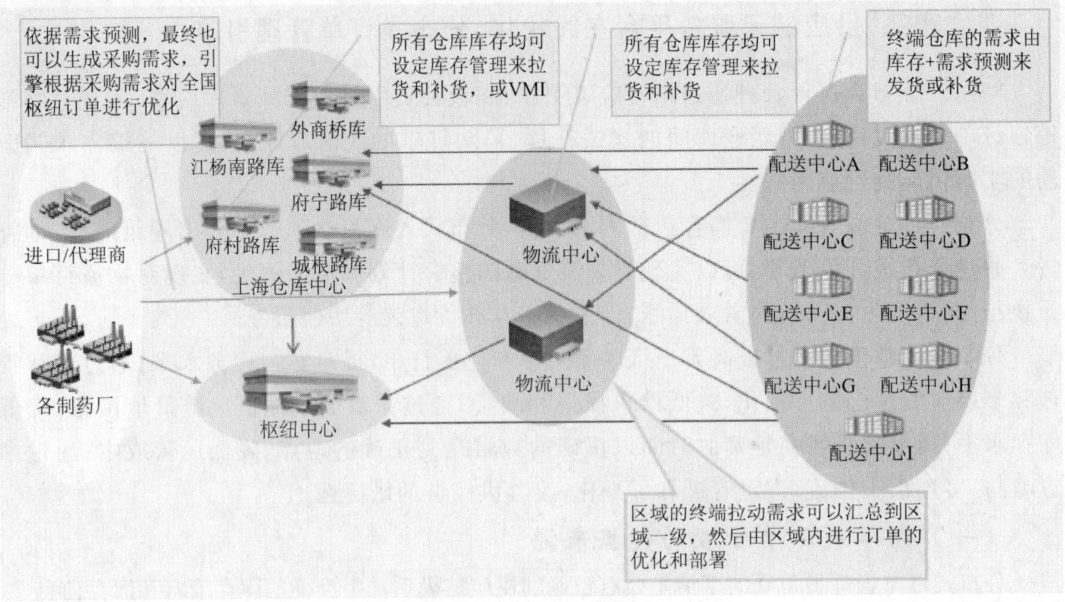

图 1-9-6　需求预测

（三）分布式入库策略——推式入库引擎

分布式订单管理基于供应链的配置，将入库订单移动到下游位置，通过推式引擎实现对未指定入库仓库的采购订单的入库建议。当入库订单来到时，寻找有效的下游位置，评估下游的安全库存，解决低库存问题。如果有可以推送的剩余量，可按比例推到下游的库存中心。

对于货主已指定入库仓库的采购订单，直接在"赛飞"平台上进行正常的入库流程。

对于货主未指定入库仓库的采购订单，推式引擎可以通过计算备选入库仓库（枢纽中心、物流中心等）的库容、库存、安全库存及运输成本，指定采购订单的入库仓库，以维持不同仓库间合理的稳定库存水平。推式引擎不仅可以实现从供应商仓库到枢纽中心的部署，还可以实现从枢纽中心到区域物流中心的部署，推式入库引擎工作原理如图 1-9-7 所示。

图 1-9-7　推式入库引擎工作原理

（四）分布式出库策略——销售应答引擎

分布式订单管理可以通过销售应答引擎实现对销售订单的实时应答。销售应答引擎根据各出库仓库的库存水平、仓库至客户的运输成本、运输提前期等参数计算出最优的出库仓库，在保证客户服务水平的同时，实现物流成本的降低，销售应答引擎工作原理如图1-9-8所示。

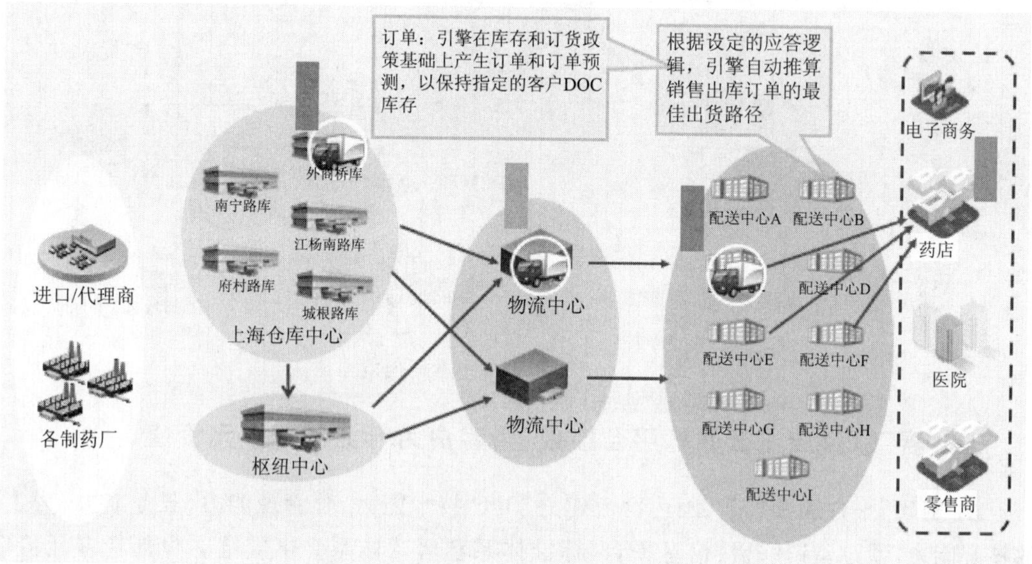

图1-9-8 销售应答引擎工作原理

（五）自动补货——高级补货引擎

库存策略和需求预测是基于拉动的订单，用于拉动的订单引擎是补货引擎。补货引擎将基于供应链的拓扑结构创建订单。每个节点将指定拉动存货场所的优先级（寻源优先级），高级补货引擎工作原理如图1-9-9所示。

赛飞分布式订单引擎可以实现不同仓库间货物的调拨。分布式订单管理模块通过补货引擎，依据上下游仓库的库存上下限、每日库存水平、不同仓库间补货的成本、提前期等参数计算出最优的仓间补货策略，结合推式引擎的采购入库策略，维持供应链渠道内库存水平的稳定。

基于各仓上限/下限的库存策略，保证库存水平在合理范围内波动，并实现对超出库存上下限的仓库的库存预警。依据库存预警，当库存水平达到或低于库存下限时，系统将自动生成一个拉式补货订单，移动库存水平达到最高水平；当库存水平高于库存上限水平的仓库进行移库出库操作。

与传统的供应链管理软件不同，"赛飞"的分布式订单管理，帮助客户充分利用未来需求信息和目前的库存、在途和生产过程中的数量，自动实现订单的出入库应答，进而实现供应商管理库存（VMI）、客户管理库存（CMI）、寄售等，形成多样的供应链解决方案。

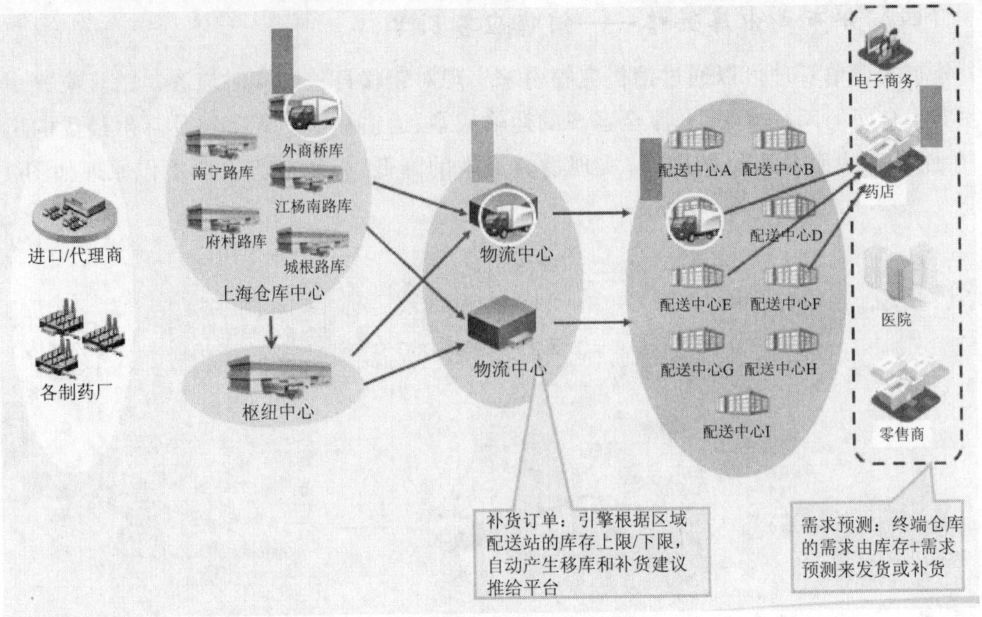

图 1-9-9　高级补货引擎工作原理

五、"赛飞"供应链云服务平台绩效，为客户为行业创造多元价值

在"赛飞"平台的基础上，国药物流建立了以"技术能力、营管理能力、服务能力"为主体的核心能力，通过营销联盟、信息平台、标准体系和运营体系为供应链客户创造多元价值。例如，国药物流基于客户的冷链营销战略，整合客户、国药物流冷链系统内外部冷链资源，再造和优化冷藏供应链，从冷链包装设计到集成订单处理和集约储运安排，全过程构建区别于竞争对手的冷藏供应链管理体系，为渠道关键客户提供与营销计划配套的冷链技术和培训支持，形成了区别于竞争对手的特色服务体系，为客户创造独特价值；再例如，国药物流立足上海，对接全球医药供应链；聚焦行业，打造国际医药港平台，公司目前拥有 7 000 m^2 的保税物流中心，可实现保税、完税药品的存储、分包装及装运业务，为客户提供一站式进口解决方案，包括接收客户订单、完成进口操作并清关完税、存储服务与客户定制化增值服务、完税后商品发运至外高桥物流中心非保税库或直接发送至国内客户等。

国药物流正在以供应链设计的视野来谋划建设专业的医药供应链服务体系。供应链设计包括多层级库存解决方案、网络运输解决方案、供应链运营设计方案及流程设计方案等全方位立体式的设计方案。例如，可根据客户需求将多级库存和网络运输解决方案进行综合设计，在保证一定的服务水平基础上，对成本、采购和运输时间等条件进行综合分析，与网络优化相结合来确定优化的库存规划，同时根据成本优化自有车队、整车、零担的使用率，确定网络运输细节方案。

"赛飞"平台打造了国药物流具有国际竞争力的"网络化布局，一体化运营"的全国物流及冷链配送网络，推进全国多仓多级存储节点的协同，形成了跨区域的干线配送网和区域内支线配送网的全面配送，构建了布局科学、技术先进、节能环保、便捷高效、安全有序的专业医药供应链服务体系。"赛飞"平台为国药物流做中国医药流通领域的市场领导者，做中国医药行业的资源整合者和价值提升者，为供应链上下游客户创造多元价值提供有利条件。

作为中央企业的子公司,医药物流行业的标杆企业,国药物流履行国家使命,肩负社会责任。“赛飞”平台正推动国药物流中国第一药网的建设,中国第一药网将承载着医药物流标准化平台、第四方供应链管理服务平台、药品紧急调拨配送平台、国家医药储备可视化监控平台、重大事故追溯平台、疫情预警平台及国家人才培养平台等诸多社会行业功能,正在并将持续为行业创造多元价值。

“赛飞”平台正在助推中国医药产业的变革。其一,国药物流全国多仓多级运营,调拨运输分拨配送全网覆盖,送达更快、覆盖更广、成本更优,效益更显著,国药物流成为全国国家药监局批准的首家全国范围内统一多仓联网运营 GSP 认证的第三方医药物流企业。国家药监局批准将首批全国 16 家子公司仓库地址加入我公司《药品经营许可证》的仓库地址中,解决了公司全国物流多仓网络协同过程中的政策瓶颈,从而得以促进公司全面开展面向供应链高效优化的多仓物流服务:药品生产企业可以直接委托国药物流多点储存,销售时生产企业可以直接面对当地客户销售,满足医改环境下生产企业扁平化管理的市场需求。其二,国药物流是在中国首个获得 SFDA 批准的专业第三方医疗器械物流服务资质企业,以“赛飞”平台打造的开放的供应链管理增值服务平台,可为客户提供一整套药品和医疗器械的综合物流解决方案,包括:

① 一站式进口和保税物流服务;

② 中文贴签服务;

③ 基本药品贴签扫码服务及上传服务;

④ 严格合规管理的温控仓储服务;

⑤ 专业验证的冷链包装和运输管理;

⑥ 个性化 IT Interface 信息系统开发;

⑦ 车载 GPS 接收器和可视化管理系统;

⑧ 紧急医院配送能力;

⑨ 企业异地增设第三方物流仓库的申报和管理;

⑩ 全国多仓操作和服务管理。

“赛飞”平台还将带动中国医药流通行业的良性发展。首先,国药物流整合全产业、全业态、全品种的物流资源,从“赛飞”平台到打造全国医药物流云模式,提供价值链物流服务,并带动医药物流全行业发展。横向推动信息、人才和资源等产品水平整合,纵向实现对供应链上游技术和下游市场的垂直整合,打造医药物流经济优势产业链。其次,“赛飞”平台的建立,将促进国药物流标准的输出,带动整个行业的作业规范化和标准化。对整个医药行业来说,标准化和规范化是加强内部管理、降低成本、提高服务质量的有效措施;对消费者而言,享受标准化和规范化的物流服务是消费者权益的更好体现。

国药物流将一如既往,为供应链上下游客户、为中国医药健康行业提供更为优质满意的服务,开创人类医药健康事业的美好未来!

撰稿人:宋　军　国药集团医药物流有限公司副总经理

王　齐　国药集团医药物流有限公司信息与供应链服务部总监

案例10　中兴供应链:为客户打造“供应链云服务平台”

一、企业简介

深圳市中兴供应链有限公司(简称“中兴供应链”)是全球知名的通信设备提供商——中兴通讯股份有限公司(简称“中兴通讯”)的控股子公司,总部位于深圳,成立于2011年。经过几年的快速发展,2013年业务量已达到上百亿元,并且形成了具有中兴特色的供应链服务模式。

以中兴通讯30多年成熟供应链体系及运作经验为基础,以中兴通讯在全球网络、资源整合、技术研发及国际化拓展方面的经验和优势为契机,中兴供应链为全球客户提供涵盖研发、采购、生产、物流、销售等环节的“供应链云服务平台”模式及解决方案,为客户创造新的供应链价值。

目前中兴供应链公司的业务类型主要包括:供应链咨询服务、ODM供应链服务、综合物流服务、设备租赁服务、智慧供应链服务、跨境电商、供应链金融服务等。

二、实施“供应链云服务平台”的背景

根据我们对电子、通信、IT等行业的调查,在国内有大量具有很好市场前景的中小企业,往往有不错的产品,但是在企业经营的某些方面存在着致命的短板,比如产品的快速商用化能力、销售推广能力、融资能力等,这些瓶颈严重制约着企业的进一步发展。企业在寻求外部支援的时候,往往要找很多家公司去合作,才能得到足够的资源。而中兴供应链公司依托中兴通讯强大的产业链资源整合能力,能够为中小企业实现“全产品生命周期”的供应链云服务模式。

从公司整体战略层面,中兴供应链公司结合中兴通讯近30多年的供应链管理经验和全球供应链运营体系,能够为中小企业提供供应链诊断、供应链战略规划、物流规划及管理优化等咨询服务。

在产品的研发设计阶段,中兴供应链公司有强大的材料专家群体和物料资源库,能够为客户提供产品研发与设计选型服务,确保产品的可供应性、可制造性。

在产品进入量产阶段后,中兴供应链公司能够整合上游数千家供应商资源,帮助客户实现BOM采购,整体性降低采购成本。同时,中兴供应链公司还可以为企业提供虚拟生产、物流、供应链融资等服务。

在销售过程中,对普通企业来说,搭建海外供应链体系是一项非常巨大的挑战。中兴供应链公司依托中兴集团遍布140多个国家的供应链网络体系,帮助企业缩短这一进程,并节省巨大的前期建设投入。

三、“供应链云服务平台”的支撑资源

（一）遍布全球的物流网络、销售网络

中兴集团在全球分布有140多个网点，7大交付中心；国内有30多个配送中心，5大交付中心，网络能覆盖到县级城市。

（二）雄厚的IT研发实力

目前拥有专业的IT系统研发团队，中兴供应链依托中兴通讯先进的研发平台，将物联网技术与信息系统开发有机结合，应用到原材料的采购、生产装配、仓储、运输、销售以及售后服务与逆向物流等环节，提高供应链运作的效率，智慧供应链实现模式如图1-10-1所示。

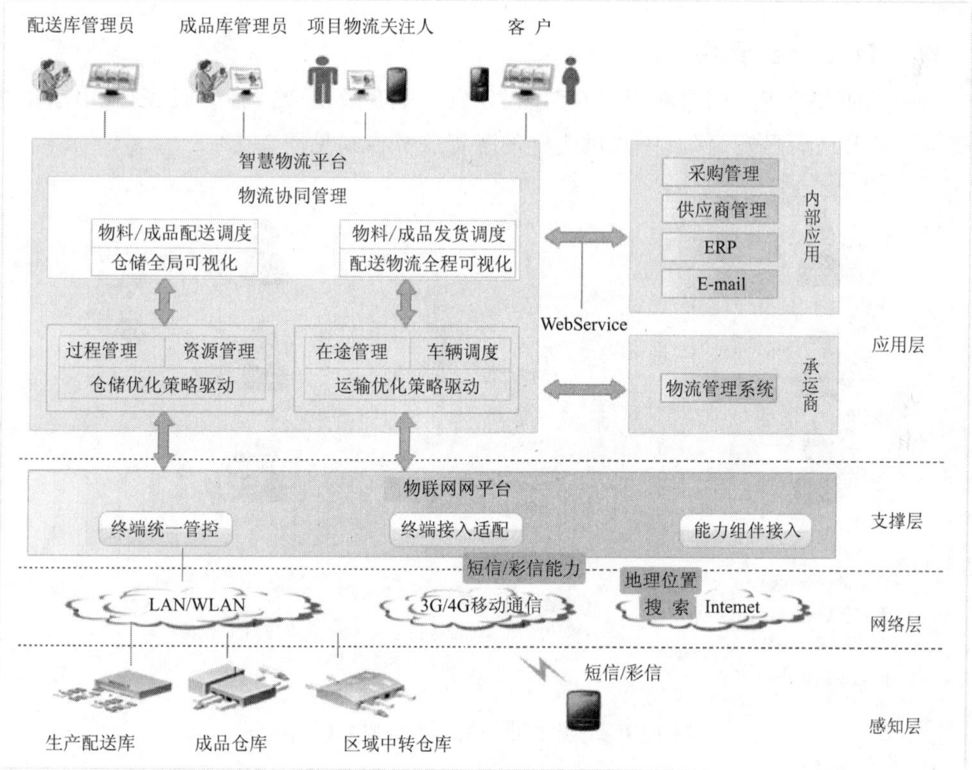

图1-10-1　智慧供应链实现模式

（三）领先的信息系统

自主研发的具有供应链行业领先水平的信息系统，契合供应链行业特点，满足多种业务模式的多样化需求，将商务、采购、计划、生产、交付连成一体，通过信息流实时反映物流和资金流，对业务过程有效控制，实现了信息流、物流、资金流的有效整合。中兴供应链信息系统特点如下：

1. 技术先进

中兴供应链信息系统紧跟业界先进技术理念，率先在供应链中应用物联网概念，采用RFID技术进行信息自动采集，提高业务运行效率，保持系统先进性。

2. 实用性强

中兴供应链信息系统以自身30多年供应链信息化发展经验为基础，在国际物流、国内物流、进出口、仓储管理等信息化等方面具备典型应用经验，这些经验将是我们为更多客户提供高质量服务的有力保障。

3. 端到端

中兴供应链信息系统涵盖从订单接收到订单执行、回款的全过程，提供业务执行、业务管控、业务决策三层金字塔结构的完整解决方案，满足不同管理层面的信息化需求；除供应链信息系统以外，我们还可为客户提供涵盖人事管理、办公自动化等多个日常管理领域的信息化解决方案。

（四）强大的融资实力

中兴依托强大的资金融通能力，为客户提供资金配套及供应链融资服务，为中小型企业加快资金周转和破解融资瓶颈，中兴供应链的融资服务模式见图1-10-2。

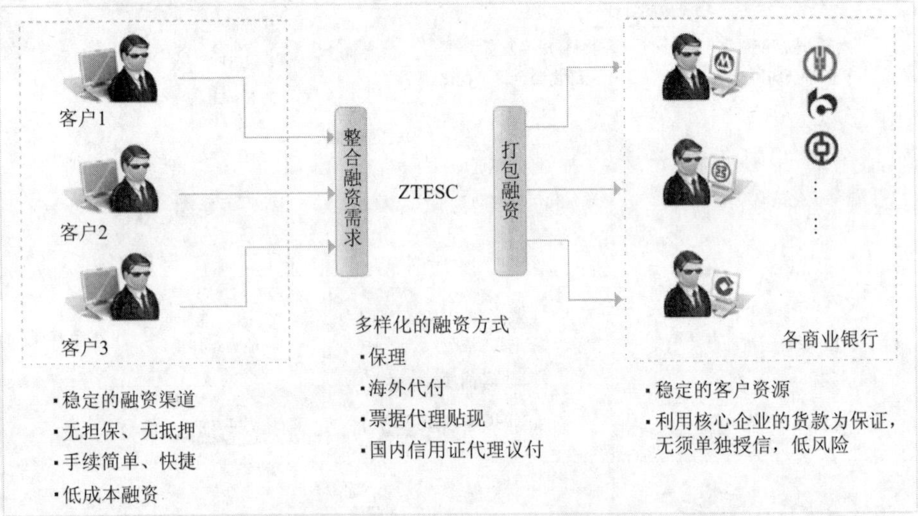

图1-10-2　中兴供应链的融资服务模式

（五）专业的服务团队

专业的服务团队——汇集物流、关务、EMS、金融、IT等行业精英人士，具备多年的行业从业经验，能够根据企业需求量身定制最适合的服务解决方案。

高效的运作能力——高效的商务运作速度，快速的订单处理能力，7×24小时的商务运作机制确保对异常情况的紧急处理能力。

（六）先进的物流能力

中兴目前拥有面积10万平方米的仓库平台，遍布全球大部分国家和地区，现代化的仓库设施及物流设备将会为客户提供优质仓储及增值服务，中兴供应链的物流服务体系如图 1-10-3所示。

香港平台：红外防盗、CCTV系统、电子门禁

印度尼西亚仓储平台

深圳前海西部物流仓储平台

图 1-10-3　中兴供应链的物流服务体系

四、“供应链云服务平台”的业务模块

（一）ODM 供应链服务解决方案

1. 模式介绍

中兴依托强大的供应商资源整合能力、专业的选型能力和快速定制化生产能力，以半成品、产成品整合生产为核心，对产品的研发、原材料采购、生产制造、市场营销等供应链环节进行优势整合，为通信、IT、电子等企业客户提供产品定制的电子制造服务解决方案，使客户有更多的精力专注于核心业务的发展，帮助客户缩短交付周期、节约成本，中兴供应链的 ODM 服务模式如图 1-10-4 所示。

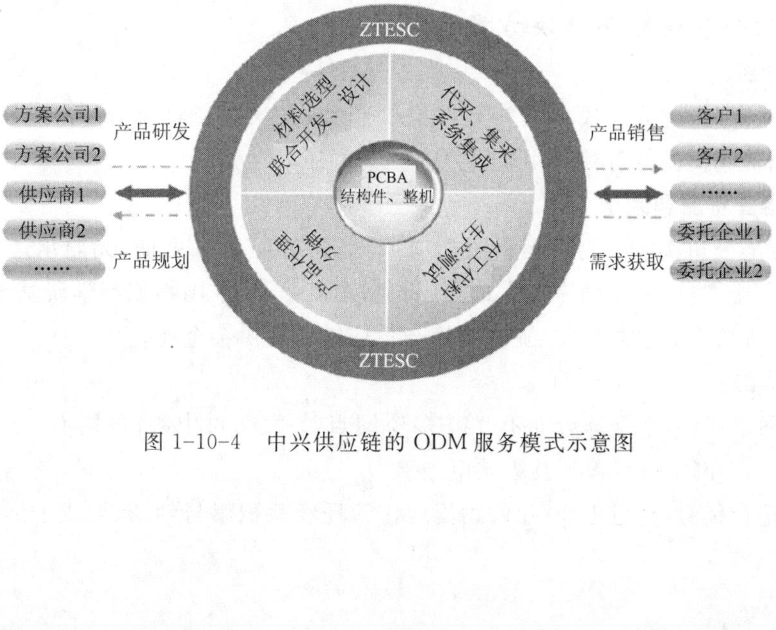

图 1-10-4　中兴供应链的 ODM 服务模式示意图

2. 竞争优势

① 采购能力：具有对上游近千家供应商资源的整合能力，为客户带来规模经济效益。

② 材料选型能力：超过十年经验的材料选型专家团队，提供快速的材料选型服务，前期为产品成本、交付做好管理，降低质量风险。

③ 生产能力：依托中兴通讯及外协厂众多的SMT设备、庞大的供应、质量、工艺系统，具有强大的生产能力。

④ 资金实力：雄厚的资金为客户解决资金紧缺问题，促进客户业务的良性运作。

3. 具体案例

(1)需求背景

某中小IDH(独立设计公司)的WLAN CPE(WLAN客户端设备)产品设计获国内某运营商认可，并已入围该运营商招标。但限于公司规模，自身供应链能力不足，为达到运营商的交付要求，需整合采购、生产、测试和物流等供应链资源。

项目目标：规定的短时间内完成多品类的物料采购齐套，短期快速组织产品生产、组装、老化和测试，并整机发货至运营商指定地点，以完成运营商指定交付要求，成功进军运营商市场。

(2)实施方案

产品齐套：快速整合供应商资源，向各类IC器件、被动器件、塑胶外壳、电源适配器、射频天线供应商下达采购订单，敦促供应商从各地调货集结至产线，最终较客户规定时间提前15%完成了产品齐套，并实现上线生产。

生产测试：与中兴通讯生产线密切配合，安排产线全力支持本项目的生产、整机组装，老化、测试和包装，最终较客户规定时间提前10%完成生产测试环节。

发货：利用中兴强大的物流网络及运输能力，保质按时将产品发至运营商指定地点。

(3)项目成果

缩短交付周期、提升交付质量，使客户的产品品质及交付能力得到运营商认可，为客户后续运营商市场拓展打下基础。

（二）综合物流服务解决方案

1. 模式介绍

中兴供应链综合物流解决方案为客户提供通关物流、保税物流、国际物流、国内物流、VMI、仓储、增值物流服务等综合物流服务。

2. 物流运营资质和荣誉

中兴供应链公司获取的物流运营资质有：道路运输经营许可证、无船承运业务经营资质、空运铜牌、“金鹭奖”海峡两岸十大最具成长型物流企业、中国物流产学研基地、深圳市物流与供应链管理协会副会长单位、亚洲物流与供应链管理协会企业。

3. 竞争优势

① 服务网络优势：在全球分布有140多个网点，7大交付中心；国内有30多个配送中心，5大交付中心，网络能覆盖到县级城市。

② 资源整合优势：经过近30年的物流运作管理经验积累与创新，形成了强大的资源整

合能力和竞争优势，帮助客户提高企业供应链效益，打造核心竞争力。

③ 服务团队优势：汇聚了各业务领域的精英人士，具备丰富的行业从业经验，以快速响应客户需求为己任，能为企业量身定制合适的物流服务解决方案。

④ 物流能力优势：能提供海、陆、空及多式联运等多种运输方式，具备领先的仓储管理水平、高效的物流运作能力、快捷的通关时效等优势。

4. 客户价值

① 帮助客户降低物流成本，及时满足货物交付，保证上游、下游供应链管理拉通。

② 帮助客户更专注于核心竞争力的打造，以获得更大的竞争优势。

③ 帮助客户提升供应商管理与质量管理水平，完善运营管理体系，提高整体竞争力。

5. 具体案例

(1)需求背景

某专业从事 ADSL Splitter、VDSL Splitter、Switch Power Supply 产品研发、生产、销售的综合型企业，作为众多大型跨国通信企业 ADSL Splitter 产品的 OEM 生产厂商，因自身供应链能力不足，在采购、物流等环节存在问题，影响运营及产品交付：

① 境外采购、特别是核心原材料境外采购的议价能力弱，生产商及代理商的货款及时支付要求，给公司资金周转带来巨大挑战。

② 公司海关资质低，进口时效慢，难以满足生产线交付要求。

基于此，客户希望改善资金占用、通关缓慢的现状，提高运作效率，降低运营成本。由此，提出了其项目目标：改善资金占用，提高流通环节资金周转率；提升进口效率，满足产线及时交付要求。

(2)实施方案：

代理采购：依托全球网络和采购平台支持，根据客户下达的需求指令，代理客户执行采购，快速响应，为客户简化采购流程，加速资金周转，中兴供应链的代理采购服务模式如图 1-10-5 所示。

通关物流：按照客户要求，进行香港仓库货物接收、货款支付、进口报关、中港运输、国内配送等，并及时进行信息反馈，提升物流效率。

(3)项目成果

缓解资金压力，提高流通环节资金周转率；提升物流效率，满足产线及时交付要求。

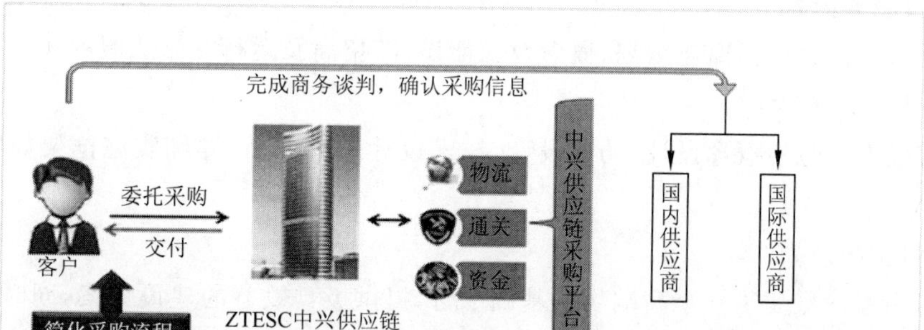

图 1-10-5　中兴供应链的代理采购服务模式

（三）供应链咨询服务

1. 团队介绍

中兴供应链团队拥有全球先进的设计理念，融合中国本土特点，聚集了一批国内较早从事供应链咨询的专家团队，积累了丰富的项目管理经验和众多的成功案例，秉承了中兴通讯严谨的工作作风，为全球政企客户提供供应链一体化的解决方案。

2. 服务内容

中兴供应链咨询产品服务内容包括城市物流战略规划和物流产业规划、物流园区规划设计、供应链规划设计、委托运营四个方面，详细服务种类如图 1-10-6 所示。

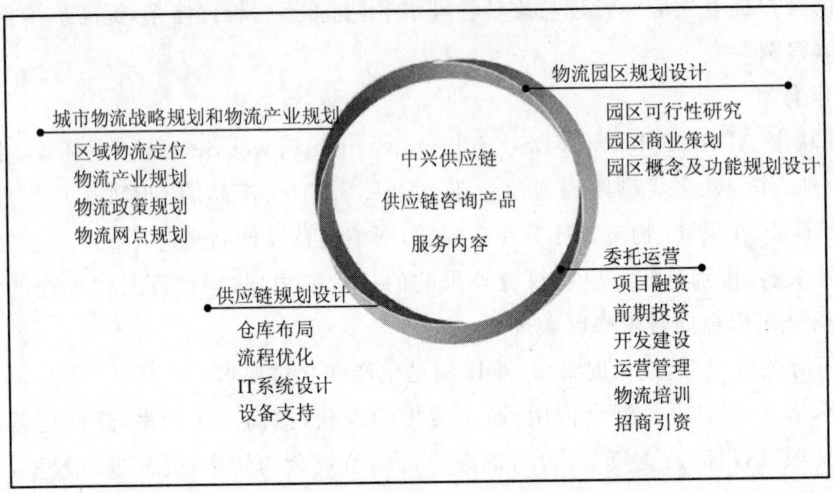

图 1-10-6　中兴供应链的供应链咨询服务种类

3. 具体案例

(1)A 市保税物流园项目背景

为配合 A 市加快发展总部经济、电子商务、服务外包等新兴服务功能，建设智慧城市的指导思想，中兴供应链有限公司利用其全球网络、技术研发等优势并整合其上下游产业资源，建成中兴—A 市全球供应链管理中心，依托全球供应链运营平台和全国首家供应链技术研发平台，形成总部经济及产业集群效应。

(2)项目服务内容

本项目服务内容包括商业策划、概念及功能设计、招商及运行一站式服务。

(3)项目实施方案

项目实施方案包括概念设计、功能设计、技术设计三个方面，详细实施框架如图 1-10-7 所示。

(4)项目实施效果

本项目为客户搭建了一个高端物流基础平台，提供极具效益的建设方案，同时为客户培养了一个深具竞争力的团队，最重要的也给客户带来满意的回报。

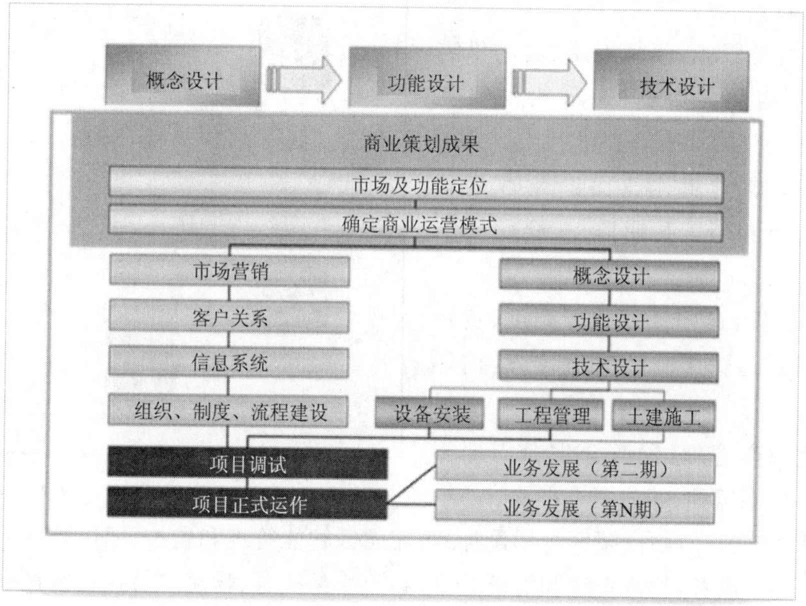

图 1-10-7　中兴—A 市全球供应链管理中心的项目实施框架

4. 智慧供应链服务

(1)模式介绍

智慧供应链服务为企业供应链仓储、运输、资产管理等各环节提供智慧解决方案,提供公共的供应链共享资源和服务平台,为政府、企业和公众提供丰富的服务资源和资讯。

(2)解决方案

智慧物流及供应链解决方案,能帮助客户实现物流和供应链可视化、智能化、自动化、集成化等,为企业供应链提速,中兴供应链的智慧供应链解决方案如图 1-10-8 所示,其应用场景如图 1-10-9 所示。

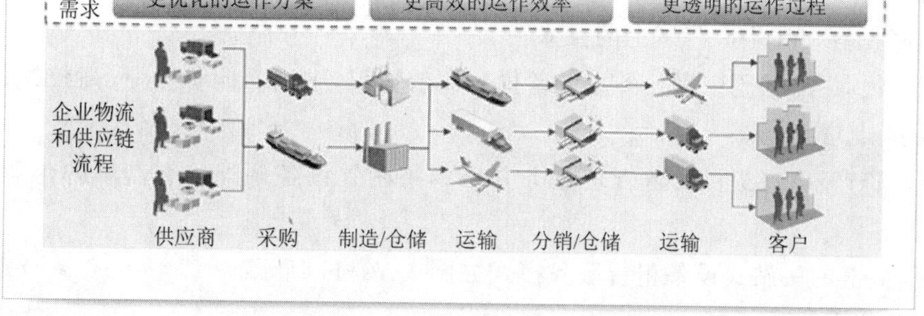

图 1-10-8　中兴供应链的智慧供应链解决方案

(3)业务特点

① 智慧贸易服务:商品展示、商品供需信息共享、采购交易撮合、跨境贸易物流通关。

② 智慧仓储:仓储作业智能调度、仓储作业自动化、仓储环境智能监控、仓储安全管理。

③ 智慧运输:运输计划智能调度、货物状态实时可视、运输工具实时监控、运输环境智能监控。

④ 智慧资产管理:资产全生命周期管理、资产运行状态监控、智慧资产巡检。

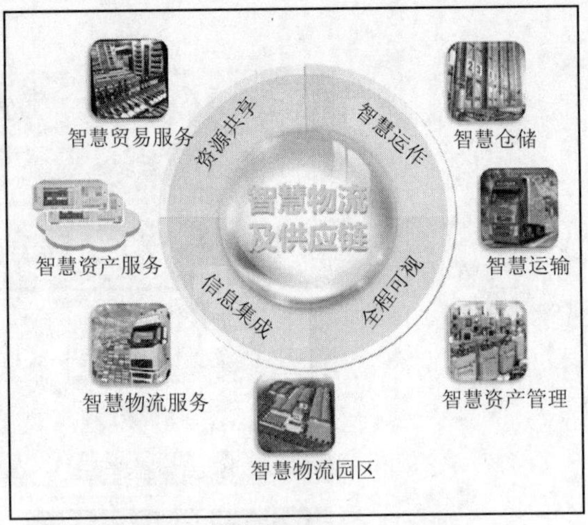

图 1-10-9　智慧供应链的应用场景

⑤ 智慧物流园区:物流园区规划设计、物流园区智能管理和监控、园区物流服务平台。

⑥ 智慧物流服务:物流资源和需求共享、物流交易撮合、物流交易执行监控。

⑦ 智慧资产服务:资源和需求共享、资产托管服务、资产租赁交易撮合。

5. 设备租赁服务

(1)模式介绍

为通信及电子行业、交通设施、医疗设备、工程机械、公用事业、节能环保及其他研发生产型行业、企业提供设备租赁、托管、系统集成、培训、维修、计量等服务,实现社会资源共享,租赁交易平台模式如图 1-10-10 所示。

(2)业务特点

① 降低成本:依托于中兴股份公司的采购平台,中兴享有比较优惠的采购价格;以低于市场价的租金租赁同等设备或采购的设备,提高客户的测试质量,降低测试成本。

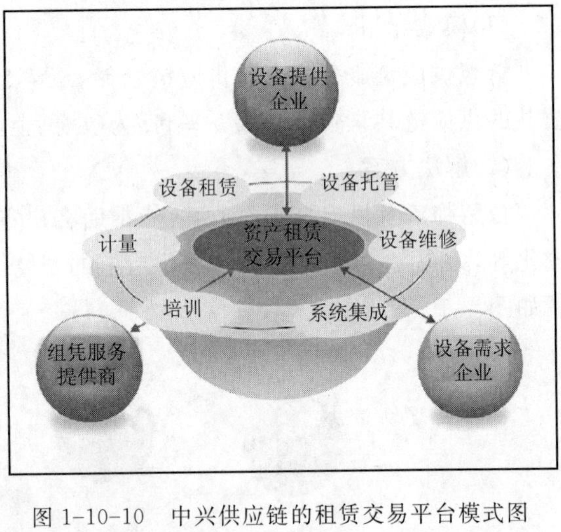

图 1-10-10　中兴供应链的租赁交易平台模式图

② 减少投入:根据客户产品的需求提供定制软件的配套开发,打包租赁客户在产线的测试工位,降低客户在生产测试上的投入。

③ 一体化服务:基于中兴与各大设备供应商的协议,中兴面向各企业、高校提供设备原厂维修、保养、计量业务。

④ 盘活资产:中兴提供设备管理业务并协调将闲置设备调配给有需求的企业、高校等相关单位。

中兴供应链的一站式设备租赁服务模式如图 1-10-11 所示。

(3)服务能力

中兴针对目前通信市场的情况，根据业务需要市场分为如下四类测试设备：手机终端类、数据终端类、基站配套类、光传输网络类。

(4)客户价值

① 盘活客户的闲置固定资产，为固定资产增值，实现社会资源共享。

② 帮助客户节约研发测试、生产测试中仪器设备投入成本。

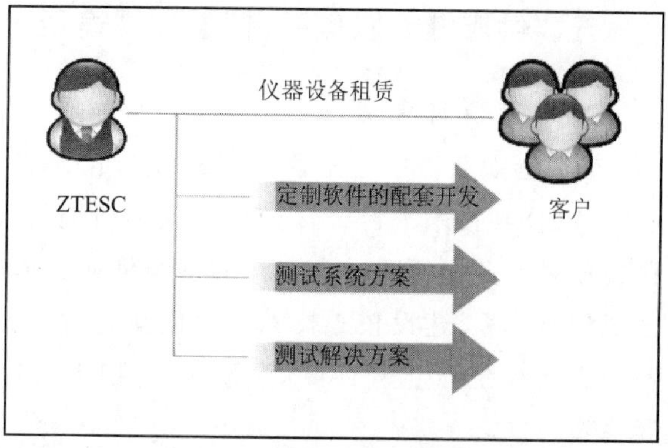

图 1-10-11　中兴供应链的一站式设备租赁服务模式

6. 供应链金融服务

中兴依托与银行的良好合作，为客户提供资金配套及供应链融资服务，为中小型企业加快资金周转和破解融资瓶颈，供应链融资服务模式如图 1-10-12 所示。业务特点有：

① 帮助供应商快速回款，实现资金高效周转。

② 减少客户供应链过程的资金占用，改善现金流状况。

③ 专业化协助客户解决税、证、票、汇兑、结算等企业外部财务业务问题。

④ 帮助企业拓宽融资途径，解决客户自有资金不足，促进客户业务快速发展。

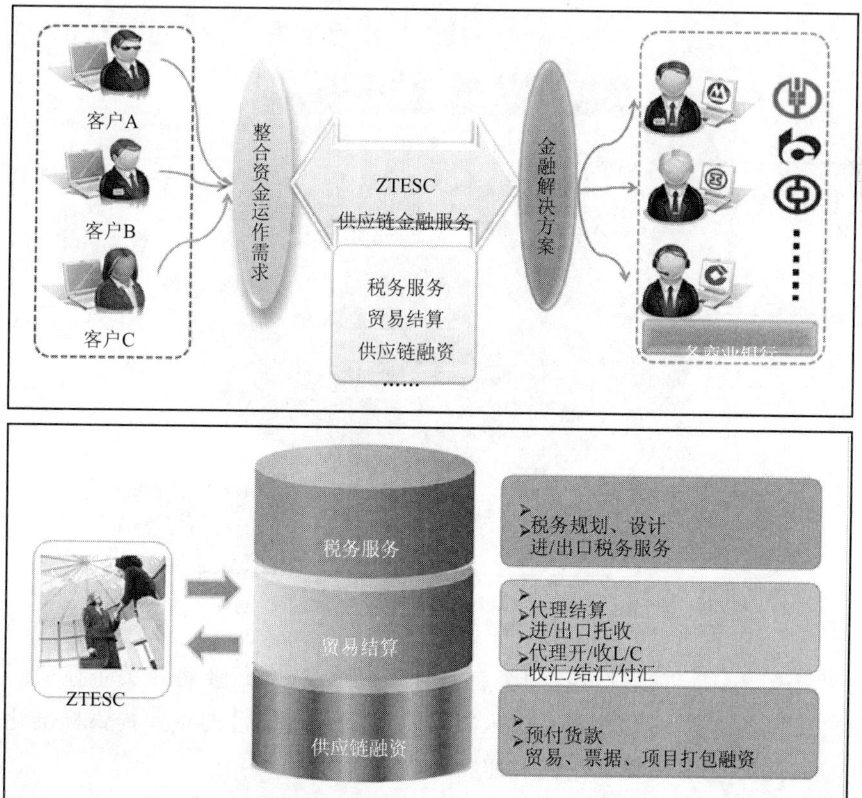

图 1-10-12　中兴供应链的供应链融资服务模式

五、"供应链云服务平台"的实现途径

（一）项目背景

C市创业服务中心是首批国家级孵化器之一，不断加强科技金融创新、园区拓展、创业服务、公共技术平台、国际合作、理论研究等服务体系建设，为科技企业的创立和发展、科技成果产业化等提供全方位的创新创业服务，为所在城市实施创新驱动发展战略、构筑区域创新体系、建设核心技术自主创新先行区提供服务支撑。截至2013年底，该创业服务中心已有在孵企业1 000余家，培育出大批科技龙头企业，其中上市和拟上市企业超过60家。

针对入区企业数量巨大，但规模都不太大，经营困难多，发展成熟度不均衡的特点，中兴供应链公司与C市创业服务中心一起，通过为园区初创型企业搭建"供应链云服务平台"，使创业者专注于打造自己的核心竞争力，快速成长为业界翘楚。

（二）业务模式

供应链云服务平台的架构如图1-10-13所示。

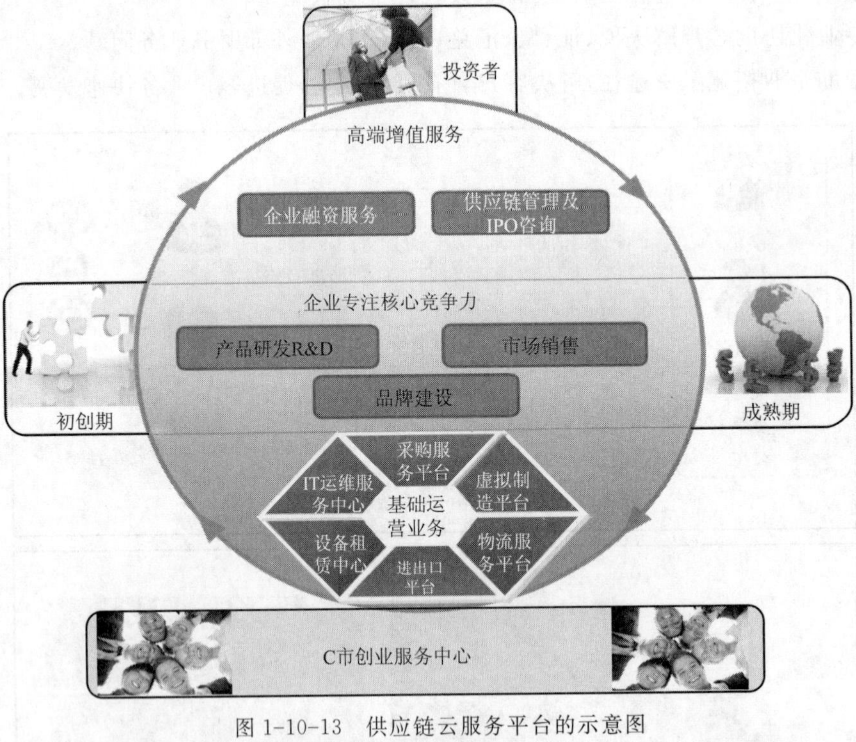

图1-10-13　供应链云服务平台的示意图

由创业服务中心提供扶持资金和企业经营状况信息，分行业将相关企业引导到供应链云服务平台上来，中兴供应链公司对进入"供应链云服务平台"的企业提供标准化的供应链外包服务，基础运营业务所涵盖的内容如图1-10-14所示。

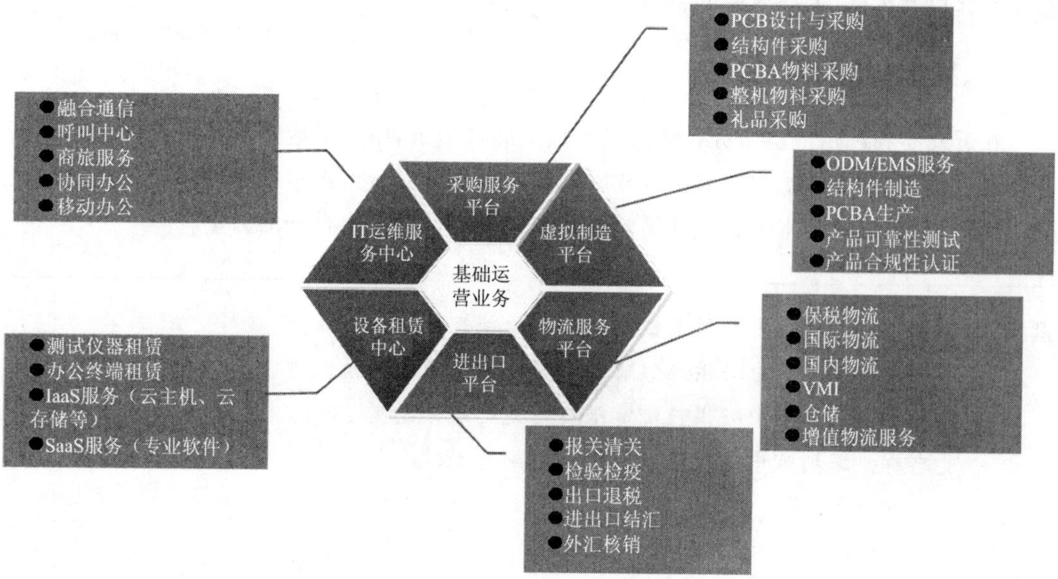

图 1-10-14　供应链云服务平台的基础运营业务

高端增值服务包括的内容如图 1-10-15 所示。

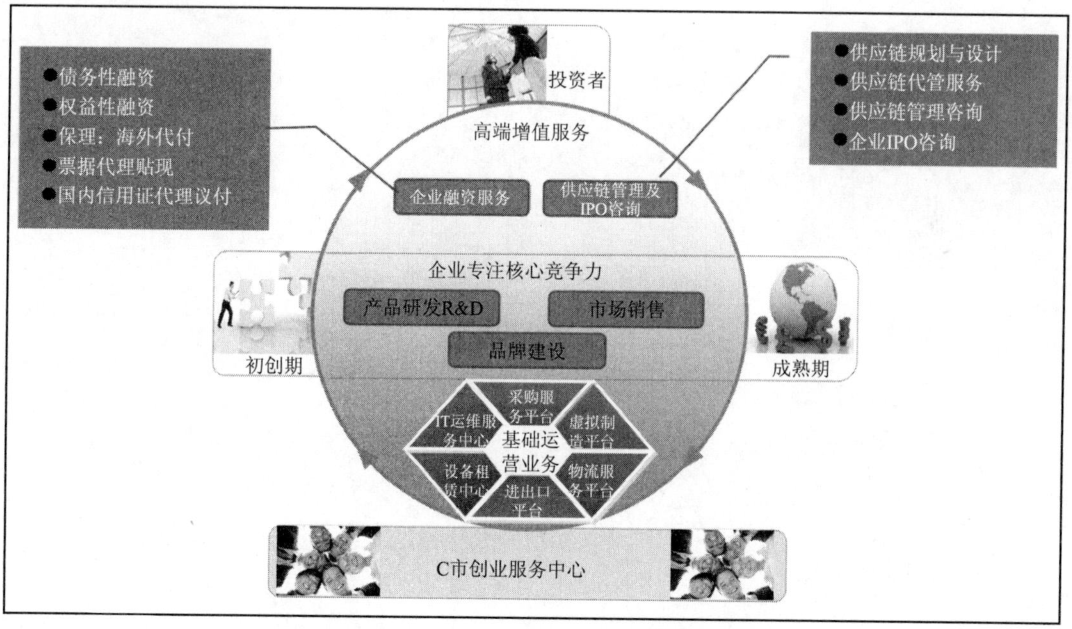

图 1-10-15　供应链云服务平台的高端增值业务

（三）项目收益

通过为入区企业提供“供应链云平台”服务，极大降低了单个企业的前期投入，排解了企业发展过程中的后顾之忧，使园区企业的供应链整体运营成本降低了 28%。园区企业的上市速度大大加快，真正实现了创业服务中心的“保姆式”服务。同时，中兴供应链公司获得了稳定的客户群体，业务量增加了30%。

六、展望

在近几年我国供应链服务行业爆发式成长的环境下，中兴供应链公司将继续勇于创新，综合自身优势，在提供端到端的供应链服务解决方案方面做出更多探索，并希望能发挥自己的供应链运营经验，为本土企业的供应链管理水平提升贡献出自身的力量。

撰稿人：汤红顺 深圳市中兴供应链有限公司总经理
李玉民 深圳市中兴供应链有限公司企业发展中心总经理
王福寿 深圳市中兴供应链有限公司战略规划总监
夏忠辉 深圳市中兴供应链有限公司副总经理

案例 11　中都物流：精益管理的北汽自主品牌生产物流供应链

一、企业简介

中都物流有限公司（以下简称“中都”）是 5A 级物流企业，北汽集团物流平台。中都成立于 2008 年 1 月 8 日，是由北汽集团和首钢集团共同投资设立的物流公司，注册资金 4.5 亿元。中都共有十个下属公司，职工 1 500 余人。中都拥有从事汽车和钢铁物流的核心资源和关键业务，业务范围涉及汽车生产物流、整车物流、售后物流、钢铁物流、国际物流等方面，具备完整的第三方物流（3PL）功能和能力，并正在以此为基础拓展第四方物流（4PL）业务。2015 年中都物流实现营业收入 35 亿元，位于汽车物流行业前列。

中都秉持着“创造价值、追求卓越”的企业经营理念，“学习进取，团结协作，创新奉献”的企业精神，“为客户创价值、为企业求发展、为员工谋福利”的核心价值观，致力于将自身打造成为中国最具影响力的汽车和钢铁物流运营商。它依托北汽集团发展战略，在北京、株洲、黄骅、增城、镇江五个城市建立了（不含在建及规划中）汽车物流基地，总面积超 2000 亩（1 亩＝666.7 m^2），可为汽车工厂提供全方位、一体化的供应链解决方案。中都联合铁路、公路、海运等重要战略合作企业，建立了全面的整体物流资源综合网，已成为国内汽车和钢铁物流的中坚力量。

二、实施精益供应链背景

（一）顺应自主品牌快速发展的需要

汽车工业是国家的重要支柱产业之一，在党中央、国务院的战略部署及坚持科学发展的领导下，汽车工业稳中求进，攻坚克难，平稳增长，呈现良好发展态势，汽车产销量连续五年蝉联全球第一。中国是名副其实的汽车制造大国，但不是创造大国，要成为汽车强国，必须要有强大的自主品牌。为鼓励自主品牌发展，国家出台了相关鼓励性政策。2009 年，国家发布《汽车产业调整和振兴规划》规定，“各级政府和公共机构配备更新公用车自主品牌汽车所占比例不得低于 50%；自主新能源汽车，政府部门更要优先采购”。2012 年，习近平总书记在《关于领导干部“配车问题”发表的内部讲话》时也强调逐渐发展自主品牌的重要性。2014 年除对自主品牌车辆购置税补贴比例较高，政府还以采购和租赁公车的形式扶持自主品牌，并在发布的《关于 2014－2015 年度中央国家机关车辆租赁定点采购（试行）有关事宜的通知》中明确指出汽车租赁应选择国产汽车。2015 年，我国自主品牌汽车销售数量已经从 2006 年的 111.7 万辆增加至 873.76 万辆，短短七年时间翻了 7 倍之多，其市场份额在近五年也呈现稳步上升的趋势，全国自主品牌乘用车销量如图 1-11-1 所示，自主品牌汽车发展空间和机会较大。

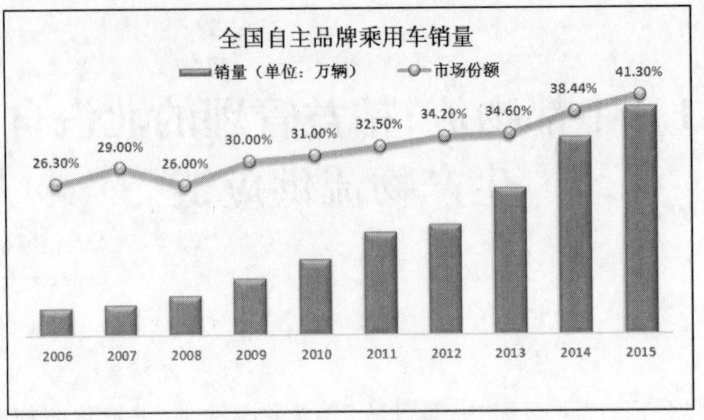

图 1-11-1　全国自主品牌乘用车销量图

（二）顺应集团对物流服务商提出的新要求

由于经济的快速增长以及国家政策的大力支持，自主品牌汽车已成为我国乘用车市场的重要力量，各大汽车集团也将自主品牌汽车的发展列为发展的重要战略目标。北汽集团自主品牌起步较晚，至 2010 年第一款自主品牌轿车——株洲基地生产的威旺 306 出炉，北汽才真正进入自主品牌乘用车市场。随后，通过收购萨博技术、E 系列上市，北汽自主品牌系列取得逐步发展，并在北京、株洲、广州、重庆、黄骅、镇江等地分别建造了乘用车生产基地。

由于存在技术起步晚、研发能力弱、制造经验欠缺、产品质量较差等不利因素，如何实现自主品牌的快速成长、提高竞争实力是北汽面临的重大问题。专业性较强、操作难度较大的生产物流环节目前正面临一系列问题，实现高效、低成本生产物流运作成为了北汽对物流服务商提出的新要求。

① 汽车产量少，对供应商管控力弱。北汽自主品牌处在起步阶段时，产量少，供应商送货批量小、频率低、利润小，导致供应商配合程度低，出现供应商不按计划送货等情况，超计划送货或少送，出现大量占用缓存库的面积和停线风险超高问题。

② 供应商分散，配送费用高。由于起步晚，供应商定点分布未稳定，加之产量少，供应商很难在主机厂附近建立自己的仓库，小批量多频次的直送方式导致配送成本居高不下。

③ 人员、车辆出入库众多，难以管理。随着自主品牌汽车产量、车型的增加，出入厂的人员、车量增大，主机厂管理难度加大。

自主品牌的良好势头，给北汽带来了发展机遇。但由于起步晚、研发薄弱、生产供应难等问题，北汽自主品牌能否在市场中分得一杯羹，也是北汽集团面临的发展挑战。中都作为集团向所属企业推荐的专业物流服务提供商，针对集团自主品牌发展的现状以及问题，迫切需要寻找一条属于符合北汽现状的自主品牌发展之路。

三、精益供应链的内涵与特点

（一）精益管理生产物流供应链内涵

精益生产供应链的内涵是通过精益管理的运作方式将各个环节通过信息管理系统有机

地连接起来，使得资源在整个系统中进行有效的整合和利用，实现系统总成本相对较低、总效率相对较高的整体优化。

供应链物流系统一般由供应物流、生产物流和分销物流组成。而供应链物流系统中的生产物流与其他两个环节是密不可分的，生产物流是基于销售领域的客户订货和生产领域的生产计划而产生的。而基于精益管理下的生产物流环节是接收生产物流上游生产企业的信息流并且把这一信息流中所产生的实物流环节进行优化和改造，免除不必要的步骤、耽搁、等待及消耗，最大限度地减少成本，最大程度地提高供应链物流体系中生产物流环节的实施与控制。

在科学分析生产物流供应链的基础上，中都以精益管理理论为指导，以最小的资源投入，创造出尽可能多的价值，在为顾客提供满意的产品与服务的同时，把浪费降到最低。通过精益管理思想来指导生产物流供应链运作，不仅可以降低主机厂库存、提高零部件品质、缩短生产周期、消除七大浪费、减少人员数量、提高总体效益，而且还可以强化企业员工的管理理念、创新能力和团队协作精神，为中都带来有形和无形的双重效益。

（二）精益管理生产物流供应链特点

1. 生产物流供应链管理把所有节点看作是一个整体，实现全过程的战略管理

传统的管理模式往往以各个节点的职能为基础，但由于各节点及企业内部职能部门之间的性质、目标不同，造成相互的矛盾和利益冲突，各节点及企业内部职能部门之间无法完全发挥其职能效率，因而很难实现整体目标。

而精益生产物流供应链是由供应商、主机厂和服务商组成的网状结构。链中各环节不是彼此分割的，而是环环相扣的一个有机整体，通过信息流和实物流的相互反馈，使信息流和实物流形成闭合回路。它覆盖了整个物流，从原材料和零部件的采购与供应、产品制造、运输与仓储等各种职能领域。它要求各节点之间实现信息共享、风险共担、利益共存，并从战略的高度来认识供应链管理的重要性和必要性，从而真正实现整体的有效管理，供应链示意图如图 1-11-2 所示。

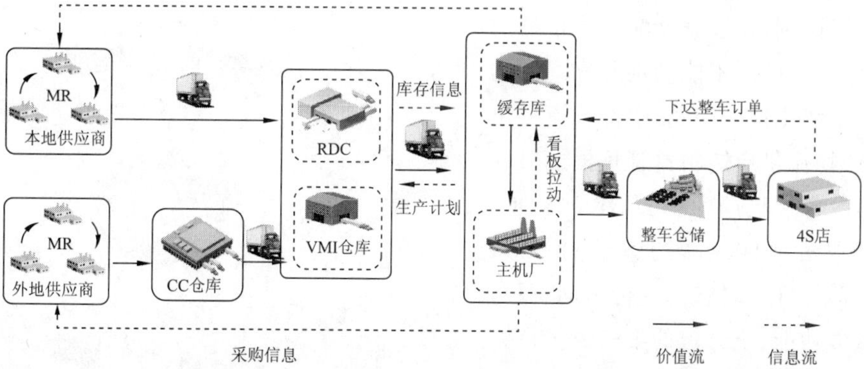

图 1-11-2　供应链示意图

2. 精益生产下的供应链物流管理是一种集成化的管理模式

精益生产方式中的生产计划只有主生产计划，然后根据主生产计划由下一道工序向上一道工序提出需求，利用看板技术实现准时生产，供应链环境下的精益生产方式把这种需求拉动范围扩大到了整条供应链上，然后将这种计划进行合理的分解与处理。它是一种从供应商开始，经由 CC、RDC、主机厂的全要素、全过程的集成化管理模式，是一种新的管理策略，它把各个节点集成起来以增加整个生产物流供应链的效率，注重的是各个节点之间的合作，以达到全局最优。供应链环境下的精益生产方式把这种需求拉动范围扩大到了整条供应链上。在整条供应链上只有最终产品的生产计划，然后将这种计划进行合理的分解与处理，在供应链上由下游企业依次向上游企业提出需求，拉动产品的生产，从而形成供应链上拉动式的生产。

3. 精益生产下的供应链物流管理提出了全新的库存观念，消除供应链上的一切浪费

供应链环境下的精益生产方式和传统精益生产方式有着同样的目的，即通过消除一切形式的浪费来降低成本。不过这里所指的浪费涵盖的内容更广，它不仅仅是指企业内部的各种浪费，而且包括供应链上从源头企业到最终消费者的整个流通过程所产生的一切浪费。如订单处理的浪费、运输的浪费、谈判的浪费、库存的浪费、零部件质量不合格产生的浪费、交货期不准产生的浪费。因此，精益生产下的供应链物流管理使企业与其上下游企业之间在不同的市场环境下实现了库存的转移，降低了库存成本。这也要求生产物流供应链上的各个企业成员建立战略合作关系，通过快速反应降低库存总成本。

四、精益供应链的具体实施

伴随北汽的飞速发展，中都物流坚持创新原则，相继引进供应链管理与精益生产的管理思想，借鉴学习国内外汽车生产物流行业的先进理念与技术，结合北汽实际特点，对生产物流环境的需求进行分析，不断改进供货模式及作业流程，逐步形成一套具有北汽特色的生产物流供应链管理模式。

（一）战略思想——由“局部单一功能”向“全面多功能”转变

中都物流生产物流模块始终坚持以保证北汽生产顺利运行为中心，进行物料存储、翻包、配送等工作。随着北汽产量逐步提升，新车型的增加，多地工厂相继建成，v 使中都物流领导班子意识到，仅以仓储配送为目的的生产物流模式，已经不能满足北汽集团的需求。为了解决这一问题，中都物流提出建设“生产物流供应链精益管理模式”，即以北汽集团各主机厂为中心，建立 RDC、推行循环取货项目、拓展 JIS 项目等，从而达到对零部件实时状态进行全面管控，从而打造多功能、全方位的第三方生产物流服务商，“生产物流供应链精益管理模式”的业务范围如图 1-11-3 所示。

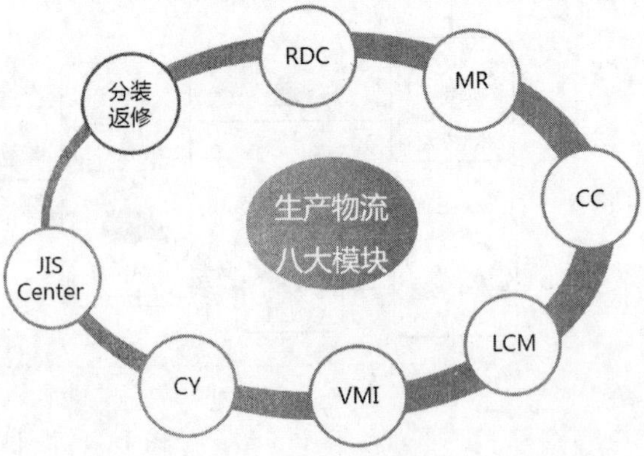

图 1-11-3　业务范围

（二）规划实施——从实际出发

北汽集团物流作业模式一直以来参照北京现代进行操作，没有从北汽集团自身特点出发，故打造“生产物流供应链精益管理模式”应从根源着手，改变现有的物流模式，打造全新的、符合北汽集团企业特点的生产物流供应链模式。

1. 建立 RDC——完成 RDC 布局，明确 RDC 功能、服务范围

北汽经过多年的发展，自主品牌已在全国多个城市建立生产基地。为了给北汽提供更专业、更集约的物流管理模式，中都逐步开始实施 RDC 建设及布点。

自 2012 年开始至今，中都为自主品牌已相继在全国建立了北汽高端、北汽动力总成、北汽株洲、北汽增城、北汽黄骅、北汽镇江等多个 RDC（包含厂内和厂外），形成了纵贯南北，辐射中国东部，多个生产物流基地对流联动的战略布局。中都在未来战略中，还将在景德镇等地建立 RDC，进一步完善供应链体系基础。

RDC 具有较强的辐射能力和存储能力，同时集收货、装卸、存储、分拣、翻包、配送等增值服务功能于一体。通过 RDC，中都可向主机厂提供准确、快捷的零部件物流服务，为主机厂平稳高效的生产提供了充足的库存准备，保证安全、高效生产。RDC 具体作业流程如图 1-11-4 所示。

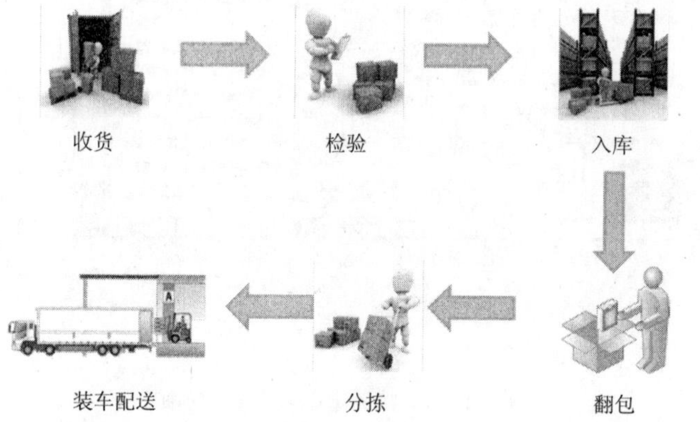

图 1-11-4　RDC 主要作业流程

仓储方面，中都对 RDC 库进行合理规划，将零部件进行合理分类，针对易混件问题，实施专门存取对策，分别放置不同库位。通过采用 WMS 系统进行库区管理，同时在分拣单上注明零部件所在库位，来缩短工人拣选零部件的时间。同时，与主机厂沟通协商，共同制定专业物流作业指导书和作业标牌，并邀请相关专业人员对操作工人进行培训，尽可能降低因一线工人操作等人为因素造成的零部件不合格风险。

配送方面，RDC 负责协调各自供应商的到货时间，在保证主机厂正常需求前提下，分配到货时间段，以避免卸货道口堵塞，增加车辆等待时间。同时也可以减少 RDC 内的供应商送货车辆，降低供应商车辆在主机厂中出现事故的风险。在中都 RDC 进行统一规划配送的模式下，进入主机厂车辆为中都统一物流车辆，如此既便于主机厂车辆出入管理，同时专业的运输司机操作经验丰富，能够保证运输途中的零部件质量。

在北汽体系内，现在运行时间比较长，效果比较显著的 RDC 是株洲公司 RDC。

北汽株洲分公司主要共有两条生产线，同时生产 M30R 和 C30D 两个系列共四种车型，每条生产线的生产线速已达到 25JPH。为了保证北汽株洲分公司的生产连续性，中都物流综合考虑运输成本、响应速度、运输安全等因素，选择在距离主机厂 3 km 处建立 RDC 库房，库内面积 16 000 m^2，另外雨棚面积 2 000 m^2，生产服务人员 160 人，主要设备为叉车 13 辆、运输车辆 9 辆，能够完全满足主机厂年产能 15 万的零部件供应需求。

为了充分提高 RDC 存储时的空间使用率，中都物流购置 408 组高位货架，每组货架高 8 米、5 层、每层两个货位，共计可存储 4080 个托盘。经过前期详细测算，结合零部件物料特性及库房条件，认真规划仓库布局和物流流向，RDC 库内布局图如图 1-11-5 所示。

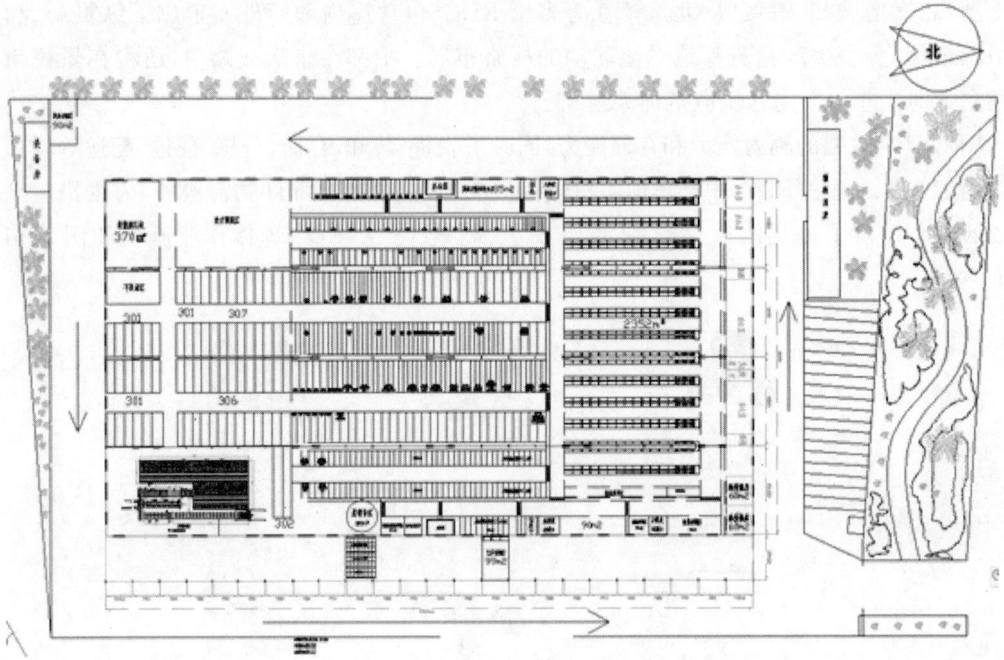

图 1-11-5　株洲 RDC 库内布局图

为了能够充分发挥 RDC 的作用，分别从人员、设备、流程三方面进行不断优化，简化工作内容，提高工作效率，降低物流运作成本。主要做法如下：

① 人员培养方面：不断引进具有较强管理才能和先进管理理念的人才；进行岗位柔性化培训，达到一人多岗，一岗多人的目标；全员参与管理，人人是管理者，培养员工责任心；推行合理化建议管理模式，人人可以就自己的工作提出相应的优化建议。

② 自动化设备方面：购置自动化流水线工作设备，如座椅排序线体；推广电子拣选设备，充分提高拣货速度和拣货准确率；在收、存、发等需要进行单据交接的工作上，实行扫描作业，通过扫描终端，将零部件的库内流转信息实时传递至计划员，进行实时库存控制。

③ 工作流程及制度方面：建立一、二、三级流程制度文件，规范各工作范围；编写岗位说明书，明确各岗位职责；制定重要工作的操作指导书，减少新员工操作时因不熟悉业务而导致的错误；完善库区内 6S 管理标准及定置定位管理制度，避免因外在环境因素而带来的零部件质量问题，杜绝库内的安全隐患。

2. 推行循环取货项目——监控前端供应链管道中零部件状态

随着北汽年产量的不断提升、新车型的开发，RDC 的存储压力和工作难度不断增加。为了缓解 RDC 压力，同时增强对上游供应商的控制能力，中都物流推行循环取货项目，变被动式接收零部件为主动到供应商处提取零部件，从而充分节省库房资源。

循环取货项目是搭建整条供应链的必要部分，它以 RDC 为中心，从多家供应商处提取零部件，以保证生产的顺利进行。通过循环取货项目，将零部件供应商、中都物流、北汽集团紧密地联系在一起，形成一个有机的供应链整体。

无论是对于中都还是北汽，循环取货都是一项全新的探索与尝试，是一个未从探知的入厂物流领域。为了确保循环取货项目顺利开展，经过严谨的分析比较、科学的逻辑计算，先是选择北京分公司的两家供应商作为短途循环取货项目试点，在试点取得成功后再向其他基地推广的同时扩大规模和取货半径。

其中宁波—株洲长途循环取货项目最具有代表性。2013 年 1 月初，中都物流开始进行宁波一株洲长途循环取货项目的推进工作，2013 年 12 月宁波一株洲长途循环取货项目正式实施。

株洲分公司共有 220 多家供应商，通过对株洲分公司供应商分布情况和供货量进行分析发现，株洲分公司在浙江地区有 50 多家供应商，其中 50%以上集中分布在宁波周边城市，从而确定长途循环取货项目的目标城市为宁波。经过多次调研，在充分了解核心厂商基本情况的基础上，结合包括供应商具体位置、周边环境、仓储情况、物流容器、产品包装、生产周期、原材料以及成品的情况、运输要求等情况，最终选定了 8 家供应商作为第一批循环取货项目试行供应商。

经过调研测算，发现这些供应商原有包装状态存在不足，主要体现在：产品无保护、零部件多为零散运输、运输装载率过低、备货与取货操作繁琐、自行送货零部件质量难以保证等。为了保证循环取货项目的正常运转，提高车辆装载率，达到节省成本目的，提高产品安全性，中都物流对包装方案、车辆装载模式进行了重新规划设计，使各供应商零部件运输包装状态达成统一标准(见图 1-11-6 和图 1-11-7)，以标准托盘作为主要运输承载工具，对于纸箱包装零部件，用缠绕膜加固。

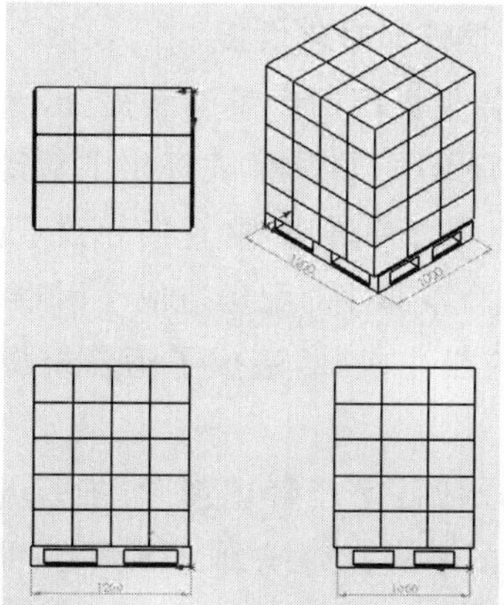

图 1-11-6 码托方式设计

图 1-11-7 实际包装状态

综合零部件特性、供应商条件、发货批量大小情况来确定循环取货运输线路。路线设计规划是影响循环取货响应效率的一个重要因素，路线规划中尤其注意行驶距离、各路段的红绿灯、限行标准、车流量大小、车流量高峰等方面。为了能够选择最优的运输路线，项目组人员通过网络地图结合数据计算，确定几条不同的运输路线，再跟随运输车辆实际考察验证路况信息、实际运输时间等，经过反复多次的设计、验证最终确定较为合理的取货线路。

根据北汽株洲分公司提供的年度生产计划和项目提前规划好的取货路线以及货物特性，确定短驳车辆为9.6米厢式货车，长途运输车辆为13.5米厢货。MR运输司机根据取货频次表(见表1-11-1)按照规划的线路依次进行取货作业，同时将上一次循环当中的空器具返厂。在完成一次循环后，返回中都宁波临时周转库，进行长途运输装载，再经由长途运输车辆将零部件在指定的时间配送至株洲分公司。

表1-11-1 循环取货频次周期表

路线	供应商	月均发运量(方)	每周取货时间
余姚方向	宁波舜江	71	周二、五上午9:30
	宁波威奇尔	274	周二、三、四、五、六上午10:30
	余姚金丘	29	周一上午9:30
宁波方向	宁波浙东	31	周四下午13:30
	宁波恒帅	130	周二四下午13:30
	宁波明佳	165	周一、四、五下午14:30
慈溪方向	宁波贝尔达	210	周一、三、六上午10:30
	宁波四维尔	97	周一、三上午9:30

经过2014—2015年宁波至株洲MR循环取货业务的平稳运营，2016年中都依照北汽株洲分公司循环取货业务，总结经验，优化创新，针对北汽镇江分公司逐步推行开展具有镇江分公司的特色性循环取货业务，并向其他基地进行推广。

3. 拓展JIS项目——全面贯彻精益生产理念，推行即时化供货

为了满足市场需求、迎合客户消费心理，北汽各主机厂的产量不断提升，新车型不断投入，逐步进入混线多车型多配置生产模式，这对原有RDC供货模式提出了新挑战。零部件供应商会根据不同颜色、不同配置的车型进行对应零部件供应，这直接导致了在RDC库房会出现同一种零部件存在多种状态的情况，无形中为零部件的配送造成了困难，依照原有模式，需要将生产线可能会用到的所有的零部件供应至主机厂，造成了运输资源的不必要浪费，同时增加了线边库存压力。

面对日益增加的多配置零部件，中都物流结合精益生产管理理念，推行并拓展JIS项目。公司运行的JIS项目主要有：北汽北京分公司的座椅、动力总成JIS项目；北汽株洲分公司的座椅JIS项目。其中以北京分公司的动力总成JIS项目最先推行，运行最为稳定，最为成熟。

北汽北京分公司生产线混线生产 C50E 和 C70G 两种车型，每种车型又根据不同的颜色和不同的配置要求进行区分。其中动力总成共分为 8 种配置，后续将会增加到 11 种配置，生产线速也将会达到 60JPH。

中都物流根据主机厂生产实际需求和窗口时间进行顺序化配送，在指定的时间点将指定的动力总成按照生产顺序配送到生产线，精益化上线模式对中都物流提出了更高的要求，必须从方案规划到实施、从流程编写到操作的每一个细节都不能忽视，都要经过精确计算。

中都物流组建动力总成 JIS 项目小组，自 2012 年 8 月份起，开始着手项目规划，从节省场地、人工、设备等考虑，经过半年多的严格测算、精心设计，直到 2013 年 3 月份，动力总成 JIS 项目正式启动运行，终于达到了"顺序生产、顺序配送"的目的。

在动力总成 JIS 项目中，中都为了提高供货速度，引入先进的自动化排序线（见图 1-11-8），排序线设备参数：机运线总长度为 15 m，分为上下两层，第一层高约 0.4 m，第二层高约 1.5 m，运行线速 12 m/min，液压举升 6 m/min 钟。操作时利用吊具对发动机进行排序时间为 40S/台。规划人员根据各种参数经过测算后得出需要 3 人（其中一人为叉车司机）和一台叉车。

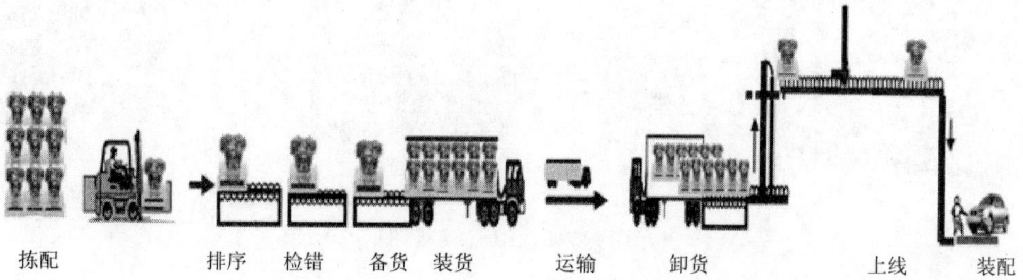

图 1-11-8　动力总成排序示意图

JIS 项目属于即时化供货，对信息的实时传递要求较高，故中都建设序列信息传输专线，保证及时准确的接收到信息。主机厂提前 2 h 通过 MES 系统下发序列信息，中都接收到排序信息，打印排序单据，操作人员依照序列信息进行排序、装车、供货操作。

JIS 项目属于"顺序供货"模式，这就要求送至主机厂线边的动力总成必须与生产线需要的完全吻合，不能有半点差错。所以中都自主研发了一套扫描纠错系统，该系统将 MES 系统下发的序列信息录入扫描手持终端，每当操作人员排序好一台动力总成，在排序线自动传输，扫描终端自动扫描，并将所得到的信息与存储信息进行比对，一旦发现数据不对，自动排序线将会停止运行，并进行报警，通过这套扫描系统，将供货的错误控制在起点，避免了因供货型号不对而造成的损失。

2015 年年初，中都相应北汽集团"降本增效"号召，由厂外 RDC 搬入主机厂厂内，RDC 面积由原有约 15 000 m^2 缩减至 10 000 m^2。厂内 RDC 虽受场地要求限制，但座椅 JIS 项目、动力总成 JIS 项目均保持原有准确率和及时性，保障主机厂顺利生产，仅物流仓储成本就节约 140 余万元。

五、精益供应链实施绩效

（一）人员素质的提高

在实施循环取货前，所有供应商都是直送模式，货车司机的素质良莠不齐，有时会有一些违规操作，使零部件受到损伤，给管理带来很多不便。在实施循环取货后，由专业的3PL公司进行配送，司机全部由中都调配，每一名司机都经过专业的训练，有专门的考核指标，所有司机全部按照指标进行作业，保证零部件可以及时上线，降低了运输过程中零部件破损率，便于对司机进行管理，从而加强了北汽采购对于供应链中供应商的管控力度。

在现场6S管理方面，员工执行“常组织、常整顿、常清洁、常规范、常自律”等原则。推行6S减少了因不遵守安全规则导致的各类事故的发生，图1-11-9为各RDC实行6S的成果。

图 1-11-9　RDC 现场图

同时，中都制订了专业的物流作业指导书和作业标牌，并通过相关专业人员对一线操作员工的培训指导，提高了库内一线操作人员的责任意识。各位一线班组长提出的合理化建议往往最贴合现场实际，也最易操作。他们现在已经成为了推动中都物流不断优化作业流程、降低成本投入、实现精益管理过程当中不可或缺的思想来源之一。

（二）保障物料质量

精益管理的核心思想是消除浪费，对于主机厂来说，物流环节所造成的产品缺陷也是一种浪费。中都物流通过使用机械化设备、建立RDC库、制定标准作业流程等方式，来确保正确的物料在正确的时间能够以正确的数量送至正确的地点。

动力总成机运线是北汽集团自主品牌汽车第一条半自动化排序设施。其自有的纠错功能，减少了排序出错率，降低了因序列供应导致的停线风险。机运线自2013年1月运行至今，准确上线率可达到98%以上，主机厂未因动力总成的物流问题出现停线。同时，对于发动机这类高价值零部件，机运线采用机械装车，相比于人工装卸，对发动机的保护更加周全，不会出现因人工装卸操作造成的质量问题。基于动力总成机运线项目成功实施的经验，北汽集团已经相继在株洲分公司及高端自主品牌新库房各投入一条座椅机运线，都取得了不错的经济效益。

在 RDC 配送模式下，主机厂将部分质检环节前移至 RDC 仓库，零部件在配送至主机厂前已由主机厂驻 RDC 质检人员检验完毕，通过中都进行统一规划配送，如此有利于保证零部件质量。同时，相比于供应商直送模式，RDC 配送模式统一了进入主机厂的车辆和人员，避免了无关车辆和人员在厂区内的滞留，保证了主机厂对于厂内人员和物料安全的管理。

同时，通过对于库内一线操作工人制定的考核标准和作业指导书来规范工人操作，实现标准化作业，尽可能降低因叉车搬运、翻包等作业过程中由于人为原因造成的零部件不合格风险。

（三）提升供应链的效率

中都对株洲 RDC 库进行合理规划，将零部件进行分类，针对易混件问题专门采取对策，分别放置不同库位，采用 WMS 系统进行库区管理，分拣正确率提高到 90%，从而节省了拣选零部件的时间，劳动效率提高了 25%。配送方面，通过协调供应商到货时间，避免了卸货道口堵塞问题，使车辆等待率降低了 30%。

排序部件全部在中都库内完成序列装车，在运送至北汽集团生产基地后可以不经过排序直接上线，简化了厂区内的作业流程，便于上线人员及时将物料送至生产线旁。建造完成的动力总成机运线，配合专用叉车、机械臂、升降台等辅助设备，输送速度可达 3 分钟/台套，发动机运输车辆的作业周期由原来的 1 小时缩短到了现在的 45 分钟。

在循环取货方面，由每家供应商各填写一张单据的模式，变为多家供应商只填写一张单据，出错率减少了 65%，节省了重复作业的时间，从而达到提高供应链效率的目的。

（四）降低供应链整体成本

精益管理在北汽自主品牌供应链的具体应用，极大地降低了供应链整体成本，这些效益分别在上游供应商、主机厂和第三方物流公司有所体现。

对于上游供应商，MR 循环取货模式的建立，改变了以往各个供应商独立运输至 RDC 的模式，大大降低了供应商运输零部件的物流成本，进而主机厂的零部件采购价格也得以降低，实现供应链整体成本的下降。同时，通过区域物流集散中心、MR 以及干线运输相结合的模式，能保证车辆的装载率达到 80%以上，并且做到 24 小时无缝运作，4 小时内的平均物流中转时间，真正实现“零库存、零等待”的精益生产物流模式。

以中都物流在株洲实行的 MR 取货为例，从 2013 年 12 月开始实行，到 2015 年中旬，共计节省物流费用 55.8 万余元，节省比例 14.0%，2014 年 MR 运输与供应商直送邮费对比，如图 1-11-10 所示。

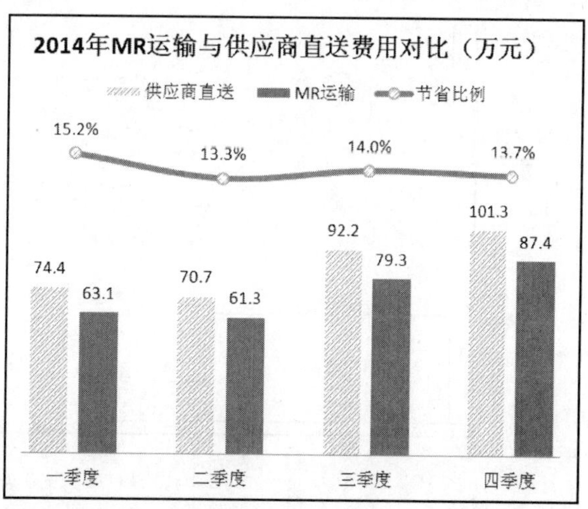

图 1-11-10　2014 年 MR 运输与供应商直送费用对比

对于主机厂而言，通过排序机运线的使用，一方面将主机厂缓存库和 RDC 存储区的面积进行了释放，另一方面也促使了主机厂零部件采购的精益化管理，减少由于无谓资金的占用造成的浪费。在采用 JIS(按序列供应)模式前，为了保证生产的连续性，北汽主机厂的缓存区被大量多种配置的同种零部件所占用，特别是汽车发动机、座椅、仪表盘和轮胎这些大型部件。按序列供应(JIS)的模式极大地降低了主机厂和第三方物流公司为了保证生产而必须持有的大量库存，从而减少缓存区面积，使主机厂有更多空间进行拓展生产线或安置新型设备的规划，提高主机厂内单位使用面积的价值。

对于第三方物流公司，在 RDC 仓储部分，通过使用高位货架和流利条货架，将原来单纯的平面库，改造为空间立体库，大大提高了仓储面积。以中都高端生产物流老库房为例，在采用立体存储方式前，在现有 6 000 m^2 库房的基础上，还需 12 000 m^2 才能满足主机厂 2016 年生产需求。

通过创新规划仓库布局和将流利条货架同高位货架进行组合(如图 1-11-11 所示)，中都物流使用 6 000 m^2 的库房成功完成了 18 000 m^2 平面库房才能完成的主机厂生产任务，每年可节省费用 250.29 万元。并且，通过借鉴高端库房布局规划的创新经验，这种新型布局方式已经在株洲和重庆的 RDC 普遍实施开来。

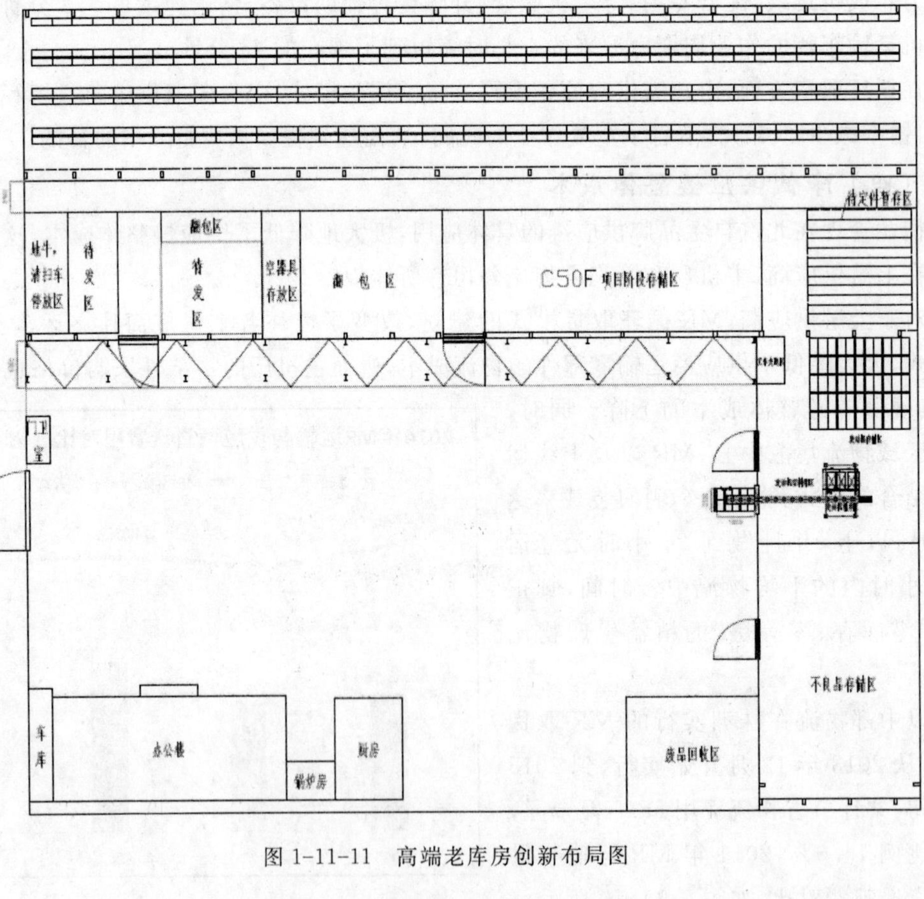

图 1-11-11　高端老库房创新布局图

中都物流经过短短八年多时间的发展,目前已经初步建立起基于精益管理的生产物流供应链体系。随着供应链上的客户对于物流服务需求水平的不断提高,中都也会采用相应的项目创新来满足客户需求,但是精益管理的思想和以供应链为出发点的设计理念不会改变。通过在供应链上下游不断拓展推广精益化管理,中都希望能够为北汽集团节省更多的生产成本,缩短更多的生产制造周期,进而实现响应更加迅速、生产更加柔性的生产供应链体系。

撰稿人:朱励光　中都物流有限公司副总经理

孙　健　中都物流有限公司生产物流运营总监

于　冬　中都物流有限公司生产物流运营总监助理

吕国庆　中都(株洲)物流有限公司生产物流部部长

贾　冉　中都物流有限公司高端生产物流部部长

代秋颖　中都物流有限公司生产物流运营中心规划主任

第二篇　流通业、物流业供应链管理优秀案例

案例1　香港利丰:按供应链理念提供高端物流服务的实践

一、企业简介

冯氏集团(原名利丰集团)于1906年在广州创办出口业务,现已发展成为一家以香港特别行政区为总部,通过贸易、物流、分销及零售等核心业务,为客户提供全球供应链管理服务的跨国商贸集团。

冯氏集团的贸易及物流业务由利丰有限公司主理。利丰是专为世界各地的零售商和品牌提供消费品设计、开发、采购及物流服务的知名企业,透过遍布超过40个国家的15 000家供货商所组成的环球采购网络,专为付货期短且大量生产的消费品提供可持续供应链管理;同时亦为客户提供贴身的物流方案,包括仓储管理、运输管理、再包装及清关、货运、物流枢纽及整合、订单管理和其他增值服务等。

冯氏集团为品牌服装及相关时尚产品提供的分销服务由利标品牌有限公司经营。利标品牌为多元化的品牌客户提供商品设计、开发、推广及销售服务,使其在全球发展新机遇及产品类别,以及为品牌作全球性的市场拓展。

冯氏集团的零售业务由冯氏零售集团有限公司统筹,旗下包括两家上市公司,它们是专营高级男装品牌的利邦控股有限公司及经营OK便利店和圣安娜饼屋的利亚零售有限公司,以及五家私营公司:包括利时控股有限公司、利童(控股)有限公司、玩具"反"斗城(亚洲)业务、Suhyang Networks以及UCCAL Fashion Group。

冯氏集团业务遍布全球,2013年度总营业额超过226亿美元,集团在全球40多个经济体拥有45 800名员工,其中中国市场员工约29 500名。哈佛大学、斯坦福大学及沃顿商学院等曾对冯氏的供应链管理、网络经营及价值链业务模式进行多个个案研究。

作为一家以香港特别行政区为基地的跨国商贸集团,冯氏集团是全球领先的消费品供应链专家,集团的核心能力是供应链管理,致力为客户提供高端服务,包括贸易、物流、分销及零售等核心业务。

二、冯氏集团的供应链管理

从一个传统的贸易商,发展为一家跨国的商贸集团,冯氏是在实际的市场运作中实践供应链管理的概念和操作方法的。其成功并不基于发明了某项伟大的产品或软件平台,而是利用其深厚的商业关系、敏锐的市场触角和创新的产品及生产流程设计,处理好与客户和生产商之间的互动关系。冯氏集团作为商贸企业的供应链管理者,协调着供应链的每个流程,使在其供应链网络上的客户和生产商能更加专门化，从而结合成为具有竞争力的供应链。

冯氏集团由许多不同部分组成，各个分支公司都有其特殊的供应链运作模式，以适应其所处的市场环境。冯氏集团利丰有限公司的业务模式，是为客户和消费者及时供应产品。利丰基本上为每一份订单/产品度身定制一条供应链，并要求从原材料采购、生产到运输都能取得最佳的效益，如图 2-1-1 所示。

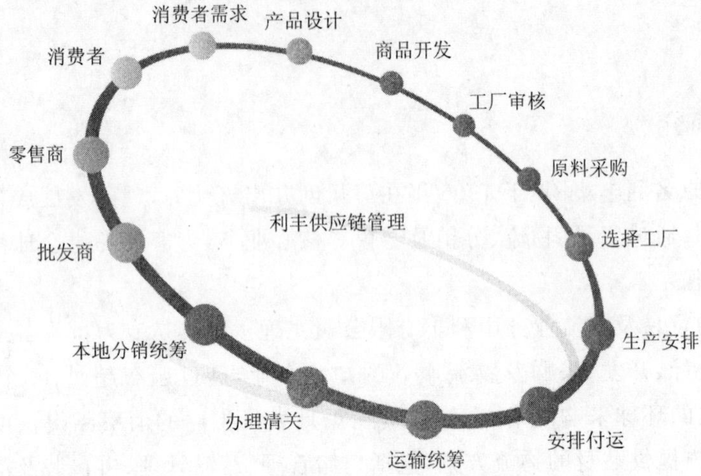

图 2-1-1　冯氏集团的供应链

（一）供应链的工作流程

1. 上游段落：从设计、采购到生产

(1)上游段落工作流程

分析顾客（消费者/客户）需求，设计和开发产品，选择生产商和供应商，制订生产计划，采购原材料，监控生产和保证品质。

利丰贸易的主要出口业务是从中国内地和其他亚洲发展中国家的生产基地采购货品（主要是成衣和各种硬产品，如玩具）销售给欧美的零售商客户。利丰贸易的客户主要是欧美的零售商，这些客户非常了解欧美消费市场的需求，懂得如何销售产品和服务顾客，但这些客户也知道自行管理生产事宜并不合算，便委托如利丰代劳。客户要求利丰贸易帮助它们选择生产商和供应商，设计整个生产计划及流程，代为监督品质和生产时间，处理各种各样的琐碎事项，直至产品装运出口。这是一种新型的贸易模式，贸易商不再是单纯的经纪人，而是提供各种计划和进行协调的供应链管理者。

部分客户会要求更多的增值服务，如产品设计、产品开发。客户提供主要的设计和创意，细节部分由利丰贸易代为填补。利丰制作出数个不同式样和规格的样品，由客户做最后的设计和生产决定。同样，利丰会通过外包，在不同的国家安排生产。这种业务模式使利丰的客户能更专注于市场销售和为消费者服务。

根据客户的具体要求，利丰贸易实行多样化的业务模式，包括简单代理商、增值代理商、贸易供应商和虚拟生产商。作为简单代理商，利丰为客户提供设计、执行各项采购计划，但具体的合约皆由客户与供应商直接签署。利丰从中收取佣金,相对来说风险较小。然而,作为增值代理商和贸易供应商,利丰除仍为客户执行采购及生产计划外,也直接与客户签约,将产品直接卖给客户。在此模式下利丰赚的不是佣金,而是产品的利润。虽然承担的风险更为直接,但利润率亦较高。虽然各个模式各有特点,但是每个业务模式都有一个共同之处,就是皆在核心业务的基础上为客户提供各种增值服务。

供应链的原动力来自客户的订单,接到客户的订单后,利丰贸易才开始安排原材料采购和生产的工序。利丰负责流程的监控和环节与环节之间的沟通和组织,具体的生产工作则外包给世界各地的生产商。

(2)企业间紧密合作

由于长期与很多不同类型的生产商合作,利丰贸易了解各个生产基地的制造技术、质量、产能及配额和各国的进出口规定,所以能为订单的各个环节在全球范围内挑选具竞争力的生产商;同时,生产商亦了解利丰的生产要求和操作程序,以及利丰在每张订单上的角色。作为一个商贸行业的供应链管理者,利丰贸易能为合格的生产商带来一定数量、价格合理的订单。由于利丰与很多生产商有稳定的业务往来,所以生产商愿意在预订产能、快速生产和各种生产细节的配合下,提供最高的生产弹性,使这个由各方组合成的供应链能为客户提供更好、更快的服务。合作和信任令订单处理过程更加快捷,并可节省讨价还价的时间和人力成本,为这段供应链增值。

(3)核心业务

利丰贸易在供应链上的核心业务是贸易采购,其核心能力包括客户服务、采购网络和管理能力,非核心业务的生产、实际运输都外包到有能力的工厂和货运代理。通过与利丰和其他新型贸易商的合作,生产商亦实现了专门化:在其核心业务的制造能力上专注发展,如产品技术、流程创新和生产线管理等。贸易公司与众多生产商形成了一个千变万化的供应链结构,尽力为每一个订单创造一条有效益的供应链,从而为客户提供最大的弹性和最具成本竞争力的产品。

作为外国零售商上游的段落供应链的协调和组织专家,利丰贸易的管理着重工作流程、实物流程、资金流程和信息流程。在工作流程上,各个部门都使用一套统一的操作程序,利用统一的信息系统,进行订单的输入、交货和收款等工作,有条不紊地处理订单,确保一致的服务水平和效率。信息系统除了协助整个流程的操作,也能让管理层通过信息系统随时随地掌握每个订单的实际情况。虽然客户和订单千变万化,但是程序一致。有效率的流程设计,使企业从上而下达到一体化的管理。

以客户为中心、按照业务流程建立组织架构。消费品行业最大的特点在于产品种类繁多,从色彩、尺寸到质感和设计,都有变动的空间,客户需要千变万化,贸易人员要与零售商客户紧密联系,也要熟悉产品的特性和供应链网结构。针对以上情况,利丰贸易采用了以客户为中心的组织制度,将一线业务分成100多个组别,每一组服务一家或数家客户,在公司内部也实现专业化、细分工,令客户能享受一站式和专业的服务。

2. 中游段落:批发与代理

中游段落工作流程:合约生产、顾客(消费者/客户)需求分析、物流、市场营销和销售渠道(批发)管理。

相对于利丰贸易的业务而言，利丰的经销业务专注于供应链中游的业务，即以物流服务、市场推广和批发销售为主，并辅以与之相关的生产与加工活动，为所代理的产品提供一站式的配套生产、市场推广和物流服务，为利丰的经销业务所代理的产品开拓更大的市场。

利丰的经销业务包含批发与代理业务：①提供产品进入新市场的途径；②扩展产品的分销范围；③品牌产品的销售和理货管理；④通路营销管理；⑤产品销售渠道管理；⑥提供市场信息和对本地的认识。

利丰贸易是厂家与零售商中间的桥梁。与利丰贸易代外国客户采购不同，利丰的经销业务负责推销生产商或品牌持有商(供应商)的产品。其产品主要是食品、家居用品及医疗药品。市场主要是亚太地区。这个地区从产品出厂到送达消费者中间的一段供应链，从效率到覆盖面，均尚有广阔的发展空间。

利丰经销业务的供应链亦适应客户的要求而向上延伸，代客户生产或加工产品，令生产更贴近市场。合约生产的模式，是利丰经销业务在市场营销、批发和物流等工作之外，在上游的环节为客户增值，提供原材料采购、生产的整段供应链管理服务。利丰经销业务还与客户合作，一同开发和改造产品，以适应亚太区消费者的需求。

利丰经销核心业务是代表供应商接触并组织当地的零售商和批发商，为产品打通销售渠道，服务包括对市场推广、品牌建立、品类管理、销售渠道的管理和拓展。与传统的批发商不同，利丰经销业务并不只是坐在批发市场等待零售商前来下订单，而是管理产品的供应链：它拥有当地的销售网络，与各种零售业态(不论是连锁店、大型超级市场还是路边小店)合作，使产品进入到市场各个角落，并保持充足的供应。零售点的管理不但要设立销售点，而且要根据产品的特性和目标客户，设定产品的品类和促销活动，以提高销售成效。

与供应商紧密合作，利丰经销业务的批发与代理业务定位为亚太地区内的产品经销代理，因为利丰经销业务在亚太地区已建立了覆盖面广的销售渠道网络，它能让这些产品冲出其原有的销售范围，进入充满机会的亚太区市场。这样，经销商充当了生产商在市场里的“领航员”，提供销售策略和销售渠道，为产品在市场定位并建立品牌，这样，可以让生产商专注于其擅长的产品研发和生产管理。

利用信息系统收集、处理和利用市场信息也是利丰经销业务非常重视的一环。除统计销售数据外，市场人员在销售的同时还直接到销售点现场采集第一手的市场信息。利丰经销业务的经理利用这些信息，可以让供应商实时了解供货和市场趋势，从而双方可共同制定供销策略。这些信息的处理，有赖先进的信息系统协助完成。近年利丰经销业务实施了企业资源管理系统，使供应商和销售人员能更快、更准地输入和撷取产品的最新信息。

3. 下游段落：零售

(1)下游段落工作流程

零售商的市场策划、顾客(消费者)服务以及顾客(消费者)需求分析实物流程：零售商与供应商之间的直接配送及中央仓库配送。产品送到消费者手上的最后一程，由零售环节完成。零售在第一线与最终顾客接触，而消费者除了享用货品本身外，还在享受零售店的服务。冯氏集团零售有限公司经营的两个连锁店 OK 便利店和玩具“反”斗城，在零售供应链段落上取得了一定的成功经验。

以顾客为中心，零售店应针对顾客的需要提供产品和服务。通过分析销售和服务数据，OK 便利店和玩具"反"斗城总结出针对顾客需求的服务和销售策略，全面满足顾客的需求。此外，只靠店面空间堆放大量货品的做法已经过时，店铺设计必须以顾客的需求和购物体验为中心，如 OK 便利店的顾客期望快捷及方便的服务，所以 OK 便利店精心为店铺选址、设计，改进员工效率以及工作流程，以节省顾客的购物时间。玩具"反"斗城的顾客则追求娱乐性与趣味性兼具的购物体验，所以玩具"反"斗城为店铺营造出一种欢乐而有趣的气氛，令顾客感到亲切。

与供应商紧密合作。零售店与供应商通过建立密切的合作联系，在各个流程互相配合下，可提高双方的工作效率和工作绩效，并降低成本，为整条供应链创造效益。如 OK 便利店与供应商伙伴合作，通过网络将信息系统互相接通，共享信息，使供应商可准确把握一线的销售情况，为生产和配送作出部署，提高补货速度，加快货品流转。在跨国物流方面，玩具"反"斗城能依据各个国家或地区的销售情况及补货量，要求外地生产商和第三方物流公司互相配合，由个别生产商把货品直接运送到各个国家或地区，或将多个生产商的产品放入同一个集装箱内，一并运输到需要补货的国家或地区，使产品的运输更合乎经济原则。

库存是零售业者非常不愿意看到的，一方面会积压资金；另一方面库存产品可能因过时而需要大幅削价销售，造成亏损。因此，OK 便利店尽量使进货贴近实时需求，做到减少库存、增加效率。如 OK 便利店根据产品特性分类，按实际情况编配，分别安排生产商直接供货到店铺，或将货品送到 OK 便利店的中央仓库再统一配送，以减少运输、仓储和装卸的费用。玩具"反"斗城则将不同规模的订单分类，以最符合经济原则的方式进行储运，并把香港的物流中心作为货品的缓冲站，调节进出的货品量，减少缺货和产品积压。OK 便利店和玩具"反"斗城通过优化以上的实物流程，达到了更低成本、更高效率的目标。

(2)利用信息系统优化操作

除了流程的优化，冯氏旗下的零售企业亦利用信息系统使各个环节的操作自动化，并利用它收集和处理数据，协助制定促销和采购策略。OK 便利店由销售点管理系统处理交易，不但方便快捷，而且将销售点管理系统连接到总部的综合信息系统，可不断更新和储存一线的销售情况。玩具"反"斗城则借助信息系统记录营销资料，同时进行分析，通过研究消费者习惯来调整产品营销策略，亦通过这些数据来检测广告与促销活动的成效。零售店利用数据挖掘(Data Mining)的技巧，分析顾客需求的第一手资料，找寻有利于销售的信息，如发现顾客同时购买某些产品，就可以针对顾客的喜好推行各种促销活动。这些资料亦可以加强采购的准确性，有利于零售店购进顾客需要的产品，增加销量，并防止积压不畅销的产品。

（二）供应链的实物流程：运输与储存管理

1. 实物流程——仓储、配货、运输

实物流程包括整个运输过程、仓库管理、包装分配等处理实物交付接收的流程。现代物流将信息系统运用到实物流程的工作上，以提高供应链上各种材料、在制品及制成品的移动效率。

实物流程优化的目标。现代物流的目标是缩短供应的前置时间，减少库存和积压产品，增强货物运输的准时性和准确性，同时增加成本的竞争力。利丰经销作为第三方物流供应

商，配合客户对物流服务的需要，使客户可以专注于产品的生产和销售。此外，利丰经销业务的物流服务还可以发挥组合多个客户的规模效益，发挥协同作用，进一步减少每单位的物流成本。经过多年的发展，利丰经销业务的物流服务已建设了支持业务的软硬件，包括先进的物流中心网络、信息系统和管理知识，形成了它在亚太地区从事物流运输的核心竞争力。

2. 增值服务

实物流程接触产品本身，故物流服务除了储存和运输外，还包括包装、上卷标、组合销售包等增值服务，将这些工作在物流中心统一完成，然后才把产品发放到零售点去。这些增值服务符合客户延迟完成生产的目的，使最终产品更贴近消费者的需要。

3. 信息系统

信息系统在实物流程上十分重要，如仓库内的物流作业（入库管理、库存管理、出库管理和检货工序），通过自动化的信息系统，配合使用条形码技术、无线射频技术，可减少人工操作，提高整个工作的速度及准确度。除利用内部系统外，利丰经销业务的物流服务还通过互联网上的货品追踪系统，使供应链的各节点伙伴能实时了解货品仓储、运输和分销的位置和概况，满足客户对信息的要求。

4. 第四方物流

利丰经销业务的国际物流业务是利用多年实践供应链管理的经验，为不同行业的客户提供一站式的供应链管理服务的第四方物流公司。客户（包括外界企业和集团内的其他部门）将物流方面的工作外包给利丰经销业务的国际物流，后者便会协助重整与物流有关的工作流程和信息流程，并利用先进的信息系统，配合第三方和世界各国的物流公司，为客户执行日常的物流工作。

利丰经销业务的国际物流运用其供应链专业知识和信息技术，把供应链点到点的实物流程和信息流程集成起来，为客户提供更优化的供应链管理方案，务求降低整段供应链的成本和产品流通速度。第四方物流公司的服务不仅可以为企业提供最佳的物流供应链方案，还能使企业整合社会的物流资源，提高设备的利用率，减少重复的投资。

（三）供应链的资金流程：企业财务管理

1. 财务的严格管理

企业的资金是资产的一部分，尽量减少流动资金的占用，就可以提高营利率，资金亦可投在回报更高的地方。减少流动资金占用的方法，主要在于减少库存数量、压缩应收款周期，腾出资金用在创造营利和促进发展的刀口上。利用更完善的流程设计、物流和信息体系，可加快销售收入的实现。企业的财务管理必须有系统地切实推行，并得到管理层的重视和密切监控。利丰将全球业务的财务管理工作集中在总部，信用证均须由财务总监核实批准，此举就是为了使资金得到规范的利用，这不但能保障企业和客户的利益，而且可以提高企业的管理效率。

2. 商誉无价

重视资金流程带来的另外一个重要竞争优势，是资金流程的严谨管理能为企业带来商誉，这是一项无形而宝贵的资产。遵循冯氏集团的严谨操作原则，利丰经销业务从客户的财务管理到现金收支等各个部分的资金流程都由管理层有系统地监控操作。不少经销商和零售商在其经营的亚太区新兴市场的信用受到怀疑，增加了其建立销售渠道的难度。而冯氏集团的商誉就成为争取供应商合作的一大优势。另外，由于在市场上已经营了一段时间，利丰对零售商的经营状况和信用状况亦有较深的了解，在同时实施严谨的财务管理下，能减少零售商坏账的风险。

（四）供应链的信息流程

1. 信息即沟通

信息流程是企业内员工、客户和供应商的沟通过程。过去只能通过电话、传真，甚至见面达到信息交流的目的，现在则能利用电子商贸、电子邮件，甚至互联网进行信息交流。虽然手段不同，但内容并没有改变。所以贯穿业务的信息流程，最重要的是如何更快、更准确地传递信息，这是每个企业都不可缺少也不容忽视的。

2. 商业模式决定信息系统

计算机信息系统的优势在于其自动化操作，流通速度快并可减少失误，是一个能带来很大效益的工具。信息系统的建立必须基于业务流程，商业模式决定信息系统模式（Business Drives IT），同时要根据机构的设置和上下游伙伴的结合来设计信息系统的架构。这样，信息系统才能真正协助企业提高效率。

利丰根据其业务流程和客户需要来设计各个信息系统，以求工作更具效率、更透明。利丰贸易拥有电子产品管理系统 Import Direct 和外联网与客户进行互动，并追踪各项活动；另设有内联网 One Family 协助进行内部信息和知识的全球分享和迅速发布。利丰经销业务也建立了 Trigantic 信息平台，让客户通过互联网取得业务的重要数据，有利于客户判断、分析和做出快速的反应。利丰经销业务同时也使用 Road Warrior 和 Tradex 等先进技术来运作，优化销售和理货的管理。冯氏零售旗下不同的公司均采用 e-POS 系统，实时提供销售、库存和消费者行为的数据。

三、利丰供应链管理高端服务案例

随着全球化工业发展及人民对生活素质的要求提升，生产及消费市场发展都日趋复杂，能够有效掌握货品流通成为生产商及零售商的成功关键。不过，普通物流服务提供商一般只在运作层面与生产商及零售商合作，往往未能协同整条供应链上各持分者的运作，为其他持分者提供的增值服务有限，难以配合市场发展的步伐，错失商机。因此，不少物流服务提供商逐步转型提供高端物流服务，高端与普通物流服务供应商的主要区别见表 2-1-1。

表 2-1-1　高端与普通物流服务供应商的主要区别

项　目	高端物流服务供应商	普通物流服务供应商
提供物流服务的特征	• 专业的供应链知识 • 深厚的行业知识与咨询技能 • 应用先进技术的能力 • 业务流程外包（物流之外） • 项目管理与分包方的协调 • 第三方物流技术整合 • 创新与持续改进能力	• 传统的物流服务 • 提供传统的各环节服务 • 着重降低成本与改进服务

续表

项　目	高端物流服务供应商	普通物流服务供应商
物流服务提供方与使用方关系特征	• 长期战略合作关系(5年以上) • 风险与回报分享 • 少数的合作方,但有高度信任 • 共同的核心价值	• 短期合同关系(1～5年) • 交易型关系导向
核心能力	• 战略关系 • 专业的供应链知识 • 以业务知识和信息系统为基础 • 高端技术的整合与运用 • 项目管理/合同管理	• 加强的服务能力 • 更为广泛的物流服务内容 • 注重成本

资料来源:《高端物流服务》,骆温平编著,2012年4月,中国人民大学出版社

(一)为利邦提供高端奢侈服装物流解决方案

1. 中国服装物流发展现状

由于中国消费者的消费观念不断提升,品牌、产品质量及门店服务逐渐成为消费者选购服装的重要因素,服装企业必须相应地对市场需求的转变作出快速回应。除了消费需求转变,服装企业本身的产品品种多,产品周期短,加上季节性因素,企业要设法把最新款式服装第一时间运送到各地市场,结合服装零售与高效物流配送是大势所趋。

在中国,服装零售商普遍将部分或全部物流环节外包给第三方物流服务商。不过,国内一般的中小型第三方物流服务商的服务质量参差不齐,难以满足客户的要求。而面对高端及奢侈服装市场,这些零售商往往要求更多增值物流服务。加上,国内物流服务商不但缺乏辐射全球的物流网络,而且在物流信息系统建设上,仍停留在初级水平。这些物流服务商既未能承担国内大型服装品牌企业的全国性物流需求,也未能符合国际服装品牌企业在中国市场的物流配送需要。因此,缺乏专业的第三方物流服务商成为国内服装物流业的发展障碍。

2. 利邦背景

利邦控股有限公司是大中华区领先的高端至奢侈男装零售商,并于全球以特许方式经营主要品牌。其经营的品牌包括 Kent & Curwen、Cerruti 1881、Gieves & Hawkes、D'URBAN以及 Intermezzo。该公司销售的全为高端奢侈服饰,对质量和物流过程的要求格外严谨,而擅长提供高端物流服务的利丰物流正好能够满足利邦的要求,故利邦经过慎重考虑,选择以利丰物流为其第三方物流服务商。

3. 利丰物流解决方案的具体措施

利丰物流拨出其位于上海外高桥保税区配送中心的北区(占地约 4 428.07 m^2)专门处理利邦的货品。北区共分为两层楼,一楼有数百个货物卡板位置,最多可同时处理过万件货品。一楼主要处理日常收取货物、退换货物、增值服务(如缝缀标签等)、箱内货物检查、越库作业、货箱拣货及单件拣货等服务。二楼主要提供挂装服务。该层有过百行挂装位置,最多可同时处理数万件挂装产品。针对贵重产品的特别质量要求,配送中心另设恒温仓,即温度及湿度长年维持一定水平,以确保产品不受温度及湿度变化影响。恒温仓设有长挂装轨道,

能同时处理多件挂装产品,仓内另设存放箱装货物的货架。

在配送中心里,每件挂装衣物均按照款式尺码以适度间距的方式挂装,当某款货品的库存增多时,存放区域的位置可按需要灵活增加。挂装轨道也配有自动化运送货物系统,可在短时间内由二楼的储存区运送大量货物至一楼的出货区。而仓内普遍使用Z型挂架,当挂架空置时,可紧贴其他挂架存放,以节省空间。此外,为配合利邦处理贵重衣物的需要,利丰物流亦提供一系列增值服务,包括在每箱货品上加条形码标签,以方便追踪货品,确保安全;处理退换货品,例如重新缝缀标签、换上新配件等。

所有利邦旗下的高端及奢侈男士服饰都是运送到这个配送中心统一处理,之后再把货品配送到全国利邦的门店。由于利丰物流提供的一站式服务,当挂装成衣运到利邦的门店时,可作实时展示之用,门店除了不用储存额外的衣架外,也能省却挂起衣物及熨烫的工序。门店员工可腾出时间专心服务顾客、推广产品,提升效率之余又可提升门店服务水平,高效的物流配送使利邦能够集中精力发挥其销售与客户服务的核心竞争力,利丰配送中鸟瞰图如图2-1-2所示,利丰专门为利邦设置的配送中心如图2-1-3所示。

图2-1-2 利丰物流配送中心鸟瞰图

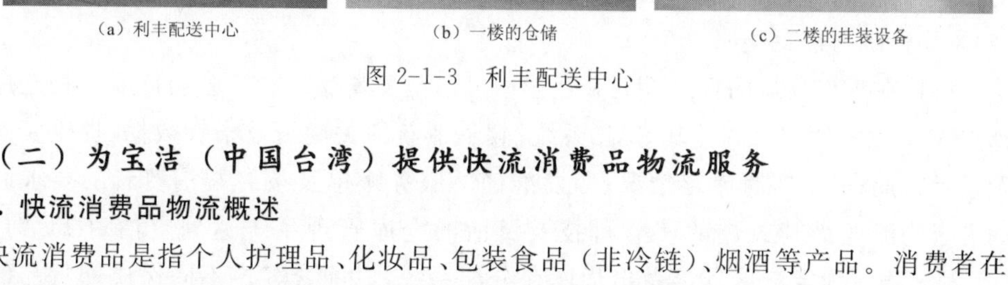

(a) 利丰配送中心　　(b) 一楼的仓储　　(c) 二楼的挂装设备

图2-1-3 利丰配送中心

(二) 为宝洁(中国台湾)提供快流消费品物流服务

1. 快流消费品物流概述

快流消费品是指个人护理品、化妆品、包装食品(非冷链)、烟酒等产品。消费者在购买这类产品时,往往是一种即兴决定,因此,产品的外观及包装、便利性及时效性、品牌认受性、价格、销售位置等因素对产品销量影响较大。

快流消费品的特点是种类繁多、消费频率高、成本低、运输时间短、使用时限短并且拥有广泛消费群体。不同类型的快流消费品各有特点，对物流的要求不尽相同。以化妆品为例，这种商品体积小，价值高，种类及型号繁多，对运输工具的要求不高，却要求较高分拣、理货能力。总括而言，处理快流消费品的相关物流作业环节既多又复杂，除了运输、储存、包装、装卸搬运外，还有拆零、拼装、补货、处理退货、更换商品等。

2. 宝洁背景

宝洁(P&G)公司成立于1837年，生产各类快流消费品，为美国Fortune 500企业之一。2011年，宝洁公司更获选为"财富杂志全球备受欣赏企业"第五位。过去十五年，宝洁(中国台湾)一直与当地的第三方物流供应商合作，直到2005年开始与利丰物流(中国台湾)展开合作，借助利丰物流在营运上的长处、灵活性及对市场变化的适应能力，进一步满足消费者日益提升的要求。

3. 客户面对的挑战

快流消费从业者面对的挑战主要是降低物流成本、缩短运输时间、改善货物追踪及信息的透明度，而保持灵活性以应付瞬息万变的市场，以及提供更个性化的送递服务，更是对从业者的两大挑战。

4. 利丰物流解决方案的具体措施

针对这些挑战，利丰物流为宝洁提供一些解决办法：在物流成本和运输时间中取得平衡；减少库存之余维持足够的存货水平；在不会增加行政成本的情况下改善货品追踪和运输过程中的信息透明度；评估供应链当中的风险及制订应变措施；通过在整个流程中实施的质量管理，改善客户的服务水平。

(1)提升价值及降低成本

长期以来，快流消费品的市场需求难以预测。时至今日，成本控制是维持盈利必不可少的手段，因此，从业者必须时刻裨补阙漏，精益求精，才能在满足消费者需求之余又能严控成本。利丰物流不断鼓励公司上下持续改善运作流程。过去五年，利丰物流投放大量资源在各种先进的物流运作器材及方法，例如，购置新型的物料搬运设备、采用崭新的出货及进货方法、按订单品项数量分析(Order entry, item, quantity analysis, EIQ analysis)安排库位、工作轮调等。这些改善方案对应付突如其来的货量增加有很大帮助，整体的生产力更因此每年提升10%到20%。此外，利丰物流在2008年至2010年间为宝洁推行改善仓库利用率的方案，此举为宝洁节省了1 200万新台币仓库租用成本。

(2)货物追踪与信息透明

信息科技在现代物流的日常计划和运作中可谓至关紧要。宝洁公司需要一种仓库管理系统即WMS，以方便实时调整其SAP系统；收集最新的关键绩效指针数据；提供实时下单功能及显示货期；显示实时库存情况；印发准确的服务账单及按终端消费者的要求调整服务。而利丰物流凭借其先进的信息科技及灵活的仓库管理系统达到宝洁对IT的要求。2010年，利丰物流为宝洁量身定做出货库存分配系统，以配合客户不同保质期货品的出货时间，并以系统自动打印配合宝洁库存单位编码及其零售客户库存单位编码的标贴。利丰物流为进一步提升服务质量，甚至派驻两位资深的 SAP 操作人员，以每天 24 小时、一年 365 天随时候命的形式，确保 SAP 系统运作顺畅，数据得以保密。

(3)改善质量监控

利丰物流任用专职的团队负责宝洁公司的质量监控工作，职责是确保配送中心能严格执行宝洁公司所订下的“18 项质量保证核心元素”。同时，该团队也须确保所有经增值服务后的产品维持高质量，重新包装的瑕疵比率要保持在每月 1000 ppm 以下。而每季的“自我提升计划”(Self Improvement Plan) 期间，专职团队会进行内部审计，以确保质量管理在每一项业务、每一层面，均得到确切执行。再者，利丰物流采用美国国防部“Military Standard 105E 检查方法”定期抽检包装产品，以确保包装质量达到水平。

(4)配合客户收购行动的物流服务

宝洁公司经常进行收购。例如，宝洁在 2005 年收购吉列公司时，需要将两间公司的仓库管理系统、运输网络及营运系统进行整合。为此，利丰物流提供相应的仓库管理方案，其中包括建立全新的运输网络并在短时间内调适网络适应收购带来的改变。又如，2009 年 12 月，宝洁收购室内香味剂品牌“香必飘”，必须在两星期内整合“香必飘”的资源和设施，而利丰物流致力为宝洁制订以节省项目成本及时间为目标的整合方案。

(5)成效

利丰物流为宝洁提供的不仅是物流服务，还包括废物处理、包装及采购等服务。2010 年 6 月 3 日，利丰物流(中国台湾)获选为“2009 最高生产及吞吐量配送中心”，肯定利丰物流(中国台湾)在流程改善及营运上精益求精的努力。利丰物流的营运部亦收到来自客户的表扬信，赞扬其在系统质量提升、提供优质货物运送服务的表现，连续两年达到客户要求的目标。

(三) 为 Carter 设计高端物流方案

1. 背景

Carter’s 是美国著名童装品牌，在美国拥有超过 400 家门店，是利丰贸易的客户。Carter’s原来的供应链方案，是把由 14 个亚洲地区供应的货物，运送到位于美国东岸亚特兰大的配送中心进行分拣包装，然后再以越库作业(Cross－Docking)的形式交由联邦快递运输中心配送到全美国的门店，而这些零售店主要位于密西西比河东岸(见图 2-1-4)。除了路线迂回之外，美国的配送中心运作成本也很高。利丰贸易在与 Carter’s 的合作过程当中，了解到客户有改善物流方案的需要，介绍了利丰物流的服务供客户考虑。

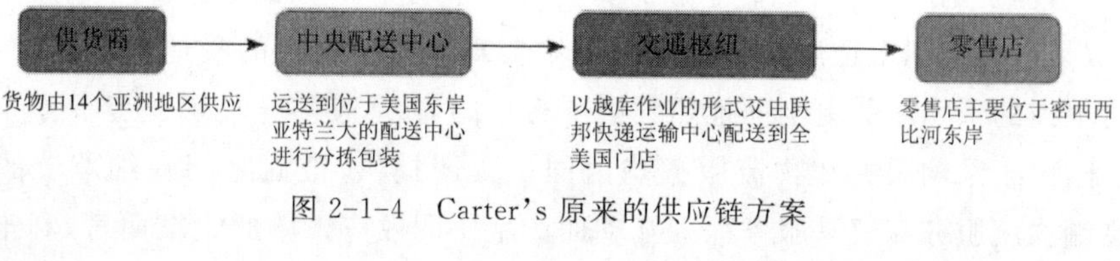

图 2-1-4　Carter’s 原来的供应链方案

2. 解决方案

利丰物流为客户权衡成本与成效，以及深入研究不同物流路线及方式的综合方案后，提出了“工场零售店直达”(Factory－to－Retail Store)的物流方案。

在上海、深圳及泰国曼谷设立三个“原产地货运枢纽”，所有亚洲地区生产的产品将运往此三个“原产地货运枢纽”进行分拣及并箱；航运路线也进行了重新规划，以增加效率。在上海及深圳的原产地货运枢纽设在保税物流园区，中国的供应商可立即获增值退税，而海外供应商的货品在园内进行分拣及并箱不会被视为进口互聘。三地货物不需要经过原来在美国的配送中心而直接分流到三个由联邦快递营运，分别位于芝加哥、洛杉矶及亚特兰大的运输中心，来自亚洲的货品到达后会尽快整合，然后分配到全美国的门店，利丰物流为 Carter's 设计的新物流解决方案如图 2-1-5 所示。

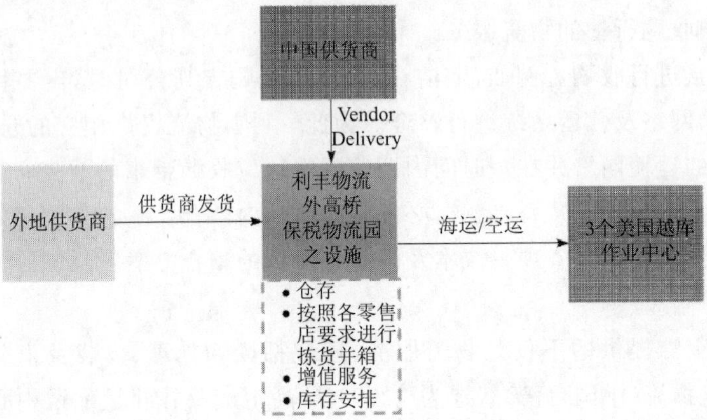

图 2-1-5　利丰物流为 Carter's 设计的新物流解决方案

3. 案例评析

新物流方案可以达到以下目标：原产地枢纽可按照各零售店要求进行拣货并箱，并改善由港口至门店的航运路线，令货品直接作跨国运输，减少对原来的美国西岸配送中心的依赖，以降低成本。而航运路线的重新规划，旨在选取成本最低廉的航运方法，并最大限度地利用集装箱的容量，力求更加紧密地根据每家门店货量需求而运送。而三个联邦快递运输中心(分别为芝加哥、洛杉矶和亚特兰大)一方面可减轻仓库处理货品的压力；另一方面，三个运输中心正好为美国东西两岸的交通枢纽，货物从此三地出发到门店，可整体缩短仓储与门店之间的距离。

新方案实施以后，仓储成本减少 10%，由亚洲到美国的运输成本减少 9%，到达美国后，送到门店的运输费用降低 1%。整个新方案为客户节省了 20%的成本。

利丰贸易在推荐利丰物流的服务过程当中会惠及集团旗下的其他业务单位，但更重要的是，这比单纯的采购服务更全面地照顾到了客户的需要，使客户能够更专注于本身的核心业务。此外，由于采购服务和物流服务均由同一集团提供，彼此之间在细节上的配合更默契，达到高端物流服务和贸易服务深入互动而产生协同效应。就此个案而言，利丰物流为利丰贸易的客户提出成效显著的高端物流方案，令客户对两者的满意程度和忠诚度均大大提升，对两者均有非常正面的作用。

（四）为美国雅培奶粉开拓中国内地市场

1. 背景

雅培公司于 1888 年在美国芝加哥由雅培医生创办，公司历经百年发展，如今已发展成一家医药及营养产品多元化的世界 500 强企业。雅培公司生产的罐装及盒装系列配方奶粉是适合孕妇，婴儿及七岁以下儿童不同营养需要的高质量配方奶粉。在中国，雅培的主要产品是孕妇和婴幼儿奶粉，包括喜康素，喜康宝，喜康力，学儿喜康力和小安素等。

雅培公司在中国内地介绍和推广其品牌的主要策略是：坚持按照世界卫生组织的规定，鼓励母乳喂养，帮助消费者了解孕妇和婴幼儿营养的重要性。若母亲由于疾病等特殊原因不能喂哺婴儿，可以请教医护人员，选用配方奶粉作为短期喂哺之用；或者婴儿夜间哭闹，影响母亲睡眠，也可选用配方奶粉作为幼儿睡前的加餐；或者母亲奶水不足，可用配方奶粉作混合喂哺之用。雅培会主动联系国内医院，向医护人员介绍营养专业知识，提供使用该产品的专业培训。同时，雅培和国内医院合作开办了“妈妈班”，教给孕妇一些必备的产前产后护理常识，让她们通过这种教育方式了解孕妇常识，从而帮助她们顺利地度过怀孕至生产这个特殊时期，从中可以让她们了解如何保证胎儿的健康发育及怀孕和哺乳期营养的重要性。雅培喜康素孕产妇配方长期以来作为世界各地的妇女怀孕期营养的首选。首先，准妈妈们可以通过使用雅培喜康素了解到雅培品牌及其质量；其次，雅培也可通过报刊或电视广告等方式扩大企业的知名度。

2. 与雅培公司合作开拓中国内地市场

雅培公司跟利丰物流在中国市场的合作可追溯至 1988 年，双方的合作具有相当大的战略意义。雅培希望双方发挥各自优势。雅培的强项在产品开发、医护渠道开发及消费者推广和教育等方面，利丰物流的优势在分销网络开发、渠道管理、市场维护和物流等方面。

(1)建立分销和物流网络，提供各种信息

雅培主要是从欧洲和新西兰等地进口奶粉。进口的雅培奶粉在中国内地通过卫生部门检验符合国家标准。为了确保足够的供应，仓库会存有 2～3 个月的销量。

利丰物流配合雅培公司在内地开展建立品牌形象和教育消费者的工作，开始在内地规划了 4 个分销区域，分别是华南、华东、华北和华西地区，按市场发展和深化分销工作的进度，于 2008 年划分出 9 个区域；分销网络从原来只有 50 个城市扩展到 150 个大中小城市。利丰物流利用现有的仓储设备，配合当地分销商，把雅培奶粉带入广阔的分销范围内。另外，中国市场大，为管理产品流向，利丰物流运用自有的信息技术，使一线销售人员可以追踪和传输市场与存货数据，增加市场对产品的反应。这种供应链上的透明度允许雅培掌握销售情况，从而集中精力投资于它最受欢迎的产品上。

雅培公司介绍和推广品牌的活动不仅在一些大城市，如深圳、广州、上海、北京和成都等展开，也会深入一些中小城市。按照此模式，雅培公司负责为客户提供有关孕产妇及婴幼儿营养的专业服务，利丰物流则配合市场需求的增长和市场范围的扩展，开展相应的市场推广活动，协助和管理内地分销商在各个区域建立销售网点和开展分销活动，并提供一系列的重点零售客户管理等增值服务。

从2004年开始，雅培美国总部认定中国是其全球重点开发市场，要求利丰物流协助达成其"快速成长计划"。该计划要求市场占有率在数年间以倍速增长，雅培产品在中国市场的销售网络也要全速扩大。利丰物流与雅培基于前述的分工，各自加大投入：雅培增加了广告、消费者教育和医务渠道的投入，利丰物流则加大了人员、物流和IT的投资，以配合快速增长的需要。结果，2007年底的业绩是2003年的5.4倍，销售网络也扩大了3倍，涵盖150个大中城市，雅培奶粉市场占有率在中高端奶粉层面跃升至第3位。

(2)雅培奶粉的价值链物流

雅培奶粉的案例主要体现了利丰物流如何根据客户的要求快速应变，最后达成双方订立的目标。利丰物流在以下方面对雅培奶粉的业务做出了重大的贡献：一是对网络的扩大；二是对分销商的管理；三是对重点客户的维护；四是对全国物流的调配。利丰物流会对各地分销商的送货频率、最低库存和拜访商场的次数进行统筹管理，以求通过促进和改善分销商的业务来提高雅培奶粉的销售成效。利丰物流在配合雅培奶粉销售的过程中，在物流配送和重点客户管理方面提供了各种增值服务。作为一个全国性分销系统的管理者，利丰物流能够为雅培提供质量更高的物流管理，并通过当地分销商所掌握的零售网络和自己在中国内地丰富的业务经验，为雅培选择零售商，并协助这些零售商实施有效的品类管理，进行市场维护，设计货品在店铺内的陈列方式，力求使货品达到最佳的销售效果。这套销售管理方式使雅培的产品以合理的固定成本在全国快速拓展，建立了全国性的销售网络。

利丰物流还利用冯氏集团的力量，与国际性商业银行设计了一套特别量度的融资安排，帮助加快与扩大了双方的现金流动和利润空间。

(3)成效

中国婴幼儿奶粉市场竞争激烈，雅培与利丰物流这对合作伙伴经过几年的奋斗经营，取得了理想的成绩。

利丰物流利用自身优势，为雅培提供了完善的销售资料，让雅培得以更快地掌握市场和销售动态，包括品类、单品、库存、分区分城市销售、管道等信息。这些数据也让利丰物流能更好、更快、更准确地进行销售预测。此外，严格的库存管理(包括库存量、有效期和储存点)使货物流动更有效率。

利丰物流在分销网络和供应链上为雅培提供的增值服务使雅培团队可以更专注于市场策略、产品提升与开发及医护管道拓展，从而优化市场费用的投放，加之雅培大量投资于电视广告建立品牌形象，促进了消费者对利丰物流活动的反应。

结果，雅培的销售取得了显著的成效。销售的年复合增长率从2003年到2007年为50%，销售城市亦由2003年初的接近50个城市增加至2007年底的150多个。

3. 案例评析

外来的品牌产品进入一个新的市场，不仅要有进入该市场的有效途径和能够满足该市场需求的分销网络，而且需要一个能够维持与优化产品在新市场销售业务的现代化市场管理系统。利丰物流利用其在中国内地广泛的分销网络和丰富的产品知识，为客户提供了快捷进入新市场的途径，并能够在很短的时间内把产品带入一个广泛的分销范围内。利丰物流还将扩展雅培奶粉的分销网络以满足不断增长的市场需求,并通过对经销商、物流环节和重点客户的管理来维持与优化雅培奶粉在内地的分销业务,以改进雅培奶粉的销售渠道、销售流程和销售方式。

利丰物流为雅培提供的一项主要服务是设计和构建分销网络,在能够充分满足市场需求的条件下,使分销系统以最小的总成本覆盖最广的市场范围。利丰物流对中国内地的市场进行分区,在各区建立网点并设立地区性的中央仓库,配合当地分销商,以辐射的形式为该区供应雅培奶粉。这一分销系统能够配合雅培公司不同时期在不同地区开展的建立品牌形象的活动,快捷、准确、反应灵敏地把货品运送到当地,包括大城市和中小城市。此外,利丰物流在产品分销过程中提供的各种增值服务,如以上提到的对物流环节进行管理和协助主要零售商进行品类管理等服务,可以使分销网络起到更理想的销售效果。

(五)为Diageo设计延后策略方案

1. 背景

Diageo是全球领先的酒精饮料生产商,它拥有的品牌包括Johnnie Walker, Guinness, Tanqueray, Smirnoff和Baileys。Diageo的饮料在180个国家和地区销售,公司在伦敦及纽约证券交易所上市。

2. 为Diageo建立物流中心

2006年以前,Diageo供应亚洲的产品92%都是在苏格兰生产,然后在欧洲储存。每个亚洲国家和地区独立地向Diageo总部提供它们对市场的需求预测和下订单,然后Diageo从欧洲把产品运送到每一个亚洲市场。但货品在送抵市场出售前,都需要重新调整包装及标签,以符合各地市场在质量标准、消费场合、法规和税务上的不同要求。这种运作模式存在不少问题,如前置时间太长而令地方仓库积累较高的存货,对市场变动的反应缓慢,以及有时因为先要应付大规模的订单而忽视了准时交递产品给小市场。不过,亚洲的经济从2000年开始迅速发展,时尚的餐馆和酒吧区在主要城市快速增长。Diageo注意到其亚洲业务自2000年以来以倍数增长,特别是中国内地的零售业从2004年开始全面向外资开放后,洋酒的需求大幅上升,于是Diageo便寻找方法去提高其亚洲供应链的效率。

认识到亚洲市场的重要性,Diageo便找寻一种物流方案去解决亚洲繁复的供应链状况。利丰物流提出了一个延后策略(postponement)方案,即在物流中心进行产品的储存及包装,使产品延至付运前才贴标签及包装。虽然这个方案对Diageo是项新建议,但管理物流中心正是利丰物流最有经验和最擅长的。利丰物流拥有通过操作物流中心,把多个大型品牌的产品分销至多个国家的丰富经验,一些国际品牌(如联合利华、欧莱雅、英美烟草及Timberland)就是类似的客户。利丰物流为Diageo设计的方案包括几个部分:就Diageo产品的市场分布选择最佳的物流中枢位置;在亚洲区内运输交货时选择最优惠的关税路线;设计一套包装方案,包括产品在最终市场出售时的特别标签和包装。这个亚太区物流中枢的产品将供应给11个市场,包括:新加坡、印度、印度尼西亚、澳大利亚、泰国、中国香港、中国内地、中国台湾、日本、菲律宾及韩国。

3. 地点选择

利丰物流根据一套严谨的方法为每位客户选择物流中心的地点，考虑因素包括：进口及出口物流、关税政策、各亚洲国家和地区的消费模式和需求预测等。例如，利丰物流为 Timberland 选择中国香港作为物流中心的地点，就是因为中国香港与内地生产基地接近及中国香港有自由港的优势。在分析 Diageo 的物流中心方案时，利丰物流考虑到新加坡是为邻近亚洲市场服务的理想地点，而且新加坡的关税政策对进口和出口物品具有吸引力（中国香港对酒精类饮品有进口关税）。新加坡口岸也是亚洲一个最有效率的口岸，它可以处理从国外进入的大量货柜，并且能在一天内办妥清关手续。于是，Diageo 与利丰物流在新加坡开设物流中心（图 2-1-6），并在 2006 年 10 月开始运作，组成了 Diageo 在亚洲第一条含酒精饮料的供应链。

图 2-1-6　Diageo 在新加坡的物流中心

4. 先进的仓库存储及自动化的检索系统

利丰物流在新加坡的物流中心拥有一个完全自动化的存储和检索系统（Automatic Storage and Retrieval System，ASRS），如图 2-1-7 所示。利丰物流视 Diageo 为一个长期合作伙伴，并且相信，用这种目前技术水平最先进的 ASRS 系统处理 Diageo 的产品，可以令双方的合作关系更紧密。用了 ASRS，整个过程实际上需要零人手操作，从货品到达仓库开始，至储存在预先安排的货架，再到将检索出的货品分送到市场，都由全自动的机械及计算机操作。这个高度计算机化的系统在库存层面上消除了人为的错误，并容许 100%的可见性，能在任何时候显示产品的确切地点。Diageo 的计算机系统亦直接地连接上了利丰物流的仓储系统，可接近实时地掌握各亚太区市场的供应链状况。这套计算机系统还具有温度控制功能，将仓库的温度控制在 22℃～24℃的范围内，令 Diageo 的产品质量更有保证。

图 2-1-7　新加坡物流中心内先进的物流设备

除了全自动化的存储和检索系统外,这个新的亚太区物流中心还有一条高速的半自动化的生产线(每分钟120瓶),配合熟练的人手来处理复杂的包装操作,使利丰物流可为战略伙伴提供一条无缝隙的供应链。

2007年,这个物流中心接受了ISO 9001:2000的审计并成功地得到认证,另外,还接受了Diageo公司安全顾问举办的Custom Trade Partnership Against Terrorism的审计,也被认为符合所有安全要求。

5. 增值服务

除了使用新加坡而不是欧洲的物流中心去服务于亚太区的市场外,利丰物流还为Diageo提供了一项创新的增值服务,就是针对各销售市场贴上合适的标签并使用半自动化的生产线进行高速包装。例如,当威士忌酒瓶从苏格兰的制造场所运抵新加坡物流中心时,瓶身是半空白的。一旦Diageo新加坡物流中心从中国市场接受了一份订单,所需数量的威士忌酒瓶便会放到一条粘贴标签的生产线上,酒瓶会被贴上中文标签及中国规定的必须标示的信息。此外,该物流中心还可以提供以下增值服务:

① 为个别品牌在节目推广时进行特色包装,如圣诞节或情人节的礼品包装。

② 对货品在付运前进行100%的检测,确保产品的包装、卷标、质量符合要求。

6. 成效

使用一个亚洲城市作为物流中心后,Diageo在每个亚太区市场都能减少库存量和缩短交货时间。这个集中化的物流中心帮助降低了地区的总库存量,减少了每一个亚洲市场的周期存货,并且有助于平抑需求波动。这意味着每个市场会每次买较少数量的货品,但会增加发货频率,以便在个别国家和地区层面,每个市场均可节省存货成本。另一个更显著的成效是可缩短供货周期。由于不需要从欧洲检索货源,亚洲客户订货收货的时间从以往的8周降到约2周。此外,产品的质量亦得到更佳的控制,尤其在亚洲市场,消费者经常以洋酒来送礼,产品的外观及质量会大大影响消费者对产品的选择。

经过一年的运作,新加坡物流中心的效益得到Diageo的肯定。此物流中心开始时只负责Johnnie Walker品牌,至2008年初已处理10个品牌。在货物处理数量上,亦由2007年的处理75万箱增加至2008年处理230万箱。整个新加坡物流中心设计的货物处理总容量是350万箱/年,而且具备可扩充容量的能力以适应可能不断上升的亚洲市场需求。

7. 案例评析

利丰物流为Diageo设计的价值链物流的精髓在于采用了一种延后策略。"延后"是电子工业品和快速流转消费品常用的供应链过程,然而这是第一次用于饮料酒精业。Diageo将存货留待运到新加坡的物流中心才去完成最后的粘贴具体市场标签的工作,并在最后一刻确定每种产品所需数目后才在高速、半自动化的生产线上包装。这种做法的好处是令Diageo更接近市场,可开展弹性较大的推广活动,如在出现季节性的高峰需求时,可促进"一单一市场"的便利,而且每项订单的工作可以迅速展开,并且以高效率达标。

在这个案例中,成立一个位于新加坡的物流中心是整条价值链的关键所在。物流中心选址在新加坡，一个原因是它有良好的基础设施、熟练且成本比欧洲便宜的劳工以及位于亚洲核心的地理位置。在亚洲设立物流中心有两大好处：

重整订单以符合经济效益。以往，亚太区国家和地区直接向欧洲 Diageo 订货，但每张订单的订货数量往往较少，不能在制造及运输过程中享受规模经济的效益。自从用了新加坡的物流中枢，它可以将亚洲的订单拼合运输，令货柜的空间可以较充分地利用，而货物亦可及时地送到市场，运输成本节省达 20%。

减少库存。因采取延后策略，订货时间缩短，地区的库存量可相对降低。物流中心起着一种中央缓冲的作用，它的储备可与所有东南亚市场共享。如果任何国家和地区缺货，紧急补给由以往欧洲出货改由亚洲物流中心出货，所需时间由一个月缩短至约五天，大大减少了因缺货而导致的销售损失。另外，通过物流中心的调配，剩余的存货可以灵活地转到另一个市场，进一步减少地方的存货。此外，减少地方的库存还有另一个得益，就是减少不必要的关税。因为产品一旦进入市场便需要缴纳有关税款，但现在大多数缓冲储备存放在市场以外的物流中心里，不需实时缴税。

为了使价值链最优化，利丰物流采用先进的软件及技术，提高了货物操作的透明度并能跟踪发货。增加货物的可见性，可以准确预计订货交货的时间，而且每个阶段的存货量亦可根据销售环境调整。

利丰物流的价值链物流为 Diageo 提供了全球性最优化的供应链方案，提高了 Diageo 的供应链效率，使其在集中于核心业务的同时，仍能通过高度可见的供应链流程，较好地控制产品的流通。

（六）为 Vitec 提供深圳盐田保税物流园业务

1. 背景

客户 Vitec 主要为知名品牌或电视频道，如 Gitzo、Manfrotto、Kata、National Geographic、Avenger 等生产专业摄影辅助器材，例如单脚架、三脚架、摄影用灯夹、灯光支架、器材便携保护袋等。

Vitec 的供货商主要为意大利的工厂及中国内地未有内销权的厂家，而产品则广泛销售至美国、加拿大、意大利、澳洲、中国、日本、泰国及菲律宾等地。

2. 利丰物流为 Vitec 提供服务范围

为提升 Vitec 的物流效率，利丰物流为 Vitec 提供多项服务，包括传统出口货物整合（Conventional Export Consolidation）、入口货物拆箱作业（Import De consolidation）、多国货物整合（Multi－Country Consolidation）、供货商管理库存（Vendor Managed Inventory）（如复进口、“一日游”等）、地区及本土配送中心及建立增值服务中心。另外，利丰物流亦包揽多项增值服务，包括读取产品条形码以方便纪录追踪、打印及加贴标签、初步组合及包装产品盒内配件，以及把货品装上托板并以胶膜包装，货品进入物流园区和保税园区的流程图如图 2-1-8～图 2-1-9 所示。

3. 案例评析

利用保税物流园的物流方案，在成本和时间上均带来实在的利处。首先，中国出产的货物进入保税物流园后可获退税优惠，大大改善了厂家的现金流；而来自海外的产品，客户只需在货物离开保税物流园并进入中国时才要缴付进口税。

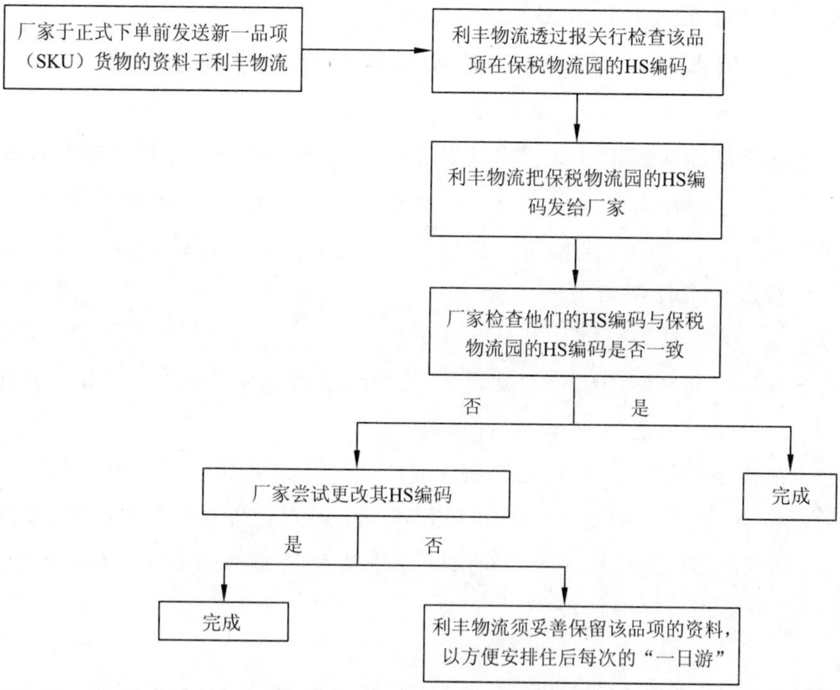

图 2-1-8　货品准备进入物流园区

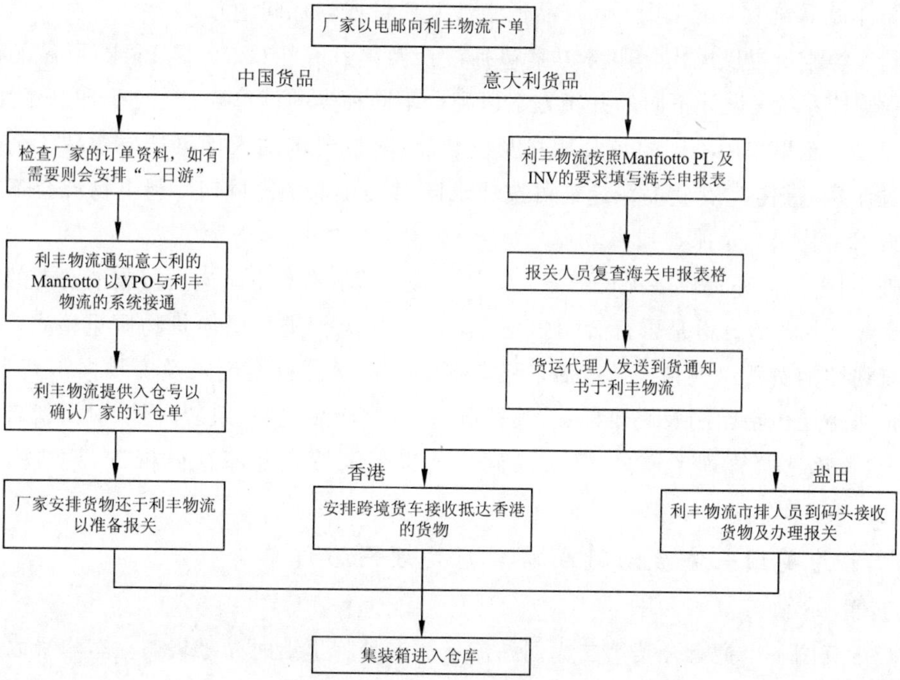

图 2-1-9　货品进入保税园区

此外，进口和出口的货物无须分隔处理，而存仓的时间亦无限制。提供一般增值服务无须额外取得海关批准，而由于保税物流园与海关的联系紧密，货品通关的程序会更为流畅。这不但省时而且灵活，使整体的物流效率得以提升。

（七）为中国本地一家知名运动服品牌管理电子商贸订单

1. 背景

该知名运动服品牌在福建省有一占地数千平方米的仓库，而利丰物流则为该品牌营运此仓库。仓库包含全天候运作的保安、环保、职安及卫生系统，员工则全部经过训练，熟悉服装及鞋业的物流运作。高峰时期的每天出货率可达每10人处理4500张订货单。利丰物流提供的主要是营运仓库服务。

2. 进货

利丰物流处理不同来源的入仓货品，包括来自中央配送中心的货品、由厂房直接运送来的，以及由批发商或区域配送中心送来的货物。

利丰物流所提供的进货服务包括卸货，虚拟检查集装箱情况，另外，亦会按客户要求作质量及货量检查，再配以计算机扫描以确保准确，若入仓货品有质量问题，或条形码错误等情况，利丰物流会进行相关记录，同时，工作流程管理系统（Workflow Management System，WMS）会接收各项损坏报告。

3. 出货

一般的出货服务包括三大类：第一，网上个别下单（此类订货单占订货单总量的99%，但只占总处理货量的50%）；第二，出货给下一层次的电子商贸分销商；第三，由电子商贸货仓转介订货单到中央配送中心（产品通常涉及质量或卷标问题）。

而利丰物流所提供的出货服务方案包括设计及提升并箱（Pick & Pack）所需的设备及工作流程管理系统，设计不同的并箱方案以配合不同种类的订单要求，亦会印制派递标签，以及按照客户意思采用不同的包装物料及包装流程，按要求加入优惠券或赠品。全部的货品会经过计算机扫描，在货品派递前可按要求随时安排取消。同时，利丰物流会不时向该品牌商提供包装报告及派递报告。

另外，利丰物流亦提供多项增值服务，其一是退货服务，由派递员接收消费者的退货货品，并检查消费者的身份是否符合销售纪录，利丰物流会进行退换货物质量检查，通过计算机系统通知消费者退换情况，最后，利丰物流负责填写退换纪录及安排向消费者退款。其他增值服务还包括印制及修改标签、缝补产品、更改产品包装、组装配件、对消费者的要求作数据分析、拣选及管理派递公司、货品到户前提示消费者及库存分析、产品结构及包装建议。

（八）为英国一家生活时尚零售店处理网络订单

1. 背景

客户为英国一个拥有全英第二大网站流量的多品牌生活时尚零售店。客户采取每天24小时、每周7天的全天候营运方式；该零售店除了电子商贸外，亦有超过百家实体店，其产品主要为服装、鞋类及配饰。利丰物流于多年前开始为这个客户服务，相关设施占地接近1万平方米。

2. 服务流程

利丰物流在非繁忙时间每天需处理2 000到3 000次拣货,平均每张订单涉及1.8次拣货,而高峰时每天更要处理8 000至10 000次拣货;每天会通过电子数据交换系统(Electronic Data Interchange System),分四个时段接收订单。

要处理如此庞大的工作量,利丰物流运用了仓库自动导航系统,而无线电频终端机(Radio Digital Terminal)则协助仓库人员找出货物位置,使拣货速度得以大大提升。此外,特别设计的货篮、货架及并箱专用的可回收大提袋,亦有助提升效率。

3. 案例评析

对于物流业者来说,电子商贸物流绝对是一个难点。因为每张订单货量少,但客户又要求做到满足消费者日益个性化的需求(如更个性化的包装、更贴合消费者需要的个性化促销优惠等),而消费者又要求送货快捷、准确,商品直送到户、派递员服务周到。加上近几年来电子商贸对逆向物流的需求激增,这使不论是品牌抑或是从事电子商贸物流者在成本和时间上均承受压力。

利丰物流以"客户为本"为原则,强调按照客户的需求灵活管理各物流环节,最重要的是严谨的库存分析、流程设计,配合先进的信息科技系统,使合乎成本要求而又更快捷、更个性化的电子商贸物流服务能够成为现实。利丰物流的服务成功使客户的效率得以提升,同时,运用高端物流的概念及先进的信息科技,绝对足以应付数量庞大的少货量订单。

四、可提供的经验

(一)由管理层到员工都要转变思路

供应链管理不是简单的一套信息系统,而是整个企业的日常流程和运作,是牵一发而动全身的"工程"。企业必须首先改变思路,采用供应链管理这一套新的经营管理概念,根据其自身的行业环境和经营状况,经过仔细的分析,才能制订出一套合用的供应链管理实行办法。实施供应链管理概念,首先需要企业的管理层和员工转变思路,真正落实"以顾客为中心""以核心业务和竞争力定位"和"与其他企业紧密合作"的原则。

要在市场上争取竞争优势,有效掌握顾客的资料是成功的关键。从顾客的需求、购买行为、消费偏好以至他们的意见对生产都是非常重要的。顾客主导生产,因为他们是市场主要的原动力,是享用产品的最终受众。因此,在市场上主导的绝对不是产品,而是顾客。有效的顾客管理,无论对生产或是对供应链管理都是有百利而无一害的。在激烈的竞争环境下经营,顾客为先不只是口号,除了前线的业务人员外,管理层和后勤支持的各个部门都需要有顾客为主的观念,以服务顾客为目标。在企业组织上,以往的企业架构是以企业内部功能划分,供应链管理下的组织概念则以顾客区段来划分,如利丰贸易的组织架构,以一个组来服务一个重要客户,这些组甚至也是跨国经营,尽力方便顾客,使顾客能获得贴身和一站式的服务。

管理层应先研究企业现在的业务,并界定哪些是核心业务,哪些是非核心业务。企业需要专注发展核心业务，考虑将非核心业务通过外包等合作模式交给更专业的公司处理。尽管一些非核心业务可能还是赚钱的，但管理层必须做出取舍，以便集中资源和人才，发展核心业务的竞争力。界定核心业务，是一个方向性和战略性的决定，必须细心研究，配合企业的愿景与实际环境。此外，专注核心业务说易行难，市场上充斥着各种不同的赚钱机会，管理层需要坚持一个远景目标，通过发展核心业务来实现企业的长期增长。

（二）利丰的收购和风险投资经验是企业坚持环绕核心业务发展的范例

收购业务相近的公司，通过吸收这些公司的客户、采购及销售网络和业务经验，进一步加强利丰贸易本身在贸易行业的竞争力。扩大采购网络，为客户提供更多的产品选择；增加、增强与出口贸易配套的各种专业技能，提供更多不同种类的服务；进一步优化生产过程等，从而实现高速的业务增长。各个行业，以至不同企业，都有不同的经营环境。管理层应研究了解企业所处的供应链，利用产业分析方法以确定本身在供应链上的角色定位，并发挥本身的竞争优势，使产品的供应链更具竞争力。

（三）与其他企业合作，优势互补

上下游企业之间以往是竞争利润的敌对关系：“你的销售是我的成本”。这种各自为政，各自争取自家利益的情况从而导致双方都要花更多资源去进行调查、磋商、预测、谈判及防范风险，从而导致双方成本提升，但这些都是不必要的。合作关系管理就是要使供应链各成员之间互相协调，互利互惠，使最终销售增加、总成本减少，分享更多的利润，形成双赢的局面。要达到以上目的，就要将供应链各成员之间的交易内部化。通过特定的合约如外包和联盟，使供应链各成员之间的交易就如同企业内的部门协作一样。这样，便可使供应链交易做到成本最少，效益最大。如 OK 便利店与供应商合作，分享销售的信息，并由供应商直接送货到店铺，OK 便利店节省了仓储和运输的成本，供应商则获得销售信息，能更有效率地安排生产和配送，也节省成本。

（四）内部组建：重新设计流程，并建立相适应的机构和信息系统

落实供应链管理变革，需要从内部开始。在具体运作上，企业需要重新考核其工作流程、订立各个执行单位的架构，并重新确立实物流程、信息流程和资金流程的策略。企业还必须考虑哪些业务外包，哪些业务自营，以便集中资源到核心业务上。另外，由于持续的执行才可能长期地实现供应链管理带来的效益，所以企业需要在人事组织和信息系统方面配合，并在流程设计时便考虑相关的因素，使供应链管理得以贯彻落实。流程设计、机构配置和信息系统的建立，三者要同时进行。

将实施的计划订立一些具体目标，以便根据指针评估供应链的效能，对比实施供应链概念前后的状况。作为修正和改进的工具可参考以下指标。

① 速度：信息的交流速度，以及原材料、在制品和最后成品的物流交付时间。

② 灵活性：即应付市场变化的能力，设计方面是改良产品和创造新产品的能力，生产方面则是市场转变时能否快速改变生产活动的组合。

③ 质量：产品在功能、外观等品质上的优良程度，如生产过程、物流过程中的良品率。

④ 成本：各个环节和行动的总成本核算，资源的投入和回报。

⑤ 服务:各种与客户处理事情的服务质量,客户满意是供应链管理的目标,所以服务水平亦需要受到重视。

⑥ 库存:根据供应链的不同层次、地点、成本而定出标准,需要平衡成本、安全数量、生产和需求。

持续有效执行新的流程才有可能实现供应链管理带来的效益,企业需要在组织和信息系统方面配合,并在流程设计时便考虑相关的因素。在机构配置方面,要调整企业的人力配置和文化,以配合供应链的流程设计。而信息系统的应用则是支持整个流程的操作,将一些信息处理自动化,节省人手和时间。企业在流程改造的设计时期,便需要考虑扩大对信息技术的应用,及将信息系统结合到新的流程设计里,进一步利用信息系统的自动和实时处理能力,将流程简化。

(五) 选择合作伙伴,建立长期的合作关系和有效率的业务流程

供应链管理强调企业之间长期合作,故企业必须选择合适的合作伙伴,与合作伙伴进行紧密的沟通和考察,并确定伙伴在供应链的定位和优势,在技术、地理、信息、市场渠道各方面的配合程度,并研究在工作流程、实物流程、信息流程和资金流程的接合。长期合作关系不只是一纸联盟,而是在每个交易和业务运作中通过互相配合而建立。企业以诚信与伙伴企业在信息和未来策略上进行分享,以彼此的长期利益为目标,才可真正建立长久和互利的合作关系。

在优化供应链的过程中,企业的外部流程亦需要与其他伙伴企业的流程接合,企业未必能令所有合作伙伴配合其供应链的结构进行流程改造。特别是信息系统方面的配合更是常见的难点,例如很多公司的流程改造在信息系统的接合界面互不兼容,令两个企业之间的业务交流效率未能提升,甚至比原有的业务模式更差。因此,企业需要考虑现有合作伙伴的意见,了解伙伴信息系统的情况,在设计外部信息系统时考虑如何与供应链上的伙伴互相配合。例如,利丰贸易的信息系统便设定多个不同的输入界面,让不同的客户按其产品种类的需要在不同界面下订单,加快下订单的过程;同时,利丰贸易亦使用互联网界面,向客户提供一种新的选择。

(六) 定期评估成效并改进

供应链管理不会只实施一次,而应在日常业务中贯彻概念,更要在实施后,根据最新竞争环境,做出调整和改进。对利丰贸易而言,这种改进并非迫于实时的经营和竞争压力而做出,而是有计划、有步骤地不断进行,以增强企业的经营优势,而具体的工作就是制订三年计划。在计划的过程中,企业管理层乃至员工都有机会审视以往的工作,订立目标和相应的策略,使企业不断进步。

(七) 采用三年计划不断改善企业

经历了多次的转型,冯氏的管理层深深体会到,在这个经营环境急速变化的年代,企业不仅要有能力应付转变,还要时刻做好转变的准备,不断再造企业。为了能与时俱进,冯氏自 1992 年起开始实施三年计划,把企业转型和改造作为企业工作的一个重要部分,有步骤、有组织地进行。参照国家制订的五年计划的概念,利丰贸易管理层认为,一个有固定年期的

计划有助于企业达到中长期目标，使企业有组织地成长。三年计划里要订立企业的经营目标，为集团调整定位，并不断改善组织结构。

撰稿人：张家敏 冯氏（利丰）集团利丰研究中心董事总经理
林至颖 冯氏（利丰）集团华南首席代表兼总经理
潘 筝 冯氏集团利丰研究中心高级研究主任
卢慧玲 冯氏集团利丰研究中心高级研究主任

案例 2　怡亚通：全球整合型供应链服务平台

一、企业简介

深圳市怡亚通供应链股份有限公司(以下简称怡亚通)是中国第一家供应链上市企业，二十年来专注供应链全程服务，积极倡导供应链思维，为不同产业链的合作伙伴提供从产品设计、采购、生产、销售到交付的供应链全程服务，带动全国供应链行业的发展。

怡亚通服务网络遍布中国 380 个主要城市及东南亚、欧美、澳洲等国家和地区，业务领域覆盖快消、IT、通讯、医疗、化工、家电、服装等行业，正在为全球 100 余家世界 500 强及 2 000多家国内外知名企业提供专业供应链服务，有效覆盖全国 150 万家终端门店。2016 年，怡亚通获评中国企业 500 强、中国民营企业 500 强(位列第 100 名)、中国民营企业服务业 100 强(位列第 26 名)，以及连续多年获评《财富》中国 500 强、中国一般贸易进口企业百强、国家高新技术企业等荣誉。

怡亚通紧握供应链企业发展大机遇，构建 380 平台，颠覆了传统交易结构和渠道模式，破解我国流通领域小、散、乱的难题；同时以供应链为基础，运用互联网手段，广泛连接金融、营销、增值业务等，强力发挥传统渠道和线上网络的协同效应，突破了当下电商模式"连接"有余，"整合"不足的难题。怡亚通创新商业模式，打造 O2O 供应链商业生态圈，不断提高流通效率、减少交易环节、降低流通成本、重塑流通体系，为新形势下供应链创新发展提供借鉴与示范。

近年来，怡亚通业绩也实现爆发式增长，6 年间营业收入增长了 9.6 倍，2016 年达到 583 亿元。

二、怡亚通构建 O2O 供应链商业生态圈的背景

(一) 中国企业需要建立供应链思维

今天，中国经济正在结构调整，产业正在转型升级，竞争已不是企业与企业间的竞争而是供应链与供应链的竞争。企业要具备供应链思维，即专注核心业务打造竞争力，将非核心业务外包。供应链服务的精髓是帮助企业将有限资源与精力集中在核心业务上，从而产生更大的效益，让企业专注核心竞争力，保持市场上的竞争优势，从而在竞争时代占据一席之地，并通过优势企业之间的合作，实现更强大的力量汇聚，共同做大做强。

(二) 互联网技术的发展

2015 年，"互联网＋"一跃上升为中国国家顶层经济设计。"互联网＋"是创新 2.0 下的互联网发展的新业态，是知识社会创新 2.0 推动下的互联网形态演进及其催生的经济社会

发展新形态，通过互联网载体，推动传统行业实现转型，利用线上线下互动互补，实现消费领域的创新变革。

由于物联网、大数据、云计算等新技术的颠覆性变革，基于厂商、代理商和企业客户组成的传统简单的供应链商业结构已经不能满足企业发展的需求，而这恰恰给了怡亚通建设供应链生态圈的市场机遇。

（三）物流分销网络互联网化的需求

基于已有的物流基础和分销网络互联网化的需求，怡亚通将互联网新技术与供应链结合，将品牌商、物流商、金融服务商、广告服务商、增值服务供应商等紧密连接在一起，建立一种线下线上互动、共享共融的新型商业生态圈，构建十大服务平台。目前怡亚通生态圈建设已完成覆盖 300 个地级以上城市、150 万个零售终端商店，汇聚了超过 2 000 家国内外知名品牌、30 万种商品。

三、怡亚通 O2O 供应链商业生态圈模式

（一）"载体＋内容＋互联网"平台为主体的商业生态模型

怡亚通秉承"整合、共享、创新"的经营思想，以六大平台（广度平台、380 分销平台、物流平台、全球采购平台、食品冷链平台、新零售平台）为载体，以五大内容平台（资本服务平台、营销平台、品牌服务平台、380 金服平台、宇商金控平台）为核心，以互联网为共享及连接信息平台，构建集品牌营销、金融服务、全球商品、网上交易、各类增值服务等为一体的 O2O 商业生态体系，并联合供应链各环节参与者，努力构建一个跨界融合、平台共享、共融共生的供应链商业生态圈，如图 2-2-1 所示。

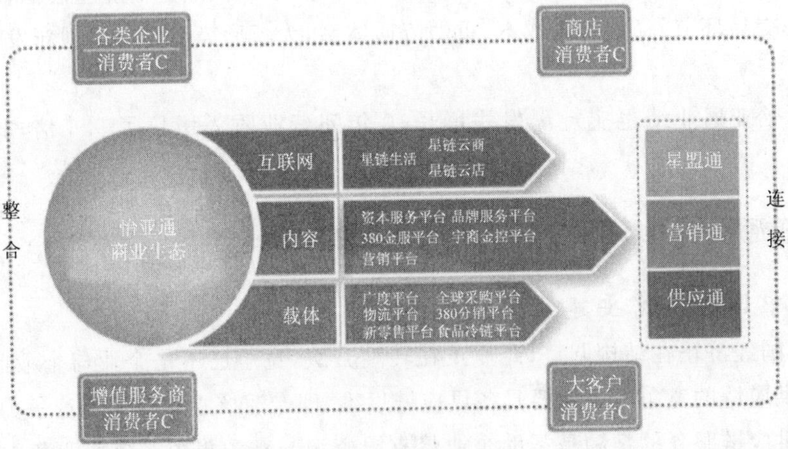

图 2-2-1　供应链商业生态圈

（二）六维度打造 O2O 生态战略实施载体

怡亚通利用多年供应链服务的经验，以六大线下平台为载体，建网络，搭平台，积累和扩展线下竞争优势，为实施 O2O 生态战略提供坚实的基础。

广度平台:是怡亚通最早成熟应用的业务模式,围绕生产型企业、品牌企业或代理商等,提供采购执行+VMI,销售执行+DC等供应链服务,通过深层次整合行业资源、与客户建立高效协同的战略合作,帮助客户专注核心业务、提高市场竞争力,目前已与IT、通讯、医疗、化工、机械设备等十多个领域的客户达成了深入合作。

380分销平台:2009年,怡亚通构建380分销服务平台(覆盖全国380个主要城市,直至1至6级城镇),为品牌商提供一站式分销服务,打造覆盖近10亿有效消费人口的快消行业B2B共享平台,帮助品牌商优化渠道,快速直供终端,提高流通效率,降低流转成本;通过整合各地分散渠道,汇聚势能,提升渠道商的服务能力和竞争力;通过共享经济、优质资源配置,实现流通效率最大化,促进降本增效和供需匹配,重塑商品流通体系。

目前380平台已逐步成为中国最大的流通快消分销服务平台,在31个省区市近300个城市建立分销网点,覆盖终端近150万家,拥有30 000人的专业团队,运作超过100家世界500强和2 000个国内外知名品牌,业务领域涵盖日化、食品、母婴、酒饮、家电等,分销商品品类近30万种,有效覆盖KA大卖场、中型超市、社区商店、药店、母婴店等终端数量超过100万家,在业务规模、终端覆盖、合作品牌、服务网络及平台从业人数等方面均为全国第一。

物流平台:是目前中国流通行业唯一覆盖全国商店的物流平台,将在全国各省建立从工厂到省、市平台,再到终端商店或者消费者的B2B/B2C一站式物流网络。帮助企业降低供应链总成本、提高供应链效率。

全球采购平台:怡亚通以全球化视野,通过对资源配置进行优势整合,打造了兼具成本领先优势及产品资源覆盖优势的采购平台,为全球采购商、零售商、品牌商与中国及世界各地的产品提供商搭建商品供给、产品整合定制及交易的平台,为合作伙伴实现全球采购与销售。

食品冷链平台:怡亚通以广度供应链服务平台为依托,通过行业突破和产业延伸,整合食品冷链上下游产业资源,搭建产品分销渠道,构建一体化的食品冷链供应链服务平台。

新零售平台:通过建立中国最大的全新O2O连锁加盟门店联盟平台,以怡亚通"三通"产品(供应通、营销通、星盟通)、以新零售模式推动连锁加盟门店转型升级。

(三)创新生态服务内容,提高生态圈价值

在竞争时代,企业的主战场发生了转移,品牌商将更多地关注产品研发和市场营销,赢得消费者心智;终端门店也面临资金不足、做大做强等发展瓶颈,急需转型升级。作为生态圈的组织者和构建者,怡亚通基于合作伙伴的发展需求,凭借在供应链服务行业多年的积累和沉淀,不断创新生态服务,打造五大内容平台,以提升生态圈价值,帮助合作伙伴共享更多的优势资源和利益回报。

资本服务平台:以专业化手段和资本运营经验,为行业整合、产业整合、资本整合提供专业服务,并通过高效资本运作,改善资本结构、推动资本流动、促进资本增值。

品牌服务平台:依托怡亚通全国服务网络及专业化供应链服务能力,以及怡亚通与全球知名品牌合作与运营经验,为品牌商提供品牌战略规划、通路管理、终端管理、品牌营销等一系列品牌服务,帮助品牌商占领消费者心智,直供终端。

营销平台：以“心智为王＋终端为王”为核心，打造四维一体的营销平台，帮助品牌商促进终端动销，打造流通行业最大的全新营销平台。目前，星链传媒已渗透 1 500 000 多家门店，影响 2000 多个品牌；速动传媒已覆盖 30 个省份，深度覆盖 1-6 级市场，拥有 100 个地推团队；终端传媒已覆盖 20 个省市，安装 50 000＋视频终端；跨界整合，多渠道互动，搭建全链条一体化流通行业“分销＋营销”平台。

宇商金控平台：致力于通过线上＋线下供应链金融服务模式满足中小企业融资难，为我国国民的消费升级提供金融助力，为中小企业和高端个人消费提供一站式金融服务。

380 金服平台：怡亚通与各大商业银行合作，通过互联网化、大数据化运营模式，打造一站式供应链金融整合服务平台，全力满足客户多元化的金融服务需求，为百万小微终端零售客户提供可持续化、批量化的 O2O 金融贷款服务。

（四）运用“供应链＋互联网”，打通线上线下全渠道运营

“互联网＋”正影响全球商业世界的格局和秩序，产业互联网化成大势所趋，商业形态不断重构，供应链商业生态系统亦正在同步进行重大变革和创新。

怡亚通以供应链服务为核心，运用互联网手段，将移动互联网、云计算、大数据等互联网新技术与供应链服务结合，突破当下电商模式连接有余、整合不足的难题，充分发挥传统渠道和线上网络的协同效应，打造出共荣共生的 O2O 供应链生态新格局。

怡亚通打造包含“星链云商”“星链云店”“星链生活”在内的在线星链平台，构建 B2B2C 的完整产业平台链，打造融合品牌商/厂商、物流商、渠道商、金融机构、广告服务商等于一体的 O2O 大生态，每一个参与主体都能在这个链条上找到商机，实现价值。

星链云商：为上游品牌商与下游零售门店搭建了线上桥梁，是一个集产品展示、广告投放、线上采购、订单管理、在线支付等功能于一体的 B2B 采购平台＋营销推广平台。

星链生活：是一个连接邻里生活、企业生活、周边优惠信息的智慧生活 APP。

星链云店：是一个终端门店管理软件，植根于星链生活，中小门店借此可为星链生活 APP 用户提供丰富便捷的上门服务，实现线下门店的线上运营。

星盟：怡亚通以 380 分销平台为核心，线下构建中国中小零售终端门店联盟“星盟”，为其提供门店形象、商品采购、增值业务开发（如在线旅游、在线教育、在线金融、代缴水电费等）、运营管理、融资等服务。星链平台 APP 让中小门店互联网化，转型升级为智慧商店，共享怡亚通近 20 年累积的优质商品，轻松上架自营商品，也可以虚拟上架其他星链商品，在星链生活 APP 上获得订单，通过门店自身或怡亚通物流体系快速配送商品上门，让客户拥有极致体验的同时，提升门店销量，增加利润。

怡亚通为小商超解决物流、仓储、配送等传统商业难题，杜绝假货，为上架提供一站式商品交易、营销服务，使小商超变身 O2O 大超市。

相比电商从线上向线下的艰难发展来说，拥有强大线下优势资源的怡亚通更容易从线下转型 O2O 线上融合。怡亚通 O2O 线上网络通过共享自身经营多年的 380 平台上非常丰厚和成熟的线下资源，能够实现线上对知名的优质商品、覆盖 200 多个城市的“最后一公里”物流体系以及未来将超过 500 万家的零售终端的 O2O 融合。简言之，通过将线下的资源共享给三网连接的用户，避免了高昂的线下成本投入，使线上线下用户实现成本最小化、利润

最大化而创造新的财富,从而为消费者提供更加优质物美的服务。

怡亚通始终坚持供应链服务的深耕细作,插上互联网的翅膀,也并不定位于电商,而是建立电商生态,帮助与支持所有商店发展。

四、怡亚通供应链模式对行业和产业的贡献

(一)整合供应链,打造企业核心竞争力

传统企业特别是中小企业运作模式中,习惯性地沿用传统的经营方法——产供销一条龙,所谓“大而全小而全,肥水不留外人田”,管理成本高,面对市场环境变化而产生的调整速度慢。而供应链管理是对从上游到最终用户全链条中商流、物流、信息流与资金流等供应链要素的全过程整体规划、控制与优化,目的是使企业整体流程达到最优,从而提高服务管理水平,降低总体交易成本。

通过整合供应链、创新供应链管理,通过整合企业资源实现行业整合,通过行业整合实现区域整合,企业最后形成自己独特的全球企业竞争力、全球市场竞争力、全球平台竞争力。怡亚通利用已形成的供应链服务与管理优势,利用专业供应链管理经验介入到产业分工的合作发展,充分利用客户资源和整合能力,帮助企业优化产业链发展。

在全球资源整合、非核心业务外包的趋势下,供应链服务不断实现加速创新升级,成为促进中国经济转型、产业升级、企业重组的强大推动力。供应链管理能够通过优化整合产业链、重塑企业核心竞争力,有助于推动我国从制造大国向制造强国、从贸易大国向贸易强国转变的进程,并将有助于形成中国的全球企业竞争力、全球市场竞争力、全球平台竞争力,以及能够从根本上提高我国在全球产业链结构中的地位。

(二)整合行业,改变供应链行业生态格局

供应链行业从广度供应链、深度供应链发展到一定阶段,都会面临发展瓶颈。零售终端乱象难以扭转,被电商夹击家居倒闭潮,假货毒瘤难以根除。

怡亚通在“互联网+”的浪潮,创造性地打造O2O供应链商业生态圈,构建生态新模式,志在将供应链红海变为蓝海,改变供应链行业生态格局,并带动产业链上的零售终端、渠道商等构建命运共同体,共存共荣共生。

(三)整合产业,改变中国流通业“散、乱、穷”状态

怡亚通打造O2O供应链商业生态圈,作为其中核心组成部分的“流通消费供应链生态圈”,不仅是一次跨时代的流通消费行业变革,也是怡亚通作为行业领航者对社会责任和历史使命的承担与践行。

中国流通业,不仅仅是“散、乱、穷”的状态,而且还只有单一的“地面部队”,盈利模式单一,利润率非常单薄。而怡亚通打造O2O供应链商业生态圈,进行互联网战略升级,将助力O2O商业生态战略的整体实现,彻底改变中国流通业“散、乱、穷”的状态。

生态圈的实现,将真正构建起一个整合了B2B/O2O分销平台、B2B2C/O2O零售平台、O2O终端营销平台及O2O金融服务平台等服务平台于一体的智慧型流通消费供应链生态系统,将全面覆盖中国流通行业300万~500万家终端门店,紧密聚合品牌企业、物流商、金

融机构、增值服务商等各大群体。

在这个过程中，消费领域的分销商纷纷成为怡亚通的合伙人，实现了整个分销行业的转型升级。随着供应链产业的深入发展，牵一发而动全身，将带动整个中国流通业的批发、零售、物流等各个环节发生根本转变。整个中国流通业将随之开始进入全新的发展道路。

这种由数百万中小零售终端联盟而形成的未来智慧终端，以 O2O 供应链商业生态圈为背后支持，将会完全超越现在的电商单一线上营销的模式。真正可以实现“一个步兵指挥调动一艘航空母舰编队的战略构想”。一旦中国 500 多万家中小零售业终端、批发分销商都加入进这个万亿规模的 O2O 供应链生态圈中来，并产生集群效应，中国流通业将不再仅仅是只有“地面部队”，而是拥有了“陆海空三军”的庞大的战斗集群。且三军部队还实现了无缝对接，随时可以密切配合，同时还可以不断整合，通过“互联网＋”，融入新的商业元素。

中国流通业的规模、盈利模式、盈利能力，将因此而发生翻天覆地的历史性的变化，逐渐拥有国际竞争力，向国际化迈进。

撰稿人：欧阳琦霞　深圳怡亚通供应链股份有限公司 CEO 助理

张馨月　深圳怡亚通供应链股份有限公司企划副总监

案例3　苏宁云商:从博弈到共赢的供应链变革

丢失一个钉子,坏了一只蹄铁;

坏了一只蹄铁,折了一匹战马;

折了一匹战马,伤了一位骑士;

伤了一位骑士,输了一场战斗;

输了一场战斗,亡了一个帝国。

这是一首普通的西方民谣,却可以形象地比喻供应链在企业竞争中所起的核心作用。

英国著名供应链管理专家马丁·克里斯托夫说过:“真正的竞争,不是企业与企业之间的竞争,而是供应链和供应链之间的竞争,市场上没有企业,只有供应链。”

一、C2B带来的革命

(一)全新生态

麻省理工学院的斯特曼(Sterman)教授做了一个著名的试验——啤酒试验。在这个试验中有四组学生分别代表消费者、零售商、经销商和厂家,由此形成一个简单的供应链。试验要求:任何上、下游企业之间不能交换任何商业资讯,只允许下游企业向上游企业传递订单,消费者只能将订单下给零售商。结果表明:由于链中各节点企业之间资讯的不对称以及为了追求自身利益的最大化,造成需求资讯在供应链内部传递时失真了。

这不是一个偶然的现象,据调查,即便是在惠普、IBM和宝洁等知名企业中,同样存在着上述类似现象。

供应链的概念是在20世纪80年代末被提出的,近年来随着全球制造的出现,供应链在制造业管理中得到普遍应用,成为一种新的管理模式。

供应链管理的关键就在于供应链各节点企业之间的联结和合作,以及相互之间在设计、生产、竞争策略等方面良好的协调。如果供应链上的所有节点企业都采取能促使总利润提升的行为,则供应链的协调性就会得到改善。供应链协调要求供应链的每个节点企业都考虑自身行为对其他节点企业的影响。

苏宁最早形成独立的供应链体系,是在2005年上线SAP/ERP时期,当时设置了供应链、采购管理、计划、财务和结算等部门,但前3个部门的工作基本上都穿插在一起,虽然一直有专人负责,但主要是给领导提供数据支撑,没有融入管理流程当中。采购和销售人员既不知道供应链的发展方向,也不知道怎么去做,对供应链的概念和规划都很不清晰。苏宁迫切需要学习先进的供应链管理知识。

2006年,与索尼工厂的深入合作给了苏宁非常大的启示。那时的索尼,全线产品的市场占有率高达40%以上,在零供关系上说一不二。但索尼在供应链上的做法,让苏宁的供管经理们印象深刻。

第一个是选品。这就相当于押宝，押对了就赚钱，反之就赔本。面对索尼繁杂的产品链，必须打起十二分精神，挑选出可能受消费者欢迎的产品。

第二个是出货量。索尼不是马上把库存统统发出，而是根据对经销商的 8 周滚动预测和商品售价的预测来做出量产判断，最后确定发货量。比如，苏宁有时候要 1000 件商品，可能日本工厂只发来 200 件。由此看来，日本人其实是玩"饥饿营销"的鼻祖之一。

第三个是解决滞销问题。索尼产品在入库后 60 天里仍卖不出去，就被其视为滞销，苏宁就需要马上和索尼协商，列出一套完整的促销方案，确定滞销品是作为赠品还是马上降价，其中降价又分为整库降价和部分降价。

和索尼打交道的过程非常辛苦，但由此也让苏宁学会了日本工厂的供应链管理方法。2008 年，苏宁开始着手进行了以下改进：

首先是参考国际同行和内部实际来明确几个重要的管理指标，比如周转天数、滞销问题、存销比等。

然后，在存销比上，把几个事业部的进销存表全部统一为一个模板，大家每周拿出一次公司层级和产品层级的二维度存销比数据，然后据此决定进货量。

实行这一套模板之后的第一个效果是整个库存结构得到优化；第二个是效率有了比较明显的提升，货品周转天数得到了大幅压缩。

（二）供应链平台融合机制

通过几年的调整打磨，苏宁内部供应链体系日趋完善，因此才能在日后与外部供应商进行类似 C2B 供应链对接时，做到无缝对接，游刃有余。

传统的 B2C 平台企业同质化竞争严重，在商品品类、商业模式上雷同，并没有形成基于消费者的差异化竞争模式。而这种来自市场端的同质化竞争，又天然地传导到零售商与供应商之间的关系上，势必造成零供关系的紧张。

2009 年苏宁启动营销变革以来，构建起全新的互联网零售生态圈，和上游企业共同研究商品和用户需求、提升供应链效率成为必然。O2O 渠道价值的重塑，一定会带来苏宁供应链的巨大变革，苏宁 O2O 全渠道功能辐射如图 2-3-1 所示。

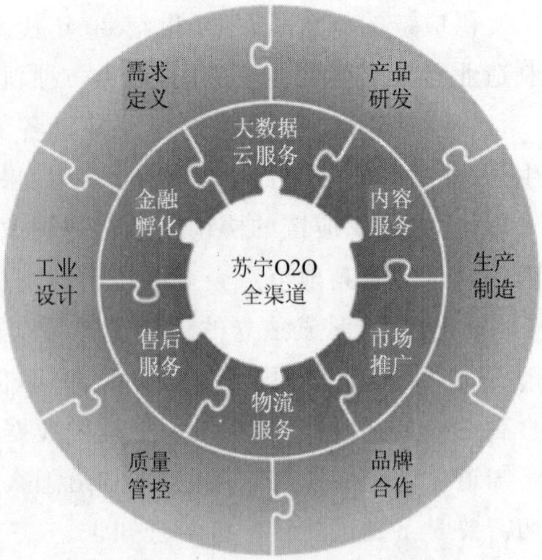

图 2-3-1　苏宁 O2O 全渠道功能辐射

基于对苏宁综合实力现状的全面认知，在经过对供应商和销售平台关系的深层次思考后，苏宁云商集团董事长张近东形成了自己的认识："要深层次变革供应链的合作模式，改变过去以谈判博弈为主导的模式，并向以用户需求为驱动的商品合作模式转型。"

这意味着，苏宁要改变传统商务模型，不再是以 B(生产者)为核心，不再从 B 出发到 C(消费者),而是从根本上颠倒B和C的位置,以C为核心,从C到B,实现"生产者与消费者之间关系的逆转"。

实际上,这种C2B模式符合互联网时代的用户主权原则,是一种个性化定制和柔性化生产模式,它的要求是个性化需求、多品种、小批量、快速反应、平台化协作。

与之相应,传统企业间的多层次交易模式也开始向互联网扁平化模式迁移,以信息共享为主要推动力,改变了过去从建立最初印象,到货比三家,再到讨价还价、签单和交货、补货,最后到客户服务的漫长流程,苏宁与供应商逐渐从博弈走向了融合。

新的供应链平台则以SCS系统为基础,采用B2B电子商务技术手段,实现苏宁与供应商的供应链从流程到信息的供应链协同管理,苏宁SCS项目成果如图2-3-2所示。解决上下游供应链之间存在的各种缺陷,实现提高反应速度,降低交易成本,降低库存水平,缩短供货周期,增加企业利润,实现双赢等目标。然而在具体实施B2B供应链信息化管理系统时,又分别按三个阶段进行:

第一阶段,信息集成阶段,通过供应链各方的数据交换,达到数据共享的目的,使得供应链双方具有一定的透明度。

第二阶段,协同商务阶段,在信息共享的基础上,利用新技术,通过供应链各方业务流程的协同运作,达到整合和优化供应链的目的。

第三阶段,适应网络阶段,在信息共享和协同商务的基础上,通过智能的手段,使供应链各方的合作更加密切,对市场的响应也更快、更好。

互联网大数据技术让更灵活的供应链关系成为现实。TCL"么么哒"手机与S-TV计划就是苏宁供应链C2B变革的探索案例。

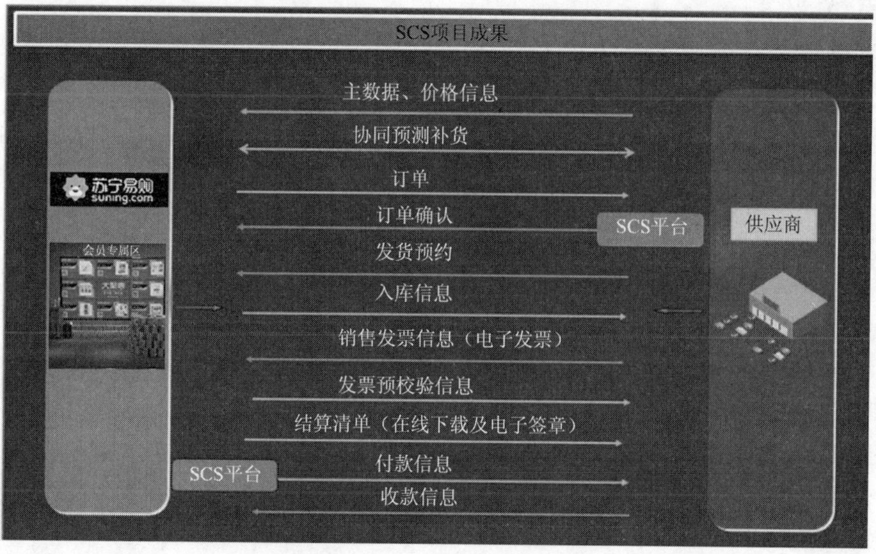

图2-3-2 苏宁SCS项目成果

(三) 1分钟售罄10万台

包销定制是指新产品在上市之前,品牌提供商会向几家意向性销售商介绍产品性能,了解大家对产品的上市预期，然后打包给有最佳销售方案的销售商，做唯一的全渠道销售。

在这种模式中，赢家不完全取决于所承诺的销量，它是一个涉及产品生命周期的全盘最优考虑，其中包括每个量级大概的销售时间、每个时期的提货量、当月消化预计、尾货期和利润等变化情况，把这些事情全部谈妥后双方再签订单品采购协议，按照承诺的节奏来订货。这样，在供应链上省去订货环节，改为苏宁直接对接手机制造工厂，双方共同完成从手机的生产上市到完成售卖的供应链全流程。

2014 年 4 月 1 日中午 12 点 30 分，TCL“么么哒”手机在线开售，仅仅 1 分钟，10 万台手机售罄。此后“么么哒”的每一次发售，都被抢购一空。

10 万台的首期投放量，仅相当于大餐开始前的一道开胃菜，苏宁易购紧急开启第二轮“么么哒”手机的预约通道，并与 TCL 工厂连夜沟通增加了生产线，保证“么么哒”手机 4 月 9 日第二轮抢购的到货量。

600 万台、700 万台、1000 万台……这是 2014 年 TCL 旗下网络品牌“么么哒”手机在苏宁三次预约呈现的火箭飙升式的走势，它体现的是用户对该手机的喜爱和追捧。

该款手机从 2014 年开始一直做到 2015 年，现在进入包销定制的第三期“么么哒 3”。2015 年 2 月 1 日，TCL 集团董事长李东生亲自率领集团高层来到苏宁南京总部。在此之前，创维、美的、康佳、夏普和先锋等主流家电企业的老总们，相继成了张近东的“座上宾”。

就在李东生来访苏宁总部一周前，TCL 在企业内部发文称“加速推进‘智能＋互联网’转型战略和建立‘产品＋服务’的新商业模式”，李东生对于战略转型的执着，让 TCL 管理层在春节前提早出击。

李东生的“双＋战略”首先瞄准的是苏宁的线上渠道，其中一大原因，就是“么么哒”手机的一炮而红。

为了在 2015 年复制类似“么么哒”的经典营销案例，双方决定围绕着线上增长、产品反向定制、精准会员营销以及金融、物流、智能家居等方面展开战略合作。

双方达成共识：TCL 成立单独对接苏宁的电商团队，初步规划安排 30 人的电商团队常驻南京苏宁总部，打造极效协同的办公理念。同时，双方将建立常态化、个性化的线上促销机制，持续稳定地提速线上发展。

苏宁 2015 年在三、四级市场布局 1500 家“苏宁易购服务站”，也与 TCL 推进的 O2O 融合之路不谋而合。TCL 作为知名家电品牌，在三、四级市场有着广泛的影响力和知名度，其希望联手苏宁共同推进服务站的建设，打通农村市场最后一百米，通过品牌形象落地化的展示，迅速扩大 TCL 在农村的覆盖范围，拉动三四级市场销售。

随着 TCL 和苏宁云商围绕极效协同的供应链合作模式的调整，张近东希望苏宁与 TCL 的战略合作成为互联网时代下零供合作的范本，促进双方向以用户需求为特色的创新型合作模式转型。

2015 年“8·18 大促”前夕，苏宁与海信、创维、TCL、三星、夏普、索尼和 LG 等主流厂商签订了 350 亿元采购大单，其中智能机占比达 90%，4K 超高清产品占比超过 70%。这么多彩电企业与苏宁合作，不仅是看中其 1 600 多家线下门店和苏宁易购日益坚实的线上实力，更重要的是，张近东全力推动的供应链变革让彩电企业们坚信，苏宁能够为它们带来最大收益。

在互联网时代，业界公认定制化、规模化、品牌化将是家电市场的发展趋势，定制家电不仅能够满足部分特殊消费群体的需求，而且可以优化上游生产效率，降低成本，快速周转，原先同质化产品的竞争格局将被打破，零售企业将更加主动地研究和参与产销供应链的运作。

（四）众包：产业链的“大脑”

早在 2011 年，张近东就强调苏宁要有开放的心态。此后，苏宁易购推出开放平台“苏宁云台”，苏宁的仓储物流、供应链、大数据和云服务等业务板块，都先后对外实施开放。

在梳理这些开放业务的时候，张近东发现，各部门都是背靠背运作，云台不知道仓储基地的开放情形，供应链也未必掌握大数据方面的业务现状，各个业务形同“孤岛”，衔接上有些脱节，没能形成流水线式的团队协作。能不能用一个方式，把所有的开放业务聚合在一起，提供一体化的对外服务模式？2014 年 7 月 8 日，苏宁在南京正式发布苏宁众包平台。它借助 O2O 全渠道，提供创意—作品—产品—商品—用品各个转化阶段所需的众包服务解决方案。采购对象不再限于品牌制造商，而是从零售环节向上游产业链延伸。这对苏宁变革来说，也是关系“命脉”的重要一环，因为它涉及零售行业中“采购模式”的重构，即从过去采定销的模式变为用户驱动型的包销定制模式。

Quirky 是一家美国众包公司，它的任务很简单，就是找到那些创意并帮助人们实现。每周这家纽约公司都会收到近 2000 个发明创意，Quirky 从中选出 3 到 4 个创意进行生产，并向它的零售合作商运送成品销售，消费者也可以直接在 Quirky 的电子商务平台或手机 App 上进行购买。苏宁与 Quirky 相同的是，都需要寻找创意来合作；不同的是，苏宁本身就有线上线下销售渠道，可以为产品的输出提供便捷通道。2014 年 4 月，海尔提出了创意文化产业的众包模式，由创意者提供设计，海尔将其变现成产品，同时海尔可以向上游输出资金，也可以帮助融资，初期的产品锁定在智能硬件领域。

相对于供需方直接对接的外包模式，苏宁众包是苏宁自己打造的在线平台，根据需求方提出的诉求和条件提供相应的服务，然后收取相应的服务费。苏宁在众包的各个环节都将深度参与，比如在产品设计之前，苏宁可提供大数据服务，为产品设计方向作参考；在整个销售环节，从线上线下的渠道布局，到商品发送、商场推广，苏宁都可以提供支持；在售后服务方面，无论是物流还是安装维修等，苏宁都能给予时间与质量上的承诺与保障，苏宁众包功能如图 2-3-3 所示。

图 2-3-3　苏宁众包功能

相较于以往仅约定采购额的采购方式，在众包平台上，能够更清楚地提前把握具体的单品，这是在包销定制模式上的升级。而苏宁众包的商品也由 3C、家电以及互联网化智能硬件产品，慢慢扩展至母婴产品、百货日用品、家居用品、文化娱乐衍生产品等领域。

苏宁的众包模式包含了“创意—产品—商品—用品”各个阶段，并引入苏宁的大数据、云计算、物流仓储和供应链等开放平台，服务范围比竞争对手更为宽泛，以至于当时有评论形容称：“张近东将通过众包平台成为产业链上的‘大脑’”。

（五）众筹：金融＋产品

4 天就完成 2000 万元的众筹目标，随后不到一个月众筹资金突破 5000 万元大关，目标达成度攀升至 251%，这是一款新能源时尚智能电动滑板 Citycoco 在苏宁平台上众筹的效果。

众筹平台有千万级项目 6 个：citycoco 电动滑板、PPTV 手机、恩斯迈智能折叠电动车、邦讯小萌插排、智能与羽毛球拍、房产众筹等，百万级 17 个，其他信息如图 2-3-4 所示。

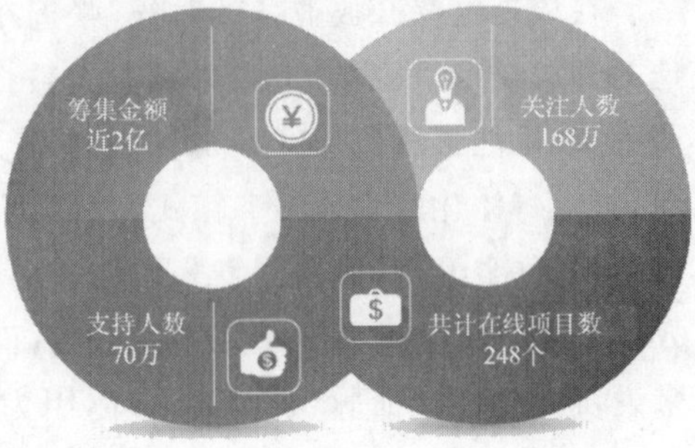

图 2-3-4　苏宁众筹业务发展

众筹是指通过互联网方式发布筹款项目并募集资金，只要是网友喜欢的项目，都可以通过众筹方式获得项目启动的第一笔资金。这为更多小本经营或创作的人提供了无限的可能。它具有低门槛、多样性、依靠大众力量和注重创意等特征。

众筹的出现，是对传统供应链模式的一个大改写。苏宁作为新兴的互联网公司，也对众筹模式进行了有益的探索。众筹是当下炙手可热的领域，也成为巨头们竞争的焦点之一，苏宁众筹科技项目商业合作路线如图 2-3-5 所示。

图 2-3-5　苏宁众筹科技项目商业合作路线

2013 年，淘宝众筹就开始试水。当年“双 12”淘宝试探性地推出了众筹平台“淘星愿”，立足点是帮助明星实现愿望，由明星发起项目，粉丝参与完成。2014 年 4 月，百度金融也推出了“众筹”频道，从影视作品众筹入手，打通“互联网—金融—电影”的生态圈，实现大生态的闭环运营。

国内大部分的众筹平台更像是产品预售平台。众筹项目以实物为主，而且大部分是研发成熟的产品。项目发布者与用户的关系仅仅是买和卖而已，缺乏对产品的沟通。

苏宁众筹将金融（收益）和产品（实物）两者结合起来，对于认筹者来说，即便不是产品的实际需求者，但只要看好产品的市场前景，也能获得相应的投资收益。对于项目发起者来说，在众筹期间，可以充分听取用户和市场的反馈，以利于后续改进产品。苏宁定义的众筹，不仅是实物类众筹，而是开发更多结合用户生活、兴趣的金融型众筹，即玩即赚钱。

相比其他平台，苏宁可以利用的优势有：其一，整合苏宁农村电商资源，匹配农业生产和城市农产品消费的供需；其二，整合苏宁传统业务体系资源，苏宁在 3C 家电领域打拼了 20

多年,与行业供应商的长期合作为苏宁众筹挖掘优质项目提供了基础;其三,苏宁拥有1 600多家实体门店,可以在线上平台、线下实体门店同步开展众筹。

平台上线伊始,苏宁众筹就不满足于产品众筹本身,而是充分整合苏宁供应链、传播等资源,为产品提供全流程的服务。从苏宁众筹运作的其他科技类产品来看,Citycoco电动滑板车、恩斯迈智能折叠车、豚鼠体感手环等,在众筹产品的上市阶段,都是以线上线下双渠道"体验+销售"的模式来展开的。这体现出在科技行业的"后互联网时代",O2O红利迅速发酵。

二、新型零供关系

(一)联合办公

在苏宁的眼里,零供之间不再是谈判对手的关系,而是要共同去了解和把握用户的需求,运营市场,服务用户。2014年11月,苏宁厨卫事业部进驻了数位特殊的伙伴型"员工",史密斯、方太、帅康、老板、西门子等公司派出了"苏宁第二届O2O购物节"特派员,与苏宁厨卫事业部的员工们一起联合办公。

联合办公,是当时苏宁备战O2O购物节的重要策略之一,目的就是要快速、高效地解决11月7日到12日购物节期间的突发问题。不仅是厨卫事业部,苏宁商品经营总部的各个事业部都按照各自的需求,纷纷邀请主要供应商到苏宁联合办公,为的就是要保证资源充沛、实现各个仓位及时补货,保障售后和物流。

在2015年年初,张近东宣布实施极效协同的供应链战略。3月26日,苏宁和海尔全面升级战略合作,海尔40多人的线上团队集体入驻南京苏宁总部,其互联网品牌统帅、模卡也一并入驻苏宁易购云台开设品牌旗舰店,借助互联网品牌产品激活运营思维,将互联网化的运营手段全面落实到双方的合作经营过程中。海尔连货带人入驻苏宁,"去苏宁看海尔"成为企业互联网转型的一大景观。

40多人的电商团队相当于一个小型电商企业。海尔为什么做出这一决定?是因为在2015年已有的合作中,海尔在苏宁线上线下整体取得了超过40%的高速增长。

美的也是率先响应苏宁极效协同模式的企业之一。2015年1月底,美的集团董事长方洪波曾亲自飞赴南京,与张近东商洽美的和苏宁云商在2015年的战略合作。结果在苏宁2015年一季度的销售中,美的在苏宁渠道的销售增长了将近三成,引发行业惊叹。第一季度的合作让双方初步尝到甜头,展开进一步的合作毋庸置疑。

5月,基于苏宁云平台的新一代美的智能空调发布会由苏宁主导召开,这仅仅是开始,双方还约定,美的超过50%的新产品将在拥有线上线下O2O多渠道优势的苏宁首发。围绕产品层面的掘金不止于此。美的智能产品正在接入苏宁智能APP系统,其较高的市场份额是苏宁大智能生态圈建设的一块重要拼图,同样,苏宁开放共享的智能APP系统及大数据应用,则是美的全面提升用户智能化体验的关键一环。另外,围绕空调、冰箱、油烟机、空气净化器等智能产品,双方全面启动了C2B反向定制计划,而首款为年轻人定制的蒸汽洗油烟机借力苏宁众筹上市。

但是,双方要真正实现张近东的"要求",最关键的还是要打造一个互联网时代下基于开放理念的无缝对接平台。

苏宁很快对美的实现数据资源的全面开放，以此驱动双方联合营销、精准引流、产品反向定制等合作。同时，为进一步推进极效协同的办公模式，美的数十人的线上项目部入驻苏宁总部联合办公。双方为何如此“亲密”地开怀相拥？

首先，苏宁颇具O2O价值的平台资源。美的不仅看准了苏宁线上线下的平台优势，更是看到苏宁易购随后会在三四线城市加快覆盖，优势将大大凸显。

其次，双方都看重互联网思维，并以其为运营导向。美的集团董事长方洪波说过，移动互联正在影响着企业自身的运营流程。数据化、本地化和社交化是互联网时代商品经营的三大特点。苏宁和美的首先做的便是经营数据的开放共享，以需求和趋势驱动商品运营；随后是制定本地化的地区攻略。

在推出云店、易购服务站等一系列互联网化的运营实体后，苏宁平台的价值正在一步步凸显，而美的也在寻求突破，不仅需要线上这把利剑，更需要线下这个已经被升级了的战场。

苏宁与美的零供合作新模式正在走向成效凸显的“风口”，张近东所期待的“高效、开放、精准、用户”为理念的商品经营思维，已经越来越接近。

（二）共赢“最后1公里”

供应商之所以愿意与苏宁结为紧密的合作伙伴，除了苏宁线上线下O2O全渠道资源外，还因为其拥有的增值服务能力。

2014年12月，苏宁的物流云面向社会完全开放，这包括所有的中心仓、门店仓和智能运输网络。基于苏宁的“物流云”，商户们不仅可以共享苏宁的物流信息，还可以将不同渠道的商品纳入苏宁物流系统内共享，借助苏宁的大数据挖掘进行预测生产和库存管理。

在苏宁原有B2C业务基础上，苏宁物流积极开展面向第三方和第四方业务，实现基于供应链多赢的资源共享、网络共享、车辆共享、订单共享，苏宁物流云平台如图2-3-6所示。

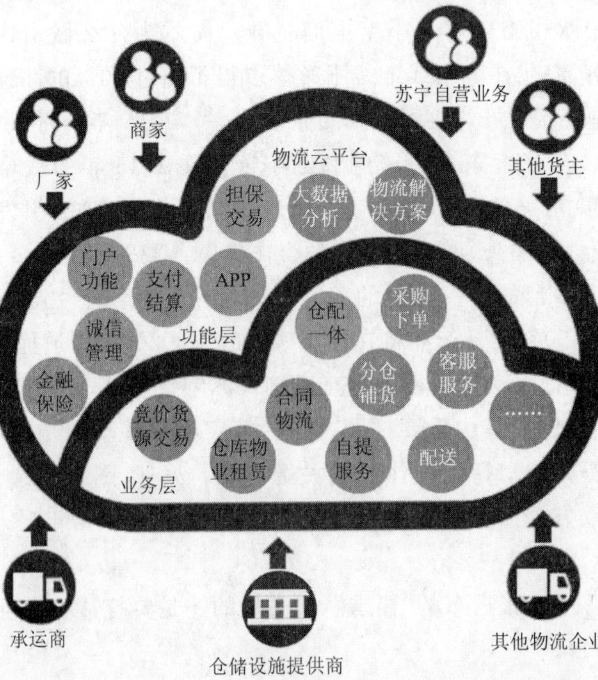

图2-3-6　苏宁物流云平台，服务于第三方第四方物流

奥马冰箱就是个例子。奥马和苏宁是两家公司在销售板块及 OEM(定牌生产)板块都建立了牢固的合作关系，苏宁物流开放后，物流成了第三块合作板块，而奥马冰箱很快尝到了新甜头。

因为配送时效得不到保证，奥马的全国电视购物模块业务几乎停滞，而苏宁物流的大家电配送，在全国 90%以上的地区可以实现次日达。奥马原定 15 天的时效要求对苏宁来说是完全是小 Case，可以 100%完成。

同样困扰奥马的还有渠道上样的问题。72 小时必须送达的时效规定，让过去承接奥马业务的第三方物流公司无法接受，这一局面使得奥马新产品的上样几乎没有时间保证，但自苏宁物流承接奥马渠道上样业务以来，配送时效最少提升了 100%。

除了配送时效，奥马冰箱还看上了苏宁的供应链整合能力，并借此实现大数据分析指导生产，库存共享、共同销售。这样的效果是，当奥马自身仓无库存，而市场又有需求时，奥马可以从苏宁仓的奥马商品库存中“借”货。这样一来，奥马有效减少了库存积压，和苏宁实现了共同销售、快速响应。

对于奥马来说，苏宁覆盖全国的物流网络以及 20 余年的大家电运输、调配经验，解决了自己的冰箱在产地入库、快速调拨、突破异地配送的瓶颈，实现全国的渠道拓展，仅在预约入库一个环节，每年就可降低 50%的成本。

苏宁物流能够针对企业的不同需求，提供个性化反向订制，包括仓储、运输、配送的各个环节的一站式物流解决方案，从工厂提货到“最后 1 公里”的配送，各个环节都可以自由组合、顺畅衔接。

和奥马冰箱不同的是，志高空调在部分地区拥有物流网络及干线，它与苏宁物流的合作更多属于资源的互补，利用苏宁的库房、干线资源以及小城市的库房托管，减少管理成本。

截止到 2015 年 9 月末，已经有上千家家电企业、线下零售企业以及众多签约平台使用苏宁物流服务。

（三）供应链金融服务

供应链金融的本质是信用融资，在产业链条中发掘信用的真正价值。在传统方式下，金融机构通过第三方物流、仓储企业提供的数据印证核心企业的信用、监管融资群体的存货、应收账款信息。在云时代，大型互联网公司凭借其手中的大数据，成为供应链融资新贵。随着国家相关政策的开放，拥有大量供应链的企业，已经开始放弃跟银行的合作，而是自己成立金融部门，做供应链金融业务。资料显示，我国供应链金融市场规模已经超过 10 万亿元，预计到 2020 年可接近 20 万亿元，存量市场空间足够大。

中、小、微企业则在一定程度上构成了电商平台的庞大供应商群体，它们发展的好坏很大程度上直接影响着电商平台的服务力和可持续发展力，但是这些企业或个体却因融资风险的问题，很难得到银行的眷顾。

而像苏宁这样的电商平台却可以对这些供应商的营运状态及财务状况，拥有详细的数据资料和可控性，加上平台可以通过建立自己的支付终端服务，拥有较长账期的应付资金作为现金流，对这些企业或个体的贷款融资风险具有很强的可控性。综合这些因素，电商做金融业务是得天独厚、顺势而为的事。

从严格意义上说，最早在供应链金融上实现真正突破的是阿里巴巴。2007 年 6 月，阿里巴巴与银行合作推出“易融通”的小企业贷款，在以后的 3 年时间，阿里巴巴通过银行合作和自营方式为小企业提供 128 亿元的贷款，不良率并不高。

着眼于未来布局，苏宁必须在供应链金融领域落下一棋。2012 年 12 月 6 日，苏宁开始涉足供应链金融。

当天苏宁电器发布公告，香港苏宁与苏宁电器集团共同出资发起设立“重庆苏宁小额贷款有限公司”（简称“苏宁小贷”），注册资本为人民币 3 亿元，经营范围为：办理各项贷款；办理票据贴现；办理资产转让及经批准的其他业务。

苏宁发展供应链金融服务，有利于加快开放平台建设，实现“超电器化”战略，促进供应链、物流、金融三个环节高效融合，有效降低风险，形成面向消费者、供应链的完整的金融服务板块，做到对整个供应链的物流、金融的支撑。

2013 年 3 月，苏宁将供应链金融业务面向中小微企业全面开放。当时，有业界人士评论称，苏宁推出的金融业务，或将是国内传统零售企业首次涉足电商金融业务的“第一贷”。

苏宁的“供应链金融业务”，主要由“苏宁小贷”和苏宁与银行合作的“银行保理”授信业务两大金融产品组成，其中苏宁“银行保理”授信业务覆盖了交行、中行、光大、花旗、渣打、平安、汇丰等国内外 7 家知名银行。根据电商行业公布的电商金融产品信息显示，苏宁“银行保理”授信业务或将是合作银行数量最多、覆盖区域最广的电商金融产品。它包括“账速融”“信速融”“票速融”三款信贷产品，主要面对苏宁供应商，具有门槛低、成本低、有保障三大特点。

分管金融版块业务的苏宁云商 CFO 任峻就此打了一个比方：一旦供应商把货物放到苏宁易购的仓储中心，只要它符合货物融资条件，如果他放 100 万元的货进来，马上就可以从“银行保理”的授信业务中，拿到银行提供的 60 万元贷款。这对急需现金流周转的中小供应商而言，马上就能获得盘活资金。最后，苏宁会按照银行、供应商和苏宁的三方契约来管理供应商的货物流向，在货物售完之后，将钱替供应商还给银行，从中收取附加服务费。

如此一来，苏宁通过易购这个互联网切口，形成了大的苏宁开放平台，采购、物流、分销和金融等，都在易购平台上找到了生存的沃土。

2014 年 2 月，在苏宁物流升格为物流集团的同时，苏宁金融部门同时升级为苏宁金融集团，牢牢地在“三云”中占据了一席之地。任峻说，成立苏宁金融集团，就要服务苏宁开放平台中 3 万商户中的小型供应商。

9 月，苏宁投入 10 亿元成立“供应商成长专项基金”，帮助供应链中的中小微企业实现融资。供应商在向苏宁进行融资时，苏宁还将拿出专项资金，通过利息补贴的形式反哺供应商，最高补贴为苏宁信贷利息的 20%。

苏宁供应链金融平台上线以来，针对供应商与苏宁合作流程的各个环节，成功为苏宁上下游各类供应商提供票据贴现、单据融资、库存融资等融资服务，规模达数百亿元，苏宁供应链金融平台提供的金融服务如图 2-3-7 所示。尤其是一些中小企业，充分利用苏宁供应链融资期限短、放款快、利率优的特点，解决了供应商融资过程中出现的“短、频、急、快”等需求，保障了企业自身经营发展所需要的短期资金周转。3000 多家供应商在苏宁金融集团获得了超过 260 多亿元的贷款,最小贷款额只有数万元。

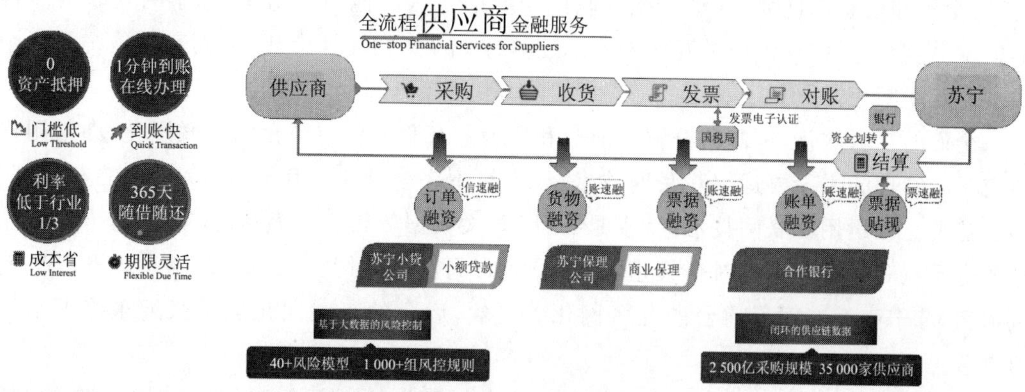

图 2-3-7　苏宁供应链金融平台

苏宁对身边合作的供应链伙伴开放物流和金融,已经打下了进一步开放的基础,但这些供应链伙伴大多都是美的、TCL、创维等体量大的企业,而苏宁云台商户更多的是资金实力弱的中小企业,它们更需要苏宁的能力输出。

开放思维在张近东脑海里进一步生长,他决定进一步打开格局,面向更广大的中小企业,全面开放,苏宁以及围绕在它身边的社会系统将迎来一个新的开放共享时代。

(四)从"三流"到"三云"

2013 年之后,互联网如涓涓细流一般,遵循着由表及里、由浅入深的规律,渗透进了传统行业的核心地带,对传统商业模式形成巨大冲击。润物细无声,传统行业开始全方位地向互联网转型。在此期间,保守的传统行业与涤荡革新的互联网之间,必将演绎一段颠覆与反颠覆的大战。

值得注意的是,在防守与进攻的对峙中,苏宁很少自称电商,而是一直把自己定位为互联网零售商。有异曲同工之妙的是,马云也声称阿里巴巴不是电商,而是数据服务提供商。这不只是叫法上的差异,它体现的是张近东对中国商业模式迭代创新的深层次思考:既然电子商务能够革传统零售企业的命,那么,传统的电子商务也总有被革命的一天。

任何商业理论都必须有逻辑严密的架构模型来支撑。根据中国零售业互联网化的阶梯式发展趋势,张近东建构起了一个"三阶段论"的商业模型:

一是传统电商阶段,主要是基于 PC 互联网,围绕产品展示和交易的电商平台占据主导地位。这一阶段的典型现象是,阿里巴巴、京东商城和当当网等传统电商借助先发优势,占据了主导地位。此时苏宁上线苏宁易购。

二是 O2O 零售阶段,由于移动互联网的出现,出现了以个人为中心,随时随地虚实融合服务的趋势。这一阶段的典型现象是以苏宁云商为典型的传统零售企业找到了 O2O 双线融合的发力点,并成为行业趋势。具体表现为线下门店的互联网化和移动端布局。

三是全价值链的互联网阶段,互联网开始深入零售业的内核,零售业最本质的资源,如物流、资金流和信息流等,将借助云计算、大数据全方位提升,重建新的核心竞争力。

张近东认为，第三阶段正在走向深入，将会愈发触及零售业本质——多年积淀下来的物流、资金流和信息流优势，这是传统互联网企业的盲区。他因此笃定，苏宁的互联网零售商形象，一定会大力推动供应链互联网变革、互联网金融、物流社会化，从而实现传统零售企业的全面互联网化。

全面的互联网化，可简单分解为前台和后台的互联网化。前台的互联网化，即与用户沟通、交互、管理的手段要运用互联网技术，线上线下融合地满足用户需求；后台的互联网化，即企业要充分运用互联网技术，特别是云计算、大数据等提升经营效率，这才是传统企业转型的立足点和根本。通过对全渠道、多场景的布局，通过对门店、PC 端、移动端和 TV 端的全覆盖，苏宁已经实现了前台的互联网化。自然，后台的互联网化成了张近东接下来的发力点。

事实上，互联网的本质就是开放、共享，原来闭门造车的模式已被业界摒弃，建立包括上游供应商、下游终端消费者在内的完整生态圈，才是互联网化的本质。现在，随着互联网技术的深度运用，不仅为三流合一提供了技术基础，更为其社会化提供了想象空间。在打造互联网零售平台的过程中"＋渠道"，在提升产业链价值的过程中"＋商品"，以及在构建零售业核心竞争力的过程中"＋服务"，物流云、数据云、金融云就是苏宁"＋服务"模式的三大神兵利器。

物流的互联网化：苏宁从供应链物流的整体角度，运用大数据挖掘，启动"物流云"项目，向平台商户和供应商开放共享，从而将企业物流变成物流企业，"物流云"从成本中心变为利润中心。

资金流的互联网化：通过将内部资金流社会化为"金融云"，满足消费者多样化的金融需求和供应商的各类融资需求。

信息流的互联网化：信息流是零售业的核心资源，苏宁将自身的信息建设能力向社会开放，推进零售行业"公有云"服务。

从"三流"到"三云"的理论变迁，固然是互联网技术变革演进在苏宁身上的一个缩影，更是苏宁借助技术进步，在社会化过程中更好地实现自我价值。

三、硬实力：物流行动派的大生态

物流为王，一直以来，物流就是张近东为苏宁打造的核心竞争力之一。核心竞争力必须掌握在自己手里，可以不排除与第三方合作，但合作的着眼点是降低成本。任峻形象地说："运输车队可以不是自己的，仓库也可以租，但整个作业流程，一定要在自己的监控和掌握之中。"

因此，高效的物流体系，从一开始就和门店一样被列为苏宁连锁经营的重装部队，必须加大投入，不断迭代更新，它是苏宁竞争力的关键——"没有物流，商品交换的实质就不存在"。

2010 年苏宁易购上线时，为它服务的配送网络，包括覆盖全国的 1000 多家门店、93 个配送中心、2000 多个呼叫中心座席、3000 多个售后服务网点。到了 2011 年，各大电商公司都在大干快上自建物流，已经是高起点的苏宁，还在夯实基础。

为了积极配合当时推出的"未来十年发展战略规划",苏宁在2011年6月制订的55亿元定向增发方案出炉,物流平台建设项目是本次募投项目的重中之重,投入募集资金29.5亿元。

2012年7月,苏宁表示将投资200亿元建立物流体系。就在12月12日,苏宁电器不超过80亿元的公司债融资计划获批,首批45亿元公司债在几天后成功发行。

(一)学习沃尔玛

沃尔玛在20世纪70年代建立物流信息系统MIS(Management Information System),此后引入射频技术(Radio Frenquency)、便携式数据终端(PDT)设备和物流条形码(BC)等技术,在全球第一个实现集团内部24小时计算机物流网络化监控,使采购库存、订货、配送和销售实现一体化、无纸化。顾客到沃尔玛店里购物,在POS机打印小票的同时,沃尔玛的采购和销售计划部门及上游供应商的电脑上,都会显示出相关信息,各个环节及时完成本职工作,减少时间浪费,加快物流循环。

到了2001年,沃尔玛作为世界500强企业中的领先企业,在全球仅布置了70个配送中心,说明它的物流组织结构设计得非常精致到位。而研究发现,沃尔玛的配送中心设立在100多家零售店的中央位置,每一个配送中心可以满足100多个附近周边城市的销售网点的需求,运输半径基本上为320 km左右。

沃尔玛的实战经验表明,物流体系的强弱直接影响到零售企业的销售与核心竞争力。构建完善的物流体系、增加运送的覆盖能力,能够进一步填补和占领空白市场,自然成为及时配送的关键。

20世纪90年代,在苏宁艰难起步时期,最大的痛点就是物流。这也是让整个家电零售行业头疼的问题。

当时,中国家电业普遍存在"重面子、轻里子"的情形,店面形象工程搞得堂皇气派,基础设施却严重投入不足,造成顾客买下大家电后送货延时、安装麻烦等问题,这不是端正和提升服务人员的态度就能化解的。

孙为民回忆,当时每到销售旺季,人手就不够,为了让搬运的师傅有休息时间,每天下班后,他都会和其他管理层一起帮助搬运空调、冰箱等大家电,大家都累得筋疲力尽。后来,随着分店不断增加,问题越发突出,这致使张近东下定决心自建物流,提升从供应商到平台再到消费者的供应链效率。

在那个时期,家电销售渠道分散且规模小,运作模式基本上是前店后库,顾客当场试机,然后零售商马上开车送货。但是,随着家电零售业的逐步壮大,很多家电零售商将店面开到寸土寸金的核心商圈,如果继续前店后库模式,无异于对珍贵商业资源的浪费。

张近东暗下决心自建第一代物流基地。所谓的第一代物流基地,不过是一个规模宏大的仓库群。张近东要求所有门店把仓库里的物品都挪到这里,以后苏宁电器用专门的配送车,集中统一送货。将仓库挪出门店的举措,用今天的眼光来看再自然不过,但在当时却引发了行业震动。它不仅大大降低了店面成本,还极大地提升了配送速度。以往最快也要四五天才能解决的空调送装,基本上压缩到三天以内便可解决。

（二）第三代物流

"有了物流基地强有力的后台支撑，我们才能成为最强的商业连锁企业。"

2006年，苏宁南京物流基地建设进行得热火朝天，张近东抽空仔细听取了物流基地建设项目部的专题汇报会，然后做了上述表述。在他看来，物流基地对苏宁的重要性，在某种意义上甚至超过了连锁店的建设工作，未来集团能否保持快速、稳定的发展势头，物流基地的建设工作至关重要。

此前一年，苏宁启动第一次营销转型，成为全国性家电连锁，并在全国90多个城市搭建了高效的物流配送网络。

2005年3月，苏宁推出"5315"计划，要在全国建设500个服务网点、30个客服中心、15个第二代大型物流基地，形成覆盖全国的服务网络平台。到了年底，就在SAP/ERP项目积极推进的同时，"5315计划"悄然推开。

在苏宁庆祝15周岁生日的时候，首个按照苏宁第二代物流理论建成的杭州物流基地正式启用，占地50亩，纯仓储面积约1万m^2，总投资达数千万元。与第一代物流配送中心相比，第二代物流基地的库存周转率提高了30%，资金占用率降低了20%～30%，总体运营成本节约了一半，大幅度地提高了服务质量。

因为季节性差异、节假日需求、销售网络庞大等特点，对家电连锁经营的物流体系提出了高投入的要求。物流配送成本通常由仓储、人工，以及车辆折旧、路桥费、燃油费等组成。其中，运输的总体费用占物流成本的30%。为了进一步保持竞争优势并显著降低物流运输费用，2007年苏宁提出建设第三代物流基地的计划，引入了运输管理系统（TMS），针对订单的零售配送和长途配送，优化路线排程计划，减少配送里程和工作时间，彻底转变人工排程的传统作业方式。经过实际测算，该模式可将每车货物的实际运输距离缩短20%～30%。同时，托盘化商品全部整齐堆放在仓库里，每一件货品的编号、入库、出库，全部带有条码，确保产品从厂商到消费者的全过程都有数据记录，确保服务全程可追溯。

当年7月，苏宁电器第三代物流基地的代表，当时具有国内领先水平的南京雨花物流基地投入使用。

苏宁第三代物流仓储中心采用二级配送模式，首先通过一级配送负责将各类商品从区域大库运送到区域内的所有二级城市，再通过二级城市物流配送中心配送到户。与以往的第二代物流中心采用三级配送模式，即一级配送到市、二级配送到店、三级配送到户模式相比起来，第三代物流模式在苏宁信息系统的控制下，家电产品由库房搬运、装卸至车辆，全程机械化，大大提高了装运效率，一辆运输车装满货物只需要10分钟左右。

2007年夏季华东一带少雨多晴，天气特别热，空调行情大涨，苏宁门店在这一时期的单日空调配送纪录突破1万台。若在以往，苏宁的物流体系已经崩溃，但依赖强大的货源储备、高效的信息化调度控制，苏宁整个夏天的高强度配送都有条不紊。苏宁甚至还开通了"绿色通道"，实现即买即送，3小时到位，在消费群体中树立起良好口碑。

继南京雨花物流基地之后，苏宁在北京、沈阳、成都、重庆和徐州等地相继建起了第三代物流中心。这些仓储面积动辄数万平方米的物流中心，都将承担起所在城市及周边地区连锁店销售商品的长途调拨（300 km范围内）、门店配送、零售配送（150 km范围内）等。建成之后,每个物流中心可以满足约50亿~100亿元的年商品周转量的作业要求。

按照规划,苏宁最终要在全国建设大型现代化物流基地60个左右。张近东曾很明确地指出,加快建设物流中心是苏宁为百年老店目标奠定的物质基础。正如孙为民形容的:“物流平台就像航空母舰,决定企业的作战半径。”

四、未来之战:数据云和金融云引领万物生长

(一)技术驱动创新

相对于消费互联网,当下“产业互联网”的概念正在形成,即产业与互联网融合后的新型业态。消费互联网成就了BAT三巨头,产业互联网将成就那些善于运用数据引导转型的实体产业。大数据将成为驱动实体产业智能化的基础,它会为企业家带来重新审视价值链的全新视角,能够形成定制平台,进行流行预测、精准匹配、营销推送,降低物流与库存成本,减少生产资源投入的风险,优化供应链等。

苏宁美国硅谷研究院前期投资500万美元,主要为落实“一体两翼三云四端互联网路线图”的科技研发布局,将主要研究融合线上线下O2O模式、智能搜索、大数据、高性能计算、互联网金融等领域,目前研发团队已经接近100人。

未来,苏宁还计划在纽约、西雅图等地设立承担不同职能的研发机构。北京和南京的两家研发中心,分别承担着云资源存储与分析、云服务运营管理工作。随着海外研究院的建立,它们将共同推动苏宁互联网转型与云商模式的加速落地。

除了承担研究技术趋势外,苏宁美国硅谷研究院还研究美国领先的商业模式,并与美国创新型中小企业展开战略投资、并购等多种合作,提升苏宁互联网布局与研发能力。

苏宁美国硅谷研究院将采取群体创新机制、合作人机制等灵活的管理方式,某项课题研究带头人及研究人员在产品落地或者实践过程中,可以实现从技术研发到经营管理角色的转变,成为业务经营团队的核心管理成员。

2013年开春之际,“苏宁电器”就更名为“苏宁云商”,并正式提出了“一体两翼”的战略构想,希望能够成功转型为互联网零售商,引领中国零售业转型升级。

在2014年经历了团队快速成长期后,苏宁美国硅谷研究院在2015年初将研发团队扩展到60人。按照规划,整个苏宁美国硅谷研究院的研发人员未来3年内要达到200人,成为中国科技公司在硅谷最大的研发中心之一,其中90%的人才是从硅谷当地招聘而来。

而随着苏宁美国硅谷研究院逐步走上正轨,苏宁形成了南京中央研究院、硅谷研究院、北京和上海研发中心这4大研发基地,技术开发人员达到5 000人。其规模和实力,不仅在国内传统零售业里遥遥领先,在互联网公司里,也处于前列。这支超级IT部队的存在,将强有力地助推着苏宁云商在转型的轨道上飞奔向前。

(二)零售智慧引擎

最具市场竞争力的商业企业,都是技术大规模应用的典范。张近东早在2011年“未来10年发展战略”中,就曾提出“智慧发展”的概念,其中“智慧零售”的本质是基于大数据技术,对顾客的消费行为做出精准分析和预判,有针对性地实现精准营销。

张近东在接受采访时曾谈道:“苏宁在大数据应用方面领先一步,未来苏宁将利用大数据打造企业的核心竞争力。”

当时苏宁成立大数据中心,考虑的就是基于大数据技术,围绕零售业态去打造“零售智慧引擎”。苏宁大数据中心技术总监张侦的认识是:“从零售业态的模式来看,它一方面连接着消费者,另一方面连接着供应商,我们把零售智慧引擎分为三个大的引擎。”

第一个引擎是服务消费者的智慧零售营销引擎。它的功能主要是要能够精准地定位到目标用户,以用户为本,以用户为核心,为用户提供贴心的服务。

第二个是面向供应商提供智慧零售供应引擎。它的目的是需求预测,通过需求预测,帮助供应商从传统的供应模式过渡到“以销定采”的模式。分析消费者感兴趣的产品,接下来在C2B的模式上进行智能定价,包括仓储的自动预测补货,以及智能调拨。

第三个是面向市场提供智慧零售洞察引擎。这个引擎的功能,一方面是提供用户画像,另一方面是对商品进行分析,包括对商品感兴趣的用户可能期待的其他功能。

这首先要求苏宁大数据平台要实现采得全、存得下、算得快,并在这个基础上构建核心的竞争能力。“这个核心竞争能力,就是要利用数据挖掘的技术,利用机器学习,从数据中提炼信息,从而指导整个运营的生产决策。”张侦说,“一般来说,数据的量和数据的质决定了大数据挖掘的水平,同时,基于大数据提升业务水平方面,取决于是否有足够多的服务用户的渠道和相关的服务用户的手段。”

以门店端为例,苏宁在实体店开始布局相关设备进行数据的采集和分析:一是分析门店客流,比如说今天有多少人到过该门店,二是对于用户身份的识别以及定位,比如今天来这间门店的人中,有多少是会员,有多少是非会员,会员里面有多少是新注册的会员,有多少是老会员等。由此,借助数据的支撑和数据,分析会员发展的速度和质量。

根据对线下门店用户行为轨迹的跟踪和定位技术,实际上是可以站在消费者角度看到线下门店的出样和整个陈列,哪个展区会比较有价值、流量比较大,哪些商品可能对于门店的客流吸引程度非常高。

张侦对此很自信:“这种新的大数据挖掘技术,对整个零售业态都有非常巨大的想象空间,或者说零售业借此所能达到的服务水平将远远超越我们的想象。”

(三)金融超限战

2014年在实现资金流的互联网化过程中,张近东提出了从资金流向“金融云”的大转变。他的意图是通过将内部资金流社会化为互联网金融,真正满足消费者多样化的金融需求和供应商的各类融资需求。过去,虽然从消费者到供应商的资金流是电子化的,但也仅仅局限于体系内的流通,同时由于政策和技术限制,只能应用在消费者的付款和对供应商的结算方面。现在,随着国家相关政策的开放,苏宁可以对1.98亿个会员和3.5万家供应商的资料、访问流量、订单信息、补货信息等进行大数据挖掘,并有针对性地开发出各类金融产品,真正满足消费者和供应商的多样化金融需求。

苏宁的易付宝,就是在这样的思想体系下发展壮大的。在移动互联网高速发展的环境下,我国网上支付比例已达46.9%,手机正在逐步取代钱包。2014年第三方支付企业互联网收单8.8万亿元,移动支付收单6万亿元,增长391%。

2012年6月底,中国人民银行公布了第四批第三方支付牌照企业名单,苏宁易付宝在列,自此,它加入了第三方支付的行业大战。相比纯电商公司,苏宁有强大的线下店面为易付宝做推广和支撑。2015年3月24日,苏宁开始在全国1600多家门店和三、四级市场的苏宁易购服务站全面推广易付宝。当顾客在门店收银台结账时,易付宝将会生成一个专属二维码,只要通过手机扫码就可以轻松地完成支付,速度"比刷信用卡还要快"。这正是苏宁依托自身的完整布局,所构造的移动支付领域首个"自主解决方案",从而"实现了O2O的一次完整商业闭环"。截至2015年底,易付宝注册会员已经超过1.3亿,交易规模达1300亿元以上。

无论是电子商务还是O2O都需要信息流、资金流、物流,信息流和物流,苏宁都早已具备了,易付宝刚好解决了资金流的对接。孙为民说,苏宁易付宝将不仅仅作为支付工具来使用,它将集合苏宁会员卡、苏宁联名信用卡、支付工具"三位一体",整合形成具有苏宁特色的"金融云",为顾客提供一站式的支付体验。第三方支付平台具有跨越不同商户的外拓合作特点。

2015年年初,苏宁首次尝试易付宝移动支付业务的外拓试点,与南京新百、东方商城两家南京知名大型商场合作,为易付宝的"下半场战术"奠定了基础。5月首次海外落地,在日本LAOX门店为国内旅行者提供扫码支付服务。

6月11日,易付宝与全国500家线下代理商强强联合,有利于进一步激活苏宁在个人计算机、移动、门店、电视四端布局的渠道价值,为消费者获得全场景无缝购物的体验奠定了基础。

基于此次大规模签约,苏宁在南京实践并初步成型的"易付宝+本地生活"模式,有望得以迅速推广,并全维度覆盖零售、社区生活、城市交通、医疗、教育等消费场景。

现在,苏宁易购从信息系统到支付系统,再到后端产品配送等所有购物环节均已打通,苏宁O2O闭环,完全实现独立自主的把控,中国版的"沃尔玛+亚马逊"的拼图变得更加清晰。

(四) 全产业链金融布局

2015年5月29日,注册资本金为3亿元,由苏宁云商、南京银行、法国巴黎银行个人消费金融集团、洋河股份和先声再康药业共同出资成立的苏宁消费金融公司开业运营,力求通过推动普惠金融的发展,以金融的力量促进消费升级,真正解决消费者"能消费、敢消费、愿消费"的实际问题,依托苏宁海量的会员、数以万计的供应商以及充沛的现金流,打造"供应链金融+基金保险+消费信贷"的全产业链金融布局。

中国银监会官方对消费金融公司的解读是:不吸收公众存款,以小额、分散为原则,为用户提供以消费为目的的贷款的非银行金融机构,包括个人耐用消费品贷款及一般用途个人消费贷款等。

对比来看,我国消费金融公司的发展路径与西方类似,都是从金融机构拓展到非金融机构,主要是大规模零售商基于日常业务的延伸,这类金融业务是在日常交易活动中产生的,具有较强的现实需求。在现有的购物消费中增加消费金融的功能,提供更加快捷、便利、实惠的金融服务,通过适度的、有计划性的超前消费,将有助于进一步提升消费品质。

券商分析机构中金公司在研究报告中指出,通过"+金融"的产业模式,提升苏宁平台的用户体验与消费黏性,以零售、物流、金融、IT为基础打造的互联网零售生态圈成为苏宁的新业务增长点。

在苏宁的战略拼图中，苏宁消费金融的诞生，是消费和金融市场发展的需求，更是苏宁互联网零售发展的延伸。这里隐含着的一个明晰的商业逻辑是，有零售，就必然有消费。随着中国经济新一轮的消费结构转型升级，中国消费金融的发展也必将进入快车道。

消费和投资、出口一道，成为驱动中国经济发展的“三驾马车”。以前，中国的 GDP 主要由投资和出口拉动，现在，随着中国经济转型走向深化，在未来很长的一段时期内，消费将扮演更加重要的角色，中国经济将从由投资拉动转向由消费驱动。

苏宁消费金融公司甫一问世，即成为苏宁金融产品和服务矩阵中最重要的组成部分，并让苏宁的“金融云”初具雏形：

在上游，苏宁成立了面向供应商的小额贷款公司和商业保理公司；在中游，苏宁上线了为苏宁售后、物流等服务商提供保险计划的互联网保险销售业务，以及以提升客户黏性为目的的易付通、“苏宁小贷”“任性付”和“零钱宝”基金销售业务；而苏宁消费金融公司开业，则是立足于 25 年积累的海量用户和海量商品布局下游消费信贷，这是苏宁得天独厚的应用场景。

借助互联网大数据技术，金融领域的苏宁不仅仅是跨界者，也成为颠覆者。在“2015 中国经济媒体领袖春季峰会”上，张近东“三次感谢”互联网，他认为互联网帮助苏宁打破了成长的天花板，推开了无数扇窗户，引发了一系列的核变。最直观的变化是，苏宁在打破了品类的天花板之后，市场容量从 1 万亿元递增到 30 万亿元。他在现场幽默地说，互联网让苏宁和他的朋友圈越来越大了，“三云”开放促使苏宁零售生态圈进入一个“万物生长”的模式。（本案例摘编自《从＋互联网到互联网＋：苏宁为什么赢》浙江大学出版社）

撰稿人： 姚　凯　苦宁物流集团副总裁
徐　军　蓝狮子签约作家
何　丹　商业变革研究者

案例4　顺丰:从速运公司到商业合作伙伴的转型

一、企业简介

1993年,顺丰速运(集团)有限公司(以下简称"顺丰")诞生于广东顺德。自成立以来,顺丰始终专注于服务质量的提升,不断满足市场的需求,在中国大陆、香港、澳门、台湾地区建立了庞大的信息采集、市场开发、物流配送、快件收派等业务机构及服务网络。

与此同时,顺丰积极拓展国际件服务,目前已开通美国、日本、韩国、新加坡、马来西亚、泰国、越南、澳大利亚等国家的快递服务。

截至2016年12月31日,速运物流营业收入5 714 142万元,毛利率为19.55%,其他业务营业收入34 128万元,合计营业收入5 748 270万元。顺丰建立了庞大的信息采集、市场开发、物流配送、快件收派等业务机构及服务网络。

二十四年来,顺丰持续加强基础建设,积极研发和引进具有高科技含量的信息技术与设备,不断提升作业自动化水平,不断优化网络建设,实现了对快件产品流转全过程、全环节的信息监控、跟踪、查询及资源调度工作,确保了服务质量的稳步提升。

从2011年开始,顺丰从单纯的"收运转派"的快件服务,向综合物流服务供应商转变。顺丰建立了速运事业群、商业事业群、供应链事业群、仓配物流事业群、金融服务事业群的5大业务BG(Business Group),如图2-4-1所示,全面整合成电商平台、O2O"顺丰家"、物流普运和冷运、仓配一体服务、金融服务,形成商流、物流、资金流、信息流的闭环,实现"四流合一"的生态链。

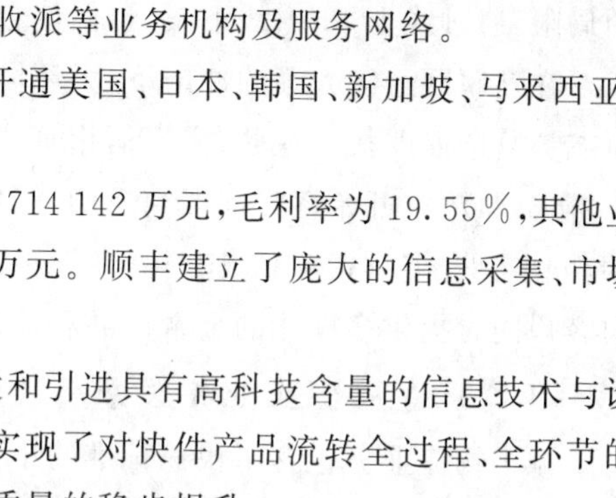

图2-4-1　顺丰五大业务BG

速运事业群、商业事业群、供应链事业群、仓配物流事业群、金融服务事业群均与快递物流紧密相关。顺丰重点业务包括标准快递、电商快递、B2B物流、金融服务。其中速运事业群是顺丰的优势业务,重点保持其在商务领域的领先优势,并承担维护顺丰品牌形象的重任,而供应链事业群的重点在于冷链运输。仓配物流事业群是在电商市场提供仓配一体化服务,建立了覆盖全国的7个RDC仓库及其他功能性仓库78个,服务覆盖范围也随着处理能力而扩大;与之对应的配送覆盖网点与范围提供对应的干线运输、落地配业务,形成仓配一体的专业服务体系。商业事业群和金融事业群为顺丰电商客户提供相应的平台和金融服务,最终形成一个服务电商客户的闭环。商业事业群背靠速运事业群强势的物流能力,既包括"嘿客"升级版"顺丰家",又包括2014年生鲜电商名列第一名的顺丰优选,顺丰商业事业群涵盖平台电商、仓配服务,利用贴近社区和消费者的"顺丰家"打通全渠道生态环境。顺丰金融事业群是通过银行金融优势和物流优势为电商客户提供了金融服务。顺丰的整个体系打通了商流、物流、资金流、信息流的每个环节，形成了全生态链的服务体系。

二、实施供应链管理的背景

（一）顺应互联网经济发展

互联网经济是以现代通信网络、电子计算机网络等信息网络为基础，在互联网平台上完成的各种经济活动。企业通过互联网立足于网络平台的电子商务获取更有效率的、适合企业定位的产品，一定程度上节省了采购运输的费用消耗，优化了企业采购体系结构。在技术层面上，电子商务网络技术对传统企业单一的线下技术进行了很好的补充，突破了线下空间的局限，通过线上平台、线下渠道，促使企业获取更多的经济利益与社会效益。

在互联网经济大潮的冲击下，大环境的变化节奏非常快，远超过前十年的发展速度。竞争态势复杂而严峻。在此背景下，市场对商业合作伙伴的服务多元化提出更高要求。在供应链末端，顺丰开始逐步向电商发力，同时提供线上销售渠道及线下物流服务；在供应链前端，顺丰整合多方资源和自有优势，逐步向供应链管理服务延伸；在金融和信息化方面，顺丰向客户同时提供多样化的金融产品和信息化平台共享及搭建服务的支撑。

（二）适应企业业务发展

顺丰物流业务包含了快速标准的小件业务、电商业务、重货业务、冷运业务等，一张大网难以承接全部的物流业务，为了能够提供更加专业化的物流服务满足客户的需求，需要对物流业务进行细分，提高物流服务水平。为了实现各业务之间协同，建立各个业务的专业能力，致力于打造综合物流服务平台，迫切需要对业务进行拆分、协调整个生态链资源，既保证各业务的专业化，又通过组织架构、流程、信息系统的支持实现资源协调。

（三）打造完整供应链服务体系

目前，快递仍为顺丰的核心业务，且顺丰的服务集中在供应链后端 B2C 业务中。未来，顺丰将会积极拓展 B2B 市场，向供应链上游延伸，并且拓展服务的广度与深度，已给顺丰带来更广阔的发展机遇，由此才能契合顺丰的战略目标，打造一套完整的生态化供应链服务体系，顺丰供应链服务体系见图 2-4-2。

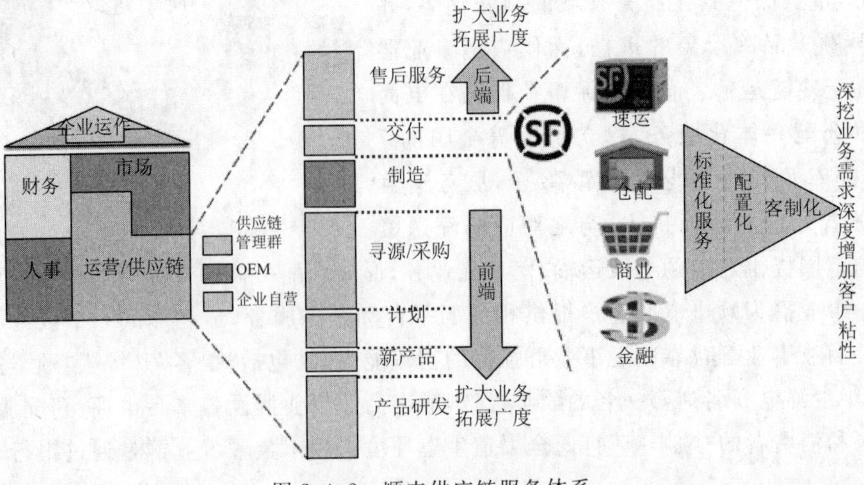

图 2-4-2　顺丰供应链服务体系

三、供应链管理的运作模式

顺丰从单一的快递业务，转向综合物流服务，这一转型是从后向供应链前端延伸。在供应链服务深度方面，依托顺丰速运成熟的物流体系，提供优质的标准化产品组合，并结合外部资源补充能力版图，综合各项资源为企业提供个性化的物流服务，以此形成长期稳定的合作伙伴，并在后期协助客户从供应链策略、方案设计、落地实施及运营管理，提供端到端的集成供应链解决方案和服务；实现客户供应链运作转型升级和优化提升。在供应链服务的广度方面，在已有的综合物流服务的基础上，顺丰还能为客户提供配套的金融及信息化服务，以支撑客户的商业发展，并致力于成为客户的商业合作伙伴。

（一）提供优质的标准化产品

1. 速运产品

顺丰速运是顺丰的基础业务，采用自营模式，顺丰中国大陆网点覆盖 34 个省、自治区和直辖市、272 个大中城市、1,418 个县级市或城镇，香港网点覆盖了 18 个行政区中的 17 个，台湾网点覆盖了 8 个主要城市。地级市的覆盖率达到 90%，县级市 60%。

顺丰速运主要采取收件—中转—干线—中转—派件的运作模式，全网络有一级中转场，二级中转场，三级中转场等网店。覆盖不同类型的中转场包括航空、陆运及各级中转场。

顺丰速运提供了快速、安全、优质标准的服务，这离不开顺丰航空资源的投入，顺丰航空拥有以 B737、B757 机型为主的全货机机队，致力为顺丰速运提供快件产品的空运服务，是顺丰速运快递业务核心竞争力的重要保证。随着机队规模的不断壮大，顺丰航空也将依据顺丰速运的业务发展规划，稳步完善运输网络，为客户提供更优更快的空运服务。加上航空租赁飞机，顺丰航空机队总数已经达到 37 架，以及租赁 1700 个常用航班线，日发货量可达到 1 800 t。同时顺丰速运拥有丰富的公路资源及独特的铁路资源、水路资源等，2014 年 8 月顺丰包下了深圳到上海电商专列、京沪电商专列、京广电商专列，极大地提示了快件运输能力。

2. 顺丰普运

目前，我国市场上前六家快递企业包揽了超过 80%的市场份额，而前十家公路零担物流公司所占市场份额仅为 1.28%，但市场规模却是快递的数倍。这也让公路零担物流行业成为继快递业之后下一个面临爆发式发展的物流领域细分行业。

2015 年 4 月，顺丰开始“物流普运”的业务，该业务主要针对 20 kg 以上“大货”。普货运输业务目前已在全国铺开，被称为“物流普运二期”。

顺丰利用布局良好的公路网、铁路资源发力重货物流，在升级物流普运的同时，顺丰“行邮专列”也在 2015 年 11 月上线，主要针对单票重量大于 300 kg 的大货重货，承诺当日上门收货，3～5 天完成配送。单件货物重量上限和物流普运相比也进一步放开，从 130 kg 调整至 200 kg。

3. 仓干配一体化产品

顺丰提供常温仓、恒温仓、冷库、防静电仓库等仓库类型，顺丰仓储配送服务主要是为客户提供仓储、分拣、配送一站式的供应链物流解决方案。服务内容主要有：出入库管理、分拣包装、库存管理、信息服务、保险、配送、其他增值服务。建成投入使用仓库 83 个，包括北京、上海、广州、深圳、武汉、杭州、重庆、福州、嘉兴、青岛、南京、温州、长沙、厦门、台湾、香港等 47

个重点城市，共有仓库面积 62 万 m^2。

仓储＋干线＋配送的一体化的快速响应体系运作方式为“一个集中，两个分散，三个一体”的运作模式。一个集中是指订单处理中心（Order management system）集中处理订单，实现智能分仓，处理全网所有客户订单；两个分散是指品类分散，建立集中的品类仓库如 3C 仓、服装仓等，仓库功能实现分散，生产仓库与存储类仓库、退货仓库功能分散，实现专业化的服务；三个一体是指：仓干配一体、调拨一体、集发一体，实现资源的集中利用，降低成本：

① 提供给客户订单统一由订单处理中心处理，智能分仓，信息库存可视化服务。

② 分仓备货满足客户订单履约更快、成本更低，实现更好的买家体验。

③ 干线调拨＋落地配＋配送体系为订单更快地到达消费者手中提供了强大的物流基础。

④ 仓储＋配送一体化的模式，使客户订单能集中处理，减少订单在集货中心的转运次数，快速响应客户需求。

仓配一体化是仓和配的结合，既要有仓的网络，还要有配送的网络，仓储网络和快递网络相结合才能真正解决电商公司的一条龙服务要求。顺丰已在上海、沈阳、广州、西安、成都、武汉建立 7 大分发中心，并在 50 个重点城市已布局上百仓储配送仓库，仓储总面积近百万平方米，配以顺丰数万网点，覆盖全国 2500 区县，基本建成了覆盖全国的电商仓储配送体系。顺丰推出了分仓备货的服务，可节约 30% 的订单配送成本。目前，包括华为、小米、长虹、康佳在内的诸多品牌厂商均已使用顺丰的分仓服务。

（二）综合资源提供个性化服务

基于标准服务产品和外部供应商资源的结合，提供能够满足客户个性化要求的灵活服务组合，以此积极拓展 B2B 市场，向供应链上游延伸，并且拓展我们服务的广度与深度，将会给顺丰带来更广阔的发展机遇，由此才能契合我们的战略目标，打造一套完整的生态化供应链服务体系，顺丰供应链服务体系细分项如图 2-4-3 所示。

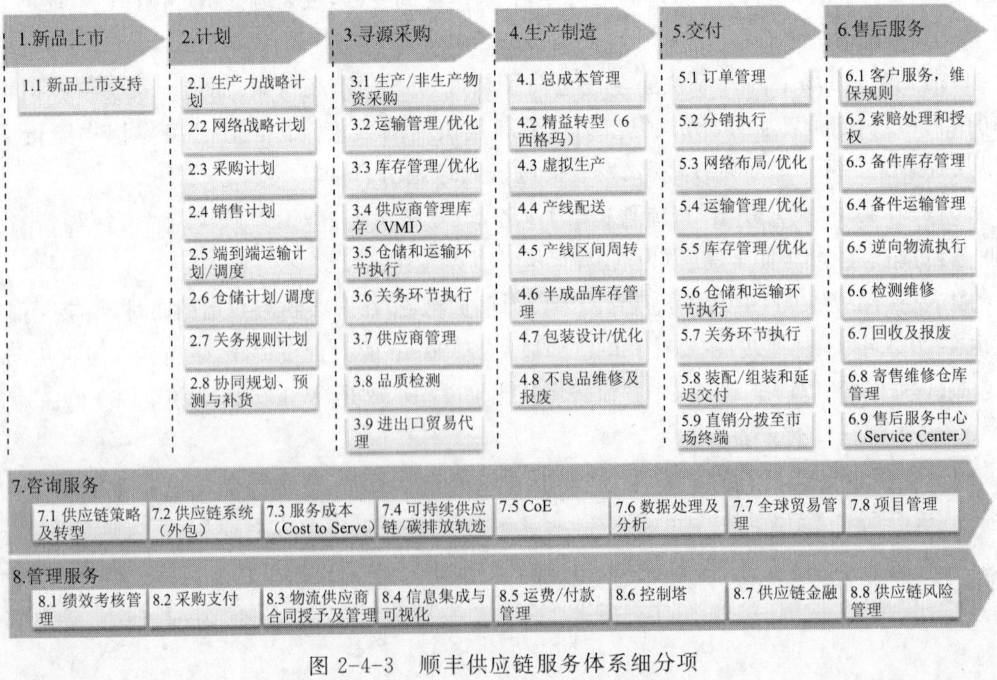

图 2-4-3　顺丰供应链服务体系细分项

（三）金融与信息化服务支撑

金融服务事业群依托强大的速运网络数据资源，专注于构建和研究具有顺丰特色的互联网金融模式及供应链金融服务，构造以数据为驱动，拓展人、移动智能设备、商业相连互动的大网，为客户提供定制化的金融服务解决方案，致力于成为全球领先的供应链金融和消费金融服务的提供者。围绕供应链前端参与主体产生的金融需求，顺丰提供应收账款融资、存货融资、预付款融资等金融服务，并面向供应链末端渠道平台和零售客户提供消费金融产品，顺丰供应链金融服务如图 2-4-4 所示。

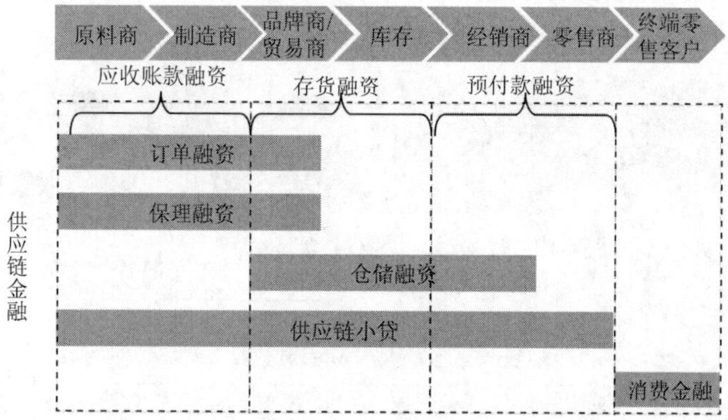

图 2-4-4　顺丰供应链金融服务

四、实施供应链管理的绩效

医药行业是国内目前供应链全流程较为复杂的行业，顺丰携手国内知名医药企业，并依据其个性化的需求为其打造一套完整的供应链服务体系，该医药企业原有供应链模式如图 2-4-5 所示。

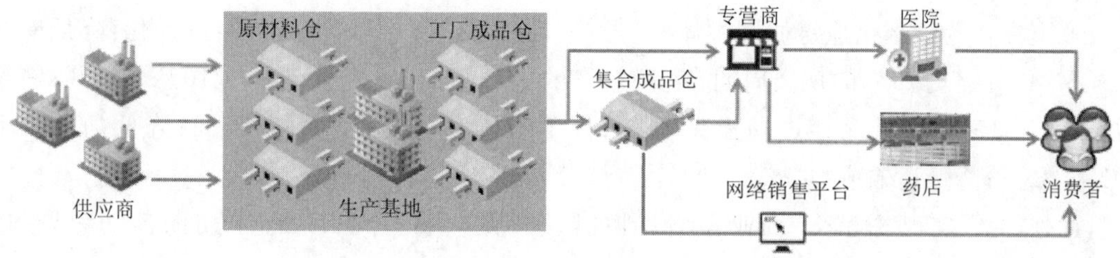

图 2-4-5　国内某大型制药企业原有供应链模式

在该药企客户原有的供应链模式中，主要面临的挑战包括：剥离物料成本中的物流成本，进行相应测算，从而降低物料采购成本；优化原材料采购计划和补货计划，并合理化安全库存（中心计划部）；运输成本的降低，如城市配送费用的降低等；工业和商业系统的供应链协同，如原材料运输和成品运输正反向的协同；单层直发全国的配送，没有分级配送网络，导致配送成本偏高；仓储成本包括人员和设备效率的提升（如设 VMI 仓）；缺乏供应商、客户、经销商、零售终端、医院等信息系统的无缝对接。

基于客户面临的挑战，顺丰供应链整合执行资源，利用系统平台提供从研发、计划、寻源采购、生产、交付到售后服务的端到端生命科学/医药行业供应链解决方案，顺丰服务与新供应链模式如图 2-4-6 所示。主要包含以下几个方面：

① 顺丰作为唯一供应商提供原材料和成品的运输服务，节约客户管理成本。

② 专项团队每日协调运输线路设计，优化运输成本。

③ 全厢型车辆运输，保障货物安全。

④ 端到端的可视化符合监管要求，提高客户满意度。

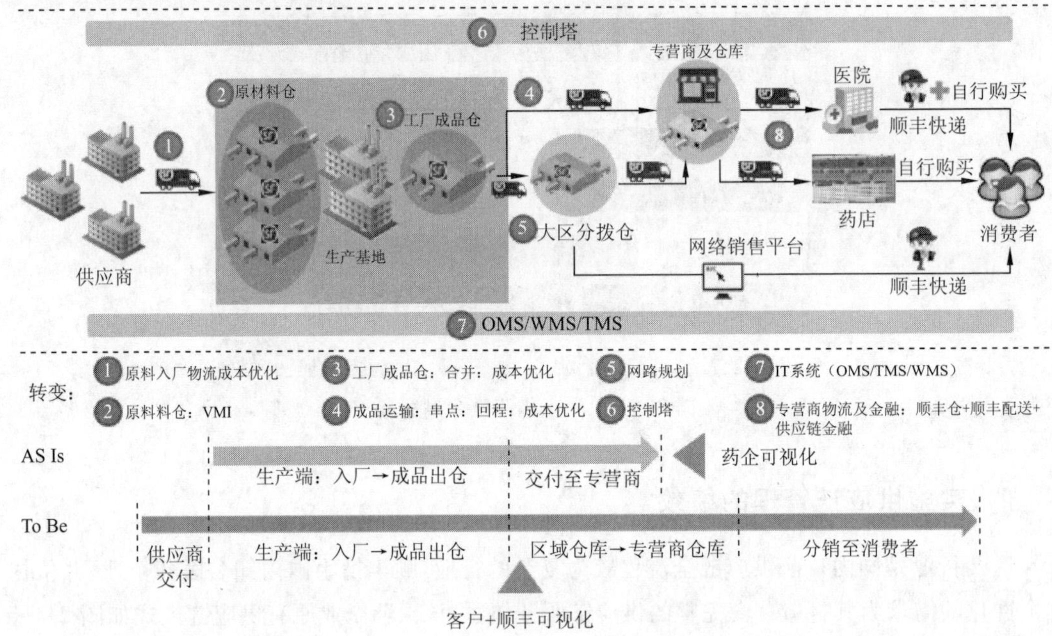

图 2-4-6　顺丰服务与新供应链模式

顺丰在作为外部供应链协同主体的努力下，成功为客户实现供应链绩效优化：降低库存 22%～24%；缩短 21%的现金周期；缩短 32%的销售周期；缺货频率减少 10%～15%；销售增长 5%～10%；降低库存过期损失 40%；订单周转时间减少 10%～25%；降低加急成本 20%～30%；降低运输成本 5%～30%。

此外，为了实现成为客户商业合作伙伴的愿景，顺丰依托自有 IT 能力，协助客户完成供应链 IT 规划和实施，完善客户信息化平台的功能，顺丰协助客户完善 IT 规划如图 2-4-7 所示。

在金融服务方面，相比国内传统的供应链管理服务商，顺丰最大的特征在于其一站式供应链管理服务，顺丰基于客户供应供应链模式提供的金融服务如图 2-4-8 所示。传统的供应链服务商，大多只是在供应链单个或多个环节上提供专业服务，如运输服务商、增值经销商和采购服务商等。物流服务商主要提供物流运输服务，增值经销商主要提供代理销售，采购服务商主要提供代理采购等。顺丰通过整合供应链的各个环节，形成囊括物流、采购、分销于一体的一站式供应链管理服务，在提供物流配送服务的同时还提供采购、收款及相关结算服务。

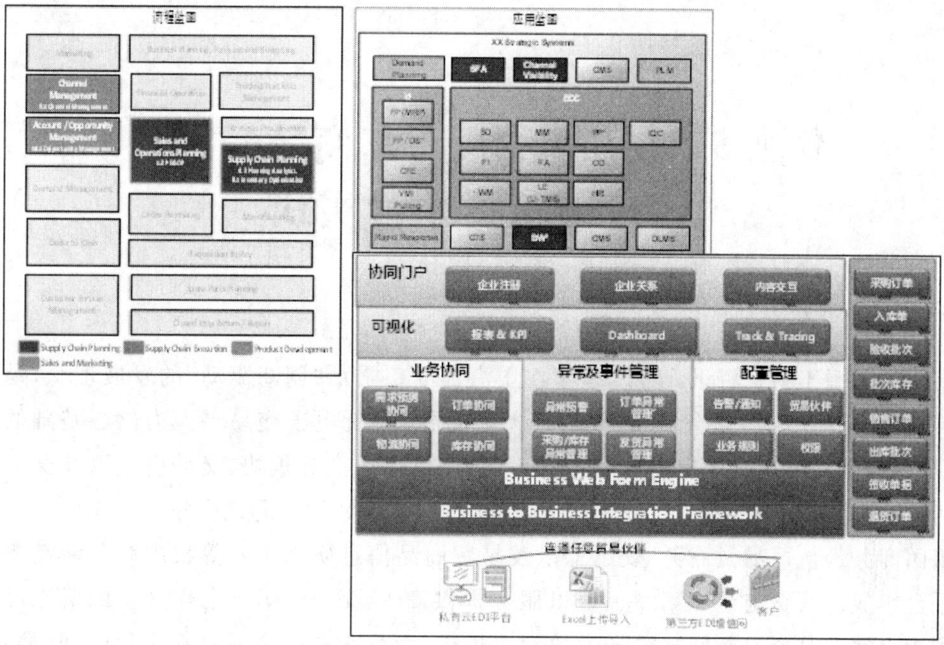

图 2-4-7　顺丰协助客户完善 IT 规划

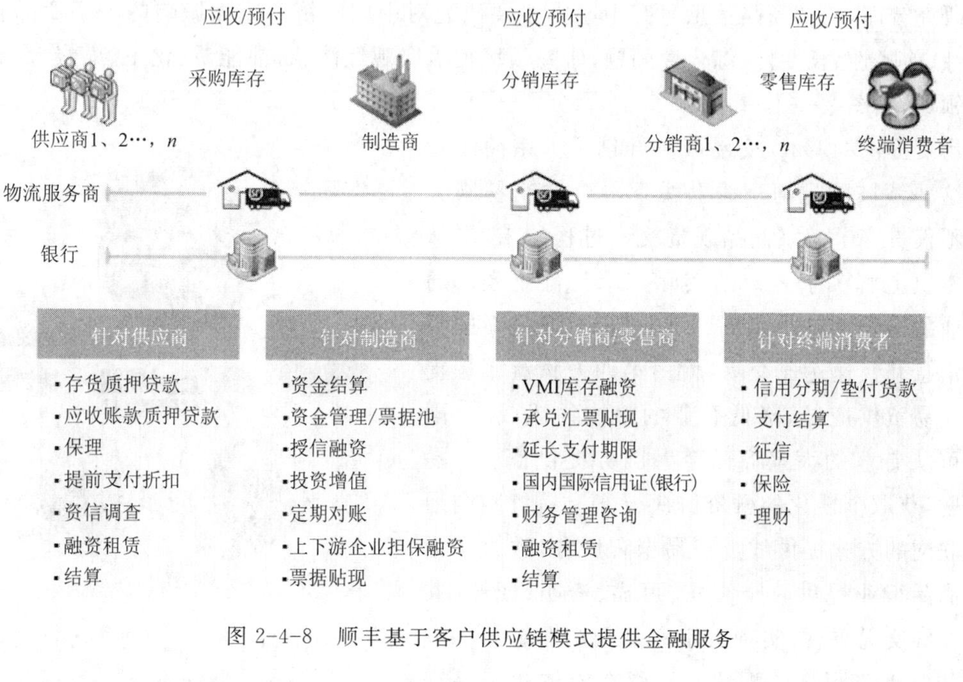

图 2-4-8　顺丰基于客户供应链模式提供金融服务

撰稿人：何晓东　顺丰速运有限公司供应链部负责人

蓝　天　顺丰速运有限公司供应链专员

案例5　易贸集团：大宗商品一站式供应链融资平台实践

一、企业简介

易贸集团源于易贸资讯，于1999年在上海成立。秉承“创新驱动”的发展理念，易贸在2011年完成重大战略及业务调整，成为以大宗商品①现货电子交易平台为核心基础的领先企业，提供线上线下融合的交易服务。目前，集团已形成商务板块、交易板块以及交易服务板块的三大主体业务，旨在为行业客户提供全方位、多领域的专业化服务。

集团商务板块由易贸商务、安迅思以及易贸商品信息研究中心等权威商务活动机构与资讯平台组成。易贸与全球第二大资讯服务提供商Reed Elsevier合作开展的资讯服务是目前国内大宗商品资讯领域规模最大的专业机构，为行业提供全面且高质量的即时新闻和市场趋势，同时也是国内大宗商品领域最权威的定价中心。而作为大宗商品及相关金融领域的研究智库，易贸商品信息研究中心则主要研究对中国经济有重大影响的大宗商品相关战略性、前瞻性、长期性、综合性问题，研究领域覆盖宏观经济、石油能源、化工、煤炭、金属等多个领域，如图2-5-1所示。

图2-5-1　CBI易贸

易贸提供的O2O交易服务开创了大宗商品行业在这一领域的先河。线上线下融合的交易服务体系不仅贯穿了大宗商品现货交易过程始末，更从交易本质上解决了客户的实际需求。行业客户通过专业的经纪服务提供商——易通，获取最新的买卖盘信息并快速达成交易，借由第四方物流服务提供商—易贸供应链，降低企业的整体物流成本，同时还可从专业的大宗商品金融服务提供商——易贸金融，获取个性化的融资解决方案。易贸网则通过互联网的方式提供线上交易全程服务，致力于为大宗商品行业提供一个真实、可靠、透明、便捷、共赢的在线交易平台，实现大宗商品和产业链第三方服务的双重资源高效配置。易贸在液体化工品交易所、大宗能源化工交易市场联盟等领域也做出了新的尝试与开拓，正在为构筑起全新的大宗商品

① 指可进入流通领域，但非零售环节，具有商品属性用于工农业生产与消费使用的大批量买卖的物质商品

“生态系统”而不断探索。

2011年,易贸集团发展成为拥有上海东虹桥电子商务发展有限公司、上海易通电子商务有限公司、上海易贸商务发展有限公司、上海易贸供应链管理有限公司等全资子公司及合资子公司十余家的集团企业,员工人数逾千。在北京、广州、烟台、新加坡设立分支机构。

交易规模方面,2012年平台交易量达到1 074亿。2013年上半年,平台交易额为926亿元,同比增长145%,2013全年交易额突破2 200亿元。其中,液化产品的交易量已占全国现货交易量的30%以上,而以塑料为主力品种的原材料采购平台,单月可实现单边交易量过2万吨。

二、大宗商品供应链融资平台实施的背景

(一)大宗商品交易对融资的需求

随着全球经济金融一体化的不断深入,大宗商品贸易融资业务正成为国内企业融资的发展趋势,逐步替代流动资金贷款等一些传统金融产品。企业间的竞争更多地体现为交易链与供应链的竞争,企业短期所需资金也必然运用于供应链与交易链,企业对贸易融资的需求将持续扩大。

(二)大宗商品金融属性发展的要求

随着国际大宗商品期货市场的不断发展和资源的日益紧缺,国际大宗商品作为一种投资获利工具,其金融属性越来越突出。大宗商品金融属性的增加,并且与股票、债券等“纸资产”相对应,被视作“硬资产”,将吸引更多的资金流入大宗商品领域。

但是,2013年整个融资条件总体上来讲在收紧,银行利率上升非常明显,票据贴现率都在上升。有的银行开始限制一些融资品种,比如有的地方融资铜的大额信用证就很难“顶风作案”;有的银行对开信用证的企业资格要求更为严格,对国有大型贸易企业仍然放行,但对大部分中小型民营企业就把路封死了;不少南方地区的银行停止了对中小企业开具90天以上的信用证。市场在呼唤风险保障前提下的供应链融资创新模式。

1. 上海自贸区建立对大宗商品市场的意义

《中国(上海)自由贸易试验区总体方案》正式获国务院通过后,上海自贸区市场的试验、完善并发展,对国内大宗商品贸易来说,将会是一块接轨国际大宗商品贸易市场的翘板,同时也是一个摆脱目前大多数大宗商品行业低迷的转折点。自贸区内有望建立国际大宗商品交易平台,设立商品期货交割仓库,有利于争夺国际定价权。

2. 中小贸易企业在大宗商品融资上面临的困难

由于大宗商品金融属性强,参与交易的门槛较低。促成了大量中小贸易商在大宗商品领域从事贸易和套利的操作。但经济危机爆发后,这些中小贸易企业以及工贸一体企业在经营上面临了很多困难。以前的融资渠道也进一步收窄,抵押、担保手续繁杂,中间收费高,企业难以承受;反之,对银行来说企业的不诚信,法制的不完善,也进一步推高融资成本。形成了金融市场对中小企业的挤出效应。虽然近年来,央行制定了一系列支持中小企业发展的政策,但中央银行货币政策传导不畅。在经营战略上,国有商业银行实施的是“重点地区、重点行业、重点产品、重点客户”的“四重”战略,这使得信贷资金更多地流向了国有大型企业。中国小企业大多数规模较小,高信用等级的企业很少,商业银行的支持面越来越窄。在

信贷管理体制与监督体制上面，国有商业银行对贷款审批权限实行严格的分级管理，没收了基层机构的贷款审批权，而且审批环节过多，手续比较复杂，这就形成了贷款审批权限的高度集中与中小企业点多、面广、相对分散之间的矛盾以及审批程序的复杂化与中小企业资金需求高频率、小金额、快周转、强实效之间的矛盾。同时，大宗商品贸易企业，特别是中小企业由于缺乏固定资产投入，也无法以固定资产抵押从银行贷款。

3. 易贸平台对解决困境的作用

易贸大宗商品供应链融资监管平台的上线，是大宗品贸易到了现实阶段的必然产物，它主要解决了传统银行信贷以下几方面的问题：

① 解决制度层面的非均衡信贷配给。易贸大宗商品融资平台，采用订单质押和仓单质押模式，融资成本的高低只与贷款规模和融资时间有关系，和企业的规模无直接联系。

② 解决技术层面商品信息不对称导致的均衡信贷限制。易贸集团依托十数年在国内大宗商品咨询以及交易领域的数据积累，使大宗品贸易更加透明和便利。

③ 解决技术层面商户经营信息不对称导致的信贷限制。易贸商务和易通撮合多年对企业的跟踪和数据信息采集，使企业历年的商务活动，转换为量化的信用积累。

④ 解决了货物处置时，银行对商品不了解，处置不及时或者处置结果不专业。易贸下属的易通撮合，在大宗商品交易领域份额领先。在某些品目上，甚至达到了市场份额30%以上。为大宗商品的及时处置，做出了保证。

⑤ 解决了以往动产质押方式落后，信息传递不畅带来的隐性风险。易贸大宗商品一站式供应链融资监管平台，使用当今先进的物联网互联手段，对监管仓库的监管行为进行再监管，使每一个监管动作都在线完成。速度快，可追查。

三、大宗商品供应链融资平台的运作模式

动产②质押融资模式主要以借款人自有货物作为质押物，向银行等金融机构申请授信贷款。动产质押融资模式将客户拥有的动产盘活，加快资金转换、动产的流动，使企业的生产能力夸大，增加中小型企业的营业收益，易贸供应链金融平台如图2-5-2所示。

易贸集团动产质押融资模式，客户先注册成为易贸网的会员，提交审核资料给易贸金融，易贸金融进行预审核后给银行进行授信，客户与易贸金融签订《合作协议》，与银行等金融机构签订《循环授信额度使用合同》，客户在易贸网填写融资申请，银行放贷款，易贸网对货物进行监管。每天易贸供应链利用自主开发的EWS系统对产品进行货值货量监控，当监管货物价值跌至预警线后，系统自动发生短信和邮件给银行、客户及易贸相关负责人员。提醒客户需在24 h内补货或者还款。超过24 h，易贸供应链将对这批货物进行冻结并在市场上进行交易，易贸集团模式如图2-5-3所示。

易贸平台的关键是解决了银行对大宗商品动产质押风控知识的短缺，打通了银行和客户之间的融资渠道。

风控通过以下几方面实施：通过仓储征信评级选择适合的仓储企业，引入规范的第三方

② 此文中涉及的动产即指可做金融质押的大宗商品

监管体系,建立了标准的业务流程,积极运用物联网等技术手段加以管理。易贸完成了大宗商品的价格整理、大宗货物的处置、大宗商品的货权确认。

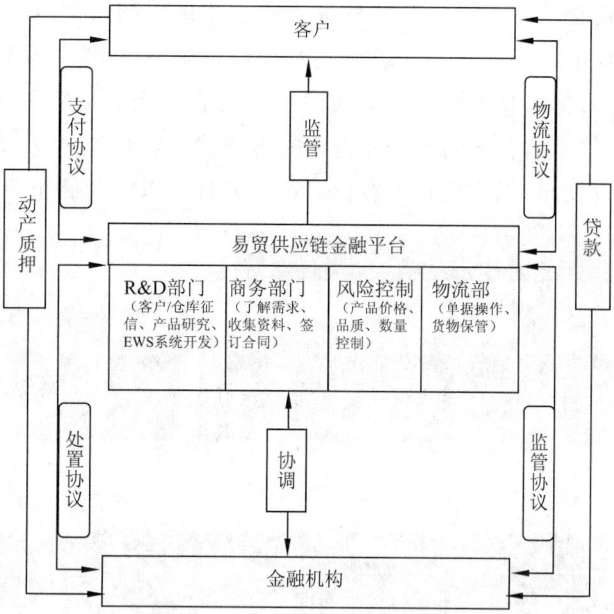

图 2-5-2　易贸供应链金融平台

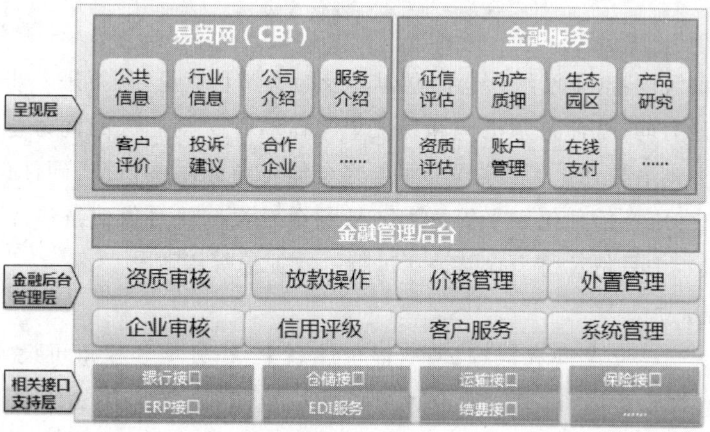

图 2-5-3　CBI 模式

(一) 建立仓储征信评级

为了更好地服务于大宗商品领域客户,易贸供应链利用物联网手段,建立自己的包装货样板仓库,易贸的样板库经过了银行等金融机构的现场评估和考核,已经成为银行的合作示范库,样板库的准入条件如图 2-5-4 所示。

对于加入易贸仓库联盟的公司,必须是依据国家法律、法规规范注册、证件齐全的企业,包装库企业注册资本不低于 500 万元人民币、液化库企业注册资本 1000 万元人民币及以上,成立并持续经营至少三年以上,仓储集团公司的子公司原则上要求经营至少一年及以上。依法合规经营、管理严格、信用良好,有完善的货物出入库制度,以往无纠纷、争议等不良记录，与借款人为非关联企业；仓库具备信息网络化管理水平，仓库有成熟的 WMS 系统，或者愿意使用易贸仓储管理系统，可通过信息系统对货物进行状态查询、远程监控；对于保税库、商品交易所指定交割库或者持有特种资质的企业优先纳入。对于管理条件不达标的企业，需要按照易贸标准进行一定的人员调整及硬件设施调整，达到易贸标准后，易贸提供为期 1 个月的培训方可加入仓库联盟。易贸供应链对仓储企业设立了详细的记录系统，从地理位置、价格、服务等十数个方面对仓库进行完整描述。客观地对仓储企业的现状加以记录，并在易贸网上加以发布，以方便行业客户对符合自身要求的仓储企业进行选择。

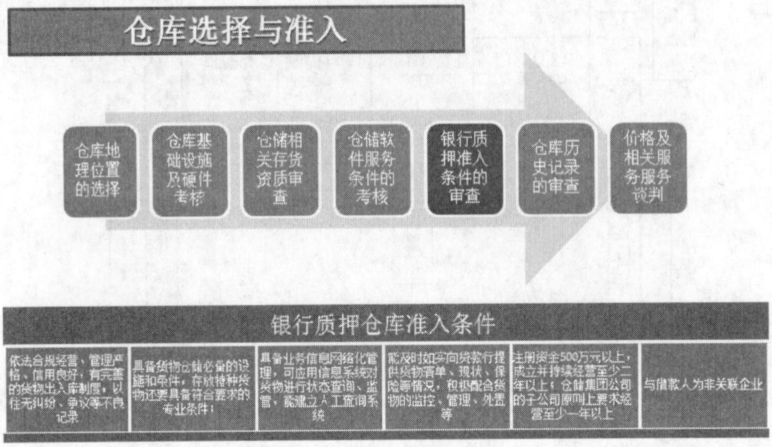

图 2-5-4　样板库准入条件

监管仓库征信管理：对于已纳入仓储联盟名录的仓储企业里，易贸进一步发掘出具有创新能力和抗风险能力的、符合金融机构和易贸集团做监管交割业务的优秀仓储企业。我们通过量化指标及不良事故评估等方法，全面考察仓储企业的基本概况、硬件设备设施、日常管理、环境、安全、健康及信息化水平等方面。易贸金融根据每月供应链巡库员在现场反馈的信息汇总，在次年 1 月份对每个仓储公司进行一次征信等级调整。

1. 征信体系建立

信用评价体系分为包装库和液罐 2 种，评价体系中，评分项和权重可设置，针对每个公司有一个评分表，权重设置 0～10，所有评分模块权重的累加为 10（五个评分模块不可修改），外仓资质能力评审管理体系见图 2-5-5，评价表见图 2-5-6。

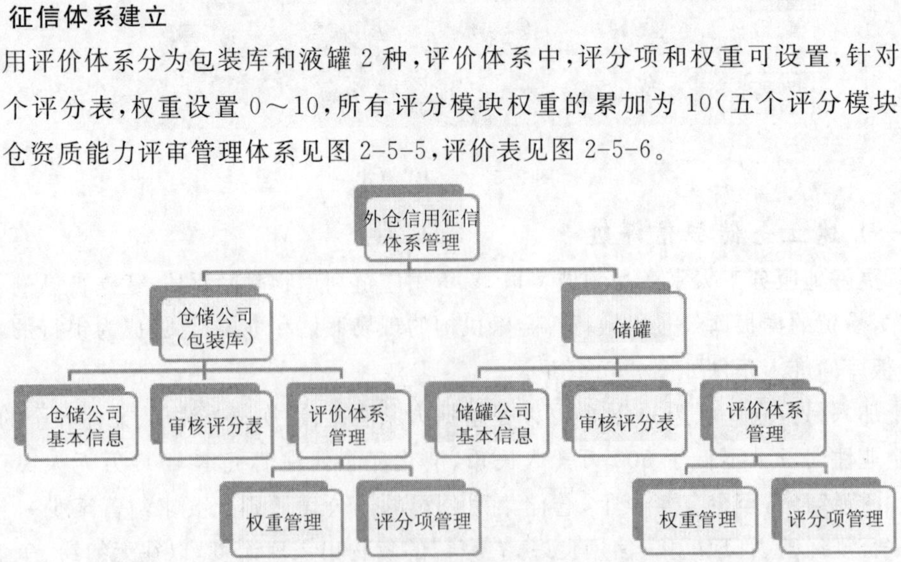

图 2-5-5　外仓资质能力评审管理体系

仓储公司名:		审核人:	易贸金融	审核日期:	2012-09-20 10:08:30
所在区域:	上海	评分人:	易贸供应链	评分日期:	2012-09-19 10:08:30

序号	权重	得分	权重比例	权重后得分
1	公司情况	15.00	2.00	30.0000
2	仓储设施	7.00	2.00	14.0000
3	仓储管理	13.00	1.00	13.0000
4	个性化	9.00	2.00	18.0000
5	HSE	24.00	3.00	72.0000

图 2-5-6　评价表

2. 征信指导流程

征信指导流程为制定征信评估目标、建立征信项目、建立目标任务指导、征信形成过程指导、征信管理、征信取证、制定征信改进计划,如图 2-5-7 所示。

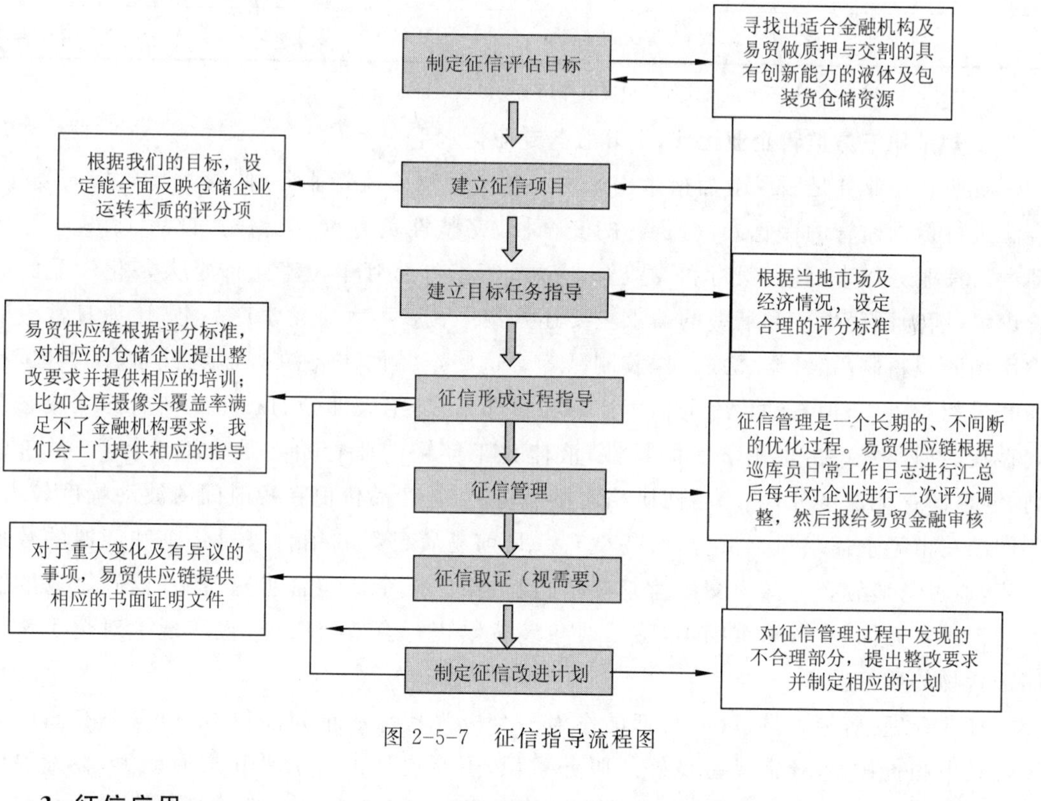

图 2-5-7　征信指导流程图

3. 征信应用

仓储企业的征信等级将作为进入易贸集团监管交割库的依据及金融机构授信额度的参考。

(二) 量化评分

评估总分 100 分,划分为四个等级,分配比例如表 2-5-1 和表 2-5-2 所示。

表 2-5-1　等级和分数标准

等级	A(优秀)	B(良好)	C(合格)	D(不合格)
标准	95 分～100 分	80 分～94 分	60 分～79 分	60 分以下

表 2-5-2　等级和授信额标准

等级	A(优秀)	B(良好)	C(合格)	D(不合格)
标准	120%月征信额度	110%月征信额度	100%月征信额度	0%月征信额度

注:授信额度=银行基本额度+征信额度

(三) 非量化评分

不良事故评估根据相关不良事故造成不良后果的程度,划分为三个等级,分配比例如表 2-5-3所示。

表 2-5-3　事故与征信额度

等级	A(重大)	B(一般)	C(轻微)
第二年额度	取消监管交割库资格	扣除 30%的征信额度	扣除 10%征信额度

注:具体不良事故条款及等级由风控部门根据具体相关规定核定。

1. 规范第三方监管企业运作,提升服务专业化水平

质押监管业务是因风险而衍生出来的一项金融物流监管业务,监管方是质权人委托,合法进行货物监管的保管人,对货物的安全性、完整性负有重要责任。自从 1999 年开展动产质押业务以来,各大银行和物流企业以及第三方监管单位都想涉足大宗化学品的监管市场,因为国民生产和消费的需求主要还是集中在一些大宗化学产品上,比如日常生活中用到的塑料制品、纤维、涂料、橡胶制品等。这些产品的主要源头都是石油,在中国,石油开采相对集中,但石油化工的衍生产品品目非常多,绝大部分的石化工产品均以液态形式存在。但实践中由于化学品的特性,液体化工储罐的监管始终是个难点:①产品价值高、混合储存无法区分;②产品性质相对不够稳定;③产品价值在短时间内波动幅度较大;④产品在市场上需求大于供应,容易变现。目前易贸已经利用自身对化工和能源的数据优势,通过与监管企业深入交流监管要求、规范第三方企业监管步骤、提升监管企业的监管意识等各方面,克服重重困难,除了对包装货物进行有效监管外,也实现了对化工液体储罐货物的质押监管。

日常管理:监管人员审核,监管员作为一个极为特殊的重要岗位,不但需要有高度的风险意识和责任心,还需具备良好的服务意识,不断提高工作水平和沟通能力,在确保质押物安全、完好的前提下,为出质方提供更好的服务和帮助。易贸监管员在入职前公司要进行家庭调查、原工作单位调查,并且要由直系亲属签订担保协议,并且要提供身份证、户口簿、房产证等的复印件,通过严格的入职前审核,就能把责任心差,心态不稳定的人排除在外。

规章制度:易贸拥有一套的制度体系,主要有工作纪律、轮岗制度、突发事件报告制度、

文档管理制度、休假管理制度、培训制度、奖惩制度、远程监控制度、应急预案等。工作纪律要求员工在岗期间不能擅自离岗，不得酗酒、赌博、禁烟等要求。定期轮岗制度规定了轮换方式、轮换时间以及轮岗一定要做好交接记录并要对现有库存进行盘点。

建立专业化评估机构，提高行业公信力：易贸估价遵循严格的采集、处理和发布体系，已经在产业价值链客户群体中获得广泛认可。自开始发布至今，易贸估价已有12年的历史，涉及超过50多个大宗品行业，上万个细分品种，每个行业按产品品目的种类分为不同的产品项目组，每个产品项目组由十至上百名市场分析员和市场调研员组成，每天对全国及产品主要进口国上千家的生产商、贸易商、下游厂商进行产品价格的电话调研，通过价格直接获取与相互校验的方式，结合市场心态和供求基本面的分析进行价格数据的汇总和筛选，并导入易贸的估价模型，得出最终的易贸价格。无论是追踪分析客观的行情走势，还是在直接的业务过程（现货买卖商谈、年度长期合同签约）中，目前90%以上的行业客户（包括生产商、贸易商、下游用户）都在使用易贸估价，而诸如海关、银行、法院等第三方机构，也在采用易贸估价进行商品核价或资产评估。2008年，易贸与全球石化资讯领先企业ICIS战略合作，易贸估价进一步在国际市场被认可和应用，国外供应商在参与中国贸易合作时，也已开始采用易贸估价。

2. 质押业务流程

质押监管全部流程都在线上完成。银行、客户、仓储企业最快可在一天内利用易贸供应链EWS系统，走完流程，实现银行当天放款。

（1）质押监管放款流程

① 易贸平台交易订单生产

② 易贸平台向EWS系统生成查询单

③ 仓储公司WMS系统录入货物信息

④ EWS系统调用货物信息数据并确认查询单

⑤ EWS系统上传品质证明文件

⑥ EWS生产监管单及监管单号

⑦ 易贸平台得到监管单及监管单号

⑧ 银行网银生产监管单及监管单号

⑨ 放款，放款流程见图2-5-8。

（2）还款流程

① 客户去建行网银操作还款（部分还款或者由于货物价格下跌引起的还款）

② 银行网银修改监管单通知

③ 通知易贸平台修改仓单

④ EWS系统修改仓单信息并发送信息

⑤ EWS系统向仓库WMS系统校验仓单信息

⑥ 仓库WMS系统中易贸监管账号库存调整

⑦ 还款完成，还款流程如图2-5-9所示。

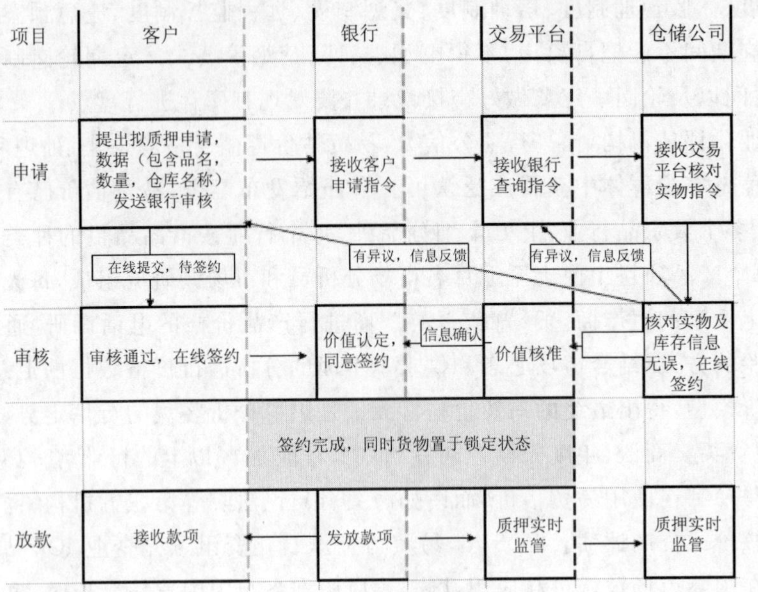

图 2-5-8　放款流程

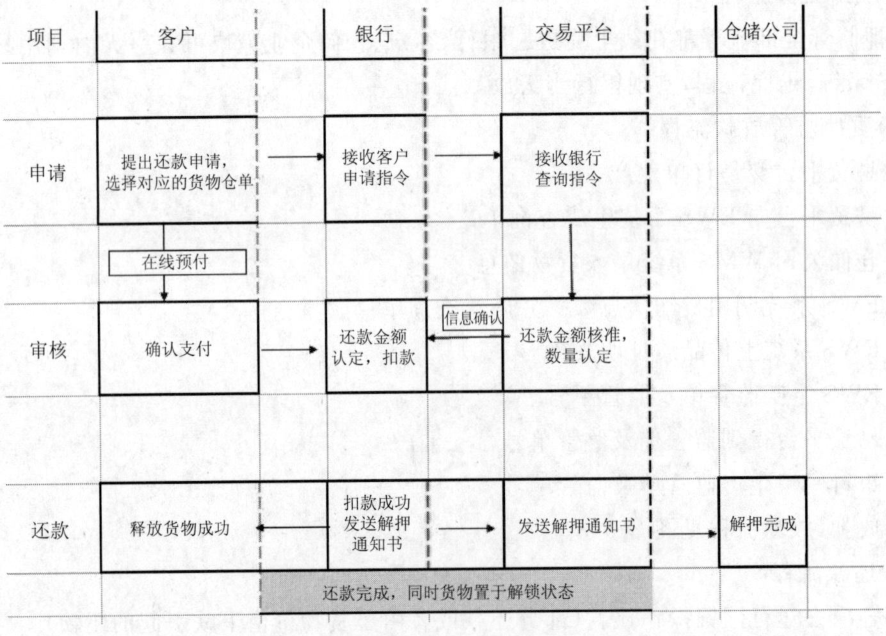

图 2-5-9　还款流程

(3)贷后管理

每天 2:00EWS 盘点监管单所有货物单价，每天 17:00 所有监管单 EWS 向仓库系统自动盘点。

质押线＝贷款余额/质押率；

警戒线＝质押线 * 风控系数；

警戒线是指按照银行所规定的价格波动比例下的,对于银行所持有的质押仓单所对应的价格波动的控制线,由易贸供应链管理系统(EWS)依据每日导入的价格,实行自动判断及预警。当库内的产品价格到达警戒线时,系统会自动发送短信到预录入的手机号和邮箱里,提醒相关部门对此票货物进行关注,贷后质押线管理如图 2-5-10 所示,预警提醒及相关报表如图 2-5-11 所示。

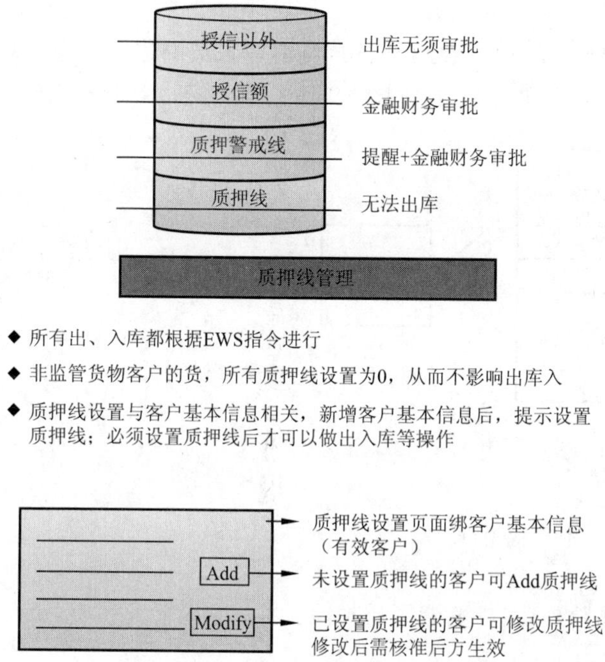

图 2-5-10　质押线管理图

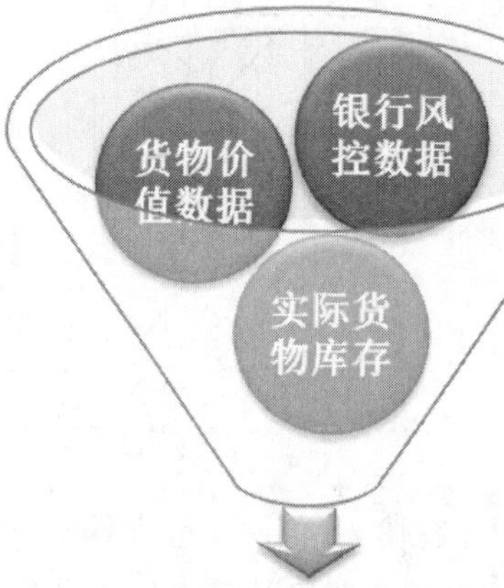

图 2-5-11　预警提醒及相关报表

由于系统外部接入即时货物价值数据,银行风控数据,仓库实际货物数据。系统能够实时为各个相关部门提供相关的风控信息,实现真正的多仓库总值动态监管,风控表如图 2-5-4 所示。

表 2-5-4　风控表

序号	范围	操作
1	库存值>授信额	出库无须审核
2	质押线<库存值≤警戒线	短信及平台银行相关人员提醒
3	库存值≤质押线	冻结(出库指令无法下达)

- 修改质押线后,设置前已经生成的单据不受影响仅影响修改后的新建单据。
- 未设置质押线的客户单据无法保存,新建单据时会提醒“请先设置质押线”。
- 货值计算 Sum(数量×价格)×汇率。
- 单据保存时计算,控制单据是否生效。
- 货值更新后/ 按周期主动计算更新(对于静态质押及流动较少的客户起到监管作用)。

- 计算后发现需要冻结的客户，预警（短信/平台）需补货/平仓。
- 出库只能单张操作，后来单子 hold 住直到前序单子有反馈。

管理模式：系统监管结合人工监管：EWS 介绍和人工巡库巡查规范。与传统的监管业务一样，我们也会配置现场巡库人员和风险控制人员。巡库人员每日到现场对仓库现场和货物进行检查，看是否达到我们监管手册的要求。风控人员主要是看系统的数据是否有异常，如果有异常，通知巡库人员及仓库进行调整。

系统通过人员 RFID 及 OA 考勤与仓库盘点功能综合应用，对巡库人员的巡查记录，盘点单盘点情况实现系统跟踪及管理，重点客户实行 24 h 监控，RFID 监控如图 2-5-12 所示。

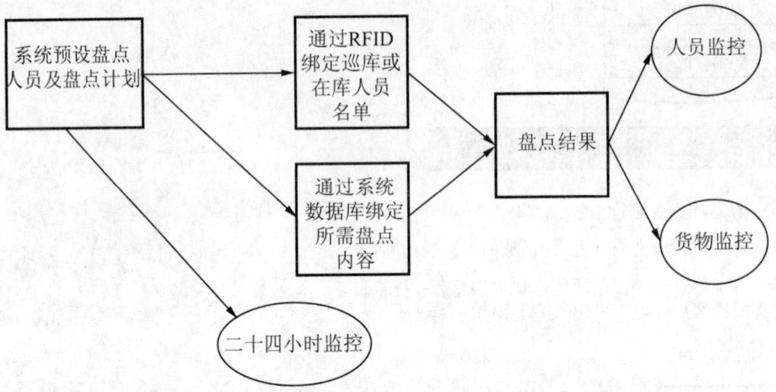

图 2-5-12　RFID 监控

对于保险，我们除了仓库购买的货物险外，另外购置了质押险。

3. 利用物联网及可视化技术参与管理

EWS 仓库电子监管系统，作为易贸对于监管质押类货物的管理手段之一，不仅涵盖了普通仓储系统的所有功能，更包括了“外库信息中心”“监管预警控制”“外库征信体系”“监管人员管理”“可视监控体系”及“自动监控价格”和“费用结算”等功能。为易贸交易平台对于外库的严格认定及有效管理提供先进的技术手段。EWS 系统运作原理是：使用非人工干预的技术手段，取得仓储企业管辖范围内的货物的第一手库存数据，并对仓储企业提交的各项报表进行审核。同时，通过技术手段，监控仓库的实际操作。需要导入 EWS 的数据主要有“出库数据”“入库数据”“库存调整数据”“库存数据”；根据期初数据叠加导入的出入库及调整数据与上传的库存进行比较，差异以报表的形式提供给接入方（当出现差异，需经过盘点，经审批后方可调整）；基础数据导入包括库存数据及客户资料，货物基本资料，仓库基本资料等；出、入完成后即反馈给 EWS；调整、库存定期接入 EWS，EWS 的功能与结构如图 2-5-13 所示。

监管系统实现方法：

① 建立统一物资系统，实现区域库存信息共享。

② 引入先进的库存监管模式，明确库位优化管理。

③ 对仓库作业的具体环节进行指令发送和反馈信息的接受。

物流监管中心的管理结构如图 2-5-14 所示。

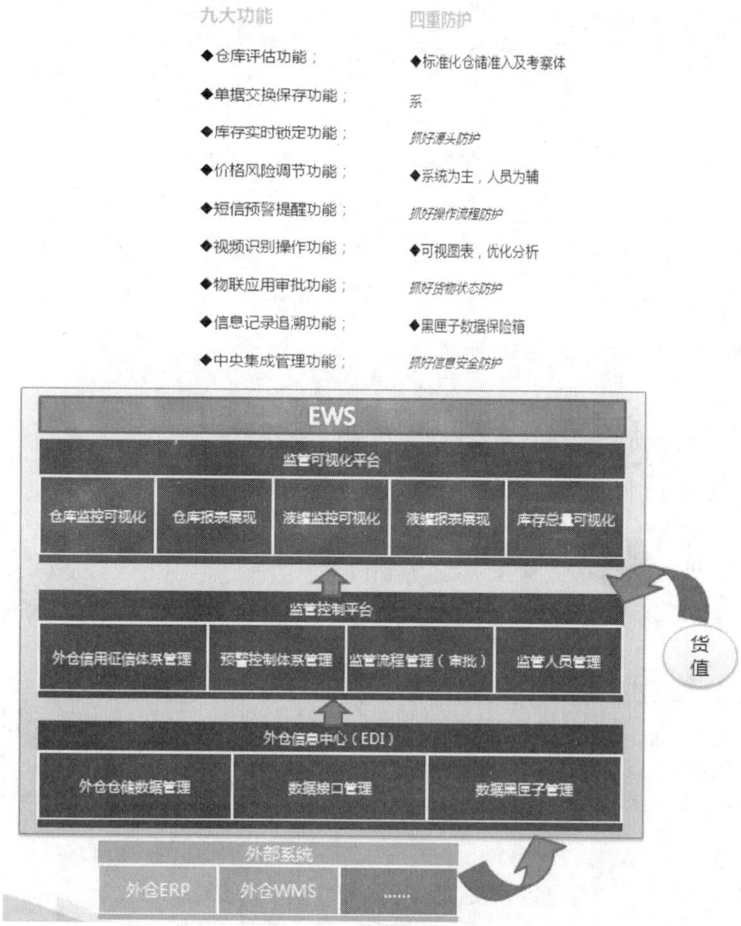

图 2-5-13 EWS结构图

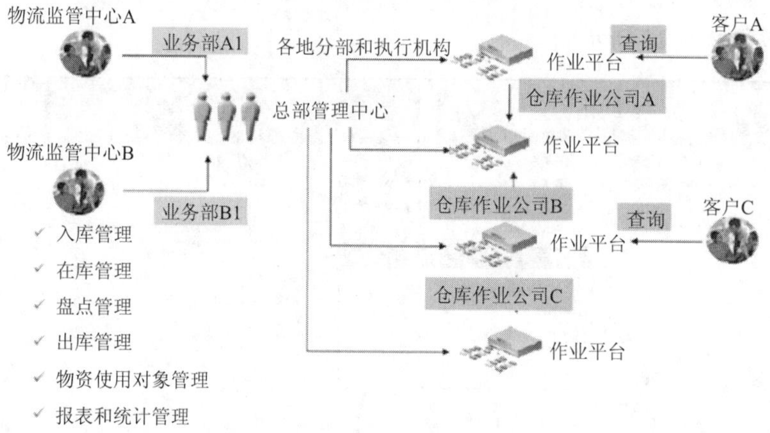

图 2-5-14 管理结构图

数据黑匣子管理:所有外库,接入监管体系的数据,均在易贸外库信息中心进行初始数据备份,防止外库系统随意篡改原始信息数据。

实际货物库存管理办法如图 2-5-15 所示。

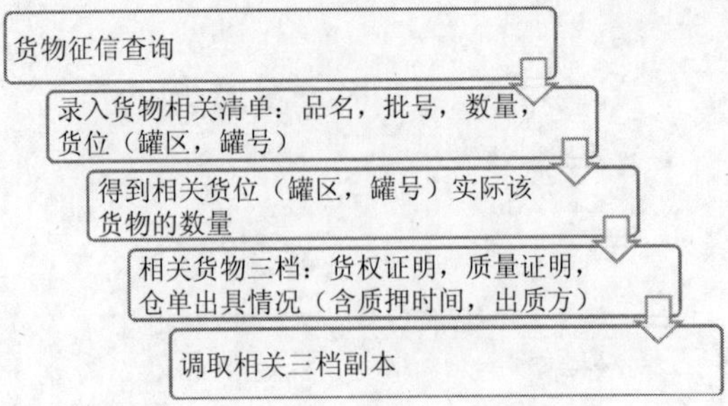

图 2-5-15　货物库存管理

电子签章管理办法如图 2-5-16 所示。

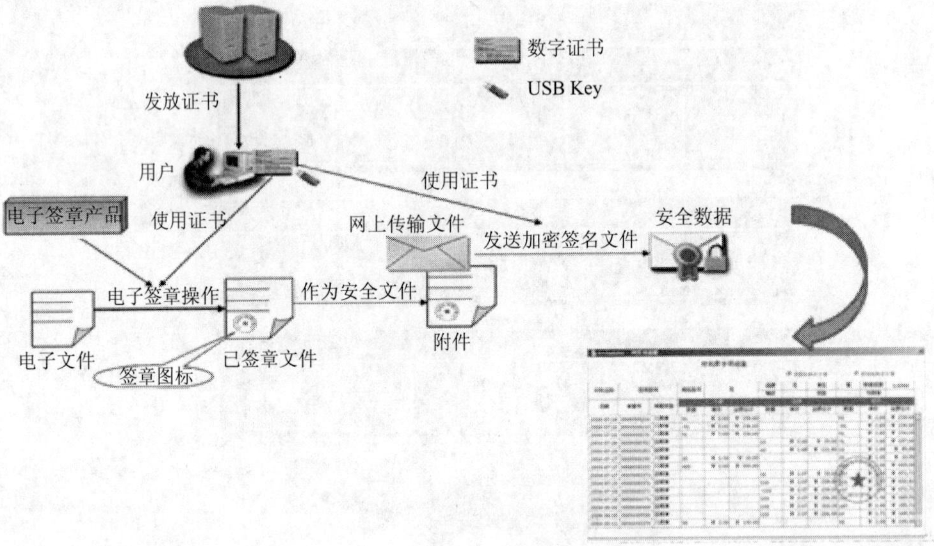

图 2-5-16　电子签章

实现的原理及效果 2-5-17 所示。

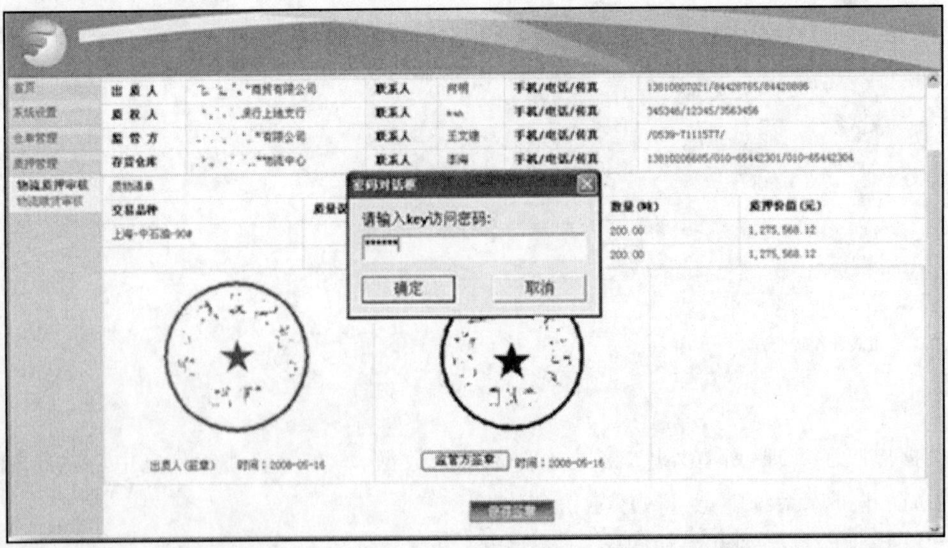

图 2-5-17　效果图

系统安全、灾备管理系统架构如图 2-5-18 所示。

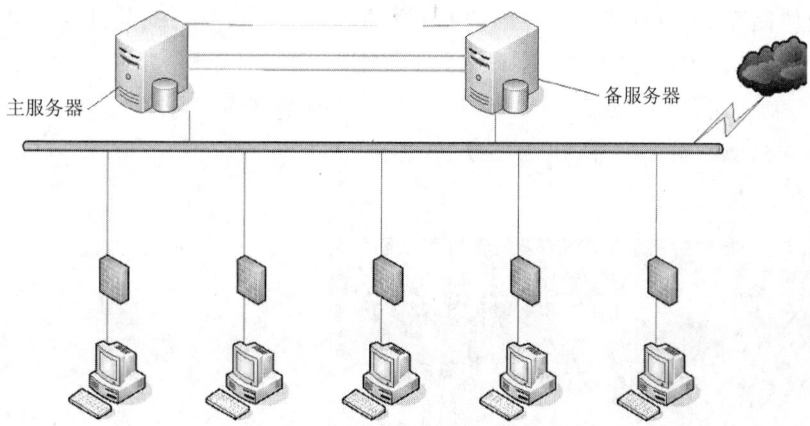

图 2-5-18　安全图

实时数据传输及热备支持如图 2-5-19 所示。

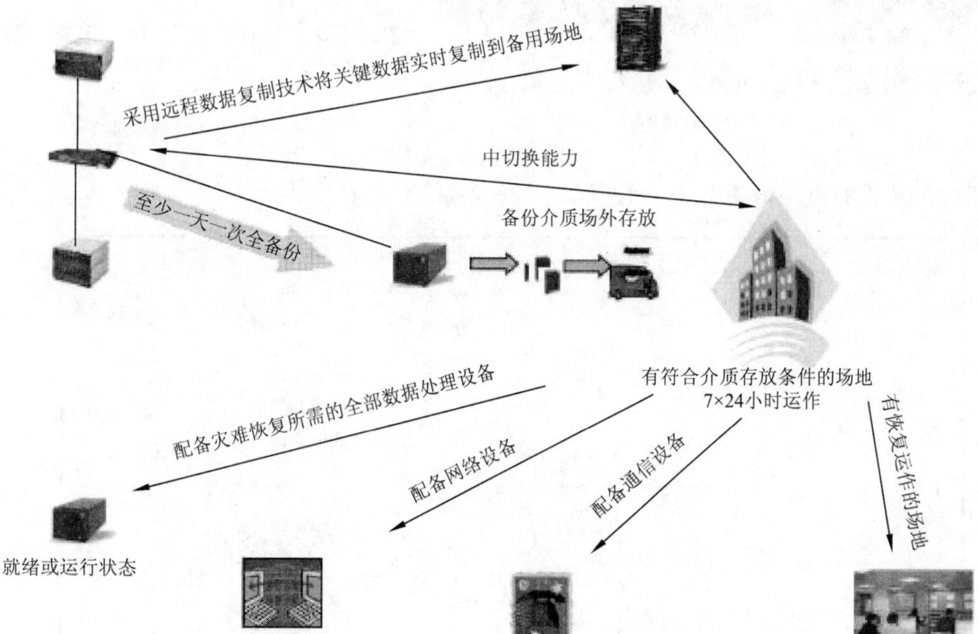

图 2-5-19　数据传输图

移动终端实时监控:目前我们所有监管仓库都已经实现了手机终端可视化监控。在易贸总部,设置所有监管交割仓库的监控中心。通过图像、数据来实时展现仓库现场的状况。

对于固体库,我们除了对大门、过道、墙角等还另增加了对货物的摄像头。固体货物仓库摄像头按照库区划分,点击摄像头相关摄像区域,系统会自动匹配改区域的所有正在操作的单证与库存情况。如果该库区没有相关单证操作却摄像区域内有人员异动，则系统发出报警信息。

对于液体储罐，我们对接了罐区内的基础数据，储罐黑匣子记录关键 5 项数据：雷达液位读数，流量计读数，罐体温度，罐体压力，罐内密度。每小时存档，并形成流量历史读数，此 5 项读数亦是海关对保税储罐的监控手段。视频比对储罐企业监控中心各项数值与客户的进出库单证，若异常，系统报警，如图 2-5-20 和图 2-5-21 所示。（一般 3000 吨船货出入库流程需要 38 小时）

图 2-5-20　实时预览

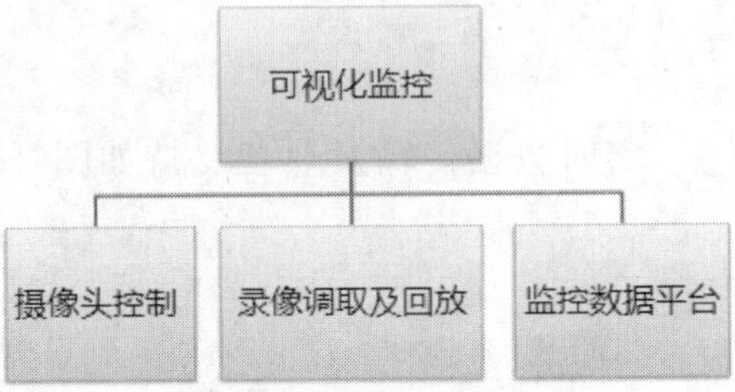

图 2-5-21　可视化监控

通过系统实时监控液罐数据，如图 2-5-22～2-5-24 所示。

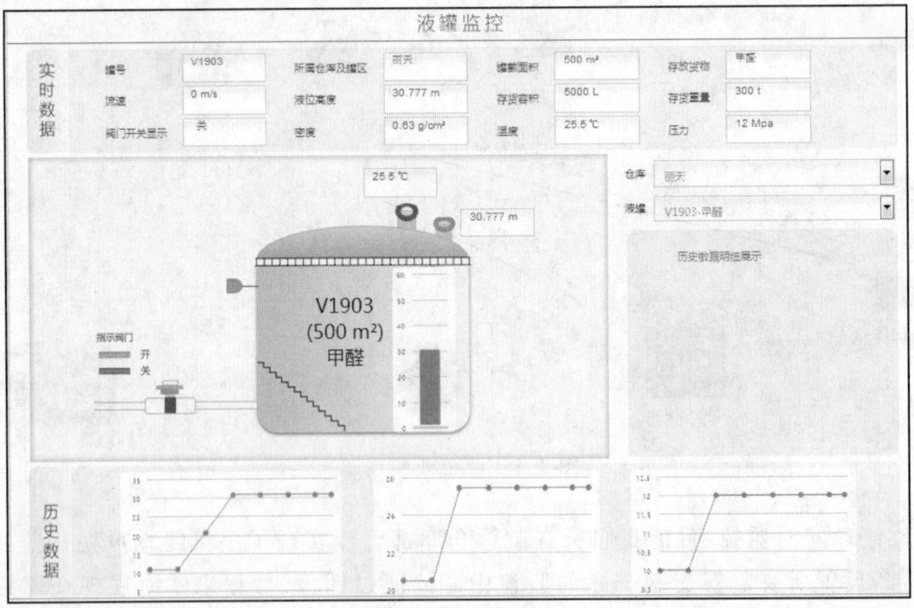

图 2-5-22　液罐监控

区域1：液罐六个参数变化趋势展示（折线图+柱状图）

✓　六个参数：液位仪、流量进、流量出、温度、密度、压力

✓　以折线图+柱状图显示六个参数的变化趋势；图形可参考下图：

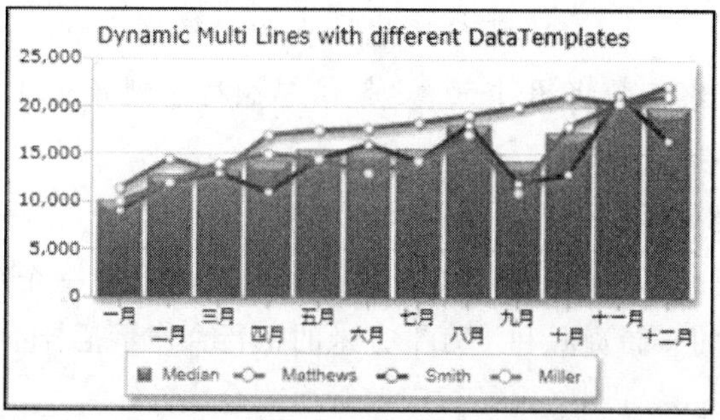

✓　X轴为时间（建议模拟1h抽取一次，即x轴的颗粒度为Hour；图表显示当天数据）；Y轴为各参数的数值

图 2-5-23　参数变化趋势

区域1：出入库存总体情况（折线图+柱状图）

✓　数据范围：易贸管理的所有客户所有仓库的总值

✓　四个参数：出库数量、入库数量、库存数量、质押线

✓　以折线图+柱状图显示四个参数的变化趋势；图形可参考下图，其中折线为质押线，其余3个参数的数值用柱状图表示

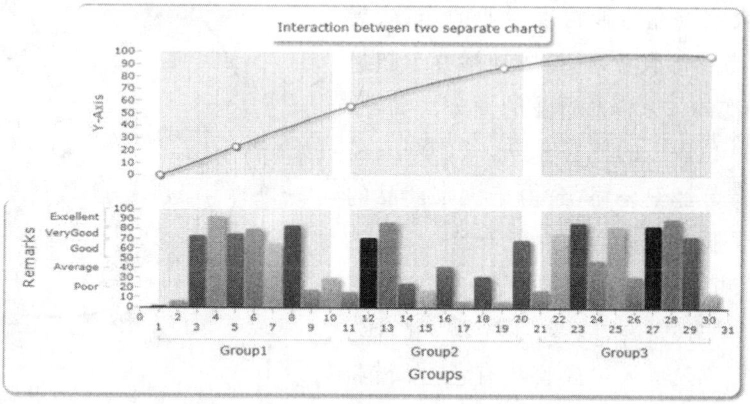

✓　X轴为时间（建议模拟1h抽取一次，即x轴的颗粒度为Hour；图表显示当天数据）；Y轴为各参数的数值

图 2-5-24　出入库存总体情况

四、实施一站式供应链融资平台绩效分析

（一）突出液化产品优势，交易规模再上台阶

由于易贸长时期对于液体化工领域的专注研究，对于整个液化行业的市场行情、交易结算习惯、仓储分布等行业情况有较深入的挖掘。结合液化行业行情波动大、资金需求量大、交易频率快、仓储较为集中、仓储管理系统化程度高等特点，易贸与建行共同合作设计了一款"E贷款"网络融资产品，具有全线上操作、全国范围内授信、当天放款、随借随还、独家液化产品质押以及系统可视化监管等特点，能够解决银行传统授信和支用过程中无法满足液

化行业客户需要的特点。在整个合作模式中，易贸借助 10 多年来积累的行业优势，承担客户批量筛选、质押产品价格把控、质物系统化再监管以及质物处置等责任。该产品于 2013 年 9 月推出之后反响良好，截至 11 月份已完成了 5 家客户的授信工作，授信总额为 5000 万，客户支用 7 次，还款 15 次(分批还款)，累计支用金额逾 2000 万，涉及监管仓库超过 5 家。预计 2014 年，融资客户数将超过 50 家，授信总额将达到 8～10 亿，涉及监管仓库 15～20 家。

（二）构建仓储联盟，配套供应链服务

搭建仓储联盟分销体系，与 200 多家物流运输和 90 多家储罐企业建立战略合作伙伴关系，拥有 180 万平方米的仓储资源和 1 万平方米的银行合作示范样本间。5 家企业已获得建行总行认定，成为建行·易贸网络银行指定监管交割仓库。

（三）与新华社合作，编制能源化工指数

与新华社共同发起成立了新华易贸研究院项目组，正式推出中国能源化工门户网“新华能”及线下专业杂志《中国能源周刊》，并合作启动中国大宗商品指数发布工作，其中能源化工板块指数由易贸负责编制。在业内创出了几个“第一”，特色如图 2-5-25 所示。

（四）提高货物处置及抗风险能力

在 2002—2011 年的前十年发展中，易贸致力于为大宗商品行业提供专业的会议、展览、培训及考察等服务，已经成功举办了超过 1 300 多场次的大宗商品行业的商务活动，服务于 40 000 位以上的核心客户。2010 年，易贸成立了易贸经纪公司，致力于大宗商品的撮合及衍生服务，涉及产品有苯乙烯、乙二醇、二甘醇、精对苯二甲酸、甲苯、二甲苯、甲醇、双酚基丙烷、丙酮、纯苯、丁辛醇、混合芳烃、甲基叔丁基醚，天然橡胶及有色金属铜、铝、镍等，有 100 多位专业交易顾问服务于 5 000多家大宗商品领域的高端客户。2012 年，经纪业务的日均成交额逾 3 亿元人民币，年成交额过 1 000 亿元。2013 年第一季度日均成交额已突破 10 亿元人民币，全年成交额达到 2 000 亿。这一系列举措，使易贸供应链能够依托各兄弟板块，围绕大宗商品领域，建立起了一个完整的处置分销机制。

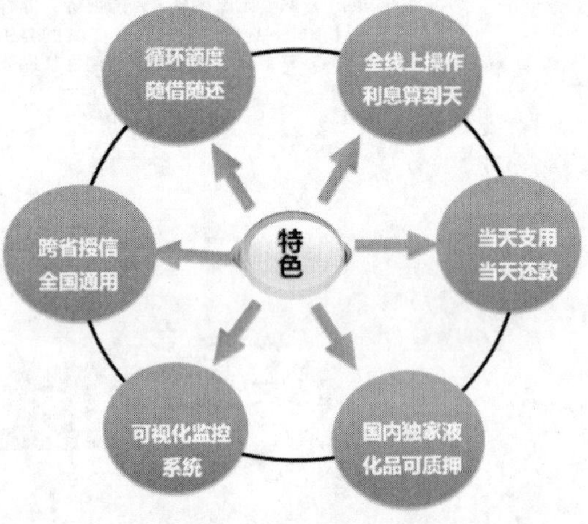

图 2-5-25 易贸特色

易贸认为，大宗品质押监管目前碰到的瓶颈，都是发展中的困难，唯有通过发展来解决。所以，易贸准备率先实践，以大宗商品交易模式创新、数据平台、物流金融服务为抓手，形成标准化交易服务系统，在此基础上打造亚洲规模最大，交易品种最全，具有国际影响力的化工商品联合交易中心——上海化工品交易中心。“上海化工品交易中心”拟注册在自贸区，以实现内外贸交易和金融服务集聚在上海，供应链配套和仓储物流服务全国区域属地化的价值链格局。相信经过易贸以及类似于易贸的社会力量，将来的大宗商品供应链格局会有

一个突破性的发展。

撰稿人：张　晔　上海易贸集团总裁
周　谊　上海易贸供应链管理有限公司总经理
葛伟民　上海易贸金融服务有限公司总经理
柴立琴　上海易贸供应链管理有限公司经理

案例6　九州通:打造医药物流企业供应链管理

一、企业简介

九州通医药集团股份有限公司是一家以药品、医疗器械、生物制品、保健品等产品批发、零售连锁、药品生产与研发及有关增值服务为核心业务的大型企业集团,是中国医药商业领域具有全国性网络的少数几家企业之一,已连续多年位列中国医药商业企业前列,中国民营医药商业企业第1位。

作为国内领先的医药商业流通企业,九州通拥有丰富的经营品种资源和上下游客户资源,建立了全国性的营销网络;同时,公司具有领先于行业的现代物流供应链技术和信息技术,并在行业内率先开创了电子商务及向上下游客户提供增值服务的业务。2016年位列《财富》(中文版)500强第122位,中国民营企业500强第68位,是在中国医药商业行业处于领先地位的上市公司。截至2016年12月31日,公司总资产387.29亿元,员工万余人,下属公司100余家,直营和加盟零售连锁药店911家。公司实现营业收入615.57亿元、营业利润10.49亿元及净利润9.04亿元(其中归属于上市公司股东净利润8.77亿元)。

九州通经营品种品规达25万多个,上游供货商7 000多家,下游客户近10万家,取得了国内240多种药品的全国或区域总经销或总代理资格,保障了客户多样化的需求,满足"一站式"的采购体验。同时,公司已先后在湖北、北京、河南、新疆、上海、广东、山东、福建、江苏、重庆、江西、辽宁、四川、甘肃、内蒙古、天津、广西、黑龙江、浙江、安徽、山西、吉林、陕西、湖南、贵州、西藏、海南、河北等大部分区域中心城市和省会城市兴建了28家省级子公司(大型医药物流中心),49家地市级分子公司(地区配送中心)近400多个终端配送点,建立了覆盖全国大部分县级行政区域的物流配送网络。

九州通秉持"技术让服务更卓越"的理念,致力于现代物流供应链技术和信息技术的开发和应用,公司通过自行设计、规划、系统集成,已完成了旗下70余个现代化医药物流中心的建设,并广泛使用了具有自主知识产权的仓储管理系统(LMIS)、设备控制系统(WCS)、运输管理系统(TMS)、第三方物流平台、药品监管码采集等系统,具备了行业领先的物流配送服务能力,是目前国内唯一具备独立整合物流规划、物流实施、系统集成能力的医药分销企业,并获得了国内医药行业唯一的"中国物流改革开放30年旗帜企业"的荣誉称号。

2011年,九州通开发的"医院内统一配送、智能化药房改造和医院药库外延"三大医药物流延伸服务模式,已在以北大人民医院为代表的多家大型医疗单位进行成功应用,被商务部评选为我国医院医药物流延伸服务示范企业之一。2013年,九州通适应医药行业市场环境的变化推行一系列的业务变革，围绕“做强核心业务、做大战略业务、新兴业务做清晰”的战略经营思路，取得了丰硕的经营成果；公司医院分销核心业务保持稳定增长，医药纯销、中药材与中药饮片、医疗器械与计生用品、零售连锁等战略业务销售占比快速提升，质量较大幅度提升，医药工业、第三方物流等新兴业务保持持续良好的增长势头。

同时为了适应新版 GSP 的要求，以及对于医药物流供应链中的信息化、自动化和监管、追溯的要求，九州通医药集团出资组建了四川物联亿达科技有限公司。其目的在于以大数据、物联网、移动互联网和云计算技术为核心竞争力，以物流公共信息平台服务、电子商务系统服务、区域医疗信息平台服务，兼具农副产品交易平台、电子政务系统等为核心产品，努力打造物联网和云计算中心。物联亿达科技有限公司拥有一流的研发团队和技术实力，以美国麻省理工学院博士、九州通集团技术总裁、中央“千人计划”特聘专家谷春光先生为公司创始人，以清华大学博士、九州通集团首席物流规划师、自动化物流设备与物联网技术专家白红星先生为公司总经理，还拥有一批从美国、日本、新加坡等海外归来的技术和管理精英，以及从微软等世界知名软件公司加盟而来的高级研发人员，公司拥有众多的科技专家及人才队伍。公司现已成为四川省重点物流联系企业、物联网技术应用专业委员会理事单位、四川省中小企业重点服务机构，先后为华新水泥、山东新华医药、浙江九方物流项目、广东联通 WMS 项目、乐山海棠医药、河南藏金源项目、浙江广通 WMS 及 TMS 项目、昇和医药等大型企业提供电子商务、物流信息服务。在产品研发方面，公司在电子商务服务、物流公共信息平台、农产品服务平台、区域医疗信息服务等方面研发了物合网、物道网、西珍网、WMS、WCS、TMS 等专业化产品，获得“运输管理系统”等近二十项软件著作权。

二、实施供应链管理背景

经济发展必然会对我国传统医药流通行业产生重大的冲击。企业如何有效应用信息化技术水平，实现产业升级，由一般医药物流向现代医药物流转型，适应医药行业飞速发展，应对世界巨头的挑战已成为当代各医药流通企业密切关注的话题。社会对物流业的重视程度高，更注重研究企业的物流战略和实用物流技术。物流配送社会化程度、组织化水平高低，拥有的信息系统发达程度，先进物流技术和设备采用情况将决定物流企业的核心竞争力。而产品和企业之间的竞争已经转变为供应链的竞争。供应量竞争能力取决于企业的信息能力、生产能力、流通能力，而流通能力取决于商流力、物流力、信息流力及资金流力。先进的医药流通企业需要依靠发展现代物流，采用代理配送制，建立现代化配送中心，实行统一的科学管理。

复杂的供应链渠道体系加之政府政策、社会需求、市场竞争瞬息万变的环境，信息传导中牛鞭效用的放大作用导致企业呈现孤岛现象，信息失真、传导的滞后导致企业错误的决策、资金和资源的极度浪费，从而导致服务质量低下，客户群体的大面积流失。只有通过建立供应链全局的业务关系信息化，将孤立的企业业务和决策流程化为由市场驱动，才能快速响应市场变化，调整供需平衡，降低库存同时降低缺货率，优化资源配置，提升总体利润，从而提高客户的服务质量。

据有关方面统计，我国医药流通领域的费用成本占整个医药价格的 10%以上，医药流通领域的净利润为0.6%左右，这一费用成本与国际医药流通领域的水平差距很大。究其原因，主要在于中国现有的医药物流企业的现代化设施水平低、运行成本高、效率低，这也是直接导致价格高的一个重要原因。

我国当前医药供应链具有环节繁多、结构复杂的特点。在计划经济体制下，药品出厂后经一级批发、二级批发甚至三级批发后才会进入零售环节。医药流通领域保持着这种传统的销售模式，即医院不能从厂家直接进货，药品必须经过商业的配送才能进入医院。

合资药厂及国内药厂为主要的医药流通企业的上游客户群体。销售终端分为三级医院、社区医院、农村医疗站、药店，比例约为17.28%，0.65%，8.64%，73.43%。对企业供应链进行优化，对资源进行整合是十分有必要的。

我国的物流费用占GDP的20%以上，而发达国家物流费用仅占GDP不到10%，而目前国内医药商业的平均物流成本占销售额的比重达12%以上。对于医药物流行业来说，我国的医药物流成本平均也是国外发达国家的一倍以上，因此运用高科技的信息化水平对物流相关费用进行有计划的协调与控制，才能最大化地创造更多的医药利润。信息技术的飞速发展，更加强调了流通企业中时间和效率的重要性。发展现代物流的核心是提高物流速度和效率，以降低物流成本，这将是提高国民经济和企业经营质量和效益的重要途径。

在现有医药物流及配送中心的基础上，采用现代物流设施设备将可以极大地提高现代物流技术水平，提高物流运作效率，降低物流成本，是符合国家产业政策的，这也为进一步降低药价提供了空间。

医药流通中间环节的减少使大型医药流通企业的配销量越来越大，在医药供应链中由大型医药流通企业承担并完成的物流活动占据整个供应链的50%，承担的物流活动随着配销量的增大只能越来越多，而物流服务质量差异取决于是否有相应的现代化的物流设施设备做支撑。一个产业的规范化、标准化都取决于该产业的集约化程度。该产业的龙头企业占有的市场份额大，便会对其下游企业产生巨大的影响力和控制力。医药流通行业要想推动标准化和规范化，就要提高集约化的程度，促进行业整合。

中国加入WTO以后，我国政府于2004年12月11日起允许外资全面进入中国药品分销市场，这意味着中国医药流通企业不仅要进行国内企业的竞争，更需要面对国际化、现代化、专业化的国外医药商业“大鳄”的血拼，这将会对我国传统的医药流通行业产生重大的影响。

在众多现代化企业强有力的竞争冲击下我国医药商业企业不仅要加快产业升级的步伐，更要以信息化、自动化提升医药产业竞争力，迅速做大做强以应对世界级巨头的挑战。

三、供应链管理运作模式

九州通集团公司积极发展供应链物流管理技术，自助研发并应用供应商管理协同平台、客户管理、医疗机构管理平台、运输监管、供应链金融等系统，促进业务发展和管理水平的提升，供应链系统的整体架构如图2-6-1所示。

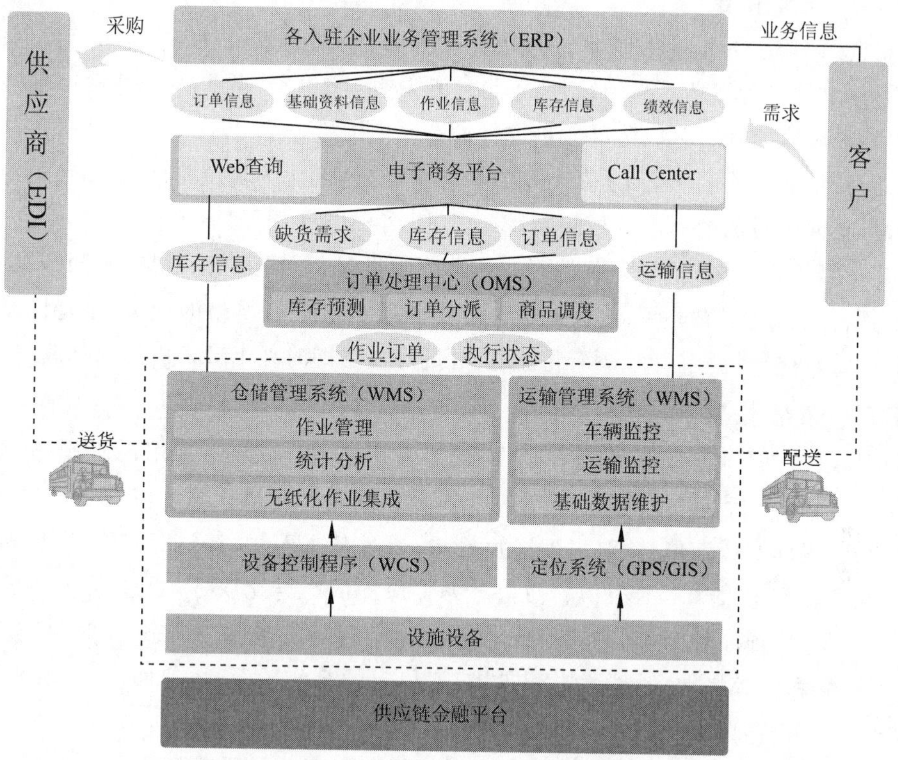

图 2-6-1　供应链资系统的整体架构

以下主要从采购管理、存储管理、销售管理、运输配送管理、质量风险控制、供应链的纵深管理，以及供应链信息系统七个方面进行阐述。

（一）采购管理

为了进一步降低采购成本，提升供应链运作效率，加强集团内部管控，公司针对性地研发了集中采购平台，该平台支持“集中订货、分头收货、集中付款”的集采业务模式，保证采购订单、补货、商品入库、商品退出、采购结算等各项业务流程的顺畅衔接，同时也为供应商业务管理提供便利。

通过供应商管理系统与上游客户系统对接，上游客户可适时了解其产品在各区域的库存与销售情况，并有针对性地组织货源、调整营销策略等，能有效实现供应链管理协同，有效提高了供货效率，降低差错。

在库存管理上，在物流管理信息系统（LMIS）中依据销量测算实行 ABC 分类法及时调整库存上下限设置库存水平，完善订货流程，合理分类药品，增强市场预测能力。支持按供应商或商品查询集团各公司的库存总额及库存分布比例，并根据约定的缺货标准对低于库存下线的商品进行缺货提示，供应商可根据库存进行主动补货，减少商品缺货，促进销售提升。推行基于模型的库存共享管理模式，采购员依据产品特征、销量、季节等因素对销售进行预测，二级公司与三级公司共享库存状态，根据系统的提示进行自动补货。

（二）存储管理

严格按照 GSP 要求，对在库区进行色标区分：待验药品款、退货药品库为黄色；合格药品库、零货称取库、待发药品库为绿色；不合格药品库为红色。养护人员每日对库区按 GSP 要求对库温、库容、药品摆放、药品质量进行检查并记录检查情况。

按照 GSP“四分存”对药品进行分类存放，并实行精细化的货位管理，同时商品对应唯一的货位号，不同批号的商品用纸板隔断避免混批。

推广批号管理办法，从源头采购环节开始控制批号，不同的商品制定不同的采购标准，对存储、销售、出库、销售退回、购进退出环节的药品批号进行严格的把关，坚持同货位同批号的原则，每日进行批号盘存，杜绝混批现象，批号差错即时在 LMIS 中做出修改。

（三）销售管理

对市场进行细分，进行精细化管理。针对零售市场，强化服务，采用快速、多次配送的模式，保证及时到货。针对基层医疗机构、基本药物市场迅速完成全国物流、配送布局；获取区域配送资格，巩固配送地位；针对大型医疗机构，通过基本药物、耗材等在医院开户，进入市场；与供应商合作扩大非基本药物的销售。为客户提供产异化服务，通过客户分类分析、客户流失率分析、空白品种分析、毛利分析、下游返利等时刻掌握客户动态、及时跟进。严格执行资质、资信管理，控制业务风险维持与供应商稳定的合作关系，快速回款，采取预付款、货到付款等多种方式，保证上游客户能够及时回收货款，降低资金压力，减少供应商资金成本。协同服务，提供实时药品流向、库存等信息服务，帮助上游客户及时掌握市场情况；提供空自市场、客户流失等商务智能分析，帮助上游客户及时调整市场策略。

为下游渠道及终端提供一站式订购服务，商品分类目录、模板 Excel 批量导入等多种方式网上下单，订单处理跟踪及查询，促销信息、新品上架、品牌推荐、特价药品、积分和礼品兑换。电子商务平台，具有个性化采购、价格库存同步、点对点信息发布、网上支付、网上药店、流向查询等功能模块。在提高下游客户的工作效率，规范采购商业流程，方便客户购买方面发挥了积极的作用，同时为上游供应商提供一个优质的、多方位的信息发布平台，在营销策划、数据分析服务等方面都具备独到的特征。

九州通医药集团股份有限公司是目前国内唯一一家同时具有 B2B 和 B2C 交易资格的企业，积极发展供应链管理技术，自主研发并应用供应商管理协同平台、客户管理平台、医疗机构管理平台等系统，促进业务发展和管理水平的提升。以集团为背景，依靠先进的物流设施系统和丰富的上下游客户资源，为上游供应商提供公共、共享的电子商务信息平台。

（四）运输配送管理

自行研发车辆管理系统（TMS），实现对车辆运营与成本管理。通过车辆效能分析，合理配置交通运输工具，有效节约运输成本；通过月台规划减少管理上的漏洞，清晰显示每个客户每条配送路线，让配送员能准确无误排车，提高客户服务水平，提高车辆利用率。

通过路线合并，合理规划运输路线，交叉方向路线统一规划，调度员按照配送方向下发任务时，将可以归属的几条路线客户同时下发，减少暂存区资料频繁调整幅度，提高月台集货集中度，减少集货人员行走距离，提高清货员的清货速度。

而与此同时，在健全的营销网络和现代医药物流中心的支撑下，在成本控制和效率提升方面，九州通远远领先于国内同行，“低成本、高效率”的模式被中国医药界誉为“九州通模式”。100万元的药品从订货到装车只需2 h，出库效率10 000行/小时，出库准确率99.99%。2016年好药师电商业务基本可以实现武汉、北京、上海、郑州等13个城市核心区域“24小时送药、1小时必达”的服务。

（五）质量风险控制

“放心的商品、满意的服务”为九州通的质量观，建立了以质量管理部为中心的质量管理网络及严格的药品质量管控体系，从计划采购、入库验收、在库养护、出库复核、配送保障、售后服务六关对药品质量风险进行严格的控制。采用RFID及软件技术等来实现对药品配送运输过程中的温度记录和监控，制定冷链管理等操作规范和流程，在采购、存储、销售、配送等各环节实现冷链管理，保证冷藏药品的质量。另外，九州通达电子商务公司的硬件支持以及信息技术的有效利用，为企业的质量评价和质量改进提供了科学、准确、及时、有效的分析数据，全面提升了公司的质量管理水平，达到了全面质量管理信息化的目的。

中间环节的减少，改善了层层加价的状况，有利于资源的节约与监管，有利于统一调拨，统一监管，对于应对重大事件的发生起积极作用。区域限销、客户限销、品种限销、价格限销等多种方式保证药品按照上游客户的市场布局意图进行销售，防止窜货，规范渠道，维护价格体系。与此同时严格的控制供应链风险管理，按照GSP的要求严格管理药品的采购、存储和销售等各环节，确保用药安全，全面跟踪所有批号的流向，确保能够按照政府要求进行追溯和召回。

（六）供应链的纵深管理

九州通为处于供应链下游的医院提供了一套完整的药品、耗材以及所需物资的采购、配送、院内流通、科室使用等各方面的供应链服务解决方案。该方案可以减轻院方采购负担，降低采购成本；减轻医院库存压力，合理配制库存结构；通过信息化管理，使订单信息准确、完整，采购过程可实现全过程追踪，数据信息加密，任何修改都有记录，便于监管；提高配送速度和时效性；提高优化医院人员配制，减轻了工作量。具体的服务方案介绍如下：

1. 对医材/药品等提供供应服务

在不改变医院现有的医疗器械、药品等物资品种、品规和生产厂家的情况下，顺利切换医院所需物资的供应，为医院提供集中的物流配送，并可实现24小时响应服务；同时，根据医院各类所需物资的个性化需求，九州通集团还专门设计了各种应急流程以应对医院临床对所需物资的紧急需求，完全消除医院的后顾之忧。

2. 为医院院内所需物资提供配送服务

九州通针对医院院内物流系统，专门培训了相应的医院院内物流配送和管理人员，为医院院内所需物资提供服务；这些人员归属于九州通，负责接货、储存和申领等院内各个环节物资的管理和配送。同时，为提供医院内物流设计与优化服务；处理所供物资在24小时内的售后服务问题；为医院提供全天候不间断所需物资在院内的配送；处理医院院内特殊产品应急需求配送；处理产品问题，临床服务持续跟进。

3. 提供医院物流信息技术软件服务方案

九州通集团拥有 300 多人的软件技术团队，从物流信息技术的项目调研、需求分析、原型开发、代码编写、软件测试、项目实施、后期维护都有专业的技术人员与严格的流程制度掌控，确保方案的进展。所提供的软件采用 .NET 技术开发，BS 结构，采用标准的接口技术保证数据在多方系统中安全、准确传输。这对于医院加强所需物资实现信息化管理提供了条件。

4. 提供科室库存管理与医材、药品的自动补货解决方案

九州通可以帮助医院建立科室库存，并在此基础上，配合整体外包，通过与供应商建立系统对接，实现科室自动补货，核心点包括：建立医疗用品在科室的库存管理，利用条码卡片、RFID 等现代物流技术管理科室医疗用品的使用；根据医疗用品在各个科室的使用情况，利用数学模型以及经验值，设定上下限，上下限考虑了科室的日需使用量、供应商的配货能力、季节变化等因素；利用采购协同平台与配送商实现订单、送货等流程的自动对接；科室护士长不再人工提交医疗用品采购申请，由补货系统自动产生，自动处理，科室护士只负责签收，工作复杂度大大降低。

5. 物资代储

九州通在全国各地的仓库拥有先进的设备和仓储管理能力，可以将医院采购的物资直接存储在九州通的仓库中，使用时由九州通进行配送，以此来节省医院库房占地、减轻在仓储方面的费用。

（七）供应链信息系统

依托与集团公司医药物流供应链背景和集团公司供应链整体战略部署，以四川物联亿达科技有限公司为主体正在努力打造智慧感知平台和可视化流程管理平台，以适应新版 GSP，以及医药供应链环节中信息化和监管的需要。这两个平台前期主要应用于集团内部的供应链环节，后期将逐渐发展为覆盖医药供应链的上下游各节点的相应领域。

1. 医药供应链信息化感知平台

供应链信息化感知平台总体架构如图 2-6-2 所示。

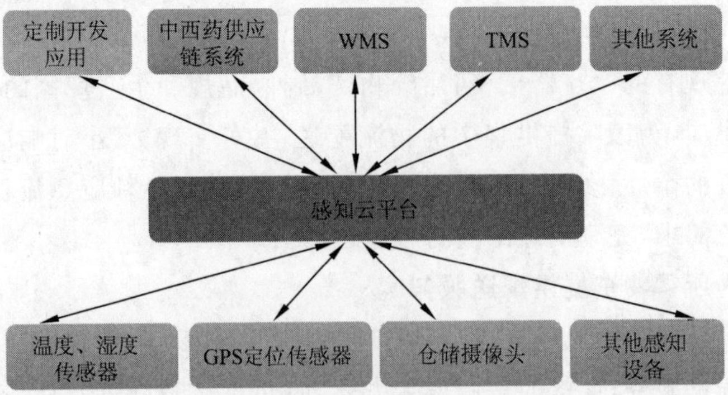

图 2-6-2 医药供应链信息化感知平台

该感知平台的信息包括：

① 作用范围：医药流通物流领域各环节（如生产、仓储、配送等过程）。

② 感知对象：医药物流领域各种环境参数（如温度、温度、GPS 定位、仓库监控等）。

③ 平台功能：感知环境（如温度、温度、视频监控等）；监测环境；调节环境。

④ 感知设备：温度、湿度传感器；GPS 传感器；摄像头。

⑤ 监测类应用：温度、湿度监测；GPS 定位；仓储监控。

⑥ 控制类应用：温度调节；湿度调节。

⑦ 定制开发应用：根据客户的实际需求，定制开发各类应用；灵活性、多样性。

⑧ 其他系统的集成应用：在农产品供应链管理信息系统中感知世界；在 WMS 系统中感知世界；在 TMS 系统中感知世界；在任何需要感知环境的系统中感知世界。

2. 医药供应链可视化流程管理平台

医药供应链可视化流程管理平台如图 2-6-3 所示。

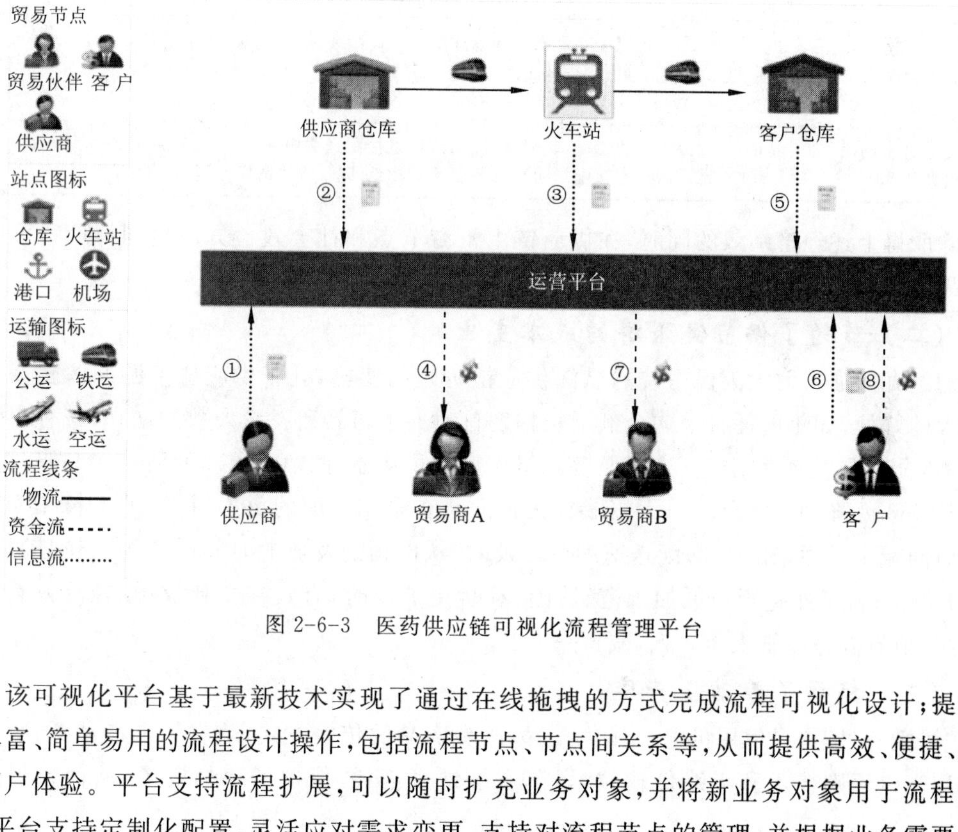

图 2-6-3 医药供应链可视化流程管理平台

该可视化平台基于最新技术实现了通过在线拖拽的方式完成流程可视化设计；提供大量丰富、简单易用的流程设计操作，包括流程节点、节点间关系等，从而提供高效、便捷、良好的用户体验。平台支持流程扩展，可以随时扩充业务对象，并将新业务对象用于流程管理中；平台支持定制化配置，灵活应对需求变更，支持对流程节点的管理，并根据业务需要定制业务流程。

四、供应链管理绩效分析

（一）企业内部的绩效成果

通过采用现代物流和信息化技术，以及多年积累的“九州通供应链运作模式”，“嫦娥一号”物流中心规划项目落地实施 10 年（嫦娥 1 号一期 2008 年 6 月，二期 2012 年 6 月），取得了非常瞩目的绩效成果，如表 2-6-1 所示。

表 2-6-1　供应链管理绩效分析

实施目的	经济效益
人均年实现物流吞吐量由2008年的3600个SKU提高为7200个SKU	以年销售收入40亿元人民币计算，物流作业量约为320万个SKU（平均1250元/SKU），所需物流人员由889人降至445人，减少人数444人，按人均成本2万元/年计，可节约人力成本888万元
分拣差错率由2008年的千分之一降到十万分之一	以年销售收入40亿元人民币计算，分拣差错额将由原有的400万元降至4万元
盘存差错率由2008年的百分之一降低到千分之一	以年销售额40亿元人民币、年周转次数12次计算，库存额需为3.33亿元，则盘存差错额将由原有的333万元降至33.3万元
节约日常纸张消耗	取代纸单作业，全部采用电子信息传输，年节约用纸消耗108万元，客观上为国家环保起到了积极维护作用
降低了能耗	采用感应系统，传输装置由原来的全程作业传输改为感应分段作业传输，使得使用电力大大降低。较末采用感应分段传输之前，节省中能1/3以上
增加了仓储容量	北京物流中心现有立体仓库2座。高架库共24层、32排，每排长150个货位，每个货位平均可存放32个SKU，存储货物46万个SKU，加上分拣中心的平库可存放30万个SKU，共可存储货物76万个SKU
直接配送比例由2008年的60%提高到85%	以年销售额40亿元人民币计算，直接配送额由24亿元上升到32亿元，增加了8亿元。由于直接配送可增加销售毛利率约1%，增加销售毛利约800万元

除取得上述经济绩效的同时，在供应链上下游节点和社会效益方面也同样取得了很好的效果。

（二）节约了供应链下游的成本支出

通过九州通对北大人民医院的纵深供应链管理的实施，处于供应链下游的医院获得了非常大的好处，如年度耗材采购金额增长幅度首次低于药品和就诊人数的增长；减轻科室库存压力，合理配置库存结构。人民医院耗材库房面积从原有 200 m^2 减少到 60 m^2；日均库存金额从 260 万降到 20 万以下；大幅减轻医护人员在采购方面的负担，科室护士长在采购方面的时间减少至原来的 1/3；配送速度更加及时，从申领到发放的时间由 7 个工作日减少到 1 个工作日；科室库存管理更加规范、清晰；补货更加及时，有效减少缺货；减轻院方管理人员负担，节省院方库管人员 3 人，减少一半。

（三）提高了劳动生产率

“嫦娥一号”项目使用机电一体化技术，改变商品的传输方式，节省了电能消耗；技改项目使用光电识别技术和无线传输技术，节省了纸张消耗，保护了森林资源，从而也保护了环境。

（四）保障了用药安全

北京地区乃至华北地区医药消费水平高，平均每年以 18%以上的速度增长，而大型现代医药物流配送中心设施缺乏，项目实施后，公司的“嫦娥一号”现代医药物流中心则可以为北京地区乃至华北地区人民的用药提供安全保障。

（五）提高了医药物流现代化水平

公司采用的物流技术和现代化设备极大地提高了医药物流现代化水平，可以促进中国整体物流水平的提高。以“嫦娥一号”项目为例，该医药物流中心采用的物流技术和设施设备达到国际水平，其巨大的吞吐量和高效率，将为北京地区成为环渤海经济圈的医药物流龙头地位打下坚实的基础，同时也将为中国的现代物流行业树立一个典范。

（六）减轻劳动强度

九州通的物流中心采用了一系列的自动化设施设备，由人工作业变为机械作业，员工的劳动强度大大降低，工作环境和劳动条件也得到了改善。

（七）供应链技术输出成效

集团公司下属的四川物联亿达科技有限公司的物流公共信息平台、农产品服务平台、供应链金融平台、WMS、TMS、WCS等产品已经累计为25 000多家企业提供了服务，2013年年收入达1 800万元。

五、可提供的经验

（一）有效提高物流运作效率

在现有医药物流及配送中心的基础上，普及采用现代物流设施设备，将提高现代物流技术水平。依托一定的物流设备、技术和物流管理信息系统，提高物流运作效率，有效整合营销渠道上下游资源，通过优化药品供销配送环节中的验收、存储、分拣、配送等作业过程，提高订单处理能力，降低货物分拣差错，缩短库存及配送时间，减少物流成本，提高服务水平和资金使用效益，实现自动化、信息化和效益化，是符合国家产业政策的，同时为进一步降低药价提供更为广阔的空间。

（二）提高医药及相关行业的信息化水平

在现有基础上投入的现代化设施设备将会极大地促进公司的信息化管理水平，全面的应用高科技信息化技术实施现场管理，对物流过程中产生的信息进行采集、分类、传递、汇总、识别、跟踪、查询活动，以实现对药物流动过程的控制，进而将商品库存与上游客户和下游客户实行有效的对接，提高效益为行业实现价值链的管理提供了有力的支撑。从流通环节中挖掘竞争优势和开发利润源泉，加快经营方式转型，重视信息化技术的应用，利用网络技术形成物流服务平台，提高物流营运水平。

该项目的实施将有助于实现医药、食品、第三方物流行业所有流程可追溯，有助于解决药品配送难、农村市场开发难、药品经营过程监管难、药品质量保证难的问题，符合当今政府安全药品、安全食品监管网的要求，有助于规范医药生产、销售企业的经营行为，让药店终端和医院终端的药品经营行为透明化、标准化、规范化，保障人民用药价廉、质优、安全。

（三）实现药品进出流程的全程可追溯

通过四川物联亿达科技有限公司为集团公司打造的感知平台系统，可以实现医药及相关产品从购进、运输、库存、销售直到顾客的全过程可追溯，有助于解决药品配送难、药品经营过程监管难、药品质量保证难的问题，符合当今政府安全药品、安全食品监管网的要求，有助于规范医药生产、销售企业的经营行为，让药店终端和医院终端的药品经营行为透明化、标准化、规范化。

（四）实现向现代医药物流的转型

在决胜终端、渠道为王的医药流通行业，信息化不再是是非题，而是必选题。提升物流运行水平，以现代化信息技术为支撑，提高企业核心竞争力，用先进的信息化技术整合现有物流资源，充分运用现有资源配置，主动提供更多的物流增值服务，市场信息挖掘、分析滞销产品监测与提示，营销方案设计与效果评估。实施现代化物流信息化管理模式，构建服务网络做到整体系统优化，将信息、运输、仓储、库存、装卸搬运等物流活动综合起来进行集成式管理，尽可能降低物流的总成本，根据客户的需求，以最经济的费用，为顾客提供最优质的服务，实现一般医药物流向现代医药物流转型。

（五）促进地区经济发展

有助于发展医药物流业，拓展流通网络覆盖面，实现规模化、集约化和国际化经营。随着医药流通改革的不断深入，医药行业的竞争越来越激烈，运用先进的医药物流技术，有助于改善传统医药物流企业库存量过大，资金周转缓慢，物流资源分散的现象，构建医药现代物流体系，提升核心竞争力。以做精、做细、做强的良好发展势态，在同类医药物流行业中起到龙头作用，开拓新的业务市场从而促进地区经济的发展。

对我国传统的医药流通行业产生重大的影响。为适应医药行业的激烈竞争和全球经济一体化的发展需要，要提高企业运营效率、全面提升公司综合竞争能力，通过信息化建设建立对市场快速反应的企业运营机制，有效控制库存占用，充分利用资源；提高企业决策层对信息的分析和决策能力，形成真正支持企业持续发展的信息平台，科学地整合企业自有资源，整合企业供应链上的供应商、客户和资源渠道。一体化发展医药批发商、医药生产企业和药品分销商之间应结成紧密的协作关系，形成经营战略联盟，以减少医药流通渠道摩擦内耗。在众多现代化企业强有力的竞争力冲击下，我国医药商业企业不仅要进行产业升级，更要迅速做大做强，提高渠道运作效率，以应对世界级巨头的挑战。

（六）促进药品市场改革降低用药成本

随着经济的发展，人均收入与生活水平的提高，更多的消费者越来越关心健康问题，但却苦于应对“看病贵、看病难”的问题。

目前药品市场存在着供销渠道混乱，药品质量参差不齐，价格混乱等现象。该项目推广后，将政府部门对各级医疗机构、零售终端的监管能力提升到全新高度，保障群众用药安全；此外，项目应用示范将极大促进药品流通领域的技术革新与产业升级，提升药品流通周转速度、提高人员劳动效率，降低药品流通成本，有效降低药品价格，最终促进老百姓反映强烈的“看病贵、看病难”顽症的解决。

（七）重视现代物流技术和信息化技术的引进和研发

九州通秉持“技术让服务更卓越”的理念，以其下属子公司四川物联亿达科技有限公司牵头组建了遂宁物流产业技术研究院，专注于现代物流技术和信息技术的开发和研究。研究院的技术成果不但为集团下属70余个现代化医药物流中心的建设使用和推广，还通过自行的软件开发、物流规划、系统集成服务、第三方物流平台、信息采集等技术体系，为其他医药流通企业进行了全方位的技术输出，并取得了很好的经济效益。

（八）开拓供应链的纵深管理

从九州通集团推广的医院物资供应链管理方案近两年的实践来看，该方案借助九州通集团在物流信息技术开发方面的优势和医院物资采购和配送能力方面的优势，突破了以往医院在物资采购、仓储管理、科室使用等各方面的理念约束、利益约束和管理约束，全力推进现代物流信息技术在医院的应用，通过重塑医院物资流通方式，解决了公立医院改革中遇到若干管理方面的难题，取得了令人振奋的成效。九州通集团提出的医院供应链管理解决方案，不仅不需要政府和医院投入，而且取得了医院、供应商、政府三方面"共赢"的效果，尤其是为医院创造了效率和效益的显著提升。这一解决方案对于提升医院管理水平，促进公立医院改革，重塑医院物资供销新模式有重要的借鉴意义。

（九）重视供应链战略和布局

凭借领先于国内同行的现代物流信息技术和丰富管理经验，九州通医药集团组建了专门的供应链对内外的服务公司——四川物联亿达科技有限公司，该公司从麦肯锡、哈佛大学、清华大学引进了全球顶尖的技术研发与物流管理团队，并组建100余人的技术研发队伍，面向集团内部及医药健康行业先后开发了物流管理系统、医院管理系统、医疗机构管理平台、ERP系统、集中采购管理平台等近二十项软件产品，全部取得了自主知识产权。物联亿达科技有限公司逐渐将各类技术增值服务延伸到了供应链上下游产业，先后为四川科创医药、西部华源医药、贵州苗都医药、遂宁医疗平台、西部纵横农业、远成物流等企业进行了技术服务输出，形成了独具特色的物流管理、供应链管理、医院管理、信息化平台四大产品线，满足客户对技术的最高要求。

撰稿人：陈应军　九州通医药集团股份有限公司总经理
谷春光　九州通医药集团股份有限公司技术总监
龚　力　九州通医药集团股份有限公司
高东坡　九州通医药集团股份有限公司
陶　冶　九州通医药集团股份有限公司
肖作红　九州通医药集团股份有限公司
秦　纳　九州通医药集团股份有限公司

案例7 宝供物流:打造供应链一体化服务

一、企业简介

宝供物流企业集团有限公司创建于1994年,经国家工商局批准成为国内第一家以物流名称注册的企业集团,是我国最早运用现代物流理念为客户提供一体化物流服务的专业第三方物流企业,是我国目前从规模、影响力和领先程度上最突出的第三方物流企业之一。成立20多年来,宝供集团不断开拓创新获得多项殊荣,先后被评为国家高新技术企业、国家经贸委重点联系企业、广东省流通龙头企业、中国物流百强企业、中国5A级物流企业,中国物流示范基地。"宝供"商标被国家工商行政管理总局正式认定为中国驰名商标,是综合物流业唯一获得驰名商标的企业。同时宝供集团也获得了国际知名机构的良好评价:美国《信息周刊》杂志评价宝供为"中国商业科技100强"(第22名),麦肯锡将宝供评价为"中国领先的第三方物流企业",摩根士坦利评估为"中国最具价值的第三方物流企业",美智管理顾问公司对中国物流企业进行认知度调查,宝供更是以40%认知度高居同行榜首。

当前,宝供已在全国110多个城市建立了分子公司或办事处,并在中国11个经济发达的城市建设了大型的现代化综合物流基地,形成以现代化物流基地为枢纽的覆盖全国的业务运作网络和信息网络,协助客户开拓国内市场,抢夺市场先机。宝供已与国内外100多家包括宝洁、联合利华、安利、强生、汉高、高露洁、玫琳凯、蓝月亮、红牛、飞利浦、三星、索尼、LG、TCL、中石油、中石化、阿克苏诺贝尔、丰田、吉利、李宁、武钢等七大行业世界500强及国内大型企业结成战略联盟,为客户提供物流咨询、物流运作、增值服务、信息服务、资金服务等供应链一体化的综合物流服务,成功地为这些企业在降低运营成本、提高服务水平等方面创造了价值,提高了竞争力。

宝供物流分子公司(7个):广州、上海、合肥、北京、沈阳、武汉、成都;

宝供物流现代化物流基地(13个):北京、成都、澄海、合肥(2个)、广州、南京(2个)、上海、沈阳、顺德、苏州、天津。

宝供物流全国省会城市及二级城市的办事处(80个):天津、石家庄、太原、济南、郑州、长沙、南京、杭州、深圳、海口、南宁、福州、沈阳、大连、哈尔滨、长春、重庆、昆明、贵州、西安、兰州、乌鲁木齐、喀什等。

二、宝供物流实施供应链管理的背景

(一) 宝供与日化行业的合作渊源

宝供与日化行业的合作始于1994年成立之初,与全球日化三巨头均有深度的合作。20多年的现代物流发展,宝供发现客户不再满足于享受过往"卷袖口,卖苦力"的单纯仓储运输业务服务，客户希望宝供在服务的过程中凭借自身的专业优势为其提供一体化的供应链优化建议并实施。而在实际的服务过程中，宝供物流也惊喜地发现自身作为供应链运作与信息的载体及与行业多客户紧密合作的条件，在帮助客户实现供应链优化变革方面有着天然的优势。多年过去，宝供已经具备此行业供应链管理的实力与能力，同时对日化行业的特点及日化企业所面临日益加剧的竞争也体会颇深，深刻理解到21世纪的竞争已经由企业与企业之间的竞争转向供应链与供应链之间的竞争。作为供应链链条的重要的环节及整合者，宝供不断深化与客户的战略合作，通过高精尖物流、信息技术及硬件的应用与研究，逐步具备了为行业客户提供供应链优化服务的实力与能力，并在帮助客户优化供应链服务提升竞争力的同时，与客户共同成长和壮大，成为国内一流的供应链物流服务提供商。

（二）日化行业的特性与竞争环境

近十几年来，日化行业平均年增长率达13%，随着居民生活水平的提高，中国日用消费品领域将继续呈快速发展的趋势并具备以下显著的特征：

① 市场需求变化快，受季节、节假日，商场促销政策变化等因素影响较大，产品供给上呈现较强的波动性，由于以上特点此类型企业多以面向库存制造（MTS）作为其供应链主体模式，产品库存管理成本压力大，需以良好的销售需求预测作为支撑。

② 产品使用寿命短，消费速度快（产品周转短），客户趋向就近消费导致产品供给范围广等特点，需以快速、可靠的响应度提供进入市场通路短而宽的供应链物流服务。

③ 产品品类繁多，产品属性跨度大，供应链物流管理需根据产品属性提供多样、柔性的供应链物流服务。

由于市场需求变化快且顾客忠诚度不高等特点，导致终端渠道不愿积累库存，物流供给越来越趋向于高频率、小批量方式。

随着电子商务时代的到来，某些高附加值产品（如化妆品）打破以往多级物流配送＋终端零售的方式，改通过电子商务直送方式进行，传统的供应链物流服务需适应此部分需求的变化作出调整，提供与之相对应的服务。另外由于行业中包括大量的低值易耗产品，且顾客喜好多变，此行业大量的产品本身难以承担较高的快递费用，大部分客户也较少通过电子商务的方式进行大宗采购，故原有多级物流配送＋终端零售方式仍将继续长期存在。

三、宝供物流供应链管理服务模式

宝供物流根据日化行业特点及客户需求，为客户进行供应链管理模式的规划设计并实施与优化，提供供应链整个链条上一条龙的服务，以使供应链结构更简单、物流安排更合理、信息传递更通畅，从而降低供应链总成本、提升供应链整体效率，帮助客户在新的竞争环境中提升竞争力。

在供应链管理模式上，宝供物流主要围绕客户供应链不同层面的需求以下述模型（见图2-7-1）进行相应的规划设计与实施及日常管理。

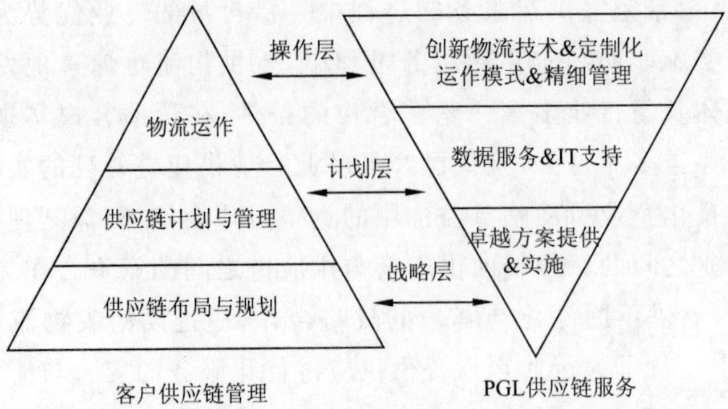

图 2-7-1　宝供物流(PGL)供应链物流服务模型图

(一) 对供应链布局进行重新规划与设计，优化供应链结构

在长达 20 年的供应链物流服务过程中，宝供物流发现国内日化行业的发展经常遇到全国和区域两个层面的供应链物流布局问题，针对此问题宝供物流以多年的物流与 IT 技术沉淀为基础向客户提供专业的全国网络布局、库区功能规划、流程梳理改善、运作模式优化、立体仓管理等服务，帮助客户改粗放扩张模式为精细化管理，降低成本压力的同时缩短流程操作时间并提高订单满足率：

1. 最小成本法

如图 2-7-2 所示，以最小成本法为主要理论依据(需配套分析政府政策、税收及人力、土地、原材料等资源问题)，为客户提供产能、库存布局方案及选址建议。

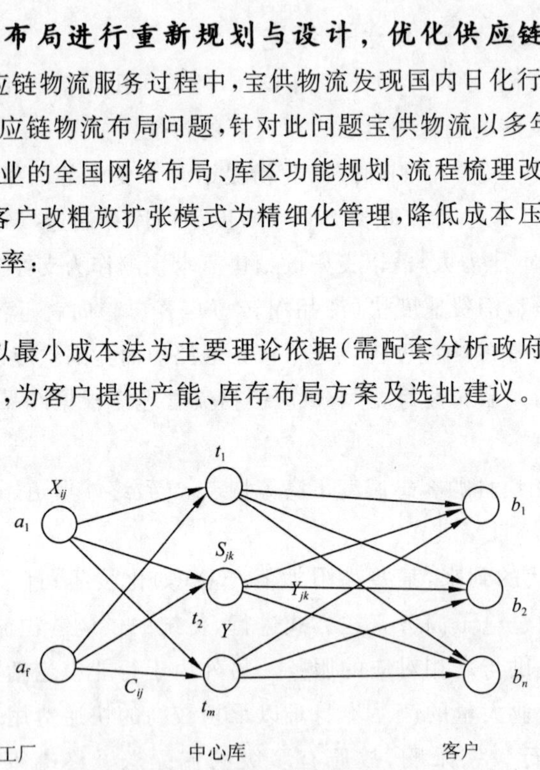

图 2-7-2　产能、库存布局原理图

A_k：k 工厂的产能；X_{ij}：i 厂到 j 仓运输量；C_{ij}：i 厂仓到 j 仓运输价格；
S_{jk}：j 仓到 k 销售城市发运量；Y_{jK}：j 仓到 k 销售城市运输价格。

$$\text{目标求解函数：} \min Z = \min \sum_{i=1}^{m} \sum_{j=1}^{n} C_{ij} X_{ji} + \min \sum_{k=1}^{o} \sum_{l=1}^{p} S_{kl} Y_{kl}$$

说明：

① 通过客户原有销售订单数据及市场调研，根据模型(单位成本 * 需求量)测算最优运输成本线路，将某区域中心产品需求通过线路规划分配给相应的中心库及工厂，即对产能/库存能力进行最合理的布局，以达成整体运输成本的最小化。

② 考虑 2 个约束条件：工厂发中心库运输总量≤工厂生产；中心库发客户总量≤仓库

库存能力；在供需平衡下完成产能及库存分配，供需不平衡下则考虑增加或减少产能及库存。

2. 库区功能规划、库区布局与流程梳理

通过库区功能规划、库存布局与流程梳理，解决局部物流粗放扩张，仓库功能未合理规划导致作业环节繁多，库区之间协同性差，资源浪费成本居高不下的问题（见图 2-7-3）。

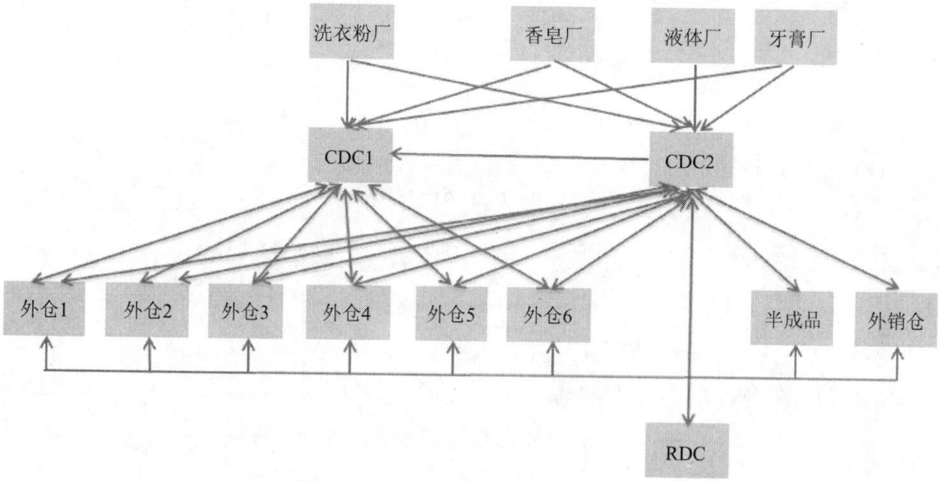

图 2-7-3　某区域原供应链货物流向图

如图 2-7-4 所示，该客户随着市场的拓展在原 CDC1、CDC2（中央仓）的基础上增建了 8 个外仓。实际操作过程中因缺乏对各仓库进行清晰的功能定义、库存规划、运作流程梳理及必要的物流 IT 技术支持，8 个外仓变为单纯的缓冲仓，仓库与仓库之间货物来回无序频繁调拨，作业环节繁多，无法实现货物在工厂—CDC—RDC（区域分销仓）—终端客户之间的单向流动，供应链效率极其低下。

改善的关键点：

① 将外仓的缓冲仓定位转变为与原 CDC 并行的协同作业仓，通过最小成本法为各仓库分配库存任务，完成仓库功能规划（见图 2-7-4）。

② 通过良好的库存与计划管理减少仓库库容不足及货物短少情况发生（库存管理、计划部分另行介绍）。

③ 改平仓管理为立体仓管理，提高库容量与管理的精细化水平，减少仓库数量，降低土地资源投入成本。

④ 通过物流及 IT 技术加强供应链运作协同。1）实现工厂对 RDC（甚至到客户）的部分直发（详见下文越库管理介绍），在保证产品批次管理的前提下直接减少供应链环节，提高供应链响应速度，同时减少库存成本；2）通过信息系统的支持实现 CDC1 和当地 RDC 库存合并，降低洗衣粉安全库存 2000 t，年节约成本约 1200 万元；3）创新物流技术，通过定制货笼及带板运输（详见下文运作模式创新介绍）减少操作环节，实现工厂与仓库的协同作业，减少重复操作成本，同时提高供应链响应速度，改善结果如图 2-7-5。

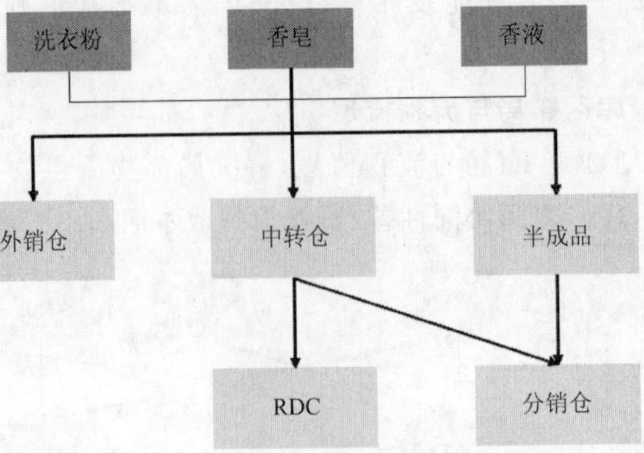

图 2-7-4　仓库功能规划图

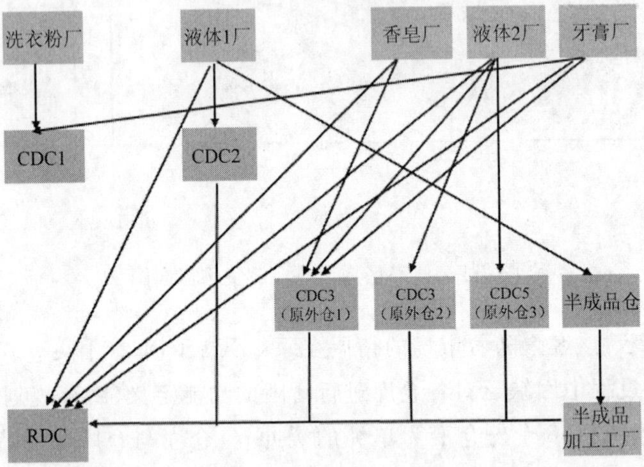

图 2-7-5　改善方案实施后货物流向图

（二）协助客户进行库存的控制与管理，降低库存成本，减少资金占压并保证客户响应度

根据以下库存管理的模型，宝供物流为客户进行产品库存的设计与优化并对库存进行分析与管理：

1. 库存管理的模型

合理库存量 F ＝ f (k_1, k_2, k_3, k_4, k_5)，从理论上是一个受以下因素影响的综合函数：

在现实操作中，我们经常采用简化方式来计算建议库存量：

$$F(x)=k_1X+(k_2+k_3)X+k_4X+k_5$$

其中：

k_1：销售预测速度（吨/天），表示预测未来平均每天的销售量，主要考虑因素为销售计划部门对行情的判断、竞争对手的政策、公司的促销政策及新品上市政策等。

k_2：工厂生产周期（天），k_2＝计划响应时间＋生产时间＋出厂时间。

k_3：物流入库周期（天），k_3＝运输时间＋入库时间。

k_4：补货稳定系数（综合考虑生产稳定性、调拨稳定性的系数）。

例如：对历史 1 年的工厂生产周期及物流入库周期进行分析，为了满足 80% 的可能响应情况，系数 = 21/15 = 1.4，生产周期如图 2-7-6 所示。

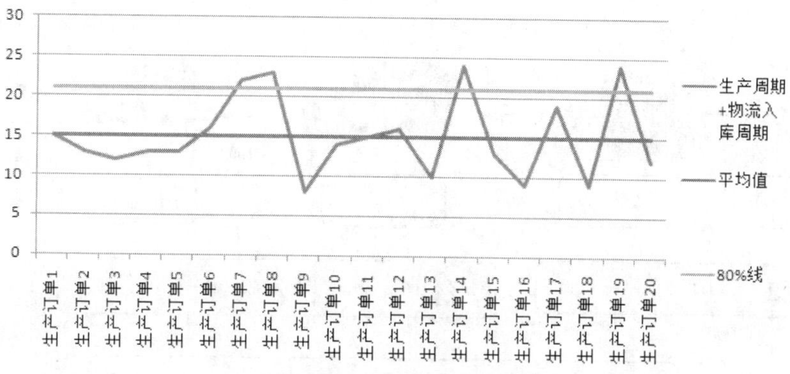

图 2-7-6　生产周期图

k_5：安全系数设定（取决于产品 ABC 分类，分类表见表 2-7-1）。

表 2-7-1　分类表

ABC 分类	特　征	安全系数要求	理　由	建议系数值（经验估计值）	未来修正值
AX	需求量大，订购频繁，需求平稳	较高	缺货风险不高，呆滞风险小	1.5	
AY	需求量大，订购频繁，需求波动大	高	缺货风险大，呆滞风险小	2	
B	需求量一般，订购次数一般	中	缺货风险一般，呆滞风险一般	1	
C	需求量小，订购次数少	低	缺货风险小，呆滞风险大	0	

根据以上模型测算并实施，曾使某一客户在 6 个月内的库存总量下降率达 50%，库存周转天数下降率达 53%。

2. 库存计划管理

宝供物流根据库存计划管理模型（见图 2-7-7），围绕合理库存量设置并针对不同类产品特征进行 ABC 分类，为客户提供不同产品库存计划的分析、建议与优化服务，与此同时，宝供还利用 IT 技术平台为客户搭建可视化的管控渠道加强供应链执行透明度，协助客户进行供应链计划与控制。

说明：

① 由 PGL 库存专员每天核查 CDC 或 RDC 仓各种货品库存数据，包括在库库存、在途库存、待检库存（预收录入系统）。

② 对低于合理库存量的货品从系统中提出补货需求（包括品名、品种、数量、要求到达时间）及各仓库间的调拨需求。

③ 协助客户计划团队将调整后的补货信息反馈至对应的生产工厂，并根据调拨信息制定调拨计划。

④ 生产工厂根据补货信息安排生产计划及原材料采购。

⑤ PGL 根据调拨信息安排配送计划并组织发运。

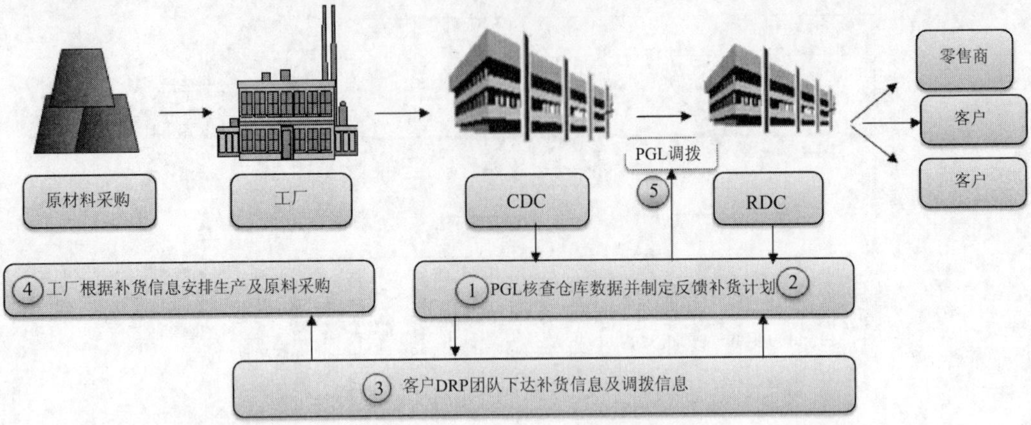

图 2-7-7　供应链模式下库存计划管理原理图

（三）提供定制化的运作模式，解决供应链柔性需求

目前国内日化企业产品品类繁多，产品属性跨度大，客户订单特点差异大，对产品进入市场的通路需求各异，需要配以多样、相对柔性化的运作模式来满足客户供应链物流服务需求。

针对此特点，宝供物流对日化企业的产品、客户订单进入市场渠道进行分析，针对不同的订单特征，向客户提供标准化管理基础上的定制化运作模式服务以满足客户需求：

1. 采用越库模式管理订购批量大，品种单一的订单

如图 2-7-8 所示，此类型送货终端多为地区大经销商及 KA 客户等，因订购批量较大且品种单一，每次送货基本能够整车运送。宝供为此类订单采取越库运作模式，即实物不需要经过 RDC，直接由工厂或 CDC 发往经销商，这样有利于减少 RDC 收货、上架、分拣、装车等一系列作业环节，减少成本，并缩短供应链总时间。

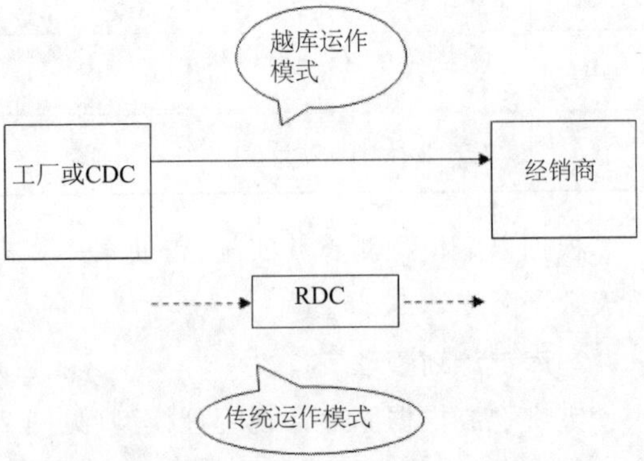

图 2-7-8　越库运作模式说明图

2. 采用交叉理货模式管理订购批量中等，品种较多的订单

如图 2-7-9 所示，此类型送货终端多为地区经销商及超市卖场等，因多家日化企业的终端如超市等经常是相同的，因此，日化企业之间彼此有整合一起配送的空间。在运作模式的选择中，宝供采用交叉理货的方法整合不同企业之间的配送，形成规模经济，降低供应链成本，传统模式下的物流配送如图 2-7-10 所示。

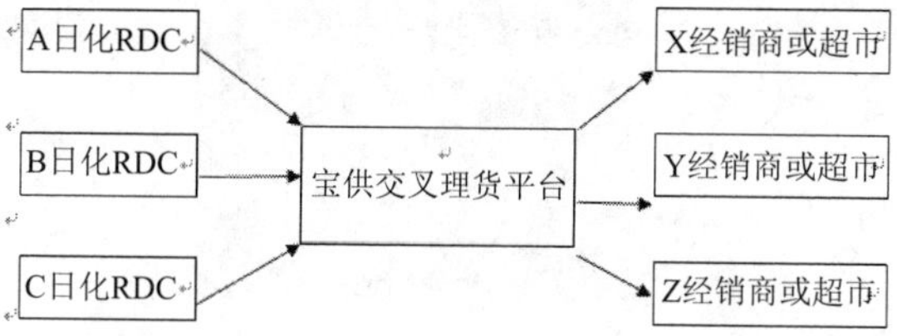

图 2-7-9　交叉理货模式下的物流配送图

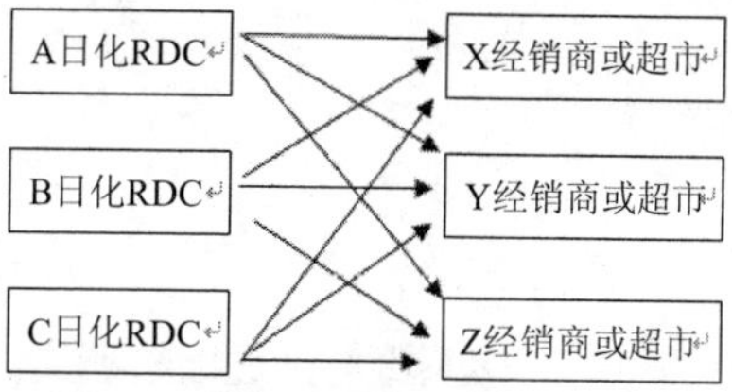

图 2-7-10　传统模式下的物流配送图

3. 设计先进的分拣系统及模式管理订购批量小，订购频次多的订单

如图 2-7-11 所示，此类送货终端多为个人，属于电子商务的送货上门类型，配送模式多为直接快递出库，送货上门。相比较而言，此类型的难点在于仓库的分拣，因订单数多，每个订单订购产品少，分拣的效率及准确性要求非常高。

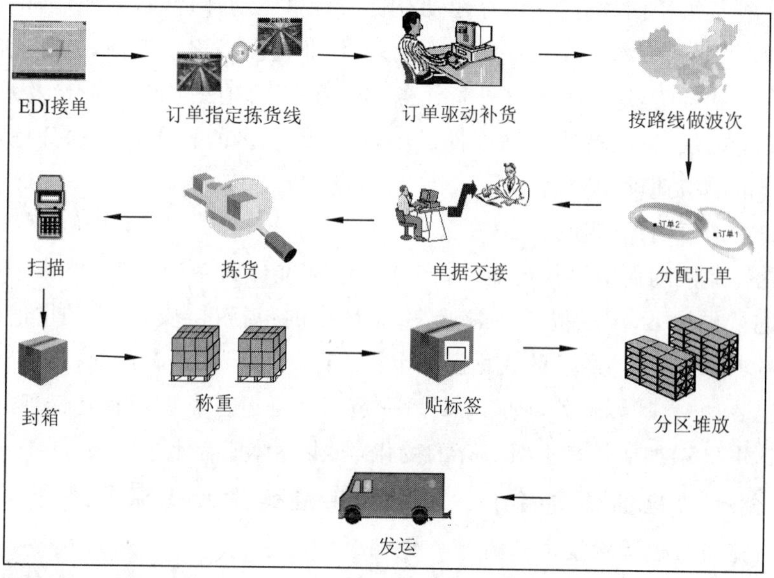

图 2-7-11　流水线＋电子标签拣货流程简图

针对这样的特点，我们采用拣选面与流水线相结合的分拣方式，同时采用 PTL 电子拣货标签系统(Pick to Light)辅助进行“看灯拣货”。

电子拣货标签系统是一套计算机辅助拣货系统，由安装在储位上的电子标签装置，经网络通信协议直接透过局域网与拣货系统计算机相连，由计算机控制引领拣货人员依电子标签上的灯号与数字显示进行快速、精确的高效率拣货作业。

说明：

① 流水线上的库位存放的产品(SKU)为订单出库量最频繁的产品。

② 流水线可以对订单进行并行操作，在单位面积内可以有效利用现有空间。

③ 订单按拣货线分配，并协调两条拣货线的工作量，动态调整拣货线上的库存分配。

④ 系统按拣货线分配订单可以有效均衡拣货任务。当一条拣货线出现问题时不影响另一条线的工作，可以有效进行人力资源的分配，如图 2-7-12 所示。

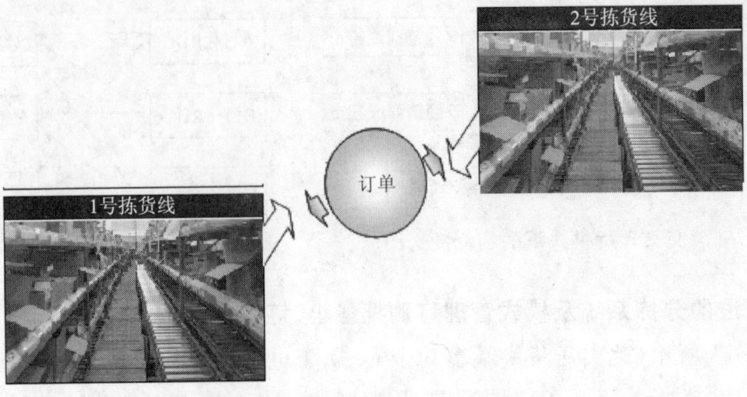

图 2-7-12　拣货线示意图

对于库存补货采用两种方式：库存驱动补货与订单驱动补货，日常作业常用订单驱动补货，将每日订单需要的货物分几次补到流水线；当作业量波峰出现之前，为加大流水线效率，提前启动库存驱动补货，缓解波峰日补货任务。双管齐下，有效调节作业量及效率。

通过以上的方法，有效解决了订单批量小，订购频次多的日化企业的分拣难题，从而提高整个供应链的响应速度和准确性。

4. 靠近终端的延迟制造模式

针对日化行业活动促销等物流需求，产品在原标准件的基础上需要针对不同市场需求和竞争策略进行再加工，宝供提供在靠近终端 RDC 的包括再包装在内的增值服务，以更好地满足市场需求，对称市场需求的变化。在宝供 RDC 仓库，根据客户的授权与监控，可以实施产品二次包装，贴标签等服务，使产品最后一道工序延迟至靠近消费者最近的物流仓库中进行，减少因 SKU 增加而带来上级库存的变化，减少整体库存水平。

（四）创新供应链物流技术，不断对供应链体系及环节进行分析改善

1. 定制货笼与带板运输技术革新

经过对客户产品特性与生产特征的分析与研究，宝供物流为客户的产品下线设计了新的承接模式，以定制的可叠加的货笼工具取代了原有的不可叠加的堆码方式，有效地提高了空间利用率；并配以机械的操作方式代替原有的人工多次流转的操作，有效地提高了运作的效率与效果。

原模式：装卸工需要将一件一件洗衣粉装入车里，运作效率低（见图 2-7-13）。

图 2-7-13　原模式操作示意图

新模式：

① 收货自动化，与工厂交接采取电子秤交接，提升了交接效率和准确率，同时解决了工厂与物流交接重量问题，降低产品残损率（见图 2-7-14）。

② 下线后产品由原散装一层堆码，改变为可 4 层叠加，存储比率提升 62%（见图 2-7-15）。

图 2-7-14　新模式操作示意图

图 2-7-15　新旧模式存储对比示意图

2. ABC 分类与管理

结合先进的信息系统及信息技术，对库存进行 ABC 的分类与管理，促使仓储作业效率稳步提升，ABC 分类法前后库存布局示意图如图 2-7-16 所示，仓储作业效率提升效果示意图如图 2-7-17 所示。

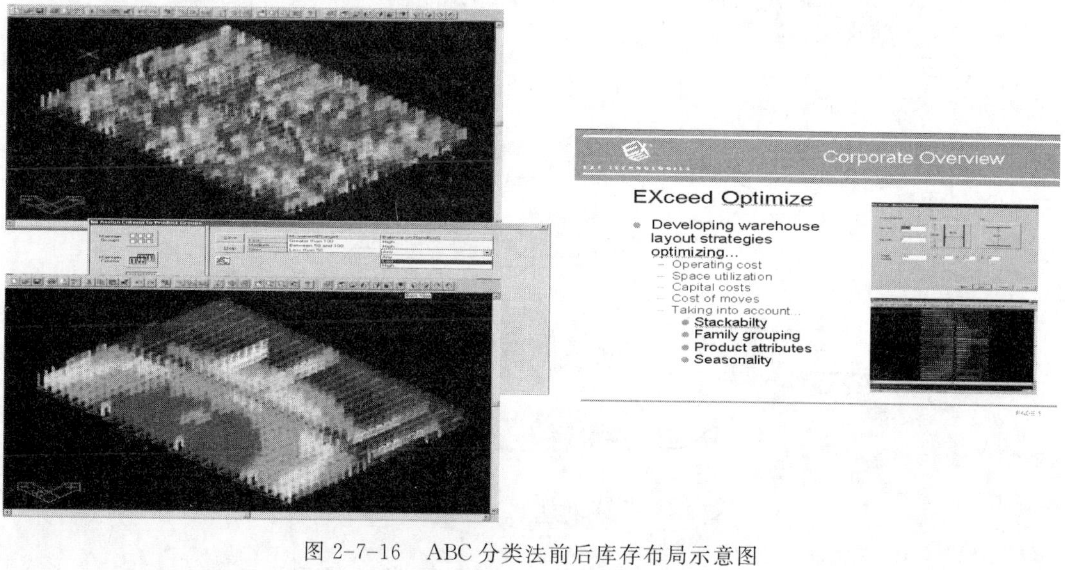

图 2-7-16　ABC 分类法前后库存布局示意图

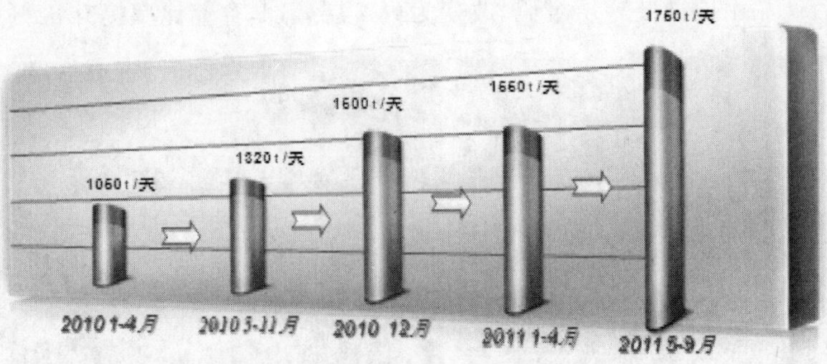

图 2-7-17 仓储作业效率提升结果示意图

3. 借助移动互联技术提供可视化供应链管理服务

为强化运输配送端的管理并实现客户订单的闭环，提升客户体验的满意度，宝供物流联手中国移动，开发移动定位服务系统（LBS），以实现货物（订单）的实时跟踪，为客户供应链计划管理提供强有力的实时监控支持（操作模式如图 2-7-18 所示，可视化监控如图 2-7-19）所示。

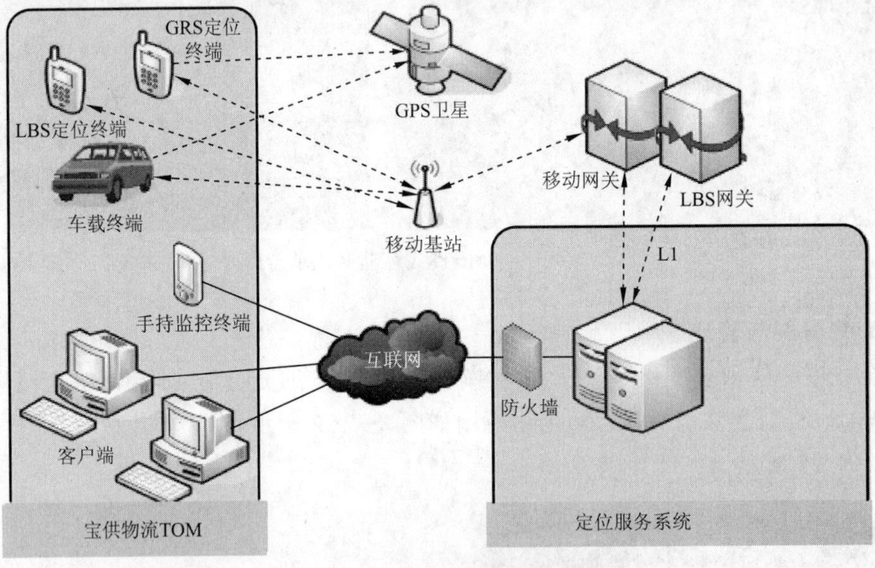

图 2-7-18 LBS 操作模式示意图

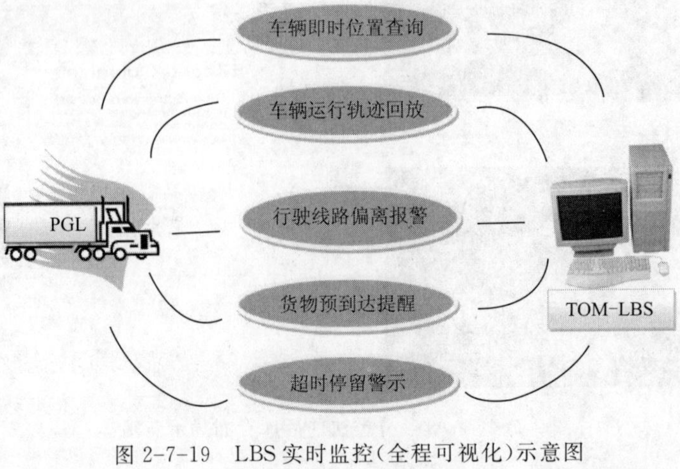

图 2-7-19 LBS 实时监控（全程可视化）示意图

4. 信息技术应用，提升供应链绩效

(1)订单接口技术应用

为提升信息的传递及时性和准确性，通过 EDI 信息交换技术，实现客户系统与宝供 TOM 系统的对接，以往接单由人工操作，在客户处拿实质单据后，在 TOM 系统中录入，出现订单录入系统的不及时，以及订单录入时人为操作失误带来后续的麻烦，通过开发接口后，大幅提升了订单传递的时效和准确度，与客户的接口功能包括单向传输与双向传输；双向传输包括客户订单传递至宝供系统，在处理后将客户所需要的信息，以约定的格式返回至客户系统；整体系统如图 2-7-20 所示。

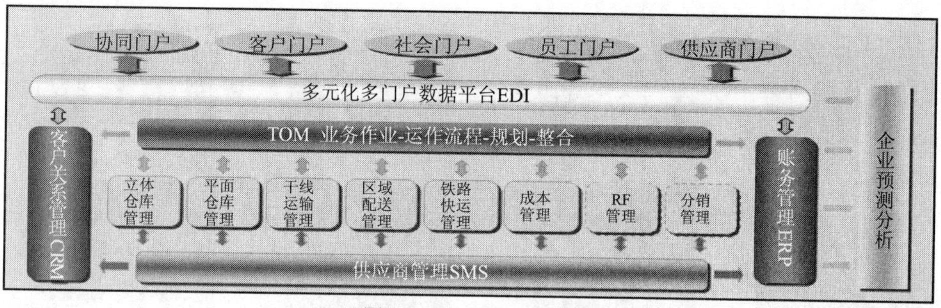

图 2-7-20　接口 EDI

除订单接口外，TOM 系统还可以与银行、气象、供应商 ERP 等系统进行对接，可以实现如代收货款的增值服务，也可以通过与气象、公安数据系统联网对接，实现运输天气给在途司机实时短信提醒，现场安检防诈骗等功能。

(2)电子回单技术应用

为提升整体结算过程，宝供在结算模块，为客户开发电子回单系统代替原有纸质回单结算流程，加快资金周转速度以提升整体绩效。在原有回单流程下，客户结算周期一般为一个月，因运输返回等因素，回单流转回客户处也需要至少 1 周时间，而且回单经常出现丢失，破损，签收不清等问题，基于此，宝供开发了电子回单系统，由原纸质结算转变为电子回单结算，纸质凭证定期回收审核的模式，即在送达至客户后，司机通过手机移动上传功能进行拍照上传，后台进行审核和对应归结提交客户进行对账；通过电子化改革结算模式，加速资金在各环节的周转，如图 2-7-21 所示。

图 2-7-21　电子回单应用

(3)RF 技术应用

为提升仓库出入库准确率,保证账实的一致,开发使用 RF 系统,如图 2-7-22 所示。以之前仓库使用纸质订单进行拣货、入库等作业,在作业完成后,再交与核算或录单员进行系统录入,容易因相互间的交接及字迹不清等问题造成系统录入错误,或因作业时间差,系统中显示有库存,但实际已发出等不能实时同步的问题,使用 RF 后,通过在仓库中布局域无线网络,通过 RF 设备实施与系统关联,仓管员每一步操作都需要对库位产品进行扫码操作,保障系统账与实物账实时一致,减少中间传递环节及内部纸质凭证的使用,大幅提升管理效率。同时,RF 系统也可以对出库数量型号进行有效校对,大幅降低产品错误出库的发生概率。

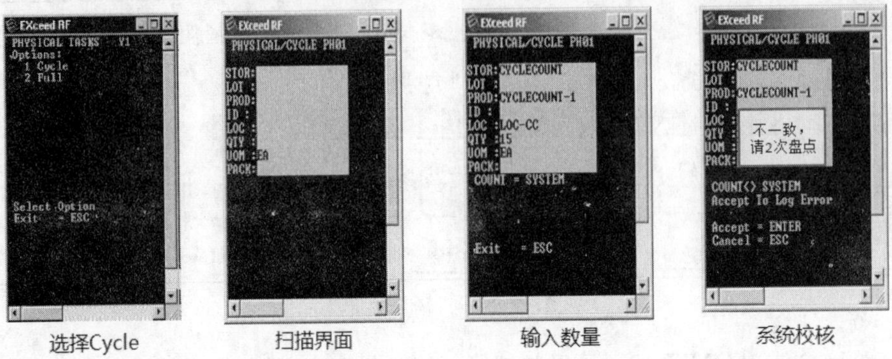

图 2-7-22　RF 系统应用

(五) 充分整合与共享,提升运营效率来稳定供应链成本

日益激烈的竞争市场环境使各日化企业对供应链成本的控制要求也日益增强,特别是在产品同质化和互联网带来市场信息更加透明的情况下,成本是构建日化企业市场核心竞争力不可或缺的重要组成部分。宝供作为专业的供应链一体化服务提供者,除以上四点控制成本方式外,也从充分资源整合及运营模式创新上来稳定供应链成本。

1. 充分物流整合实现规模经济

随着合作的深入,越来越多的日化企业及其他行业客户把更多的物流外包给宝供,宝供作为一个第三方整合者,通过规模的不断扩张,逐步打造专业现代化的整合平台,实现规模经济并共享给各参与客户,实现共赢,包括共同仓储装卸、共同运输配送、采购等。

共同仓储平台搭建:以往日化企业单独面临淡旺季的变化,只能通过临时增加资源投入来保障市场需求的满足,临时性的资源采购除带来运营质量不稳定外,物流成本也随之提升;通过与宝供合作后,宝供为其寻找可淡旺季互补的其他行业企业,实施共同仓储装卸,统一标准化运营管理和资源调配,最大程度的对资源进行共享,减少市场波动而带来临时资源的采购成本增加,从而实现在既定市场客户满意度下,控制和降低物流成本。此外,在日化行业自身供应链上下游中,也充分整合和共享仓储,包括原料的运输与成品运输之间的对流共享等,实现供应链成本的控制,如图 2-7-23 所示。

共同配送平台搭建:在日化行业小批量、多批次的市场趋势下,小订单的比例日益增加,尤其是当下网购电子商务的蓬勃发展,对整体物流配送的要求升级为能够满足小批量、大范围的及时补货和“最后一公里”的实现。在这种趋势下，单个日化企业独立建立此物流运营网络并不现实，而通过物流外包给宝供，宝供依托 TOM 系统进行充分的订单整合，并利用交叉理货平台以实现货物的快速分拨，在 RDC 与配送点之间建立定点循环班车的方式来打造共同配送平台。不同的终端配送企业需求订单汇集在这个平台上，通过订单整合系统来提升配送车辆设备的装载率以实现成本的控制。

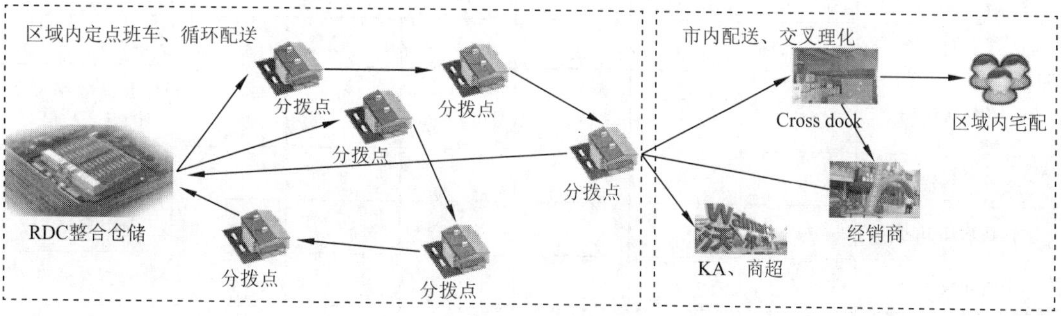

图 2-7-23　区域图

共同采购平台搭建：在采购物流上，日化行业对部分原料产品的采购需求有相同部分，而以往的独立采购也逐步向共同采购平台发展，即通过规模化的采购、运输及配送，实现规模经济以降低供应链中采购物流的成本。

2. 干线运输甩挂运输应用及各环节高度协同来控制成本

在运营模式创新应用上，实施长途运输甩挂的模式，来提升整体车辆运营效率，从而降低成本。

通过每个拖车头多配置一个挂，可以减少车辆卸货等待时间，使车辆在途运行时间与卸货时间分离，从而提升干线运输效率而降低成本。同时，干线运输与仓库作业充分沟通和共享信息，使各环节高度协同，进一步减少各环节的等待与延误，从而提升运营效率和发现改善运营短板瓶颈以实现成本降低。如车辆在工厂装完货后，TOM 系统会对车辆进行全程跟踪，仓库收货组会按车辆预计到达时间安排作业并反馈，异常情况及时反馈并调整，使整体物流环节各流畅，减少不必要的等待。

四、宝供物流供应链管理绩效分析

整体日化行业供应链优化及运作管理带来的供应链绩效，总结见表 2-7-2。

表 2-7-2　绩效表

服务模式具体方案	供应链绩效（价值体现）						
	成本降低竞争力提升	快速市场反应	能力与需求互动	信息失真小	产品质量保障提升	到货及时	其他
供应链布局优化设计	√	√				√	优化供应链结构网络
库存控制	√	√	√	√			促进形成柔性供应链

续表

服务模式具体方案	供应链绩效(价值体现)						
	成本降低竞争力提升	快速市场反应	能力与需求互动	信息失真小	产品质量保障提升	到货及时	其他
越库运营模式	√	√				√	优提效率，减少不必要环节
交叉理货平台	√					√	拓展市场
分拣系统应用	√	√	√		√	√	提升效率及分拣准确率
托盘运输	√			√	√		提升效率
甩挂运输环节协同	√			√	√		提升效率
货笼技术	√				√		提升存储率
在途跟踪		√		√	√	√	异常及时处理
系统接口应用	√			√			
电子回单应用	√			√			
RF 系统应用	√	√					
共同平台搭建	√			√			抗风险能力提升、成本降低

五、可提供的经验和下一步规划

（一）实施供应链管理的经验

1. 专业人才是提供专业化供应链服务的基础

供应链服务是个综合而又相对崭新的领域，对各专业人员的综合能力要求相对较高，宝供物流的人才战略有效地保障了公司人才体系的搭建，为专业的供应链物流服务奠定了坚实的基础。

宝供设立供应链技术、物流工程技术和信息技术三大技术中心，共同致力于行业供应链需求的分析与实现。包括创供应链模式、工程设备以及信息技术的应用。针对内部创新运营，还设立有《创新管理办法》鼓励基层创新，设立月度创新奖励与年度创新奖励，使创新变得有序，更切合实际运营和客户行业的需要。宝供每年会提供技术人才外出学习机会，并提供良好的晋升考核制度，鼓励专业人才不断学习和进步。

2. 强有力的 IT 技术能力的支持是实施成功的必备条件

信息技术的发展改变了供应链的管理模式，宝供物流借助先进的信息技术，并结合自身在供应链领域丰富的经验，为客户成功实施全新的供应链管理创造了条件。

现代物流离不开信息技术的支撑，信息传递的对称和及时是供应链优化的重要部分，如订单的接口应用，RF 设备的使用以及未来移动互移下移动终端的使用，都会大幅的提升供应链整体绩效，供应链管理信息系统已成为供应链管理企业的灵魂，而在供应链信息系统的规划和构建上，不能仅局限于局部功能，更需要从整体上出发，结合不同运营模式需求、销售需求、财务需求等综合进行规划，从源数据及整个系统框架着手设计，并由不同部门人员共同参与设计实施，才能更好地打造高效的供应链管理信息系统。

3. 供应链各方良好的沟通协作与战略合作伙伴关系是供应链优化改革实施成功的关键

供应链优化是一项长期持续的系统性工程，优化过程涉及战略、组织、流程等多个层面的改变，讲究上下游各方协同，如各方没有必备的改革决心及完善的沟通协作机制保障，供应链优化服务无从谈起。宝供物流通过20多年的供应链物流服务清楚地认识到任何单方面的服务改善与方案提供都无法取得成功，只有双方建立充分的战略合作伙伴关系与共同改善愿景才有可能在供应链管理领域取得不断的突破与成功。

企业之间还可能存在文化和利益等方面的冲突，使得供应链优化实施受到阻碍，因隶属供应链上两个完全不同的角色和地位，且企业拥有各自的企业文化，所以在合作之初容易出现各自为政的情况，如双方出于利益最大化驱动下，客户出于安全或机密等其他动机，未全共享存在问题或信息，而宝供出于自身利益最大化的动机，虚高或扩大化问题的严重性，这些冲突容易造成相互博弈上资源和时间的浪费。所以在供应链优化，特别是涉及深度的变革上，需要双方高层建立定期互动沟通渠道，加深各自相互理解和文化的包容。此外，企业内部决策不定，缺少对实施人员的有效培训等也将影响到供应链优化改革的成功实施。

（二）下一步规划

目前，宝供物流已经与国内外多家知名的企业建立了良好的供应链战略合作伙伴的关系，服务产品涉及日化、食品饮料、家电、化工、服装、汽车、钢铁等众多领域，服务区域遍布全中国。在未来，宝供物流将借助深耕已久的基地战略继续优化资源整合平台功能，通过完善的网点覆盖深化供应链一体化服务，依靠人才战略提升供应链服务管理水平。与此同时，迅猛发展的移动互联及物联网技术必将推动供应链管理技术变革时代的来临，宝供物流将依靠多年的IT战略沉淀，推动信息及移动技术在物流供应链领域的应用发展。通过打造智慧物流，提高商流、信息流、资金流的实时紧密程度及可视化水平，为合作伙伴高质的供应链计划、执行、监控管理工作提供良好支持并帮助其提高供应链资金周转速度、降低供应链总成本，创造更多的“第三利润源”。

撰稿人：刘　武　宝供物流企业集团有限公司董事长

刘　翠　宝供物流企业集团有限公司销售管理部经理

案例 8　京东商城:智慧供应链的实践与开放

一、企业简介

京东商城自营供应链体系,通过智能供应链策略服务支持的业务范畴是目前中国最大的自营式电商业务,2015 年第三季度京东商城在中国自营式 B2C 电商市场的占有率为 56.9%。京东商城自营供应链基于线上电子商务业务的快速发展,消费者在京东平台下订单,背后是通过智能预测、智能补货、智能配送等系统策略对采销、仓储、配送、售后进行一系列服务的支撑,京东供应链体系实现海量订单下供应商与消费者的协同、线上与线下的协同。截至 2016 年 6 月 30 日,京东在全国范围内拥有 7 大物流中心,运营了 234 个大型仓库,拥有 6 756 个配送站和自提点,覆盖全国范围内的 2 493 个区县,仓储设施占地面积约 520 万 m^2。京东专业的配送队伍能够为消费者提供一系列专业服务,如:211 限时达、次日达、夜间配和 2 小时极速达,GIS 包裹实时追踪、售后 100 分、快速退换货以及家电上门安装等服务,保障用户享受到卓越、全面的物流配送和完整的"端对端"购物体验。京东智能物流持续创新,"亚洲一号"现代化物流中心是当今中国最大、最先进的电商物流中心之一,目前已有 2 座"亚洲一号"投入使用,京东物流实验室开始测试无人机送货,为农村电商配送提速,京东商城仓储物流规模如图 2-8-1 所示。

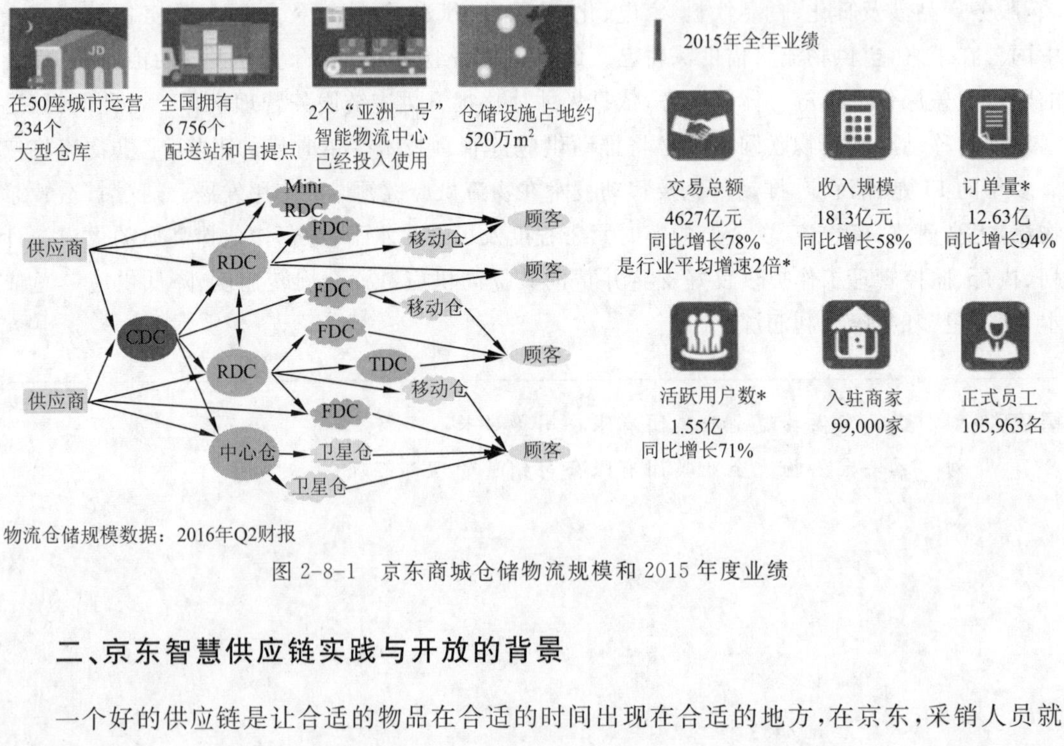

图 2-8-1　京东商城仓储物流规模和 2015 年度业绩

二、京东智慧供应链实践与开放的背景

一个好的供应链是让合适的物品在合适的时间出现在合适的地方,在京东,采销人员就

是实现这件事的人，他们需要让货架上琳琅满目的商品不仅价格诱人，且库存充沛，使消费者根据需求找到合适的商品，让每个登录京东商城的客户都满载而归。这给采销人员提出了很高的要求，在供应链环节中，采购人员不仅要依据诸如战略计划、品类计划、财务计划、供应链计划等要求做好供应链工作的规划，还要有能够灵活且精准的完成补货、调拨、滞销处理的执行能力。京东高达数百万的 SKU，极其复杂的仓储网络层级，人均负责近万的 SKU Per DC（Distribution Center），这些客观因素在各个环节都给采销人员做好补货、调拨、滞销处理工作带去了挑战，全渠道零售面临的机遇和挑战如图 2-8-2 所示。

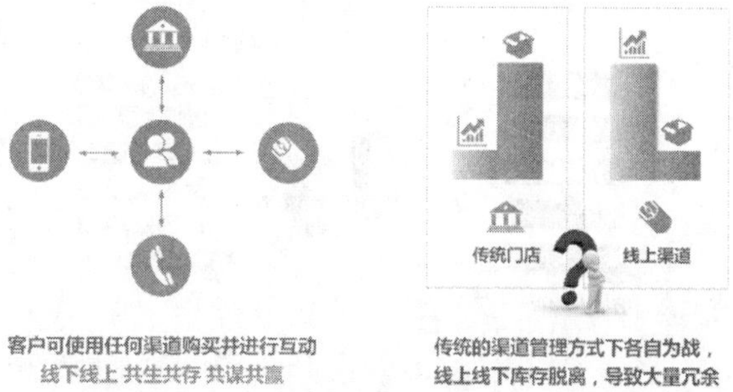

图 2-8-2　全渠道零售面临的机遇和挑战

另一方面，如何将京东智慧供应链（见图 2-8-3）的系统能力和仓储物流能力开放给合作伙伴，也是京东商城一直以来坚持的创新方向与系统建设理念。在企业数字化供应链和全面线上线下融合的今天，京东商城希望成为帮助企业实现全渠道零售转型的重要伙伴。

图 2-8-3　京东智慧供应链结构示意

三、京东智慧供应链的运作模式

传统意义中好的供应链需要经验丰富的采购管理人员根据对历史数据和未来销售任务的分析和判断做出最终结果。但当 SKU 发展到上百万，十几个仓库维度时，单一的人工经验或简单的计算将呈现灾难性状态。这个时候的大数据预测通过分析百万级 SKU 过去1～2年的历史销量数据、趋势。经过数据清洗、建模、动态趋势节假日调整等同时接入未来促销计划、多模型 PK、机器学习最终输出 RDC 维度三个月内每日销量预测，并应用于采购、内配、退货、库内补货等各系统，智能库存的应用使客户在未下单前，就已从供应商处采购商品，驱动调拨系统将商品放到距离客户最近的仓库，京东智慧供应链的智能补货系统和调度系统如图 2-8-4 和图 2-8-5 所示。

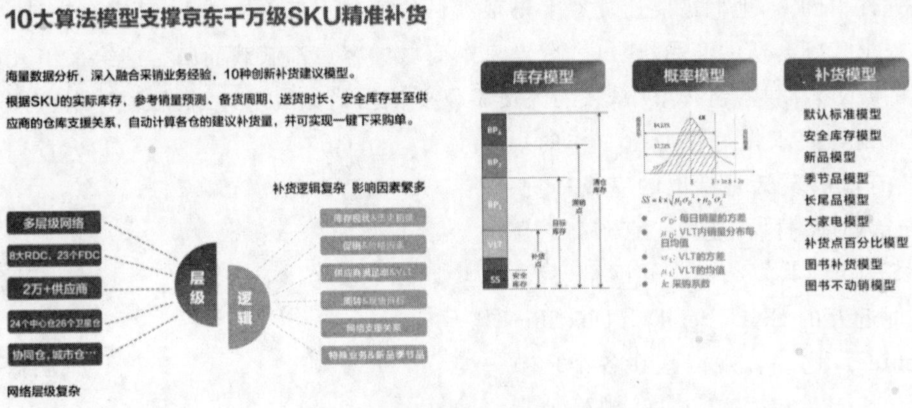

图 2-8-4　京东智慧供应链智能补货系统

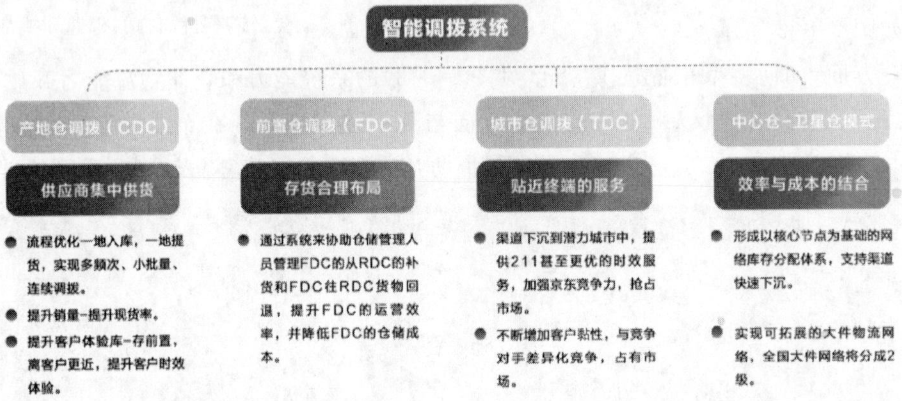

图 2-8-5　京东智慧供应链智能调度系统：适用全品类、多场景的智能调拨系统覆盖 CDC、FDC、TDC，中心仓-卫星仓全业务仓储模式

另一方面，京东将自己的大数据分析能力和物流能力开发给合作伙伴，帮助伙伴将产地仓和销地仓全方位整合，实现全渠道库存共享，缩短到货时间，开放进程如图 2-8-6 所示。

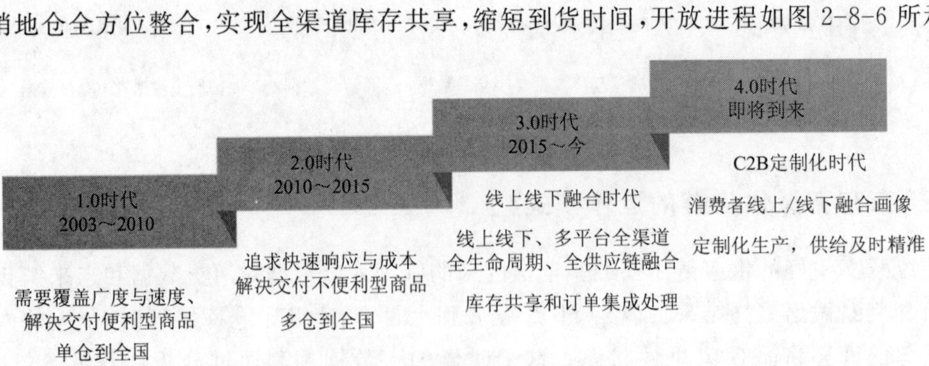

图 2-8-6　京东供应链能力的开放进程

四、京东供应链上的合作伙伴关系

目前在京东的供应商注册量已接近 3 万家，2016 年年新增供应商数量 2 千多家，供应商资质总数近 8 万个，2016 年新增资质数量约 3 万件。

2015 年 12 月 29 日，京东与李宁签署战略合作协议，京东将为李宁提供产品到门店的整体物流解决方案。此次双方的强强联合，将让李宁在库存配置、运营效率等方面得到全面优化，同时为李宁实施 O2O 战略提供了物流供应链保障。此外，京东在销量预测领域与雀巢建立了试点与长期合作，与美的等大的电器供应商建立了 CPFR 协同预测和补货的合作流程，并完成了系统对接。

五、京东实施智能库存中的信息化水平

（一）智慧库存

智能库存为保证面向全品类时的适用性，分为智能补货、智能调拨、智能滞销处理。智能补货平台以细致灵活的参数配置功能，保证各品类的个性化和独特性，涵盖补货类、辅助类、供应商类等三大类，近二十种可配置参数，加之大数据支撑的精准预测与 10 种补货算法模型，且以极致的用户体验为导向的 UI 设计和交互，实现真正意义上的一键采购，将采销人员最大限度地从繁冗的补货工作中释放。京东智能补货系统的应用与不断完善，是京东技术创新驱动业务发展的体现。

智能调拨系统根据商品的畅销等级、商品销售预测，公司经营战略等因素，并结合京东仓储布局情况，计算仓与仓之间的补货或回退建议，并根据这些建议自动生成生产内配单据，协助仓储管理人员管理实现补货和货物的回退，提升运营效率，降低运营成本的神秘之手。目前智能调拨系统仓间补货已实现全自动化，无须人工管理，完全依赖通过大数据建立的网络神经。

滞销处理是一个多场景，多目标的复杂的决策过程，能直接定位处理对象，并快速处理显得极为重要。在产品设计时，以极致用户体验为目标，设计了多场景的一键处理方式，如一键清理高库存，一键处理下柜有库存，一键退货，一键降价清仓等。

（二）供应链能力开放

京东针对李宁服装行业推出的供应链解决方案主要从商品管理、订单管理、业务形态三个方面来提升李宁整体的供应链效率，实时确保企业成本和销量的最优平衡，京东开放的物流供应链生态平台如图 2-8-7 所示。

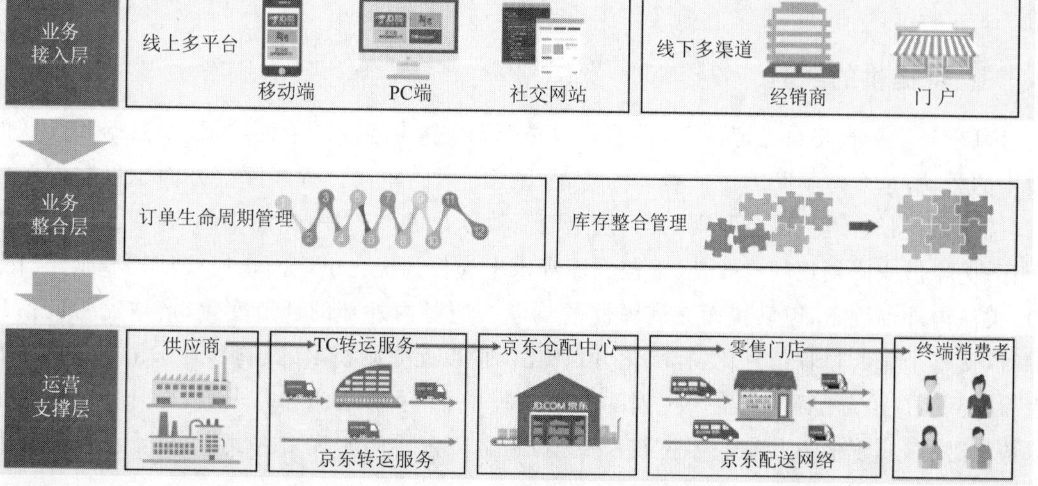

图 2-8-7　京东 3.0 时代 打造开放的物流供应链生态平台

六、京东实施供应链管理的绩效分析

智能补货系统经过多年的用户行为数据和业务数据双积累，产品流程优化，深入融合业务进行算法模型优化，创新出包括默认标准模型、安全库存模型、新品模型、季节品模型、长尾品模型、大家电模型、补货点百分比模型、以供定采模型、图书补货模型、图书不动销模型等10种算法模型。目前，重点品类库存周转天数降低20%，重点商品现货率提高5%，节约库存资金高达2亿元。同时，长尾品自动补货已成功开启，80%长尾SKU会通过智能补货系统的科学建议，定期定时自动触发补货单。据调研报告相关数据届时补货效率提升150%，预计节约工时约达8000人天/年。

智能调拨在绩效方面也有卓越的表现，

① 卫星仓，目前大件已开通28个卫星仓，每年调拨量近156万件，卫星仓建成后平均订单满足率87.1%以上，库存周转平均在19天。

② 前置仓(FDC)：目前已开通中小件25个FDC仓，年均调拨量110多万单，年均补货量5.11亿件；前置仓推行后全国平均订单满足率71% ，库存周转天数10天。

③ 产地仓(CDC)，项目开仓运营以来，以广州CDC向全国8个RDC、一个杭州miniRDC主动调拨，每年平均调拨量31.2万件；RDC库存周转控制在15天以内、在库现货率提升到94%，上升两个百分点；在途现货率提升到97%，上升5个百分点。

④ 城市仓(TDC)，目前正在试点中，当所有城市仓建设完成后，将提升京东自营商品年订单量6%，约10万单/日，按照300元的客单价计算，年GMV收入将增加110亿元。

智能滞销处理平台上线短时间内累积释放现金流8 500万，累积处理224万件商品，囊括了消费品，服饰家居，3C，图书等绝大多数品类。其中消费品干货采销部，服饰家居家装事业部，滞销处理建议采纳率达到80%。通过对系统的不断优化和升级，在滞销处理方面为企业止损增效不止亿计，也大大提升了员工的工作效率。同时，系统创新式的融合统一了数据源和计算逻辑，系统功能上实现了残品超期自动处理，临期商品全自动化等业务。

在与李宁合作的供应链开发案例中，目前京东已经支持李宁线上、线下日均数万件商品的销售履约，帮助李宁快速实现了全渠道零售的转型，京东—李宁供应链解决方案示意图如图2-8-8所示。

七、可提供的经验

京东商城一直将自己定位于“供给侧改革”浪潮中的链接器角色，通过大数据和互联网技术的驱动，京东将不断缩短消费者与产品生产厂商的距离。智能库存方面也以数据和消费者需求为纲领，遵循以下原则，找到重点商品给予足够的关注：保障中心仓/重点城市仓的库存；保障供应商供货的时效性，以控制库存水平为目的优化供应商供应提前期和最小订单量；关注内外部因素，以敏锐而充满弹性的响应去应对内外部的环节变化；搭建完善的信息系统，使整个采购过程信息化、智能化、可视化。借以此原则积累的经验，京东正在帮助消费者参与到供应商新品研发、生产规划的决策过程中，携手供给侧和需求侧，提升社会整体的供应链效率，实现多方共赢的零售新商业模式，全流程协同实现多方共赢，供给侧的全流程协同目标如图 2-8-9 所示。

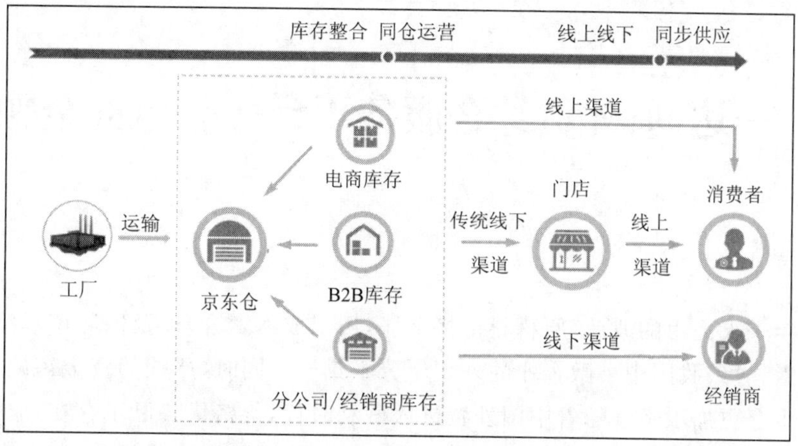

图 2-8-8　京东—李宁供应链解决方案示意图

（备注：产地仓，销地仓，多仓合一，实现 B2B/B2C/B2B2C 库存共享和订单集成处理）

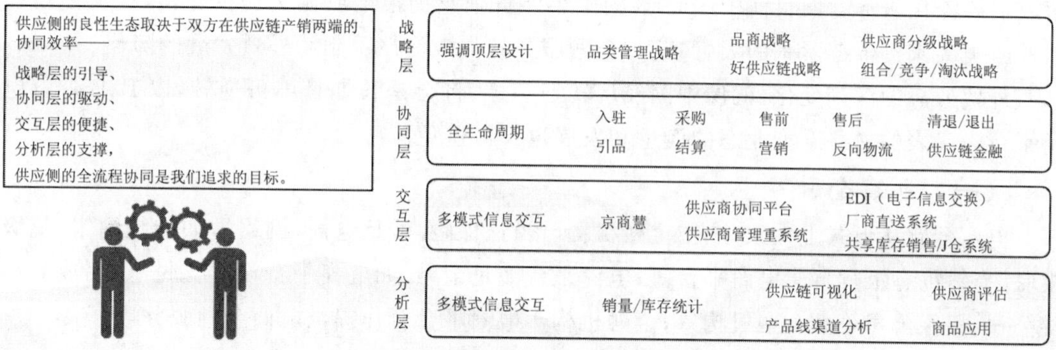

图 2-8-9　供给侧的全流程协同目标

撰稿人：马　松　京南集团副总裁

李秋迪　京东集团政策研究堂高级研究员

高　峰　京东集团仓储物流部库存与计划管理部总监

翟欣磊　京东商城零售平台供应链规划部负责人

案例9　一达通:外贸综合服务平台——电商金融新业态

一、引言

随着近年来人民币的波动,原材料价格上涨,用工成本攀升,以及国际市场疲软,欧债美债危机等因素,导致我国中小微企业的外贸十分不景气。同时,严峻的资金短缺等促使中小出口型企业生存更加艰辛。随着中国外贸进入微利时代,价格优势已不存在,服务对外贸的作用将会从初期的忽略不计到产生决定性影响,而金融是最重要的服务之一。过去中国外贸出口的最大优势在于价格便宜,但现在中国制造业低成本的时代一去不复返,参与国际竞争就需要深化服务。而目前中国 90%的中小外贸企业仍拒绝或无法提供赊销,这就使得在当前欧美买家资金链紧张的大背景下,金融服务缺失成为严重制约外贸发展的障碍。

外贸形势的深刻变化,就像中国经济转型一样,将会是长期且不可逆转,以 B2B 外贸电商平台为代表的一些新型业态的诞生和发展也不可避免。

(一) 电商金融

电商金融从形式上大致分有:金融机构(银行、保险)涉足电商(网络),如传统网银、超级银联、当然也有银行自建电商平台等;电商平台涉足金融,如电商平台设立支付系统、成立小贷公司、担保公司等准金融机构等;金融机构+电商平台合作提供电商金融服务等。

电商金融从功能上大致分有:支付结算类、直接融资类、间接融资类等。总之,一切借助电商手段提供金融服务的机构或组合都叫电商金融。

如果把金融机构比喻为金融产品"工厂",那么,电商就是销售产品的"商店","工厂"可以直销自己的产品,也可以借助"商店"渠道来销售。二者不相抵触、相互补充,在于是哪种方式风险更低,效率更高。两者之间的合作模式主要有以下几种:

1."介绍式"合作

银行+电商"介绍式"合作模式,其主要特点是:由电商平台向银行推介客户(电商平台提供客户数据,承担少量责任),不介入银行贷款流程,融资风险主要由银行承担。无抵押担保的情况下,贷款额度偏小,流贷资金贷款属性较强,这也是目前较为普遍的合作模式。

2."介入式"合作

银行+电商"介入式"合作模式,其主要特点是:由电商平台判断客户融资需求介入银行贷款流程并承担融资全部风险,在无抵押担保的前提下,贷款额度较大,贸易融资贷款属性较强,例如一达通。也有把这种模式叫供应链融资,电商平台要为银行掌控贸易融资的第一还款源(应收账款或货物),这就要求电商平台介入客户流通服务之中,而不是介绍包括银行在内的基础服务商。"外贸国六条"中明确的"外贸综合服务企业"就属于此类新业态电商平台。

3."混合式"合作

银行+电商"混合式"合作模式,其主要特点是:结合"介绍式"和"介入式"二种合作模式的特点,用混合的方式满足客户更多融资需求,比如,由"介入式"电商平台承担客户贸易融资风险,而银行根据电商平台实际贸易流通数据,为客户降低流动资金贷款门槛,并由电商平台承担少部分坏账风险等。

4.由"介绍信任"到"承载信任"

无论以上哪种模式,银行+电商的合作都要归结于如何降低融资风险和成本或如何提升风险控制和实际操作效率?电商平台作为"金融渠道",要由"介绍信任"向"承载信任"上转变,金融机构需要加强创新符合市场需求的金融产品并善于发现和利用好的"金融渠道"特别是电商渠道去推广。

(二)一达通平台——承载信任的桥梁

在外贸形势深刻变局下,中小微企业缺乏金融服务是他们在海外竞争时面临的最大门槛,而银行一直却缺乏有效供给,使得中小微企业不得不放弃优质的大订单,为了资金周转而争抢容易变现的低利润小额订单。虽然多家大型银行均已经推出了贸易融资、供应链金融等业务,然而中小微外贸企业还是面临着不能直接从银行获得贷款现状。核心问题在于融资渠道难,银行的风险和成本难以控制。一方面银行无法直接参与贸易,使其无法了解中小微外贸企业的贸易真实性,而大大增加了融资的风险,导致风控成本太高;一方面中小微企业的融资金额较低,放贷银行的收益根本无法覆盖成本。此外,中小微企业的外贸融资需求具有散、小、快的特征,银行现有产品及流程也较难贴合企业需求。

打通中小微企业和金融机构之间的障碍,让中小微企业也能够得到优良的金融服务,单纯依靠中小微企业自身是很难实现的,必须通过类似一达通这样的第三方电子商务服务平台来整合资源,为中小微外贸企业提供通关、物流、退税、外汇等外贸交易环节服务,通过介入中小微企业的整个交易环节,掌握企业真实的业务信息及海关交易记录,而且贷款企业的货款,必须经一达通的账户结算,从而确保贷款的安全性;通过集约碎片需求"化零为整",将中小微企业的需求打包给银行,然后再零售给中小企业,为银行解决了贷前、贷中及贷后的运营成本难题,最终让中小微企业顺利与金融机构实现对接。

二、一达通概况与发展历程

阿里巴巴一达通(以下简称一达通)成立于2001年,是我国第一家面向中小企业的外贸综合服务平台,并于2014年加入阿里巴巴,成为阿里巴巴全资子公司。一达通开创了将国际贸易与流通服务分离的外贸服务新业态,采用标准化、专业化、网络化的手段为中小微企业提供通关、物流、退税、外汇、融资等一站式外贸综合服务。通过高效整合中小企业外贸流通服务资源,从而降低中小外贸企业运行成本,改善了交易服务条件,特别是金融服务条件,有效地扩展了中小企业生存发展空间,让小企业享受大服务;同时也增强了中国外贸在国际金融、物流、渠道、品牌等服务业的话语权和贸易盈余。一达通自创立以来经历了以下几个阶段。

（一）初步创业期（2001—2003 年）

2001 年创立于深圳，创业者多数来自于传统外贸公司，他们以推动传统外贸经营服务模式创新升级为目标，一开始就成立电子商务平台，成为专注于向中小微企业提供进出口流程服务外包的外包服务型企业。成立之初就开始开发国内第一个在线进出口服务系统（1-T IEPM System 软著登记 031185 号），并于 2003 年投入使用。2002 年，开发出国内第一个进出口环节管理专业标准（1-T IEPM Standrad）。2003 年，与中国银行深圳分行开发出国内第一个进出口资金监管系统。

（二）业务拓展和实现盈利期（2004—2009 年）

基于前期建立的服务平台和管理体系，2008 年一达通开始逐步拓展多方面业务，市场份额和营业收入快速提升，并创新了供应链商业融资网络。一达通与中行深圳分行联合开发出中小企业外贸融资系列产品《外贸融资易》，无须任何抵押和担保。2009 年，推出国内第一个免费的在线外贸成交数据认证。经历连续 7 年的亏损后，一达通在 2008 年国际金融危机中抓住危中之机，凭借价格和服务优势赢得市场，逆势扩张，2009 年一达通业务经营达到了盈亏平衡点，并开始取得持续盈利。

（三）战略转型期（2010 年至今）

以 2010 年阿里巴巴并购一达通为转折点，打通了电子商务从“找订单”到“做订单”的全程贸易链，打造了“信息服务＋交易环节服务”的新型 B2B 服务平台，标志着一达通进入新的战略转型期。2011 年，一达通完成系列自主知识产权的管理软件开发，包括：报关管理系统、客户关系管理系统、外汇管理系统、物流管理系统、退税管理系统、人事薪资管理系统、融资管理系统，实现了内部管理的重构与创新。2014 年，一达通加入阿里巴巴，成为阿里巴巴全资子公司，开启了外贸综合服务行业的新纪元。

三、一达通商业模式的创新

（一）基本的经营定位及盈利模式

一达通相比传统的供应链企业，有着自己独特的经营模式，可以概括为“以中小企业为服务对象，以电子商务为工具，以进出口业务流程服务外包为内容，以综合服务平台为依托的整合型全程外贸服务平台和创新型企业。企业的基本业务定位是：专业为中小企业进出口提供全面的外包服务，是对传统外贸公司代理服务的全面升级，既有别于传统的电子商务企业，提供买卖咨询，为企业找订单，也有别于传统的供应链，而是依托电子商务平台，利用自身开发的进出口交易系统为客户提供一站式进出口服务解决方案和融资服务（见图 2-9-1）。由于中小企业面临较大的成本控制压力和资金缺口，因此有着相对强烈的进出口服务外包需求，这也就成为一达通公司选择市场和业务定位的直接原因；同时，由于要利用信息化专业化手段提供全程外包服务，一达通相比传统的供应链企业有着更强的资源整合能力，形成相对较高的经营优势和服务能级。

一达通的盈利模式也具自身特色，有别于其他传统供应链和贸易公司，不以服务费、佣金为主要赢利来源，也不赚取商品差价，赢利主要来自集约外贸各类流通服务规模，赚取“服务产品”的差价。就如同沃尔玛,靠集约商品采购规模再零售商品获益,一达通外贸综合服务平台则是依靠集约服务产品采购规模再零售给中小商户获益,犹如一个“综合服务批发超市”。自2014年5月13日起,中小企业通过一达通进行出口,每出口一美元,最高能获得3分钱人民币的外贸服务补贴,且免收代理费。

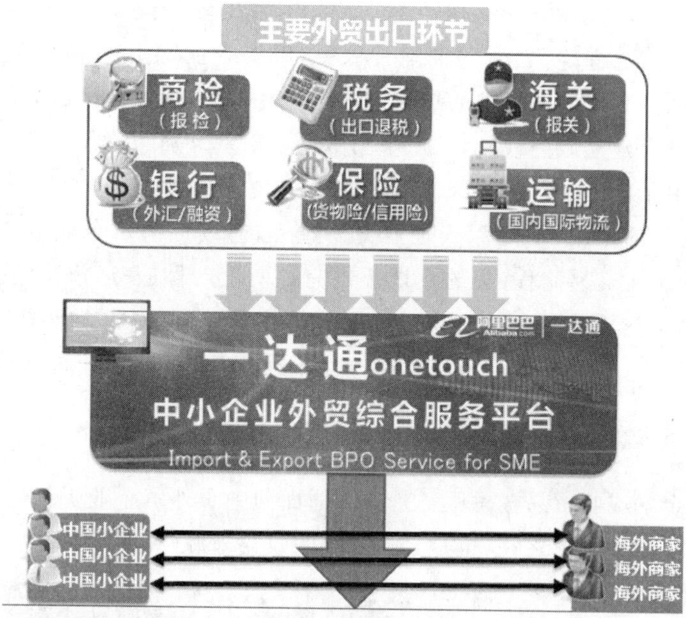

图2-9-1　一达通外贸综合服务平台服务模式

(二)创新的网络融资通道

一达通通过综合服务平台与银行信贷平台相结合,为中小企业客户提供融资通道,集退税融资、电子商务、支付结算于一体,为中小企业提供全方位、多层次的综合金融服务方案。一达通外贸供应链平台运用自身系统处理能力,将监管、申请、投放、还款、放贷等相关融资工作纳入一个统一的信息化网络处理平台,较好满足中小企业外贸供应链融资小额、动态的特点,为解决中小企业融资难问题找到一个可行的解决方案;2008年,一达通与中国银行合作推出“中小企业外贸融资易”产品,提供进出口综合贷款、出口信用证贷款、出口退税融资三大类服务。2011年初又开发了五款“中小企业外贸融资宝”产品,创新订单融资、打包贷款、退税融资、赊销贷款、外汇保值;同时,还为进出口企业提供外贸保险服务。2014年,一达通又推出网商贷高级版,为平台的中小企业提供无抵押、无担保的纯信用贷款。一达通通过掌握整个贸易流程、控制贸易风险,在国内出口商与国外客户及双方银行之间,扮演了重要的中介担保作用,帮助国内中小企业解决融资难的难题。

(三)平台的创新与升级

一达通外贸综合服务平台在诸多方面进行了新探索,形成了自己的特色:一是明确以中小外贸企业为服务对象的市场定位;二是实现了电子商务与供应链服务平台的对接,第一个将线下传统进出口搬上互联网,可以不分地域、不分外贸种类提供公共化服务;三是建立了基于真实交易数据的中小外贸企业调查系统,定期发布专业化中小外贸企业调查报告。与传统的外贸公司、电子商务模式相比，一达通在以下方面实现了创新升级：

1. 推进传统外贸服务模式的创新。传统的外贸服务企业，以服务大企业为主，采用一对一或多对一的客户服务模式。一达通模式以中小微企业为服务对象，以电子商务为工具，采用流程化、标准化的服务，打造“N＋1＋N”的服务模式。通过向中小企业提供一站式的通关、物流、退税、外汇等政府性服务，减轻企业经营压力，降低企业外贸成本。另一方面向中小企业提供物流、外汇、保险、融资等商业性服务，解决企业融资难题，提高企业经营利润。该服务模式一方面有利于服务规模的扩大，适合于中国中小企业数量巨大的实际，另一方面有利于根据流程环节建立服务模型，满足中小微企业千差万别的业务需求。

2. 推进传统电子商务平台的升级。传统的 B2B 电子商务平台，主要是解决资讯不对称问题，实现撮合交易的作用，不能深入企业交易过程，持续性满足企业生产性服务的需求。一达通平台，深入企业交易流程，集约化地提供完整的生产性服务，解决“交易实现和发展”的问题。同时，基于交易流程介入，进行企业贸易真实性验证，完成企业贸易数据库建立，解决企业与外界资源方（如银行等）经营信息不对称问题，解决中小企业融资难等的问题。

四、一达通金融产品介绍

在线供应链金融或叫贸易金融服务是一达通面向中小外贸企业提供通关、退税、结汇等基础服务外的重要增值服务之一，也是公司主要的收益来源（见图 2-9-2）。

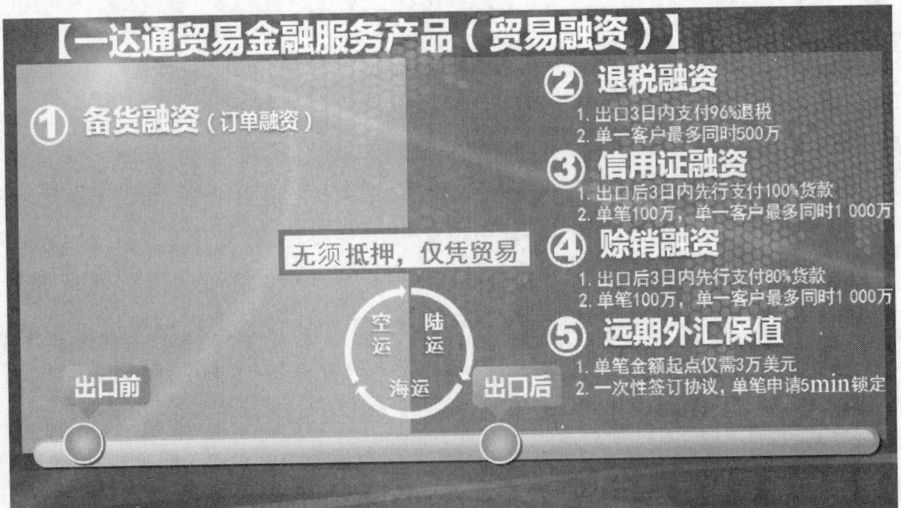

图 2-9-2　一达通贸易金融产品

（一）赊销宝

随着国际贸易市场的疲软，欧债美债危机的持续影响，海外买家手里的资金远没有过去充裕，在欧盟市场，赊销占到贸易支付方式的半数以上。由于没有金融的支持，中小企业往往迫于自身的资金压力，对这类优质的订单有心无力，甚至有时一再压低自身的利润换取买家的现金支付。赊销保帮助中小企业接以前不敢接的优质大额赊销订单，发货交付全套单据，3 个工作日就可以收到 80％的货款，无须等待漫长的账期，快速回笼资金，减轻资金周转压力，进一步提高企业利润和订单，该服务由阿里巴巴联合中国银行和中国出口信用保险公司共同推出（见图 2-9-3）。

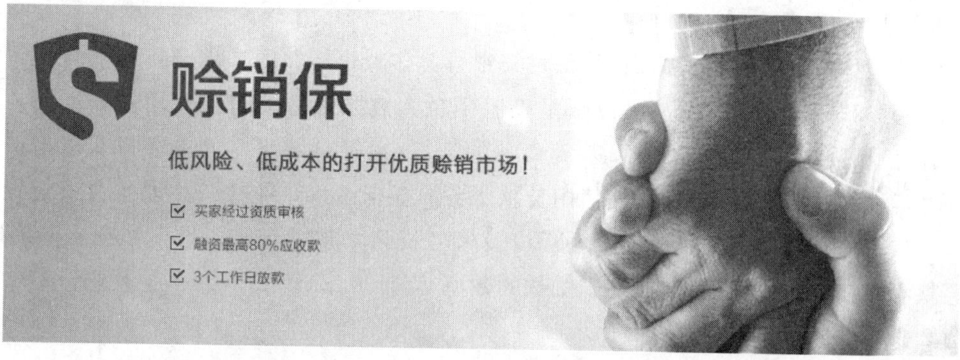

图 2-9-3　赊销保

（二）信融保（获 2013 年十大金融创新案例奖）

在国际贸易中，信用证支付占比很高，因为资金压力和审证风险，中小企业往往有心无力，眼看着送上门的大额订单而不敢接。一达通信融保能够帮助广大中小企业敢接原来不敢接的信用证订单，通过专家团审证让中小企业省去了烦琐的审证工作，完全消除企业因信用证不符点而被拒付的风险；打包贷款解决了中小企业无定金备货的难题，让他们轻松开工；信用证买断缓解了企业的资金压力，让中小企业的资金快速回笼，能够顺利地与国外大客户合作，帮助他们把订单越做越大。一达通一站式外贸综合服务帮助广大中小企业降低外贸交易成本的同时解决贸易融资难题，提升企业竞争力（见图 2-9-4）。

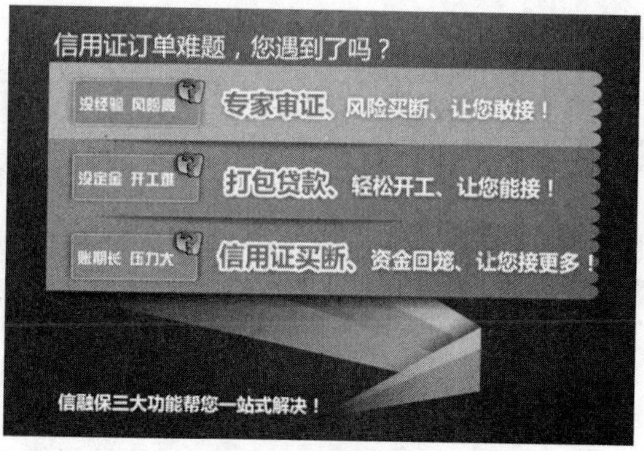

图 2-9-4　信融保

（三）退税宝

合规办理，安全顺畅。可提供垫付退税增值服务，垫付退税服务费为退税款的 4%，单据齐全后 3 个工作日内即可获得垫付退税款，加速企业资金周转。

（四）外汇宝

远期外汇保值服务，是指通过约定未来结汇或售汇的外汇币种、金额、汇率及交割日期，从而提前锁定企业的利润，减少汇率变动的企业利润损失。

近年随着人民币的不断升值，让中小外贸企业更加举步维艰。根据中小企业的实际困处与需求，一达通的外汇保值业务给广大中小微外贸企业提供了方便快捷的避险工具。汇率提前锁定，避免被动接受汇率波动风险成本、将利润提前锁定；有利于企业进出口成本、利润核算，在汇率锁定的情况下帮助企业扩大接单能力。一达通外汇保值能够锁定 12 个月的汇率，且办理外汇保值最低金额只需 3 万美元，而一般银行的最低金额高达上百万美元。同时，客户只需通过一达通综合服务平台的就可办理业务，能够免去银行办理外汇保值业务的大量时间和繁冗的审单程序。

（五）网商贷高级版

阿里巴巴联合中国银行、招商银行、平安银行等多家银行共同推出全新B2B互联网金融产品——网商贷高级版，该产品是以阿里巴巴平台大数据为基础的纯信用贷款产品。产品主要面向使用阿里巴巴一达通出口基础服务的客户（包括自营出口的准客户），以出口额度积累授信额度的无抵押、免担保、纯信用贷款服务。根据出口企业在一达通平台上最近6个月出口记录，每一个美元贷款一元人民币，最高可贷款1 000万元。且随借随还，申请、放款、还款全部在线上完成，大大提高了贷款的效率、降低成本，解决了中小企业融资难的难题（见图2-9-5）。

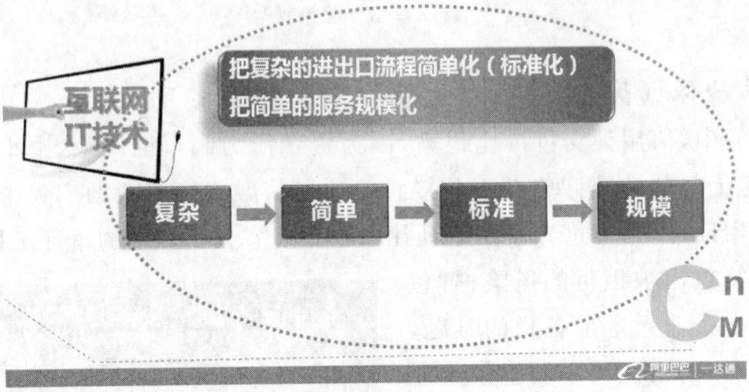

图2-9-5 一达通运营原理

一达通从成立之时起就利用互联网/IT技术将复杂的进出口业务逻辑标准化、在线化、规模化，开创了以外贸综合服务平台为核心的“N＋1＋N”中小企业在线供应链金融模式（见图2-9-6）。

与传统的围绕产业核心企业的“1＋N”供应链金融模式不同（见图2-9-7），一达通是以服务为核心，实现了不分行业地域、贸易规模大小的中小企业国际贸易金融服务，并由外贸综合服务平台承载银行及客户的融资责任，是准保理式或“买断式”（风险）的供应链金融服务。

一达通的风险控制原则是做小不做大，以“大数原理”用收益覆盖风险。以不同行业大宗商品的大额贸易融资，容易产生由行业变化导致的系统风险和道德风险；而小量、多笔的贸易融资可以分散系统风险及道德风险。由于一达通介入贸易流通服务环节，通过多维度贸易数据，判断贸易真实性，同时，掌控贸易融资第一还款源（应收账款或货物），大大降低了融资风险，此外，通过标准化、集约化、在线化运营降低融资成本，一达通具体价值有：

① 提升外贸便利化程度；

② 增加外贸成交机会；

③ 降低外贸交易成本；

④ 减轻政府监管压力；

⑤ 促进外贸服务业发展。

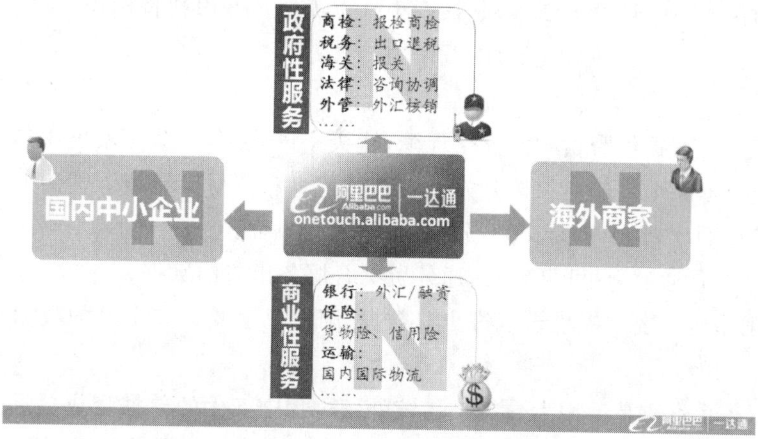

图 2-9-6　一达通“N＋1＋N”模式

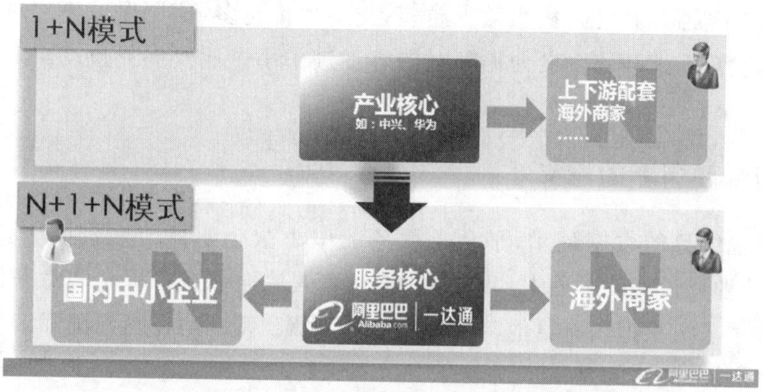

图 2-9-7　“N＋1＋N”模式与“1＋N”模式的区别

大数据的应用将突破中小企业流动资金贷款难题，促进实体经济发展。比如，基于外贸综合服务平台的交易数据、贸易融资数据，金融机构可以推出更加便捷和低门槛的流贷产品。

供应链金融或贸易金融，首先需要业务流程标准化、在线化、高效化、规模化，这样才能有效控制风险，降低成本。其次，一达通案例说明，基于互联网/IT 技术、以“服务”为核心链主的外贸综合服务平台，比以“产业”为核心大企业为链主的供应链金融服务，覆盖面更广、门槛更低、系统风险也相对更小，是解决中小企业贷款难的有效手段，此外，基于外贸综合服务平台的有效“大数据”，也为金融机构向企业发放信用贷款提供了依据。

五、一达通信用保障服务

阿里巴巴携手供应商打造信用体系，供应商在国际站上的行为以及真实贸易数据等相关信息将作为其信用保障额度的累积依据，阿里巴巴在特定条件下帮助供应商向买家提供跨境贸易安全保障。主要作用有以下两点：

1. 彰显信用

获取信用保障额度且可不断累积(最高 100 万美金),并用独特标识在全网彰显,让信用看得见,帮助卖家提升在国际市场上的竞争力。

2. 促进交易

帮助卖家向买家提供跨境贸易安全保障,让买家更放心,帮助卖家更快达成交易。信用保障额度主要根据每个供应商在国际站上的基本信息和贸易交易额等其他信息综合评定并给予一定的信用额度,其中贸易交易额主要包含两个方面:

① 最近 6 个月通过阿里巴巴一达通外贸综合服务出口的数据;

② 按照阿里巴巴要求提供自营进出口数据,阿里巴巴验证 6 个月的数据真实性后也可以积累额度。

信用保障体系本质是运用大数据将传统外贸过程中产生的单据变成数据。在传统的贸易中,每一笔交易产生的单据除了锁进抽屉没有别的价值,也无法带来新客源,而交易线上化后,单据就成了"活"的数据,积累数据越多,交易评价越多,信用保障额度越高,买家越信任,接单成交越容易,这样一个良性循环对能够促进中小企业发展并拉动出口,真正实现信用等于财富。

六、电商金融创新的意义

根据一达通统计的数据显示,平台上服务的中小微企业目前融资的企业将近 15 000 家,这些中小企业在做外贸过程中,99.9%的企业都是完全靠自身资金实力来做外贸的。企业大多都是先要求买家把钱打给他,再去生产,再发货。特别是在当前国际市场疲软的情况下,中小微企业的外贸真的是举步维艰。

面对先打款后生产再发货的流程,不论是美国人、日本人、欧洲人都很难接受,因为这对于买家来讲,在资金风险以及资金周转压力方面的压力都非常大。这是导致外贸订单越来越少,订单价格越来越差的原因。因此,电商金融超市是一个十分独特的金融渠道创新模式,在这种有效的金融渠道支持下,将会让金融产品非常顺畅地输送给中小企业,帮助他们更好地开展外贸交易。

但是,当前很多中小企业对于这样的金融服务还缺乏意识。当前外贸金融支持,在某种角度来讲,已经不是简单的贷款问题。比如,一家企业需要 40 万元才能把一个订单做下来,如果没有 40 万元,这订单就难以完成,有了 40 万元,企业的收益可能是 10 万元,但是如果没有资金支持,那么可能整个订单都会丢掉。所以,从这个角度来看,这已经不是简简单单的企业贷款,而是经营和交易的一个概念。这个概念对企业的限制非常大,且会越来越大。随着中国制造成本越来越高,这对整个外贸的压力是巨大的,同时,在金融上压力也会越来越大。在成本比较低情况下,海外的买家可以不在乎付款方式,但是在成本越来越高,买家则越来越不能承受先付款再发货的方式。

一达通的电商金融是一种渠道创新,给中小企业带来更多的市场,更多的机会。但是,也给银行、保险公司等带来了更大的挑战。一达通这种模式是全球性的模式,规模越大,对银行、保险公司的要求也越高。就像沃尔玛,沃尔玛对消费者是不会有条件的,但却对厂家的要求非常高。“第一,产品品质要过硬;第二,价格要低;第三,流程对接要顺畅。”

电子商务对金融业所起到的作用是里程碑式的。在电子商务的支撑下,金融服务的半径会不断扩大,这将把金融服务区域性特点打通。一个在深圳的银行可以服务全球的客户,其次,电子商务拥有大量数据信息,它可以为企业提供金融支持,在金融服务的关键点上,起到决定性作用。

同时,这一模式并非为了中国外贸量身定做的,由于电子商务批量化、规模化的特点,在内贸交易或者企业资金交易过程中,同样可以覆盖运用。在我国,想要真正突破中小企业的发展困境,金融机构的服务水平一定要提高,而这一点单靠金融机构本身,无论是从他的服务能力、数据信息能力,还是覆盖能力都难以达到。只有通过电子商务这种手段才能够去深化所有的服务,深造所有的中小微企业。

七、一达通平台风险与成本控制

外贸电商平台又如何实现对小微企业的风险控制呢?核心就是介入贸易。

一达通综合服务平台一站式为中小微企业提供通关、退税、外汇、物流、金融等业务,除了生产,中小微企业整个外贸过程中的物流、资金流、信息流等都能控制在一达通平台上,还有大量历史交易数据可查,从而实现了有效的风险控制。即便是这家外贸企业倒闭,但只要这笔贸易还存在,就不会出现大的坏账。

传统的供应链管理公司,往往提供个性化方案服务于几家大型企业,而一达通外贸电商平台主要针对中小微企业提供标准化服务。传统的供应链管理公司从银行抵押贷款,然后通过自己的风控审批团队,再垫资给企业去采购。一达通外贸电子商务平台更像是代销银行现有的融资产品,通过对一达通平台上的中小企业数据的分析,能够有效地控制中小企业融资风险,使得银行通过外贸电商的平台业务对中小微企业放贷成为现实。通过介入中小企业外贸交易环节,掌握贸易的真实性,能够严格的控制贸易融资的风险。2013 年,一达通平台融资金额达 55 亿,且几乎没有一笔坏账产生。

一达通与中国银行等银行研发出通过互联网为金融机构和企业构建一个信息化的处理平台,采取集约中小微企业需求的方式,整个打包给银行进行批量化处理,能够满足中小微型企业贸易融资小额、频繁的特点,让大规模批量做小额贸易融资成为现实,有效解决银行发放程序、环节运营成本过高的问题。由于能够全面而真实地了解平台内企业对外贸易的状况,银行采取先放款,事后抽查的方式,根据平台企业的历史数据和现在的模式数据对企业进行随时跟踪和实时监控。现在,一达通每天早上 10 点钟将融资需求打包传送给银行,下午 4 点半中小企业就能拿到贷款资金,这在以往是完全不敢想象的。

八、经济成效与带动效应

一达通平台自 2001 年从服务于 7 家企业开始,运行至 2016 年服务于 15 000 多家中小微企业,营运效果明显。

(一)一达通平台经济成效明显

截止 2016 年底,平台服务中小微企业达 15 000 多家,企业范围遍及珠三角、长三角、中西部等外贸发达和发展中区域。近年来,实现进出口单量与进出口额的几何倍数增长:2010年至2012年,进出口单量增涨连续3年超200%,2012年进出口单量50 000多单,贸易额18亿美元。2016年一达通交易额达225亿,同比涨幅87.5%。"目前,与一达通合作的银行达20家,据不完全统计,其为中小企业间接融资金额超700亿元。截止2016年,已有逾8万家外贸中小企业通过一达通收益,这一数字较同期增长了48%。2016年中,一达通共计为逾6万外贸企业贷款融资近240亿人民币。

(二)支持金融、物流等基础服务业做大做强

贸易融资的特性决定了融资是以贸易真实发生为前提,而贸易的产生必然是以实际生产经营为依托,因此最大程度地确保了资金的实体经济流向。一达通平台一方面帮助中小企业评估融资需求、梳理融资信息,标准化申请流程;另一方面为金融机构进行信息采集,提供有效的贷款依据,降低贷款风险,并且跟进贷后资金运营监控,保证资金应用方向。在有效缓解中小企业生产运营资金压力的同时帮助银行等金融机构金融产品落地,改变"存贷差"为主的盈利模式,扩大银行业务对象和范围。平台还汇集广大中小外贸企业物流环节需求进行集合处理,也有助于提升物流行业的运转效率。

(三)有利于中小企业商业信用的建立

企业商业信用,尤其是中小企业商业信用缺失一直是中国社会经济的一个难题,也是中小企业融资难的根源所在。一达通平台深入到中小企业对外贸易各个关键环节中,采集最为真实全面的交易信息,并将这些宝贵的信息传递给银行用于融资分析和执行。随着企业交易的重复进行,这些信息得到不断累积和完善,从而有助于建立起一套动态可监控的企业商业信息系统,形成中小企业商业信用基础,可全面激活中小企业的融资系统。

(四)帮助中小企业降低成本,做精做细

作为专业的进出口流程服务外包企业,一达通公司拥有专业的通关、物流、税务、金融、法务人员400多人,为企业处理通关、物流、外汇结算等全套业务流程,极大地提高了中小微企业进出口业务处理能力,提升了外贸效果。依托平台整体规模优势,通过对物流、金融、保险等各方资源的整合,改变中小微企业个体规模小、需求分散,金融、物流、通关、渠道等服务环节严重缺少议价能力的现状,降低中小企业外贸交易成本。通过服务引入企业经营中的方式,帮助企业返回核心业务,专注于本职,做精做细。

九、一达通发展战略与意义

我国已进入经济转型和产业升级的关键期,类似一达通这样的外贸供应链服务平台未来有着大展身手的机会,企业通过整合资源、创新交易模式、提供进出口流程服务外包,帮助制造业特别是中小企业实现业务管理流程升级,重塑核心竞争力,带动第三方服务业,提升中国产业国际竞争力和定价话语权,发挥助推产业转型升级的引擎作用,从中拓展出巨大的市场发展空间。

(一)帮助中小企业提升核心竞争力

据统计,非制造成本占到我国企业经营成本中的45%,外贸出口中综合物流开支占比高

达30%，是国外的一倍以上，严重影响了市场竞争力。中小企业在外贸洽谈过程中最重要的三个要素分别是：产品价格、付款方式、交货期，目前中小企业生存状况恶劣，主要是因为缺乏议价能力、无法通过自身实力降低物流成本。

外贸服务供应链平台以电子商务平台为载体，为中小企业提供进出口贸易过程中的"通关、物流、金融"等具有共性的交易流程外包服务，提升通关效率和交运时限，标准化、信息化的操作模式可提升服务效率，"化零为整"、服务外包，能降低企业运营成本，加快资金流转，提高中小企业自身的核心竞争力。具体来看，实施供应链管理外包可以将运输成本下降5%～15%，将整个供应链的管理运作费用下降10%～25%；最高资质的通关速度能规避交期延误的风险，可使企业的准时交货率提高15%，订单处理周期缩短25%～35%。

（二）推进区域经济布局的优化

我国外贸企业主要集中在沿海发达地区，珠三角、长三角占比达70%，土地及人工成本增长将必然使得生产企业向内地转移，而内地服务业落后是制约其外贸发展的重要因素，一达通模式可大范围辐射内地市场，优化区域经济布局，缓解其服务业落后的瓶颈制约。

对于进口，亦可通过类似一达通这样的专业进出口服务平台，解决海外企业对华出口不熟悉中国的法律、进出口规则等难题，使得海外商家开展对华出口与对西方其他国家一样方便。

（三）助推第三方服务业发展升级

一达通打造了国内第一个进出口服务管理系统，作为类公共平台，服务流程环节通过互联网接驳到各监管部门，涉及银行、海关、商检、国税等。通过IT化的模式，完成进出口服务的电子化操作。整合外贸、金融、物流等服务资源，用信息化工具吸引信用认证、法律支持、外贸咨询、供应链管理等更多的贸易配套服务资源，通过服务接包和转包，助推我国第三方专业化服务业的发展壮大，并通过打造"虚拟国际贸易服务中心"，掌握物流、结算话语权，助推国际物流中心和金融中心建设。

（四）为宏观调控和政策制定提供参考

一达通不仅仅是一个商业性的平台，同时也承载着社会性研究服务平台的属性。一达通平台掌握大量中小企业进出口真实数据和信息的服务平台，兼具类公共平台的属性和价值，通过统计、分析和研究大量的、频繁的、真实的动态数据，监控中小企业在对外贸易活动中的状况，掌握中小企业动态的外贸景气状况和资金压力状况。这是国内唯一一家能做到通过真实的中小企业进出口数据信息发布的针对中小企业"外贸景气指数"和"资金压力指数"的报告，并连同阿里巴巴集团研究部的数据定期一起呈交到国家相关部委做研究参考。

十、一达通创新模式案例介绍

（一）"信融保"助力家电企业接大单

公司客户A公司主要是生产小家电，由于工厂初始规模较小，出现资金链断裂风险很高，资金周转困难，有时候连生产备货资金都存在问题。在与西班牙买家第一次合作中，对方要求60天100% LC的付款方式，一方面由于之前从来没有操作过信用证，没有专业人员审查信用证，也不懂具体规范；另一方面担心不符点风险及资金周转压力，订单迟迟未能谈下来，一度差点放弃；恰巧一次偶然听朋友谈到“外贸服务专家”——深圳市一达通企业服务有限公司，接触了解到一达通有专业的金融服务产品——“信融保”，服务涵盖审证制单，打包贷款，信用证买断三大模块，并可按照企业自身实际情况灵活选择。客户认为拿下这笔订单有很大希望，该公司老板亲自上门考察了一达通，跟一达通专业的进出口顾问深入交流后，十分认同公司的信用证产品和服务模式，完全可以放心地把订单交给一达通操作。信用证打包贷款门槛低，只需要凭借真实的贸易订单即可获最高 300 万元融资额度，让企业轻松备货。该客户跟一达通达成协议，解决了备货资金不足的难题。一达通帮客户审核信用证，第三方资信现场调查，通过审批后，很快把备货资金打到了客户账上。而且备好货之后，凭借一达通优质的通关物流资源，很顺利地把产品按时按质地送达到买家手中。不久，客户凭借质量过硬的产品，成了西班牙买家的长期供货商。

已经有了充足的备货资金，该客户对应的一达通专业进出口顾问通过长期跟客户的接触了解到客户现阶段对金融服务产品需求已经有所改变，一达通很及时地给客户介绍了信融保下的另一个产品——“信用证买断”。由于前期跟一达通有大量接触，该客户很快提交了信用证买断所需单据，3 个工作日就收到了该笔信用证 100% 款项，真正做到为客户省心省力，客户也真心感谢一达通帮助他们实现了从小订单到大订单的转变。

该客户逐渐做强做大，短短 2 年时间不到，在一达通的累计出货金额就到了 600 多万美金，相比合作前翻了 3 番。其中有将近两千万人民币是用到了一达通的“信融保”服务。同时在此期间，客户逐渐将新开拓的其他海外买家也通过一达通来合作，轻松接下了所有信用证订单。

在普遍使用 OA 或 LC 等信用支付的国际贸易环境里，因为资金压力和审证风险，中小企业往往有心无力，眼看着送上门的大额订单而不敢接。通过一达通的“信融保”下的各类金融服务，解决了中小企业的融资难题，让中小企业能够快速地接到订单，且接到更优质的订单，从而减轻企业的经营压力，帮助企业降低外贸成本，提升企业竞争力。

（二）赊销保客户案例

当前外贸市场的竞争越来越激烈，中小外贸企业想要获得更多更大的订单，必然要顺应海外结算趋势，敢于尝试、接受赊销等其他方式的订单。

B 公司在与一达通合作之前，几乎只敢接 T/T 订单，可这样单一的结算模式，完全制约了他们的发展，订单小而少，利润更是屈指可数。在一次展会上意外接到一个赊销 90 天、160 万美元的大订单，在以前是他们想都不敢想的。可惊喜之余，问题也随之而来，赊销如何保障公司的利益，不可控因素太多，风险太高，让他们进退两难。

阿里巴巴一达通外贸服务团队通过对该企业的调查和审核，推荐该公司使用“赊销保”，所有的风险由一达通买断，并承诺在收到全套协议文件，最快提单日后的 3 个工作日内，即可给到 80% 的应收货款。在一达通的担保与专业操作下，B 公司信心满满地接下了这笔赊销订单，而事实证明这次合作让他们赚得了很高的利润。如今，该公司更加积极、主动地接赊销订单，之后的两个几十万美元的赊销订单也是通过一达通走货，一达通的金融服务能使中小企业降低经营风险，提升企业利润，让中小企业的外贸之路越走越容易。

（三）网商贷高级版客户案例

客户C公司主要生产手机移动电源，正在开发智能家居等产品，出口日本、东南亚、西欧、南美各国，年销售额达2 800万美元。

2009年开始和一达通平台合作，用了这么多年感觉很顺利，公司不用找专门的报关员等，只需要一个助理对接，做出口很快捷方便，下游客户也很满意。

作为消费类行业，C公司前几年日子过得很顺利，但是近两年，遇到了和大部分中小企业一样的难题。

“整个行业市场竞争无序，水平高低各层次都有，国内其他竞争对手的冲击。比如大小规格一模一样的同款产品，价格范围从2～200美元都有，那么我们的客户在选择时可能会选择中间价格的，30～50美元的，但是有自主知识产权的、高附加值的产品卖不起高价，只能跟着大部分厂商往中间价格走，把利润压到最低。这让我们举步维艰。”

一方面是利润进一步下滑，另一方面是企业要转型创新，开发新的领域和产品，需要更多资金采购新设备，C公司面临双重的资金压力。

“以前也有去银行申请贷款，但是银行对企业的资产要求和个人信用要求高，很难达到，没能成功。”

今年4月份，C公司了解到阿里巴巴网商贷高级版的产品，通过验证资质和在一达通平台上以往的贸易数据，在阿里巴巴的推荐下，来到银行，提供了真实的通关信息和贸易资料，顺利拿到了500万的流水贷款。

（四）信用保障服务客户案例

1. 小企业接大单，信保服务快速打消客户顾虑

1月20号，对于温州客户D公司的外贸负责人陈小姐来说，是忙碌并充满惊喜的一天，经过几天密集的沟通洽谈，4笔订单在一天之内痛快敲定，共计70万元，且每笔订单都使用了信用保障服务。

谈到接单过程，陈小姐这样告诉我们，“有一笔订单本来还挺悬的，客户在正式下单前来我们这儿看厂，因为我们厂规模小，他感觉不太满意。后来，我们拿出产品给他看，过硬的产品质量让他稍微放心了，价格也有很大优势，同时，恰好我们开通了信保服务，我主动建议他使用这个服务，客户马上打消了顾虑，下了单。”

2. 彰显信用，“信保”为我们吸引了更多客户

“信保服务对我们来说最大的作用就是证明了我们的信用，给我们带来了更多的客户”，陈小姐说，“在买家和我们沟通和下单的过程中，是否真正用信保并不是关键，当买家看到了我们的信保标志和金额，就对我们很信任了，因为这后面有阿里巴巴在担保嘛，很多买家看到这个就放心了。”

因为对“信保服务”很重视，所以自从开通后，D公司就很重视信保额度的积累，持续通过阿里巴巴一达通平台走单，在不到一个月的时间里，该公司的信保额度就从1万多涨到了2万多。“以前我们都是通过代理公司走货的，去年11月开始我们通过一达通出口，到现在算下来节省了至少10 000元的成本，而且服务好，资金安全有保障，更重要的买家喜欢我们通过一达通走货，这样他们更放心。"陈小姐这样说。

3. 以"信"为本，我们公司才能持续成长

"没有信用，怎么做生意啊！"有着悠久外贸历史的温州商人，对"信用"的价值非常重视，因此"信保服务"一上线，D公司就意识到了这个产品对他们的重要性，成为第一批开通信保的企业。

陈小姐告诉我们，虽然是小企业，但是他们对企业信用十分重视，对公司上游的材料供应商，费用都是按月准时结算，从未拖欠，即使是在买家货款没有及时到位的情况下，他们也会先垫付材料费。而正是这种对信用的坚持，让他们的买家客户也非常稳定，80%的订单都来自老客户。此时正值节前淡季，他们的生产线却异常忙碌，7、8笔订单正在排队加紧生产。

"质量和信用是我们企业最重视的，包装行业竞争压力大，利润薄，我们希望企业接更多的订单，不断壮大，有能力去做更多创新，这样才能做得长久。"

撰稿人：肖　锋　阿里巴巴外贸综合服务事业部（深圳一达通企业服务有限公司）副总经理

案例 10　传化集团:公路港物流模式的创新与发展

一、企业简介

传化公路港物流由中国知名的多元化民营企业——传化集团投资运营,是传化公路港全国连锁企业运营控制中心。1997 年从基于降低自身制造业企业物流成本的探索开始,经过十几年的探索实践,首创公路港物流模式。2003 年率先建设运营了浙江公路港,2009 年后建设运营了成都公路港和苏州公路港,成功自主研发了物流信息化管理系统,形成"以信息化为核心,以实体网络为载体,平台型运作、专业化服务、集群式发展"的基础性物流公共服务平台,成为解决公路物流"物流企业创业发展难、工商企业物流业务外包难、社会车辆停车配货难"的有效载体,取得了较好的社会效益,填补了行业空白,开辟了公路物流的一片蓝海。目前共吸引 2 000 余家物流企业入驻经营,整合社会车辆 100 多万辆,共开通运营 500 多条普通零担快运和 100 多条定位中高端货运的路港快线,通过公路港平台服务周边制造业和商贸企业共 10 万多家,并为其降低物流成本 15%以上。

2012 年,传化公路港平台实现总收入 100.74 亿元,上交各类税收 4.55 亿元,累计上缴税收超过 15 亿元。与此同时,传化公路港还正式签约沈阳、天津、青岛、泉州、重庆、石家庄等项目,开启了加盟合作(模式输出)新模式,初步形成传化公路港面向全国"网络化""标准化""信息化"业务模式的战略布局。

杭州传化公路港位于杭州钱江二桥萧山出口处,总投资 3 亿元,占地面积 37 万 m^2。2003 年 4 月 18 日正式投入运营。入驻 480 多家物流企业;整合了 40 多万辆的社会车辆,建设运营 180 多条覆盖全国的城际货运班车专线,服务杭州市及周边地区工商企业近 30 000 家。

成都传化公路港位于成都市北部的新都物流中心,总投资 15 亿元,占地面积 76 万 m^2,是四川省、成都市以及新都区政府的重点项目,2009 年 5 月 20 日正式投入运营。入驻各类物流企业 1 000 多家,新整合社会车辆 10 万多辆;建设运营了 200 多条覆盖全国的城际货运班车专线,服务成都市及周边地区工商企业 20 000 多家。

苏州传化公路港位于苏州市金阊新城内,占地面积 39 万 m^2,总投资 10 亿元,是苏州市的重点工程,金阊新城的核心项目。2010 年 5 月 11 日正式投入运营。入驻各类物流企业 500 多家,新整合社会车辆 4 万多辆,建设运营了 185 条覆盖全国的城际货运班车专线,服务苏州市及周边地区工商企业 20 000 多家。

传化公路港在"成为集聚物流资源,提升物流效率与管理水平,繁荣物流生态的综合性物流枢纽平台"愿景下,2011 年传化物流引入国际战略资本,确立了在全国建立"1 核 60 平台"发展目标,以加快公路港平台全国连锁建设运营步伐。同时,传化物流将积极推进公路港物流模式的转型升级,构建有形平台与基于"云计算网络"的"物联网"协同互动的运营格局，更好地服务于入驻公路港平台的物流企业，以及进港配货的货运司机，进而帮助工商企业降低物流成本。

传化公路港通过大规模引进国际性高端人才，目前已形成了一支700多人的专业化公路港建设运营管理队伍；先后获得了11项国家自主知识产权认证，荣获“国家级物流管理创新型企业”，并参与了《物流园区分类与基本要求》《社会物流统计指标体系》等国家标准的制定。

传化公路港所取得的显著的经济和社会效益得到了社会各界的高度认可。公路港平台被誉为解决困扰公路物流“物流企业创业发展难、工商企业物流业务外包难、社会车辆停车配货难”的有效载体，“公路港物流模式”荣获“国家级管理创新一等奖”。

2012年7月14日，中共中央政治局常委、国务院总理温家宝专程赴成都传化公路港视察，并召开座谈会，了解当前企业经营和经济发展形势。温家宝总理在调研中高度肯定传化物流经验，并指出“传化物流平台不仅给遍及全国的物流企业提供了信息平台和商业网络，而且每天给几千辆货车（成都公路港）提供优质服务，它涉及生产、流通、运输、服务各个环节的企业和高速公路运营、城乡供应。传化物流的经验具有创新性、应用性、开放性和服务性，应当总结和推广”。

二、传化公路港创新发展的背景

物流业作为生产制造业的重要配套产业，改革开放30年来，伴随国民经济的飞速发展，我国的现代物流业也得到前所未有的发展与提升。然而，在快速发展的物流业背后，我们也看到了一些与国际物流业相比的差距，尤其在占物流份额绝大部分的公路物流。具体表现为运输效率及从业个体的规模及服务能力均有待提升。

（一）公路运输的效率有待提升

同远洋航运、航空运输（见图2-10-1）相比，国内公路运输占比庞大，发展相对滞后，成为商贸流通短板。

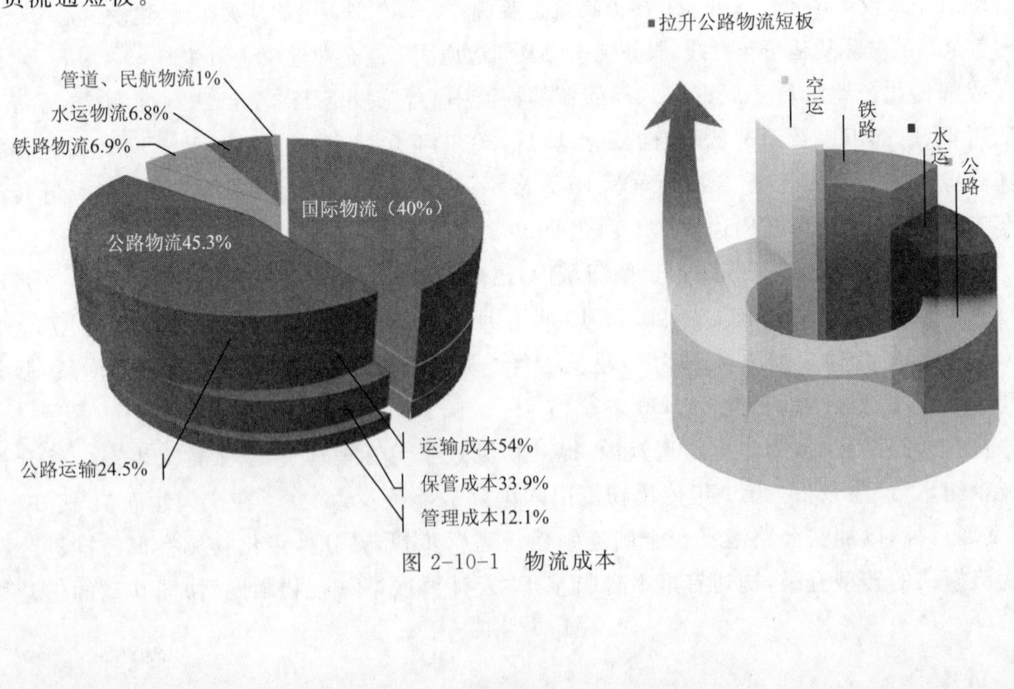

图2-10-1　物流成本

相比欧美发达国家，我国社会物流运行成本高居不下，物流成本高位运行在客观环境油价、高速收费间接推高的同时，物流运行效率低直接推高物流成本：数据表明（见图 2-10-2），我国社会车辆空载率高达 30%，仓库利用率低（我国库存量占成本高达 6%～7%，而发达国家仅占 1%～2%），年流通资本周转 2～3 次（日本是 14～15 次）。

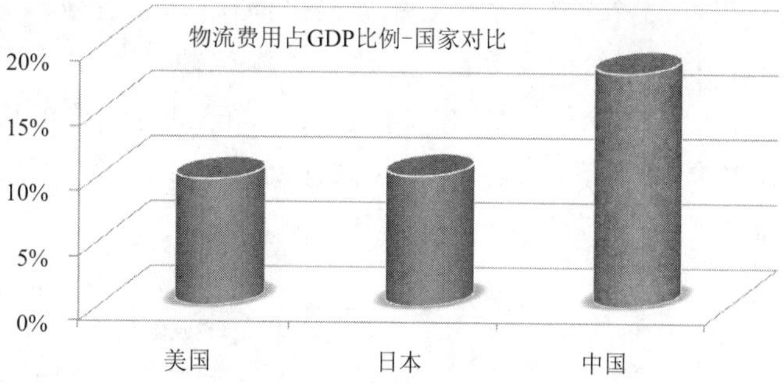

图 2-10-2　各国物流费用对比

（二）公路运输从事主体仍旧呈现“小、散、乱、差、多”的局面，公路运输缺乏集约化的整合平台，运输企业运输效益及服务能力有待提升

中国物流行业正处于“积累”阶段，这个阶段市场更加分散、竞争激烈，我国运输物流行业发展阶段和趋势如图 2-10-3 所示。在政策、资本和市场的三重驱动下，整合资源，集约化、集群式发展，正成为中国公路物流发展的新突破点。

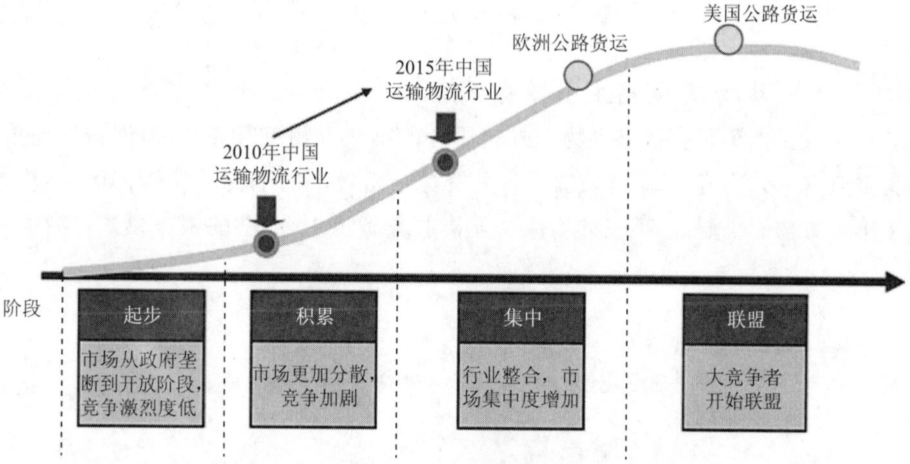

图 2-10-3　中国运输物流行业发展阶段和趋势

中国公路货运市场由于开放早、门槛低，整体呈现“经营主体多、企业规模小、运输组织松散、竞争力和抗风险能力弱”的格局，货运企业以个体运输户为主（占比高达 87%），每户平均只拥有 1.7 辆车辆，总体特征表现为“散、乱、差、小、多、广”，公司化、品牌化程度低，行业集中度低，网络型的大公司较少。

三、传化公路港创新发展的运作模式

（一）公路港物流模式定位

传化公路港定位于“第四方物流平台集成服务商”（见图 2-10-4），公路港建设运营的平台是一个“以信息化为核心，以网络为载体，平台型运作、专业化服务、集群式发展”的物流企业集群发展的整合平台与服务提供商，该平台有效拉升公路物流短板，促进了公、铁、水、空立体物流系统的高效互动。通过实体与虚拟平台相结合的方式，为广大从事公路物流的中小微企业及个体司机，提供信息交易、车货匹配、整车及零担运输、仓储、办公生活配套、金融保险等服务，整合散乱的中小微物流企业，以达到资源共享、信息互通的目的，从而提升物流企业服务、经营能力，进而提升物流效率。

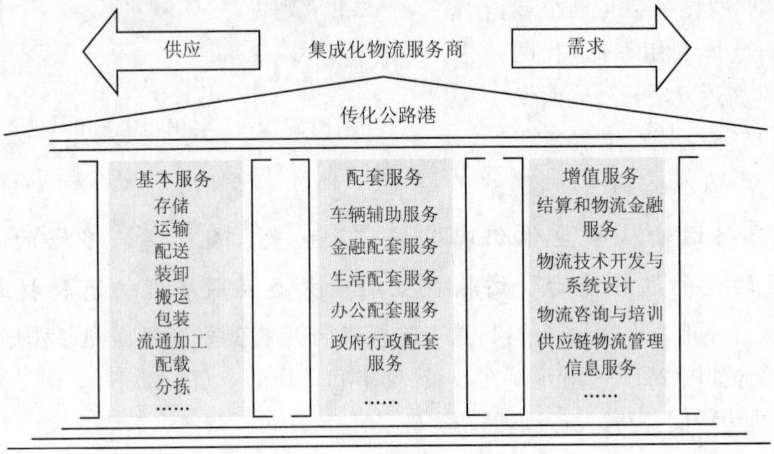

图 2-10-4 集成化物流服务商

（二）公路港物流模式主要服务内容

传化公路港虽然不是直接提供物流外包服务的第三方物流服务商，但创新性地搭建了一个能够集聚众多三方物流资源、有效提升各种资源运营效率的平台（见图 2-10-5），构建了“平台服务于第三方物流企业群，第三方物流企业群服务于货主企业”的服务模式，发挥了创新性的作用。

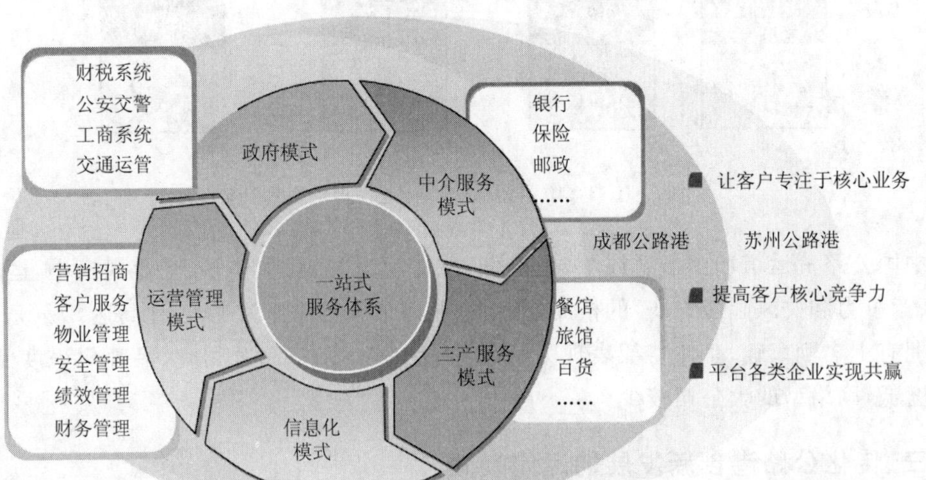

图 2-10-5 服务体系

1. 标准化的物流物业服务

传化公路港平台通过科学合理的园区规划、设计与建设，为广大中小微企业及个体司机提供标准化的停车、生产作业、办公产地，通过一体化管理及资源共享，有效解决个体司机及物流企业的停车、作业、办公用地、用房的问题，降低其基础设施建设投入，为其创业发展提供了良好的硬件基础。

2. 一站式的办公配套服务

传化公路港平台通过引入运管、税务、工商、治安等政府相关行政部门以及银行、保险、电信、邮政等生产经营相关配套企业，为入驻的中小微物流企业及个体司机提供证照办理、纳税、三证核查、网络通信、金融保险等一站式的办公配套服务，为其创业发展创建了良好的外部环境。

3. 方便便捷的生活配套服务

传化公路港平台通过引入餐饮、住宿、娱乐等相关服务业，为园区内入驻的中小微物流企业及个体司机提供方便便捷的生活配套服务，不仅让广大的物流从业者在园区内工作好、创业好，也让其休息好、生活好，真正做到事业与生活一站式服务。

4. 高效先进的信息化服务

众所周知，伴随信息革命的发展，信息化水平很大程度上决定了一个企业的生产经营效率。然而，信息化能力的建设与提升又往往需要企业提供大量的资金投入作为保障，这一点恰恰是目前我国众多中小微物流企业难以承受。传化公路港利用其自身的资金及技术等方面的优势，开发符合物流企业运作规律的信息系统，为入驻企业提供诸如车货匹配、TMS、GPS、移动客户端、400 服务平台等信息化必备的服务平台，有效提升其信息化能力；并通过资源共享等手段，有效减低了其信息化能力提升的成本，为其创业发展提供了高效先进的信息化平台。

制造企业和物流企业供需双方联动发展需要一个良好的桥梁，而传化公路港物流平台正是扮演了这样的角色。该平台通过提供工商、税务、运管等政府职能部门优质的一条龙服务，提供银行、保险、邮政、商务、通行、网络汽修汽配等各项支持服务，提供餐饮、超市、住宿、娱乐等生活服务以及提供 E 配货、TMS、GPS、移动客户端、400 服务平台等信息化支撑服务，并对物流企业进行规范的管理、培训与考核评价，培育了一批具有专业化、系统化、信息化服务能力的物流企业。同时，以诚信交易模式为基础的信用积累与评价模式，有效地对物流企业进行诚信的认证与评价，创造了一个安全可靠的公路物流生态圈。

四、传化公路港产生的社会效益和经济效益

（一）传化公路港产生的六大效应

物流平台的建设时整合物流资源，培育专业第三方物流企业，推进物流产业发展的一个很好的方法和途径。其核心服务能力体现在资源集聚能力、信息整合能力和业务创新能力。资源集聚能力能吸引各类物流生产要素在园区内进行经营活动；信息整合能力是指物流平台的信息系统能对集聚来的各种要素信息，诸如货源、物流客户、运输车辆等物流需求收集分类并最终实现智能匹配；业务创新能力是物流平台管理人员不断研究推出新的业务模式和服务项目的能力。通过上述能力的协同发挥，它能产生积极效应，具体表现为六大方面（见图 2-10-6）。

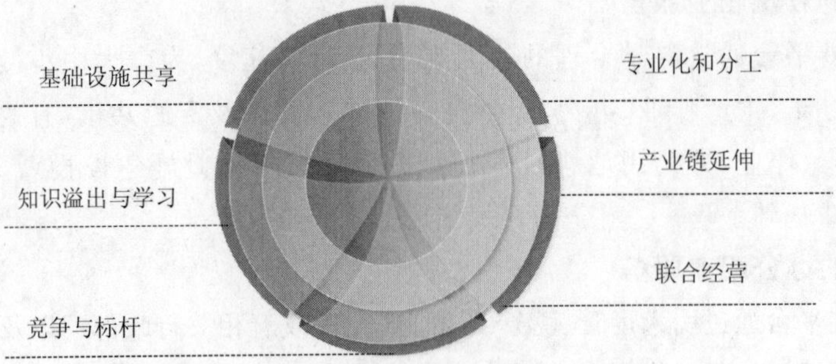

图 2-10-6　六大方面

具体方面：

① 助力中小物流企业创新发展。以杭州公路港为例，480 多家中小物流企业入港 8 年平均营业额增长率达 30%左右，产生了 3 家近亿元物流企业，3 家星级物流企业(3A 级 2 家，5A 级 1 家)。

② 增加就业，创造税收。(目前 3 个公路港平台)为当地扩充就业岗位 26 000 多个；2012 年，三平台实现营业额超 100 亿元；三平台运营以来，累计创造税金超过 14 亿元。

③ 促进社会车辆组织化管理，带给司机"三好"关怀。停好车：整合车辆网络 200 万辆，静态停车位 7500 多个。配好货：日发布交易信息 20 000 多条，空车配货时间从平均 72 小时缩短到 6 小时。休息好：按快捷酒店标准打造"司机之家"。

④ 促进公路港物流，让城市更美好。据统计，传化公路港的有效运营，每天进出的货车可减少空载里程 3.9 亿公里，节约柴油 5900 余万升，每年可减少二氧化碳排放量 19.2 万吨。

⑤ 探索出制造业与物流业联动的有效途径。创造了"一个平台——几百家物流企业——几十万辆社会车辆——几万家货主企业"的创新产业链运作模式。以杭州公路港为例，工商企业物流业务外包比率从 36%提升到 90%以上，为其降低物流成本 40%以上。2010 年因此而节约社会物流成本近 30 亿元。

⑥ 推动公路物流转型升级。公路港平台的资源整合、一站式服务和连锁经营，有效提升了物流服务的组织化、集约化、信息化管理水平。

1. 基础设施共享效应

物流产业作为生产性配套服务业，随着制造业的全球化和市场的全球化，物流企业的服务必然呈现网络化的特点，物流企业为满足客户的需求，必须建立服务网点。根据物流企业的运作特点，非常需要借助社会基础设施以节约企业资源，将有限的资源集中投入物流服务的核心业务，将基础设施、公共服务等环节外包，以节约企业资源，建设更全面、高效的服务网络满足客户需求。同时这种基础设施的共享，可以在各企业间的资源调剂、提高资源利用率、土地节约等方面起到重要作用。

按照传统货运场站的运作方式，要产生公路港平台这样的社会和经济效益，至少需要 2 000亩土地。而传化公路港平台通过信息化的高效协同，将耗地巨大的传统物流产业转型升级为节约用地的现代物流产业，一般标准基地只需 500 亩土地，在国家土地资源日益紧缺的环境下，大大节约了宝贵的土地资源。

2. 知识溢出与学习效应

物流服务与商流、信息流、资金流之间的关系相当密切。为了更好地提高物流的服务水平，物流企业需要借助平台的产业集群来增进相互快速、高效的沟通。在与客户、同行、中介服务沟通所提供的各种服务方案、解决方案的过程中，可以从不同的角度、不同的业务环节学习到不同的知识。同时，在公路港为入驻企业提供的信息化、财务管理、企业管理等各类培训班的支持下，平台内企业的服务能力与水平等到大幅提升。传化将“公路港”构筑为全新的物流产业集聚区，建立统一平台，成为中小微物流企业进行技术与模式创新的平台。

3. 竞争与标杆效应

一个物流平台承载一个物流企业群。在政府相关职能部门的入驻与监管下，在平台的规范管理下，物流企业群内形成一种良性的竞争环境。物流企业群发展的过程中自然形成“赛马效应”，一批规范化运营、遵纪守法和服务水平高的企业在物流平台的管理与考核过程中得以涌现。传化物流 2010 年成立之时，仅在杭州、成都和苏州三地建立公路港，2015 年，公路港城市物流中心已运营 12 个，在建 16 个，已布局 93 个城市，预计到 2022 年，传化物流将建成全国性的公路港网络，形成 10 个枢纽以及 160 基地的全国网络布局。传化物流在布局全国的同时，盈利能力得到迅速提升。

4. 专业化和分工效应

物流企业在运转过程中，同时面临客户对物流服务一体化和专业化运作的要求。通常物流企业在强化某项物流业务（如仓储、配送、运输等）专业化的同时就会导致物流各环节一体化服务能力的削弱，而在加强物流服务一体化的同时就会导致专业化能力削弱。入驻传化公路港以后，借助企业间的协同效应，使各企业间在提升物流服务专业化的同时提升一体化服务能力，从而既实现了自身专业化的发展，又满足了客户服务一体化的要求。

5. 产业链延伸效应

通过公路港平台的资源整合，将不同规模、不同服务项目、不同专长的物流服务企业，将区域内的众多工商企业的物流需求，将银行、电信、保险、法律、会计等专业化服务，将汽修、汽配等工具设备的维护保养服务，将餐饮、住宿等生活服务，将工商、财税、运管、公安等政府的监督管理服务职能集聚到同一平台上，在具体的运营与业务协同的过程中逐步衍生出诸如车辆会员服务、联合保险服务、融资服务等依托规模效应的资源经营和价值链经营的新服务项目，这些服务项目的提供使得入驻的各类企业获得共赢、多赢的效果。

6. 联合经营效应

在公路港平台的统一管理与服务下，通过物流平台与政府职能部门、行业协会、广告传媒等企业的集中沟通，使原来“一对多、多对一”的频繁、琐碎、高成本的沟通变成一对一的高效沟通，在政府沟通、培训、广告等众多领域中行车了联合经营的规模效应，为入驻企业带来了巨大的成本与效率优势。同时，多个不同规模与专长的物流服务企业联合，形成一个“虚拟公司”，对大型工商企业进行联合服务，这种服务组织形式的出现极大地提升了单个服务企业的市场竞争能力，同时也为物流产业的整合提供了基础。

（二）传化公路港成为中小微物流企业创业发展的孵化器

传化公路港在体现显著的社会效应同时，也从创业支持和企业规范、品牌背书和发展促进、产业链条和客户资源、交易促成和成本优化、信息平台和配套服务等五个方面，为广大中小微物流企业的自身发展提供的原动力，成为名副其实的物流企业孵化器（见图 2-10-7）。

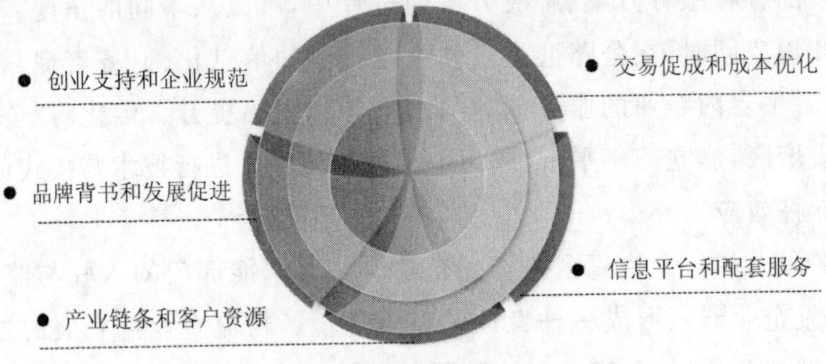

图 2-10-7　五个方面

目前共吸引 2000 余家物流企业入驻经营，整合社会车辆 100 多万辆，共开通运营 500 多条货运专线，通过公路港平台服务周边制造业和商贸企业共 10 万多家，并为其降低物流成本 15%以上（见图 2-10-8）。

其中以杭州公路港为例，截至 2015 年，杭州传化公路港帮助周边 3 万多家工商企业降低了 40%的物流成本，同时，孵化出了上千家物流企业和配套服务企业（见图 2-10-9）。

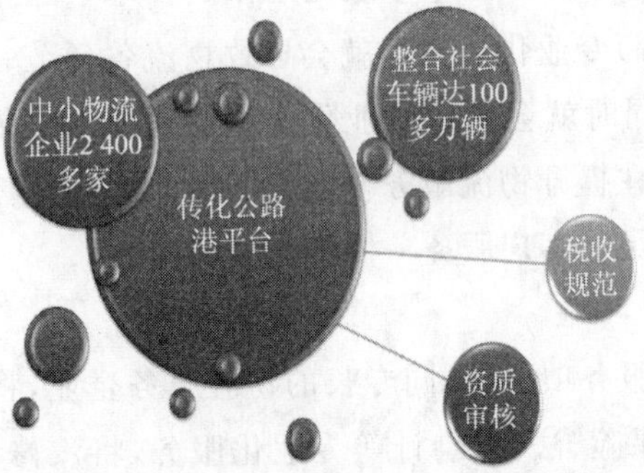

图 2-10-8　传化公路港平台

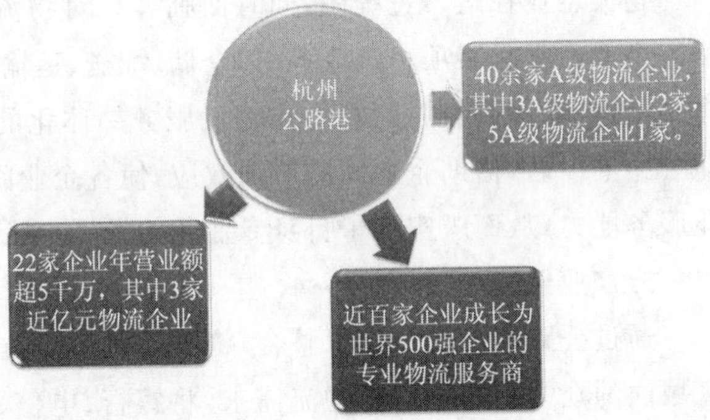

图 2-10-9　杭州公路港

产业链条延伸，促进企业扩展更广泛的客户资源。以萧山区为例，企业外包比例的增加：当地和周边工商企业物流外包比例从 2002 年的 30%左右增加至 2009 年的 90%以上，实施物流业务外包的企业从 6000 家上升到 2 万多家，物流成本降低多达 40%（见图 2-10-10）。

图 2-10-10　物流发展

公路港基地设立物流信息交易大厅，整合工业企业和物流企业的零散货运信息，快速处理信息匹配。使空车配货时间从原来的平均 72 h 缩减到目前的平均 6 h，车辆的运营效率翻了两番，而且还能节约 50%以上的营销成本，从而大大提高平台物流效率。通过信用评价体系，有效促成真实可靠的交易。帮助中小物流企业实现资源信息的整合和信用积累。面对广泛社会车辆，传化公路港以"诚信认证""看屏交易"和"车货双向搜索"为特征的货运信息超市，改变了传统公路货运市场内"物流企业四处找车、货运司机四处找货"的落后局面，创新地解决了行业内信息不对称和市场诚信问题。以此为保障，货运司机的业务量大幅度增加，也使得广大司机能有机会购置车辆变成车主实现创业（见图 2-10-11）。

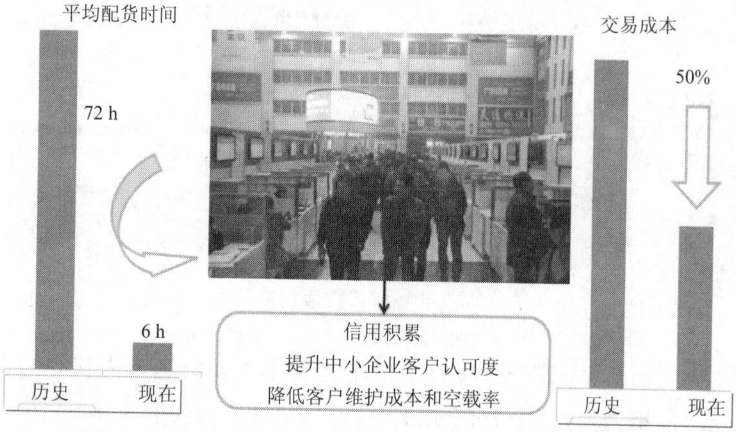

图 2-10-11　信用积累发展

五、传化公路港未来的创新发展

（一）着力打造拳头产品，助力物流业转型升级

传化公路港经过十余年的探索与实践，于 2012 年启动新产品模式，目的是通过传化物流平台内的资源聚集优势与传化公路港自身的品牌、技术优势，会同入驻企业及相关政府部门、行业协会、物流相关产业一起打造诸如路港快线、E 配货、卡车团、加盟合作等物流服务产品，助力物流业转型升级。

通过上述新产品的持续落地，以及完善的信用积累体系及评价机制，入驻园区内的物流企业能不断积累自身信用商誉、建立基本运输服务标准、以及一体化的物流服务。传化公路港平台始终致力于通过不断的模式与产品创新，为众多的中小微物流企业通过更多更好的物流集成服务，助力其自身的创业发展与转型升级。

（二）把握物流发展趋势，全力打造基于网络化、信息化的物流新生态

产业的转移和转型升级，中西地区基础设施的完善，及西部经济的快速扩张，对物流运营的网络提出了广度要求，而随着经济及销售模式的转变，对网络的密度级响应速度提出新要求。

物流网络化发展是物流发展的必然需求，以最大程度地满足客户单点到多点的服务需求。

与此同时利用飞速发展的物流科技、云计算及物联网技术，物流企业可以实现物流过程的全信息化，一方面可以通过信息化手段提升其自身的服务水平及效率；另一方面可以通过信息化手段实现物流企业上下游的无缝衔接，充分发挥信息化优势，提升联动效率。

因此，传化公路港平台充分认识到网络化、信息化对未来物流业的发展与升级，起着关键性的作用，公路港平台将通过虚拟与实体平台相结合的方式，充分利用物联网和云网络技

术，构建“天罗地网”，打造数字化物流平台网络，共建物流生态园（见图 2-10-12）。

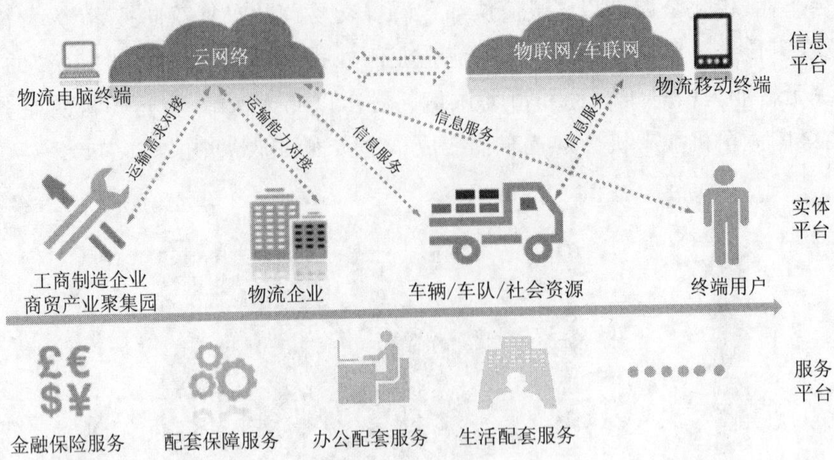

图 2-10-12　物流网络

未来 5～10 年，传化公路港平台将打造一个包含 1 个以信息化为核心的虚拟平台，60 个公路港平台的全国网络，整合各类物流企业 10 万家以上，社会车辆 400 万～500 万辆，服务各类制造企业 40 万家，实现资产规模超 300 亿元，网络平台营业额突破 2000 亿元，上缴税收超过 100 亿元。与相关政府部门、工商制造业一起打造高效合理可持续发展的物流新生态。

撰稿人： 徐水波　传化公路港物流有限公司原总裁
谢　萍　传化公路港物流有限公司副总裁
谢　朋　传化公路港物流有限公司战略发展部总监
孙　炜　传化公路港物流有限公司战略研究员

案例11　江苏物润船联：打造智慧水运供应链服务平台

一、企业简介

江苏物润船联网络股份有限公司（股票代码：831096），成立于2011年12月，位于张家港保税区，注册资本1145.5万元人民币，是一家以船联网为基石的新三板上市公司，也是中国首家水陆联运第四方智慧物流专业方案服务商，并计划于2017年至2018年在主板上市。

公司旗下运营的"水陆联运网"是利用船联网技术搭建的一站式水上智能物流竞价平台。平台将船、货、港等基本信息互联互通，解决了船舶空驶力冗余、水上物流信息不对称、资金流动不畅、船舶货物运输方位不清和运输到货不及时等系列问题，提高了配载效率，降低了物流运输成本。

同时，平台建设了水陆联运物流诚信体系，扩展了物流链融资渠道，为用户提供了一整套的智能物流供应链解决方案，包括信息流、物流、资金流、票据流和证据流等，有效解决了票据流的真实性，大大简化了税务机关对航运业的监管难度，不仅推动着航运行业向智能化、规范化方向发展，同时推动着物流业向物联网化、信息化和智能化方向发展。

公司目前已获得包括"AIS船舶航行信号岸台接收机"（ZL201220365449.4）和"基于AIS和3G的船舶视频监控"（ZL201320605358.8）的实用新型专利2项，其他相关专利、软件著作权、商标、域名等无形资产的过户手续正在办理中。

其次，公司拥有计算机软件著作权7项，包括"江苏物润船舶定位（AIS）电子商务平台软件V1.0"（2012SR075840）和"3G无线传输AIS自动解析系统V1.0.0.2"（2013SR146018）等；另外，公司当前取得的并经核准注册的商标2项，包括物润（10494558）和 （10494573）。

物润船联智慧物流平台是一个智慧水运生态圈，拥有大量的船东、货主、石油公司、物流公司和银行等客户群体，可以提供大数据服务和增值服务，如在线竞价交易、供应链金融服务、在线保险服务、油料服务、大数据运用服务、撮合交易等。公司在水运行业市场占有率不断呈现爆发式攀升。目前，公司自主研发的AIS船舶定位系统、船载视频监控系统和智慧水运电商竞价交易平台在行业中处于领先地位。"互联网＋水运物流"的商业模式是由公司创新而成，目前公司已完成战略布局，智慧水运生态圈已基本建成。

2014年12月获得国家航海科学技术一等奖；2015年04月成为苏州市智慧物流试点企业；2015年07月获得高新技术企业认证；2015年08月荣获第四届互联网全国创新创业大赛江苏省第一名全国第十名；2015年10月获得中国物流与采购联合会科学技术二等奖；2015年10月公司研发的智慧水运电商平台入选国家信息消费创新应用示范项目；2015年

11月获评为江苏省重点物流企业。物润船联董事长朱光辉，是武汉理工大学高级工商管理学硕士，拥有25年港口、码头工作经验。在推动水运物流行业向信息化、智能化和标准化方向发展贡献突出，在水运物流业具有非常大的知名度和影响力。

二、物润船联实施供应链管理的背景

（一）降低物流运输成本的需要

在长江经济带发展中，长江航道无疑占据极为重要的位置。长江是中国第一大河流，也是货运量位居全球内河第一的黄金水道。据统计，截至2014年底，长江水系14省市拥有散杂货运输船舶14.7万艘，总运力1.68亿吨，长江干线完成货物通过量20.6亿吨，其中货物主要来自大宗商品的生产企业和贸易商。2015年全国“两会”上，政府工作报告指出，推进长江经济带建设，有序开工黄金水道治理、沿江码头口岸等重大项目，构筑综合立体大通道，建设产业转移示范区，引导产业由东向西梯度转移。

但目前中国物流成本高仍是一个重大问题，原因是多方面的，综合运输体系不完善，运输成本高是一个重要原因，2014年，我国运输费用5.59万亿元，物流成本占GDP的比率为16.6%，这一比率高于美国、日本约4个百分点，相当于美国、日本的1.7倍左右。

一是物流基础设施与经济发展水平不匹配。目前，我国经济总量是美国的52.4%，而铁路营业里程仅为美国的37.7%；海铁联运比例国际上通常在20%左右，美国为40%，而我国仅为2%。水运占货运量的13.57%，占货运周转量的49.77%，但潜力仍很大。

二是运输环节中行政收费过多，甚至存在乱收费、乱罚款，公路收费已占到公路运输费用的30 %以上，占水运费的比例也很高。

三是物流管理水平落后，物流资源非优化配置现象普遍，达20%左右。

四是货物周转量偏大。根据对2009年的国别分析，我国货物周转量合计为12.2万亿吨公里，相当于美国的1.8倍、日本的14.1倍、德国的24.5倍；单位GDP的货物周转量为2.45吨公里/美元，相当于美国的5.1倍、日本的14.3倍、德国的16.4倍，这是运输费用偏高的基础性因素。

我国物流运输成本近年来居高不下(见表2-11-1)，如果将我国运输费用与GDP的比例降低4个百分点，则可节约物流费用约2.1万亿元。

表2-11-1　2013—2014年物流运输成本

区域体量		2013年	2014年
GDP(亿元)	全国	588 018.8	636 462.7
	江苏省	59 753.4	65 088.3
物流成本占GDP比率	中国	18%	16.6%
	世界平均水平	11.2%	11.8%
公路货运量(亿 t)		307.66	333.28
铁路货运量(亿 t)		39.67	38.13
民航货运量(亿 t)		0.056	0.059
水运货运量(亿 t)	全国	55.98	59.83
	江苏省	7.1	7.53

（二）传统水运物流转型升级的客观需要

从国内形势来看，我国经济快速发展，各行各业的需求不断增长，因此航运业的需求也不断地增加并得到了长足的发展。另外，因船舶民营化的扩大和管理体制的老化，船舶管理的弊端也逐渐凸现出来，如运输管理混乱、效率低下、交通意识薄弱、超载严重。因此，如何利用有效的手段将船舶管理上升到有序、合理、高效的管理层面上来成为航运公司当务之急。

另外，目前行业内存在数以千计的货代和船代公司，但是规模很小，只能覆盖较小的区域或者提供少数航线的信息对接服务。随着水上运输物流业的兴旺，水上运输频次和距离的增加，水上运输业越来越呈现出信息严重不对称、信息数据量庞大、信息及时性要求高等特点，这些都制约了整个行业的发展，带来一系列问题，如图 2-11-1 所示，顺应这个发展趋势，为水上运输物流业提供信息、竞价等相关服务的传统企业，开始利用互联网平台提供服务。目前水上运输物流互联网服务行业的企业主要是由以前的货代、船代公司演变而来，主要服务也仅限于提供船货资讯、竞价服务和网页链接服务，客户覆盖的区域较窄，缺乏黏度和深度，盈利能力较弱。水上运输企业目前已经不仅仅满足于船货资讯、竞价服务等船代、货代能够提供的传统服务，更渴望能够享受有深度和广度的全方位服务，如船舶实时定位、实时监控服务，物流方案定制服务，船舶货物保险服务、融资租赁服务、信用征信服务等，而这些急需提供的服务的供应远不能满足客户的需求，甚至某些重要服务仍几乎处于空白状态。少数技术先进、对行业有深刻理解和拥有丰富资源的创新型企业，一开始就立足于为客户提供这些深度和广度的服务，并在此基础上提供更丰富的增值服务，企业面临广阔的发展空间。

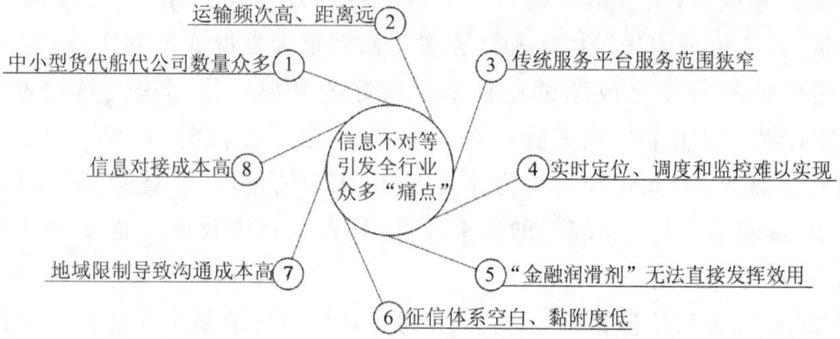

图 2-11-1　信息不对称带来的行业“痛点”

其次，从互联网发展来看，随着云计算和移动互联网的发展，企业正逐步将内部的业务流程和外部的商务活动与移动互联网结合起来，以有效提升企业整体的核心竞争力，企业互联网化、产品服务物联网化已经成为不可逆转的趋势。而传统的水上运输物流信息对接主要依靠船东和货主直接对接、船代和货代的间接对接。传统的船代和货代具有地域局限性、信息覆盖面较窄等原因，导致水上运输信息收集成本较高、船货对接效率较低，难以满足船东和货主对于船型、货物和运输线路的需求。

随着互联网时代的全面到来，物流 O2O 模式也是势在必行，所谓物流 O2O 不仅是思维方式，更是战略主导；不仅是变革之举，更是未来长青之道；不仅是两线融合，更是创新驱动。当前形势需求如图 2-11-2 所示。

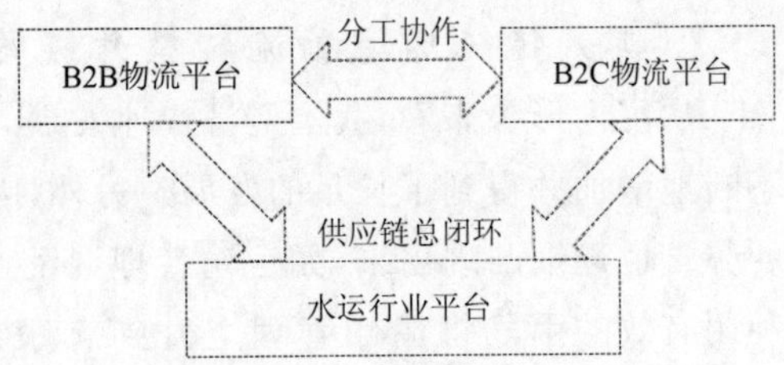

图 2-11-2　物流 O2O 模块

（三）提升水运物流管理水平的需要

长江水道作为货运量位居全球内河第一的黄金水道，是我国国土空间开发最重要的东西轴线，在区域发展总体格局中具有重要战略地位。作为长江经济引擎，黄金水道推动着长江经济带发展，水运物流每年为国家创税逾万亿元。但是由于几大现实性“硬伤”，出现一些问题，如图 2-11-3 所示，严重损害国家利益。

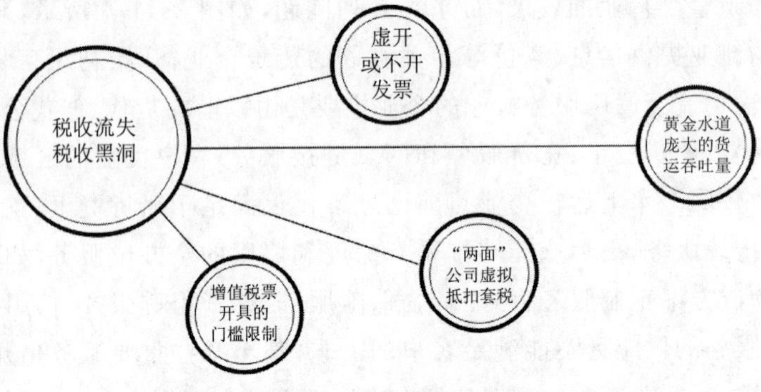

图 2-11-3　税收流失的问题

① 江苏地处长江三角洲核心地区，是长江黄金水道的龙头区段；长江南京以下 12.5 m深水航道建成后，全省沿江港口将无缝对接国际海运网络。先天的区位优势，加上长江经济带、长三角一体化等国家和江苏省一系列重大发展战略的实施，为南京以下港口作为区域港口发展一体化改革试点打下了较好的基础。另据中商情报网信息显示，2014 年，江苏省规模以上港口完成货物吞吐量 19.5 亿 t，完成外贸货物吞吐量 3.6 亿 t，同比增长 4.6%，按照 50 元每吨的均价计算，货值 975 亿元，其中至少 50%的交易是虚假开票或不开票，按照水运行业 4.5%的税率计算，我省每年税收流失超过 40 亿元，直接导致江苏省成为“过道经济”。

② 按照 50 元/t 的均价计算，19.5 亿 t 货物吞吐量的价值是 975 亿元。这其中至少有 50%的交易是虚开增值税发票或者不开增值税发票，其中的原因主要有两点：第一点是由于江苏省内增值税税率高于外省，所以大量船舶通过挂靠到税率很低的安徽、江西等地的物流公司、贸易公司来开税率很低的增值税发票，这些外地的公司主要是通过购买油票进行非法进项抵扣来达到降低税率，从而吸引大量虚开增值税发票者。第二点是大量个体船东根本没有开增值税发票的资格，即使想开票也开不了，这样当货主要票时，他们只能到税率低的省份去虚开增值税发票。虚假进项抵扣和不开票的行为造成国家税收大量损失。

③ 江苏作为长江经济带龙头，每年的物流运量超过整个长江的 50%。从国家有关部门的数据可以看出江苏的长江航运运量还在呈逐年上升的趋势。查阅税务部门可查数据发现：虽然江苏货运量在不断地增加，而实际税收却不见增长反而下降。导致这一问题的主要

原因是国家现有政策漏洞，特别是营改增 2012 年 7 月 1 日正式实施的交通运输业纳税资格规定，车、船需有公司并达到一般纳税人资格才能开增值税发票。而我国现有的实际情况是个体船东占市场 90%以上。这样个体船东只有找船公司挂靠才可以开票。实际状况是票、运分离。如 2014 年安徽芜湖水运物流 1 080 亿元的税金，60%是江苏税源；江西省开票公司开出增值税票 1 500 亿元，70%也是江苏税源。江苏地区各大港口、码头变为货物搬运工。附加值较高的物流税收基本已流失，初步估计江苏税收 2014 年流失 1 000 亿元。长江沿岸很多省出现招商政策并进行税务返点，很多公司表面为运输公司、物流公司，实际上是开票公司，在外面购买油票进行增值税进项抵扣，实际就是虚开票，因为船根本没为他们真实装货，他们正是利用现在的政策和税务机制的黑洞。

（四）积极参与"互联网＋"的需要

2014 年 9 月 25 号，国发〔2014〕39 号文中，国务院提出依托"黄金水道"推动长江经济带发展的重要性；2014 年 11 月，李克强出席首届世界互联网大会时指出，互联网是大众创业、万众创新的新工具。其中"大众创业、万众创新"正是此次政府工作报告中的重要主题，被称作中国经济提质增效升级的"新引擎"；2015 年国发〔2015〕53 号文中国务院提出关于加快构建"大众创业、万众创新"和推动实施"互联网＋"行动的有关部署。

2015 年 07 月 04 日经李克强总理签批，国务院印发《关于积极推进"互联网＋"行动的指导意见》，明确未来三年以及十年的发展目标，涉及 11 个重点领域，涵盖制造业、物流业、交通业等三大领域。在互联网＋高效物流领域，建设跨行业、跨区域的物流信息服务平台，提高物流供需信息对接和使用效率；并鼓励大数据、云计算在物流领域的应用，建设智能仓储体系，优化物流运作流程，提升物流仓储的自动化、智能化水平和运转效率，降低物流成本。具体措施主要包括构建物流信息共享互通体系，设置深度感知智能仓储系统，完善智能物流配送调配体系等。

三、物润船联实施供应链管理的运作模式

江苏物润船联网络股份有限公司是国内领先的互联网及相关服务行业内的水上运输物联网服务企业，其将水上物流运输与互联网和移动互联网深入融合，通过线上的信息整合、智能管理，结合线下的跟踪服务、资源配置，建立起集网站、手机端 APP 为一体的智能匹配型船货竞价模式。货主或货代可以通过网站或手机 APP，一键发布货源信息，进行实时在线招标；船东或船代也可以竞价投标；双方通过信用评价及保证金制度，建立起自动的招标、投标、评标及船货位置跟踪与到港提醒系统等，由此建立起了水上物流大数据，为生产企业、贸易商、物流企业及第三方物流提供一站式智能物流运输及船货交易撮合平台，从而根本上摆脱了传统物流的管理调度模式。

公司拥有在水上运输物流互联网服务领域经验较丰富的专业研发团队，自主研发并获技术专利，具有原始独创性核心技术，以及良好的客户关系及客户资源。公司在 2014 年着力研发的"水陆联运在线订舱、在线招标暨监管平台"可将水上物流流程标准化及可视化，包括船载视频监控服务平台、船舶动态查询服务平台、船舶金融服务平台、物流智能实时匹配平台、货物运输竞价服务平台等系统开发，及相关硬件和辅助设施购置，建成国内首家水陆

联运物流电子商务平台和水陆联运第四方物流专业方案提供商，从而使得交易更加安全、透明、公平、高效，从而达到降低货主的物流运输成本和时间成本。

另外，充分利用互联网和移动互联网传播特性，船东可以根据船舶资料和船舶位置，实时匹配货物运输招标信息。货主或货代根据船东的信用等级和每条船的位置信息及历史信用评价，找到性价比高的船承运；还能实时监控及查询货物到港信息，彻底摆脱传统的中介信息询价模式。平台成为更加方便，简单、快捷的途径，极大提升水上物流运输行业的效率等等。

（一）"智慧水运物流电商平台"的运作模式

1. 强大而系统性的信息服务

智慧水运物流电商平台主要采用在线竞价交易模式，货方将所要运输的货物在平台上发标，船方结合自己的运载在平台争取承运机会，出价最低者获得货物的承运机会，真正实现信息对称性，解决船舶空驶力，提高船舶运输效率，增加船东收入的同时降低货主的运费支出。平台建设了水陆联运物流诚信体系，扩展了物流链融资渠道，为用户提供了一整套的智能物流供应链解决方案，包括信息流、物流、资金流、票据流和证据流等，解决了票据流的真实性，大大简化了税务机关对航运业的监管难度，推动航运行业向规范化方向发展，推动物流业向互联网化、信息化和智能化方向发展。

公司通过运营"中国内河航运物流智慧平台"网站，向广大水上运输业物流用户提供专业的、及时的、海量的物流资讯及船舶位置信息。免费查询，吸引、覆盖和积累大规模的网站用户群（包括且不限于船东、货主、船代、货代、港口等水上运输业主体），使网站平台成为广大水上运输业从业者了解水上运输需求情况和发展状况的重要窗口，树立网站平台品牌的社会知名度和用户的认可度，保持一定规模的网站用户基础和较为广泛的社会影响力。

2. 实时在线的平台化运作

公司目前利用"中国内河航运物流智慧平台"所积累的用户资源、资讯信息等进行经济价值的转化，为船东、货主等提供快速优质的竞价交易服务，以及为船舶提供移动视频监控服务。另外，公司还同时提供在线竞价竞拍服务，为客户提供网页链接服务、为船货提供保险服务、为船东提供融资租赁服务和运营费用融资服务、为银行等金融机构提供相关信用征信服务等。公司的长期目标是整合船、货、码头、港口、仓库、短途汽运等相关资源，为客户提供订制物流服务，实现门对门一站式物流服务，成为中国领先的水上运输第四方综合物流互联网服务企业。

公司的客户范围包括为国内大宗商品的生产企业、贸易商、物流企业、第三方物流、船厂、港口、码头公司、政府监管部门等。

3. O2O 模式创新

"中国内河航运物流智慧平台"改变传统的电话沟通竞价的中介模式，采用目前最流行的 O2O 模式，即将互联网与线下商务货运承载有机结合在一起，让互联网成为线下交易的前台。竞价和撮合在线上完成，物流承载及相应服务配套在线下完成，通过大数据挖掘和云存储模式，利用 LBS 技术及监控技术，从各个环境保证数据的真实性和可靠性，使货主全程了解货运状态。该项目设计理念附和目前的"互联网＋"新模式，对客户群拥有很高的黏性，所以该平台拥有高成长性。

4. 云端存储

① 大数据存储技术：船舶实时轨迹数据存储。存储系统如图 2-11-4 所示。

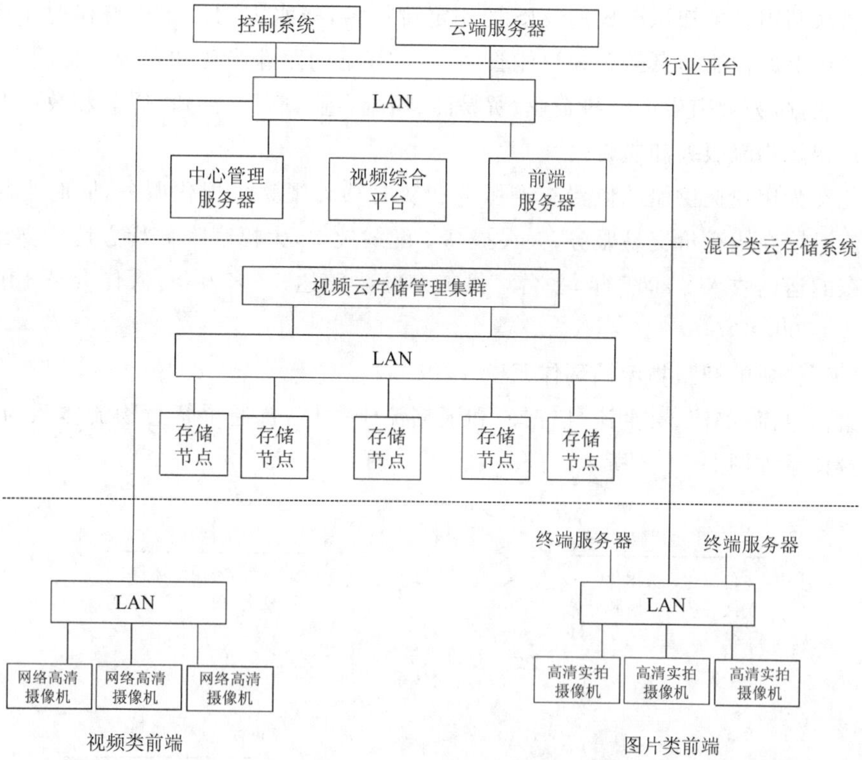

图 2-11-4 云端存储系统图

云端存储是指云端运算架构中的存储部分，从底层的 LaaS、中层的 PaaS 到顶层 SaaS 都可以看到其身影，其中尤以底层存储资源的网络服务化最为重要。云储存可以整合资料保护和灾难恢复，这种技术卸下了从伺服器到存储的资料保护负担，提供贯穿所有应用服务的一致资料保护方法，云端存储技术如图 2-11-5 所示。

图 2-11-5 云端存储技术支撑图

② 大数据挖掘技术：船舶到港离港实时通知。

③ 3G 视频流分发技术：实时船舶实时视频多路监控。

④ 线上产生物流订单，线下实体车船承运，线上、线下互联互动 O2O 模式。

⑤ 自动竞价交易技术。

⑥ 即时消息推送技术。

在业务开拓层面，公司战略为重点发展线上物流，在线下为客户提供其所需的物流相关增值服务，使得线上线下服务真正实现无缝衔接，满足客户的物流定制需求；另外，公司还不断加大平台新模块的投入，扩大客户规模；在技术开发层面，公司拟通过招聘高端技术人才以及进行战略合作等方式，迅速打造平台，旨在将公司打造成为水上运输第四方综合物流互联网服务企业。

（二）水陆联运网公共服务平台的运作模式

物润船联利用自主知识产权的AIS船舶定位技术，将水上物流运输与移动互联网深入融合。通过线上的物流信息整合和智能管理，结合线下的跟踪服务和资源优化配置，建立起水上物流大数据，为大宗生产资料企业、贸易商、物流企业、船厂、港口、码头和政府监管部门提供一站式智能物流服务和监管。

平台免费为用户提供船舶位置查询服务和实时移动视频可视化服务，同时为船东和货主提供物流运输在线竞价交易服务，大大提高了配载效率，大幅度降低货方运费支出的同时提高了船东的运输收入。2015年，平台可供查询的船舶达50多万条，入住会员10多万个，签约公司达6000多家。

1."五流"构成的智慧物流循环体系

平台集信息流、物流、资金流、票据流和证据流于一体，打通了智慧物流体系的各环节。供应链平台体系如图2-11-6所示。

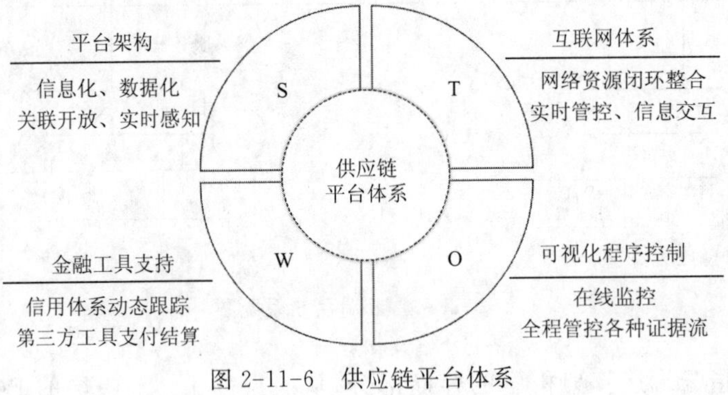

图2-11-6　供应链平台体系

(1)以信息化、数据化为依托的平台架构

智慧物流的发展趋势呈现出全球化、多功能化、系统化、信息化和标准化的特征，其中信息化是智慧物流的核心。水陆联运网利用互联网的感知功能，获取运输、装卸、港口、仓储等各个环节的大量信息，实时数据收集、使各环节准确掌握货物、车辆、船舶等信息。将采集的信息通过网络传输到数据中心，通过对数据的标准化和个性化分类、重组，实现数据的关联性、开放性及动态性，从而建立物流大数据，实现感知智慧。

(2)借助互联网体系的信息整合与运用

货物流动的过程，通过互联网的智能筛选，能够整合网络内的人员、机器、设备和基础设施，实施即时的管理和控制，并以更加精细和动态的方式管理物流活动，从而提高资源利用率和生产水平，达到"智慧"状态。水路联运网将利用"互联网＋"这个新业态形式，通过线上信息整合、可视化管理、货源自动匹配成交和线下跟踪服务，建立水路物流运输的天网和地网，实现触屏即可完成物流等行为，彻底颠覆传统调度模式，使全新的O2O生态体系应用于智慧物流体系中。通过无线网络＋智能终端人员、车船定位、跟踪、任务派发、货物拍照上传,与后台运营系统进行实时信息交互,从而加强货物全过程监控调度,减少空载,降低成本。

(3)依托金融工具支持下的高效率管理

在物流业务中,运用金融工具使资金的流动高效、安全,并使物流产生价值增值。资金流的主体包括:物流结算业务、物流融资业务、物流金融技术支持业务、物流支付通道业务。水陆联运网通过金融服务的创新,提高物流的运行效率,同时加强物流保险,化解资金风险,并实施有效的动态管理,监控物流运行的全过程。着手建立行业信用体系,减少交易难度。

(4)运营中高效实现的可视化程序性控制

物流的实际操作过程中,有证据流的支撑,大大降低监控的成本,为物流的真实性提供有力的依据。水路联运网,利用证据链防伪技术即数据(视频、图像、声音)+位置识别技术,解决证据的防伪、储存、实时性等瓶颈。保留了物流的真实性。

物流实施流程中产生的电子合同、电子订单、电子保单、电子运单、支付流水等,为物流的真实性,提供法律依据。

2."五流"一体化,构建智慧物流核心

(1)信息流

水陆联运网利用互联网的感知功能,获取运输、装卸、港口、仓储等各个环节的大量信息,实时数据收集、使各环节准确掌握货物、车辆、船舶等信息,从而建立物流大数据,实现物流智能化,水陆联运网公共服务平台信息流示意图如图 2-11-7 所示。

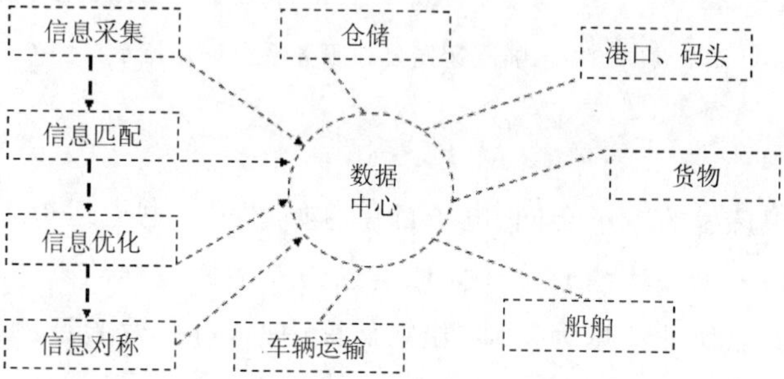

图 2-11-7　水陆联运网公共服务平台信息流示意图

(2)物流

货物流动的过程。通过网络内的人员、机器、设备和基础设施,实施即时的管理和控制,并以更加精细和动态的方式管理物流活动,从而提高资源利用率和生产水平,达到"智慧"状态,水陆联运网公共服务平台物流示意图如图 2-11-8 所示。

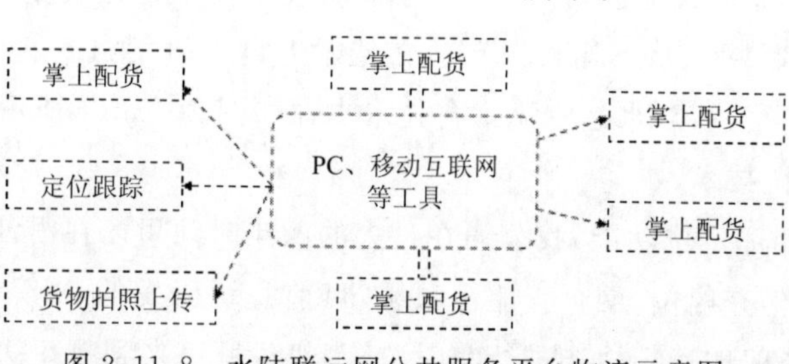

图 2-11-8　水陆联运网公共服务平台物流示意图

(3)资金流

资金流的主体包括:物流结算业务、物流融资业务、物流金融技术支持业务、物流支付通道业务。水陆联运网通过金融服务的创新,提高物流的运行效率,加强物流保险,化解资金风险,并实施有效的动态管理,监控物流运行的全过程,同时着手建立行业信用体系,减少交易难度,水陆联运网公共服务平台资金流示意图如图 2-11-9 所示。

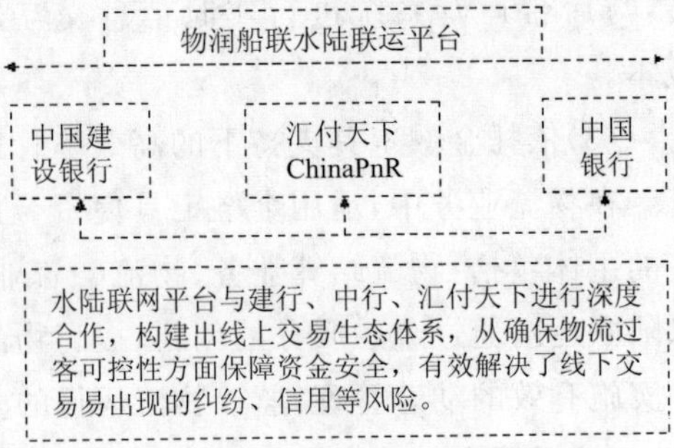

图 2-11-9 水陆联运网公共服务平台资金流示意图

(4)证据流

水路联运网利用证据链防伪技术即数据(视频、图像、声音)+位置识别技术,解决证据的防伪、储存、实时性等瓶颈,保证了物流的真实性,水陆联运网公共供服务平台证据流示意图如图 2-11-10 所示。

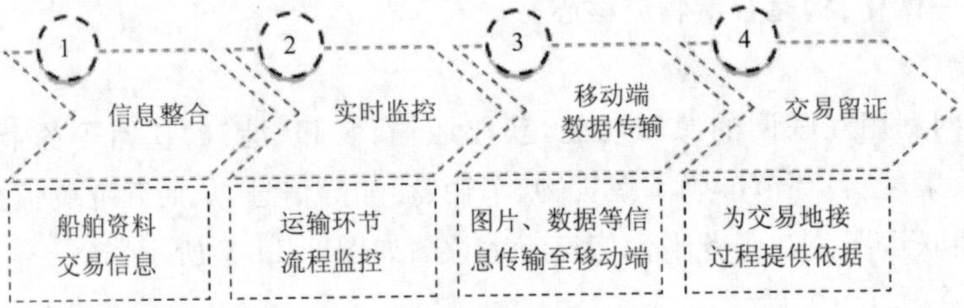

图 2-11-10 水陆联运网公共服务平台证据流示意图

(5)票据流

物流实施流程中产生的电子合同、电子订单、电子保单、电子运单、支付流水等,为物流的真实性提供了法律依据。这些原始性凭证信息构成物流过程的真实依据,为税务征管的报备、管理提供支撑;以认证信息为基础,建立认证中心,可有效验证物流承运资质,为相关水运部门提供管理信息。

3. 智慧水运物流平台的技术工艺流程与技术支撑

利用模块化方法将整个系统模块化,并在一定构件模型的支持下,通过组合手段高效率、高质量地构造应用软件系统。开发过程是迭代的。开发模型有软件的需求分析和定义、体系结构设计、构件库建立、应用软件构建以及测试和发布。

物润船联不仅商业模式上进行了重大创新,而且在技术上进行了自主创新。在商业模式上自主创新出"互联网+水上运输"模式,在技术上自主研发出三套核心技术和一套智慧水运电商竞价交易平台,智慧水运物流平台技术支撑如图 2-11-11 所示。

(1)AIS 船舶定位技术

为了实现 AIS 船舶定位功能,我公司在过去的四年时间里已在沿江、沿海布了 500 多分基站,且开发出了微信查船位、网页查船位系统,目前我司研发的 AIS 船舶定位系统可以对沿海、沿江 60 多万条船舶运行轨迹进行实时监管(船从哪里来到哪里去)。将水上物流运输与移动互联网深入融合。通过线上的物流信息整合和智能管理，结合线下的跟踪服务和资源优化配置，建立起水上物流大数据，为大宗生产资料企业、贸易商、物流企业、船厂、港口、码头和政府监管部门提供一站式智能物流服务和监管。

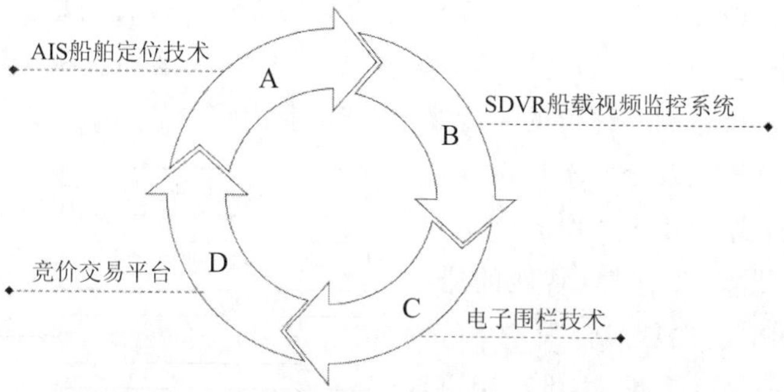

图 2-11-11　智慧水运物流平台技术支撑

(2)SDVR 船载视频监控系统，又称"天眼系统"

这套系统可以满足船东、货主实时掌握船舶动态和货物运输状态的可视化需求，该系统拥有自主知识产权，可实现在线视频监控、视频录像、录像回放、云储存、远程指挥操作、夜间拍摄等功能。长江上的船舶已有 3000 多条安装我司的船载视频监控系统，其中新华社播放的 2015 年 6 月 1 号"东方之星"沉船前的影像是由我公司独家提供的。平台免费为用户提供船舶位置查询服务和实时移动视频可视化服务，同时为船东和货主提供物流运输在线竞价交易服务，大大提高了配载效率，大幅度降低货方运费支出的同时提高了船东的运输收入。目前平台可供查询的船舶达 60 多万条，入住会员 10 万多个。

(3)电子围栏技术

利用电子围栏技术已将长江和沿海进行了电子围栏，可以及时推送货运信息给附近货运船舶，让他们到智慧水运电商平台来竞价交易，也可以实时通过短信报告船舶位置给货主、码头和船东等利益相关者。

(4)自主研发的智慧水运电商竞价交易平台

平台采用在线竞价交易模式，货方在平台上发标，船方竞标，实现信息对称性，解决船舶空驶力，提高船舶运输效率，增加船东收入的同时降低货主的运费支出。平台建立的水陆联运诚信体系，扩展了物流链融资渠道，打通了智慧水运物流的各个环节，为用户提供了一整套的智慧物流运输方案，包括信息流、资金流、证据流、票据流和物流等各环节。

4. 船舶、散杂货在线保险

水陆联运网与中国人民财产保险股份有限公司合作推出国内水路货物运输综合险和船舶保险，已实现全程在线操作，在线投保、在线支付、在线即可生成单子保单、无任何地域和时间限制。散杂货保险费率 0.02%，船舶保险费率最高可优惠 20% 。

5. 简单而高效的运营模式

2015 年结合公司"水陆联运在线订舱、在线招标暨监管平台"(以下简称平台)与线下全资子公司的优势达成。

(1)水陆联运在线订舱、在线招标暨监管平台部署与实施的关键条件

公司对水上物流行业的资深经验与理解，拥有丰富港口物流经验，对船务、港口、货源、货代及第三方物流整体价值链有着资深认识与理解。在大中华区部署500多套有自主知识产权的船舶信号接收基站，平台内已经有50余万条各类船舶位置信息。

在招标过程中，公司提供诚信认证，承运保证金，招标及运输过程全部公开、透明，并与支付环节挂钩，提供可追溯及评价的船货撮合平台，业内唯一。

平台基于O2O模式及分层架构设计，为货主、船务公司、船代及第三方物流公司、政府监管部门等，提供实时、便捷、智能的船舶实时跟踪与定位，调度、船货撮合服务。后台采用分布式系统，支持大容量、多批次用户规模，具有可扩展性。“水陆联运在线订舱、在线招标暨监管平台”可根据不同类型用户提供不同的服务及业务流程。

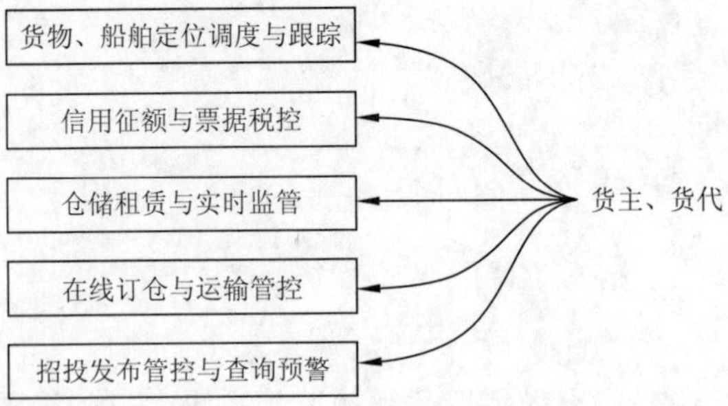

图 2-11-12　货主及货代实现的平台功能

(2)货主及货代可使用功能

货主及货代实现的平台功能如图2-11-12所示，平台功能分布见表2-11-2。

表 2-11-2　平台功能分布表

用户类型	功　　能
货主及货代	1. 发布货盘招标文件，船盘询价 2. 开标，确定中标运输方 3. 货物实时监控 4. 船舶位置到港提醒与查询 5. 船舶定位与跟踪
船务公司及货主	1. 货盘招标 2. 提供货物承运监管服务 3. 船舶实时定位与跟踪 4. 诚信服务，违约保证金担保 5. 增值税发票补票
船代及第三方物流	1. 快速招标及找船 2. 及时查询船舶位置及到港时间，提前办理海事、码头卸货等 3. 发布货盘招标文件，提供在线洽谈及招标
港口及码头	1. 船舶进港调度与监管 2. 仓储租赁与订仓 3. 船舶预到港信息及时查询 4. 在线订仓

(3)水陆联运在线订舱、在线招标暨监管平台所拥有的独特优势(见表2-11-3)

表 2-11-3　平台优势分布

优势	对　象	具体体现
诚信	身份审核认证	货、船双方经过平台严格的身份审核、认证，确保货源和船源的真实性。通过平台建立起一系列的诚信机制，如：诚信押金托管、违约处罚、信用体制等，使船货双方在真实诚信的环境中完成整个物流行为

续表

优势	对　象	具体体现
安全	第三方账户托管	资金通过第三方账户托管，确保资金安全；通过平台走资金流，为货运免费购买保险，降低货主的风险
公平	招投标环境封闭	所有的招标过程，都在封闭的环境下进行，招标信息半公开化，避免出现恶意竞争、通过关系等获取中标的不正当手段。由价格来决定交易成败，任何人都有中标的机会
透明	货船双方实时监控	货船双方，通过平台，运作整个招投标及承运过程，完全透明化，包括投标的节点、货款的流向、货运的动态及监控，每一步流程，都清晰明了，真正实现水上物流的全过程化监控
高效	云端在线传输	通过互联网实现信息的对称及传输，大大降低线下的传统操作成本。信息、通知、指令等，通过互联网可以迅速精准的传达，每完成一步，将智能指引下一步的操作

（4）水陆联运在线订舱、在线招标暨监管平台的业务流程

招标业务流程如图 2-11-13 所示。

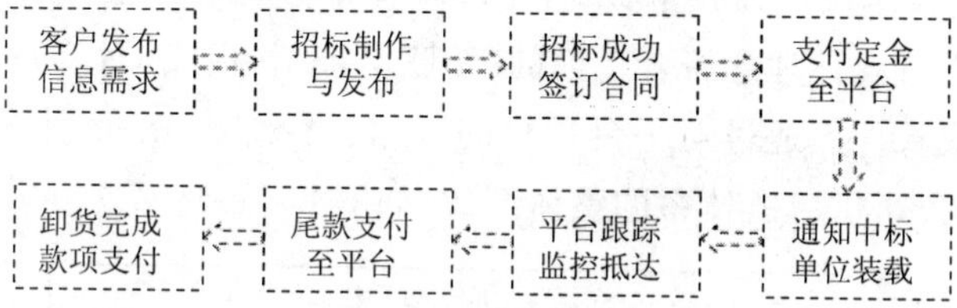

图 2-11-13　平台招标流程

详细步骤如下：

① 货主及货代发布需求（招标需求）并支付招标服务费（暂定为 100 元/份）；

② 平台根据客户需求编制标书并发布招标文件；

③ 船东及船代在规定时间内竞标并支付招标文件购买费（暂定 10 元/份）；

④ 招标成功、签订合同及为货物购买运险；

⑤ 支付定金至平台；

⑥ 通知中标船东及船代履行合同装载货物；

⑦ 公司人员跟踪货物情况及为货主提供货物视频监控等服务；

⑧ 货物抵达目的地后通知货主支付尾款至平台；

⑨ 尾款付至平台后通知船东及船代卸货；

⑩ 完成卸货后平台收取服务佣金（按每吨收取）并支付船东及船代尾款。

招标业务的前提是招标双方需向平台缴纳一定数额的保证金（暂定为 3 000 元～5 000 元），以保证招标内容的真实性，是对双方信用的评判的重要依据。此外，依据平台中对货主及货代的信用评级可为其提供代垫运费的服务。

在线订舱业务流程如图 2-11-14 所示。在招标业务及在线订舱业务中皆需用户即货主及船东向平台缴纳一定数额的保证金。此外，在业务开始时货主需向平台支付定金，并在卸货前支付尾款，卸货完成后平台支付尾款至船东；同时水上物流运输费用金额较大、运输历时较长，在此过程中公司可获得可观的现金流。

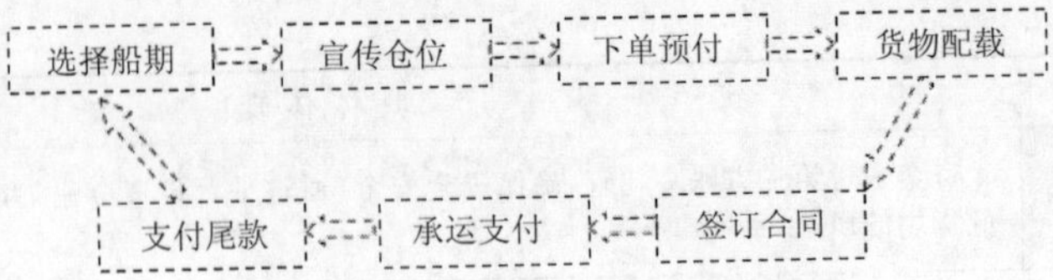

图 2-11-14 平台在线订舱业务流程

四、物润船联实施供应链管理的绩效分析

（一）成长性分析

"中国内河航运物流智慧平台"改变传统的电话沟通竞价的中介模式，采用目前最流行的 O2O 模式，即将互联网与线下商务货运承载有机结合在一起，让互联网成为线下交易的前台。竞价和撮合在线上完成，物流承载及相应服务配套在线下完成，通过大数据挖掘和云存储模式，利用 LBS 技术及监控技术，从各个环境保证数据的真实性和可靠性，使货主全程了解货运状态。该项目设计理念符合目前的"互联网＋"新模式，对客户群拥有很高的黏性，所以该平台拥有高成长性。通过对平台用户的数据进行综合分析，并结合公司运营的财务状况，我们可以看到公司供应链体系的整体绩效，如图 2-11-15 所示。

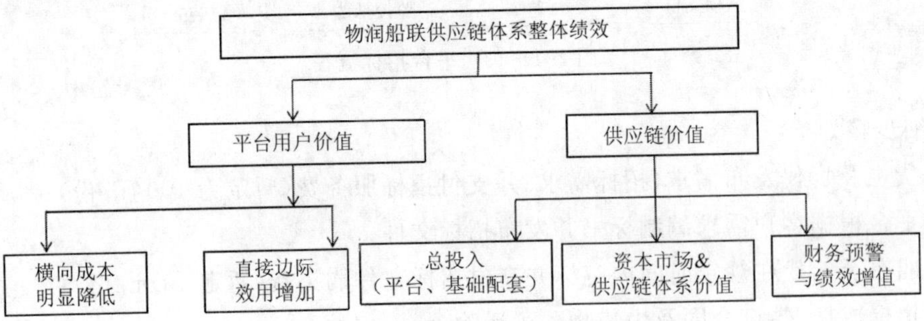

图 2-11-15 物润船联供应链体系绩效分析

（二）财务分析

2014 年，公司管理层按照公司制定的战略规划和经营计划，不断加大对平台功能及服务的研发力度，引进技术研发人员，积极开拓市场，加强服务质量和内部控制管理。公司的技术创新能力、销售水平、客户服务质量都得到了提升，收入增加，盈利能力增强，取得了稳定的经营业绩。全年实现营业收入 379.56 万元，净利润 50.57 万元。截至 2014 年 12 月 31 日，公司总资产为 2 329.76 万元，净资产达到 2 201.19 万元。2014 年度，公司不断加大研发投入，提高服务质量，满足客户的个性化需求，建立良好的内部控制环境，规范公司会计行为，完善考核和激励体系，推行管理标准化，稳定核心技术和销售人员，提高经营管理效率和效果，使得公司业务得到稳定快速的增长，为公司持续健康发展提供保障。

2014 年，公司投资 200 万元与张家港保税区保税科技股份有限公司、张家港电子口岸有限公司、江苏港城汽车运输集团有限公司共同设立江苏航运交易中心有限公司；引入机构投资者，向其定向发行股票 137.5 万股募集资金 1 100 万元；为扩大经营解决平台线下服务，公司投资 1 000 万元设立全资子公司物润船联张家港保税港区物流供应链有限公司。

公司近期通过股票发行募集资金人民币 3 000 万元，其目的是为扩大公司品牌知名度，提高在行业里的影响力；建设并完善全资子公司"物润船联张家港保税港区物流供应链有限公司"，设立 10 个在外办事机构，使其为公司业务增长提供更多助力及有效的支持，使整个公司的产业链更加完整；引进优秀的管理人才及技术人才并加大对研发的投入，不断对平台进行更新升级满足用户需求；增加对市场营销的投入提高用户数量以及扩大业务规模，2015 年营业收入见表 2-11-4。

表 2-11-4　公司 2015 年经营计划与营业收入目标

收入项目	金额(万元)	营业收入比例
视频设备销售及服务	400.00	13.33%
信息咨询服务及平台服务	600.00	20.00%
撮合服务	2 000.00	66.67%
合　　计	3 000.00	100.00%

1. 社会效益分析

物润船联通过水陆联运平台，实现了供应商逆向选择与授信交易的过程，同时使成本效益得到了巨大优化（*D* 代表业务基础量的边际成本区间值）。传统水运行业中的低质量供应商，如图 2-11-16 所示，高质量的水陆联运供应链服务平台如图 2-11-17 所示。

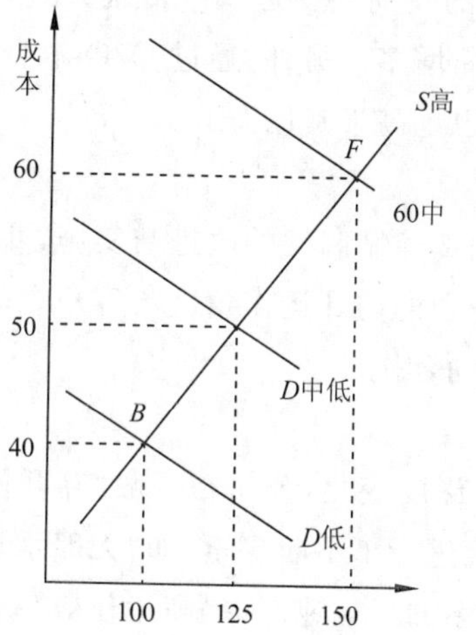

图 2-11-16　低质量供应商分析

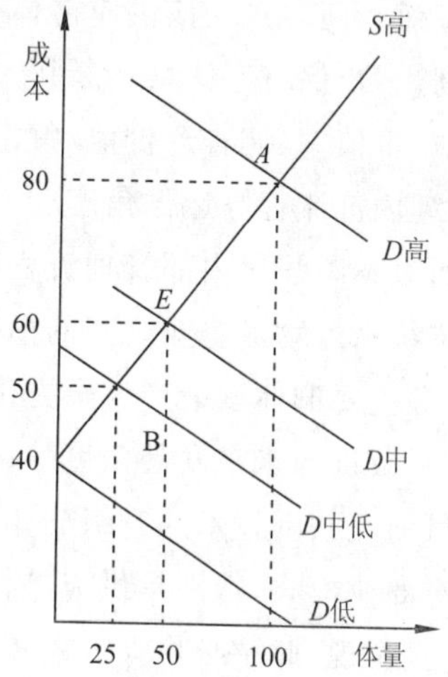

图 2-11-17　高质量水陆联运平台分析

2. 公共服务分析

平台可以为开发区产业园、物流园解决物流信息不对称、信息闭塞和运输成本过高等问题。平台可以使保税港区中的无水港、有水港中的信息对称，逐步推动我国产业园区内制造商、贸易商和相关物流企业的物流信息实现对称，为物流科学管理和物流企业的高效运输提供强大的公共信息平台。平台可使我国园区内生产商和贸易商等企业物流成本下降 30%，降到国民生产总值的 12%。

物流成本的下降，一方面能使广大人民受益，另一方面能使制造、商贸等企业增加市场竞争力，最终使客户受益，对企业国际竞争力的提升，意义深远重大。

3. 企业管理分析

使用平衡计分卡对物润船联供应链管理提升，平衡计分卡分析如图 2-11-18 所示。

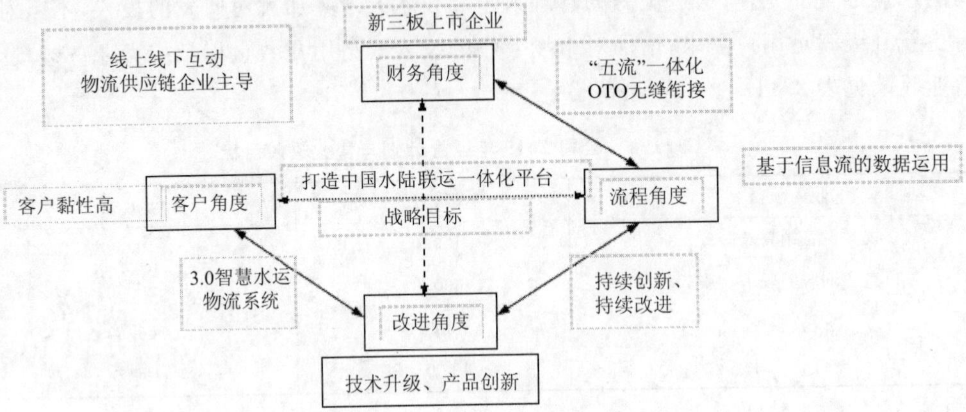

图 2-11-18　平衡计分卡分析图

(1)客户导向角度

得益于客户进入物润船联平台的成本较低，再加上通过该平台具有的互联网属性(开放、透明、高效)，使客户在该供应链体系内订单完成的总周期要远低于传统方式，因此客户黏性非常高，客户保有率体量不断壮大、核心客户不断增多。另外，通过 O2O 本身的属性调查发现，客户价值率(调查评价值/每份订单的成本)也远高于其他渠道。

(2)管理内部流程与运作角度

公司通过不断强化内部管理流程，特别是加强内部控制制度的改进与实施，并结合互联网模式与传统水运物流企业之间的衔接方式，使得企业的内外运作角度与客户之间、内部管理者、股东等主要群体逐渐产生全方位、立体式的互动合作。

(3)体系改进与未来发展角度

鉴于目前互联网技术的升级与市场竞争出现的深度变化，公司在一般“互联网＋”型企业基础上对商业模式，特别是供应链核心企业的对接进行了不断探索，如“无船承运人”资格的申请，一旦实现，此举必将大大缩短供应链金融体系的反应速度，提高运作效率，促进未来发展。

(4)财务角度

当前公司的融资渠道较为畅通，也正在积极努力，已将供应链体系的核心属性同供应链金融基础进行有效对接，为企业的纵深发展和行业渗透打好基础，也为各大平台企业打通了融资渠道，从而为企业的长远发展做好充足的财务准备。

4. 价值链分析

内部驱动因素绩效分析如图 2-11-19 所示，我们再利用 SCOR 指标对本供应链平台实施前环节的分段影响进行分析，如图 2-11-20 所示。

通过结构图分析，目前物润船联供应链体系已经建立起了基础架构并良性运转。根据公司的战略部署与规划，2016 年 3.0 智慧平台的框架形成以及公司长期的水陆联运体系的布局与成功，也依托于公司对当前运营绩效的深度分析以及内外部资源的整合运用，同时也要高度重视对商业模式、平台技术、网络体系等角度的创新和实践，这样才能更快更好的将物润船联的水陆联运一体化平台建设成功。

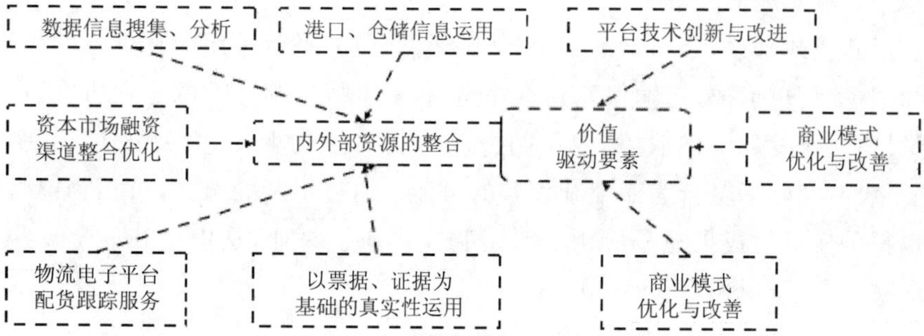

图 2-11-19　内部驱动因素绩效分析

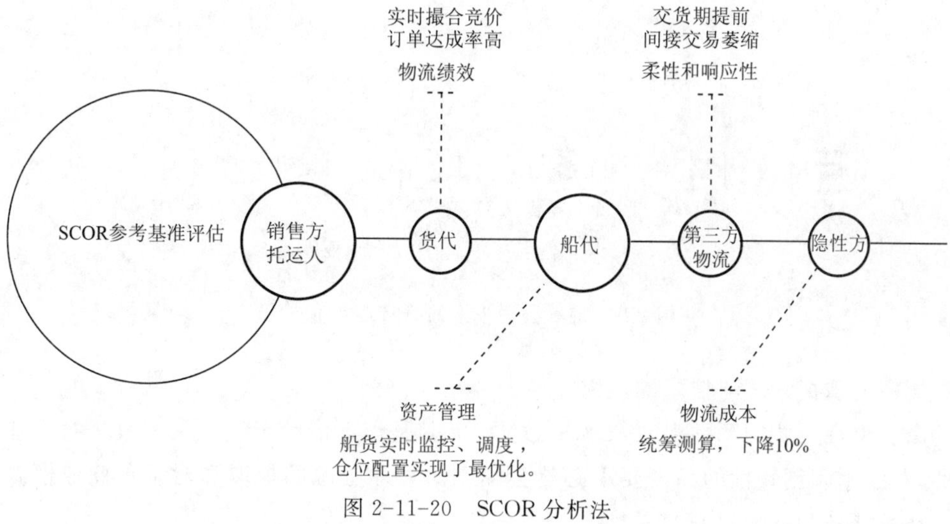

图 2-11-20　SCOR 分析法

五、物润船联经验参考与发展规划

（一）物润船联的智慧水运物流平台与供应链体系的价值分享

经过几年的努力，公司已经在业界确立了突出的市场地位，拥有了广泛的影响力。2014 年底，“水陆联运网”作为第四方公共物流服务平台，拥有会员数超过 100 000 名，每日平台浏览量达到 5 万人次。截至至 2015 年第四季度，公司服务的公司用户数量超过 3 000 家，个人用户数量超过 50 000 人。此外，平台目前已覆盖货船 18 万条，占全国货船总量的 95.24%，其中可视化船舶 3 000 多条。2016 年，加入平台的可视化船舶数量超过 10 000 条，服务企业超过 10 000 家。一旦获取“无船承运”资格，将有力确保相关方利益，加快形成良好生态体系，提升整体服务水平，实现行业爆发式成长。

由于2015年不断触网的物流业将开启新变革，而公司于2013年开启的"互联网＋智能物流平台"的商业模式——"中国内河航运物流智慧平台"，使未来物流业的变革集聚于企业之间的模式竞争，从而使物流业得以进入以网络化、组织化服务为主的"新常态"。各路资本和技术云集物流，推动虚实结合的物流平台成为行业整合的突破口。因而，物流与信息化的融合成为未来企业发展的关键。

从平台运营模式来说，公司借助于"水陆联运网"服务平台采用闭环管理的先进模式，实现了从发标招标、订单形成、运输保险到货物运输、资金拨付等环节的全程可视，保障了交易安全，并通过自主研发的AIS技术，对船舶进行24小时实时监控，大大方便了税务部门随时稽查，杜绝了没有实际运输行为而虚开发票的可能。通过不断的努力，公司当前将国内外多年来研究取得的实证性成果充分应用于水运物流供应链事业，从中也获取了一些具有较高参考价值的实战经验(见图2-11-21)。

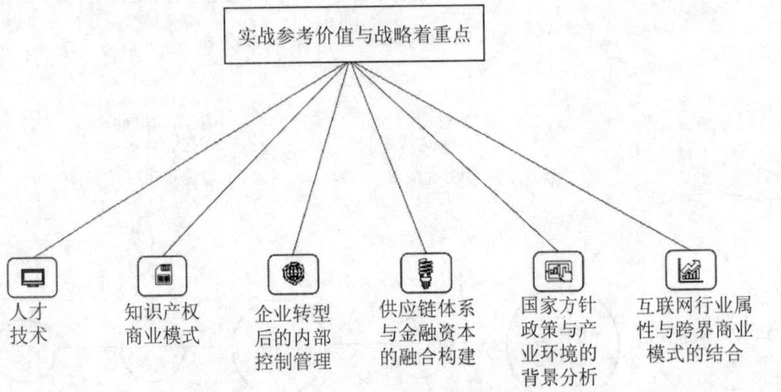

图2-11-21　公司未来的战略发展重点

1. 要高度重视人才与技术的集结

要高度重视人才资源的引入与培养、集聚，尤其是当下借助于互联网工具进行产业升级的企业，对技术和创新性的高度要求必然会加剧对人才资源的掠取和对基于商业模式运用之下的技术储备和技术提升。

2. 加大对知识产权的储备与商业模式的创新

综合当前国际各种形势和将来全球性产业链的战略布局，以及国内经济发展的内在要求，知识产权的重要性将会愈发重要，其不仅涉及一个企业的核心运用层面，更会直接关系到某些企业独创性商业模式的环境反馈与绩效评估，最终会妨碍甚至是阻止企业商业模式的创新完善与运作管理，对企业的长期发展势必构成不可小觑的危险。

3. 强化运营管理方面的内部控制

在物流供应链体系几大核心板块的设计与运营管理的同时，内部环境中尤其需要引起重视的是风险控制环节，"互联网＋"型企业的外在危险与效用考量会更加透明化，但是内部控制中环境监测领域的潜在风险必须要引起每一位设计层和高级管理层的重视。

4. 注重对国家与国际宏观政策、产业环境的持续介入

物润船联的“互联网＋水运物流”的商业模式正是借助于当下国外“工业 4.0”“信息技术工业”等理念和战略，以及国家对产业转型升级提出的“互联网＋”政策环境、此基础上衍生出的“＋互联网”产业配套设施的跟进之举。

5. 保持对互联网本质属性的商业模式植入

物润船联自主开发建设的“中国内河航运物流智慧平台”，其相关硬件和辅助设施购置，将水上物流运输与互联网和移动互联网深入融合，建立起网站、手机端 APP 一体的智能匹配的船货竞价模式，充分利用互联网和移动互联网传播特性，从而在互联网“平等、自由、分享、共但”的思维模式下，实现了将原本各路传统型水运物流企业引入到大数据网络，从而爆发式增长。

6. 不断实现并完善供应链金融体系的布局与拓展

到目前为止，水运物流供应链体系已通过物润船联开发建设的"中国内河航运物流智慧平台"，通过实务操作中的保险、征信、诚信体系等子系统，将实体企业的供应链金融服务切实落到了实际业务中，在给系统各企业创造巨大持续性效益的同时也为水运物流行业乃至将来的供应链诞生打下了坚实的基础，供应链金融拓展如图 2-11-22 所示。

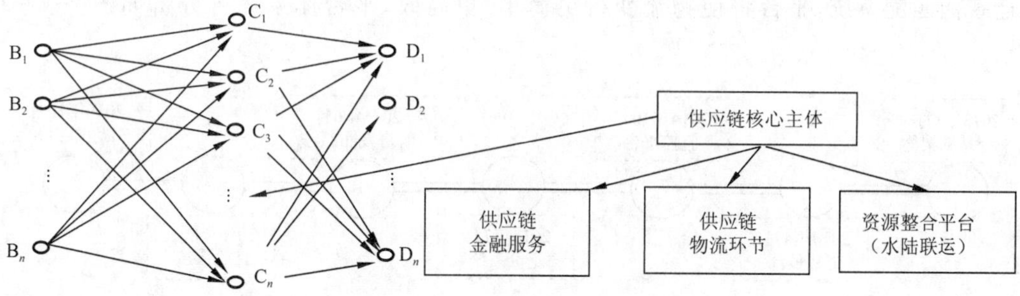

图 9-11-22　供应链金融拓展图

（二）公司未来发展

1. 公司发展沿革与项目实施的预期目标（见表 2-11-5 和图 2-11-23）

表 2-11-5　公司预期目标分布表

年份	2012	2013	2014	2015	2016
预期目标	船货 信息撮合	船舶动态 查询服务	云货盘 云船盘 在线保险	智慧物流生态体系 在线竞价/在线订舱 在线承运/在线支付	水水联运 公水联运 铁水联运

图 2-11-23　公司未来 3 年营收预测

2. 公司未来发展思路

近年来公司发展良好，平台会员急剧增加，资本不断壮大，资产规模和企业利润都有较大幅度增长，未来发展空间巨大。公司定位为第四方智慧物流专业方案提供商，平台利用船联网技术高质量、低成本和可视化监管将物流行为智能化，推动着大批的物流利益相关者向标准化、信息化和智能化方向发展。

另外，公司努力提升技术研发能力，不断挖掘用户需求，持续强化用户对公司的信任和服务黏性。运用先进的技术不断优化智慧物流体系中各个环节的运作流程，且根据公司发展需要进行组织变革，使得公司永葆活力和竞争力。

3. 公司下一步项目建设规划

(1)总发展策划

2016 年本项目依靠现有开发建设的"中国内河航运物流智慧平台"进一步将铁水联运、公水联运、水水联运等业务功能深度开发，建成国内首家多式联运一站式服务电商平台。目前，江海联运已基本形成，公水联运正在建立中，铁水联运也正在开发中。通过互联网和移动互联网直接将汽车、火车和船舶紧密结合，配合现有的招标平台，货主可以找到全程的货运工具，平台自动为空车、空船匹配到合适的货物，建立起网站手机 APP 一体的货物联运智能匹配系统，平台将使物流变得更简单、更高效，平台体系完善分析如图 2-11-24 所示。

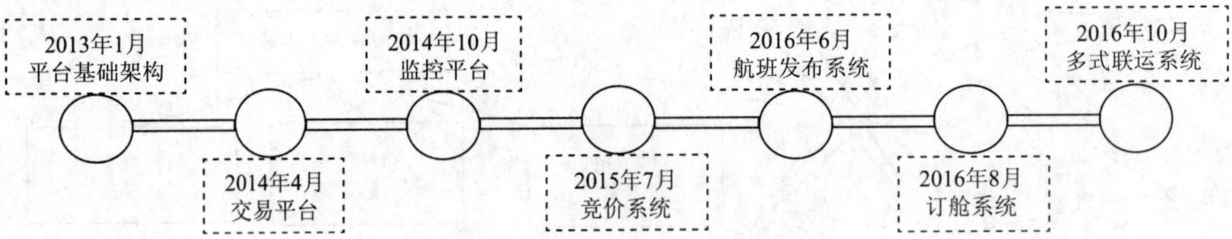

图 2-11-24 平台体系完善分布图

(2)下一步建设的主要内容和实施计划

公司下一步建设的主要内容和实施计划如图 2-11-25 所示。

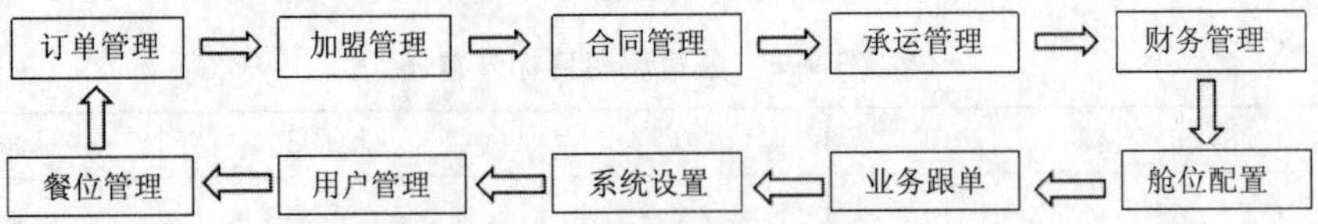

图 2-11-25 下一步建设的主要内容和实施计划

公司未来发展的增长策略如图 2-11-26 所示。

(3)公司远景

通过中国内河航运物流智慧平台的建成，公司平台的船舶容纳将超过 60 万条，服务的会员包括货主和运输公司超 30 000 家，平台可实现在线交易额 30 亿元，利税超 3 亿元，努力将公司打造成为“水上物流业的阿里巴巴”。

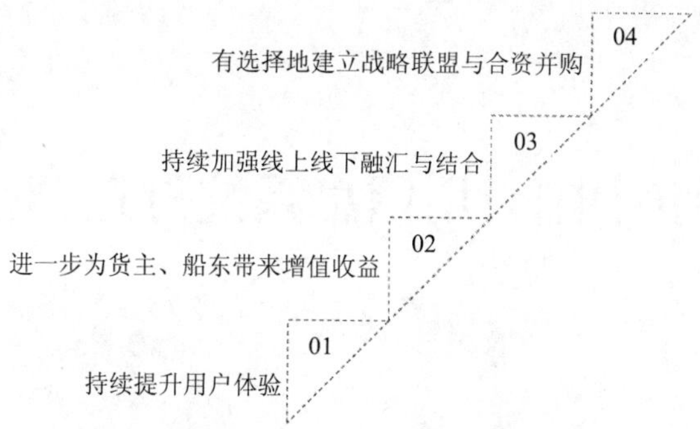

图 2-11-26　公司未来发展的增长策略

撰稿人：朱光辉　江苏物润船联网络股份有限公司董事长
朱丹凤　江苏物润船联网络股份有限公司董事长秘书

案例12　安利(中国):用信息系统打造精益物流供应链

一、企业简介

伴随着安利进入中国市场,作为安利(中国)的一部分,安利物流在中国已有18年的历程。作为安利(中国)强大的后勤部门,安利物流负责公司的产成品物流服务,其主要功能是将优质的安利产品安全、及时地送到遍布全国各地的安利店铺,让广大顾客及在店铺购买到所需要产品,同时通过优质的家居送货服务将产品送到营销人员家中,让他们能足不出户就能享用优质的安利产品。

经过多年的发展,安利(中国)物流服务已经覆盖全国,秉承"将正确的产品、以正确的成本、在正确的时间、送达正确的地点"的物流服务方针,安利物流在中国建立了一条完整的物流供应链。当产品成品经过工厂的质检部门检验合格后,就会被送到安利(中国)物流中心进行储存,然后根据各地的销售状况从物流中心运往全国25个外仓,再根据各个店铺的销售状况由外仓将产品补给当地的各个店铺。

除此之外,安利物流供应链的触角伸到了千万个营销人员的家。以坐落在全国各个省市的安利家居送货配送中心为轴心,将货物通过具有安利特色的复合式家居送货服务把产品送到营销人员的府上,完成产品的"最后一公里"配送,订货通道如图2-12-1所示。

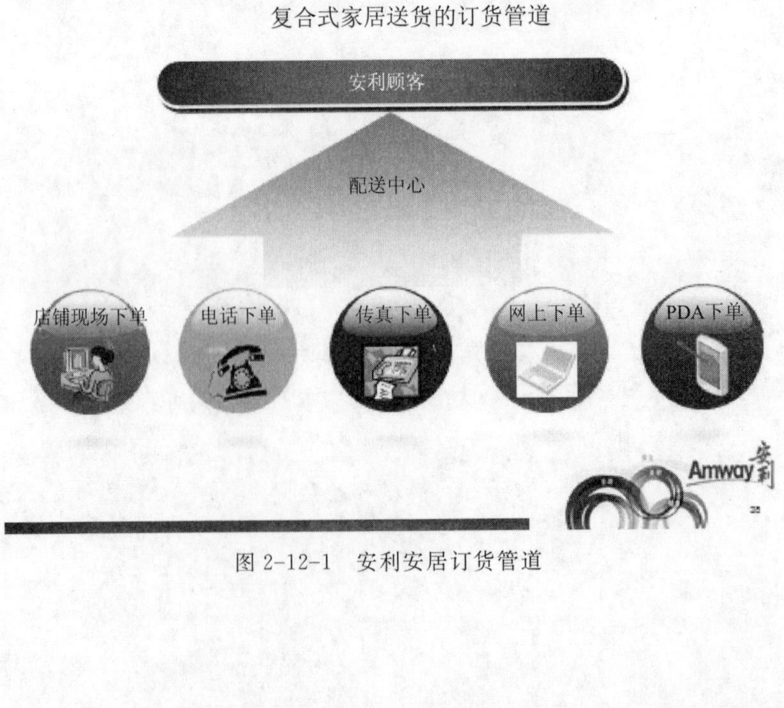

图2-12-1　安利安居订货管道

二、供应链管理信息化实施背景

目前,安利(中国)日用品有限公司在中国实施的营销策略是"店铺+营销人员",安利店铺是营销人员购买安利产品的渠道之一,2014 年,安利(中国)营业额 287 亿元,2015 年,安利(中国)营业额 268 亿元。1995 年,安利(中国)正式成立。经过 19 年的发展,截止 2014 年,安利(中国)经营区域已遍布全国 31 个省区,中国也成了安利全球最大的市场。如此广泛的市场覆盖范围,为货物准时抵达率带来了巨大的挑战。

安利(中国)在中国取得巨大成功,要归功于其独特的营销策略。为了在市场上占据领先地位,公司每月都有新品促销。如何配合公司频繁的市场促销活动,将产品准确无误地及时从广州物流中心运送到全国 293 家店铺,对安利物流来说是一个巨大的挑战。

建立一个完善的信息系统,加上无缝链接的供应链是解决物流服务问题,提高顾客满意度的有效解决办法。一个完美的物流体系必须要解决顾客服务和运作成本的关系。在"四个正确"方针的指引下,安利物流充分利用公司强大的新信息系统技术在供应链的各个环节应用信息系统技术将供应链无缝连接为一体,从而实现了在整条供应链实施了透明化管理。以库存管理为例,通过链接全国的 AS400 系统安利物流的库存部门可以随时知道全国任何一家店铺的库存情况,可以通过 ISO 库存优化系统的配合以单件产品为单位对各个店铺进行库存调整。通过如此精细化的管理大大降低了安利物流的库存量,为公司节约了成本。

2004 年安利(中国)正式推出"复合式家居送货服务",为安利营销人员提供足不出户的送货上门服务,将客户服务水平提到了一个新的高度,也同时备受营销人员的欢迎。随着互联网深入人心,中国正式迎来了网购的新时代。安利物流与时俱进,于 2012 年推出网购服务。安利的网购特点是在原来家居送货的平台上,利用互联网技术为营销人员提供网购服务。营销人员可以在家里,在路上,在有 wifi 的地方随时通过网络下订单购买所喜欢的安利产品。

安利物流的信息化系统不仅在 B2B 模式上得到充分利用,而且通过家居送货的平台将信息系统技术运用到安利供应链的末梢——最后一公里配送。因为只有充分利用信息系统才能使安利物流在供应链各个环节在节约成本的同时提高服务质量。

三、安利物流供应链管理模式

安利(中国)物流供应链管理是围绕着两个基本目标进行的。第一个基本目标是服务于安利店铺,核心价值是为全国 293 个店铺提供安全及时的产品补给服务,最大限度地降低产品在店铺的缺货率,我们称之为 TNA(Temporally Not Available)。另一个基本目标是支持安利复合式家居送货服务,其核心价值是将产品安全无误地送到营销人员家中,让他们足不出户就可享用到优质的安利产品。

为了实现这两个目标安利物流建立了一套立体化的管理系统,以安利物流中心为中枢,高效率地管理包括安利物流中心仓库在内的全国仓库网络、以物流中心为辐射中心的全国运输网络,以物流中心库存组为核心覆盖全国各外仓、店铺以及家居送货配送中心的全国一体化库存管理。

在信息流管理方面，库存部门根据全国销售状况和各外仓的库存水平向物流中心仓库发出运输指令，物流中心仓库通过 AS400 仓库管理系统按照库存要求进行备货和出货，运输系统则负责全程监控车辆的运行状况确保车辆按时抵达各个外仓；在日常运作当中，库存部门的 IOS 系统实时监控各个店铺的库存状况，根据每个产品的库存状况通过建立在库内的 AS400 系统向各个外仓发出补货指令。店铺出货时 POS 系统将当日销售状况及时反馈到相关部门，而产品的投诉则通过 PRS 产品反馈服务系统及时反馈到工厂质量控制部门。有了完善而强大的信息系统，整个安利供应链实现了无缝链接，各个部门得以反应迅速，从而有效地提高顾客的满意度。

（一）基于信息系统下的物流供应链

1. 库存管理系统

在供应链管理中，库存决策是一项核心的工作。要圆满完成库存决策，离不开现代化的库存管理系统。安利（中国）物流库存系统集成了多个信息系统去完成库存管理不同的工作。在安利物流库存管理中的系统包括 AS400 库存管理系统，IOS 库存优化系统，JDE 代存品管理系统以及 E-Flow 库存调整申请系统。这几种系统中，核心系统为 AS400 库存管理系统和 IOS 库存优化管理系统。

AS400 库存管理系统是库存管理的基础系统，它管理着安利物流各种日常操作数据，包括仓库收货、转运、产品流转各种申请和产品调整，产品组装、产品报废等日常运作的数据。系统界面如图 2-12-2 所示。

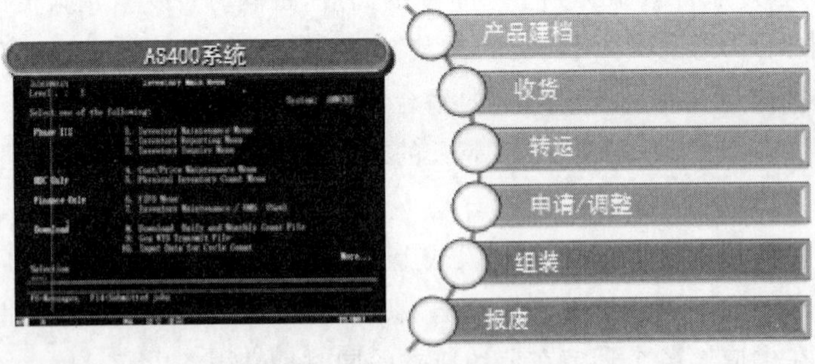

图 2-12-2　系统简介

IOS 库存优化系统是在 AS400 库存管理系统的基础上运用的更为先进的库存管理系统。IOS 系统为安利的库存管理提供了极为有效的帮助，通过 IOS 系统，安利库存管理更为科学、高效，从而为公司节约了成本，优化了日常运作。例如，根据过往历史相关销售数据，系统的预测可以精密到具体产品、店铺级别的需求数据，从而预测未来的客户需求。

IOS 系统主要有以下几个功能：

① 多层次的产品需求预测。通过业内领先的 SAS(Statistical Analysis System)时间序列分析技术，根据过往历史上的相关销售数据，对不同层次的商品、地区进行自动诊断、建模、执行以及调整预测

② 考虑全面的智能排车。系统根据预测的需求量，运用优化模型计算出每个地区的补货频率。同时，结合车型、运载量、运输成本等相关运输数据，计算出未来一周最优的排车计划。

排车计划会结合各补货计划人员负责的区域,以均衡各人的工作安排,及更妥善的人力分配。

③ 最优化的库存补货策略。库存补货策略主要解决一直以来存在的库存过剩和库存不足两者之间的平衡问题。

解决的方法是:对客户需求量进行预测,按需供货,优化库存水平。当库存水平刚好能满足客户需求量时,为最优库存量,新补货策略的效果如图 2-12-3 所示。

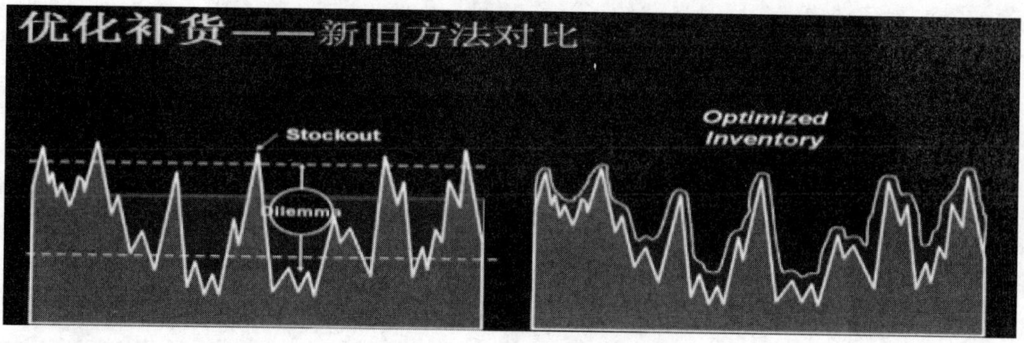

图 2-12-3　新旧方法对比

④ 指标分析和预警功能。此功能为整个库存管理提供日常所需的 KPI(Key Performance Indication)报表和紧急状态预警。包括库存水平分析、采购建议分析、存货预警、暂时缺货(Emerging Alert System,EAS)分析、运输空载率、产品销售监控等一系列分析数据和报表。

IOS 库存优化系统的应用为安利物流带来以下效益。

① 降低了物流成本。使用库存优化系统后,由于需求量预测准确度的提高,合理地配置车辆从而减少了车辆空载的资源浪费;减少了货物在不同仓库和店铺之间的调配,节省了运输的费用;由于及时地调整仓储的空间,节省了储存空间的浪费;实现了物流计划的精确化制定,ISO 库存优化系统提供的采购建议分析报表如图 2-12-4 所示。

采购建议分析报表

报表日期:2009-3-30　类型:　原产地:

行号	产品编号	部门	说明	最低库存	最高库存	Centre BOH	LC BOH	PO在途	Total BOH	月平均销售	Support month	加订建议
1	01004		汽车清洗剂									
2	01007		金属亮洁剂									
3	30455		丽齿健牙刷									
4	40008		吸油纸配镜装									
5	40009		吸油纸									
6	40011		润色乳珍珠白									
7	40012		润色乳浅粉红									
8	40065		缤纷化妆镜盒									
9	50002		导热保护板									
10	50004		护指垫									
11	50005		锅耳									
12	50006		锅柄									

图 2-12-4　采购建议分析报表

② 提高了服务水平。库存优化系统为计划人员的日常补货提供了一个统一的标准，使我们更方便对服务进行考核。另外，在降低物流成本的同时，也降低了服务差错的风险，提高了库存管理的服务水准。

③ 提高了工作效率。库存优化系统的预测工作是基于过去三年的销售数据和特殊事件而进行的，以系统优化数据代替以往的固定模式来补货，具有科学性。不仅如此，库存优化系统在实现了精确度的同时还节约了运作时间。比较以前，从物流中心经过外仓到店铺节省计划补货时间20%，很大程度上提高了工作效率。

④ 减少存货成本。减少存货成本一直都是每个企业希望做到并做得更好的事情，既可以令库存降低到一个比较理想的水平，同时又能满足各地需求。当前，安利(中国)部分主要产品的安全库存已经往下调整了10%，正是使用了库存优化系统，令产品库存合理分布，缺货品种和次数并没有增加。

2. 物流中心(RF)无线射频仓库管理系统

安利(中国)物流中心是安利物流供应链的核心，在安利物流供应链环节中，经过工厂检验合格的产品首先存放在物流中心，然后根据市场需求将产品从物流中心发往各地外仓。在安利的产成品供应链，物流中心是其源头，而物流中心仓库则是产品的聚散中心。物流中心仓库的运作系统是基于AS400平台上的(RF)无线射频仓库管理系统，是安利(中国)全国无线系统的一部分，主要功能是支持安利(中国)物流中心仓库内的各个环节的运作，包括备货、出货、内部移位、查询、盘点及打印条码。在整体运作方面RF系统功能主要划为三大块，收货、出货和盘点，安利全国无线系统架构图如图2-12-5所示。

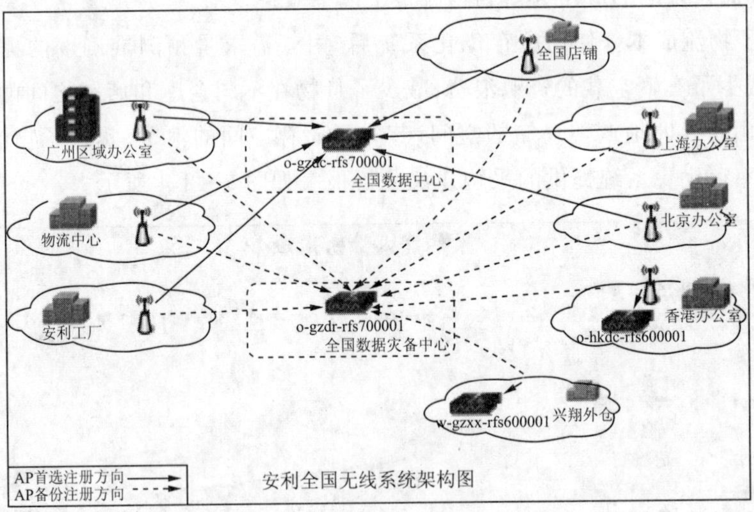

图2-12-5　安利全国无线系统架构图

(1)RF系统收货功能

在收货环节上，物流中心的货物来源主要有2个，一个是来源于工厂生产的产品，另一个来源是安利(中国)采购部所采购的各类辅销产品。在信息流方面，物流中心收货系统链接了这两个部门的JDE系统，根据这两个系统分别发来的PO#进行实物接收。

当在 AS400 输入 PO# 的时候,系统打印机会自动生成相关条形码。仓库员工用手持 PDA 扫描条形码,系统会自动记录每一板货物的收货情况,在将产品放上货架时,仓库员工再用 PDA 扫描货架和贴在货物上的条形码,这时,产品在物流中心仓库的位置已经通过 AS400 系统传输到物流中心库存组的系统中,以便于库存根据货物摆放信息向仓库发送各项操作指令。同时,由于有了系统定位,进入到物流中心仓库的产品原则上可以摆进任何一个货位,从而大大提高了收货环节运作效率,自动化收货流程如图 2-12-6 所示。

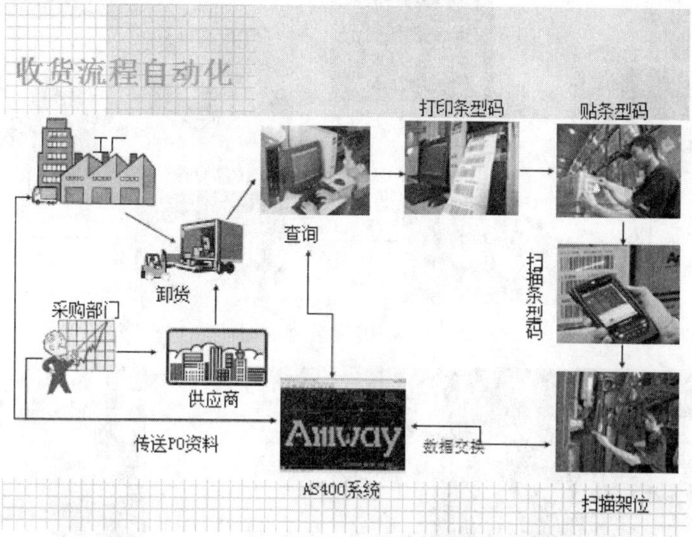

图 2-12-6　自动化收货流程

(2)RF 系统出货功能

RF 系统在货物上架,收货流程完毕后,进入了多功能、多部门使用的阶段。库存组收到市场部的出货信息后,通过 AS400 系统向仓库下达出货指令,出货信息在 RF 系统下的手持 PDA 以及车载电脑中显示。根据系统显示出的货位和出货数量,物流中心备货组如中药材铺抓药般在各个货架中拣出要出仓的产品,并将产品有序地摆放在出货区域。与此同时,物流中心运输组也根据库存组发出的出货信息通过运输管理系统向运输公司下单订车。运输公司在系统确认后即发车到物流中心装货。车到出货台之后,仓库人员在 PDA 上再次复核所备的货物是否正确,然后装车、封柜,运输车辆离开物流中心前往指定外仓。

RF 系统除了支持仓库各项管理之外, AS400 还将仓库管理系统平台上链接到全国 23 个外仓,将安利物流供应链无缝连接成一个整体。当车辆抵达外仓,货物签收无误后,外仓人员在 AS400 系统上确认收货,物流中心运输组也同时在系统中看到外仓收货状态。直到此时物流中心的发货流程才真正结束,出货数据实时统一,如图 2-12-7 所示。

(3)RF 系统盘点功能

盘点是仓库运作中的重要工作,是衡量仓库运作质量的重要指标。利用 RF 系统可以进行快速盘点,多类型盘点(按产品、架位等);动态范围的盘点,自由选择时间进行,无须停止其他工作。系统提供盘点分析报表,不需要人工核对,自动提示重盘。RF 仓库管理系统的运用提高了仓库运作效率、货物管理的准确率,RF 系统盘点如图 2-12-8 所示。

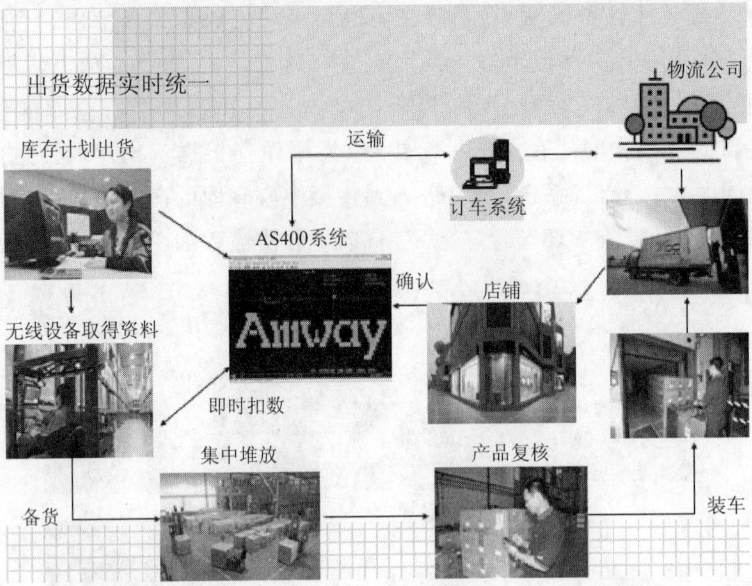

图 2-12-7　出货数据实时统一

图 2-12-8　RF 系统盘点图

3. 运输管理系统

运输管理系统是用于安利物流供应链中运输环节的信息系统。该系统覆盖了目前安利物流运输采用的各种运输模式和运输方式。运输管理信息系统共分为两大模块，对内模块和对外模块。

对内模块包括网上运输信息查询、货物跟踪，运费结算等功能。运输信息系统与 AS400 系统连接，当需要查询某一票货物的内容时，输入运输托运单号码，该托运单内的各种信息就会在 AS400 系统流转到运输系统。在货物跟踪方面，当货物抵达外仓或者店铺时，如果货物完好被接收进入仓库或者店铺，外仓人员就会在 AS400 系统中输入这个托运单到货时间，相关信息会立即显示在运输系统上，如果信息系统没有显示该托运单的收货时间，则该票货物仍然被定义为“在途”，同时在系统的结算界面也不显示该票货物的相关信息。

运输系统的另一个功能是与承运商进行沟通，我们称之为对外模块。其功能有在线下单和每个签约运输商进行网络平台沟通两大主要功能。为了减少因为沟通不畅带来的运作失误，提高运作效率，安利公司为每家签约供应商都建立了一个与安利运输部门进行相互沟通的信息平台,承运商只要输入密码进入界面就可以与安利物流运输部门进行沟通。当安利运输部门下单订车时,操作人员会在信息系统输入相关需求(下订单),供应商接到下单通知后,会输入密码进入界面,查看订单详情。备好车辆后,供应商会在界面确认这票订单,通知车辆抵达目的装货。除了下单功能,该信息系统还是安利运输部门和承运商的沟通平台。系统设置了单对单,单对多功能。运输管理人员可以在平台上单独与某承运商进行沟通,也可以发表公告让所有供应商看到同一种信息。

信息系统在运输管理上的运用,使安利运输部门与承运商的沟通更加顺畅。由于信息系统界面清晰,字迹清楚,从而杜绝了因为手工书写不清楚而产生的误解,提高了管理效率,降低了管理成本。

4. 外仓管理系统

在安利物流供应链系统的环节中,外包仓库是连接店铺与物流中心的节点。管理外仓的系统是补货成本分析系统,与物流中心运输管理部门在同一个信息平台上运作,功能各有不同。该系统覆盖了全国 25 个外仓,功能包括外仓运作外包商及仓库信息管理、外仓费用结算、费用查询以及与仓库运作外包商的信息交换平台。系统的末端是各个外仓,每个外仓都有安利提供的信息平台,只要输入密码,仓库外包上就可以看到各类的操作指引和相关政策。与运输关系系统一样,该系统也设置了单对单,单对多的功能。外仓管理人员可以在平台上与特定的外包商进行沟通,也可以发布信息,操作指引让所有外包商看到,从而达到每个操作都规范化,全国统一执行的目标。

AS400 系统连接到每个仓库,每一辆从物流中心发出的车辆到达仓库,收货完毕后,外仓人员会在 AS400 系统上输入到货日期,这个信息会反映到运输管理系统中,通知物流中心运输管理人员,该票货物在某年某月某日抵达某个外仓。全面覆盖的信息系统增强了安利物流供应链的透明度,使安利物流的供应商管理更加科学,更加公平、公正,外仓订单数据共享,如图 2-12-9 所示。

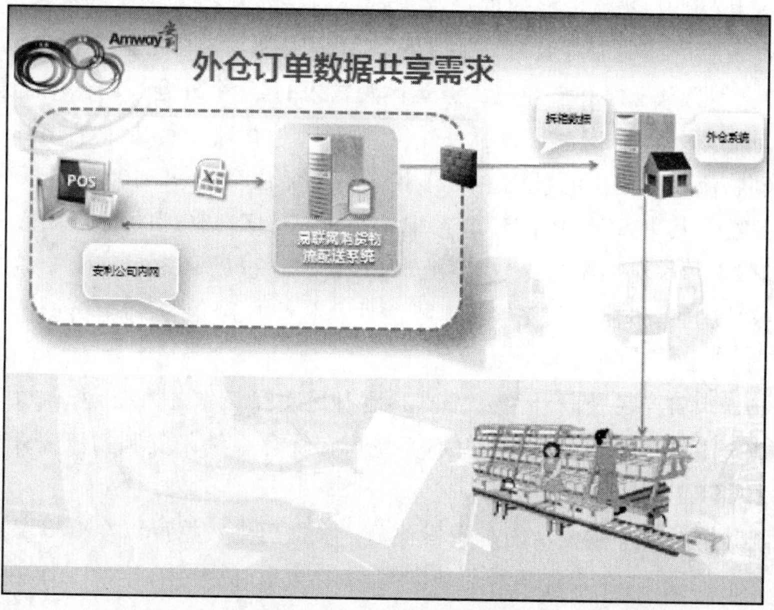

图 2-12-9　外仓订单数据共享需求

5. 家居送货管理系统

家居送货服务是安利物流供应链的末端，为顾客提供最后一公里送货服务。优质的服务离不开强大的信息系统，安利家居送货服务也不例外。自始至终信息系统都与安利家居送货服务紧密相连，不可分割。

所有模式的订单都通过安利(中国)的4G POS系统进行流转，当订单款项被确认支付后，该订单被流转到安利易联网购货物流配送系统，然后通过防火墙转到安装在各个外仓的AS400系统，订单在被AS400接收后生成转运单，并将转运单流转到各配送中心的拆箱系统。在配备有DPS拣货系统的配送中心，转运单会先流转到拆箱系统，然后再通过拆箱系统流转到DPS拣货系统。最后，根据拆箱系统的指令，配送中心人员会通过手工(没有DPS系统的配送中心)或DPS系统将货物分别放进大、中、小、小小四个不同尺寸的箱内，等待派送。

拆箱系统是安利(中国)家居送货服务的核心系统。它运用在全国32个安利家居送货配送中心，由安利自行开发。它的特点是根据系统计算分析科学地进行产品装箱，从而达到每个订单的产品都可以合理地装箱。

拆箱系统的数据库预存了安利公司所有产品的体积和重量。当拆箱系统接收到任何一票订单后，会根据该订单内所有产品的尺寸和重量信息将产品科学地分配到安利家居送货的大、中、小、小小标准箱内。可根据每一票订单内产品的数量和种类科学地对这四种标准箱进行组合，如大、中、小；大、小、小；中、中、小等无数组合。在产品安全方面，拆箱系统充分考虑了每种箱的容积，每箱的产品容积都约占该箱总容积的80%，让每个纸箱都有充分的空间放置填充料和装箱单据，令产品在运输途中得到充分保护。通过科学分配产品，以最优化的方式进行装箱作业，既考虑了最佳容积，同时避免了由于人工盲目装箱而导致的纸箱资源浪费。

(二) 利用信息系统进行物流供应链管理

1. 库存管理

坐落在安利(中国)物流中心内的库存管理部门是安利物流供应链的神经中枢，负责管理安利(中国)所有产品的库存管理。除了负责管理安利物流中心仓库的产品库存之外，其管理范围覆盖了北京、上海和广州三大营运区管辖内的25个外仓、32个家居送货配送中心、293家安利店铺以及47个安利售后服务外包商服务点，管理产品共计有1681个SKU。

支撑安利物流库存运作的系统主要有IOS库存优化系统、AS400系统，E-Flow电子流程和代存品系统。其中，IOS和AS400系统是安利物流库存管理的核心系统，贯穿整个物流供应链，有助强大的信息系统支撑安利物流库存管理可以以高效、精确、灵活的管理方法支持安利公司整体销售，确保产品能够源源不断地及时补给到全国各地的外仓、店铺以及外包商服务中心。

根据市场需求将产品及时补给到需要的地方是库存工作的重要环节，也是库存部门在安利物流供应链中的主要功能之一。IOS系统库存优化系统是安利物流库存部门在产品补给运作中的重要工具。

IOS系统其中的一个主要功能是销售预测。根据历史数据可以在IOS系统中体现产品在各个销售季节的波动，在系统预测的帮助下，库存人员在产品补给的工作中可以做到心中有数,避免了人工进行预测而产生的误差。在安利(中国)的销售活动中,产品销售的波峰在每月当中的各个日期都会有所不同,IOS 系统的预测功能帮助库存人员预测到月初、月中以及月末各个阶段的产品销售量,从而准确地为各店铺进行产品补给。为了提高销售业绩,公司常常会进行不定期的促销活动。非常规的销售为库存的准确补货带来了极大的挑战。为了解决这个问题,安利物流库存部门对 IOS 系统进行了优化。现在,库存人员可以根据不同促销活动将产品输入 IOS 系统,就可以做到该产品的单位预测,从而使得补货工作更加灵活。准确的销售预测极大提高了安利物流库存部门的补货准确度,提高了补货效率,可以真正做到面向 25 个外仓、32 个家居送货配送中心、293 家安利店铺以及 47 个安利售后服务外包商服务点实施按需补货策略。利用信息系统实现库存按需补给是库存补给工作的一个飞跃,在利用安全库存策略进行产品补给的平台上又提升了一个级别。按需进行产品补给的实现也提高了店铺补货服务质量,将安利物流库存服务水平提升到 97%以上。

提高服务质量同时控制成本是供应链管理的终极目标。充分利用信息系统提高服务质量,同时不断降低库存水平是安利物流库存部门的优良特征。在充分竞争的市场上,降低成本是每家公司必须采取的管理策略,安利(中国)也不例外。

在安利公司降低成本的策略包括了安利工厂和安利物流。从生产到物流全面调低库存周转天数 DOS(f)。随着库存周转天数的持续下降,为物流库存补货带来了极大的挑战。在工厂方面,降低了产品的 EPQ(经济生产量),其结果是可供给市场销售的产品总量减少。另一方面,安利库存要面对 25 个外仓、32 个家居送货配送中心、293 家安利店铺的补货工作。如何将定量的产品根据市场要求合理地分配给位于安利物流供应链各个环节的多个产品存放点,充分考虑每个市场、每家店铺以及每个家居送货配送中心的实际销售量和库存量,确保产品在每家店铺,每个家居送货配送中心有足够的量销售,这对库存管理是一个巨大的挑战,如图 2-12-10 所示。

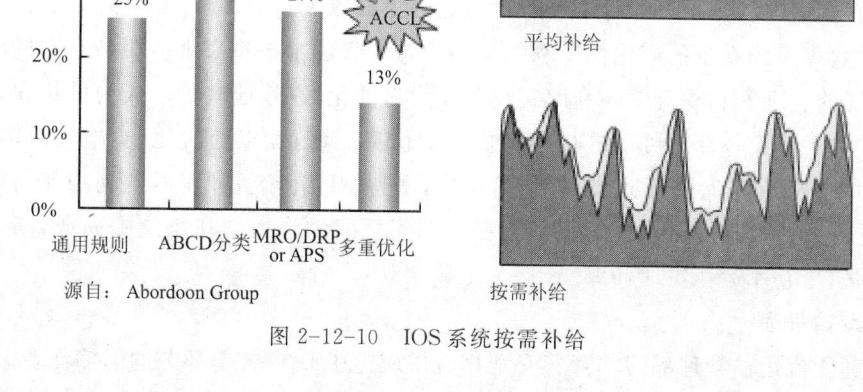

图 2-12-10　IOS 系统按需补给

利用信息系统解决难题是安利物流库存的解决方案。在这个策略的指引下，安利物流对IOS系统进行了优化，令系统的预测更准确、精细、灵活，从而提高产品补货的效率和准确率。

然而，不断降低库存的策略对满足市场要求仍然是一个巨大的挑战。为了更好配合公司的降低运作成本策略，为灵活补货创造出更大空间，库存部门在优化IOS系统的基础上，提出了"外仓/配送中心库存合一"的策略，安利称之为"仓/配合一项目"。

在目前的产品补给模式下，每个外仓都要同时满足家居送货服务中心当地数家店铺的产品需求。而家居送货配送中心和每家店铺的库存是相互独立的，多点库存管理模式在库存量不断减少的环境下要对产品进行合理分配是一个很大的挑战。例如，为了保证家居送货服务有足够的产品派送，确保产品递送时效，库存人员要在配送中心预存3天的库存量。在有限的库存同时要满足多点销售的环境下，必然会影响库存的服务水平。

为了解决这个问题，库存管理者决定撤销配送中心的库存，将其与外仓库存共享。在对IOS系统进行优化后，库存管理实现了这个目标。在新的库存管理模式下，家居送货服务的订单不再流转到配送中心，而直接指向外仓的AS400系统，再由AS400系统直接补给到家居送货拆箱系统。简而言之，外仓的家居送货补货对象不再是配送中心而只是需要满足每一票家居送货订单。就家居送货服务而言，其产品来源就像从原来的小池塘变成了大水库。而安利物流库存的补货点也随之减少了32个。其好处显而易见，即提高了补货效率，又节约了补货成本。

"仓/配合一项目"的实施令到家居送货服务的产品与店铺销售产品可以在同一个平台上补给，实现了配送中心与店铺的产品同步补给。家居送货下单顾客和在店铺购买产品的顾客可以享用到同样新鲜的产品。该项目的成功，有赖于库存管理人员对信息系统的深刻认识和灵活运用。同时也说明了一个道理，信息系统对优化物流供应链，提高服务水平，降低运作成本至关重要，但更重要的是管理者能正确使用信息系统，使之发挥出最大的能量。

2. 物流中心仓库运作管理

物流中心仓库是在AS400系统平台上的RF仓库管理系统下运作的，处于安利物流供应链的首端。仓库接收工厂生产的产品以及采购部采购的辅销产品，在产品供应方面，它为全国外仓提供货物补给服务。仓库内每个环节的运作都基于RF系统进行，无论是收货、备货、盘点，以及出货的指令都会在手持PDA或者车载电脑上显示。仓库员工持着PAD或驾驶配备有车载电脑的叉车穿行于仓库行道之间完成各种指令。

RF仓库管理系统的应用使安利物流中心仓库管理水平一直维持在高水平的状态，基于信息系统的管理安利物流中心仓库实现了收货自动化，有效地减少了人为的错误；数据即时化，在日常运作中各部门可以进行准确快捷的信息交流；盘点随时化，实施灵活多变的盘点作业，而不会影响仓库正常运作；操作简单化，手持RF终端机和车载电脑功能清晰，简洁移动，操作方便；运作无纸化，仓库每个流程和部门之间的沟通均在系统中完成，高效无误，节约了纸张，令仓库运作更加环保。

3. 运输管理

安利物流运输管理部门掌管着安利物流供应链中B2C各个环节的运输作业。为了向各个外仓和店铺提安全及时的货物补给工作,同时顾及运作成本的因素,安利物流运输采取了运输外包的策略,充分利用逐渐成熟的中国物流资源,采用各种运输模式和运输方式进行运输作业,包括公路运输、海运、以及适量的航空运输和快递。安利物流主要负责将工厂生产的货物运回物流中心,与采购部门供应商送到物流中心的货物一起,运输根据库存部门的指令发往全国各地。范围包括广州市内 3 个外仓和广东省以外的 23 个外仓,以及坐落在全国各省市的 293 家安利店铺及 47 个售后服务中心,如图 2-12-11 所示。

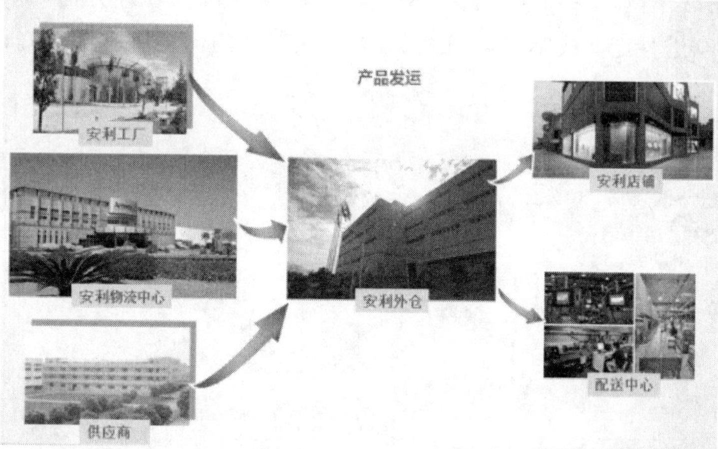

图 2-12-11　产品过程

在安利物流运输管理中,信息系统始终贯穿着整个作业流程。当库存组需要将存放在物流中心,或者外仓的货物发往指定地点时,会通过 AS400 系统向运输部门下订车指令,运输部门根据 AS400 系统显示的产品数量和重量通过运输补货系统向签约承运商订车,承运商接到安利运输部门通过手机短信形式发送的接单通知后,随即登陆安利公司在承运商设置的网页进行运输订单确认,输入即将去安利指定提货点提货的车辆车牌号码和司机姓名等相关信息,并在终端打印托运单。完成这些动作后承运商会到指定的提货点凭着打印出来的托运单提货。在运输商的在途管理上,安利物流运输部门可以通过承运商提供的 GPS 链接在网上随时查询和跟踪运输车辆的在途状况。车辆达到安利指定的店铺或外仓卸货完毕后,接收货物的店铺或外仓会在 AS400 系统进行确认收货,至此,整个运输流程才告完毕。在结算环节上,安利运输部门在运输补货系统进行结算,在与承运商核对运费完毕,收到发票后运输管理人员在 JDE 系统进行结算。在整个运输作业环节中,从收到运输指令到运费结算始终贯穿着信息系统。充分利用信息同管理运输是安利物流供应链的成功之道之一。

4. 外仓管理

安利外仓是安利物流供应链的重要环节,是连接安利物流中心和店铺的桥梁。所有发往安利店铺的产品首先要存放在安利各个外仓,然后根据安利库存部门的指令将存放在外仓的产品补给各个店铺。根据安利物流管理的策略,除了安利物流中心仓库之外所有外仓均外包给第三方物流商进行运作,受控于由安利物流外仓管理部门。

为了提高运作效率加强对产品的管理和监控，安利以物流中心为核心，把 AS400 系统的终端连接到每个外仓，由库存部门在物流中心集中管理，从而保证了每个外仓的库存准确性、补货及时性、管理有效性。在日常管理方面，安利物流外仓管理部门通过补货成本分析系统对外仓进行远程管理，例如发布操作指引，外仓管理政策等。

当产品抵达外仓时，外仓人员在 AS400 系统上进行收货、确认。当产品需要从外仓补给铺时，安利库存部门通过邮件向外仓下达指令，外仓根据 AS400 系统中的库存信息按照指令进行拣货、备货作业。然后装车运往指定的店铺。在产品管理方面，外仓部门会通过 AS400 系统对外仓进行定期或不定期的盘点，以确保产品的储存完整和精确，如图 2-12-12 所示。

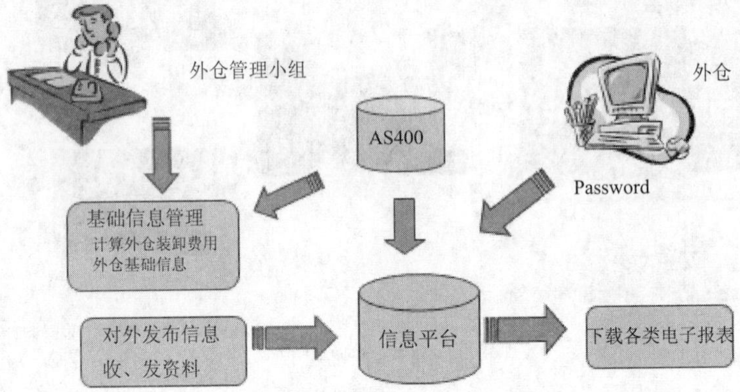

图 2-12-12 现代化外仓管理系统

5. 家居送货服务管理

安利(中国)在 2004 年开始向营销人员提供家居送货(B2C)服务。其目的是减轻店铺的运作压力、提高物流服务水平、拓宽销售渠道。这项服务的开通使安利物流供应链的触角延伸到安利营销人员的千家万户，使安利的营销人员能够足不出户就能享受到优质额的安利产品。安利(中国)家居送货服务有 4 种下单模式：

(1)在店铺内下单；

(2)通过商务随行终端下单；

(3)通过互联网下单；

(4)通过传真模式下单。

每一种模式的订单模式被确认后都通过安利家居送货服务配送中心将订单产品发送到下单的顾客家里。安利家居送货配送中心遍布全国，提供 24-72 小的 B2C 服务。与其他物流服务方式一样，安利家居送货服务也外包给第三方物流公司进行运作，由安利物流中心的专门部门对物流服务商的服务水平和服务质量进行管理和监督。

安利(中国)的家居送货服务全方位地应用信息系统进行管理，在顾客下单成功后，付款信息就通过下单店铺的 POS 系统传输到财务部门；订单信息也随即通过 POS 系统传输到配送中心所在的外仓，同时，订单项下的产品会根据销售量在库存部门的 AS400 系统中自动扣除。并将该票货物的产品信息发送到配送中心内的拆箱系统。整个过程均由信息系统完成。

在安利物流中心内,安利公司建立了一座现代化的家居送货配送中心。除了每个配送中心都配备的拆箱系统之外,该配送中心配备有现代化的 DPS 数据拣货系统和半自动化输送线。DPS 系统与拆箱系统配合,使流水作业线上的工人能够按照 DPS 系统的亮灯将产品放进按照拆箱系统分配好的大小纸箱内。订单完成拣货之后,装载产品的纸箱会被堆到自动输送带上流到自动称重机进行复核,最后被输送到自动封箱机和自动区域分拣线准备装车送往客户府上,DPS 系统如图 2-12-13 所示。

图 2-12-13 DPS 系统

DPS 系统在家居送货服务的应用是安利家居送货服务的发展方向。信息系统加自动化的家居送货配送中心可以配合安利(中国)在中国市场的高速发展,满足不断需要提升的顾客服务水平。目前,安利物流供应链管理层已经开始将这种技术推广应用到其他省份的家居送货配送中心,以配合当地快速发展的业务,为营销人员提供更好的 B2C 服务。有了强大的信息系统做后盾,安利家居送货服务得到健康发展,已经成为除了安利店铺之外的另一个重要的产品销售渠道。

6. 安利家居送货网购服务

随着网越来越深入中国商业市场,越来越多的购买行为从实体店铺转到互联网,为适应网购时代的购物需求,安利权利打造"数字安利"。通过开发支持手机平台的易联网和商务随行软件,在北京、上海、广州的店铺配备了一体式客户自助服务系统——M-kiosk 服务终端,开通官方微博、官方微信,开发智能手机应用程序 APP。安利公司推广信息服务,协助营销人员打造数字生活,为营销人员和优惠顾客提供便捷的网上购物体验。安利物流供应链管理层全面负责主导安利的网购项目。凭着近十年在家居送货服务中积累的丰富经验,管理层决定在现有家居送货的平台上提升网购在家居送货服务中的比例。

在安利物流中心管理层的主导下,公司成立了跨部门的项目组全方位地推广家居送货网购服务(Online Shopping)。在项目推广过程中,信息系统和信息平台是项目组的重点发展和优化对象。在安利部门的大力协助下，全国业务部率先开通了网上优惠顾客加入通道，打开了网上购货之门，针对安利（中国）的销售特色，市场部优化了安利易联网界面，让界面更加友好，更加方便选择产品，容易下单，财务部门则与银行进行沟通，优化网上支付功能，让网上购货支付更加便利化，人性化，易联网购货物流配送系统如图 2-12-14 所示。

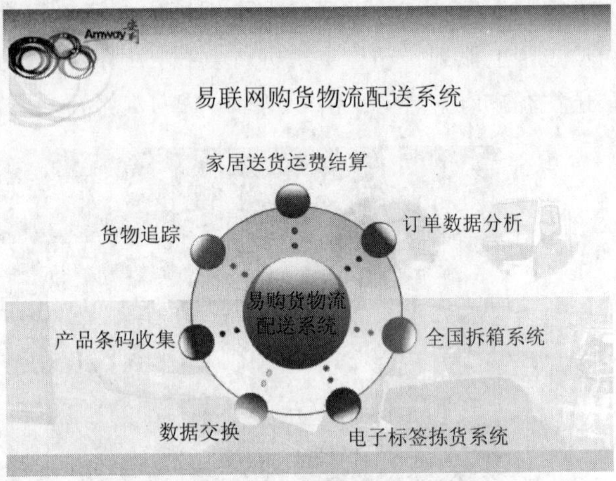

图 2-12-14　易联网购货物流配送系统

作为直接向营销人员提供物流服务的部门，物流中心设立了专项小组-网购服务组推动、统筹网上购物；推动各项系统按时上线、升级和运维，使安利网购系统和服务紧贴市场需求。在操作层面，针对网上购物的特点，网购服务组与电脑部合作对内部信息系统进行优化和改进，针对网购的特点结合安利运作的实际情况开发了《易购货物流配送系统》。该系统的功能包括与 AS400 系统的数据交换，连接配送中心的 DPS 系统和拆箱系统，支持产品条目收集功能，提供家居送货服务以及网购的订单数据分析，连接货物追踪系统，支持家居送货服务运费结算。在产品管理方面，与安利库存组合作，成功开发了仓/配合一的库存管理模式，从而令网购货源更加充足，保障了网购订单的满足率。在对外服务方面更加专注于顾客的购货体验，安利网购小组与电脑部门合作，在易联网上为顾客提供更方便的服务，例如，顾客在易联网或安利商务随行 PDA 下订单的时候可以自主选择收货时段，时间选择可以在周一至周日、周一至周五，以及周六、日、节假日。

四、安利物流供应链管理绩效

在库存管理方面，IOS 系统令库存管理对销售的预测更加精细和准确，从而安利物流供应链的整体的库存水平得以不断下降，有效地节约了成本。精准的市场预测也帮助安利物流供应链外仓部门合理利用仓库空间。根据库存部门的建议，外仓管理部门根据产品销售状况适当地对仓库的租赁面积及时进行调整，既配合了产品的正常销售和促销，同时也很好地控制了仓库租赁成本。

由于 AS400 系统的强大功能，安利物流供应链各个环节的库存差异被减少到最低，在 RF 仓库系统的支持下，物流中心仓库运作始终朝着精益化方向发展，库存水平管理精确无误。有赖于信息系统的全面应用自 2004 年以来，安利物流供应链各个环节的库存准确率都维持在一个相当高水平。以 2012 为例，安利全国店铺、外仓、物流中心的全年盘点差异率为 0.000006%，而 2012 年安利全年的产品销售量超过 1.8 亿件。长期确保大批量产品账实相符，固然与店铺、储运的共同努力分不开，同样与信息系统在安利物流供应链全面应用分不开。

信息系统在物流供应链的应用大大降低了安利物流中心的管理成本。以安利的外仓管理为例,通过 AS400 系统和外仓管理系统在外仓管理方面的应用,实现了供应链管理的透明化和远程化。管理人员可以通过信息系统和互联网对各个外仓进行直接的日常管理,不需要派员到外仓进行现场管理。目前,安利物流中心外仓组织只需要 7 名员工就可以轻松管理覆盖全国 31 个省的 25 个外仓的日常运作。

此外,通过安利信息系统平台,安利(中国)还与 4 家外仓服务商进行了系统对接,从进一步加强对外仓的运作监督和管理、提高外仓的运作效率和运作精确度,从而最终提高了外仓到店铺的产品补给服务和家居送货服务的运作质量和服务水平。在家居送货配送中心方面,安利物流也对第三方物流服务商开放 FTP 端口,让他们上传 WTO 数据,从而使安利的 B2C 服务更加高效、准确。

在信息系统的帮助下安利物流在家居送货服务配送环节的服务质量得到了进一步的提高。有助于信息系统的帮助,安利家居送货服务实现了最后一公里信息追踪服务,安利的营销人员在通过家居送货渠道购买安利产品之后可以在互联网上随时查询到所下的订单的状况。

五、总结与展望

伴随着安利(中国)在中国市场的飞速发展,安利物流供应链发展至今已经走过十多年的历程。这段历程也是不断利用信息系统优化安利物流供应链的过程。在信息技术高速发展的今天,要使供应链管理更加精细,同时不断地降低运作成本,成为"订单优胜者"(Order Winner),就必须有效地利用信息系统技术去不断优化供应链的每一个环节。

充分利用信息系统打造精益供应链是安利物流的基本策略,而且会在所有的供应链环节持续运用这个策略,而且要将先进的信息系统技术介绍给安利物流的合作伙伴。例如,安利物流将 DPS 拣货系统技术介绍给安利外仓的承运商,帮助他们在山东济南外仓建立了一套 DPS 系统,以提高山东家居送货服务和网购服务的水平。帮助合作伙伴提高运作水平是安利物流供应链管理层的管理理念之一,将来,安利物流会将先进的信息系统技术介绍给其他的合作伙伴,以求共赢。共同为中国物流业的发展做出应有的贡献!

撰稿人:许绍明　安利(中国)日用品有限公司大中华营运副总裁
陈德光　安利(中国)日用品有限公司仓储营运总监

案例13　唯品会:“自建物流体系”的供应链创新管理模式

一、企业简介

唯品会(www.vip.com),作为一家专门做特卖的网站,率先在国内开创了“名牌折扣＋限时抢购＋正品保险”的独特创新商业模式。公司于2008年12月成立,总部设在广州,同时在上海、北京、简阳、成都、天津、鄂州等地设立有分公司和子公司。唯品会每天早上10:00准时有100个品牌授权特卖,并通过100%太平洋正品保险和70项专业质检确保品质,以超过80%的全网第一重复购买率成为1亿多会员的信赖之选。销售产品涵盖时装、配饰、鞋、美容化妆品、箱包、家纺、皮具、香水、3C、母婴等。目前,唯品会拥有16 000名员工,1 000多名时尚买手,超过10 000多个合作品牌,1 600多个独家合作品牌,日均订单处理能力超60万单。

2012年3月23日,唯品会(NYSE:VIPS)登上美国纽交所,成为华南首家在美国纽交所上市的电子商务企业。自公司成立以来,短短9年多时间,唯品会电商平台会员数量已超过1亿,市值已超过150亿美元。2014年唯品会销售额超过240亿元,2015年上半年净营收总额已达177亿元人民币,连续十二个季度实现盈利,已成为全球最大的特卖电商,所代表的“特卖”模式也已成为国内三大主流电商业态之一。

唯品会强大的物流仓储发展战略和公司商业模式的不断深化创新,为唯品会未来发展奠定了坚实的基础。2015年,唯品会全国物流仓储面积约160万m^2,已使用仓储面积约110万m^2。唯品会在天津、肇庆、鄂州、简阳一期项目,共计约123万m^2仓储物流中心已正式运营;在韩国、香港、广州和郑州跨境海淘仓库也已投入运营。2016年,鄂州二期、天津二期、昆山、郑州、广州南沙、肇庆二期等项目开始动工建设,全部建成后仓储面积达300万m^2。未来,唯品会计划在澳洲、巴黎、纽约、洛杉矶等地也将开仓并成立仓储物流中心,为客户提供优质的全球购物体验。

为全面提升配送服务质量和时效,唯品会于2013年9月份成立“品骏控股有限公司”(以下简称“品骏”),是唯品会(中国)有限公司旗下一家面向社会提供物流配送服务的全资子公司。主要业务包括快递、运输、落地配及普通货运。品骏现有快递人员1.5万人,配送范围涵盖省级行政区,实现了全国无盲点覆盖。现在品骏70%的订单来自于唯品会的业务,30%订单是社会化业务。品骏物流采取全自建方式,购买了干线车辆,与奥凯航空等合资成立了航空物流公司。

二、实施“自建物流体系”的背景

唯品会是一家专门做特卖的电商企业,运营模式与传统电商有很大的差异。尤其在物流端的"大进大出"模式，要求其要有强大的物流仓储和运输配送体系来支撑。然而当前大多社会化物流服务水平、标准化水平都无法匹配唯品会的业务需求，并且这些物流运营公司存在很多不规范的流程操作，内部缺乏专业的分工和精细化管理意识。如果通过与他们合作来进行供应链创新，难度无法想象。

随着电商行业的不断发展，物流已然成为电商的核心竞争力。为了不断加强唯品会在特卖领域的行业水平和竞争壁垒，不断完善提升客户的购物体验，唯品会选择自建物流。只有通过自建物流，唯品会才可以将自身的大数据应用、实时信息决策、流程优化升级、快速响应能力全面释放。实现在特定的时间里，以最低的成本，将顾客的商品送达全国任何地方，全力满足用户的需求，创造用户个性化体验价值的最大化。

电商的本质是零售，市场发展到现有的程度和规模，电商已经成为人们生活中的一部分。未来电商发展将脱离原来的低水平的价格、渠道竞争转向更高层次的品牌、技术、服务的竞争。这也要求电商要不断完善自身的供应链体系，降低交易成本，逐渐缩短时间、空间上的距离，使网上消费变得更简单与快捷。与此同时，物流与顾客之间形成一个良好的互动反馈机制，及时感应市场变化，降低售假欺诈行为发生的可能性。因此，电商的未来势必会与物流深入融合，没有线下能力的电商以及没有线上能力的物流终将会陷入发展平台瓶颈。唯品会实施供应链管理的创新管理办法。

三、发展自营物流体系的运作模式

（一）建立覆盖全国的物流体系

唯品会自建物流体系的建立是基于唯品会特卖业务的快速发展，唯品会在为顾客提供高性价比商品的同时，其在供应链的采销、仓储、配送、售后等环节也给予大力支撑。结合唯品会特卖模式，唯品会供应链体系实现海量订单区域化配送，线上线下商品自由流通。

为此，唯品会建立了覆盖全国的物流体系，一方面通过自有干线运输联通全国五大区，另一方面通过自营落地配实现全网无盲点覆盖。唯品会的自建仓储是整个供应链的核心节点，自营仓库存储面积、仓库选址、库区自动化运作水平、系统信息化程度决定了供应链的运作速度和服务水平。截止到 2015 年 9 月，唯品会在全国已经完成建设 5 大仓储中心，总面积达到了 160 万 m^2。未来唯品会将继续加大基础设施建设，完善物流网络建设。围绕 5 大仓储中心，唯品会采用"干线"+"落地配"的运作模式，为唯品会"提升客户幸福体验"提供了强有力的支撑。

（二）打造多平台一站式仓储开放平台服务

唯品会仓储开放平台是唯品会集团结合供应链模式现状，应供应商需求，推出的将唯品会现有的仓库存储、运输配送、系统、人员管理等服务面向供应商开放使用，依据市场行情，为供应商提供专业的第三方物流服务。开放平台如图 2-13-1 虚线部分所示，包括唯品会自营 3PL 和外部 3PL（整合外部优质第三方物流仓储服务合作商），力求为品牌供应商提供多平台一站式仓储物流服务。

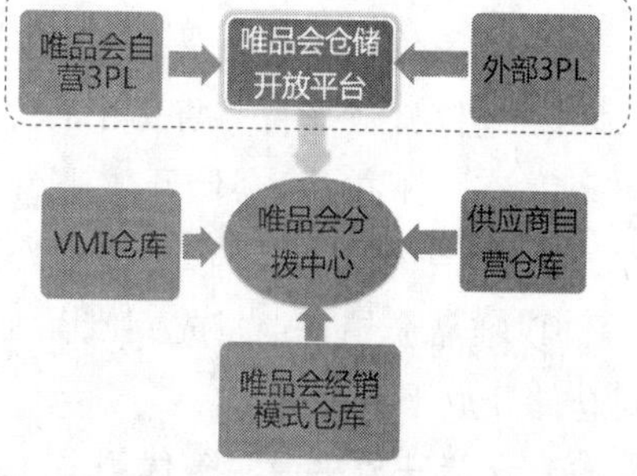

图 2-13-1 唯品会物流体系架构

唯品会分拨中心主要承载货品的集合、分拨、包装、发运。唯品会仓储开放平台由唯品会自建第三方物流公司，以唯品会现有仓库为依托来帮供应商管理库存。

1. 仓储开放平台服务内容与标准

仓储开放平台主要承接唯品会销售平台、其他 B2C 售卖平台 B2B 物流配送（如京东、亚马逊等）、B2C 售卖平台 B2C 订单发货（如天猫淘宝等）、B2B 售卖平台配送（如阿里巴巴等）及线下代运营（传统线下店、超市商场等）仓储物流服务业务，唯品会仓储开放平台解决方案如图 2-13-2 所示。

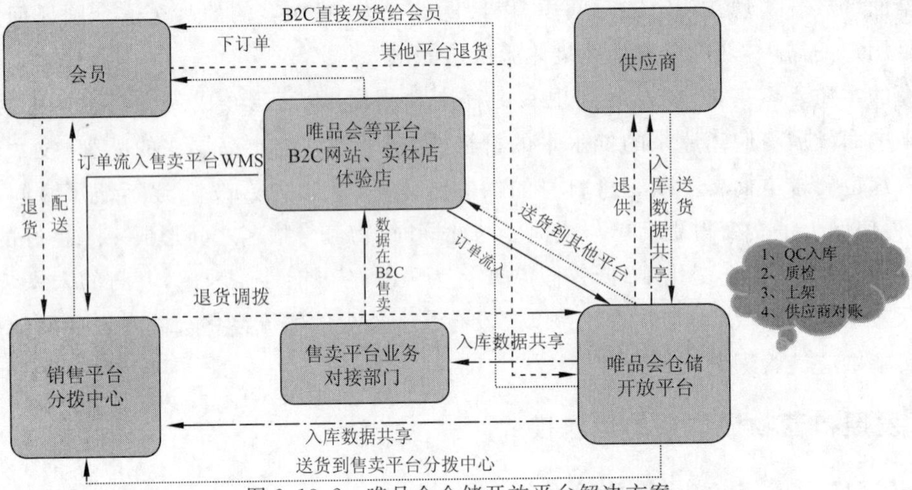

图 2-13-2　唯品会仓储开放平台解决方案

目前主要提供的服务有：

① 整饰中心：提供商品二次整理、打包、标签条码、衣服洗涤熨烫等服务。

② 一仓发全国：提供从唯品会鄂州仓储开放平台直接分拣出仓发往全国的仓储服务。

③ 多平台发货：开放淘宝、天猫、京东等其他电子商务平台的仓储作业服务。

④ 线下店代运营、配送：为供应商提供线下店仓储代运营及配送服务。

⑤ 一仓收一仓退：一仓收即将供应商货品送至唯品会就近仓库，由唯品会再分拨至 5 个区，一仓退即将供应商的退货集中至唯品会就近供应商的仓库，再统一送至供应商仓库。

2. 仓储开放平台物流供应链综合解决方案

唯品会仓储开放平台为品骏供应商提供一体化的物流供应链解决方案，协助客户加快库存周转，降低运营成本。

① 品牌供应商将货品入库到仓储开放平台。

② 仓储开放平台与售卖平台系统对接。

③ 客户下单后，仓储开放平台通过售卖平台系统对接流入获取订单信息，以 B2B 调拨方式捡货出库给销售平台分拨仓库。

④ 唯品会销售退货先到唯品会仓库，再发到仓储开放平台，其他平台销售退货直接发到仓储开放平台。

3. 仓储开放平台服务优势

仓储开放平台服务优势见表 2-13-1。

表 2-13-1　仓储开放平台服务优势及表现

优　势	项目内容
优化供应链	在原有唯品会大进大出模式下,能为有需求的供应商解决货品短期内来回运输和操作的效率问题,减少货品损耗
加快库存周转	货品减少在途的时间,对于供应商调度、盘货周期相对缩短,同时唯品会集团规定,对于入仓储开放平台的商品,优先多上线,从而加快周转
多平台发货	为供应商解决盘库存在多个平台进行售卖的需求,从而促进销售和周转
低成本运营	利用唯品会现有的物流高效团队降低运作成本,同时针对在唯品会平台售卖合作的供应商,仓储开放平台采用低于市场的价格负利润运营
质检服务	商品质检达不到售卖标准,物流运作时效较长,无法达到售卖平台要求和会员期许,仓储开放平台有专门的质检服务团队,为供应商提供商品质检服务

(三)搭建科技创新型智能物流体系

1. 智能仓储运作系统

(1)电商动力 1 号:亚洲最具创新性的智能仓储体系

现代物流在国际上被公认为成长潜力巨大的朝阳产业。随着中国人口红利的降低,以及业务量的逐年递增,经济有效的物流自动化系统具有极为重要的价值。

唯品会自主研发了适合自身需求的仓储管理系统(WMS)与仓储设备控制系统(WCS)。这为其自动化仓储运作奠定了基础。唯品会的自动化,体现在仓储运营管理的过程中,结合其自身的仓储特点,在入库、上架、拣货、下架、集货、包装、出库这些仓储运作环节,用自动化设备替代人作业的过程改造。目前,唯品会自动化项目正在按计划高速推进。根据各区域仓库大小及运作模式特点,各区域自动化项目布置了不同类型的自动化设备,包含智能输送系统、箱式自动系统(mini-load)、商品自动分拣系统、包裹自动分拣系统、穿梭车货到人自动化系统等。

根据目前国内自动化技术成熟程度,唯品会自动化建设分为成熟模式、半成熟模式、不成熟模式三个类型,每一种模式都有不同的建设与合作方法。

成熟模式:成熟模式类型是指目前技术比较成熟的,在国内已经有成功典范的自动化建设。对于这种成熟的技术,唯品会自动化项目将重点推广。目前华北、华中和华南物流中心主要采取该模式,如图 2-13-3 和图 2-13-4 所示。

图 2-13-3　拣选输送+miniload 集货+包装后自动分拨模式图

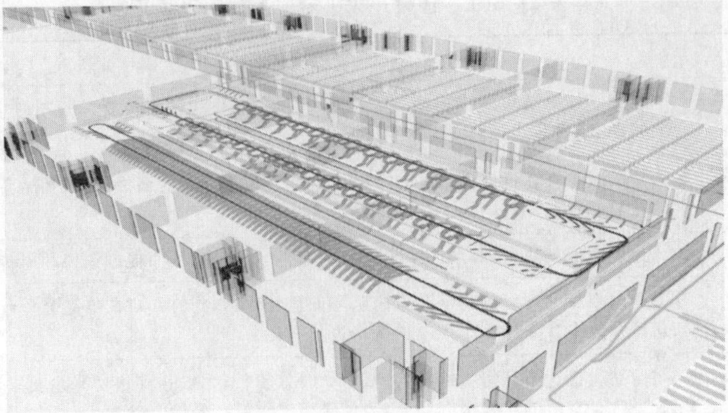

图 2-13-4　上架输送＋Fullpick 拣选(退供)输送＋集货分拨＋包装后自动分拨模式

半成熟模式:唯品会租给合作厂家场地,合作厂家安装设备并运营,同时根据唯品会提供的订单运行作业,唯品会根据订单核算价格的一种创新模式。例如,穿梭车自动化存储系统和 KIVA 系统,如图 2-13-5 和图 2-13-6 所示。

图 2-13-5　穿梭车自动化存储系统效果图

图 2-13-6　KIVA 机器人效果图

电商物流自动化，归根到底还是设备的自动化。目前国内可以供唯品会特卖模式的经验实例不多，所以自动化建设给其带来机遇的同时，也提出了新的挑战。唯品会在自动化的道路上摸索着前进，不断探索属于自己特色的自动化道路！

(2)唯品动力 1 号：智能集约化包装系统

唯品会在仓储高效运作方面，一直走在全行业的前列。结合电商运作特点，不断开发引进新技术、开拓新思路、引领新方向。为了能够解决电商货物包裹包装这一行业难题，唯品会自行定制了一套包装系统。

自动化包装线示意图如图 2-13-7 所示，该自动化包装流水线包含了四大模块：内装物输入、纸箱成型、装箱、成品输出。系统可以根据不同内装物的大小，实时将连续的瓦楞纸制作成尺寸多样的可变纸箱，并对内装物进行无缝隙包裹，同时还可在线实现自动化打印发货单、宣传文件的加塞、货运标签打印并贴标等功能。

图 2-13-7　自动化包装线示意图

2. 高效运输系统

(1)高效快速运输网络

唯品会为了提升客户的配送服务体验，提高配送时效，做好唯品会大平台建设终端的服务保障，集团于 2013 年成立了全资子公司——品骏快递，业务范围包含了快递、运输、落地配及普通货运。

现已开通建设自营线路 392 条，超过 200 条自营支线。同时配有 400 多台装备车载 GPS 监控的运输车辆，充分满足现有货物的干、支线运输。结合唯品会全国五大配送中心，已实现省会、沿途卸货城市：1000 km 以下，公路运输次日可完成配送。1000 km 以上，公路运输隔日可完成配送。

品骏运输平台可提供的业务：

① 一仓收一仓退：上线前，供应商送货（上门提货）至就近仓，品骏负责五仓入仓运输；商品下线后，货物退至供应商就近仓，品骏集中退货至供应商仓库，一仓收一仓退业务模式如图 2-13-8 所示。

② 一仓发全国 JIT：货物入唯品华中仓仓储开放平台，上线售卖后，品骏做各仓 JIT 调拨运输，完成一仓发往全国。

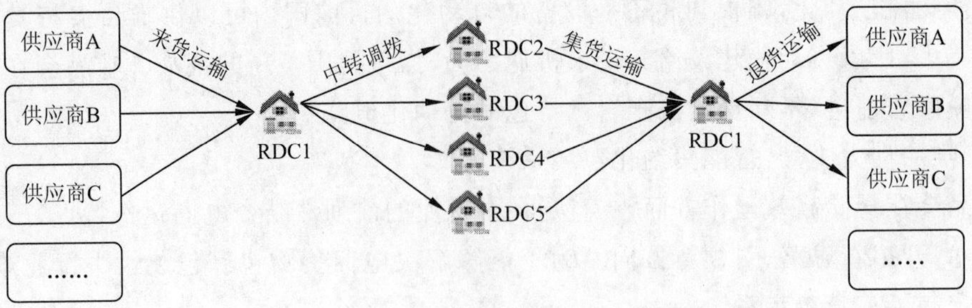

图 2-13-8　一仓收一仓退业务模式

③ 多渠道业务：其他平台销售业务，货物入唯品会仓储开放平台，品骏提供快递配送服务。

④ 五仓调拨业务：唯品仓储开放平台货物，品骏提供仓与仓间货物调拨运输。

⑤ 其他运输服务：省际运输，门店配送等。

(2)航空货运：站服务，使命必达

围绕唯品会仓储布局及供应商需求，唯品会在广州、上海、成都、武汉、北京、天津、郑州、深圳、杭州、西安、厦门、福州、乌鲁木齐、哈尔滨、长春、济南等机场提供出港发货和到达提货的保障能力。

在航空货运方面，唯品会与专业的航空公司合作，拓展航空运输服务。目前，唯品会已经与南航、国航等多家航空公司达成战略框架协议，包仓销售九元、东航、山航、海航等航空公司的航班舱位，全面进入舱位销售、到达提货、分拣、派送等一系列航空货运业务相关服务。唯品会所经营的航线舱位覆盖北京、天津、上海、杭州、成都、重庆、贵阳、青岛、济南、大连、沈阳、哈尔滨、长春、西安、银川、乌鲁木齐等城市的 40 多个包机包舱航班。在机场附近，唯品会都持有近 5 万平方米的航空仓储及分拣仓库。其与机场也进行了全方位的合作，设有独立安检入口，安排有专职人员全程追踪保障货物装卸安全。目前，唯品会航空运输已实现全国 18 h 内送达。

（四）智能配送创新

1. 预分拨项目

唯品会订单规模不断增长，订单的配送时长对顾客体验尤为重要。但目前供应链普遍存在以下问题：货物承运商在仓库提货后往往将货物拉回自己的分拨中心再分拨下站，操作过程中存在运输路线增长或迂回问题。同时，因分拨中心水平不一，要花费过长的分拨时间，存在重复操作，容易造成货物损坏。对此，唯品会重新梳理规划了运作流程，实现出仓货物预分拨后直接到达站点或地级市，缩短配送时长。货物分拨操作前置，技术部独立自主研发设计了预分拨系统流程，仓库实现单元化交接，货物流转过程标准化，同时大大降低了差异和破损率。

2. OXO

中国消费者的购物习惯已经从根本上发生了变化，由于受到了线上电商的冲击，线下零售商正在快速地萎缩，客流量大幅度减少，百货商场、购物中心、品牌门店面临着关店风潮。唯品会发挥自身优势，利用自身品牌供应商优势及线上巨大的流量支撑。开创性地研发出一种全新的特卖供应链模式:OXO。此目的是为了打通线上销售平台和线下品牌专柜或门店,将商家专柜或门店的新品拿到唯品会进行显示特卖销售,然后经由唯品会的快递从商家线下专柜或门店揽货后,以最快的时效配送给客户。

这种模式从根本上实现了线上线下共享库存、门店货品快速流转。同时通过精准投放将门店折扣新品推送给特定消费群,既可以保护品牌价值,又可以通过短时间放量提高门店营业额。另外,通过在唯品会网站上随时上线,随时售卖,提高了货品在不同售卖阶段的曝光率和流转率,从而提升了品牌商全年平均出货折扣值。线上线下数据的无缝对接,将线上的客流定向引流至线下,通过个性化的 O2O 服务,为线下专柜和门店带来新的客源活力。也为客户提供了高效优质的购物体验,OXO 模式。流程如图 2-13-9 所示。

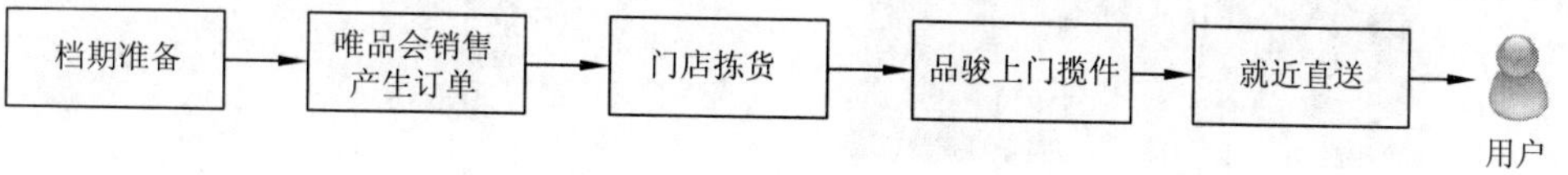

图 2-13-9　OXO 模式流程图

3. 上门揽退

网购顾客一直被退货不方便问题所困扰,便捷的退货途径对网上购物体验存在一定影响。唯品会从自身业务特点出发,组织实施了上门揽退项目。通过此项目可提升退货体验,留住忠实会员,退款时效大大缩减。上门揽退项目的开展,不仅能扩大业务范围,提高品峻业务收入,节省公司成本。还可以更清晰地把握客户退货的原因,对有效控制客退率有一定的帮助,也便于仓储有计划地安排客退,提高作业效率。

截至 2015 年底,揽退项目已经实现 PC 端、移动端同步申请上门退货服务。唯品会全国范围内揽退数量已达到 80%以上,退款时效控制在 72 h 以内。承运商上门揽收成功率达到 65%以上,客诉率也从 5%降至 1%,全面提升了客户的购物体验。

4. 快递终端一体机

2015 年中旬,由唯品会自主研发并拥有独立知识产权的快递一体机成功面世,并陆续推广到各个品骏省公司使用,目前已近 3000 名快递员正在使用。快递一体机将手机、PDA、POS 机和扫描枪四种机器高度集成,并且完成了跨系统的对接整合。目前推进阶段完整具备快递评价、订单状态反馈、实时签收/拒收、刷卡支付、移动支付、支付电子签名和上门揽件等功能,让快递员揽派件更便捷、配送更顺心。

5. 唯品会数字地图

唯品会数字地图在用户销售端(PC、WAP 、APP)上,改变订单定位方式,快速准确定位获取用户当前位置,并自动为其填写地址。用户还可以拖动地图选择位置,自动完善相匹配的地址,并验证地址的准确性。唯品会数字地图在配送员的手持移动终端上,地图展示快递员的订单分布。在配送过程中,根据事实路况,订单分布等信息为快递员规划出行线路。签收时进行数据优化,在签收地使用定位获取用户当前送货地址,并将数据上传更新,提高数据准确性。

6. 低碳环保配送车:新能源汽车

唯品会自营配送模式和末端“点对点”的运输方式,十分适合新能源、新概念的汽车推广应用。快递员在配送过程中，需要面对风吹日晒，雨雪冰冻的恶劣工作环境；在上楼配送货物过程中，需要防范货物被盗；在大多数城市配送中，会受到各地摩的运行的政策限制。为从根本上解决以上末端配送遇到的各种难题，唯品会与江苏金彭集团、重庆力帆集团达成战略协议，共同探索适合电商末端配送的电动配送系统解决方案。在国家政策法规范围内，用规范清洁的电动车替代传统的不合规车辆，唯品会智能创新配送如图 2-13-10 所示。

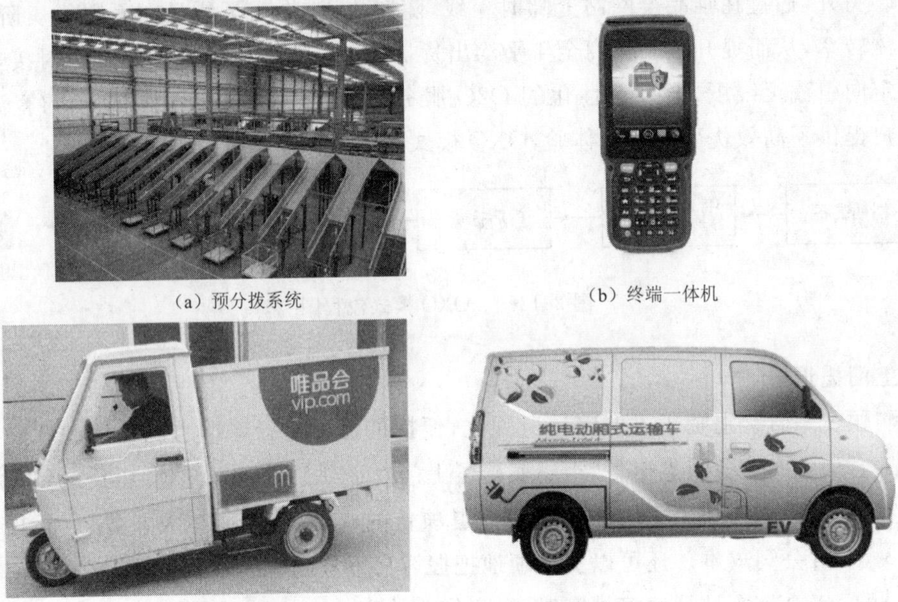

(a) 预分拨系统　(b) 终端一体机

(c) 电动车

图 2-13-10　唯品会智能创新配送

四、实施供应链管理的绩效分析

（一）全方位支持公司业务发展

截止到 2015 年底，唯品会供应链体系已经服务了近万家品牌供应商，包括了 44 个品类、数万知名品牌和超过近 8 000 万件正品在售商品的存储与生产，满足唯品会全方位业务需求，业务情况如图 2-13-11 所示。

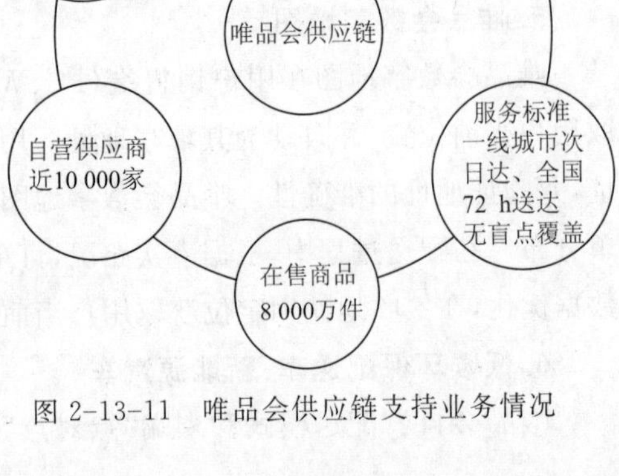

图 2-13-11　唯品会供应链支持业务情况

（二）全面提升用户购物体验

唯品会通过全面提升供应链创新能力和卓越的履约能力，进一步加强了消费者对唯品会的忠实程度。唯品会非常重视订单在履约过程中对每一个环节的把控，从客户下单开始，唯品会以高水准的服务质量和快速的响应，带给客户惊喜的购物体验。通过加快物流中心建设，逐步缩短与客户的距离。利用大数据技术，实现智能选货就近配货。采取自营、OXO、开放平台等模式创新,满足供应链上下游的个性化需求。逐步积累了广泛的顾客群体,一次次刷新顾客的购物期待。

(三)加强电商特卖优势

面对越来越多的电商企业加入特卖领域,唯品会的供应链体系在电商平台资源、物流实体、移动及 APP 推广等方面逐渐建立起显著的个性化服务优势:

(1)坚持特卖定位

① 提升知名品牌占比和货品调性,保证价格竞争力。

② 通过商品差异化和增值服务,营造特别低的折扣,区别于"普通折扣"。

③ 高效传播方案,将"特卖"定位植根于消费者认知,与非特卖模式形成区别。

(2)强大的仓储及配送能力

① 布局唯品会自用仓储基础设施;提高仓储服务能力。

② 完善唯品会自有优质配送体系。

③ 打造唯品会自有干线运输体系,发展航空货运。

(3)创新供应链模式

① 完善供应链管理体系,让供应商与唯品会的合作更简单高效。

② 供应链以满足 OXO 模式的运营需求。

③ 打通国际供应链,建立更高特卖壁垒;试点发展海外。

(4)移动及 App

① 打造多屏融合的个性化 移动用户体验。

② 发展多 App 增加用户入口,扩大公司业务潜在市场规模。

五、总结与展望

唯品会将继续加快自建物流的进程,完善并逐步扩大生态圈,为供应商和消费者提供一体化的综合性服务。作为特卖电商的拓荒者,唯品会将通过加快物流网络搭建,仓储自动化技术创新,供应链运作模式更新等途径,进一步深度链接线上线下,从商品采购、入库质检、生产配送、售后服务形成一条完善的闭合产业链体系。全产业链把控,为顾客提供高品质的购物体验。

同时,唯品会第三方服务平台优势将逐步凸显,结合唯品会自有配送队伍,未来唯品会物流供应链将逐步成为一家完备的第三方物流解决方案供应商,从仓储、配送、技术系统、管理服务等方面,全方位对外输出。

唯品会将继续努力加强供应链优势,在不断提升内部运作水平,为供应商和客户提供优质服务的同时。逐步实现社会化服务功能,为社会整体物流运作,提供高效而卓越的服务。

撰稿人:唐倚智　唯品会(中国)有限公司高级副总裁
赵利强　唯品会(中国)有限公司高级副总裁助理

案例14　九好集团:打造从供应商到客户“三方共赢”的供应链平台

一、企业简介

浙江九好办公服务集团有限公司成立于2007年,是一家专业从事后勤托管服务的大型企业集团。集团首创“后勤托管”模式,打造后勤托管服务平台,集结跨行业、跨品牌的众多供应商,为全国客户提供包括餐饮、物业、总务、办公一体化等全方位后勤托管服务,涉及医疗、卫生、教育、部队、党政机关、事业单位等各行各业。截止2014年底,九好在杭州(总部)、北京、上海、深圳、四川(成都)、湖南(长沙)、江苏(南京)、宁波、嘉兴、建德等地设有10家分支机构,拥有1300余家优质核心供应商,已经为3000余家客户单位提供后勤托管服务。九好正在积极推进全国战略,计划于近年内建立起覆盖全中国的九大后勤托管服务区,实现“千亿平台”的目标。

九好集团以打造绿色、低碳的节约型办公文化为己任,以“专心做专业”为理念,致力于实现企业、九好、社会的三方共赢,致力于改造传统企业后勤模式,致力于提高中国后勤行业服务水平。

二、“后勤托管”模式供应链平台的背景

随着中国工业化、现代化进程的不断推进,后勤越来越成为影响企业经营的重要因素。九好集团立足于企业后勤外包业务,着力为企业打造省时、省心、省力的后勤服务。所谓后勤服务外包,就九好而言,是指把为企业价值创造过程提供支撑作用的后勤保障性服务,如保洁、考勤、保安、餐饮、会务、日常管理等进行动态的配置,引入企业外部相应的资源,为企业内部的生产和经营服务的业务类型,属于后勤保障型外包范畴。后勤服务外包行业就是拥有专业后勤资源,从而满足对方单位内行政后勤需求,能够使企业内部的生产和经营更流畅的服务型行业。

(一)服务外包行业的发展现状及趋势

统计显示,2015年我国企业签订服务外包合同金额1309.3亿美元,执行金额966.9亿美元,分别同比增长22.1%和18.9%。2015年,我国企业承接美国、欧盟、中国香港和日本的服务外包执行额分别为150.6亿美元、98亿美元、95亿美元和54.8亿美元,分别同比增长17.5%、17.6%、28%和−9.8%,合计占我国离岸服务外包执行额的61.6%。其中,ITO(技术外包)依然保持稳定上升态势,服务外包产业比重最高;其次是KPO(知识外包),增速最高,大部分依靠医药等行业释放出的研发需求;最后是BPO(业务流程外包),虽然目前所

占比重最低,但增速已超过 ITO,出现新的流程外包模式加快 BPO 的发展。

对于现代企业,后勤服务外包属于 BPO 中的企业转型外包范畴,是更加战术性的 BPO 模式的自然拓展,它涉及所有后勤功能的外包,以及全面的企业转型管理流程外包。它的目的是实现 BPO 运作长期利益最大化,进行全面的企业转型。后勤服务外包不是战术性问题,而是一种前瞻性的战略变革工具,但这里提到的转型并不是无法生存而做出的转型,而是为了提升绩效而做出的创新性转型。

随着后勤服务外包等创新外包模式的加入,未来中国服务外包市场结构必然产生变化。

(二)后勤服务外包行业的发展现状及趋势

随着服务外包市场规模的进一步提升,后勤在社会中的重要性与日俱增,后勤服务外包行业市场规模也在不断提升。由于大量政府或企业将后勤保障,员工满意度,运营成本和提升竞争力结合,后勤服务外包已经被广泛接受并渐渐成为许多企业的转型方针,除此之外,医疗机构,教育机构和政府事业单位对后勤服务外包的需求释放程度已经呈现飞速上涨。其发展趋势表现为:

1. 科学化

现代后勤关注的点已经不单单是保障,还有如何支持等,如何配置后勤资源,什么时机调整后勤资源等均是现代后勤需要考虑的问题。后勤科学化即是指将后勤资源根据单位实际情况,合理的、人性化的、有预见性的配置,让其他职能在后勤方面毫无后顾之忧。

2. 正规化

正规化后勤指对任何的后勤资源选择,流程设定都有据可查、有法可依,这样不但能保证后勤工作执行的条理性,也可避免原来后勤人员调离后工作的紊乱。

3. 专业化

后勤专业化指后勤工作人员的专业技能、经验、对于服务的创新力等。

4. 集中化

后勤管理切忌分权,分责,分散管理,后勤工作多数具有联动性,不能单一拆开看问题。集中化后勤就是让后勤工作串联起来形成一个有机的运作链,权利集散形成金字塔结构。

(三)“后勤托管”供应链平台的建立

后勤服务外包并不是什么新鲜概念,众多国际国内企业早已敏锐地发现其中的商机并投身于彼此竞争的海洋。从可提供的服务项目进行分类,可将这些企业初步分为单一性后勤服务企业及整体性后勤服务企业。但面对中国企业级市场庞大的后勤需求,无论是单一性后勤企业还是整体性后勤服务企业都越来越力不从心。单一性后勤企业无法胜任其所在领域之外的后勤事务,而整体性企业虽然能够满足多样化的后勤需求,但越来越多的人力成本负担与后勤行业低利润率之间的矛盾,成为这类企业继续发展壮大的主要障碍。市场需要一种全新的后勤供应链模式,这个模式既能够提供全面的后勤服务,又不必承担庞大的人力成本,这就是九好的“后勤托管”模式。

所谓后勤托管,即为供应商(后勤服务提供方)及客户(后勤服务需求方)搭建一个整合平台,集结跨行业,跨品牌的众多供应商(后勤物联网),依托九好专业、系统的业务团队进行资源整合，为客户量身定制，提供包括办公用品、办公一体化、餐饮、物业、会务、礼品等 22 类项目（后勤集承）的全方位后勤托管服务，平台结构如图 2-14-1 所示。

图 2-14-1　中国后勤托管服务平台

后勤物联网：九好集团针对上游供应商首创"后勤物联网"模式。在九好物联网里，集合了各行业众多的供应商，进行产品互补和资源共享，从而突破单一行业限制，建立一个物物相连的供应商网络。

后勤集承：九好集团针对下游客户首创"后勤集承"模式。九好依托强大供应商网络，整合承包客户的所有后勤托管服务，服务范围包括餐饮、物业、总务、办公一体化等后勤项目。

三、"后勤托管"模式的运营管理

"后勤托管"作为一种全新的后勤服务外包模式，从供应商选择、供应商的资质认证到具体项目信息的调研等每个环节都毫无前人经验可循，九好集团通过不断地探索、改进创新，使"后勤托管"这一全新的业务模式得以实现规范化、标准化和市场化操作。

九好对于"后勤托管"供应链平台的定位：致力于为客户提供快速、便捷、优质的服务。从业务开发到方案制作，再到方案实施，形成一个完整的托管体系，并有完善的监督、投诉、反馈系统。科学严谨的服务方案将客户从繁杂的日常采购、后勤管理中解脱，管理并解决其除主营业务之外的所有工作，从而在根本上帮助企业优化人员配置，提高管理效率，缩减成本。在前期，严格筛选供应商进入资源平台，匹配客户需求，为供应商提供更多客户资源；在为客户服务中，通过专业化的解决方案和完善的监督管理系统完善服务过程，提升供应商服务水平。

（一）后勤托管的业务体系

1. 办公用品

办公用品项目致力于为大型企业客户量身定制办公用品采购的解决方案。九好的优势不仅在于为客户提供优质的产品，更在于为客户提供优质的服务。九好专业的客户服务团队致力于为客户提供全方位、多渠道一体化的采购平台以及成本节约解决方案。九好提倡“一站式采购服务”的服务理念，满足客户办公所需，是九好永远追求的目标，九好后勤托管的业务体系如图 2-14-2 所示。

2. 办公家具

九好提供办公家具方案设计、采购及安装的全面托管服务。

3. 商务礼品

九好根据客户不同的用礼需求，制定相应的礼品方案。项目范围包括商务、公关、会议、庆典、福利等礼品的供应及服务，包括地方特色礼品、商务礼品、促销礼品、广告礼品、会议礼品、家庭实用品、赠品、纪念品等。

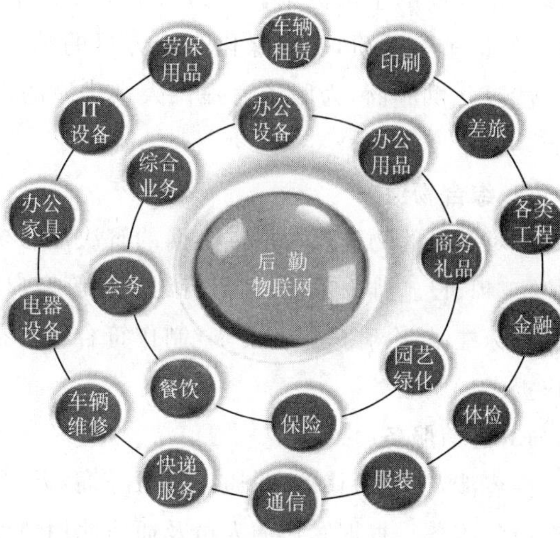

图 2-14-2　后勤托管的业务体系

4. IT 终端及网络

九好为客户量身定制网络和设备服务方案，专业的项目团队结合客户的设备使用情况、人员配置等实际情况，实施从配置建议、采购、安装、售后维修等一条龙服务方案。

5. 办公设备租赁项目

九好主要针对政府机关、学校、医院、金融行业、工厂、写字楼等有办公场所的企事业单位，为客户提供设备采购，租赁等服务。

6. 办公设备维保项目

IT 项目服务是指客户企业将其非核心的设备维修业务外包出去，利用外部最优秀的专业化团队来承接其业务，从而使其专注核心业务，达到降低成本、提高效率、增强企业核心竞争力和对环境应变能力的一种管理模式。

7. 劳保用品

为客户提供职工劳保用品的定期采购、需求量预测分析等托管服务。

8. 体检服务

依托九好的供应商资源，为客户提供员工入职、员工常规检查、工伤鉴定等职业病委托体检服务。

9. 服装服务

依托供应商资源为客户提供职业装定位、设计和集中采购等托管服务。

10. 餐饮服务

服务范围包括企业团膳、商务配餐、高档自选餐等。九好的餐饮项目是针对企业单位的用餐问题，以客户的需求为导向，根据客户的不同要求（如用餐模式、餐标、人员配置等）量身定制餐饮管理解决方案，从专业的餐饮供应商中选择适合客户的供餐服务商，根据餐饮服务方案为客户提供优质的餐饮服务。

11. 园艺绿化

服务项目包括企业环境整体管理、植物租赁、企业户外绿化的整体维护、企业临时活动的绿化布置、花木代售供应、园艺附属产品的销售等服务。基本涵盖了普通企业单位对园林绿化方面的全部需求。作为一个服务性平台，九好有为客户改善办公环境，提高环境质量，保证植物品质，节约绿化开支为目的的专项管理部门，力求为客户寻找最为匹配的专业性服务供应商，为服务商提供大量优质的客户，同时在服务过程中起到监管与沟通的功能。

12. 综合物业

针对客户的物业需求提供全面的解决服务方案。服务范围涵盖了物业管理；安全秩序维护；工程、设施维修养护；客户特约服务等客户对物业项目的全部需求，九好将依据客户硬件设施标准，结合客户服务要求，制作符合客户需要的物业管理方案，并据此筛选服务商为客户提供优质服务。

13. 通信服务

内容涉及电信、移动、联通三大服务商，九好能够为客户提供的固话及员工移动通信的整合打包服务。根据客户的人员及通信使用情况，制定客户全年通信保底费用。

14. 快递服务

针对客户需求，选择更具地域优势和价格优势的供应商，为客户提供长期稳定的快递、长期结算等增值服务。

15. 保险服务

保险项目就是根据客户自身的各类保险需求，为客户设计并提供各险种的保险服务方案。九好提供的保险包含财产险和人身险，服务内容涉及客户保险相关的风险识别、保险方案设计、市场询价或招标、投保安排，以及专业索赔服务。

16. 金融服务

金融服务主要为客户提供资金担保、小额贷款等服务。

17. 会务服务

无论是大型的政府剪彩服务，或是会所的浪漫 PARTY，九好都积累了丰富的服务经验。通过九好的资源平台，可以在最短的时间内为各类会务提供最为快速与便捷的解决方案。

18. 车辆租赁

依托九好的供应商资源，提供车辆租赁咨询、车辆选择、应急车辆以及相关所有手续的办理的托管服务。

19. 车辆维修

车辆维修是对客户使用车辆提供保险、年检、检修、保修等一条龙全托管服务

20. 差旅服务

差旅服务是为客户提供机票、酒店预定，服务流程全程监控、包年包月结算等与差旅有关的整体后勤托管服务。

21. 印刷

印刷提供客户宣传单、内部操作手册以及 VI 系统整体印刷产品的方案咨询、风格设计和后期制作等托管服务。

22. 各类工程

提供与建筑相关的服务,如节能材料、建筑材料、装修材料等业务的托管服务。

(二)供应商管理体系

九好集团从“后勤托管”的业务体系出发,严格对供应商进行筛选、把控,建立完善的供应商准入及评估机制,力求保证供应商的高质量。

1. 供应商的开发及准入

九好集团的后勤服务供应商必须经过严格的初选过程,即对供应商的规模、服务质量、产品质量、供货能力进行有效收集之后,经过集团相关部门的审核判断其是否具有符合九好供应商的资格。其过程可分为:供应商自主报名、供应商信息收集、供应商筛选、供应商实地考察、供应商现场评审。

2. 供应商日常评估机制

九好集团在对供应商进行日常管理的过程中,按照一系列标准对供应商进行考核,并对不同考核结果的供应商进行分类处理。

(三)“后勤托管”项目运营管理

九好集团制定完善的项目运作、项目过程管理的项目运营系统,通过完善的项目前期调研,详细掌握每一个具体项目的细节,并根据已掌握信息推进项目按照高标准、高质量要求实地操作;通过严格的项目日常进度管控,掌握项目的实际进度,纠正项目实施过程中可能存在的偏差,确保项目目标的实现。

1. 项目前期推进

经过前期的项目调研,确定项目具有可实施性之后,由九好集团相关部门负责项目的具体推进工作。其具体过程可大致分为:项目启动会议召开、项目工作进度安排、项目提案、项目提案评审、项目实施。

2. 项目日常进度管控

九好集团建立进度统计报告体系,统计报告包括日报、年报、月度分析评估报告等,同时对项目实施过程中出现的关键路径或重要工作进度偏差进行专项分析报告。

统计日报重点反映前一工作日的执行情况,每天固定时间段,由项目部牵头召开由供管部和营销部人员参与的业务沟通会议,对所有项目进行进度节点跟踪,对异常情况进行预警。

项目进度统计月报是项目进行过程中最主要的统计报告,主要反映项目逐月实际进展情况,项目统计月报的内容如下:

① 月度主要活动的统计概况,重要活动的统计结果描述。

② 控制点与异常项目统计。

③ 项目立项、提案、合同签订、合同实施、验收信息统计。

④ 质量统计,包括纠正措施统计、不合格项统计等。

项目专项进度分析报告内容需突出反映关键路径或重要工作的推进情况及存在的问题,与专项计划进行比较分析,分析进度偏差,预测偏差影响,提出建议与措施。

四、"后勤托管"模式的优势分析

(一) 免费的前期后勤管理咨询服务

后勤托管项目正式实施前,将免费对客户进行全面的咨询指导,安排资深后勤管理专家作顾问分析。

(二) 业务范围的全面性

后勤托管以平台形式,整合了多领域供应商,为客户提供全面打包式的后勤托管服务,服务范围涵盖后勤的方方面面,客户只需找到九好就可以得到全面的后勤服务。

(三) 项目团队的专业性

后勤托管并非简单的产品销售,它的核心是服务,是为客户解决实际问题,倡导服务的专业性,追求服务的深度与广度,配备项目所需的各领域专业人才,做到专心做专业。

(四) 方案制作的针对性

为每一个后勤托管的客户量身定做服务方案,是基于每一个客户的自身特色及需求而制定的。每一个客户都将得到一份属于自己并符合企业实际的项目方案。

(五) 托管流程的系统性

九好的后勤托管摒弃了单兵作战的传统模式,采用的是产业链似的操作模式,从最初的方案承接,到方案制作,再到方案实施以及之后与之相关的维修维护,采用的都是流水线系统性服务,环环相扣。

(六) 全面优质的供应商网络

"后勤物联网"模式集结跨行业跨品牌供应商,让客户享受一站式采购服务,根据客户自身需求对供应商进行各种组合与调整。同时,制定了完善的供应商监督审查机制,从繁杂的市场里挑选出行业优秀供应商,并在其对客户进行服务的过程中进行监督。

(七) 双重售后服务保障

作为客户的后勤管家,在项目服务中全程监管要求供应商按承诺兑现服务,并提供供应商+九好双重售后服务保障。

(八) 规模化操作的价格优势

后勤托管可以借助庞大的后勤集承达到一个规模化需求,从而使每个客户都可以享受到规模化操作后的价格优势。

(九) 资源整合优势

将最优秀的供应商纳入平台,降低客户选择成本;凭借九好专业的团队为客户提供量身定做的解决方案,提升客户后勤服务水平。

五、“后勤托管”模式的绩效分析

九好集团全新的“后勤托管”供应链平台模式，从供应链的整体角度看，存在着一个自成一体的生态链。正向生态链从上游供应商本身出发，九好集团依据供应商的自身产品、服务等特点出发，为其匹配下游后勤需求客户；反向生态链则从下游后勤需求客户出发，九好集团根据客户提出的后勤需求，并结合对该客户进行的后勤需求状况调研，从上游众多供应商中选取符合条件的供应商。“后勤托管”模式从供应商端，可以在很大程度上为供应商拓展新的销售渠道，降低营销费用；从后勤需求端，可以节约企业后勤成本，从而使企业能够集中更多资源用于主营业务的开拓。

九好集团“后勤托管“模式的成功运营，对于九好自身、后勤供应商、后勤需求客户、后勤产业都有极大的积极促进作用。

（一）客户绩效

通过九好平台的全面后勤托管，除了给客户带来一定的价格优势，节约企业后勤支出成本；此外，通过采用高标准的准入机制，保证平台供应商的品质，客户在收集、筛选、认证供应商过程中，降低对后勤人员较高的专业要求，从而降低企业人力成本。

以杭州北部软件园综合物业托管项目为例，九好从该园区现有物业管理中的问题出发，针对性地制定一系列改进措施，匹配优质供应商，最终实现该园区物业管理整体效用的提升。

1. 园区综合物业管理综合情况调研

① 人员管理不善，实际工作人员与配置岗位人员情况有出入，存在漏岗、串岗现象。

② 服务技能培训不成体系，物业服务人员服务技能存在一定偏差。

③ 服务标准和规范不清晰。

④ 园区物业管理年度工作计划与成本管理不明晰。

2. 九好关于物业管理改进的对策

从人员管理、服务技能培训、服务标准及规范、工作计划与成本管理这四个方面提升管理水平与服务水平。

(1)制定管理承诺指标与具体措施

管理承诺指标与具体措施见表 2-14-1。

表 2-14-1　管理承诺指标与具体措施表

序号	指标名称	承诺指标	内容与措施
1	建筑完好率	100%	落实责任人，实行巡视制度，建档记录，确保房屋完好，无违章搭建及损坏公共设施
2	维修急修及时率	100%	接到维修通知 5 min(夜间 15 min)内到现场，及时处理，并建立回访档案记录
3	报修维修合格率	100%	分项检查，一步到位，并进行回访制度，以确保维修工程合格，满足客户需要

续表

序号	指标名称	承诺指标	内容与措施
4	绿化成活率	99%	负责物业内绿化质保期后的绿化养护工作，确保公共绿化绿地无破坏，无黄土裸露现象
5	保洁清洁率	99%	落实责任人进行日常保洁工作，并由领导监督执行，确保垃圾日产日清，设施完好
6	道路完好使用率	99%	由工程技术人员负责道路的养护工作，以确保道路完好、畅通，定期对道路标色进行油漆翻新，确保道路完好，使用正常
7	重大责任治安事件发生率	0	秩序维护员经培训考核后上岗，落实岗位职责，明确责任，实行24 h固定岗值守及巡逻检查制度，以确保物业的公共秩序良好
8	设施设备完好率	100%	落实责任人，实行巡视制度，建档记录，并定期维护和检修以确保消防设施完好，正常使用
9	用户有效投诉率	0.1%以下/月	做好各项管理工作，加强与用户沟通，了解用户的愿望和要求，满足用户的需要，发生投诉及时处理并记录，同时建立档案跟踪处理结果
10	管理人员培训合格率	100%	员工分别进行常规培训，并予以考核，不合格者予以淘汰，确保培训合格率100%
11	用户满意率	95%以上	在日常工作中及时收集客户的需求信息，尽可能地满足客户的需要，加强沟通，确保用户对物业管理工作的满意率达到要求

(2)制定服务标准化流程及方案

① 公共秩序维护方案。采取"区域协防，重点防范"和人防与技防相结合的公共秩序维护策略，与业主和物业使用人共同建立起大厦一体化的安全防范体系，确保秩序维护管理目的实现，安全防范体系如图 2-14-3 所示。

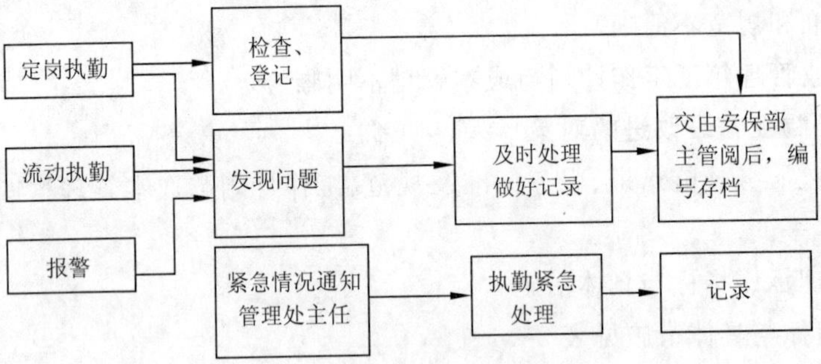

图 2-14-3　安全防范体系

② 车辆管理方案。园区停车场分为地下停车库和路面停车场。地下停车库主要供业主方使用，实行一车一位，刷卡进出、按车位停放。路面停车场为外来车辆停放处，实行秩序维护员集中统一管理，车辆管理方案如图 2-14-4 所示。

③ 消防系统管理方案。贯彻"预防为主，防消结合"的工作方针，实行技防、人防的有效结合。以消防监控中心为指挥中心，借助先进的消防监控系统和消防设备设施，做好日常消防防范工作。组建一支反应迅速、技术过硬的义务消防队，按时对消防报警系统进行联动测试，定期进行消防演习，提高员工防火、灭火技能。

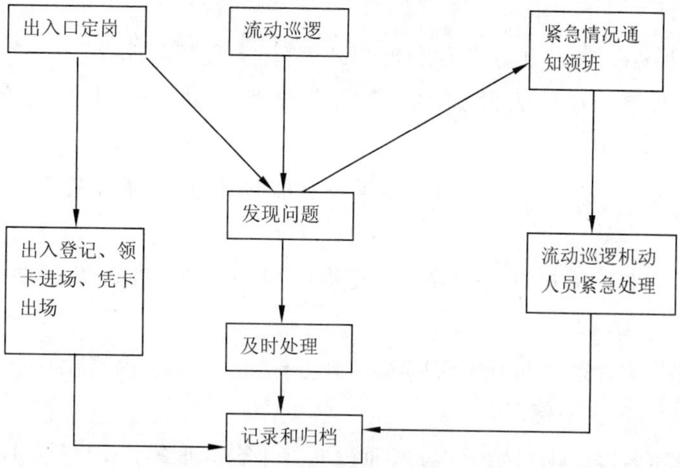

图 2-14-4 车辆管理方案

④ 保洁工作流程与标准。通过对生活垃圾、公共场所垃圾等的处理方式、作业频率、作业时间、质量要求等制定出不同的标准要求,做到当日产生垃圾的即时有效处理。

⑤ 绿化服务标准。对园区所有草坪、灌木、乔木、花卉、盆栽植物等进行分门别类,并对不同种类植物按照标准化绿化方案进行操作。

(3)制定咨询管理方案

① 强化人员管理:加强人员管理及考核。

② 加强培训:提升服务意识、服务技能、礼仪礼节。

③ 计划管理及成本核算:制定全年各项工作计划及财务预算报告。

3. 改进效果追踪

① 人员管理趋于完善,漏岗、串岗现象鲜有发生,岗位在岗率达到95%以上。

② 服务技能培训渐成体系,物业服务人员服务技能显著提高,综合物业服务技能满意度达到96%。

③ 服务标准和规范明晰,服务人员按照根据各自岗位不同,按照各自服务标准以及服务规范提供物业综合服务。

④ 园区物业管理年度工作计划与成本管理明晰,各项物业服务按照年度计划有序开展。

⑤ 综合客户满意度:通过客服回访总结,该园区对于物业管理的综合满意度达到95%。

(二)后勤供应商绩效

① 拓展销售渠道。依托九好庞大的客户资源网络,让供应商拥有与几千家千万级规模大企业合作的机会。

② 降低营销费用。九好举办的各类市场活动,为供应商提供一个集产品展示、产品销售、品牌宣传于一身的展销平台。全面降低营销关系成本、沟通成本、人力成本,降低供应商的营销成本。

③ 精准匹配客户。经过九好专业的项目团队精细匹配,确保为每一家供应商提供最适

合的客户。

④ 优化产品库存。通过九好平台实现产品销售，实现“零”库存。

⑤ 信息资源共享。通过人脉、产品、服务等全方位共享，建立行业间及跨行业沟通平台。

⑥ 提升管理水平。九好专业的供应商考核和监督体系，有助于提升供应商自身的管理水平。

⑦ 提升技能水平。依据九好标准、优质供应商的专业资源，提高供应商服务的专业水平。

⑧ 降低产品退换货率。九好完善的项目服务标准，有助于提高供应商产品质量管理水平，降低产品退换货率。

⑨ 提升品牌知名度。面对数万客户，通过九好平台全面推广，提升供应商品牌知名度。

（三）九好绩效

通过“后勤托管”平台的专业化经营，近年来，九好实现了跨越式发展。

2013 年九好后勤托管商务平台规模达到 50 亿，2014 年，九好后勤托管商务平台规模超过 100 亿；截止到 2014 年 12 月，客户数量达到 3 000 余家，供应商数量达到 1 300 余家，累计利税总额超过 1.4 亿，年均利润增长率达 53%，单笔托管合同最高达到 1.4 亿。

（四）产业绩效

① 优化后勤服务产业资源。九好集团建立高于一般市场标准的服务标准，培养供应商共同成长，优化整合后勤服务产业供应商资源。

② 创建公开透明的服务环境。九好集团为后勤服务产业创造一个科学的、公开透明的竞争环境，打造绿色环保的商业平台。

③ 节约社会资源。九好集团整合资源，极大降低交易、沟通、人力、关系成本等，积极创建节约型社会。

④ 引领后勤产业发展。九好集团走在产业前沿，不断总结管理经验和技术服务标准，以产业发展为己任，引领产业更好发展。

撰稿人：蔡春景　浙江九好办公服务集团有限公司市场总监
阮成裕　浙江九好办公服务集团有限公司市场部营销策划
金泽晖　浙江九好办公服务集团有限公司市场部市场专员
潘小鹏　浙江九好办公服务集团有限公司经营管理部业务数据分析员

第三篇　农业供应链管理优秀案例

案例1　鲜易:实施“互联网+”行动计划打造中国温控供应链标杆企业

一、企业介绍

河南鲜易供应链有限公司成立于2009年4月,先后经历了物流企业、企业物流、供应链企业到平台型企业的发展阶段。目前,鲜易供应链定位于中国温控供应链集成服务商,以产业生态为基础,将温控供应链服务嵌入生鲜产业链,主营业务涵盖温控仓储、冷链运输、冷链卡班、城市配送、集采分销、供应链金融、保税物流、流通加工等服务内容,致力于为客户提供温控供应链系统服务解决方案。

鲜易供应链依托网络化温控物流平台,以数据信息为载体,以物联网技术和供应链金融为核心服务手段,构建云仓网、运输网、城配网、信息网,围绕供应链优化,打造集采分销平台、冷链物流平台、供应链金融平台,引领整合产业资源,帮助客户实现商流、物流、信息流及资金流同步,打造统一、安全、高效、协同的温控供应链系统,鲜易供应链平台定位如图3-1-1所示。

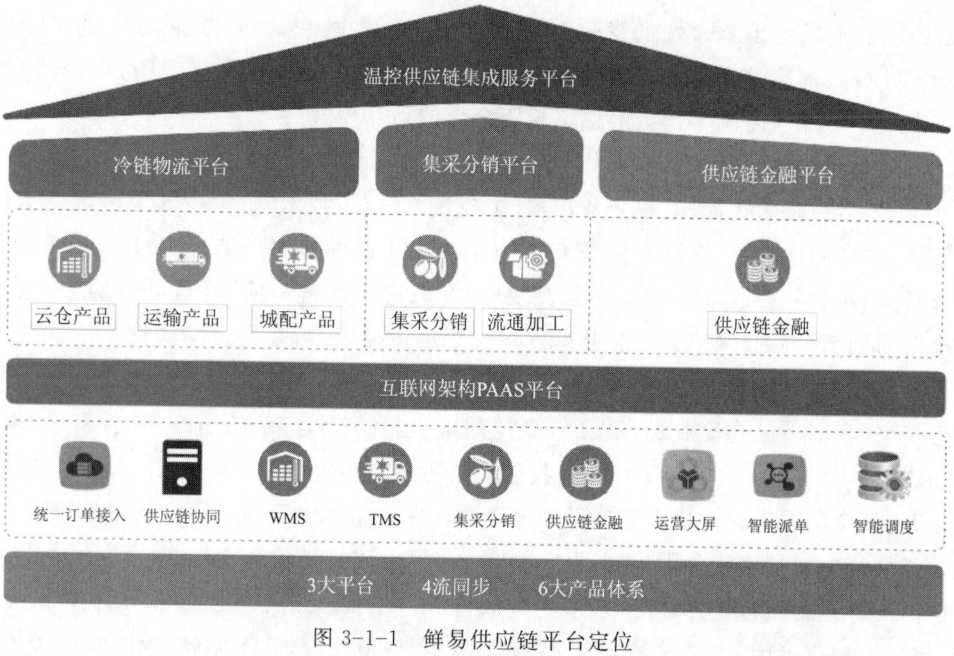

图3-1-1　鲜易供应链平台定位

2015 年 9 月，李克强总理在鲜易视察期间，对鲜易实施"互联网＋"生鲜供应链行动计划，改造提升传统农牧产业和食品加工制造业，发展现代物流服务业和线上数据业态等创新实践表示肯定，讲到"在这里发现了新业态、新模式，新兴经济和传统经济融合，培育新的发展动能"；对鲜易通过综合科学技术创新、管理创新融合，推动商业模式创新给予赞扬，称赞"鲜易已经走在了时代的前列，是时代的弄潮儿"；对鲜易通过构建智慧生鲜供应链生态圈，带动万家创业的探索给予高度评价，讲到"大企业的'双创'大有可为，空间无限，迸发的智慧和能量与小微企业相比更大，希望大企业带动小微企业共同发展，并肩同行，一起支撑中国经济的蓝天"。之后，李克强总理先后 6 次在国务院常务会议上、党校课堂上和视察期间，讲到鲜易温控供应链的案例和企业转型升级的探索实践。

2016 年 5 月 14 日，时任国家交通运输部部长杨传堂在公司调研时，对鲜易的创新探索给予肯定，表示冷链作为民生工程，要将鲜易作为交通运输部的联系点，不仅在物联网、车辆网等数据平台为鲜易专门开辟通道，提供数据服务，而且还要针对鲜易的优质项目给予大力支持，鼓励鲜易站在更高层面融入全球，在国内做强、做大，做成在全球都有影响力的冷链资源交易公共平台。

二、"互联网＋生鲜"供应链的背景

提高供应链管理能力，是转变经济发展方式的内在要求，是国家供给侧改革、实施"中国制造 2025"战略、发展现代流通服务业的强大推进器，也是企业转型升级的必然选择。

移动互联网、大数据、云计算等新技术的进步，以及社会分工的日益专业化，对全球制造业、流通业、农业发生了革命性的变化，供应链可视化、绿色供应链、协同供应链、供应链金融、服务供应链、智慧供应链等最前沿的高新技术都在供应链中得到了应用，供应链管理的发展正在改变传统的商流、物流、信息流与资金流的运作模式。

温控供应链管理对温度有着极其严格的要求，其发展除具备供应链所比具备的科学技术之外，还包括物联网技术、工程装备技术、温控技术、定位技术、生物技术等科学技术，是供应链管理的"高原地带"。冷链物流产业作为生鲜供应链的重要环节，是我国重要的基础产业，是现代物流服务业的重要组成部分。发展"互联网＋冷链物流"是贯彻落实十八届五中全会提出的创新、协调、绿色、开放、共享发展理念的重要内容，是推进结构性供给侧改革、提高全要素生产力、降低社会物流成本的重要举措。

近年来，我国冷链物流业稳步发展，冷链基础设施不断完善，市场需求剧增。根据中国冷链物流发展报告(2016)统计，2015 年我国动物蛋白类生鲜食品产量为 2.2 亿吨，总价值超过 3.6 万亿，全国冷库保有量 9 275 万 m^3，冷藏车保有量 9.6 万辆。预计未来 5 年，冷库和冷藏车年均复合增长率将分别达到 18％和 12％，2020 年冷链物流市场规模将达到 3 479 亿元。但由于冷链物流行业标准滞后，市场分散，诚信缺失，加之时空分布不均衡、产业基础不配套、信息不对称等因素，造成冷链食品流通率不足 30％，远低于发达国家 95％以上的水平；冷链资源综合利用率不足 60％，而发达国家已达到 95％以上；人均冷链资源少，相当于发达国家的 1/5 左右。全国每年因冷链"断链"造成的损失超过 1 000 亿元，食品药品安全事件时有发生。

在物流综合服务平台建设方面，多以区域性普货物流信息平台为主，缺乏全国性冷链物流专业化综合性平台。因此，迫切需要建立全国性的冷链物流信息互联共享平台，并以此促进互联网创新与冷链物流的深度融合，实现冷链物流活动数据化、信息标准化、数据开放化和平台协同化。

为推动冷链物流健康发展，2014 年底，国家发改委、财政部、商务部、交通运输部、公安部等十部委联合发布了《关于进一步促进冷链运输物流企业健康发展的指导意见》，引导冷链运输物流企业整合资源，降低成本，提升物流效率。今年 7 月 29 日，国家发改委又出台了《"互联网＋"高效物流实施意见》，明确提出要大力推进"互联网＋"高效物流发展，提高全社会物流质量、效率和安全水平。可以说，冷链物流行业已经迎来了快速健康发展的春天。

三、鲜易温控供应链集成服务

（一）鲜易供应链的产业基础

将企业生态融入产业生态，聚合产业生态资源，形成最大公约数，鲜易供应链平台定位如图 3-1-2 所示。

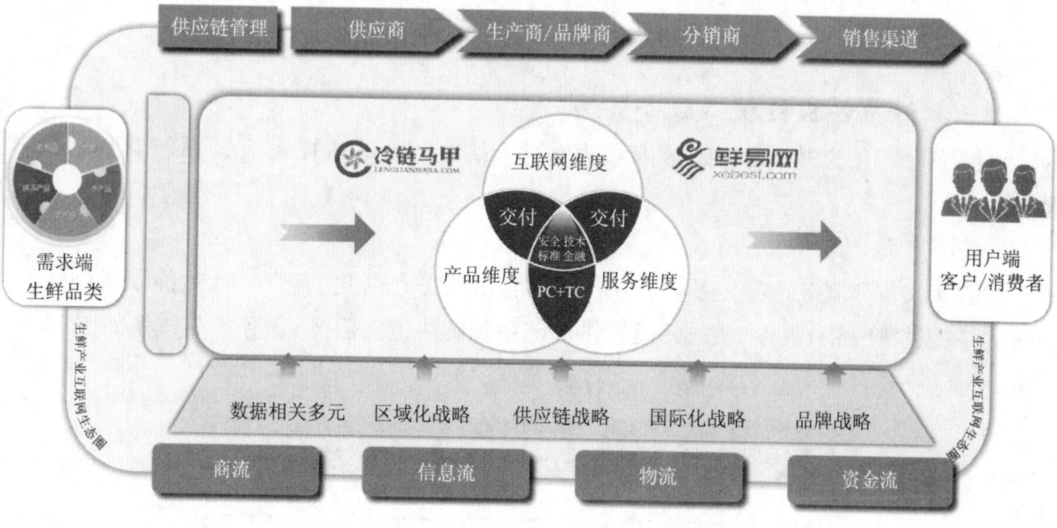

图 3-1-2　鲜易供应链平台定位

鲜易供应链是鲜易控股构建的智慧生鲜供应链生态圈的重要组成部分。河南鲜易控股有限公司由河南鲜易供应链、河南众品食业、河南鲜易网科技重组成立。公司定位于生鲜产业互联网平台，依托生鲜食品产业链、温控供应链、线上数据业态融合发展，打造多元多维、跨界融合的智慧生鲜供应链生态圈。河南鲜易温控供应链致力于为客户提供生鲜集采、冷链集成服务、供应链金融、供应链优化等温控供应链系统服务；河南众品食业定位生鲜食品产业链服务商，产业链涵盖农牧产业、食品加工制造业和食品生产服务业；鲜易网络科技有限公司运营的鲜易网，现已成为全国最大的生鲜食品 B2B 交易平台。

（二）打造生鲜供应链标杆企业

以 Paas 数据平台、网络化基础设施、系统化服务能力，打造中国高效敏捷的生鲜供应链系统。

供应链是没有车辆的物流公司、没有商铺的商贸公司、没有支付牌照的金融公司。鲜易生鲜供应链系统则是物流企业进化的新高度，包括供应链管理、供应链服务和供应链金融，通过 Paas 平台的数据沉淀，完善网络化基础设施和系统化服务能力，打造中国高效敏捷的生鲜供应链系统，如图 3-1-3 所示。

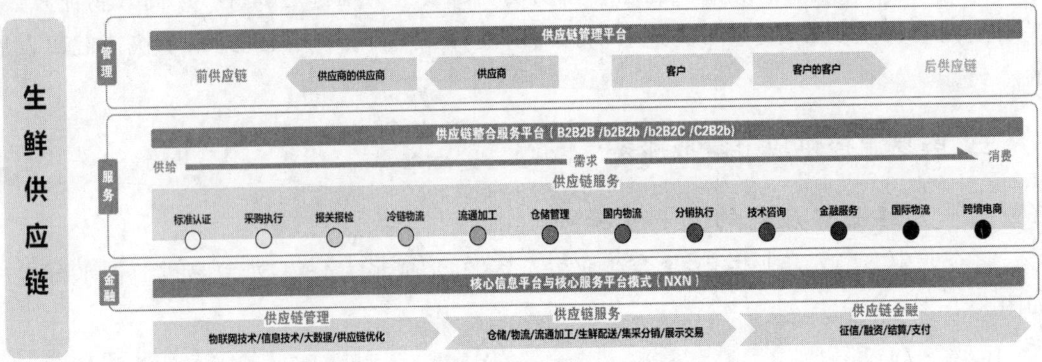

图 3-1-3　生鲜供应链管理系统

（三）鲜易供应链核心服务能力

以网络化平台为基础，以数据信息为载体，为客户提供温控供应链系统化解决方案服务。

1. 核心产品

打造 6 大系列服务产品体系，通过资源平台化、服务产品化、客户一体化的模式创新，为合作伙伴提供“产品＋服务＋数据”温控供应链系统解决方案服务，服务产品体系如图 3-1-4 所示。

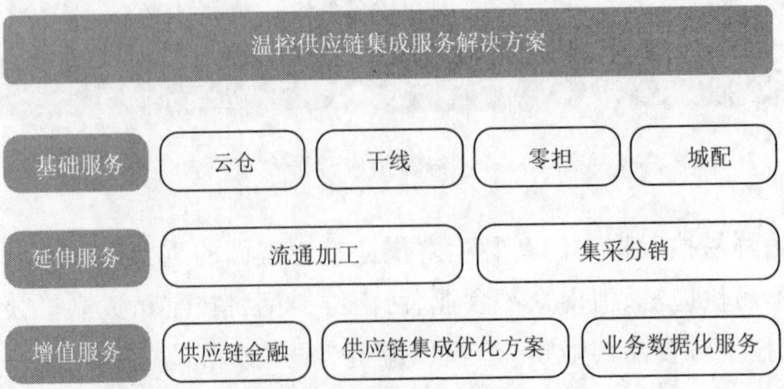

图 3-1-4　服务产品体系

（1）网络化温控仓储服务

鲜易供应链依托全国 7 大区域 23 个温控基地构建了完善的 DC、TC、PC、EC 网络，拥有标准化温控仓储总容积192万m^3。冷库设施应用二维码、无线射频识别等物联网技术和大数据，建立了智能化仓储系统、智能电子标签拣货系统（DAS），对存储货物的动态实现了在线管理，为客户提供存储、拆零、分拣、配货、包装、贴标、流通加工、检验检疫及保税等温控仓储服务，并与合作伙伴共享数据信息。

（2）冷链运输服务

鲜易供应链基于全国“五纵五横”交通运输网络，冷链运输服务覆盖28个省市自治区，自有及整合冷藏车5 900余部，为客户提供全程温控、实时监控的冷链干线和零担卡班服务。

（3）冷链城配服务

鲜易供应链在北京、上海、广州、郑州、天津、沈阳、长春、武汉、合肥、长沙、西安、成都等23个核心城市，3 000多个配送网点为客户提供B2B冷链城配服务。

（4）全球生鲜集采分销服务

鲜易在全球拥有欧洲、南美、北美、澳洲、东南亚、香港6个海外集采中心，覆盖全球主要供给市场；拥有9个进出口资质，与19个国家和地区100余家厂商形成稳定的合作关系，为合作伙伴提供集采分销、保税服务、报关报检、标准认证、贸易信息等国际贸易服务，如图3-1-5所示。

鲜易供应链是河南省进口肉类口岸、河南省进口水产备案冷库、昆山众品冷冻产品专用公共型保税仓库等的运营商。2015年10月以来，公司作为河南省进口肉类指定口岸运营单位，充分发挥鲜易网、360平台分销、冷链仓储、城市配送等优势，进口肉类5.6万吨，保障了国内日益增长的消费需求。2016年5月，在海关监管部门的支持下，公司按照“三位一体”（海关监管场所、出口监管仓库、进口保税仓库）的标准建设海关监管场所，并于2016年12月投入运营，鲜易供应链为国内贸易合作伙伴提供的服务如图3-1-6所示。

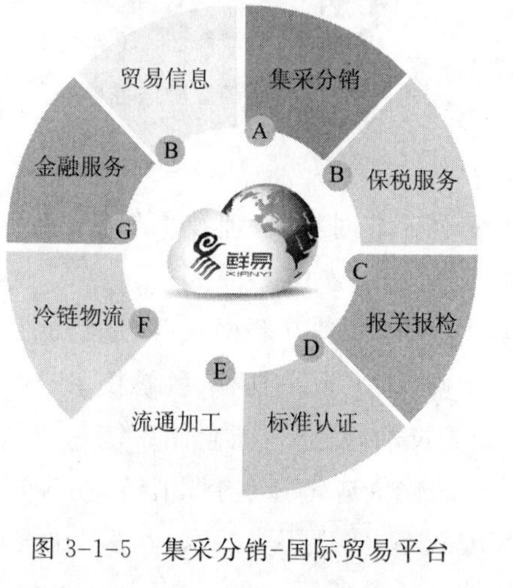

图3-1-5　集采分销-国际贸易平台

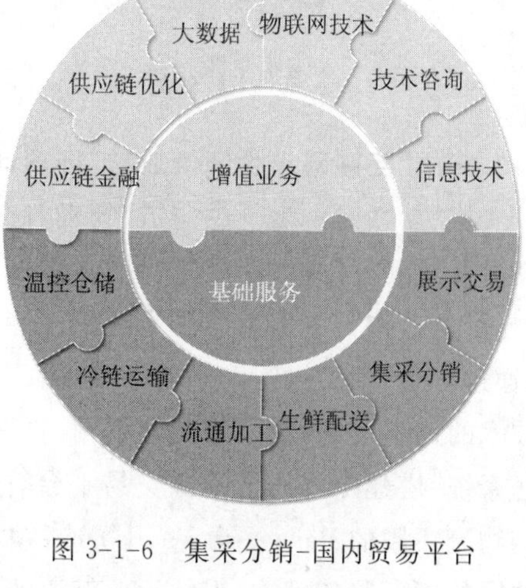

图3-1-6　集采分销-国内贸易平台

鲜易供应链在全国七大区域、360 多个城市布局集采分销网络，目前已完成 150 多个城市的网络布局。基于专业的市场营销队伍、成熟的品牌推广经验、健全的渠道网络布局以及多类型的业务合作方式，帮助客户搭建高效的产品分销平台，实现快速销售及商流、物流、资金流和信息流“四流同步”。

(5)流通加工服务

鲜易供应链有效整合全国 TC、PC 冷链服务资源，通过 HACCP、GMP、SSOP 等体系认证打造流通加工平台，为连锁零售业、餐饮业、团膳等上下游客户提供 OEM 贴牌生产、ODM 设计代工及分拣、包装等生鲜加工流通服务，帮助客户实现一体化生鲜流通解决方案，流通加工产品服务菜单如图 3-1-7 所示。

(6)供应链金融服务

鲜易供应链依托公司商流、物流和信息流，为供应链上下游企业提供原材料及产品代采、存货融资、应收款保理等多样化融资、信和结算服务，推出“存货易”和“代采易”等金融产品，与金融机构合作，同时根据客户的业务模式、产品属性、进出周期等内容为客户提供定制化供应链金融解决方案，供应链金融服务模式如图 3-1-8 所示。

图 3-1-7 流通加工产品服务菜单

图 3-1-8 供应链金融服务模式

2. 实施“互联网＋生鲜供应链”行动计划

实施“互联网＋生鲜供应链”行动计划，将综合科学技术创新、管理技术创新、商业模式创新融合发展，打造中国温控供应链标杆企业。

近年来，作为中国温控供应链标杆性企业，鲜易供应链实施“互联网＋”冷链物流行动计划，通过产品＋服务、线上＋线下、国内＋国外、软件＋硬件、平台＋杠杆、科学技术＋综合管理技术的创新发展，应用移动互联网、物联网、大数据等技术，建立智能仓储系统和智慧物流配送系统，搭建冷链物流资源交易平台，融合产业链，优化供应链，重构价值链，初步形成了冷链物流领域的 Paas 平台，提升了冷链物流供需匹配效率，实现了多式联运、多业融合和多网协同的创新服务模式，引领行业健康快速发展，如图 3-1-9 所示。

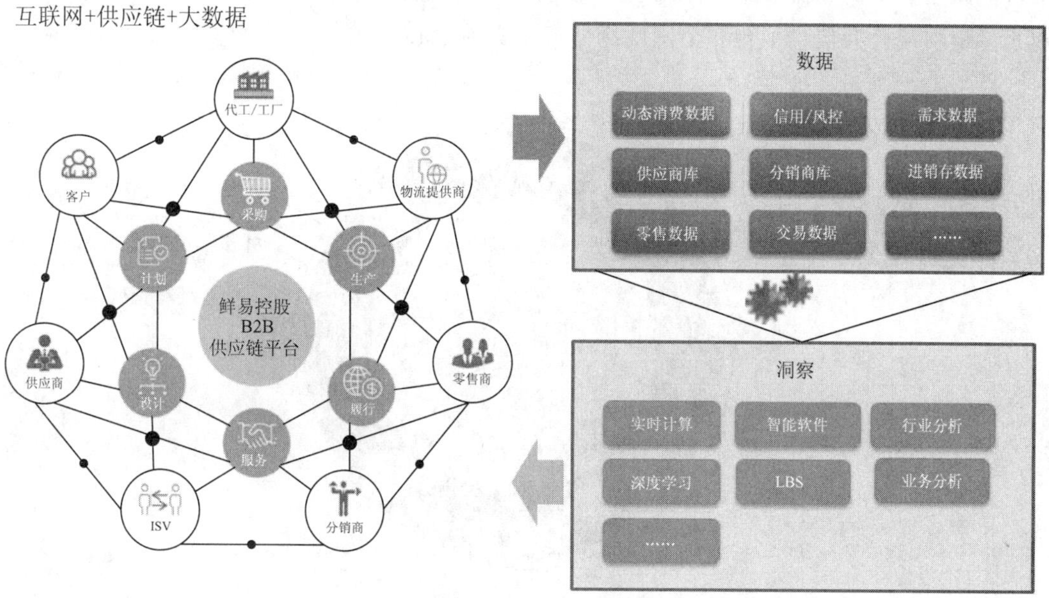

图 3-1-9　“互联网＋供应链＋大数据”行动计划

3. 硬件＋软件，构建开放的 Paas 平台

公司应用移动互联网、物联网、大数据、GPS 等信息技术，建立智能仓储系统和智慧物流配送系统。构建物联网技术服务平台，将物联网技术应用于原料采购、生产加工、流通加工、温控仓储、冷链运输配送、终端等生鲜产业链各个环节，实现业务数据化；并基于冷链物流的 OMS（订单管理系统）、WMS（仓储管理系统）、TMS（运输管理系统）等供应链协同系统和客户工作平台（CWP）、运营工作平台（OWP）、合作伙伴工作平台（PWP）等信息系统，构建 Paas 平台，如图 3-1-10 所示。实现订单统一接入、供应链金融、智能派单、智能调度、运营大屏等功能，使系统之间基础信息共享、业务数据流通，减少数据转化流程，提高服务效率，构建标准化、信息化、可视化，以全流程的数据沉淀、数据分析、数据应用，实现供应链高效敏捷协同。

图 3-1-10　Paas 平台

4. 线上＋线下：打造冷链资源综合服务平台——冷链马甲

冷链马甲（见图 3-1-11）以冷链仓储能力、冷链运配能力和冷链设施设备为主要交易标的，融入交易撮合、信息服务、在线支付、物流金融、保险、供应链优化等增值服务，通过供应链活动数据化，促进货源、库源、车源和物流服务高效匹配，降低社会物流成本。平台运营两年来，注册车辆 3.8 万辆，冷库 1960 万 m^2，注册用户数 4.07 万个，日交易额近 6 000 万元，平台活跃用户节约物流成本10%以上。目前，该平台正通过省部联动、政企结合，发展成为国家冷链物流公共信息平台和全国性冷链资源交易中心。

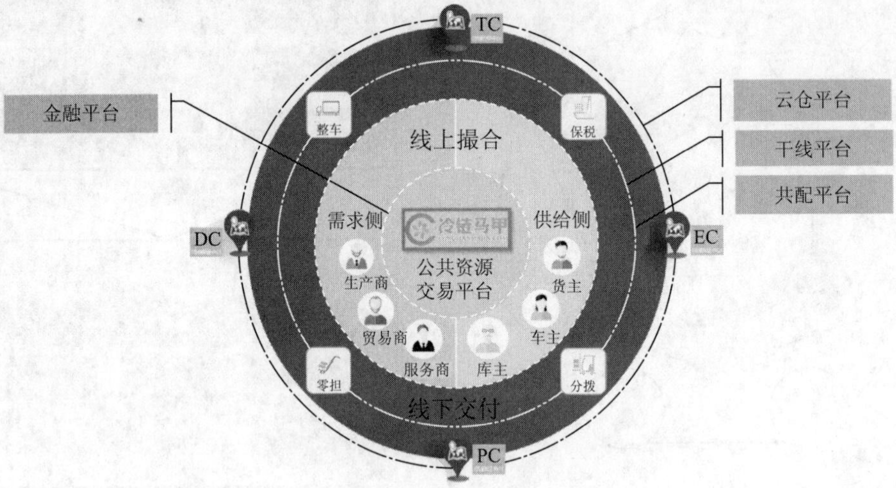

图 3-1-11　冷链马甲服务模式

（四）鲜易供应链系统服务案例

1. 案例背景

在全球化产业分工日益细化，越来越多的企业将专注于品牌、客户关系管理及创新兴技术等核心能力的创造与提升，而将采购、流通加工、仓储运输、分销等非核心业务外包给专业供应链平台公司进行整合运营。

D公司作为一家国际性大型连锁商超，是中国大陆的零售业冠军，亟待需求能够提供全国化、集约化、信息化的冷链供应链服务，鲜易供应链深入了解D公司需求、挖掘客户痛点，提供定制化的解决方案，帮助其降低管理及运营成本，帮助其实现省时、省心、省力。2016年4月实现D公司华东区冻品总仓入驻鲜易供应链昆山基地并运营。

2. 合作说明

鲜易供应链在充分了解D公司需求的基础上，链接自身全国化网络布局及完善的信息化系统，依托系统化服务能力，通过整合供应链下游社会资源，与D公司信息系统对接后在华东、华南区域为其提供温控仓储、冷链城配等业务的基础上，同时延伸至D公司上游的供应商提供产品集仓、集配以及供应链金融一体化服务。

3. 取得成效

鲜易供应链充分满足了D公司发运营需求。自4月开始合作，完成D公司江浙沪皖区域163家门店，日配送货物吞吐量达75 000件。

鲜易供应链通过集仓集配，实现D公司上游35家供应商服务延伸，占其整体冻品业务量的36%，有效帮助D公司进行供应商管理，降低其管理成本，同时降低其供应商2%流通成本，并为16家供应商提供定制化供应链金融服务，二季度提供1.2亿元供应链金融服务，帮助客户有效缓解资金压力，助力其进一步做大做强。

鲜易供应链为 D 公司提供一体化一站式服务，改变了 D 公司一贯的一对多经营模式，降低其沟通成本；同时公司对货物发运的统一调度安排，帮助其有效提升车辆发运效率 20%，提高车辆周转率。

四、鲜易控股供应链创新发展

（一）基于全流程的温控供应链标准体系建设

鲜易供应链以干线、零担、配送、仓储入库流程、流通入库流程、按单出库流程、波次出库流程、非标产品出库流程、快速分拨流程九大流程，实施公司标准化体系建设，先后通过了 ISO 9001 质量管理体系及 ISO 22000 食品安全管理认证，仓储服务通过 BRC（英国零售商协会）认证，成功入选“商贸物流标准化专项行动第二批重点推进企业”，是中物联双 4A 物流企业（鲜易、众荣），中物联冷链委 5 星级冷链物流企业。同时积极参与国家、行业标准的制定，主持、参与制（修）订国家标准《食品冷链物流追溯管理要求》、行业标准《肉禽类冷链温控运作规范》，是《水产品冷链物流服务规范》、《药品冷链物流运作规范》、《餐饮冷链物流服务规范》等国标、行标试点企业，并获得了“2016 中国商贸物流标准化成效突出企业奖”。

（二）创新产业融合模式

为客户提供标准、技术、金融、产品设计、定制生产、物流配送、行业信息、供应链金融等系统解决方案。公司通过生鲜供应链与食品加工制造、商贸流通、生鲜电商等业态融合发展，形成了生鲜产业联盟，并通过合作机制创新，降低交易成本，并持续开放与外部生态圈合作伙伴成立合资公司，打造产业集聚、功能集成、经营集约的供应链集成服务平台。

（三）带动生态圈创业创新。

公司依托生鲜供应链生态圈，带动创客群创业创新。2016 年以来，公司通过参股控股、产业联盟等方式，累计为合作伙伴提供 12.2 亿元的融资支持，投入 6 000 多万“双创”培训资金为“双创”赋能。公司先后带动 330 个农村经合组织融入产业平台，扶持 926 名司机购置车辆，帮助 123 名司机成立了自己的物流公司，带动 3 600 多家小微企业加盟生态圈，带动 16.3 万人创业创新，有效改变了产业组织方式和行为模式。

五、未来发展规划

在未来的发展中，我们将继续按照生鲜产业互联网平台的定位，全面实施互联网与线下业态的深度融合，构建智慧生鲜供应链综合服务平台，培育企业发展新动能，持续推动企业健康持续发展。

当今世界已进入全球互联网供应链时代，发展中的鲜易供应链将秉承开放性、创新性、学习性、知识性、成长性的发展理念，在产业链、供应链上谋求与国内外企业联盟合作，与合作伙伴共同发现价值、设计价值、创造价值、分享价值，共筑产业生态，为中国冷链产业健康发展做出有益探索和积极贡献！

撰稿人：朱献福　河南鲜易供应链有限公司董事长
刘朝阳　河南鲜易供应链有限公司总经理
宋国朝　河南鲜易供应链有限公司
靳伟伟　河南鲜易供应链有限公司行政部

案例2　郑明公司:掘金供应链金融物流

一、企业简介

上海郑明现代物流有限公司(以下简称"郑明公司")由郑明集团物流事业版块整合而成,前身是1994年成立的上海郑明汽车运输有限公司,作为公路运输承运者的身份跻身全国物流运输市场。经多年不懈努力,由初始的单一公路运输承运人发展成为国内领先的专业物流服务提供商,业务已延伸至冷链物流、汽配物流、电商物流、商贸物流及供应链金融等,业务网络已经覆盖全国90%的重要城市。公司已经与多家企业建立起稳定的战略合作伙伴关系,包括蒙牛、伊利、思念、三全食品、麦当劳、肯德基等全国知名企业。

郑明公司实力出众,拥有强大的物流基础设施和物流设备资源。自有现代化冷链运输车辆600余辆,特种集装箱运输车辆50余辆,厢式及其他运输车辆300余辆。每日冷链货物吞吐量5 500余吨,其他各类货物吞吐量9 500余吨。郑明公司在全国各节点城市建立起仓储基地和冷库中心,现拥有300 000平方米仓储中心,在上海松江、上海浦东、南京、芜湖、仪征等地拥有大型物流中心。正是基于强大物流资源,郑明公司在为客户提供干线运输、城市配送、仓储管理、包装加工、物流信息反馈等业务时才会显得游刃有余。此外,健全的物流设备资源为郑明公司在进行业务重组、物流方案设计、开展供应链金融及其他增值业务时打下牢固的基础。

郑明公司秉承"心系所托,物畅其流"的服务理念,以优质的服务、规范的管理、领先的技术和强大的资源整合能力服务客户,2015年全年总收入突破16亿大关,并且仍以每年50%的增长速度崛起。目前,郑明公司设定了将公司发展成为领先的专业供应链解决方案提供商的企业愿景,围绕郑明公司企业战略转型升级目标,不断开拓创新,为客户提供优质服务。

二、供应链物流整合背景

改革开放之后,我国物流行业发展与经济发展并驾齐驱,物流行业经历30多年的快速增长,取得瞩目的成绩。但是近几年受到国内经济增速放缓及经济结构调整,物流行业发展速度呈现下降趋势,物流行业发展问题也逐渐显露无遗。总体来说,当前我国物流行业问题主要呈现在社会物流费用较高、物流管理体制混乱、物流发展观念落后、物流技术创新应用程度低等方面。根据中国物流与采购联合会报告显示,2014年我国社会物流总费用占GDP的比重为16.6%,较1991年下降7.2个百分点,但仍是美日发达国家的2倍。社会物流成本高严重影响商品流通效率,影响经济发展水平和结构调整。目前国家已经出台多份文件涉及物流成本降低问题,2015年中央经济工作会议更是明确指出要降低物流成本,推进流通体制改革,帮助企业降低成本。面对企业可持续发展要求,物流企业实现供应链物流整合运作将有助于企业提升自身核心竞争力，降低物流运作成本，提高企业整体收益。从行业发展现状来看，对供应链资源及物流资源的整合能力已经成为如今行业龙头企业的核心竞争力。当前国内比较成功的供应链服务企业的核心竞争力见表 3-2-1，怡亚通核心竞争力在于对供应链资源的整合能力，新邦物流核心竞争力在于物流业务资源整合能力，飞马国际核心竞争力为对供应链技术与运作能力，天地汇核心竞争力为对公路港网络的整合能力。

表 3-2-1　国内供应链服务企业价值定位及核心能力

企业简称	价值定位	核心竞争力	业务模式
怡亚通	供应链服务平台	供应链资源整合能力	供应链服务平台、B2B/O2O 分销平台、供应链金融、供应链管理咨询
新邦物流	智慧物流平台	物流业务资源整合能力	公路运输、航空货运代理、城际配送
飞马国际	供应链外包方案与运营商	供应链技术与运作能力	综合供应链服务、煤炭供应链服务、塑化供应链服务和有色金属供应链服务
天地汇	公路港网络运营平台	公路港网络整合能力	天地卡航、配货、供应链金融

（数据来源：郑明公司内部调研数据整理）

不管从国内物流行业发展现状还是国家对物流行业支持力度来看，供应链物流整合已经成为物流行业发展方向，能够帮助物流企业形成难以被模仿的核心竞争力。实际上，从 2013 年开始，郑明公司就开启了供应链物流整合能力之路，在实践中不断探索积累经验，通过项目实践方式逐渐形成自身的核心竞争力，在有效阻止恶意竞争的同时，也不断提升对供应链资源整合效率，提升公司业务规模和盈利水平。

三、供应链物流整合运作

供应链物流整合的本质是围绕整条供应链物流活动所进行的物流资源整合管理，实现缩短整条供应链物流活动时间、提高供应链物流运作效率的目标。而在实践过程中，郑明公司以项目制形式有效配置公司内部资源，在不断地项目实践中逐渐培育供应链物流整合能力。麦肯食品供应链整合项目最能体现出郑明公司核心竞争力形成的过程。

麦肯集团是加拿大麦肯食品集团的简称，成立于 1957 年，总部设在加拿大多伦多，是全球最大的法式薯条及冷冻食品生产商，所生产的薯条主要供应给麦当劳、肯德基等全球知名快餐企业。随着麦当劳、肯德基等核心客户全球化战略的延伸和竞争方式快速转变，为了适应市场变化需求，麦肯集团 2004 年在黑龙江省的省会哈尔滨成立哈尔滨麦肯食品有限公司（以下简称“麦肯食品公司”），该公司是麦肯在亚洲开设的第一个工厂，也是麦肯在中国的总部。麦肯食品公司占地 24 万 m^2，现有员工 150 人。工厂建有接收筛选车间、加工车间、冷冻车间、包装车间，是目前麦肯集团最先进的薯条生产线。加工能力每小时加工出产成品薯条 10 t。成品薯条主要服务于东北、华北地区客户。

（一）麦肯项目机缘

对郑明公司来说，与麦肯食品公司合作可谓是机缘巧合。正当郑明公司迫切寻求业务合作时，得知麦肯食品公司遇到一些运营问题和资金压力，想要寻找有实力的第三方物流公司进行合作。公司意识到这将是一次非常难得的机会，立马成立谈判组与麦肯食品公司展开合作会谈。谈判的结果让人欣喜，郑明公司以过硬的运营能力和雄厚的资金实力得到了麦肯食品公司的认可，确定郑明公司为其第三方物流企业合作方。

在麦肯食品供应链项目实施过程中，郑明公司负责改造麦肯食品供应链，为后者提供专业的供应链服务、物流管理及资金运作服务，目的在于降低麦肯食品供应链采购环节土豆损失量及筛选高淀粉含量土豆，并提高供应链物流运作效率及减轻麦肯公司生产负担和资金压力。郑明公司以供应链金融业务为切入点，逐渐深入对麦肯供应链的整合管理，包括供应链业务流程再造、车辆整合、土豆检验检疫及供应链资金整合。并最终实现全程运输可视化监管，简化收购环节及配套资金合理运用的目标，物流服务水平得到很大改善，供应链库存水平显著降低，车辆标准化使用效率也明显提升。

为确保麦肯食品供应链项目成功运作，公司调动大量资源，专门成立“麦肯食品供应链”项目组，负责麦肯食品供应链项目。

麦肯食品公司薯条生产所需原材料土豆来自于内蒙古多伦、蓝齐和呼伦贝尔陈旗等地的种植基地。土豆种植采用“公司＋农户”模式，根据采购合同协议，麦肯食品公司提前支付协议农户 30％预付款用于购买化肥、农药及租赁机器，解决农户种植土豆面临的资金压力。土豆成熟后农户自己寻找车辆将土豆运送到麦肯收购场地，土豆经过质检环节进入麦肯收购仓库，作为薯条原材料等待被加工。土豆原料库、薯条半成品仓库都设在工厂周围。麦肯食品公司薯条加工厂设在哈尔滨，根据客户需求通过第三方物流企业配送给客户，麦肯供应链结构如图 3-2-1 所示。

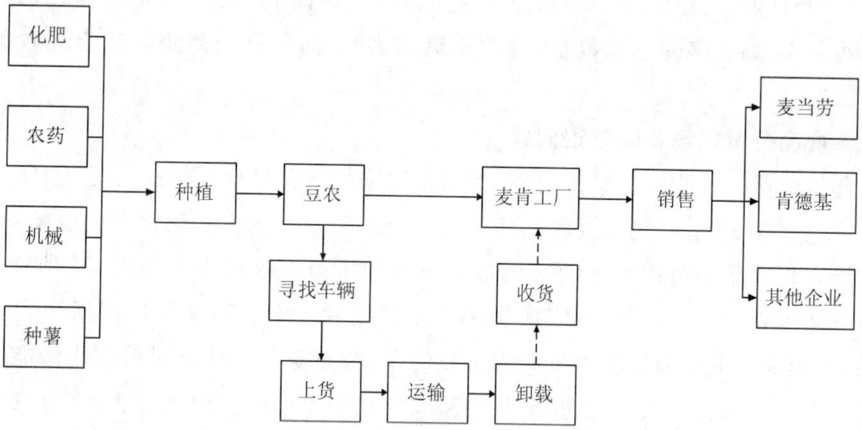

图 3-2-1　整合前麦肯供应链结构

（数据来源：郑明公司内部调研数据整理。）

图 3-2-1 是麦肯食品公司传统薯条供应链结构图，麦肯食品公司正是基于这种供应链管理模式源源不断将薯条配送到东北、华东地区的麦当劳、肯德基营业点。但是这种传统供应链管理模式在供应链管理成本和物流成本的不断提升及客户服务质量要求不断完善的背景下急需改变。麦肯原有薯条供应链从上游土豆种植、采摘、包装、运输开始，到检验、收购、加工制作成薯条半成品及储存，再到末端下游的销售、配送等环节都存在一些问题，严重影响物流效率和客户服务水平，麦肯供应链存在问题解析如图 3-2-2 所示。

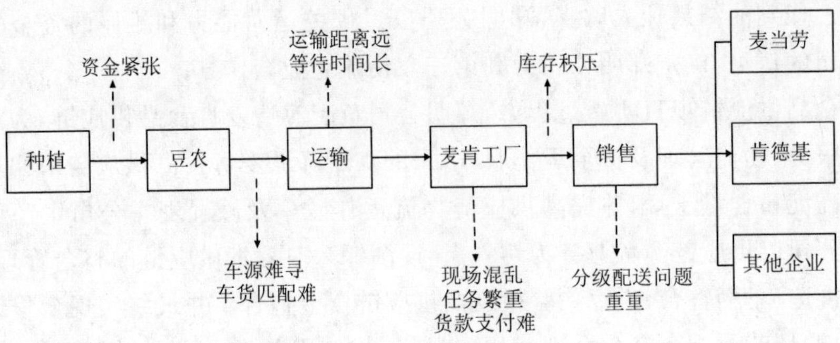

图 3-2-2　麦肯供应链问题剖析图

（数据来源：郑明公司内部调研数据整理。）

1. 土豆运输问题

豆农除了负责种植土豆之外，还要在土豆成熟时负责将土豆运送到麦肯土豆收购中心，从田间到收购中心约 20 个小时车程。采用的运输方式包括两种：自有车辆运输和租赁车辆运输。由于农户自身水平限制不足以运输如此多土豆，租赁车辆就成了农户运输土豆主要方式，租赁车辆类型分为两种，较正规的第三方物流运输车队和非正规的民间自有车辆。第三方物流运输车队由于其能够提供较为标准的物流服务受到麦肯公司的青睐，但其较高的收费标准却让农民在选择车辆时望而却步。基于这种前提条件，民间自有租赁车辆受到很大欢迎，但是由于该类车辆规格不一，难以管理，给麦肯收购带来不小的问题。土豆成熟季节集中在 8—9 月份，每年到这个时期种植农户就到处寻找车辆以便及时将自己的土豆运输到麦肯收购中心，如此多的土豆数量，寻找车辆成为难题，并已经严重影响土豆收购质量和农户收益。

2. 麦肯食品公司现场收购管理问题

麦肯食品公司的收购中心紧挨仓库，严格说收购场地就是仓库前一片空地，每年麦肯公司都要在这里完成 20 余万吨土豆收购任务，每天要完成 100～140 辆货车的收购，如此大的收购规模给麦肯食品公司物流采购人员带来不小的压力。收购中心遵循着“排车—验质—过磅检斤—卸车入库—结算”流程完成每一车土豆收购。土豆的季节性因素决定了其必须集中收购，致使采购中心前排满大量载满土豆的车，按照麦肯食品公司现有收购能力不能将每天排队的土豆全部实现入库，给排队等待验收的在车土豆造成很大危害，土豆变质问题已很严重影响豆农收益。据估计，司机现场等待时间平均在 2 天左右，相较于 1 天运输时间显得很长。此外，运输司机素质普遍较低，夹号、插队现象严重，甚至偷土豆、偷车油、偷轮胎等事件也时有发生。麦肯食品公司核心竞争力是企业的生产能力，因此对于土豆收购环节没能安排更多资源，增加采购人员或者采购渠道都会增加成本，这对其收购管理提出挑战。

3. 薯条库存积压严重

麦肯食品公司库存积压来源两个方面：上游的土豆原材料库存和下游的薯条产成品库存。上游土豆原材料库存受土豆收购季节的影响，土豆供给期集中在特定的时间，而土豆生产需求则相对稳定。麦肯食品公司下游客户麦当劳、肯德基、德克士在供应链中的强势地位决定后者按照市场需求采购成品薯条，麦肯公司为了提升客户满意度不得不增加安全库存。

库存积压严重影响库存周转率,并占用大量流动资金。

4. 麦肯食品公司下游配送难

麦肯食品公司库存集中于各区域配送中心,配送方式依赖第三方物流企业,这些企业规模、经营理念、诚信水平存在差异,造成麦肯食品公司的下游配送没能形成完整高效的物流配送网络,物流配送时间长及产品损坏率高成了麦肯配送网络致命的缺陷。此外,物流外包引起的合同问题影响麦肯公司与物流公司协同管理。

5. 麦肯食品公司资金管理困难重重

麦肯食品公司在豆农种植前会预付 30%账款,土豆收购三个月后逐渐与农户结清尾款。麦肯食品公司根据品质高低把土豆分为几个等级,一等品的土豆价格最高,每吨 1 300～1 550元左右;而破损较严重的土豆,每吨只有 650～780 元的价钱。按照每吨 1 500 元计算,20 万吨的土豆采购,麦肯公司需要准备 3 亿款项。从麦肯的年度生产成本报告中可以发现,土豆采购成本占到麦肯薯条生产总成本的 70%多。公司融资方式依赖银行贷款,还有外汇汇率变动的风险,高额的财务费用成了麦肯食品公司不小的财务负担。

(二) 供应链整合策略

根据以上麦肯食品供应链存在的问题,郑明公司都给出策略应对。

1. 麦肯项目切入点——供应链金融

麦肯公司寻求郑明公司合作初衷在于为其提供专业物流运输与仓储服务,合作初期麦肯公司仅希望郑明物流能够在土豆采购运输及薯条仓储配送方面有所改善,但在深入合作之后,郑明物流发现麦肯供应链最严重的弊端在于资金问题,包括预付 30%账款及土豆收购结束后余款结算,采购资金量非常大,给麦肯带来不小财务负担。基于此,郑明物流建议与麦肯公司深化合作,不仅为其提供专业物流服务,还提供专业供应链管理方案。正所谓"兵马未动,粮草先行",解决麦肯公司 30%预付账款首当其冲。郑明提出的解决策略是采购执行,采购执行业务模式属于供应链金融业务之一,其本质在于郑明物流作为供应链物流整合商代替麦肯公司完成采购业务,实现资金垫付功能,具体流程如图 3-2-3所示。

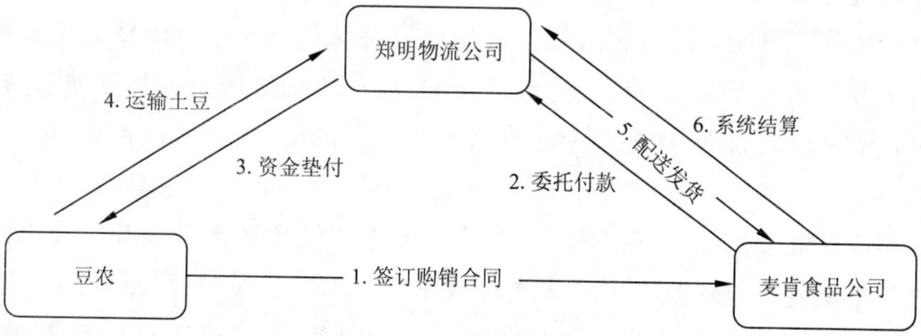

图 3-2-3　郑明公司采购执行流程图

(数据来源:郑明公司内部调研数据整理。)

2. 车辆整合方案

公司专门开发车辆招标平台,符合条件车辆都在平台登记信息,确认车辆符合标准后系统会自动将车辆纳入运输车辆范畴中。公司还开发车辆调度系统，利用GPS技术实现全程物流运输可视化，并优化车辆运输路径。形成专业的运输团队，合理安排了运输计划与时间，做到有组织有纪律有方向。并且设定了运输质量标准，杜绝超载现象。在保证满足车辆需求的情况下，疏通道路，缓解操作人员的工作强度，尽量避免了到达目地地后盲目、无序等待的现象。通过对车辆资源整合，郑明物流迅速扩大运力规模，随时随地满足土豆采购业务和产成品配送业务，不但有效解决运力不均衡问题，对物流服务质量的改善也相得益彰，车辆调度平台如图3-2-4所示。

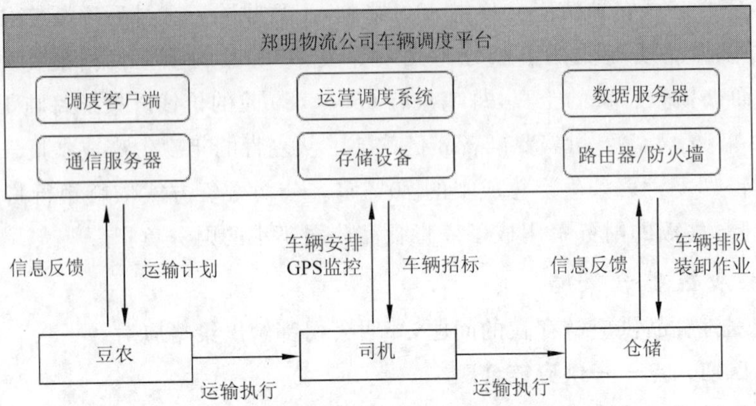

图3-2-4 郑明物流车辆调度平台简化模型

（数据来源：郑明公司内部调研数据整理。）

3. 收购环节——SOP管理

郑明公司为麦肯食品公司制造一套全面的SOP管理，将区域根据到货后的作业流程如卸货、质检、称重、移库等，进行依次划分，每个区域根据工作量繁重配置工作人员，这样既保证各区域独立运作，又能很好地衔接，效率大大提高。而对于各个流程的操作也进行了标准化规定，以减少操作失误，保证安全性。此外，加大检验检疫力度，做到土豆进库前无损、无害、无变质的目标。

4. 物流配送环节

郑明公司建立三级配送网络完成麦肯食品公司薯条配送。以哈尔滨为中央配送中心，二级配送网络节点涵盖天津、北京、上海等省会城市，三级配送网络节点延伸至城市各行政县区。通过物流网络规划，做到配送中心、库、车与线路的集约、有效衔接，实现了对下游客户的敏捷响应。

通过对供应链资金整合、运输车辆整合、人员整合以及收购环节的规范化管理，郑明公司在麦肯食品供应链管理发挥的作用从最初单环节合作到全面整合，而对麦肯食品供应链整合从复杂化到简单化跨越，麦肯食品公司将非核心的采购业务、运输业务、检验检疫及仓储配送业务外包给郑明公司，集中资源发挥生产优势。经过实施完成供应链整合策略之后，麦肯食品供应链呈现扁平化结构，如图3-2-5所示。郑明公司在麦肯食品供应链中已发挥不可代替的作用。

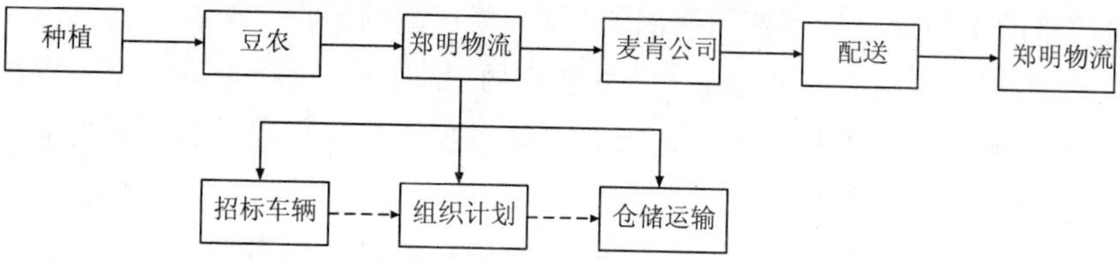

图 3-2-5　整合后麦肯供应链结构

（数据来源：郑明公司内部调研数据整理。）

（三）供应链物流整合效果

郑明公司对麦肯食品供应链项目的整合在供应链资金运作、车辆整合、土豆收购检验检疫及物流配送都取得很好的效果。在供应链资金运作方面，明显缓解麦肯食品公司资金紧张问题，麦肯食品公司将资金应用于扩大土豆生产及产品安全检测方面，保障食品安全问题。此外，农民收款账期从 60 天缩短到 15～30 天。

车辆整合效果也显而易见，在用车数量、排队等待时间、运输监管、土豆损失、货物超载等方面做出很大改善，具体见表 3-2-2。

表 3-2-2　车辆整合效果

整合指标	整合效果	整合指标	整合效果
用车数量	从 2 000 辆减少到 1 200 辆	土豆损失	土豆损失量大大降低
排队等待时间	从 48 h 缩短到 8～12 h	货物超载	无
运输监管	全程可视化监管		

（资料来源：郑明公司内部资料整理。）

现场收购利用 SOP 管理手段明显提升土豆收购效率，降低土豆损坏率，提高收购土豆的含淀粉量。此外，郑明公司利用完善的物流配送网络对麦肯食品供应链项目半成品和产成品的配送也取得很好收益。

四、供应链物流整合能力的形成

郑明公司在具体项目实践过程中形成的核心竞争力体现为供应链物流整合能力，包含管理技术能力和信息技术能力两个层面。管理技术能力的形成是通过对内部组织结构调整、企业制度创新和业务整合管理一系列内部调整举措相互协调下完成的，而信息技术能力是通过对企业物流信息系统的升级改造和物流技术的创新应用下实现的。通过将“软件”系统（管理技术能力）和“硬件”系统（信息技术能力）相结合，形成对供应链物流整合能力培育的有力保障。

（一）组织结构由职能型转变成矩阵型

郑明公司改革之前组织结构为职能型结构，根据业务职能将企业划分为运营部、财务部、营销部、人力资源部、技术部和风控部，将企业业务活动划分为不同类型。职能型组织结构优势在于能够有效促进劳动分工，各部门各负其责，最大化其专业知识运用。但其劣势也很明显，领导权力过于集中和管理方式过于僵化抑制员工上升空间，影响员工积极性。另外,部门间严格的工作分工导致部门隔阂的出现,严重影响工作效率。

郑明公司进行商业模式创新之后,将组织结构由职能型转变为矩阵型。以项目管理制度维持权力分配和沟通的平衡。矩阵型组织能够增强信息共享程度和资源配置效率。项目从一开始就已经明确组织目标,员工很清楚自身角色定位。项目取消相对容易,取消后项目各人员重新回到原岗位,或者再参加其他项目,组织结构对比如图 3-2-6 所示。

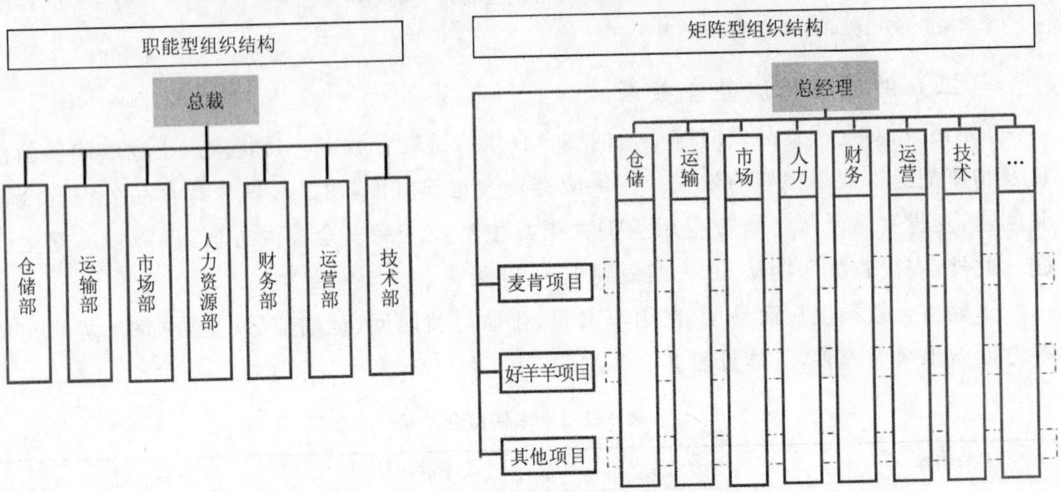

图 3-2-6　郑明公司组织结构转变前后对比

(数据来源:郑明公司内部调研数据整理。)

(二)企业制度创新

郑明公司企业制度创新反映在企业文化、规章制度和绩效考核三个方面。

——企业文化。公司将"开放、信任、创新、成就"归纳为企业价值观,要求公司领导和员工坚守"开放创新"的精神体制,不固步自封,始终保持"海纳百川"的胸怀。无论公司发展战略作何调整,"以客户为中心"的经营理念亘古不变,在价值创造过程中与客户站在同一水平线上,以客户立场思考问题,而在价值传递过程中确保服务质量,甚至超过客户服务预期目标。

——规章制度。公司对规章制度的制定非常严厉。大到公司发展战略调整、小到员工礼仪卫生都有相关制度规定。尤为特别的是成立卫生检查小组,每天早上九点半对公司每一位员工进行个人着装和办公桌卫生检查。公司规定员工着装得体大方,不得穿短裤、拖鞋上班,不能在公司内部吃早餐、零食,一经发现扣除相应分数。在这种规章制度影响下,郑明公司内部员工精神焕发,谈吐优雅,充满自信。

——绩效考核。自从将组织结构调整为矩阵型后,对中层管理人员和员工激励作用效果十分明显。进而公司发布《上海郑明现代物流有限公司员工绩效考核管理办法》,以文件形式规范企业绩效考核管理。各层领导及员工自觉遵守绩效考核管理办法,统一明确管理人员和业务人员职责范围和考核准则。每月以积分制的形式给管理人员和业务人员打分,员工超额完成任务会有积分奖励,每月任务不达标则扣除相应分数,每月底进行结算,按照积分多少进行奖励。

（三）业务整合管理

郑明公司将原先业务整合成五大业务：冷链物流、汽配物流、电商物流、商贸物流和供应链金融。以干线、仓储和市配为主的全程冷链服务根据客户需求提供全程冷链及相关衍生服务（分拣、包装、加工），具备一车多温带技术。通过干线运输、冷库仓储、市区配送完成全程冷链配送服务。为客户提供衍生服务，如订单整合、冷冻货物分拣、包装等，安全、绿色、全程冷链为消费者提供可靠、品质、贴心的冷链服务。汽配物流主营干线运输、市内短驳运输、厂内短驳运输、仓库管理、仓库增值服务、供应链方案设计等。电商物流以进出口物流与贸易、国内冷链专线、生鲜宅配、医药化工及仓储运输为主要服务模式，拥有损腐率控制及“最后一公里”解决等技术，目前已与阿里巴巴、东方航空公司、淘宝、天猫、京东商城、顺丰优选、1 号店、天天果园、优安鲜品等多家电商企业合作，形成了一、二线城市完善的电商物流网络。商贸物流以快消品仓储和配送为主要服务模式，服务客户主要包括超市、便利店、客户总仓以及分销商等，根据订单计划和客户类型合理进行运作，保证客户物流链的顺畅，在物流环节为客户战略发展提供有力的保障。而供应链金融业务已发展成为集贸易执行、贸易结算和供应链融资为一体的供应链金融服务。

（四）物流技术应用升级

公司花费巨资升级公司物流管理信息系统，引进高素质技术人才，已经形成专业的物流技术应用团队。通过不断技术积累，公司 2013 年通过上海市技术水平认定。2015 年 9 月中华人民共和国人力资源和社会保障部、国家博士后管理委员会批准郑明成为国家唯一物流行业的博士后科研工作站。公司物流技术应用不仅表现在系统开发上，物流业务新技术的应用也受到青睐。物联网技术在冷链多温控运输环节的应用、二维码技术在票据管理和仓库管理中的应用等项目都在紧锣密鼓的进行中，一旦项目得到突破，将大大降低公司运营成本和管理成本。

从最初制定供应链解决方案提供商愿景，到一步步摸索公司核心竞争力的培育，郑明公司建立起来的战略实施步骤走得独特而艰难。现今郑明公司企业面貌焕然一新，展现出一副由弱到强的发展风貌。承接供应链项目也越来越多，公司营收结构中，运输、仓储收入比例呈下降趋势，而供应链管理服务业务收入明显上升。供应链物流整合能力帮助郑明公司脱胎换骨，实现飞跃。

撰稿人：黄郑明　上海郑明现代物流有限公司董事长、总裁
储雪俭　上海郑明现代物流研究所所长
杨新林　上海郑明现代物流有限公司副总裁
李聘飞　上海郑明现代物流研究所助理研究员

案例 3　荣庆物流:打造中国合约物流的领跑者

一、企业简介

荣庆物流供应链有限公司成立于 1997 年,总部位于上海,是一家多元化发展的中外合资企业,注册资金 5 亿元人民币。现已发展成为一家集冷链、普货、化工三大核心业务,分支机构 120 余家,运营网络覆盖全国 1500 多个城市,主营业务涵盖干线运输、仓储、包装、终端配送、供应链解决方案等,辅营业务包括驾驶员培训、汽配供应、维修、冷藏箱生产等。荣庆物流是在全国拥有 50 多万平方米仓储资源,1500 余辆自有车辆,员工总数超 5000 人,年吞吐货量超 600 万吨的国家 5A 级大型综合物流企业。

荣庆物流始终秉持"客户至上,以人为本"的经营理念、打造"专业、安全、高效"的运营体系、以"递送绿色,共享健康"的企业使命,为客户提供仓干配一体化综合物流供应链服务,致力于成为中国合约物流的领跑者。

荣庆物流通过了 ISO9001 质量管理体系认证和欧洲 RSQAS 道路安全认证。2014—2015 年,荣庆物流被评为"中国冷链物流百强企业第一名""冷链物流五星级企业""中国食品物流 20 强企业第一名",荣庆物流还是《食品冷链物流追溯管理要求》国家标准示范企业、《药品冷链物流运作规范》国家标准试点企业,"中国冷链物流服务行业十大创新企业""中国冷链十佳综合物流服务商""2014—2015 中国医药物流行业优秀物流服务商""医药电商物流最佳服务商"。

近年来,荣庆物流为适应快速发展的市场需要,不断提升、强化信息化管理水平,自主研发了客户管理、运输管理、承运商管理、办公决策管理四大系统平台,将各项经营、管理活动均纳入强大的信息管理系统,不断推动企业管理向科学化、信息化快速发展。荣庆物流与临沂大学展开校企合作,共同创建冷链物流研究所、冷链物流科研基地和荣庆物流学院,不断研发物流新技术和培养物流专业人才。荣庆仓库内部如图 3-3-1 所示,整合管理平台如图 3-3-2 所示。

图 3-3-1　荣庆物流仓库内部图

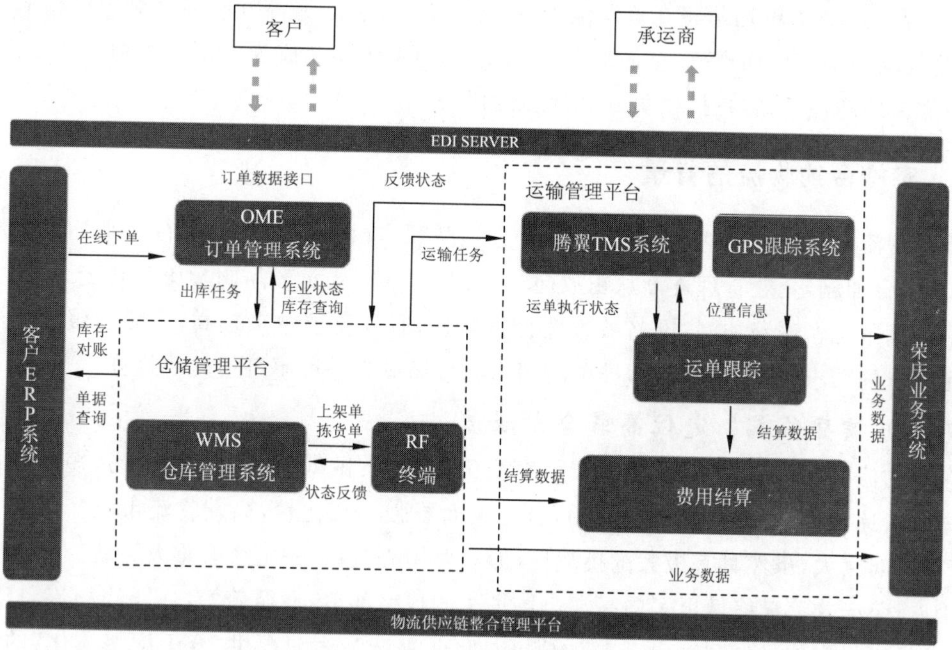

图 3-3-2　物流供应链整合管理平台

2015 年 9 月，荣庆物流与韩国 CJ 大韩通运携手，利用双方高度互补的优势资源，在深耕国内市场的同时开启国际化的发展道路。双方签约，如图 3-3-3 所示。

图 3-3-3　荣庆物流与韩国 CJ 大韩通运签约仪式

CJ 大韩通运隶属于 CJ 集团，是韩国最大的合同物流和快递公司，拥有完善的国际物流网络。近几年在中国的各项业务发展迅速，为了进一步完善在中国的战略布局，大韩通运确定了与荣庆物流合作的战略，并将此作为中国乃至全球物流市场拓展的重要战略步骤。

此次合作，CJ 大韩通运将在资源配置、市场拓展、人员培训等方面加大对荣庆物流的支持，必将推动荣庆向更加规范、全面的方向发展，助力荣庆物流成为中国合约物流的领跑者，创造双方新的辉煌，为客户提供更好、更优质的服务。

二、实施合约物流的背景

随着物流业发展增速的放缓，市场竞争日趋激烈，价格战日趋频繁，行业平均毛利率下滑，产业整合加剧，企业管理逐渐从粗放向精细转型升级，从卖产品向卖服务转变。同时，客户自身的竞争也在逐渐加剧，价格敏感性日益增强，服务要求越来越高，一般的服务已经难以满足客户的需求。这些都表明，进军高端物流市场成为一种不可逆转的趋势。

（一）摈弃低端，定位高端合约物流

荣庆物流早在创立之初，公司高层就有明确的意识：做低端市场固然容易，短时间内也可以做到快速发展，但缺点也是明显的，就是大而不强。相比较，高端物流市场需求日益旺盛，市场空间巨大，虽然具有极大的挑战性，但只要用心去做，一定会有重大突破。

因此，荣庆物流最终做出了向高端市场进军的战略部署，遵循着“专注合约物流，打造贴心服务”的市场定位，坚守“客户至上”的服务理念，竭诚为客户提供“仓干配一体化”的优质服务，在赢得客户高度青睐的同时，也推动企业迅速做大做强。目前，荣庆物流已发展成为一家以冷链为龙头、普冷化协同发展的国家 5A 级大型综合物流企业。

（二）高起高打，驶入发展快车道

定位高端市场，意味着要服务高端客户，在高起点、高要求下提供高水平的服务。作为服务性企业，荣庆物流不断强化自己的内功，加强企业综合管理，提升服务水平，竭诚满足客户需求，在合约物流领域树立起了行业标杆。

在日常的运营操作中，荣庆物流始终追求运营优异的管理导向，针对运营过程的各个环节、各个岗位，制定严格、细致的操作规程和作业标准；强化人才管理，开展全员培训，推行持证上岗制度；实施货物全生命周期管理，使全程各环节运营操作严格而精准；对承运商分供方车辆实施严格管理，制定完善的考核标准并定期进行评价考核等。

客户是企业生存和发展的源泉，市场的竞争实质上就是客户资源的争夺。在激烈的市场竞争中，荣庆始终坚持服务领先的基本理念，针对不同客户组建相应高水平的专业项目团队予以支持，根据客户差异化需求，量身定制个性化、综合性和一站式整体解决方案。

项目团队提供严谨而专业的全程项目跟踪服务，从前期调研，到服务方案制定、项目管理培训、现场模拟，再到试行操作，最后全面推行，整个方案执行过程中，不断反馈，不断改进，不断提升，直至客户满意；项目团队力求做到让客户享受“7×24 小时”全时段、全方位快速响应，来自客户的任何信息都能够得到迅速反馈和及时处理。

正是由于高起高打，最终，荣庆物流以卓越的服务赢得客户的信赖，与多家世界 500 强企业和跨国公司及国内知名企业建立了长期友好的合作关系。

（三）价值为王，与客户协同发展、合作共赢

在高端合约市场拓展方面，荣庆物流始终坚守自己的理念，即：摒弃低端市场粗暴的价

格竞争,而是重在追求服务的价值,从而做出了定位高端市场的战略部署。

为此,荣庆物流多年来努力地强化创新,不断超越自己,以创造更大的价值:于荣庆而言,自己单独发展远远不够,与客户协调发展、创造共赢才是最大的价值所在。

荣庆物流将"客户至上"的经营理念贯穿到企业管理的每一个细节中,如视客户为上帝,不准怠慢客户,不准敷衍客户,不准欺骗客户,竭诚为客户提供量身定制的个性化服务。同时,尽可能多地向高端客户提供基础功能之外的附加价值。对此,荣庆物流还为客户提供了货到付款、签单返回、货物暂存、市内取派等增值服务,从而使客户享受到更优质的服务体验。

荣庆通过不断强化与客户的协调发展,例如,随着市场集中度不断提高,一些大客户的业务模式发生改变,随即对物流的需求不再局限于简单的仓储或运输,而是倾向于"仓干配一体化"的综合物流的服务。为此,荣庆与很多客户达成共识,为了配合客户的要求,荣庆也相应做出调整,努力向"仓干配一体化"方向转型,为客户提供贴心的"一站式"物流解决方案,深受客户的好评。

作为合约物流提供商,与客户协同发展、合作共赢是荣庆物流当前乃至今后的重要发展战略。

三、荣庆合约物流的主要业务

荣庆物流专注于合约物流领域,目前,业务涵盖冷链、化工、普运三大板块:

(一)冷链物流

冷链物流,是荣庆物流赢得市场的重要法宝,也是其多年一直坚守的主业之一。

从1985年创业,到2004年正式开展冷链业务,通过短短几年时间,就在市场上初步打出了荣庆冷链的品牌知名度。2008年入选奥运会物流服务商,2010年入选上海世博会物流承运商,更让荣庆冷链得到了锤炼和检验,成为冷链业务快速发展的催化剂。2011年荣庆物流制定发展战略,正式将冷链业务确定为三大支柱业务中的龙头业务。现在,根据市场发展总体趋势和客户需求,荣庆正大力发展冷链仓、干、配一体化服务,以迎接即将到来的快速发展战略机遇期。

作为最重要的冷链物流资源之一,荣庆物流目前拥有1500多辆运输车辆,其中包括490余辆各种型号的冷链车辆,在业内处于领先的地位。近年来,荣庆仓储资源的增长速度非常迅速,目前自有仓储资源面积已达50多万平方米,其中冷库10余万平方米。这些都是荣庆近年来在冷链物流领域着力打造的核心竞争优势。

荣庆物流定位中高端市场,服务大客户,为客户量身定制个性化服务方案。一直坚守"24×7×365"的服务理念,即全天候、全时段、无节假日服务,随时为客户提供严谨而专业的全程项目跟踪服务,努力成为客户"最值得信赖的冷链物流服务专家"。

2014、2015年,荣庆物流连续两年被中国物流与采购联合会评为"中国冷链物流百强企业第一名",作为冷链物流市场的领跑者的地位和实力逐渐得到凸显。

(二)化工物流

2006年,荣庆开始操作危化品运输业务,拥有除第一类和第七类高危化学品以外普危化学品运营资质，服务范围极为广阔。目前荣庆化工物流已建立较为完善的 QEHS 管理体系，通过 ISO9001 质量管理体系以及欧洲 RSQAS 体系认证。

荣庆化工物流拥有 1 万余平方米的危险品仓库，拥有危险品运输车 290 余辆，其中危险品厢式车 160 多辆，危险品温控车 70 多辆，危险品飞翼车 50 多辆，能够提供全国普通化工品运输、全国危险品货物运输、全国温控普通化工品运输、全国温控危险品运输，拓展了配送网络的深度和广度，进而实现全国范围内的有效配送。

此外，荣庆化工物流目前拥有一支涵括 2 名化工物流专家、4 名国家安全注册工程师、4 名道路客货运输企业管理人员、5 名专业危货运输安全管理员及 300 多名持证上岗的专业化工操作人员的强大专业人才团队，为从事化工物流提供了重要保障。

在管理方面，荣庆化工物流已经建立了较为完善的 QEHS 安全管理体系，成立了专门的安全生产管理委员会和应急响应救援领导指挥小组，形成以总经理为领导的、以 QEHS 部门为核心的异常事故汇报网络，顺畅事故汇报通道，缩短救援等待时间；制定系统的应急处理流程，明确对岗位人员的职责，增强应急救援时效；实行安全培训、安全检查、事故预防、事故处理等于一体的安全生产责任制。

荣庆高度重视化工物流安全培训，让全体员工时刻保持一个安全环保的意识，融入每一个工作细节：通过定期召开安全事故分析会，把所有企业曾发生的各种案例用生动、震慑人心的形式讲述；每年会组织全国各分公司安全责任人、EHS 管理人员的安全培训，内容包括 SGS 防御性驾驶等，并不断强化消防、救援、泄漏事故应急演练，以提高应急处置能力，把灾害降至最低。

近年来，荣庆除自建应急救援体系外，每年定期邀请客户巴斯夫、陶氏等世界 500 强企业及同行企业举行联合应急演习，定期邀请政府相关部门如嘉定消防支队等单位给企业举办消防及应急培训，取得很好的实效。

正是长期以来在专业化方面的坚持以及对安全和责任上的坚守，荣庆的化工物流才能在激烈的市场竞争中脱颖而出，并使得陶氏、巴斯夫、亨斯迈、拜耳等国际知名化工企业对荣庆物流的专业服务高度认可，也因此获得这些合作伙伴颁发的多种奖项和荣誉。

（三）高端普货

荣庆物流自 1985 年创立起，到 1998 年与德国威图电子签订荣庆第一份物流服务合约，正式开始将目标市场定位于高端普货物流。此后十数年，荣庆的知名客户名单不断加长，高端普货的业务规模和服务品质也不断提升，获得了众多客户的高度认可和赞誉，也让荣庆在业界留下了良好的口碑。

荣庆物流定位高端市场，服务的客户很多都是世界 500 强企业。定位高端市场，意味着面对的是高端的客户和多属于“高、精、尖”范畴、价值较高的高端货物，也意味着在高起点、高要求下向他们提供高水平的服务。

对此，荣庆物流始终将“质量至上、运营优异”作为最终制胜法宝，针对运营过程的各个环节、各个岗位，制定严格、细致的操作规程和作业标准。坚持开展全员培训，晨训、周训、月训相结合，推行持证上岗制度，确保所有上岗员工都能熟悉岗位作业标准、要求和作业规范。

荣庆物流以其先进的服务理念，专业的服务水准，优异的运营管理，赢得了威图电子、施耐德电气、莫仕电子、西门子、卡特彼勒、3M、博世、香奈儿、欧莱雅等一大批国际知名企业的赞誉与青睐，荣庆高端百货仓储业务如图 3-3-4 所示。

图 3-3-4　荣庆高端百货仓储作业

四、荣庆合约物流的运作模式

（一）食品物流运作模式

M 公司创建于 1911 年，是全球最大的食品生产商之一，素有“食品行业里的宝洁”之称，旗下拥有众多世界知名的品牌。

M 公司是荣庆物流重要的合约物流伙伴，双方已建立起多年的业务与合作关系。荣庆贴心的服务意识、精准的服务定位、优异的运营规划和方案设计、高效的执行能力等，持续赢得了 M 公司高层的高度赞誉，多次荣获 M 公司最佳承运商表彰。

1. 受理环节

(1)M 公司委托

M 公司通过渠道，了解到荣庆物流的信息，并通过电话咨询、现场考察等方式，全面了解荣庆公司的情况，包括运营资质、运输设备、仓储条件、管理水平等。

在深入沟通后，M 公司委托荣庆完成货物物流相关业务，并针对该项业务提出更详细的业务要求和操作标准。

(2)呼叫中心受理

在接到 M 公司的咨询后，受理中心迅速做出回应：

① 如实解答 M 公司提出的各种问题。

② 提供对方所需验证的资质材料。

2. 解决方案设计环节

荣庆物流接到委托后，根据 M 公司的要求，第一时间组织项目研讨，制定适合 M 公司特殊情况的物流运作方案，在征得 M 公司再次修改、完善后，确定运行方案，大致分两个步骤：

第一，客户下订单后，客服接收订单信息，下预订单并确认；监理接受任务分配、分单中心分单到派车机构；调度中心派车；监理检查装备并找到提货车辆，在得到调度发车确认后，随车前往客户处提货。

第二，到达客户处，监理跟客户发货人实施对接沟通，并指导客户填写工作单；监理检查货物及外包装并清点核实货物；双方签字确认工作单，监理把发货人联交予客户；监理录入基本工作单信息、制作标签并贴标签，装车运回，流程如图 3-3-5 所示。

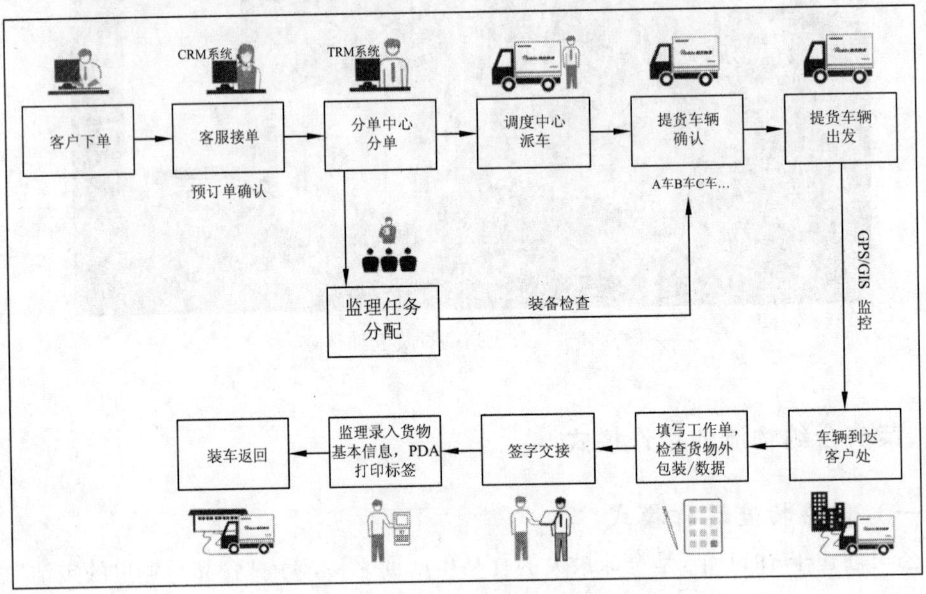

图 3-3-5　荣庆食品物流运作主要流程图

3. 仓储环节

货物从接货到仓储，从运输到终端客户各个环节，始终使其处于 M 公司要求的特定温度环境中，这就要求低温链条不断链、无缝隙的运作方式。

(1)接收验收。在库区建立独立“对接月台”，温度始终保持在 15°～18°。需进出货时，启动相应设备，将温度始终保持在货物要求的温度、湿度环境中，建立了库房与运输车之间的保障通道，保证了货物仓储环节的无缝对接。

(2)库藏节点。对影响货物储藏的潜在危险进行全面排查与管控，包括温度、湿度在线监控，制冷设备故障在线监控、出入库在线监控、现场电力在线监控等，保障货物储藏的正常进行。

(3)发货节点。对发货单、配货任务单等各种单据实施数字化管理，同时采用条码管理技术以核查发货过程中 M 公司信息及货物件数的准确性，如发现不符，运输车监管系统会自动发出提示警报。

4. 运输配送环节

(1)货物在途。全程温控，如箱内高温敏感点、低温敏感点和最大不均匀度敏感点等；

GPS系统监控车辆运行轨迹，实施全程在线管控，实时了解配送情况，以便出现故障及时采取“应急预案”、及时处理。

（2）货物配送。针对多站点配送情况，对每辆运输车辆实施全程实时监控，如货物情况，多配送站点的配送时间、卸货操作时间，以保证卸货的准确性，如出现误差，则及时出现警报以提示核查。

（3）客户签收。运输车辆配备实时打印设备，客户可以对运输途中的在途温度实时打印，目的在于监控车辆运输温度，确保货物运输质量，更好地服务客户，仓储运作流程如图3-3-6所示。

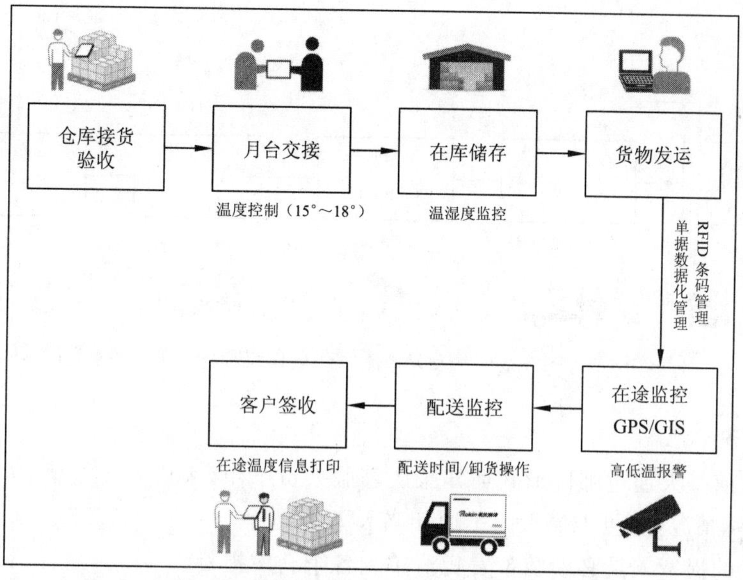

图3-3-6　荣庆食品仓储运作主要流程图

（二）医药物流运作模式

荣庆物流于2007年开始运作第一个医药项目：上海国药，随着冷链物流的发展和新版GSP的颁布，荣庆物流于2013年8月成立医药项目部统筹规划管理医药项目。

目前服务的客户有上海医药、中国医药、葛兰素史克、费森尤斯等20多家国内外知名企业，终端配送覆盖3000余家医院和药店，医药合作经销商近500家。

荣庆物流医药项目部组织架构如图3-3-7所示。

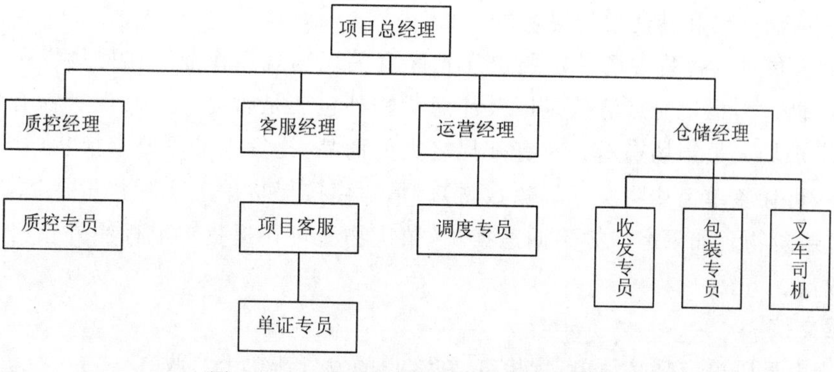

图3-3-7　荣庆物流医药项目部组织架构

荣庆物流的运营操作流程是以 IT 系统为载体，与客户的业务流程形成无缝对接，具体的流程如图 3-3-8 所示。

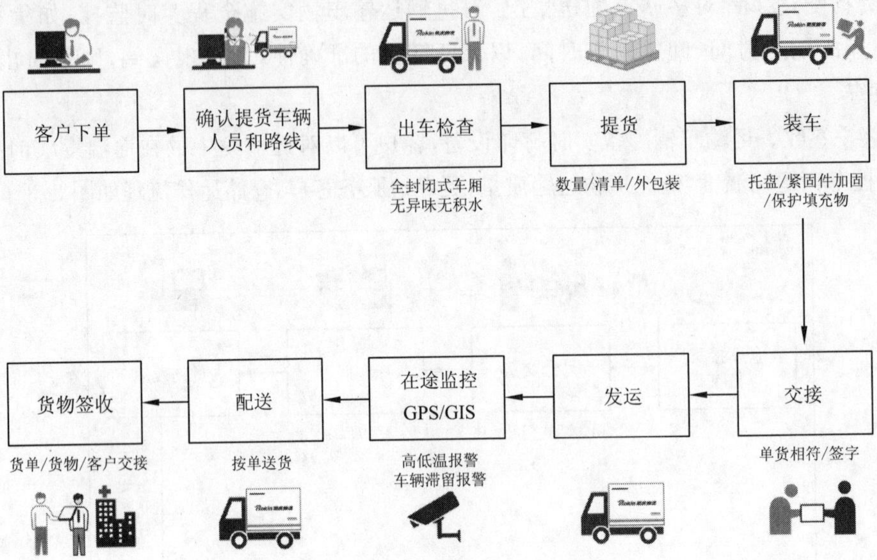

图 3-3-8　荣庆物流医药运作流程图

1. 提货环节

① 客户提前一天通过邮件形式通知荣庆客服人员下单，荣庆安排车辆、人员和专线，于次日提货。特殊情况下，可于当天上午通知当天下午提货。

② 去仓库的提货人员必须携带发货清单到各个仓库提货。

③ 提货车辆必须做好出车检查，使用全封闭的厢式车。车辆要干净清洁，车厢没有异味、无积水。

④ 货物必须以托盘形式装车，并且需要用缠绕膜包裹以后再装车，严禁货物直接放置在车厢内，货物整体放置于托盘上，避免任何货物悬在托盘外的情况发生。

⑤ 整车运输货物必须一横一竖形式装车，托盘标准为 80cm×120cm，100cm×120cm。每托货物间的间距空间必须使用填充物，将两拖货物相互紧贴，使货物不会单独晃动，防止货物在运输途中由于剧烈晃动使托盘移动造成货物外箱挤压，对于容易破损和变形的货物应装在每托最上面，以“大不压小，重不压轻”原则来装货。

⑥ 整车运输严禁和其他货物混装。

⑦ 提货人员进入提货现场一定要遵守仓库有关现场规定作业。在提货人员与客户进行货单签收过程中，提货时点清数量以及注意货物外包装是否完好。发现货物有任何疑问的，可以要求现场人员当场查看。对有破损之类的商品，提货人员可要求换货(如相同品种缺货情况下，可在签单上注明实际提货数量)。承运商按提货单上实际数量提货，提货时不要拆二次包装货物。如果客户方不同意换货，荣庆物流可在提货单上标注外箱已有破损并标注破损数量。

2. 单据交接

① 提货人员所提商品必须单、货相符，在客户的发货清单上签收。

② 发货交接单一式三份，一份承运商现场人员签收完后仓库留存，另两份需随货带走，并在送货完成后一份留给客户，另一份签单将在送完货物两个工作日以内装箱返回上海，驻场人员在货单上注明装载具体托数、箱数。

③ 回单要在签收之日起两个月内返回A客户。

④ 回单是结算货款的凭证，回单应妥善保管，随身携带，不准将回单遗留在车上过夜，如果丢失回单将对此票业务进行罚款。

3. 运输要求

① 厢式车必须配备足够的紧固件加固货物，加固时必须在外箱菱角处加保护块以免纸箱破损。

② 在确认所需运输的货物后，对货物进行包装确保货物在运输途中无破损和遗失。

③ 到达A指定目标地，按要求把货物就位摆放好。

4. 信息沟通

需要与A客户及时沟通的方面有：商品在配送中发生的问题、承运商在配送中的问题、不能按时送达客户；单据、商品等的遗失。

以上异常情况异常承运商必须2小时内反馈给A客户项目部客服专员，不可直接联系终端收货客户，并根据A客户的要求及时返回相关回单，做好破损退货等相关操作。承运商需每天提供商品跟踪信息，意外情况及时反馈沟通。

5. 送货环节

① 按送货单地址送货。

② 不得随意更改送货单位地址，若收货方客户需要更改，必须要客服接到A客户方面邮件指令时才能更改地址。

③ 货单和货物应同时与客户交接。

④ 保持送货单签收的干净整洁(签字、时间、盖章)。

⑤ 如客户签收实收数量，则以实收数量为准。

⑥ 签收时若商品有破损，需及时联系A客户，由A客户与收货方客户进行协调沟通。特别是以医院为最终客户的情况，送货人员必须先电话预约送货时间并且送货态度必须服从，帮客户把货物放好。

6. 送货纠纷

① 司机在送货时应态度友好，耐心。

② 在送货期间如发生特殊情况(如客户刁难等)，必须及时通知客服部，由客服部协调客户解决。

③ 如果客户拒收货品或发生争议，司机应立即与客服部联系，由客服部与客户进行协调，解决送货争议问题。

④ 任何送货司机不能和客户有任何冲突，一切不公的事情由客服部协调客户解决。

7. 货物跟踪

① 货物每天1次跟踪，对于需当天送货的货物需及时跟踪司机，查看送货情况，物流车辆追踪系统动态图如图3-3-9所示。

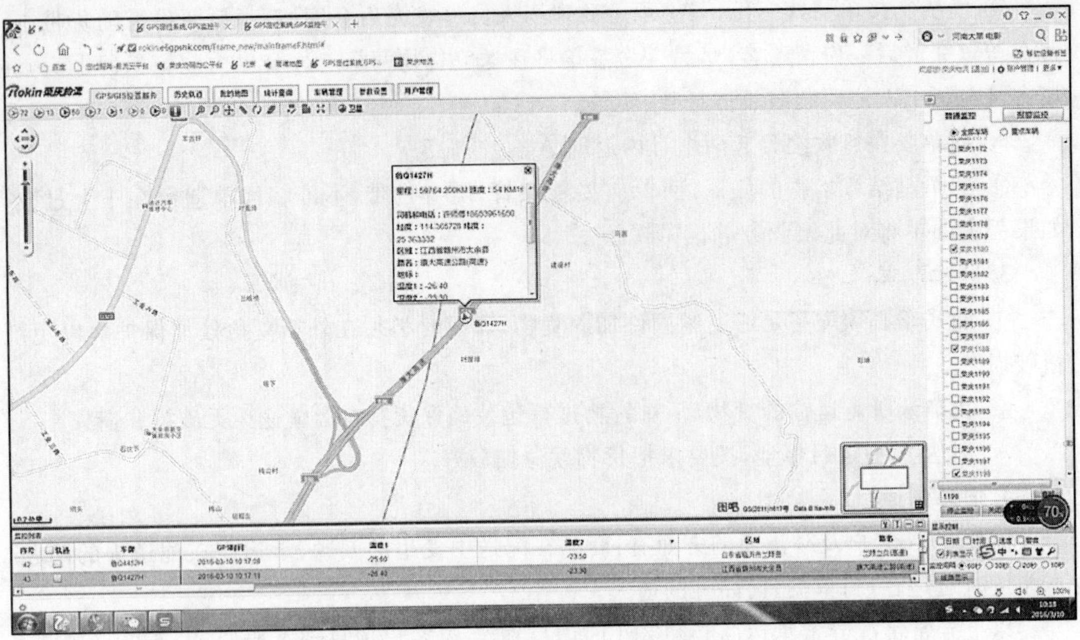

图 3-3-9　物流车辆追踪系统动态图

② 长途车辆不得在同一地点停留 10 小时以上，及时监控。如有意外情况第一时间通知相关客服，车辆温控系统如图 3-3-10 所示。

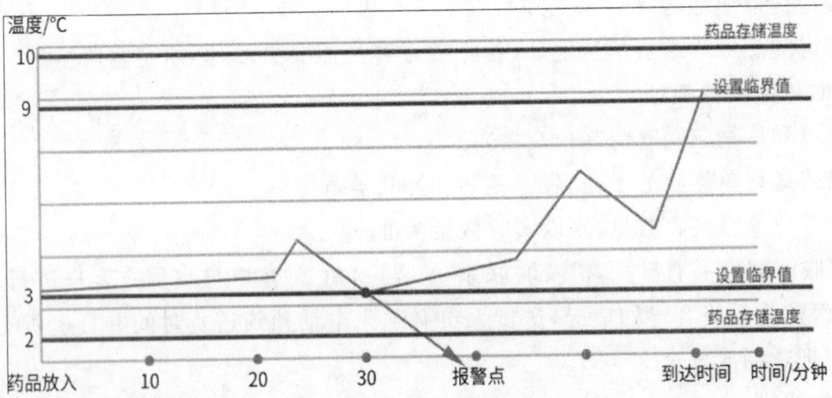

图 3-3-10　医药车辆温控系统动态图

8. 退货要求

对于破损有异常货需统一退货，退货时需做出退货明细，认真核对退货件数，货物包装是否完好以及货物属性。

9. 结算操作

按月结算，每月月底由承运商制作上月结算运费账单供 A 客户核对。每月破损赔付明细由 A 客户方提供给承运商核对，客服专员需每天与客户进行账单核定。

10. 特殊项目要求

特殊货物就位时会用到大型工具产生的额外费用必须第一时间以邮件形式告知 A 客户。

五、荣庆合约物流的绩效分析

（一）合约物流的特征

1. 资源整合化

荣庆物流通过整合自身或外部的物流资源，为客户提供“仓干配一体化”的物流服务。

荣庆现在IT业务系统中已有外部车辆资源20 000余台，现有仓储资源50余万平方米，通过调集自身车辆资源和仓储设施，整合外部运输、仓储等资源，充分调动社会运力，提高企业物流运输效率，降低物流成本。荣庆还通过整合技术资源，对信息系统、RFID设备、自动化设备等进行综合运用，以保证服务质量，提高物流效率，降低运营成本。此外，荣庆每年都会引进并培养一大批优秀的物流专业人才，以整合供应链管理、营销、专业技术等多方面的人才。

2. 个性化定制

荣庆客户可以分为三大类，即冷链、化工、普货，这些客户对物流的需求具有明显的差异化。在某个特定行业中，不同客户自身的供应链模式和物流需求也不尽相同。荣庆物流具有根据客户个性化需求，提供定制化的合约物流服务的能力。

3. 管理项目化

合约物流服务提供商的各个项目的运作模式往往不相同，无法采用标准化管理模式，而需通过组建项目组，进行项目化管理。荣庆在冷链方面，有专门针对医药领域的医药项目部；在化工方面，有专门针对特定客户的陶氏项目部、巴斯夫项目部；在普货方面，有单独进行化妆品物流业务操作的化妆品项目部。

4. 区域性定位

合约物流客户分布具有一定的区域性，荣庆的客户主要集中在东南、华南及沿海发达城市等制造业密集、零售业发达的地区，荣庆物流在全国的网点划分方面专门设有华南区、华东区以及包括天津和北京的华北区。由于近几年制造业内迁的势头加速，以及市场销售端向内地纵深扩展，合约物流客户分布正在逐渐向中西部扩张，荣庆也顺应市场潮流，在成都、武汉、长沙、西安等中西部省会城市成立了分公司，开始进入中西部合约物流市场。

（二）合约物流的优势

1. 有利于节约投资，降低物流成本

大型生产企业自行建立配送中心，需要大笔建设资金，如果利用外界的资源，委托第三方物流即社会化的物流配送中心承担配送业务，大企业就可以将这笔资金用于发展连锁业务和实现技术革新。因此，国外的大型公司不自行建立自己的配送中心。

2. 有利于实现物流现代化，提高企业的综合效益

物流自动化程度高的经济发达国家，配送中心往往采用了作为现代化重要标志的无人自动化高架仓库和自动分拣货物系统。这些先进的物流设施给企业带来的经济效益显而易见。所以，实现物流现代化，是企业生产效率提高的要求，更是社会发展的要求。

3. 有利于为物流网络建设奠定基础

经济向前发展，各行各业实现网络化运营势不可挡。销售网络化，信息网络化，物流发展更应该网络化，这就从根本上解决了配送过程中的距离和路线问题。每个上市公司和大型企业都建立自己的物流网络是不可能的，只有大型的社会化物流中心才能胜任。

分析表明，合约物流公司的出现，才能使物流配送社会化，走合约物流的道路才是企业不断提高经济效益的根本。

六、总结与展望

（一）荣庆的特色：专注合约物流

荣庆30年始终如一实行"专注合约物流，打造贴心服务"的经营策略，为客户量身定制精准化、个性化的物流解决方案，最大优化服务质量。

（二）荣庆的优势：综合信息平台

多年来，荣庆公司一直着力于创建物流办公信息化平台建设，已经成功打造应用TMS系通过、GPS系统、条码扫描系统、资源管理系统、车辆管理系统、签单长传系统、APP应用系统等。

（三）荣庆的未来：规范、创新、提升

荣庆公司未来发展的愿景："成为合约物流的领跑者"，并且朝着这个目标不断地努力着，包括制定清晰的企业经营战略、不断优化企业内部管理、不断规范企业操作流程，已经取得了积极成效。相信，未来在全体荣庆人的共同努力下，一定能成为合约物流的领跑者，并且朝着更高的目标不断前行。

撰稿人：熊星明　荣庆物流供应链有限公司执行总裁
陈彬荣　庆物流供应链有限公司企划部副总监
耿祥伟　荣庆物流供应链有限公司企划部品牌总监
程博竞　荣庆物流供应链有限公司企划部规划专员

案例4　弘信物流:白糖供应链一体化解决方案

一、企业简介

广西北部湾弘信供应链管理有限公司成立于2010年,注册资本5000万,是国内知名的白糖仓储与物流运营商。公司专注服务白糖产业链,致力成为国内领先的白糖一体化库存管理专家。凭借领先的硬件设施、仓储物流网络与管理手段,借助信息化技术,公司为糖厂、经销商、用糖企业、金融机构、商品交易所等提供白糖库存管理综合解决方案。公司目前处于高速发展时期,凭借强大的资源整合能力,公司正在布局全国,打造国内最大的白糖仓储与物流运营平台,为客户提供安全、高效、优质的服务,保障白糖品质、提升供应效率。三年实现营业收入破10亿元,利润3000万。累计贡献税收1300万元。

公司将自有基地、外租基地与外协基地三种模式相结合,在南宁、钦州、扶绥、来宾、泉州、上海等地已建立6所白糖仓储基地,年周转白糖50万吨,其中年存储量30万吨。同时公司利用广西区域外弘信物流的50家服务网点,建立了覆盖全国95%地区的运输及配送网络。结合海运、铁路、公路等各运输方式,为客户提供JIT门到门的运输服务。

公司设立仓储、运输与金融三大服务板块为客户提供一体化的白糖库存管理解决方案。公司目前与东亚、中粮、农垦、南华等大型糖业集团以及可口可乐、娃哈哈等国内外大型用糖企业和白糖贸易商建立了良好的长期合作伙伴关系。凭借优良的服务品质与严谨的管理水平,公司获得了客户的高度认可。

公司目前拥有3所郑商所白糖交割库,库容面积和数量居全国首位。未来公司将在白糖库存管理、贸易融资与物流生态圈三个方向发力,建设白糖仓储网络体系、白糖运输服务体系、白糖贸易融资平台以及物流生态圈供应链平台四大板块,打造国内最大的白糖及快消品物流平台,为中国食品原材料的流通与食品安全保驾护航。

二、企业实施供应链管理的背景

在成立初期,广西北部湾弘信供应链管理有限公司(以下简称广西公司)同大多数国内的中小型第三方物流公司一样,主要是通过购置或者租赁仓库、车辆等运输设施及相关物流设备,为客户提供仓储和运输等基本服务,业务多集中在销售物流环节,主要是产成品的仓储和配送。在广西公司与可口可乐(中国)公司的业务合作过程中,随着与客户合作的深入,公司发现将物流服务从客户的销售物流环节可以延伸到采购物流环节的供应链物流服务上,通过与金融机构合作,运用物流金融为客户在采购环节提供融资支持并建立管理信息系统能够有效地帮助客户降低供应链运营成本和提高供应链服务的质量及速度,进而提高公司的核心竞争力,使得公司能够真正地介入到客户的供应链管理之中，开辟新的利润源。因此广西公司在原有业务基础上，开始根据客户的需求为客户提供以代理采购、物流金融、运输服务、仓储服务、信息服务等为一体的个性化供应链管理服务。

而作为企业核心产业链的白糖是食品饮料企业在生产过程中不可或缺的重要原材料。白糖兼具有工业品和农业品的特点。在白糖的供应链中种植户、制糖企业构成生产环节，负责白糖的种植和初加工；贸易商和政府在流通环节负责收购、储存和销售；而制造商在消费环节负责深加工、出口、终端销售。白糖属于大宗商品，由于白糖具有价格波动大、供需量大、易于分级和标准化以及易于保存和运输的大宗商品属性，白糖可以在期货市场、现货市场两大市场上进行交易。

在白糖生产环节，国内白糖生产的集中度非常高。广西是中国白糖生产最重要的原产地基地，占全国白糖总量的63%，广西在中国白糖市场具有举足轻重的地位。而广西的大型糖厂则占据了广西白糖市场较大的市场份额，具有市场支配地位。白糖生产的季节性决定了白糖的产量，而产业的集中性决定了白糖贸易容易被大型的糖厂所控制。由于白糖生产集中度高，白糖生产集中化、集团化趋势显著，造成这些大型糖业集团在白糖产业链中具有很强的议价能力，使得他们对市场上游的农民及下游的贸易商及用糖企业拥有强势的定价权和对白糖资源的控制权。同时，受国内白糖生产供给和国际市场供求变化的影响，以及国内白糖消费、市场体系和宏观调控等方面的因素，白糖是我国农产品中价格波动最大的品种之一。

由于白糖季节性生产，全年销售的特点，使得大型糖厂需要有计划地储备大量白糖以供全年销售。同时，在面对白糖价格持续走高，白糖供需关系严重不匹配的背景下，这些具有市场支配企业的大型糖厂出于利润最大化的考虑保留了大量的白糖存货。产地集中、资源有限，导致目前中国制糖行业形成强大的卖方市场。糖厂在价格、结算条件等方面拥有绝对强势的话语权，这一点即便是像百事可乐、可口可乐、蒙牛、王老吉等国内饮料行业的巨头也同样无法改变。与之相对应地，白糖物流管理水平长期以来发展缓慢，与快速发展的中国饮料食品行业极不适应。食品行业属于快速消费品行业，具有消费频率高、消费周期短、消费者不断重复购买的特点。因此该行业对供应链的效率要求更高，要求具有快速响应能力。随着该行业在国内的快速发展，快速消费品企业之间的竞争已经发展成为供应链之间的竞争。由于快速消费品单品价值低，利润空间小，快速消费品对物流成本十分敏感。对于这些快速消费品企业而言，如何通过设计高效的供应链系统，运用高效的物流、信息管理技术手段以降低物流成本，提高企业竞争力成为众多快速消费品企业关注的焦点。

A客户是世界知名食品饮料集团C公司的子公司，主要负责C公司非碳酸饮料的供应链管理，除了自营装瓶厂外，A客户也将业务外包给第三方装瓶厂。目前A公司在中国超过20个城市有自建或外包的装瓶厂，分布在全国各地，这些装瓶厂的原材料采购、物流配送、生产计划、销售等所有与供应链相关的业务均由A公司统一管理。

A公司所需要的白糖主要从广西的大型糖厂集中采购。由于糖厂先款后货的交易惯例，白糖采购占用了A公司大量的流动资金。同时受到国内国际经济、生产等方面因素的影响，国内白糖价格不断攀升，白糖采购成本不断增加。另一方面，集中采购的白糖需要分配到分布于国内不同地区的装瓶厂。白糖从产地运达装瓶厂根据区域不同需要15～30天的时间。由于在途时间长，A公司为了保证各工厂的正常生产，必须准备足够多的库存。每一批次的白糖在到达工厂仓库后，还需要采用"十日絮凝法"进行检验才能够投入使用。从白糖供应链的角度来看，白糖从A公司向糖厂付款到最终投入生产需要至少30～40天的时间，A公司不得不承担高昂的库存成本和资金成本。

另外，由于各地装瓶厂的仓库库容有限，一般仅能存放不多于7天的白糖，因此购买的库存白糖需要先存放到第三方仓库，额外增加装卸和短途运输费用。加之A公司的采购难以与生产计划完全匹配，导致跨区调拨白糖的情况时有发生，这又增加了额外的调拨费用。A公司在白糖的采购、库存管理及运输等都遇到了重重困难，使得A公司的白糖供应链陷入了困局。为了帮助A公司优化白糖供应链的流通效率与管理水平，降低成本，在基于广西公司的仓储管理与全国服务网络的基础上，广西公司为A公司设计了白糖供应链一体化的综合解决方案，借助先进的供应链管理工具与金融支持，帮助客户大幅度降低了库存水平和供应链成本，获得了客户的高度认可。

三、企业的供应链管理运作模式

为了解决A公司在白糖供应链上的困局，改善A公司的生产计划，降低A公司的资金周转率、降低库存水平、减少调拨费用，A公司需要寻找一种有效的解决方法来改进已有的白糖采购模式。广西公司运用创新的个性化服务组合为客户找到一体化的白糖供应链综合解决方案，即以供应链金融为核心，根据客户个性化的需求提供仓储、运输、配送、包装、质量检测和其他增值服务等一体化的整体服务，交易流程如图3-4-1所示。具体方案包括：

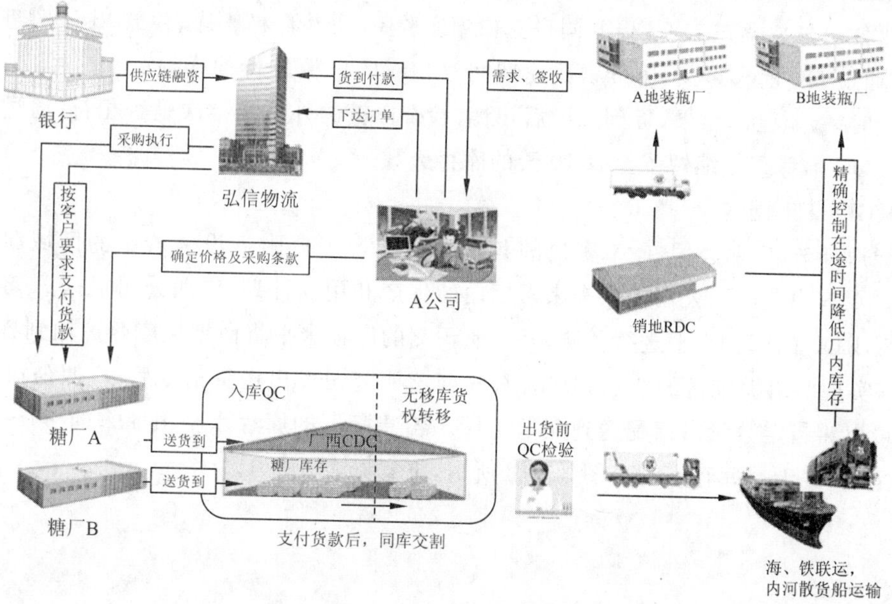

图3-4-1　交易流程图

1. 供应链金融

广西公司与A客户和糖厂签订三方协议，协议载明A客户在一年时间内从糖厂采购白糖的总量。而糖厂为了保证能够供应足够数量的白糖，需要保证将一定数量的库存白糖存储于广西公司在广西的中央仓库，保证A客户在协议期间的白糖供应。在协议履行期间内，A客户根据白糖价格的波动情况和企业用糖计划分期下达采购指令到广西公司。广西公司根据A客户的指令与糖厂和客户签订三方采购合同。三方采购合同约定A客户预先支付10%的保证金到广西公司，A客户在收到白糖后3个月内支付剩余款项。而银行则根据三方采购合同提供白糖采购资金给广西公司。广西公司向糖厂支付三方采购合同约定的全部金额，为客户办理结算交割、检验和配送业务。客户在收到白糖后再和广西公司办理结算。

2. 质量检测动作前移与同库交割

广西公司在广西建立专业存储白糖的中央配送中心（CDC）。其中CDC还设有糖厂和A客户双方认可的质量检验实验室和培训过的检验人员。在白糖榨季开始的时候，根据所签订三方协议，合作糖厂将作为销售储备的一定数量白糖存储在广西公司的CDC中。在白糖入库时，广西公司为糖厂对白糖质量进行检验。在A客户向糖厂按照协议采购白糖时，广西公司则代客户在CDC直接进行白糖同库的交割结算。白糖结算前由糖厂向广西公司支付在CDC发生的仓租，结算后由A客户向广西公司支付仓租。使用共同的交割库可为客户减少15元/吨的二次装卸费及30元/吨的短途运输费用。每月交割前库存的白糖归糖厂所有，由糖厂承担仓储费用；交割后由A公司承担仓储费用。交割后A公司既可以选择将白糖立即发往全国各地的装瓶厂，也可以选择将白糖作为战略库存继续存放，以配合和满足需求计划和物流计划的需要。

3. 质量检测动作前移

广西公司与A客户在CDC共同设立白糖实验室，可在白糖入库、存放、出库时进行相应的检测，通过QC前移，可利用货物在途期间对相应的白糖进行抽样检验。这样，当白糖送到装瓶厂时，检验已出结果，货到工厂后，只需检查白糖的外观及批次是否相符，通过便能上线投产。QC前移直接缩短了至少10天的库存天数。

4. VMI+JIT配送

在配送环节，广西公司在A客户的各地区的生产工厂附近设立若干的区域配送中心（RDC）。A客户向广西公司提供未来短期内的生产和用糖计划，广西公司根据A客户的用糖计划对RDC的库存水平进行预测，并按照预测的库存水平将白糖从广西运输到各个区域的RDC，实现对白糖配送的快速响应。客户向广西公司发出送货指令后，广西公司在2～3天内就可以将指定数量白糖配送到配送工厂。各装瓶厂的库存水平由原来的30～40天大幅降低至2～3天。库存模型如图3-4-2所示，方案见表3-4-1。

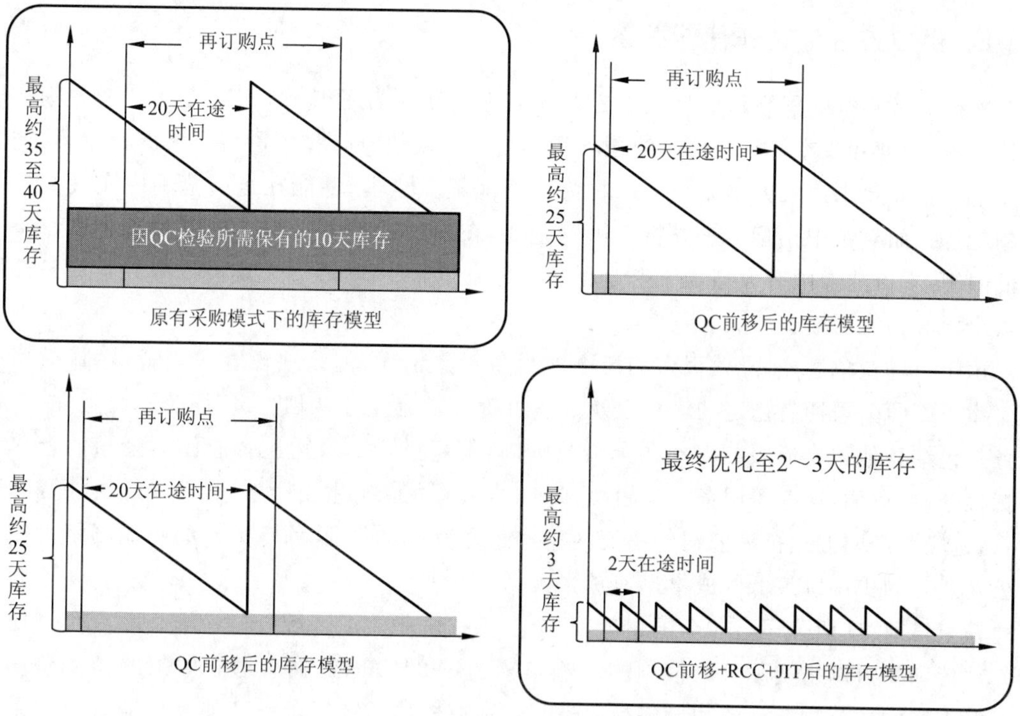

图 3-4-2　库存模型

表 3-4-1　方案分析表

供应链工具	解决方案	价值
物流金融	A 客户与糖厂确定采购价格 A 客户、糖厂和广西公司签订三方合同 A 客户支付 10%保证金给广西公司 广西公司向银行融资支付货款 糖厂收款后交货给广西公司 广西公司提供物流服务送货给 A 客户 A 客户支付剩余货款及利息和管理费	A 客户货到付款 融资不占用 A 客户信用额度 美化财务报表,提高资金周转率 降低企业的资金成本
质量检测(QC)	在 CDC 建立白糖实验室 运用科学的仪器和十日絮凝法检验 白糖入库 CDC 时进行抽样 QC 广西公司出货前再次抽样 QC	专业的实验室,结果准确 QC 前移,运输服务和 QC 同时进行 减少货到装瓶厂 QC 产生的 10 天库存时间 降低 A 客户的资金占用,加速资金周转
同库交割与结算	利用榨季初糖厂白糖大批量入库时机安排糖厂预先将 A 客户全年用糖储存 CDC 仓库 糖厂存糖到 CDC,A 客户购糖后直接在 CDC 同库交割结算 交割前糖厂支付仓租,交割后 A 客户支付 A 客户付款前货权属于糖厂	季初入库同库交割,减少移库成本 专业仓库保证糖品质稳定和出货能力 避免逾期提货产生的惩罚性仓租 有序发货,避免各地二次调拨 糖厂榨季存储保证存糖规模 保障 A 客户全年稳定供糖 避免年底用糖高峰期缺货可能
库存管理与配送	广西公司在各区域设立 RDC A 客户每周提供给广西公司未来 8 周用糖计划 广西公司根据 A 客户计划安排 RDC 库存 A 客户提前两天下达采购订单 广西公司在得到订单两天内派送	RDC 实现快速响应 降低 A 客户库存水平

四、供应链上的合作伙伴关系

物流营运系统的网络建设是第三方物流企业提供服务的基础，直接关系第三方物流服务的质量、速度和成本。特别由于快速消费品行业速度快、周期短、覆盖面大的特点，快速消费品生产企业要求第三方物流企业的物流网络能覆盖全国，并能在全国范围内实现快速高效的配送。而对于中小型第三方物流民营企业，在发展过程中受困于自身的资金和设备条件的限制，不可能像国有大型物流企业和外资物流企业一样，通过大规模投资独自建设能够覆盖全国的物流网络。

由于市场竞争激烈，导致很多物流企业设备投入巨大，但是缺乏客户，物流运作效率很低。由于广西公司拥有稳定的客户以及数量可观的物流业务，因此。广西公司将运输、仓储业务外包给其他的物流服务商。在全国范围内，有超过 200 家物流企业作为公司的合作伙伴提供仓储、运输，堆存等服务。通过资源外包，公司能够依据市场需求来进行最佳资源配置，通过轻资产的方式扩展公司的物流网络。而更为重要的，这种轻资产的物流网络可以随着公司业务的扩展以最低的成本迅速扩张。

截至目前，广西公司已在全国超过 30 个主要省份建立了区域分拨中心。而在全国通过合作伙伴和物流网络实际可以控制的运输车辆超过 20000 台，拥有遍布中国的物流营运网络。其中绝大部分物流设备和设施是通过与当地有资质的物流服务商建立供应合作关系获取的，广西公司现有合作伙伴 200 余家，并在不断扩展之中。

五、实施供应链管理的绩效分析

广西公司一体化的白糖供应链解决方案满足了用糖企业对供应链的服务质量、速度和成本的要求。广西公司的解决方案是完全针对客户价值需求的实现而设计的。并最终能够契合客户的价值需求，逐一解决 A 客户在白糖物流采购环节所遇到的困境。

以 A 公司的东莞装瓶厂为例，东莞工厂平均每个月的白糖订购量为 2 万吨，白糖单价约 5 500 元/吨。在原有模式下发生物流费用 621.3 万元，资金成本 194 万元，产生的直接管理费用 49.5 万元，白糖采购费用支出总计 864.8 万元。而采用供应链金融和新的物流模式后，发生物流费用 556.9 万元，资金成本 58 万元，产生管理费用 7 万元，白糖采购费用支出总计 621.9 万元。合计节省 242.9 万元，折算一吨节省 121.5 元，具体见表 3-4-2。

表 3-4-2　方案经济效益分析

项目	原采购模式	广西新模式	新旧对比
物流成本	621.3 万	556.9 万	-64.4 万
财务成本	194 万	58 万	-136 万
管理成本	49.5 万	7 万	-42.5 万
总成本	864.8 万	621.9 万	-242.9 万

六、可提供的经验

2015 年国家发文《供给侧结构性改革引领新常态》中明确表示要进行供给侧改革，提出去产能、去库存、去杠杆、降成本、补短板五大任务。目前白糖端到端供应链由于上下游之间信息化程度较低、物流服务水平不高、中间环节较多、交付标准不一、效率低下，各地库存与需求不匹配，无效的流通造成供应链上库存冗余，成本较高。同时供应链交付的准时性、安全性和品质都难以保障。这些问题造成整个白糖供应链流通效率低、库存信息不透明、生产供应不稳定、品质品相失控，对用糖企业的生产供应和食品安全造成隐患。

广西公司通过物流采购执行和供应链融资的运用降低了用糖企业的资产负债率，提升了资金周转率；同时又通过 QC 检验前移、供应商管理库存、设置区域库存、JIT 配送等一系列供应链物流技术的创新，让白糖供应变得计划有序、数量精准、品质保障，这种全流程的供应链解决方案帮助用糖企业解决了白糖采购过程中所遇到的采购瓶颈与物流瓶颈，大幅度提升了白糖的流通效率和降低了总成本，让整条供应链变得更加可控和透明，甚至在保障了食品流通环节质量安全的同时也为完善配套、带动产业升级起到了积极的作用。

广西公司正是通过端到端的供应链服务为白糖产业链提供交易、物流、金融、仓储一体化的白糖产业服务，实现了信息流、资金流、物流和商流的闭环运作。通过整体化的供应链运营，公司致力于构建一个降低流通成本，提升流通效率，确保交易安全的产业链链服务体系，以此优化产业链生产力结构，推动整个白糖产业链的供给侧改革，降低白糖库存、优化供应链成本、促进产业链的生态良性发展。

撰稿人：颜建宏　厦门弘信国际物流有限公司常务副总经理
郑邦兴　厦门弘信国际物流有限公司供应链总监
李　震　广西北部湾弘信供应链管理有限公司法人

案例5　中物华商:创新粮食供应链管理新模式

一、企业简介

中物华商国际物流股份有限公司(以下简称中物华商)是经国家工商总局核准成立的第三方物流公司,总部设在北京,在沈阳、合肥、曹妃甸、香港、加拿大等地设有分公司。

中物华商具有综合一体化的物流、商流、信息流、资金流的运作实施能力,拥有包括货物进出口资质和粮食收购许可证等一系列资质。中物华商秉承诚信、专业、创新、共赢的价值观,致力于成为最值得信赖的供应链集成服务商。

中物华商坚定实施网络化发展战略,稳妥有序地在全国范围进行网络建设,还根据业务需要选择性地发展国际网络。依靠现代企业管理理念、先进的物流信息系统及广布的区域机构,凭借信息化、网络化的现代物流技术手段,除了在全球范围内组织、协调、运作、整合资源,为冶金、化工、电子、能源、快速消费品、汽车等行业提供一体化的服务,还成功打造了高效的一体化粮食供应链,形成了一套专业的具有中物华商特色的粮食供应链模式。

二、中物华商粮食供应链管理的背景

“民以食为天”,粮食供应链连接着亿万农户生产与亿万民众消费,它的安全与高效,关系着广大农民和消费者的切身利益,影响着全社会的稳定。粮食供应链是连接粮食生产、储存、运输、流通、加工和消费各产业的综合体系,它集成粮食产、加、销、储、运等多环节、多主体和多区域。实现粮食安全需要生产稳定、商流可靠、物流高效和消费持续,其中任何一个环节出现重大问题,都会导致粮食危机的发生。

粮食供应链的优化,不仅包括增加粮食产量,同时也要减少收后(Post-Harvest)损失。刊登在《整体环境科学》杂志上的一项最新研究结果指出,有效降低粮食生产和流通各个阶段损耗或丢弃的粮食比例,能使粮食供应链的浪费减少一半,并为额外10亿人提供粮食,从而增强粮食安全。世界上许多地方面临饮用水短缺、可开垦土地有限和化肥生产原料不足的问题。粮食生产占用人类消耗的淡水总量的90%以上,生产化肥也消耗了大量矿物质,因此,提高粮食生产和流通效率、减少粮食浪费对于环境保护和未来粮食安全非常重要。

2004年以来,我国粮食生产连续8年增长,2011年粮食产量达到57 121万吨,创历史新高。粮食连续丰收对我国应对国际金融危机、国际粮价波动、国内CPI波动、满足国内粮食消费需求奠定了良好的基础。我国粮食生产主要分布在东北、黄淮、长江流域和新疆地区。其中东北地区是我国最大的粮食主产区,年生产能力稳定在7 500万吨左右,年粮食调出量在2 500～3 000万吨。河南省也能够调出较大数量商品粮。目前的粮食主销区中,广东、浙江、福建和上海几省市粮食缺口较大,形成“北粮南运”“北出南进”以及“西粮东进”的战略性粮食流通格局,每年跨省区成规模的大宗粮食物流量超过1亿吨。但是受粮食储存条件、加工方式、运输条件等制约,粮食流通成本居高不下(我国粮食流通成本为30%~35%,国外先进水平仅为20%~25%),流通过程中损耗严重(损耗量约占总产量的1/4)等,影响了国民经济的发展,也制约了我国农业在国际上的竞争能力。因此,中物华商致力于粮食供应链的整合和优化,推动先进的农业生产技术、加工技术和流通技术的普及和传播,探索出一条集粮食生产、收储、加工、贸易、生态农业为一体,以市场带动基地、以产业带动区域的粮食供应链管理新路径。

三、中物华商粮食供应链管理流程

粮食供应链是一个完整的体系,如图3-5-1所示。中物华商在粮食供应链管理过程中明确供应链节点,在各节点之间以消费定生产,以需求量和需求时间确定储运量、流向及结构,以生产和消费的不同季节性需求和经济效益确定储运方式,以生产、储存、运输和需求的未来发展预测,科学确定供应链模式。整合物流、商流、信息流、资金流资源,优化粮食产业链。通过粮食生产、收购、烘干、存储、运输、销售等运作环节的全过程的参与,保障粮食供应链运营顺畅。

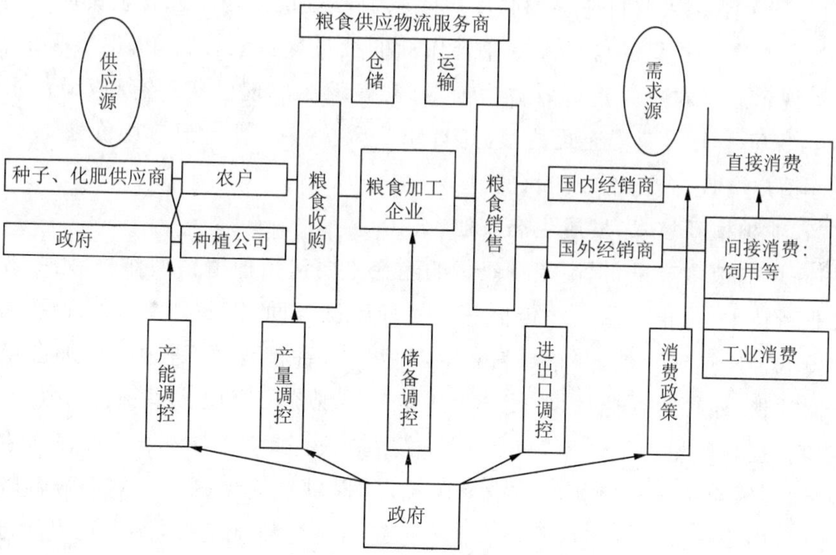

图3-5-1 粮食供应链示意图

中物华商围绕小麦、水稻、玉米、大豆等主要品种构建粮食产业链,突出发挥大规模、大农机、大水利、大科技、大协作的优势,建设现代化农业种植基地,大力推进粮食收储加工的标准化、品牌化进程,推行粮食运输"四散化"(散装、散卸、散存、散运)等物流新技术,打通粮食生产消费全链条。下面以水稻和玉米为例简要介绍中物华商粮食供应链管理流程。

(一)粮食种植、生产阶段

1.品质管理从源头做起,建立优质农产品种植基地

土地是粮食生产的源头,橘在淮南为橘,到淮北则为枳,农作物对于产地和水土是有一

定要求的，我国适合优质稻米生长的区域有限，优质稻米产区是稀缺资源。中物华商同合作伙伴一起选择土地肥沃、水源丰沛、环境无污染、适合大规模机械作业的优质稻米产区，建立水稻种植基地。对辐射区内的水稻种植户进行统一管理，提供从良种、化肥、田间管理到稻谷销售一条龙的优质服务，实现种苗统供，良种覆盖率基本达 100%，成为高产、优质、高效、生态、安全农产品生产的亮点和样板，促进了区域农业产业优化升级，发挥了辐射带动作用。其中，吉林白城水稻基地依托国家十二五规划重点项目“引嫩入白”工程，发挥白城地区嫩江水灌溉水稻的资源优势，打造“嫩江大米”品牌，将优质的江水大米推向全国。内蒙古科左后旗水稻基地依托散都沙漠水库的地源优势，沿下游种植 3 万亩优质水稻，全部由水库的地表水灌溉，打造优质沙稻种植基地。目前公司已建成优质水稻种植基地 4 个，可控水稻种植面积达 10 万亩，为公司生产优质大米提供了充足的原料保证。

2. 推行订单生产，加快农业合作化进程

受困于土地流转方式，中国土地极度分散化，有限的耕地散布在大量农业人口手中，企业无法和成千上万自然人全部签订合同来约束土地使用的责权利。因此中物华商依托协作的粮食加工企业为龙头，与基地所在农业协会（合作社）合作，巩固发展“龙头＋基地＋协会（合作社）＋农户”的经营模式，把千家万户的小生产和千变万化的大市场联结起来，提高规模化生产能力和水平。采取自愿、互利、平等的原则，鼓励农户入股，真正实现了企业与社员风险共担、利益共享。并积极与加入专业合作社的社员签订农业订单，逐步吸纳、扩充合作社队伍，以实现企业与农户的经济效益为前提，共赢发展。现已实现有机、绿色水稻定单面积 30 500 亩，保证了公司获得充足的粮源，订单收购价格一般高于市场价格 0.40 元/kg 左右，达到了种植户增收、企业增效的目的。

3. 推广农业种植新技术，发展生态农业

中物华商增加粮食产量、提高粮食质量的途径主要包括种植新型作物品种、改进田间管理、运用农业新技术、防止农业疾病传播等。品种改良方面，借鉴黑龙江省的水稻高棚育秧经验，在种植区推广高棚育秧，并指导育秧会员反季节种植青菜，进一步增加会员的经济收入；发展机器插秧，缩短水稻插秧期，使部分种植区实现统一育秧、统一插秧；放弃手工收割、改用机器收割，提高产量和生产率，减少粮食收后损失。此外，中物华商正在探索采用物联网技术使用远程感应系统对田间环境进行监控，并提供早期预警信息。在科普教育和种植技术培训方面，中物华商每年多次聘请农业专家进行种植技术培训，深入到田间进行现场指导，为农户提供了学习科学种植的良好环境。测土施肥方面，与农牧业局、科研院所等机构合作，对种植土壤进行测土配肥，同时大力建设灌溉渠系，全面推广低压管灌、滴灌、喷灌、垄膜沟灌等现代节水技术和设施，发展现代高效节水农业、生态农业，是农作物抵御自然风险能力大大提高。通过采用以上新技术，基地内种植水稻平均每亩增产约 200 市斤（1 市斤＝0.5 kg），取得显著经济效益。

（二）粮食收储、加工阶段

1. 整合产地加工企业，进行粮食精深加工

目前我国粮食主产区原粮外销比例较高，产粮大省多不是加工强省，而粮食作为原料可以经过一次加工（加工面粉、大米、饲料等）和二次加工（食品、饮品加工等）及综合利用加工。

在粮食产区进行精深加工,可以提高产业集中度和产品附加值,并有效降低物流量。因此,中物华商在东北粮食主产区、玉米黄金产业带的吉林、辽宁、内蒙古成功整合了五家粮食收储加工企业,开展粮食存储、烘干、粮食加工、饲料加工等业务,初步完成公司经营战略布局。同时,公司也与粮食销售区的生物制药、新能源、酿造等行业终端用户合作,积极探索为在粮食产区对原料进行初加工制成半成品后再运往用户所在地进行深加工。

2. 采用延迟生产,提高供应链柔性

传统粮油企业主要采用"合作采购+集中生产+集中发运"的经营模式,即在原产地生产到成品状态然后通过各种运输方式送到销区经销商库,再通过经销商将产品配送到各个终端客户。这种模式能够聚集大量的生产订单,产生规模经济优势。但这种模式有较长的前导期、响应速度慢,长途运输多次转运的成品,极易出现包装破损,导致大量客户投诉。同时,工厂到经销商间物理距离较长,为应付各种临时性订单,导致经销商必须贮备各种成品的安全库存,库存成本很高。因此中物华商采用差异化延迟策略,在原产地仅将产品加工到大包装模式,在仓储中心设置精选和二次抛光设备以及包装机械,根据周边客户订单进行最后的生产。将差异化尽量推迟到客户端,提高了供应链的柔性和服务水平,并降低了整个供应链的存货水平。

(三)粮食流通、贸易阶段

1. 创新粮食经营方式,打造一体化产业链

中物华商创新粮食购销企业经营方式,发挥网点和地域优势,与粮食加工企业和科研单位联合,工商联手、产学研结合,主动融入粮食产业化经营,逐步改变"买原粮、卖原粮"的单一经营方式,发展粮油产业化经营,延长产业链条,实现种养加、产供销、贸工农一体化生产,提高农业综合效益。公司已在甘旗卡建立玉米种植、收储、加工、养殖基地,实现玉米收储、烘干、饲料加工、家禽养殖全产业链运作,如图3-5-2所示。

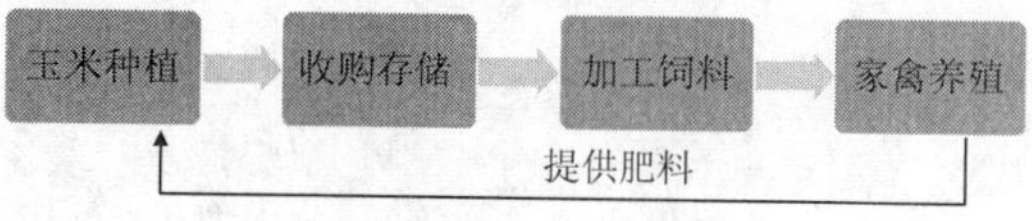

图3-5-2 玉米基地产业链示意图

2. 把握粮食物流发展趋势,建设粮食现代物流体系

粮食商品作为现代物流的流体,其流量具有季节性、波动性、区域性,同其他流体比较,时间差和空间差更为严重,作为粮食企业,把握粮食物流发展趋势,建设粮食现代物流体系,是取得时间优势、空间优势的必然措施。包粮物流消耗大、成本高、效率低、作业环境差,到目前为止是无可争议的问题。世界发达国家早已经普及了散粮流通方式,但我国目前散粮流通的比例很低,还不到15%。中物华商坚持发展散粮流通方式,提高粮食流通效益和效率。其中粮食散存的比例达到100%,公司有万吨标准平仓9座、标准钢板、水泥仓40个,固定钢囤210个,各收储基地总计可存储粮食18万吨。在运输中,采取包粮、散粮、集装单元化多种模式共存的物流模式。在原粮长距离流通中全面推广散粮运输方式,一个是开展铁路和铁海联合运输,另一个是汽车散粮运输,同时探索开展集装箱、集装袋、托盘和捆包等集装单元化运输方式。目前公司原粮的散粮运输比例超过50%,大大降低了物流成本和粮食破损率,提高了粮食流通效率。

3. 深入挖掘粮食商品金融属性，创新开展粮食金融物流业务

玉米、大豆等粮食品种质地稳定、市场价格波动小、变现能力强，中物华商深入挖掘粮食商品的金融属性，全面开展了为企业提供粮食仓单质押、代理采购、电子交易、电子拍卖等多项金融物流和电子商务业务。中物华商在开展粮食金融物流业务过程中，以自身粮食供应链为基础，建立相对稳定的关联企业体系，利用供应链管理和信息管理的比较优势，切入到粮食供应链企业联盟中，从而很好地稳定和扩展自身的客户平台。同时通过建立关联企业内部的非市场化信息共享机制，通过信息共享消除信息不对称和道德风险，帮助联盟内粮食企业和广大农户迅捷融资和进行电子交易，在一定程度上降低了信贷风险，加快了粮食商品的流通效率。

（四）粮食供应链管控体系的建立

在中物华商的粮食供应链中，管理中心、采购体系和销售体系各司其职协同作用，通过自有的采购网络系统、物流整合系统以及分销网络系统，共同完成粮食的采购、分销活动，以玉米供应链为例，如图 3-5-3 所示。

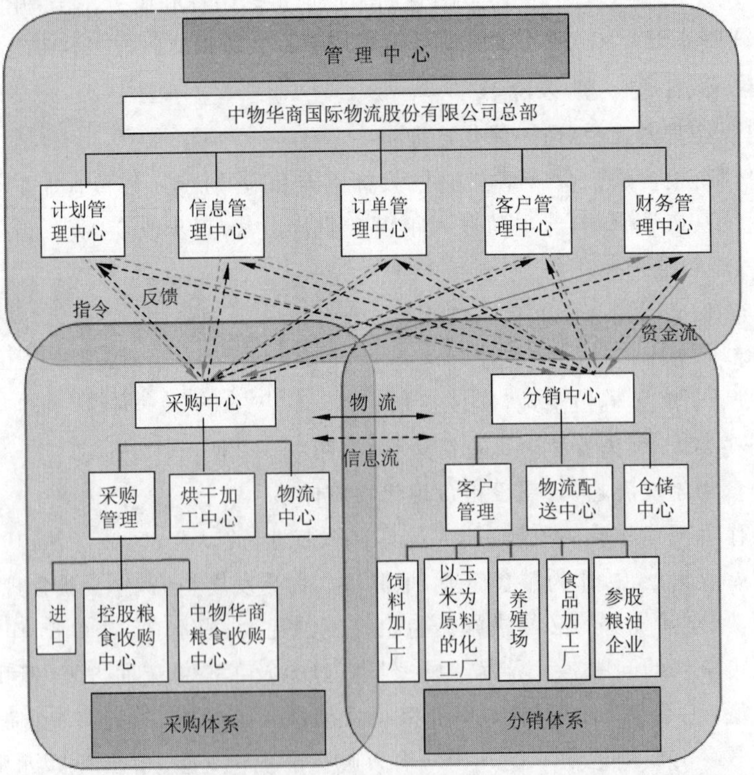

图 3-5-3　中物华商的玉米供应链模式（商流、物流、信息流、资金流）

1. 建立高效的采购体系

玉米是全球第一大谷物。目前，除南极洲之外，世界各大洲有 70 多个国家种植玉米。据联合国粮农组织统计，从全球来看，玉米产量基本保持持续增长，2015 年产量达到 9.91

亿吨,较2014年增长了14.23%。玉米是用途最为广泛的粮食作物,是食品、饲料,也是重要的工业原料,是加工品种最多、链条最长和增值最高的谷类作物,深加工产品可达2 000多种。因此,公司将玉米产品作为粮食的主导业务具有非常深远的战略意义,同时决定在我国优质玉米主产区建立玉米采购体系,以此作为支撑开展相关业务。

我国是全球四个玉米种植大国之一。2008—2015年,我国玉米产量持续增长,2015年玉米产量高达22 458万吨,年末库存消费比为172.35%,行业产能严重过剩,造成了玉米库存量巨大、国内外价格倒挂等诸多问题。2009—2015年我国玉米产量走势如图3-5-4所示。东三省和内蒙古自治区是我国玉米作物的主产区,其玉米购销活动规模大、任务艰巨,形成了巨量物流需求。

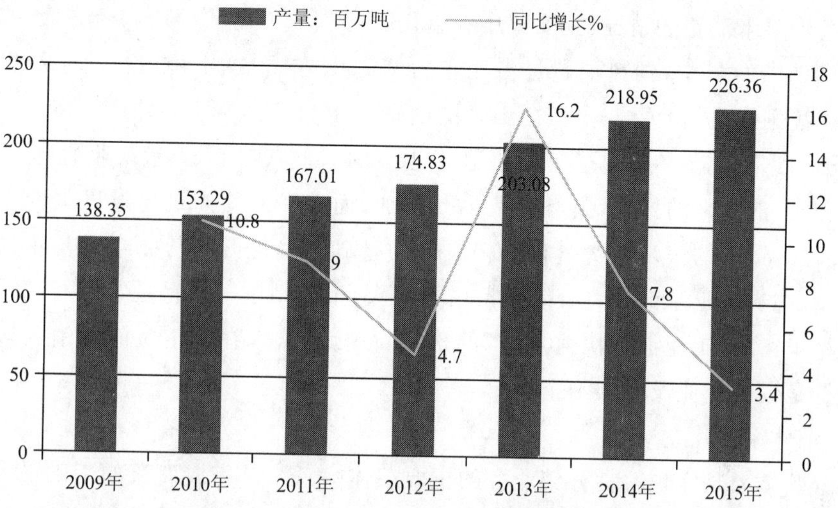

图3-5-4　2009—2015年我国玉米产量走势

① 中物华商深入东北、内蒙古等重点玉米种植基地,设立粮食收储中心,通过系列专业人才的引进及建立玉米市场的周期变动的数据库,实时掌控玉米市场的行情,并与当地玉米种植大户签订玉米收购的合作协议,将玉米业务的产业链直接延伸至最前端。同时,为了保证玉米的足量供应,中物华商还与主产区的粮储机构签订合作协议,在保证双方利益不受损的前提下,争取双赢。

② 中物华商为实时了解国际玉米市场的情况,建立起一套较为全面的玉米期货数据库。一方面,可以实时了解掌握玉米期货价格的变动情况;另一方面,通过数据对比分析可在恰当的时机选择性进口国外玉米,从而进一步满足国内市场玉米供应链协调运作的需求。

③ 中物华商所设立的各个收储中心具有先进的玉米烘干生产能力,现已形成日烘干能力在2000 t以上的生产水平。

④ 中物华商通过拥有一定规模的仓储设备设施,建立玉米采购体系的物流节点,以配合玉米采购活动的运行。现中物华商建有5个大型粮食采购点,分布于东北和内蒙古地区,各玉米采购点都拥有1～2个具备现代物流设备的粮食仓库,为保证玉米收储、保管及运输的高标准要求提供了有力的保障。随着自身业务的不断发展,中物华商还会在华北区域建

立新的粮食收储中心，满足粮食购销流通的需求。

⑤ 中物华商把加强对各种运输资源的整合，清晰的战略定位。已在玉米主产区构建了公铁海联运的综合运输体系，现具有日均 3000 t 玉米的干线运输能力。

2. 打造强大的国内分销体系

(1)分销区域的定位

我国玉米流通格局有史以来大体上就呈现有“北产南销”的特点，东北西部是主要的玉米流出区，东南沿海、长江中游地区是主要的玉米流入区。南北区域玉米市场的价格差异，决定了玉米的主销区域定位于广大的南方市场。

(2)分销行业的定位

纵观世界玉米消费的情况，主要集中在食用、饲用、加工用和种用四个方面。在 2010 年的世界玉米消费总量中，饲料消费量占比重为 57.3%左右；加工用占比达到历史最高水平 40.6%。在我国，根据相关统计，国内玉米的消费需求有 65%都用于饲料加工产业，有些机构的预计则高达 74%。在能源需求以及技术进步的双重影响下，玉米工业消费迅猛增加，同时，随着人们生活水平的提高，肉类消费不断增加，而肉类的生产是通过以玉米等为原料的饲料转化而成，饲料的玉米消费量在小幅波动的基础上呈上升趋势。今后几年是畜牧业快速发展阶段，饲料用玉米消费将继续保持增长势头，市场则进一步呈现“食用消费逐年下降、饲料消费稳步增长、工业消费快速发展”的格局。由此，玉米在已定位的主销区域中重点覆盖的行业将是饲料企业及深加工企业。

(3)分销体系的建立

粮食分销体系是实现粮食分销业务的主要载体、手段，是完成商流的基础平台。中物华商粮食分销体系的建设遵循便捷、高效的原则，保证了客户对产品的及时了解、合同的即时签订、资金结算的快速进行，可以根据市场、企业的需求快速做出粮食的分配。中物华商通过广泛地调研及分销模型的优选，已初步建立起了较为完善的立体分销体系。一方面是加强与玉米的直接消费客户建立合作关系，包括以玉米为主要加工原料的企业，如饲料加工厂、化工原料加工企业、食品加工厂等建立合作，同时直接与需要玉米作为养殖供给的养殖大户签订合作协议，以及至码头的港口贸易。另一方面积极与主销区域有一定分销能力的粮油企业建立起战略合作关系，从而织造起一张全方位的分销服务网络。中物华商在分销体系中同样加强仓储节点的布局，根据服务客户的分布确定合理的覆盖半径，以求服务最优化。

3. 加强总部的集约管理

为了保证粮食采购体系和分销体系高效运转，中物华商建立起较为完善的组织机构，设立了计划管理中心、信息管理中心、客户管理中心、订单管理中心及财务管理中心。计划管理中心作为该业务的核心部门，通过所掌握的市场综合信息，结合自身企业的特点，制订出业务综合发展计划，并分解落实、监督过程、适时调整、考核结果。同时也是给总部其他职能部门输出业务计划的源泉。信息管理中心、客户管理中心、订单管理中心及财务管理中心是功能性板块，作用是加强总部的集约管理。

四、粮食供应链管理实践的经验和建议

(一)中物华商粮食供应链管理的经验

1.引导品牌消费,打造名优产品

我国稻米产量的80%作为口粮消费,每年消耗量约2.4亿吨,但其中品牌大米仅占2%。即使在品牌大米方面,虽然各企业在进行初步的差异化,但是很难将各类大米产品划入不同的类别,差异化营销目前还停留在产地、包装等初级层次,价格竞争激烈。因此,中物华商在粮食产业发展过程中,引入绿色低碳乐活理念,引导消费者接受低碳生活理念,吃有机产品、改善环境质量。公司加速"三品"(无公害、绿色、有机)开发,培育无公害、营养高、口感好的优质稻米。与合作伙伴合作,成功打造了"香源小星""久园春""马莲河"品牌有机大米,产品被国家质量监督局鉴定为有机、健康、无公害食品,通过了QS市场准入认证、环保体系认证、安全体系认证、质量体系认证。并逐步开发了精制米、小包装米和免淘洗米等系列中高端产品,塑造了良好的品牌形象。

2.采取差异化策略,构建经济和快速两条供应链

在粮食流通过程中针对不同产品特性构建差异供应链。对大宗原粮、粗加工饲料等中低端产品采用铁海联运、公路运输进行批量运输,在保证运输时效的前提下,追求成本最低,构建经济供应链;对服务要求、响应时间要求更高的高档米、礼品米产品采用集装化运输,首要保证产品品质和服务质量,构建快速响应供应链。

3.整合社会资源,自建网络与第三方整合合理搭配

兴建和购置粮食存储加工设备和物流设施需要投入大量的资金,而任何企业的资源都是有限的,因此中物华商在粮食加工配送网络的建设过程中,根据设施设备的重要性、安全性、收益性等原则,进行了自行投资和整合社会资源的合理搭配,不仅减少了固定资产投资,加速资金周转,同时对部分物流业务也选择了优质合作伙伴进行业务外包,使公司能够更加专注于核心业务。

4.充分利用期货市场信息,优化粮食种植结构

期货市场集中了大量的有价值的供求方面、生产方面、农业科技方面甚至宏观层面上的各种信息,且信息高度透明。中物华商密切关注粮食期货市场信息和价格信息,一方面指导农户调整种植比例、优化粮食种植结构,另一方面对价格的精准掌握增加了公司在向其他企业销售时价格谈判上的底气,有利于保护农户和公司的共同利益。

(二)粮食供应链改进的措施和建议

粮油企业的供应链是两网,即上游的采购网和下游的销售网,粮油企业供应链的打造也围绕着这两个网开展。在上游采购网方面,由于优质稻米产地资源日益稀缺,农民掌握了很强的话语权,农民通过合作模式,很容易实现大米的自我加工、自行销售。在订单农业条件下,秋收价格低于议定价格,则企业必须收,如果稻米价格高于议定价格,则农民经常出现毁约行为,很少有企业能够按照春耕时签订的采购协议拿到稻米,导致企业的投入血本无归,出现了稻米采购企业的单边风险。在下游销售网方面,经销户数量多,存在散小乱差现象。

因此，应在我国粮食供应链构建过程中：

① 培育具有较强竞争力的粮食企业，促使粮食供应链中核心企业的形成并发挥核心企业的作用，直接或间接掌握粮食生产资源，并对流通过程的流通资源进行掌控，以保证供求，并进行公平合理、又符合市场经济规律的价格制订，推动从上游到下游所有节点企业围绕核心企业，高效运营。培育大型粮食企业，但并非完全按照“大而全”的做法，可以通过资本控股、参股，或者联合形成大型企业集团。

② 加强政府职能部门的协调与统一，形成粮食产业协调机制，避免政出多门的现象出现，使粮食的生产、采购、加工、运输、储存、进出口、消费等形成统一的产业政策，为粮食产业的发展创造良好的竞争环境。

③ 促进粮食期货市场的发展完善，提升中国在国际农产品定价体系中的低位。国际风云变幻、农业生产环境不断恶化以及国际金融资本的暗中搅动等令国内粮食市场价格波动较以往更为剧烈，在此情况下，具有价格发现和套保避险功能的期货市场也显得越来越重要，对期货工具的熟练运用有利于保护国内粮食产业的发展，有利于提高中国在国际贸易中的主动性，也可以帮助抵御国际农产品市场对国内市场的冲击，对维护国家粮食安全意义重大。

中物华商在建设粮食供应链的酝酿、调研、立项及落实的每一个推进阶段，始终用打造高效的粮食产业链目标进行各个细节的设计及布控，力争做最值得信赖的粮食供应链集成服务商。“路漫漫其修远兮”，中物华商虽然在粮食供应链领域取得了较好的成绩，但是，距最值得信赖的供应链集成服务商还有一定差距。中物华商将秉承诚信、专业、创新、共赢的价值观，不断学习、不断创新，用良好的服务践行“中物华商，让世界更流畅”。

撰稿人：刘锦福　中物华商国际物流股份有限公司总经理

盛刻索　中物华商国际物流股份有限公司副总经理

第四篇　金融业、信息业供应链管理优秀案例

案例1　平安银行："互联网+供应链金融"的创新发展

案例2　安硕信息：供应链金融系统解决方案提供商

案例3　年富公司：供应链管理理论与实践探索

案例4　中企数据：建设符合国际电子数据交换(EDI)标准的供应链协同运营服务平台

案例1　平安银行："互联网＋供应链金融"的创新发展

一、引言

"互联网＋"和中国制造2025国家战略催生了新的经济形态。"互联网＋产业＋金融"，通过互联网在生产要素配置中的优化和集成作用，将互联网的创新成果深度融合于产业环境各领域，将金融服务融合于行业应用，提升产业经济的创新力和生产力，实现产业结构调整、形态转型与互联网金融服务融合发展的动态平衡。

"互联网＋"与中国制造2025新形态下的技术创新必然促进生产方式的调整，在信息技术、物联网、产业互联网大规模普及的条件下，生产服务的边际成本趋近于零，产业电商化新的经济模式必然颠覆原有的产业要素组织形式，从而驱动商业模式的变革：

产业结构上，将从一对多经济向一对一、多对多经济转变，个人既是消费者又是商品服务生产者的共享经济模式将扩展到更多产业领域并成为新的发展引擎。

供需模式上，将可以从产业链头部需求、静态供需向长尾需求、动态供需C2B/C2M、应需服务转变，用户通过网络可以即时获得任何产品和服务。

生产方式上，将可以从独立生产、结构化生产向外包生产、硬件开源、小制造转变，未来基于材料变革、供需信息打通基础上的个性化、非标准化的生产将逐步接近甚至赶超规模化生产。

资金配置上，将从积累、融资向众筹、P2P等融资方式转变，通过互联网把资金拥有方和资金需求方直接匹配，进而实现更加高效的产业链资金流补给。

企业协同管理方式上，将从紧耦合管理向分布式管理、自管理方式转变，网状的企业协同方式将日益流行。企业经营方式也将从传统供应链经营向电商化、数据化经营方式转变。而产业互联网金融需要不断改变服务形态，更加深度参与产业电商化转型。

供应链金融因最贴近企业的经营与交易，被誉为互联网金融中最具发展潜力的朝阳领域。平安银行作为中国供应链金融的开拓者，近年来基于互联网系统平台推出供应链金融3.0服务，"跳出银行办银行"，在"互联网＋产业＋金融"方面奋力突进，取得了显著进展，橙e网自2014年7月上线至今，注册用户将近200万，其中企业用户超过40万家。截至2015年末，橙e网支持近千家各类型企业互联网转型，为传统企业转型嵌入"互联网＋金融"能力，赋予各类电商平台"钱包＋担保支付＋理财"等升级功能，与时俱进升级商业模式。

（一）供应链从"1＋N"转变为"N＋N"

无论是在供应链金融1.0、2.0时代还是在3.0时代，平安银行的供应链金融自始至终都秉承"因商而融"的理念。所谓因商而融，即供应链金融业务的着眼点在于服务供应链上下游之间的交易，包括如何通过支付结算、融资、增信、信息撮合等服务方便交易的达成和最终履行。同时，平安银行在创新具体的业务模式方面与时俱进，适配于当前的社会、商业、技术环境。供应链金融 1.0 和 2.0 下的 1＋N 中的“1”是核心企业，相应的业务也是围绕这个“1”来开展。供应链金融 3.0 时代，“1”的主体更加多样化，不仅包括核心企业，同时也可以是一个平台，如第三方信息平台、电商平台、供应链协同平台，或是第三方支付公司、政府机构等。“N”也不再局限于核心企业的上下游，也可以泛指平台、支付公司、政府机构等平台的客户。供应链金融 3.0 适应当前互联互通的时代，将传统 1＋N 的模式推展到围绕中小企业自身交易的“N＋N”模式。

平安银行橙 e 网以任一企业为核心的“N＋N”模式，依托企业间或第三方交易平台掌握的交易数据，试行“交易信息＋信用”的全新供应链融资，在风控理念突破 1.0 和 2.0 模式，银行对供应链的上下游进行融资业务，风控的着力点还是在核心企业，看核心企业的主体资质和链条的交易结构。一旦出现上下游违约的情况，通过其与核心企业的交易安排来缓释和降低风险暴露。但随着银行同业竞争日趋激烈，利率市场化的步伐日趋临近的背景下，依赖传统业务模式生存的市场空间越来越小。所以，各家银行都在实施客户下沉战略，发力中小微企业客户群体，把供应链金融业务的触角延伸到核心企业上下游的多级供销体系，或直接切入经销商、供应商的上下游提供金融服务。

在此理念上，平安银行推出了创新产品“商超发票贷”与“海尔自由贷”，商超发票贷从中小供应商这一客户群体出发，综合考虑了其多渠道经营的现实，将中小供应商多个渠道的应收账款纳入授信额度，极大地提高了供应商的可融资金额。同时，在发票数据的提供上也充分运用互联网技术进行创新。商超发票贷通过与具有提供税务发票增值服务资质的公司合作，经过企业的授权，以线上的手段提供发票数据，在线核定融资金额，大大提升了融资的便利性和客户体验。

“海尔自由贷”则只要是海尔认定的经销商，合作一年以上，无须任何抵押担保，即可通过橙 e 网申请该贷款产品。该模式主要考量海尔及其供应链的稳定性和持续积累的交易数据，我行通过海尔平台系统持续跟踪经销商的经营情况来防范风险。整合了平安银行的资金、业务、技术优势以及海尔集团分销渠道网络、交易数据和物流业务，通过橙 e 平台和日日顺的线下交易的记录，将产业与金融通过互联网的方式集合在一起，为海尔经销商提供“以客户为中心”的、不受地域限制的融资授信方案。

橙 e 网的“互联网＋供应链融资”解决方案，志在实现全产业链的金融服务覆盖，被冠以“网链平安”系列融资服务，将平安银行在供应链金融领域深耕十多年的实践，借助互联网平台，覆盖到上游的上游供应商、下游的下游经销商；同时服务于更小体量的“1”及其上下游客户。橙 e 网更将供应链交易概括为“熟客交易”（区别于阿里平台“陌生交易”），根据供应链“熟客生意圈”的特点，提供有交易伙伴之间长期形成“商业信用”支撑的不一样的融资安排。供应链融资方案如图 4-1-1 所示。

“网链平安”系列融资解决方案，纵深贯通全产业链，同时为客户提供融资、结算、理财、商务服务的综合解决方案。橙 e 网以企业生意协同为中心，展开融资流程，以全产业链视角促进企业转型升级，通过产业链整合、供应链优化，总成本显著下降，最终受益的是中小企业和终端用户，普惠金融的理念得以实现。

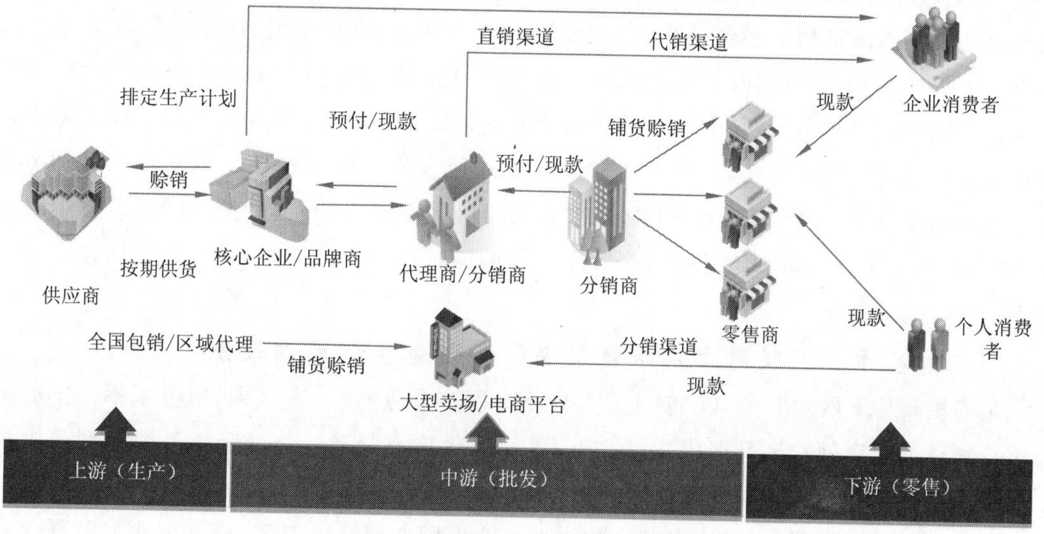

图 4-1-1 "网链平安"系列融资解决方案

（二）往云端竞争围绕"四流合一"开发 SaaS 云服务

平安银行橙 e 网基于现有产业链客群及供应链金融的业务结构，创新"供应链金融＋产业基金"的业务运作模式，满足产业链龙头企业/产业生态主要参与者联合开展供应链金融服务、提升链条把控力的需求，开拓优质产业链市场，推行供应链金融应用云端化，并围绕"四流合一"的业务构想，开发了"生意管家""发货宝"等免费的 SaaS 云服务，支持中小企业零成本、快速实现电子商务转型升级。

比如，使用平安银行"生意管家"的用户，不管是制造型企业、流通型企业还是服务型企业，它们可以利用"生意管家"在 PC 端和手机端在线管理进销存，在线与上下游客户协同做生意，在线发货，在线支付、融资，实现"订单、运单、收单"与金融服务的一体化。"生意管家"系列整合服务推出一年多时间，已有超过 40 万家小企业下载注册。"生意管家"还与多家云基础应用、企业协同、云通信等企业云服务提供商组成联盟，更好地为中小企业提供优质的云服务，让中小企业一开始就可以借助互联网云平台体验"互联网＋"的真正福利，让其商务活动能够以最快速度、零成本实现企业商务流程的电子化。橙 e 收银台则是平安银行橙 e 网为电商平台搭建一个集合多种收付方式的收银服务体系，包括银行网关、快捷支付、PC 和移动端跨行收单、跨行代扣、超级网银、微信支付等当下常见的在线支付方式，实现一个端口接入、点选开通多种支付方式，并因为银行批量接入的规模优势可以享有更低的手续费优惠。

而平安银行橙 e 网目前推出的发货宝，可以帮助橙 e 网的用户快速找到合适的物流伙伴。对发货企业而言，它们可在橙 e 发货宝上输入收发货地址，查看不同物流企业的报价，对比后选择一个物流企业下单，填写相关资料，并对订单进行追踪最后签收。对于一些贵重货物发货企业可以直接进行投保，发货宝可快速为发货人生成货运保单，避免一些货主需要单独在保险公司购买保险的烦琐程序。此外，发货宝还将为物流平台合作方(包括物流 O2O

电商、物流软件提供商等）提供基于各自业务模式的定制金融方案，为物流合作伙伴提供“物流＋金融”服务，满足物流平台合作方支付结算、资金管理、资金增值、信用融资等金融方面的需求。例如，橙e网与国内首家物流垂直搜索及O2O电商交易与运营平台“运东西”进行了合作，发货宝可对“运东西”平台上的货运企业进行贷款，即物流货运贷。它主要依据货运企业发票信息进行额度审定，并将月结单信息推送至发货宝协助审核。橙e发货宝并不直接对接运输商资源，而作为一个“中介”桥接发货方与物流平台，并借助橙e网自身海量的企业资源，作为一个新入口为这些物流平台带来新的流量与客户，这种双赢的安排让合作双方实现1＋1＞2的效果。

（三）基于“互联网＋供应链交易”提供全生命周期服务

平安银行橙e网的服务，以“创业易”“转型易”与“升级易”三大系列，服务于不同发展阶段客户群体的互联网转型升级需求，为“互联网＋”供应—制造—分销全链条的转型升级给予全面金融支持。

首先，平安银行以创新模式专门为初创型企业提供金融解决方案“橙e创业易”，联合众多企业云服务提供商为中小企业搭建云服务平台，让“创业、创新”企业借力互联网平台快步前行。橙e创业易推出不到一年，已经服务创业型企业超过10 000家，让这些初创型企业在平安银行享用生意管家在线做生意、通过网银与移动支付方便转账结算、依托所在园区申请税金贷等融资支持。

其次，为了助力传统企业电子商务转型，橙e网以融资、理财、支付、账户管理等金融功能为基础，通过与各类供应链服务平台联盟合作，整合服务资源，推出了“转型易”服务方案。比如橙e招投标服务，为数十家大型企业的集中招投标提供云服务平台、账户管理与保证金缴纳和退还等综合解决方案；再如与武钢集团等核心企业合作，为其电商平台提供账户管理、在线支付、网络融资及理财增值等解决方案。

最后，平安银行为垂直/综合型电子商务平台、电商第三方服务平台推出了“升级易”服务，支持电商平台商业模式升级：由信息门户升级到交易门户，由交易断点升级到交易闭环，由单一的商业价值链叠加金融价值链。“升级易”内容包括：为国内电商平台提供多银行网上支付和集中收款服务，为平台和用户建立钱包账户体系，提供交易结算见证和担保支付、账户自动增值、电商商户数据信用贷款、电商平台物流发货等一体化服务；为跨境电商提供与海关的数据实时传送与对账，并通过与第三方支付公司的对接，提供7×24小时的实时结售汇服务。

（四）引入平台合作，与多方市场主体建立广泛联盟

平安银行橙e网遵循开放互联网“流程数字化、产品组件化、服务主动化”的建设原则，打造数据型、标准化、平台化产品，满足全产业链的客户需求。同时，平安银行与多方市场主体建立广泛联盟，强化平台与平台的合作，实现橙e网高效赋能、批量获客。

目前橙e网已经与数十家联盟平台、产业链核心企业联盟合作，通过插件式基础金融服务，批量获取大量客户，并且通过联盟合作补偿和提升产业服务能力。未来，橙e网一方面将进一步规划和明确网络融资、现金管理与商务支付、电商政务资金管理与账户体系、门户用户体系、商务协同、物流金融等自身核心能力；另一方面，在“金融插件”积累的基础上，通

过联盟方式(包括成立电商俱乐部、投行化联盟等方式)，迅速扩展橙 e 网的产业服务范围，形成产业金融服务竞争力。伴随产业服务能力的提升，可以吸引的客群会随之批量增加，最终形成橙 e 网自我运转、相互驱动、持续发展的良性循环。

橙 e 网将在经营产业互联网金融业务的基础上，进一步整合资源、建设能力，向轻资产运营、用户流量经营和构建数据能力壁垒的业务形态演进，其基础应用结构为依托电商闭环交易数据，连通产业环境中的多方资金、资产端，并以此为基础提供金融服务。

迄今，平安银行橙 e 网与数以百计的各类型平台建立了多形式业务合作关系。比如，通过与中企永联、广州瑞智、上海文沥等供应链服务平台对接，基于这些第三方服务平台掌握的供应链熟客交易的真实数据，为链条供应商与经销商提供线上融资服务。如联合中企永联，在汽车行业运用互联网"大数据"为上游零部件供应商提供融资服务；与合力中税对接推出发票贷，通过及时了解和掌握企业与上游供应商之间的订单、收货、发票、付款等信息，为客户提供从借款、还款到尾款转出及查询等操作的全流程线上融资和应收账款管理服务。这些创新模式具有很强的示范意义和推广价值，橙 e 网与一达通、用友、金蝶等一系列平台均已完成对接，透过此种联盟，力图将多方平台上数以百万计的小企业客户纳入平安银行的金融服务范围，通过交易数据和行为数据为中小企业提供融资服务，解决中小企业融资难和融资贵的问题。

二、平安银行在供应链金融领域的创新案例

平安银行将"互联网金融"定位为银行的四大特色业务模式之一，并在组织架构上单独设立公司网络金融事业部——全行唯一的平台事业部，专职于互联网金融产品的创新与推广，在平台建设上搭建了跨条线、跨部门的银行公共平台——橙 e 平台，与政府、企业、行业协会等广结联盟。橙 e 网通过与众多具有特定商务服务能力的平台合作，不断丰富自身"互联网＋供应链金融"的能力，共生平台日渐生态化，逐渐步入良性聚合发展、彼此加固的良性轨道。基于此，橙 e 网创新实践"共性平台＋应用子集"的业务发展机制，全面支持银行各行业事业部、分行与小企业网络金融业务的应用发展，结构如图 4-1-2 所示。

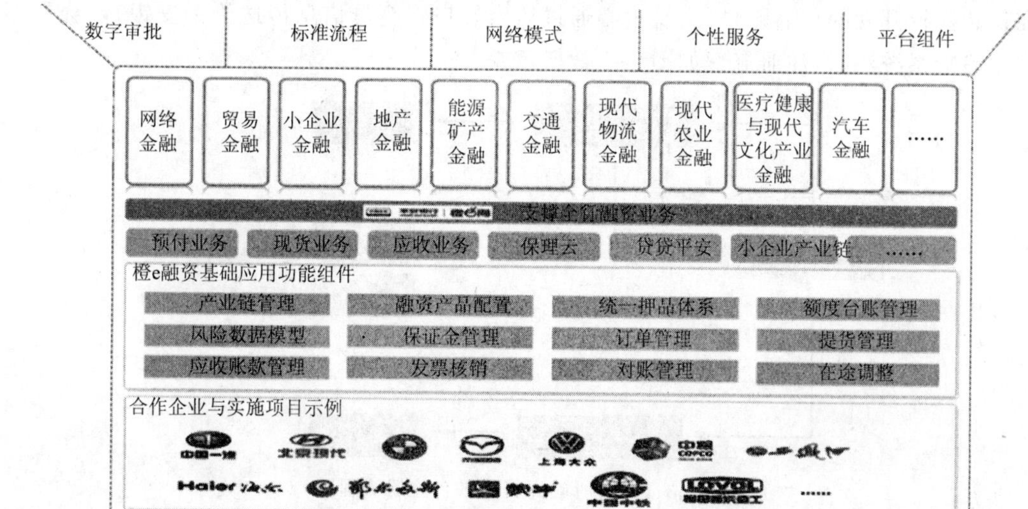

图 4-1-2　"共性平台＋应用子集"的业务发展机制

一年多来，基于客户日益增长的在线商务需求，橙 e 网提供与之相匹配的在线支付、在线融资、在线增信/见证、在线理财增值和账户管理等一站式服务。橙 e 网“跳出银行办银行”，以免费的 SaaS 云服务方式，支持中小企业快速实现交易、物流的电商化，为中小企业提供在线“订单-运单-收单＋综合金融”的交易闭环服务。与此同时，构建 PC＋Pad＋Phone 三屏一体的立体服务渠道，推出公司业务微信、橙 e 网订阅号，全面、深入经营用户，并与柜面服务打通，形成 O2O 服务体系，领先布局移动互联网金融服务。以下是平安银行橙 e 网在供应链金融领域的几个典型创新案例。

（一）广州商品交易所案例

“互联网＋”年代，文化产业也迎来了这个风口，其中邮币电子交易迎来了黄金期，“炒邮币”成为继“炒股票”后的一大热点。但传统的实物交易模式显然不能满足互联网时代的需求，于是广州商品交易所(简称广商所)希望搭建专业化钱币邮票电子交易平台，推动钱币邮票交易市场的高效规范运行，避免实物交易的诸多弊端。但是搭建电商平台并不是创建一个网站那么简单，广商所还面临着三大难题:对注册会员进行审核确保信息真实性，对会员账号进行管理保证系统安全稳定性，以及对交易资金进行存管提高平台的公信力。于是，广商所选择与银行进行合作，而当时除了平安银行，包括四大行以内的多家银行也纷纷伸出橄榄枝。

对于广商所而言，此时的关键在于哪家银行能最快完成平台的搭建。在与各个银行团队长达半个多月的沟通磨合后，平安银行广州分行团队率先完成方案的提交和平台的设计，同时考虑到双方有一定的合作基础并且平安银行在互联网金融方面良好的发展态势，最终广商所选择了平安银行广州分行。

平安银行广州分行为广商所提供交易资金第三方存款方案，从会员注册、交易、充值、提现到最后的清算对账全流程嵌入服务。在会员注册认证方面，如果是已经在平安银行开户的企业和个人开通网银即可签约。而未在平安银行开户的企业和个人通过平安易宝注册，上传身份资料后，平安银行广州分行将通过对接公安部身份验证系统验证个人会员户名身份证是否相符，通过柜面人员核对企业上传的资料进行审核。当然会员也可以绑定一个会员在任意银行开立同户名账号，交易中心通过后台接口将会员信息传送给平安银行，会员不需登录银行系统注册，注册流程如图 4-1-3 所示。

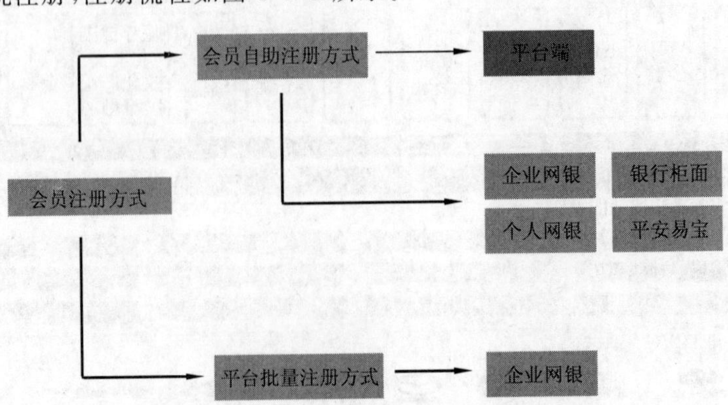

图 4-1-3　广商所电商交易平台注册流程图

同时，平安银行为广商所提供资金托管服务，为广商所电商平台开立专户作为存管账户，用于存放交易上的交易结算（保证）资金。并对该户实行封闭运行管理，只能用于会员交易资金划转、平台手续费收取、与合作商家清算等指定用途划转；同时，将会员银行结算账户与银行存管账户的虚拟子账户实行绑定，会员所有结算资金的转出只能划转到指定的银行结算账户，不得以现金或其他转账的形式划转资金；而虚拟子账户与平台为会员开立的交易资金账户一一对应。虚拟子账户用于控制会员出金的可取余额，平台为会员开立的交易资金账户用于控制交易的可用余额。

如果会员绑定的账户是平安银行账户，则可通过交易市场平台端直接发起充值/提现交易。如果会员绑定账户已加挂在平安银行网银下，则会员还可以登录通平安银行个人或者企业网银发起充值/提现交易。其他银行会员可通过从绑定的他行同户名结算账户向交易市场在平安银行的资金存管专用账户以转账的方式实现充值/提现。

会员下单预支付后，平安银行将对交易期买方货款进行冻结，不允许买方提现，保证交易期间资金安全。每日交易结束后对广商所电商平台专户进行清算并与平台进行对账，核查存管专户，包括总分账核对、分账核对、充值/提现资金明细、开销户明细核对。如发生对账不平，银行生成对账不符记录明细文件，并发送至平台服务器，双方可及时查明原因。

经过一个多月的开发测试，2015 年 8 月 11 日系统上线，8 月 21 日首批商品上市。数据显示，当天开立会员子账户 4 216 个，其中平安易宝会员数为 387 户。当天申购资金非常可观，创造了该分行单日存款最高增额的历史。

广商所钱币邮票电子交易平台解决了以往收藏者线下实物交易过程中的各种问题，通过与银行合作对交易资金进行托管，提供一种全新的安全的交易模式，给邮币收藏投资带来新的发展契机。在整个过程中，平安银行就扮演着最佳合作伙伴的角色，通过嵌入电子商务平台在支付结算、投资理财、网络融资方面的需求，支持传统企业互联网转型升级，不断扩展合作伙伴，打造"共性平台＋应用子集"的开放式平台，力图通过强强联合，挖掘行业更多的潜在市场空间，合作模式如图 4-1-4 所示。

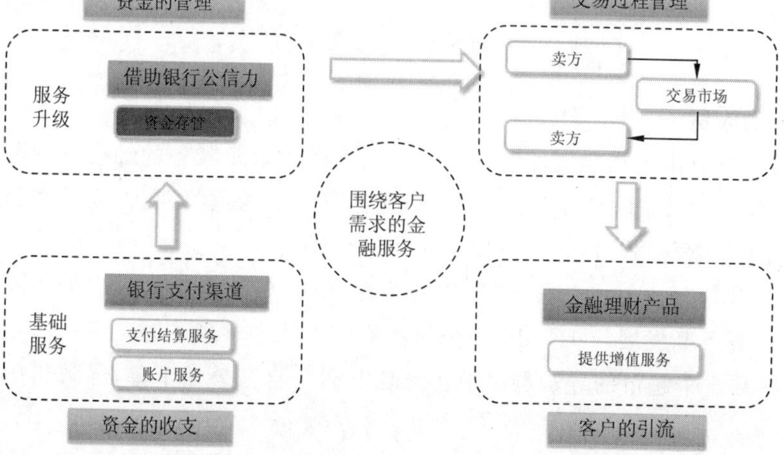

图 4-1-4　平安银行与广商所的合作模式

（二）供应链协同云服务："生意管家"应用案例

1. 成都诗岚

成都诗岚是一家渠道供应商，专业提供联想/宏碁计算机全系列产品、行业解决方案。立足成都，辐射西南，客户累计1 400余家，产品SKU（最小库存管理单位）约2 000种，年销售额达2亿。

在过去一年里，诗岚面临库存水平控制难、及时补货难、及时准确结算难、内部响应时间过长，客户满意度下降。诗岚为了在行业内保持优势，找到了平安银行推出的生意管家，通过生意管家进行业务管理：基础数据和信息实行集中管理，确保基础数据的准确性；订单由原来的每月大批量改为按天小批量，并且严格控制日清日结，切实掌控库存与订单进程；运用生意管家进货、销货及仓库功能，进行统一的计划，各部门协调运作，跟踪管理，达到了整体的最优，提高了客户满意度。平安银行生意管家永久免费，无须安装与维护；配置专业团队每月迭代更新；数据库信息安全管理及风险防范级别高；针对企业不同的运作模式，涵盖从采购、销售、库存到财务管理等各个业务环节，整合企业的商流、物流、资金流和信息流，打通上下游供应链组织，在内外部环境等多个环节提高企业运营核心竞争力，运作模式如图4-1-5所示。

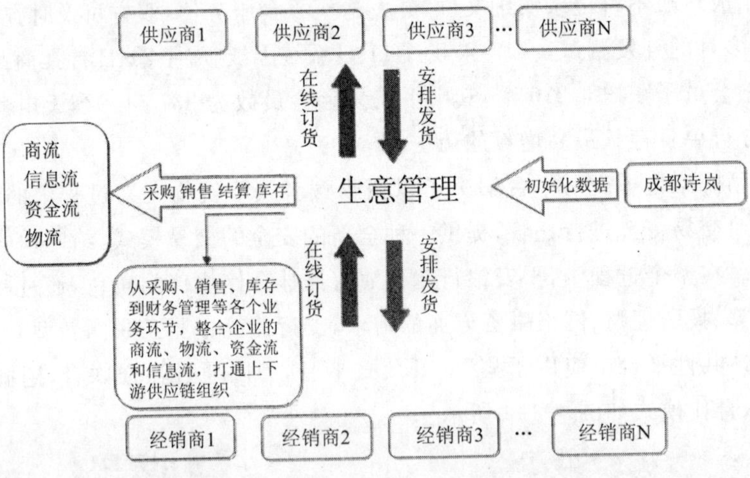

图4-1-5　平安银行生意管家运作模式

2. 青岛菜源农贸

青岛菜源农贸有限公司是集蔬菜生产、加工、配送一条龙服务的综合发展公司。拥有自有菜园2 000多亩，并以"农产品经纪人"身份向各农户采购蔬菜，在青岛各大超市设立专职导购，通过"超市联营"模式，向青岛及周边超市进行供货。

由于"超市联营"与"公司＋农户"模式的特性，采购与导购每天都必须在农村与超市高频度下单，在业务不断发展与扩张中，该公司面临以下几个管理难题：

① 派驻在数十个超市的导购员集中在傍晚电话向自己公司下单，导致集中总部客服人员难以招架。

② 电话下单难以准确描述，打电话下订单的场景复杂，差错多。

③ 重复了劳动力，员工经常加班到半夜整理数据，苦不堪言。

④ 公司的销售与进货记录依赖于手工账,数据难以准确及时掌握。

通过平安银行生意管家的实施应用,帮助青岛菜源农贸有限公司解决了一系列在未使用软件之前遇到的管理难题。

① 整个订单流程全部在平安管家上进行,也极大地提升了工作效率。之前,10 个导购员通过电话下单约需要 50 min,使用后 10 人可同时下单仅需要 5 min,效率提高 10 倍。

② 每笔订单都有据可查,自动生成报表,非常方便账目核算。

③ 来自超市导购订单的数据及时与公司的进货计划进行完美匹配,严格按照以销定购,避免了盲目采购,很好地满足客户需求,降低公司成本。

(三)金蝶 ERP 数据贷

金蝶是国内领先的企业管理软件及 ERP 云服务商。金蝶中国是平安银行重要的平台战略合作伙伴之一,其目前已打通包括 KIS、友商网、智慧记在内的中小企业 ERP 产品线,完成了针对金蝶中小微 ERR 客户全产品线的标准化建模,建立了产品线之间企业客户财务、进销存数据的无缝衔接及快速共享机制,服务的客户超过 500 万。

“金蝶 ERP 数据贷”项目的实施,为平安银行引流更多优质客户资源的同时,也为金蝶中国数百万的中小企业客户提供更丰富的融资、资讯、理财等综合金融服务,提升其自身的 ERP 平台客户服务水平,实现双方的共赢。

平安银行橙 e 平台通过与金蝶 ERP 平台对接合作,在经客户授权后,取得其使用金蝶 ERP 产品的经营数据。通过对经营数据的分析建模,在平安银行橙 e 体系下,为小企业主提供以小额信用循环授信为核心的,含结算、融资、理财、资讯等多项功能的综合金融服务方案。

“金蝶 ERP 数据贷”产品优势:

① 审批效率:额度审批效率高,24 h 可放款。

② 简单易用:操作简便,在线申请,随借随还。

③ 利率优势:相同贷款额度情况下贷款利率较低。

④ 平台优势:以融资作为切入点,依托橙 e 网,为客户提供管理、结算、理财、资讯等多方面的综合金融服务。

ERP 数据贷产品特点与优势如图 4-1-6 所示。

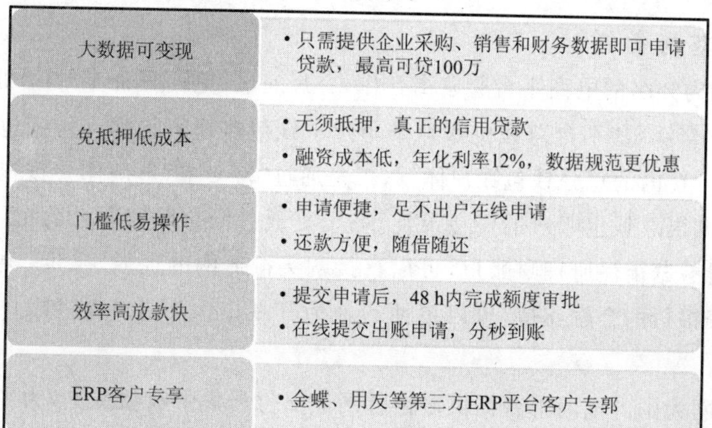

图 4-1-6　ERP 数据贷产品特点与优势

（四）采购自由贷，凭与大企业的合作年限和采购订单就能贷款

橙 e 网与海尔集团的 B2B 平台合作推出采购自由贷，经销商从在线发起订单，到平安银行橙 e 网网络融资平台完成贷款交易，最快只要 6 min，为客户带来极致体验。海尔全资子公司的 B2B 平台的定位为集信息流、物流、现金流为一体的大型开放式服务平台。海尔集团的 2 万多家经销商可在平台上在线下订单，发起在线融资申请，实现对订单、物流、资金等信息的跟踪，方案如图 4-1-7 所示。

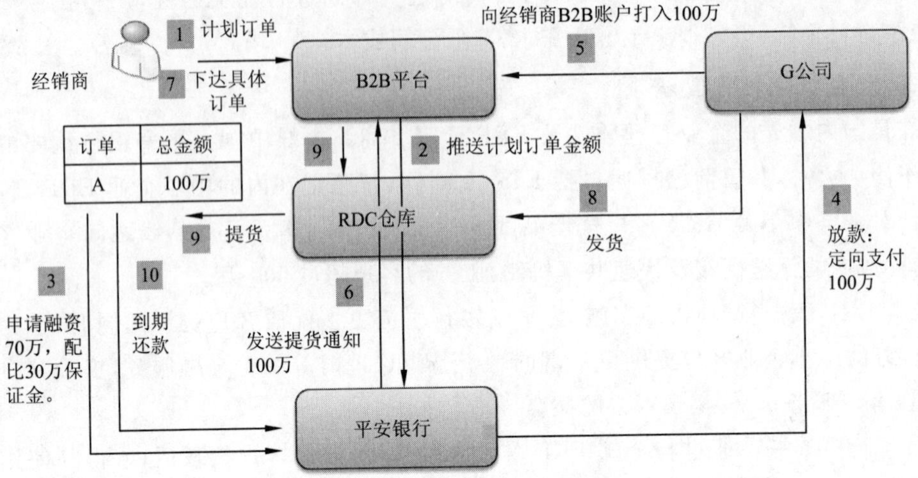

图 4-1-7　采购自由贷方案示例

平安银行橙 e 网与海尔的 B2B 平台实现无缝对接，双方共享订单、物流、资金等信息，合作推出“采购自由贷”。采购自由贷极大降低了经销商的准入门槛，大幅简化了经销商的授信资料，对业务进行批量授信、批量开发。经销商无须抵押，免担保，只要和海尔生意往来超过一年时间，不论经销商规模大小都可以向银行申请融资。

目前，该平台合作下，已经为海尔超过 600 个经销商提供在线的授信支持。平安银行以此种模式为蒙牛乳业、美赞臣、宝洁、红牛等数十条产业供应链数千家经销商提供采购自由贷服务，助力产业升级。

（五）蘑菇街案例

橙 e 网和国内知名的电商平台蘑菇街合作，一是通过“电商见证宝”账户服务体系，为蘑菇街搭建了一整套涵盖“平台总钱包账户＋用户子钱包账户＋担保支付钱包账户＋其他特定用途核算账户”在内的总分钱包账户体系；二是通过“橙 e 宝”解决用户钱包账户的增值问题，直接提高蘑菇街总钱包账户的资金沉淀量；三是通过门户联盟联合营销，实现客户相互引流。用户通过蘑菇街注册理财账户，可以直接购买橙 e 网的优质“宝宝”类理财产品。而蘑菇街借助平安银行的金融支持，可以更便利地为其 9 000 万用户提供账户体系和资金增值服务。

此外，橙 e 网为国内电商平台提供多银行网上支付和集中收款服务，为平台和用户建立钱包账户体系，提供交易结算见证和担保支付、账户自动增值、电商商户数据信用贷款、电商

平台物流发货等一体化服务;为跨境电商提供与海关的数据实时传送与对账,并通过与第三方支付公司的对接,提供 7×24 小时的实时结售汇服务。

撰稿人:胡跃飞　平安银行行长
金晓龙　平安银行总行网络金融事业部总裁
梁超杰　平安银行总行网络金融事业部副总裁
朱　昌　平安银行总行网络金融事业部产品经理

案例2　安硕信息:供应链金融系统解决方案提供商

一、供应链金融行业背景

2013年被称为中国互联网金融元年,2014年则被业内称为在线供应链金融元年,而这一现象的背后,是大型传统企业掀起的供应链金融"触网"高潮。如家电巨头海尔布局互联网金融,其供应链金融业务占60%以上;五粮液于2015年5月"杀进"医药供应链金融;此外,万达、蒙牛、天虹、顺丰、复星集团等纷纷开始了供应链金融的布局。

在产业链中处于龙头地位的大型企业可以通过参股或投资互联网金融平台等方式,将自身的产业链实践与供应链金融产品设计相结合,拓展金融领域相关业务。同时,可以充分利用互联网金融平台为企业上下游公司提供增值服务,巩固企业在产业链的核心地位。可以说,在产业金融化大趋势下,供应链金融是目前最容易切入的一种互联网金融领域。

供应链金融是指以核心客户为依托,以真实贸易背景为前提,运用自偿性贸易融资的方式,通过应收账款质押、货权质押等手段封闭资金流或者控制物权,对供应链上下游企业提供的综合性金融产品和服务。供应链金融的本质是信用融资,在产业链条中发现信用。

随着社会化生产方式的不断深入,市场竞争已经从单一客户之间的竞争转变为供应链与供应链之间的竞争,同一供应链内部各方相互依存,"一荣俱荣、一损俱损";与此同时,由于赊销已成为交易的主流方式,处于供应链中上游的供应商,很难通过"传统"的信贷方式获得银行的资金支持,而资金短缺又会直接导致后续环节的停滞,甚至出现"断链"。维护所在供应链的生存,提高供应链资金运作的效力,降低供应链整体的管理成本,已经成为各方积极探索的一个重要课题,因此,"供应链融资"系列金融产品应运而生。

一般来说,一个特定商品的供应链从原材料采购,到制成中间及最终产品,最后由销售网络把产品送到消费者手中,将供应商、制造商、分销商、零售商、直到最终用户连成一个整体。在这个供应链中,竞争力较强、规模较大的核心企业因其强势地位,往往在交货、价格、账期等贸易条件方面对上下游配套企业要求苛刻,从而给这些企业造成了巨大的压力。而上下游配套企业恰恰大多是中小企业,难以从银行融资,结果最后造成资金链十分紧张,整个供应链出现失衡。"供应链金融"最大的特点就是在供应链中寻找出一个大的核心企业,以核心企业为出发点,为供应链提供金融支持。一方面,将资金有效注入处于相对弱势的上下游配套中小企业,解决中小企业融资难和供应链失衡的问题;另一方面,将金融机构信用融入上下游企业的购销行为,增强其商业信用,促进中小企业与核心企业建立长期战略协同关系,提升供应链的竞争能力。在"供应链金融"的融资模式下,处在供应链上的企业一旦获得资金的支持,资金这一"脐血"注入配套企业,也就等于进入了供应链,从而可以激活整个"链条"的运转;而且借助金融机构信用的支持,还为中小企业赢得了更多的商机。

二、供应链金融模式介绍

（一）基于B2B、B2C、C2C电商平台的供应链金融

国内电商门户网站如焦点科技、网盛生意宝、慧聪网、敦煌网等，B2B电商交易平台如上海钢联、找钢网等，B2C、C2C电商平台，如淘宝、天猫、京东、苏宁、唯品会、一号店等，都在瞄准供应链金融，往金融化方向挺进。垂直的数据风控能力是B2B、B2C、C2C电商平台做供应链金融的优势。

以京东为例，京东供应链金融利用大数据体系和供应链优势在交易各个环节为供应商提供贷款服务，具体可以分为六种类型：采购订单融资、入库环节的入库单融资、结算前的应收账款融资、委托贷款模式、京保贝模式、京小贷模式。京东有非常优质的上游的供应商、下游的个人消费者、精准的大数据，京东的供应链金融业务水到渠成。

（二）基于商业银行电子商务协同平台的供应链金融

银行系电商平台推出至今已有些时日，在品牌可信度更强的优势下，加上商品的不断丰富、支付方式的多样，在这些亮点的吸引下，相信银行系电商平台能成为更多人购物的好去处。

截止到2015年3月份，工行“融e购”电商平台对外营业14个月时间，注册用户已达到1600万人，累计交易额突破1000亿元，交易量进入国内十大电商之列。此外，包括建行善融商务、交行交博会商品馆、招行网上商城、广发银行广发商城在内的多家银行系电商平台也已上线多时。究竟这些平台依靠哪些强项来占据市场一席之地？供应链金融便是其中一个不可或缺的重要因素。

比如工行的“融e购”平台，只要是售价100元以上的商品，都有机会通过“逸贷”购买。据悉，“逸贷”是工行利用大数据分析，对4亿多客户中超过1亿多客户给予的预授信产品，通过“融e联”或短信渠道告知客户，如有需要可以直接回复申请，最快情况下可实时到位。

（三）基于支付的供应链金融

只想做支付的支付公司不是好公司。支付宝、快钱、财付通、易宝支付、东方支付等均通过支付切入供应链金融领域。以快钱为例，2009年开始，快钱开始探索供应链融资，2011年快钱正式将公司定位为“支付＋金融”的业务扩展模式，全面推广供应链金融服务。如快钱与联想签署的合作协议，帮助联想整合其上游上万家经销商的电子收付款、应收应付账款等相应信息，将供应链上下游真实的贸易背景作为融资的基本条件，形成一套流动资金管理解决方案，打包销售给银行，然后银行根据包括应收账款等信息批量为上下游的中小企业提供授信。

（四）基于ERP系统的供应链金融

传统的ERP管理软件等数据IT服务商，如用友、畅捷通平台、金蝶、鼎捷软件、久恒星资金管理平台、南北软件、富通天下、管家婆等，其通过多年积累沉淀了商家信息、商品信息、会员信息、交易信息等数据，基于这些数据构建起一个供应链生态圈。

如老牌财务管理ERP企业用友网络，互联网金融是公司三大战略之一。数千家使用其

ERP 系统的中小微企业，都是其供应链金融业务平台上参与的一员。汉得信息与用友的模式略有不同，汉得的客户均是大型企业，而其提供供应链金融服务的对象，将会是其核心客户的上下游。

（五）基于第三方协同平台的供应链金融

一些综合性第三方平台，集合了商务、物流、结算、资金的一站式供应链管理，如国内上市企业的怡亚通、苏州的一号链、南京的汇通达、外贸综合服务平台—阿里巴巴一达通等，这些平台对供应链全过程的信息有充分的掌握，包括物流掌握、存货控制等，已集成为一个强大的数据平台。

像国内上市企业怡亚通，纵向整合供应链管理各个环节，形成一站式供应链管理服务平台，并通过采购与分销职能，为物流客户提供类似于银行存货融资的资金代付服务，赚取“息差”收入；同时，针对需要外汇结算的业务开展金融衍生交易，在人民币升值背景下赚取收入。

（六）基于 SaaS 模式的行业解决方案的供应链金融

细分行业的信息管理系统服务提供商，通过 SaaS 平台的数据信息来开展供应链金融业务，如国内零售行业的富基标商、合力中税；进销存管理的金蝶智慧记、平安银行橙 e 网生意管家、物流行业的宁波大掌柜、深圳的易流 e-TMS 等。

以平安银行生意管家为例，国内首个免费的 SaaS 模式供应链协同云平台，是平安橙 e 网的核心产品。橙 e 平台将平安银行供应链金融传统优势推向更纵深的全链条、在线融资服务。“更纵深的全链条”是指把主要服务于大型核心企业的上下游紧密合作层的供应链融资，纵深贯通到上游供应商的上游、下游分销商的下游。“在线融资”是指橙 e 平台为供应链融资的各相关方提供一个电子化作业平台，使客户的融资、保险、物流监管等作业全程在线。

（七）基于大型商贸交易园区与物流园区的供应链金融

大型商贸园区依托于其海量的商户，并以他们的交易数据、物流数据作为基础数据，这样的贸易园区有很多，如深圳华强北电子交易市场、义乌小商品交易城、临沂商贸物流城、海宁皮革城等。

以浙江的银货通为例，浙江的“块状经济”历来发达，“永康五金之都”“海宁皮革城”“绍兴纺织品市场”“嘉善木材市场”等都是知名的块状产业聚集区。而这些产业集群的特征是，其上下游小微企业普遍缺乏抵押物，但却具有完整的上下游供应链。在这样的背景下，银货通在“存货”中发现了信用，首创存货质押金融，是国内首家基于智能物流、供应链管理的存货金融网络服务平台。同时，其相继推出了“货易融”“融易管”“信义仓”三大服务系统。截至目前，银货通通过动产质押，实际实现融资超 10 亿元，管理仓储面积超 10 万平方米，监管质押动产价值 25 亿元。

（八）基于大型物流企业的供应链金融

物流占据了整个商品交易过程中重要的交付环节，连接了供应链的上下游。它们基于物流服务环节及物流生产环节在供应链上进行金融服务。国内大型快递公司及物流公司，快递公司如顺丰、申通、圆通、中通、百世汇通等，物流公司如德邦、华宇、安能等均通过海量客户收发物流信息进行供应链金融服务。目前顺丰、德邦已经开始通过物流数据渗透了货主采购，仓储物流费用等方面的进入供应链金融。

以顺丰为例，2015 年 3 月底，顺丰全面开放全国上百个仓库为电商商家提供分仓备货，同时推出顺丰仓储融资服务。优质电商商家如果提前备货至顺丰仓库，不仅可以实现就近发货，还可凭入库的货品拿到贷款。顺丰具备庞大的物流配送网络、密集的仓储服务网点及新兴的金融贷款业务，三点连接形成完整的物流服务闭环。除仓储融资外，顺丰金融供应链产品还有基于应收账款的保理融资，基于客户经营条件与合约的订单融资和基于客户信用的顺小贷等。

基于移动互联网、云计算、大数据、物联网等新技术，在支付结算、贸易融资等领域借助虚拟经济助推实体经济，为大企业探索全球化竞争中可持续的发展之道，为中小企业成长提供便捷的融资服务，互联网供应链金融掀起了互联网"新经济"一股强劲的潮流。

三、安硕信息致力成为供应链金融系统解决方案提供商

上海安硕信息技术股份有限公司(股票代码 300380)成立于 2001 年 9 月 25 日。公司自成立至今一直专业从事信用风险管理领域业务咨询、IT 系统实施和内容服务的高科技企业。作为国内规模最大的金融资产风险管理方案供应商，安硕信息为国内 150 多家不同地区、不同类型的金融机构提供了信贷管理系统及供应链融资系统的咨询、产品、实施和维护服务。在 10 多年的实践中，安硕信息见证了国内银行业在信用风险管理方面思路和方法论、监管文化、管理组织架构、业务流程模式、模型工具运用等多方面的变化与改革，参与了国内信用风险管理系统建设的全过程。

通过多年来在银行领域业务积累、沉淀和总结，最近两年，尤其是 2014 年开始，安硕的客户群从传统的银行迅速拓展到各行各业，安硕在供应链金融领域也提供了大量的解决方案，也有大量的客户。无论是传统金融还是类似供应链金融这种新金融，在快速发展的过程中，有一个因素是不容忽视的，就是风险控制的问题。安硕的基本逻辑就是，通过在银行领域积累的大量风控知识和工具，然后把它的这些知识和工具服务于供应链金融。

从安硕多年的供应链金融系统建设实践经验来看，我们认为当前"互联网＋"背景下的供应链金融平台，应该以交互、协作、可视为理念，建设线上化供应链金融服务平台，连接供应链的上下游及各参与方，实现信息流、物流和资金流的统一，构建全方位、全流程、多层次的线上服务体系。

首先，要实现业务全流程在线处理。从业务申请、业务审批到融资发放、贷后监控等均通过在线平台办理。

其次，要实现内外系统的有效对接。将内部系统与外部系统(如合作企业、第三方物流、B2B 平台、海关、税务等)进行渠道接入。

再次，要实现对风险的有效控制。对供应链金融业务发生过程中核心的账权、货权、资金流、信息流等关键要素进行组合管控，并根据各种业务核心要素的情况，自动进行风险预警。

最后，要实现对大数据的挖掘和利用。利用服务平台所收集信息进行数据挖掘，开发不

同的产品满足相应需求，实时根据企业的交易信息为企业提供配套的金融服务。

四、安硕开放式互联网供应链金融平台

安硕信息开放式互联网供应链金融平台 AmarSCF，是安硕信息自主研发一套成熟、先进的供应链金融平台系统产品，是集产品创新、产品营销、业务审批和风险管理、产品作业流程管控、催收管理、信息查询统计与分析供应链管理等为一体的开放式互联网供应链金融平台，平台服务模式如图 4-2-1 所示。

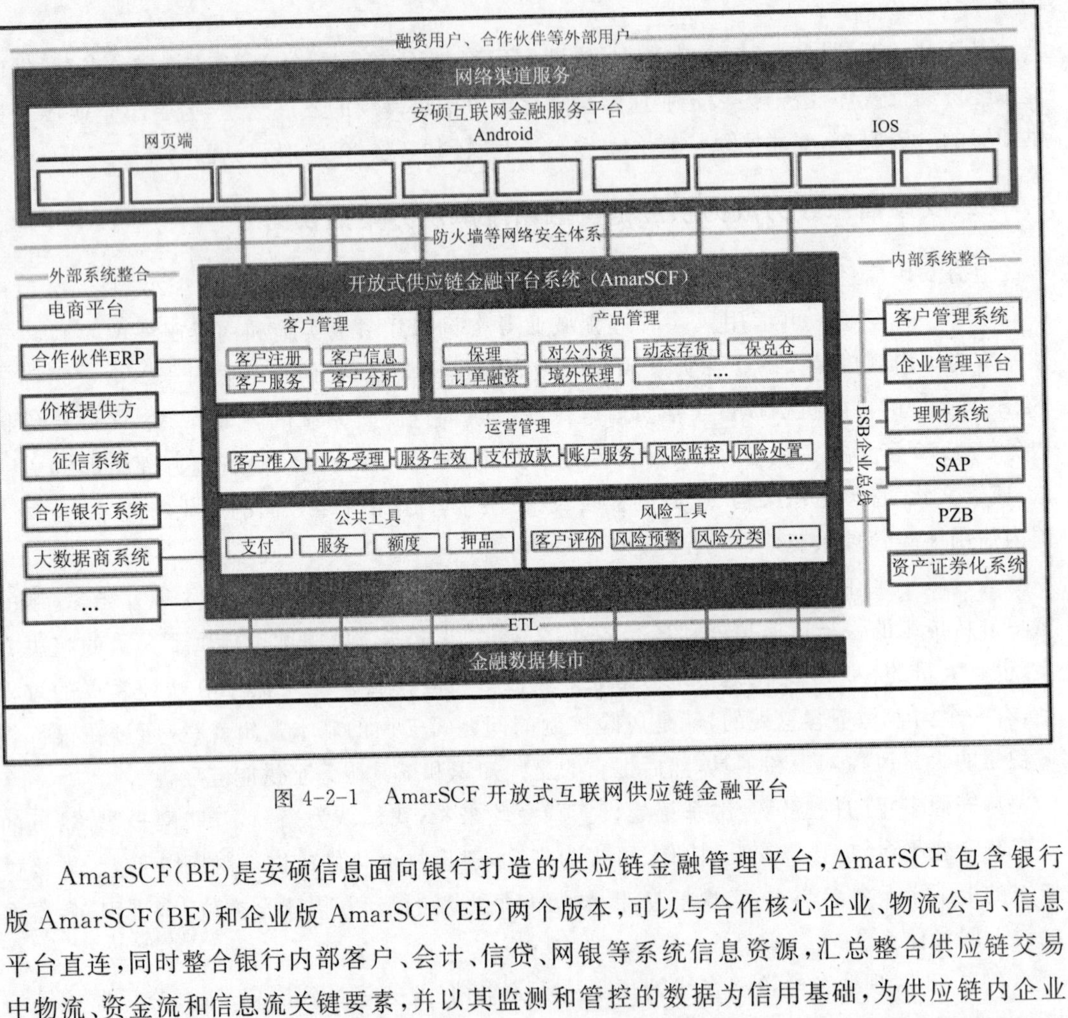

图 4-2-1 AmarSCF 开放式互联网供应链金融平台

AmarSCF(BE)是安硕信息面向银行打造的供应链金融管理平台，AmarSCF 包含银行版 AmarSCF(BE)和企业版 AmarSCF(EE)两个版本，可以与合作核心企业、物流公司、信息平台直连，同时整合银行内部客户、会计、信贷、网银等系统信息资源，汇总整合供应链交易中物流、资金流和信息流关键要素，并以其监测和管控的数据为信用基础，为供应链内企业提供包括应收账款融资、货权融资、预付款融资等在内的全面金融服务。参数化、模块化的设计，使得它具备了全面而完整的供应链金融管理功能，既能满足银行在供应链业务方面的功能操作需求，也能满足银行对供应链金融各类风险的预警和管控。

AmarSCF(EE)是安硕信息打造的面向企业的供应链金融管理平台，涵盖了贸易过程中预付类、存货类、应收类等 20 多个典型的金融产品，包含营销管理、产品管理、客户管理、评级授信管理、额度管理、合同管理、放款管理、贷后管理、押品管理、核算管理、催收管理、报表统计、大数据风控管理等功能模块。通过 AmarSCF(EE)平台的使用，将生产商、供应商、经

销商、物流、第三方信息平台等商品生产、流通、销售各环节企业的整合，提高供应链金融管理效率，同时也将有价值的贸易信息转化为供应链信用，形成其在供应链融资上的核心贷款审核数据，给供应链中的中小企业提供更加简便和优质的金融服务。

安硕信息同时也向中小微等类金融机构提供供应链金融云服务和保理云服务，安硕云服务具有一站式 IT 云部署、全天候运行(7 * 24 小时)、免费迭代更新、多重安全保障、高质量云端运维服务等特点，可以让中小微等类金融机构客户免去高额的系统建设投入和建设周期。产品的主要特点：

1. 覆盖供应链全流程金融服务

涵盖供应链业务整个交易过程，利用结算、担保、融资、账款管理等功能为供应链环节中关联企业提供全方位的金融服务，帮助银行管理供应链信息、企业交易对手信息、交易过程信息，从而盘活供应链，帮助银行提高金融产品质量，增加客户满意度。目前供应链金融平台已经完成针对企业预付款、存货、应收账款等贸易阶段，实现了国内外保理、差额回购、厂商担保、仓单质押、现货质押、应收账款池融资等各类金融产品。

2. 实现电子化业务处理，促进业务发展

供应链融资业务流程相对复杂、操作环节多，通过手工方式办理有一定难度，操作效率低，业务管理难度大。通过电子化、信息化手段来处理供应链融资业务不但大大提高了业务处理速度，同时系统平台也为业务风险的控制提供了有效手段。

3. 实现风险有效控制

通过操作及监控平台，系统可以对供应链金融业务发生过程中核心的账权、货权、资金流、信息流等关键要素进行动态组合管理。内置监控平台与信用风险系统，可电子化完成供应链业务评级、授信、申请、审批和放款的全部流程，并根据供应链核心要素的情况，自动计算供应链业务的风险容忍敞口，对供应链管理过程中的关键事件发布预警。

4. 可实现企业网银及直联等多种接入渠道

系统开发全智能型接口，可通过互联网或银行直联与供应链的上下游及各参与方，包括核心企业、物流服务商、信息供应商等，实现各方信息交付和业务协同；并通过对各方经营活动中所产生的商流、物流、资金流、信息流的归集和整合，提供适合供应链全链条的在线融资及相关综合金融服务。

5. 新业务快捷开发

基于供应链产品的特色对产品采用“组件化管理、模块化设计和参数化控制”的理念，将供应链业务的管理过程通过“裁剪、组合、授权”的方式予以实现，快速支持供应链产品的创新和风险控制管理。

6. 高度平台无关

产品使用 Java 技术，可以运行在所有支持 JRE1.4.2 及上版本的软硬件环境，支持主流的数据库和应用服务器。

7. 用户界面友好

符合 AmarBank 系列产品一贯的 Web 数据界面，使用方便，易于掌握。

8. 产品良好的扩展性

基于工作流引擎和规则引擎，产品高度模块化、参数化，能够适应当前金融机构业务流程处理的多样性和产品不断创新的需要。

五、成功应用案例

安硕开放式互联网供应链金融平台应用案例非常丰富，银行类客户包含全国股份制银行、城商行、农商行及外资银行；企业类客户包括电商平台、互联网公司、商超零售企业、大型制造公司、物流公司及小贷公司、保理公司等各类新兴金融机构。

案例 1

客户 A 是国有控股的中外合资连锁百货百强企业，其在深圳、东莞、惠州、福州、厦门、南昌、长沙、湘潭、嘉兴、苏州及北京等地开设了 35 家直营商场及以特许经营方式管理 2 家商场。A 公司连续 8 年进入中国连锁百强企业，是深圳和广东地区销售额最高、商场数量最多的连锁百货企业，也是国内最早引入精益六西格玛、平衡计分卡、卓越绩效管理模式的零售企业。

纵观整个零售供应链，显而易见，零售供应商多数是中小微企业，他们需要的资金多为短期周转资金，具有“短、频、急”的特点，并且贷款额度往往都较大，所以他们在贷款速度、贷款额度、贷款成本上都有较高的要求。然而，长期以来，零售供应商每当遇到旺季备货、增加新品、店铺扩展、店铺促销等时间节点时都会出现资金短缺问题，但是由于信用缺失、固定资产等抵押担保品少、财务信息不透明等原因，他们很难从银行获得贷款。

2015 年 11 月低，A 公司专门成立了一家小额贷款有限公司。初期推出的金融产品主要就是围绕着这些零售供应商来开展，包含针对自营供应商提供的虹运贷，针对专柜供应商提供的虹途贷等。

安硕公司为 A 公司打造的供应链金融系统，结合互联网金融的特点，提供零售供应商在线自助融资服务，并针对互联网产品和各种业务贷前、贷中、贷后流程中发生的审批、交易、核算等业务进行管理，实现供应链金融业务的风险管理、资金数据和业务数据的整合。

安硕公司以多年风险管理从业经验，为 A 公司提供了包含金融业务咨询、IT 建设、软硬件平台搭建等一体化全方位解决方案服务，助力 A 公司成功跨界金融领域。

案例 2

客户 B 是一个资本控股集团旗下的互联网金融平台，平台以 P2B 安全交易模式为基础，以供应链金融产品为核心竞争力，致力于为有融资需求的中小企业与有理财需求的广大民众搭建一个安全、高效、透明的投融资对接平台，助力国家解决广大中小企业融资难的同时，也为普通大众提供一个专业、安全、增值、普惠的全新互联网投资理财渠道。

当前由于国内征信体系尚不完善，违约成本较低，借款人的信用状况难以了解或了解成本太高；同时，还有些平台自身涉及“自融”，虚假标的，拆东墙补西墙，一旦逾期可能就会带来严重后果。因此，建立在真实贸易背景下的、基于互联网技术下的供应链金融 P2P 平台被普遍看好。

B 公司携手蒙牛、大金空调、绝味等大型核心企业，以供应链金融 P2P 为基点，依托云计算和大数据把产业链的上下游有效地衔接起来,提供更好的普惠金融服务,服务实体经济,从而推动整个商业生态的良性发展。

安硕公司为B公司打造的供应链金融平台主要实现供应链金融模式的"三位一体"风控体系,以及全流程线上自助一体化的业务办理操作,实现与核心企业的信息数据互联直通,为各类小微型企业客户提供便捷自助互联网金融服务。

案例3

客户C是目前中国速递行业中民族品牌的佼佼者之一,C公司目前已经在北京、上海、沈阳、广州、西安、成都、武汉建立了7大分发中心,50个重点城市已布局上百个配送仓库,仓储总面积近百万平方米,配以数万网点,覆盖全国2500个区县,基本建成了覆盖全国的电商仓储配送体系。

为优质客户采购及销售商品提供融资、仓储、配送的一站式服务,这是C公司目前正在加速发力的方向,其中,仓储和配送是其优势业务,金融服务又该怎么玩?

2016年初,C公司与上海安硕达成战略合作协议,通过安硕多年的银行风险管理咨询及实施经验,为其打造全新的开放式互联网供应链金融管理平台。平台总体设计目标是,集成客户C内部客户管理系统、财务管理系统、仓储管理系统等各类信息渠道,通过对物流、信息流、资金流的整合打造涵盖营销、管理及统计全方位同业领先的供应链金融综合服务平台。具体表现在以下几个方面:

① 对现有产品以及产品创新的支持:通过高度模块化、参数化的产品设计,在满足现有保理融资、信用融资、仓储融资、订单融资等业务的前提下,能够适应未来业务流程处理的多样性和产品不断创新的需要。

② 建立融资门户服务平台:利用互联网和IT技术建立供应链金融"在线"融资服务平台(包含Web端、手机端等多种渠道),直面互联网客户,提供客户自助贷款申请、还款申请、自助信息查询等功能,增强对供应链金融业务的营销支持和获客能力,同时为客户提供便捷、全面和高效的一站式供应链金融服务。

③ 实现风险有效管控:通过监控平台及风险管理工具,可电子化完成供应链业务评级、授信、申请、审批和放款的全部流程,并根据供应链核心要素的情况,自动计算供应链业务的风险容忍敞口,对供应链管理过程中的关键事件发布预警。

④ 提升运营管理水平:通过平台电子化业务处理、档案文件管理、运营数据统计分析,从而降低运作成本,提高服务质量和服务效率,增强客户满意度。

案例4

客户D是一家位于广东省某市的区域性商业银行。优先发展小微业务,支持小微企业发展,利用供应链金融推动对小微业务的全面支持,是该行三年战略规划中的核心业务之一。经过多年的努力,D银行的供应链金融产品已进入陶瓷、医疗器械、视频、机械设备、澜石不锈钢等行业,与新濠大理石瓷砖、广东湛化集团等一批大型核心企业建立了长期合作关系,为这些企业的上下游提供供应链融资业务。

新濠大理石瓷砖是一家集研发、生产、营销、服务为一体的大型现代化企业。先后获得"国际知名品牌""亚洲品牌500强""中国陶瓷十大品牌""中国陶瓷行业十大质量品牌""全国工程建材首选100家”和“消费者最喜爱陶瓷十大品牌”等多项殊荣。陶瓷企业的渠道发展非常依赖经销商，但传统模式下，90%的经销商属于中小企业，无法获得银行贷款。经销商的资金需求反过来制约了企业发展。

D银行经过对新濠大理石瓷砖的实地考察调研之后，提出了供应链金融服务方案：与新濠大理石瓷砖建立战略合作伙伴关系，设立陶瓷经销商基金“陶金宝”，为新濠经销商提供融资支持。该融资方案对银行现有信贷系统提出了挑战：

① 信贷系统无法对接新濠大理石瓷砖经销商的各项数据，该融资产品仅能覆盖大型经销商，大量小微经销商无法覆盖。

② 传统信贷系统申请/审核周期长效率低，无法满足经销商融资“小、急、频”的需求。

广东湛化集团是一家始建于1958年的老牌国有企业，作为全国最大的化肥生产企业之一，广东湛化有着辉煌的历史。但是到了2012年底，尽管订单快速增长，原授信行却因贷款政策的变化难以满足企业融资需求，广东湛化不可避免地面对资金紧张的压力。

为及时缓解广东湛化资金困难问题，D银行在进行实地走访考察之后，提出了对该企业的金融服务方案：以中国物资储运广州公司作为该笔业务的仓储监管公司，以硫铁矿作动态质押的供应链金融服务。该融资方案又对银行现有信贷系统提出了挑战：

① 如何解决质物硫铁矿有效地质检、测量和监管？

② 质押物数量是动态变化的，如何动态控制并跟踪质押物总量？

③ 质押物价格是动态变化的，如何及时准确处理因质物价格变化引起的风险敞口变化？

安硕公司为D银行搭建的供应链金融管理系统，全面考虑并梳理了上述各类融资产品的业务特点，将供应链金融业务从银行现有信贷系统中剥离出来，由供应链金融系统独立管控，同时与银行信贷系统之间建立紧密的数据交互机制，如额度信息共享、业务数据共享、放款组合审批等。

D银行供应链金融系统的核心应用价值如下：

① 产品创新：企业可借助多样化资产形态包括预付、存货、应收、通用担保池融资（组合类融资）实现融资目的，并且银行能够基于上述资产形态进行有效管理和组合以及集中作业。

② 综合金融：实现与银行核心系统、信贷系统、企业的ERP系统、第三方平台的交易或管理系统结合。

③ 线上融资：通过网上银行作为线上金融服务的平台工具，融资客户可以在线直接向银行提出贷款申请，报送电子材料；实现在线抵质押物登记/撤销、存款冻结/解冻及向保证金账户划入保证金等功能，克服银行物理网点不足、省外分行开办受限的短板。

④ 信息共享：实现客户的资源信息共享，具有整合货源供给信息、购货需求信息、资金归集信息、资金需求信息、政策信息的发布、行业信息发布等的信息整合功能。

⑤ 风险预警：实现供应链上企业在经营上发生恶化时的风险提示，银行对企业融资时的风险预警等风险控制功能。

D银行供应链金融系统运行一年之后成果喜人，供应链金融业务融资企业达到500多家，融资发生额累计达到310多亿，融资余额120多亿。

案例5

客户E是一家跨区域经营的股份制商业银行，本着为中小企业提供优质、高效服务的目标，着力打造中小企业金融品牌，以专业化团队、专业化产品、专业化服务、专业化管理，在中小企业业务领域开展多项创新。

E银行在2013年就启动了新一代供应链金融承接平台的建设。以金融功能为基础，与多方市场主体建立广泛联盟，整合各类服务，实现"商流、物流、资金流、信息流四流合一"，合纵连横打造产业链金融生态圈，构建一站式网络综合服务平台。

安硕为E银行搭建的供应链金融平台，主要从多渠道合作伙伴便捷接入、金融产品快速创新、多行业供应链金融特色业务处理及风险控制等方面，满足银行的供应链金融业务管理需求。

① 渠道接入：实现与各个战略合作伙伴快速、有效的信息对接。

② 产品创新：实现产品的快速配置与创新、产品在线营销、产品检索及多维度展示等。

③ 业务处理：针对不同市场主体(融资客户、核心企业、监管方等)、不同产品模式(应收类、预付类、存货类及其他产品组合类)，提供差异化的业务处理、报表统计及风险预警功能。

④ 风险管理：采集并分析多方市场主体的有效信息，通过"商流、物流、资金流、信息流"数据勾稽，构建网络信用评估体系和授信体系，对业务过程中的各类货权、账权信息进行全面管理与监控。

2015年底，E银行已与超过300家核心企业实现了系统连通；与数十家第三方服务平台建立了紧密合作关系；线上平台注册用户近150万，企业用户超44万；惠及了众多中小商超供应商、货代企业、经销商、物流企业。

撰稿人：高　勇　上海安硕信息技术供应链股份有限公司CEO
陈世良　上海安硕信息供应链金融总监
陈志刚　上海安硕信息供应链金融资深顾问
何丽君　上海安硕信息供应链金融咨询顾问

案例3　年富公司:供应链管理理论与实践探索

一、引言

全球经济向服务经济的转型,信息网络经济、知识经济的流行,带来了一场服务业革命。它不仅从根本上改变着世界服务业的发展模式,而且日益深刻地改变着各国经济、产业、技术的发展模式,成为决定各国国际竞争力的制高点。[①] 在日益扁平化的全球化浪潮中,服务外包将成为这场服务业革命中最重要的发动机。

在服务全球化的趋势下,传统的"国内市场"和"国际市场"的界限越来越模糊,越来越多国家和地区进入全球市场经济体系。企业面对着更为广大的市场,在全球实现规模化经济成为必然选择。而另一方面,企业所面对的市场竞争日趋激烈,巨大的竞争压力迫使企业将有限的资源用于加强自身的核心竞争力。集中培育核心业务,而把非核心业务外包给更专业的公司或供应商。[②] 全球研发、全球采购、全球制造、全球配送、全球消费要求企业必须加强全球供应链管理的能力,而专业的供应链管理公司由此应运而生。

据2012年10月发布的《深圳市供应链管理行业发展报告》显示,深圳拥有物流企业14.8万家,其中供应链管理企业工商注册的已达1000多家(截至2013年底),占全国供应链管理企业的80%,成为全国供应链管理行业的领军者。毗邻香港的优越区位、背靠珠三角密集的产业集群、活跃的市场氛围、发达的对外贸易、优质的金融、人才和技术要素配套,再加上健全的政策体系与宽松的市场环境,成为供应链管理企业在深圳蓬勃发展的重要支撑。

良好的土壤孕育着伟大的企业,深圳市年富实业发展有限公司(以下简称"年富")就是当中的佼佼者。作为深圳市供应链管理企业龙头之一,年富经过十几年的潜心发展,成就了今天的一体化财务供应链服务集成商。

二、供应链行业背景

(一)供应链发展趋势

1.供应链已成为国际上产业组织的主流模式,企业之间的竞争已发展成为供应链的竞争

供应链是指从原材料供应直至最终成品消费的全过程,是横向一体化形成的从供应商、中间商和最终消费者所组成的链状结构。供应链包括研发/设计—采购—生产制造—销售—消费五个环节,涵盖了企业内部、外部的各项功能,这些功能综合起来形成了向消费者提供产品或服务的价值链。伴随着技术进步,全球制造一体化的加快以及信息技术的飞速

---

① 王子先,服务型经济跨越式升级的路径与选择,中国金融,2011(3)

② 王洛林,全球化:服务外包与中国政策选择,北京:经济管理出版社,2010

发展,企业的经营环境发生了根本的变化。顾客需求多样化、技术创新层出不穷、产品生命周期不断缩短,市场竞争日益激烈。因此,供应链已成为国际上产业组织的主流模式,企业之间的竞争已发展成为供应链的竞争①。

2. 非核心业务及服务外包成为企业应对市场竞争的重要手段,利用外部服务来提高竞争优势,将是企业重要的管理策略

供应链管理的目的是为了实现资源的优化配置和快速流动,更好地应对新形势下的竞争与合作。供应链战略的提升,极大促进了服务外包的发展。非核心业务及服务外包成为企业应对市场竞争的重要手段,利用外部服务来提高竞争优势,将是企业重要的管理策略。美国专栏作家托马斯·弗里德曼在《世界是平的》一书中,将服务外包比作铲平世界的推土机,服务外包将是推动服务全球化革命的发动机。而随着这场革命的发展,供应链管理行业作为业务流程整合的外包集成模式应运而生。

除了扩大生产和提升销售以外,供应链管理已经成为企业第三大利润源泉。供应链管理是充分运用各种现代信息技术,对供应链中的物流、信息流等进行设计、规划、控制、优化和决策,以满足顾客不断变化的需求的整个管理过程;是通过不断的优化,消除供应链上的薄弱点和非增值活动,提高供应链整体强度的过程。

供应链管理强调在横向一体化思维下的供应链企业优势资源的横向集成;强调在共享合作和多赢思想前提下的战略合作伙伴关系,以消除供应链上的浪费和非增值活动,实现供应链的快速响应和系统功能最优,最终达到供应链的整体目标。即在复杂多变的竞争环境下,以最低的成本、最快的速度、最好的质量为用户提供满意的产品和服务,通过不断提高用户的满意度来赢得市场。

3. 中国的供应链市场巨大,正处在蓬勃发展阶段,近年来国内的一些供应链公司正在从后台走向前台,并发挥着越来越重要的作用

自加入WTO以来,中国的制造企业不可避免地与世界级大企业竞争。在世界新经济环境下,除了相对低廉的制造成本,中国企业并无优势可言。经济学家郎咸平曾经提出了“6＋1”理论,“6”指的是产品设计、原料采购、仓储运输、订单处理、批发经营、零售,而“1”指的是产品制造。该理论认为,“6”大环节占据了产业链90%的价值,产品制造的价值仅为10%,而中国制造业在国际贸易中缺乏话语权,正是因为我们从事的是附加价值最少的制造部分。要完成“中国制造”向“中国创造”的转型升级,关键在于如何运用好供应链管理,从生产制造渗透到其他领域。

另一方面,数量庞大的中小企业,形成了巨大的供应链管理与服务市场需求。根据国务院发展研究中心2012年4月公布的数字,中国中小企业占中国企业数量的98%以上,总体数量接近5000万家②。对于这些中小企业而言,他们往往没有能力整合供应链资源,因此极其需要供应链管理公司为他们提供专业的服务。

得益于改革开放的先发优势、珠三角外向型企业密集、良好的产业集聚、营商、通关、政

---

① Martin Christopher, Logistics and Supply Chain Management, Financial Times/ Prentice Hall; 4th edition, 2010

② 马骏,国务院发展研究中心企业所,第一届中小市值企业投资论坛,北京,2011

策环境以及毗邻全球物流枢纽港的地理优势，进入21世纪以来，深圳成为国内供应链管理公司的发源地，特别是在金融危机后，供应链管理公司的业务模式成为众多中小企业延续生存发展的重要推手，国内一些优秀的供应链管理公司开始从后台逐步走向前台，并发挥着越来越重要的作用。

4. 供应链管理与服务涵盖了整个供应链条的多个环节和不同流程，能够帮助客户增强盈利和抗风险能力，并获得广阔的发展空间

供应链管理与服务是从供应商到最终用户过程的计划和控制等职能。从单一的企业角度来看，供应链管理与服务通过改善上、下游供应链关系，整合和优化供应链中的商流、物流、资金流、信息流，以获得企业的竞争优势。供应链管理能够降低成本、提高产品质量和降低库存水平、缩短交货期并提高可靠性、提高市场柔性和反应速度，降低运作风险、获得更高的利润。因此供应链管理与服务不管是在目前的产业结构调整、企业转型升级，还是在应对国际、国内新形势下的市场竞争，都将发挥着越来越重要的作用，自身也将获得广阔的发展空间。

（二）供应链管理与服务市场的特点

1. 中国供应链产业组织模式的特点

产业组织模式经历了由手工作坊—大工业生产—跨国生产—供应链的演变。中国的供应链产业作为介于制造业和流通业之间的一种商业业态。对制造业而言，它只关注采购、物流、资金流等非核心业务，一般并不涉及研发、生产和市场等核心流程；与流通业相比，它只是一个中立的公共服务平台，一般并不赚取贸易差价。供应链管理公司的核心资产，更多体现在智力（人力）资本、现代信息技术手段的运用、优势资源的整合、供应链环节的管理优化等方面。

供应链管理公司不直接参与生产，其核心竞争力在于尽可能降低整个供应链的交易成本。降低交易成本的关键则是通过利用全球化的商业网络，优化原材料采购、供应链流程管理、贸易融资、汇兑、结算、保理、税务、保险、物流配送、商检通关等专业化服务。因此，供应链管理公司经营的关键是各环节信息的高度集成与共享，保障各环节在整体管理环境中协作经营和协调运作，以加快整个供应链运作速度和资金流转。

2. 国内中小企业面临的主要经营难题

经济全球化后，以寻求资源最优配置为目的供应链时代已经来临。"供应链时代"给企业也带来了众多的挑战：比如多个参与者的介入，跨区域或全球化的运作，在库、在途成本增加，生产、交付延后，不同的关税、汇兑、金融监管等一系列的问题，使企业的管理和运营变得复杂和困难。同时，随着国内、国际经济形势的变化，国内企业面临着空前压力，企业面临着前所未有的发展瓶颈，解决企业融资难、高成本、转型升级等难题成为焦点。

2011年，中国人民银行对全国中小企业的经营困难做了调查，发现问题主要包括五方面。首先，成本上升是企业普遍遇到的问题，主要来自原材料价格、企业用工、能源资源价格以及企业融资成本上涨。其次是结构性问题，受国家宏观调控政策正面冲击，高耗能、高污染的中小企业经营更加困难。第三是融资难，自2008年金融危机后，中小企业从银行获得信贷难度极大，而从民间借贷的利息则非常高。第四是美国、欧洲、日本、中东、北非等海外市场动荡，国内市场也由于多重因素叠加的影响，使一些中小企业的利润空间收窄。第五是一些企业投资经营战线拉得太长，企业主经营行为不规范，还有一些是由于不符合环境政策或者淘汰落后产能等政策，被要求关停。

从根本上来讲，中小企业面临的主要问题在于其位处产业链的低端，产品技术含量不高、产品或服务的附加值低，不具有产品的定价能力和议价能力，无法应对和转嫁上游各类投入成本的变动和增加，无法获得竞争优势，并保持市场占有率。

3. 中国企业转型变革的关键：用供应链的理念来转变企业的发展模式

目前企业之间的竞争已经变成了供应链之间的竞争，现代企业拼的就是供应链的优化与协调，中国企业要实现转型和变革就应该用供应链的理念来转变企业的发展模式，企业可以通过改善、优化内部供应链管理，另外可以利用外部资源，将企业非核心业务或服务外包的方法来解决企业遇到的发展瓶颈。中小企业通过供应链服务企业可以外包非核心业务，减少库存或实现零库存，减少中间环节，降低成本，提高供应链效益，从而更快速反应市场；同时供应链资金流服务还可以帮助企业快速、便捷、低成本获得营运资金，更快回笼资金等。

随着中国进入产业和企业转型升级的关键时期，物流与供应链管理市场空间巨大，而对于供应链管理公司而言，如何提供更专业、成本更低、效率更高的服务，帮助客户改善及优化供应链，成为重要的课题。

4. 国内供应链服务行业的特点及发展趋势

国内供应链服务行业发展早，且多集中在经济发展好的珠三角地区，特别是深圳，已成为国内供应链服务行业的聚集地。目前深圳市有供应链服务企业 1 000 多家，在促进当地经济发展和中小企业转型升级中发挥了重要的作用。在发展趋势上，供应链服务行业主要呈现：

① 专业化趋势。由于企业开始重视非核心业务的分离外包，因此对供应链服务企业的功能和专业性要求也在提高。如制造企业要求供应链服务企业能够提供专业化的解决方案和供应链增值服务运作。

② 一体化趋势。企业在选择供应链服务外包企业时，更希望既能提供多种服务功能，又能减少环节，节省沟通成本，因此融商流、物流、资金流及信息流为一体的供应链服务，将显现出更大的作用和价值。

③ 平台化趋势。随着供应链管理与服务行业的快速发展，国内一些领先的供应链企业已逐步具备整合客户、产品、渠道、金融、保险、物流、信息服务等资源，为不同行业的上下游客户提供多样化、综合性服务的能力，呈现平台化发展趋势。

（三）供应链管理公司与金融机构在资金流服务上的异同

1. 金融机构的供应链融资

供应链金融的产生有其深刻的历史背景和市场需求，它发端于 20 世纪 80 年代，是由世界级企业巨头寻求成本最小化全球性业务外包衍生出的供应链管理概念。全球性外包活动导致的供应链整体融资成本问题，以及部分节点资金流瓶颈带来的“木桶短板”效应，实际上部分抵消了分工带来的效率优势和接包企业劳动力“成本洼地”所带来的最终成本节约。由此供应链核心企业开始了对供应链管理的价值发现过程，国际银行业也开展了相应的业务创新，以适应这一需求。供应链金融随之渐次浮出水面，成为一项令人瞩目的金融创新。

实际上，供应链金融是从整个供应链管理的角度出发，把供应链上的相关企业作为一个整体，根据交易中构成的链条关系和行业特点设定融资方案，将资金有效注入供应链上的相关企业，提供灵活运用的金融产品和服务的一种融资创新解决方案。

2003 年，深圳发展银行在银行同业中率先推出了“1＋N”的供应链融资业务模式。所谓“1＋N”模式，其中的“1”是指供应链中的核心企业，“N”是指核心企业上下游的供应链成员企业。这种融资既包括对供应链单个企业的融资，也包括该企业与上游卖家或下游买家的供应链融资安排，更可覆盖整个“供—产—销”链条提供整体供应链贸易融资解决方案。而后，中信银行、浦发银行、兴业银行、民生银行、招商银行、交通银行等各家商业银行，甚至包括四大国有银行都已涉足于供应链金融业务，许多银行也获得了显著的成效。从实践中来看，尽管各商业银行从各行的实际出发，或从不同的角度来推行供应链金融，并形成了各自的产品和服务特色，但各行推出的供应链金融模式基本类似。

相比于传统授信业务，商业银行的供应链融资具有两大显著特点。

① 银行授信企业的信用评级不再单纯强调企业的固定资产价值和财务指标，转而强调企业的单笔贸易真实背景和购买方企业的实力和信用水平。由此按照新的信用评估方法，作为供应商的中小企业的信用水平远比传统方式要高。

② 银行围绕贸易本身进行了操作程序设置和寻求还款保证，因此贸易融资业务具有封闭性、自偿性和连续性特征。封闭性是指银行通过设置封闭性贷款操作流程来保证专款专用，借款人无法将资金挪作他用；自偿性是指还款来源就是贸易自身产生的现金流；连续性是指同类贸易行为在上下游企业之间会持续发生，以此为基础的授信业务也可以反复进行。

2. 供应链管理公司的供应链融资服务

银行的供应链融资虽然对授信主体的业务有所了解，在一定程度上能将供应链核心企业的信用延伸到上下游中小企业，从而绑定客户，或委托第三方监管货物降低风险，但由于有些供应链，尤其是在国内，供应链上下游关系比较松散，运作不规范，难以绑定，而银行自己并没有直接控制货权，委托第三方静态监管货物又不能满足客户及时生产及交付产品要求，对行业市场风险及供应链过程缺乏掌控手段，因此业务开展受到许多限制，许多中小企业的融资需求并没有得到满足。

作为中小企业新型的融资渠道，供应链公司与金融机构的定位有很大的不同。供应链管理公司通常比银行更熟悉客户的业务、流程和市场，供应链公司提供的是一种综合性服务，供应链公司在服务过程中对货物有实际的掌控权，能较好地把控风险；另外，供应链公司提供的是一种嵌入式的动态服务，也更符合客户的实际业务需要，因此也促成了两者更紧密的合作，供应链公司与银行融资模式的对比见表 4-3-1。

表 4-3-1　供应链公司与银行融资模式的对比

项目	供应链管理公司	银行	
		供应链融资	传统融资
服务性质	服务外包＋融资	供应链融资	传统融资
授信主体	单个或多个企业群体	单个或多个企业群体	单个企业

续表

项目	供应链管理公司	银　　行	
评估方式	主体评估＋债项评估	主体评估或债项评估	主体评估
评估范围	企业、上下游或更长的链条企业	企业及上游或下游	企业本身
融资条件	保证金、法定货权、动产/不动产抵押、担保等	动产抵押、货权质押等	核心资产抵押、有效第三方担保人
风控环节	动态跟踪供应链	静态跟踪企业经营	静态关注企业本身
风险主要承担者	供应链公司	银行	银行
服务品种	品种、方式多	品种较多	品种很少
服务效率	效率高、及时	一般	手续烦琐、效率低下
服务内容	为单个企业或上下游提供多种金融、财务及供应链配套服务	为单个企业或供应链提供信贷支持、无法提供多种配套服务	解决单个企业一时的融资需求、无法提供多种配套服务
服务作用	解决供应链企业融资及非核心业务外包需求，提升供应链企业的市场竞争力	解决供应链企业交易过程的融资需求	缓解单个企业资金困难

3. 供应链公司的资金流服务对服务对象的作用与价值

相对于金融机构的供应链金融服务，供应链公司的资金流服务是在为客户提供外包服务的过程中，利用自身的服务功能、独特的风险控制手段，以及资源整合能力，帮助企业拓宽融资途径，解决客户自有资金不足，实现用最小的成本，获得最大化企业运营资本；另外，供应链服务企业在满足客户服务外包需求的同时，可以有效地绑定客户的业务流，帮助客户提升供应链运作的规范性和安全性，从而达到规避上下游交易风险以及双方的合作风险。因此供应链公司的资金流服务在对服务对象的作用和价值上具有金融机构无法比拟的优势。

4. 供应链公司与金融机构的合作趋势

基于供应链管理与服务企业的业务特点和互补优势，目前已有越来越多的银行认可供应链公司的业务模式，提供授信，甚至开展不同层面的深度合作。目前，两者之间主要有三种合作模式。一是银行给供应链管理公司提供整体的授信，供应链管理公司根据业务情况为中小企业提供供应链融资并自行承担风险；二是针对特定的大客户或项目，由银行和供应链管理公司共同制定方案，银行提供封闭授信额度，由供应链公司为客户提供相应的资金流和供应链过程服务，风险共担；三是供应链公司与银行联合针对特定行业或客户需求共同开发融资产品和供应链配套服务，互相协调、配合，满足广大中小企业融资和供应链服务外包需求。

三、企业简介

（一）年富基本概况

深圳市年富实业发展有限公司成立于2000年8月，注册资金1.45亿元，是一家以投资兴办实业、提供物流与供应链服务为主的综合性民营企业。公司总部设在深圳，在香港和内地拥有多家控股子公司和分公司。目前，年富在深圳、香港和北京分别设立了运营中心，在香港和深圳福田保税区拥有自己的仓储配送和供应链运作基地，在北京、上海、广州、武汉等多个国内一、二线城市建立了分、子机构，同时通过各种合作方式，形成了覆盖全国、辐射全球的供应链服务网络。经过多年的发展，年富已逐步形成了自己独特的一体化供应链服务模式和专业化服务优势。

作为国内领先的综合性供应链服务提供商，年富公司根据国内外主流产业组织模式的特点和供应链企业非核心业务外包的需求，整合各种资源，融商流、物流、资金流、信息流四流于一体，搭建一站式供应链服务平台，为客户量身定制供应链解决方案，承接客户非核心业务外包，为客户提供以采购执行、分销执行、虚拟生产为核心的多样化服务产品；同时，年富通过长期的摸索和创新，在国内首创一体化财务供应链服务模式，通过运用各种金融、财务工具及风险管控技术，帮助客户拓宽融资途径，盘活资金流、提供专业的供应链融资、结算、汇兑、税务、票证、保险等企业外部财务供应链业务，以及各种商务、通关、物流及信息配套服务，达到帮助客户提升供应链管理水平，提高供应链运作安全性，提升客户经营规模和效益的目的。

目前，年富已经发展成为中国领先的一体化外贸综合性服务平台和全国首家一体化财务供应链服务集成商。其服务的客户及合作伙伴达 300 多家，服务的行业涉及 IT、通信、汽车、能源、棉花、化工、矿产、钢铁、有色金属、基础工业原材料、医疗、精密设备、重型装备、通用设备零部件、高/中档电器、消费品等行业。如今年富的一体化外贸综合性服务已走在了同行的前列。

（二）公司发展历程

年富公司成立至今十七年，经历了不同寻常的跨越式发展。2000 年，年富成立不久就完成了 4000 万美元的销售额，当时作为初创型企业，其营业额是非常高的，多年以来，年富一直保持着飞跃式的发展。从 2000 年的 4 000 万美元，到 2013 年完成近 22 亿美元的业务规模，年富在 17 年间营业额增长 50 倍，年复合增长率超过 40%，具体如图 4-3-1 所示，受到了社会各界的关注。

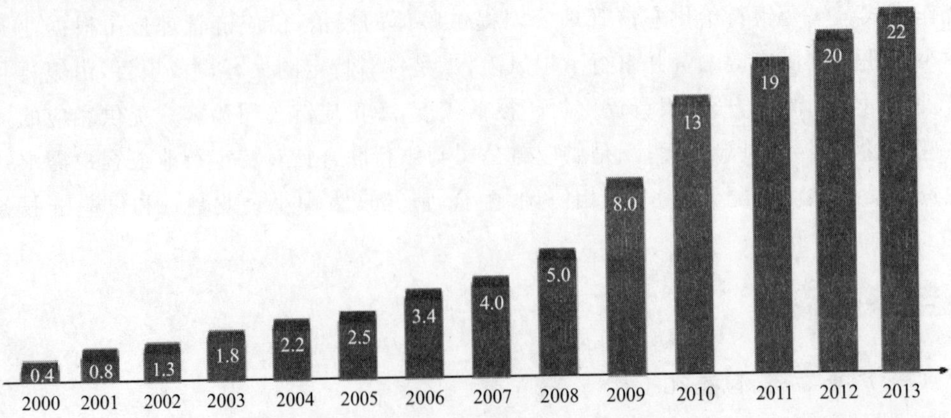

图 4-3-1　年富历年营业额（单位：亿美元）

年富的发展历程大致经历了四个阶段的蜕变,从公司成立之初提供贸易代理和物流服务的初期模式,到传统供应链资金流及配套服务的中期模式,再到提供四流合一的一体化财务供应链创新服务的现行模式。目前,年富正致力于平台化精益供应链服务模式的转变,公司将以产业供应链系统优化为目标,搭建精益化公共服务平台,为客户提供全面的线上线下综合性供应链解决方案及平台化精益供应链运作服务,如图 4-3-2 所示。

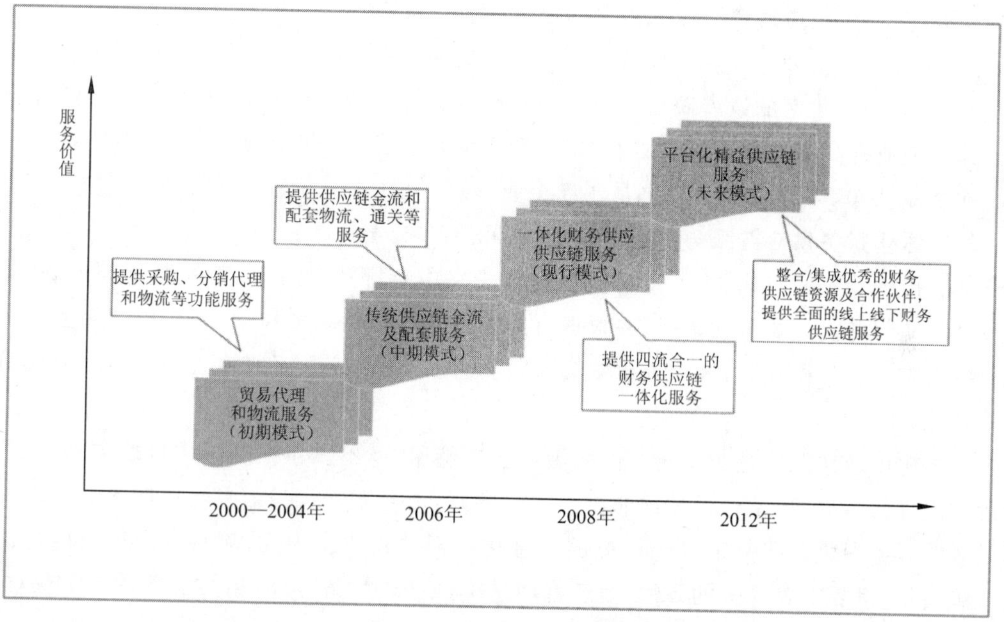

图 4-3-2　年富发展历程的四个阶段

1. 贸易代理和物流服务的初期模式(2000—2004 年)

二十世纪九十年代初,在经济全球化和市场竞争加剧的背景下,企业的组织成本不断加大,西方开始提出供应链管理的概念,即从原料到最终产品的整个过程中,与其他企业建立合作关系,以实现供应链整体效率的最优化。

年富的创立源自于对供应链服务发展潜力的锐利眼光。当时,创始人李文国先生认为,可以将企业的供需关系网络细分出来,自己作为中间组织,将各企业独立运作的物流,转变为企业链中各企业合作与协同基础上的集成式物流。在这样的想法支撑下,2000 年,年富实业成立,从事实业投资、资本运营及进出口贸易代理业务,并作为中间组织,为企业搭建物流平台。

经营初期,年富发展基础的贸易代理模式,主要为客户提供代理采购、分销、物流等功能服务。由于年富的经营理念紧紧契合市场的需求,之后的发展可谓是一帆风顺,在公司成立的第一年,营业额便达到 4000 万美元。

2001 年,年富香港分公司成立。2002 年,年富与深圳海关签订 MOU(合作谅解备忘录),成为海关守法规范经营"红名单"企业,享受便捷通关,贸易代理和物流服务开始成为公司最重要的业务。次年,年富获得深圳海关"十佳企业"、皇岗口岸"大型企业"的称号。2004 年,年富成为深圳海关纳税前五名的企业。

2. 局部供应链服务的中期模式(2004—2008 年)

在这个阶段,国内越来越多企业意识到,需要把非核心业务进行分离外包,把自己的主要精力放在核心业务上。而年富则抓住时机,理清自己的发展思路和定位,强调物流与供应链业务在公司战略中的重要地位,从原来的贸易代理与物流服务进行了深入的价值挖掘,从局部供应链服务切入更广大的市场,年富的业务模式逐步扩展至局部供应链服务,除了贸易代理以外,还提供供应链资金流和配套的物流、通关等服务。

这四年间,年富公司在业务规模、服务能力、品牌塑造、服务网络等方面获得了重要的突破性发展。同时,年富的发展获得了来自政府和社会各界的认可和赞誉,如 2005 年,年富的进出口代理业务高速增长,荣获中国进出口 200 强企业、2006 年 A 类高信誉度企业、商检诚信合作企业、2007 年海关客户协调员制度企业等。

3. 一体化财务供应链服务的现行模式(2008—2012 年)

随着市场竞争的白热化,年富需要创新模式来应对挑战,经过不断地探索与创新,年富完成供应链服务四大要素的集成,并根据自身的人才结构和服务技术优势,成功转型为一体化财务供应链服务模式,为客户提供集商流、资金流、物流、信息流四流合一的财务供应链一体化服务。

一体化供应链服务超越了传统的物流与供应链服务,不仅包括对进出口通关物流、实物储运物流进行管理,还结合了其他非物流的三要素:资金流、商流、信息流。四流合一的一体化供应链服务最大的挑战来自于供应链信息化管理的强化。为此,年富专门进行内部的系统升级,引进世界上最先进的 SAP 信息管理系统,使公司与客户的相关信息系统实现对接,让客户实时掌握业务动态,更快捷更有效地与客户协同运作。

由于业务模式和服务内容的创新,年富的营业额连续创历史新高,一举跃到行业的前列。在具体业务层面,年富选择了 IT、手机、汽车电子、白色家电等高科技行业作为突破点,为客户量身定制供应链解决方案,帮助企业提高产业链效益。凭着贴心和专业的服务,年富与富士康、海信、中国电信、松下、LG 等大企业建立了合作关系。

中小企业在发展过程中普遍面临资金不足的苦恼。深谙中小企业融资难的问题,更清楚企业在供应链各环节中外部财务错综复杂,针对这些问题,年富正式提出一体化财务供应链的概念。财务供应链这个理念,不仅是中国首创,更是给整个行业打开了一片更广阔的发展空间。

为了更好地发展,迎合不同业务需求,2008 年,年富成立深圳市年富供应链股份有限公司,并成为深圳海关 AA 类企业,获得中国供应链创新杰出成就奖。2009 年,年富通过了 ISO9001:2008 国际质量管理体系认证,进一步规范可靠的服务水平。同年,年富成功从香港上市公司东方明珠手里收购位于深圳福田保税区的东明仓储公司,成立富裕仓储(深圳)有限公司,建立了公司自己的保税物流运作基地。2010 年,年富在全国铺设了近 10 个物流网点,初步完成了辐射全国的物流与供应链服务网络,强化了战略布局的竞争优势,获得了深圳市十大创新物流企业的荣誉称号。

从 2008 年到 2010 年,年富的营业额从 5 亿美元增长到 14 亿美元,增幅达到 280%。在全球金融危机席卷的 2011 年,年富公司的业绩仍然取得超过了 50%的增长。如今,年富已经是中国外贸500强、中国民营外贸100强企业、广东省500强企业、广东省服务业100强企业、深圳市服务贸易最具竞争力10强、深圳市技术先进型服务企业。

4. 平台化精益供应链服务的未来模式

面对国际国内严峻的经济形势，从2012年开始，年富积极拓展服务范围和业务领域，探索新的发展模式，进行转型升级。2012年上半年，北京年富供应链管理有限公司成立，成为华北运营中心，由电子类产品供应链服务延伸到以传统供应链业务为主，能源、矿产、棉花、钢铁、化纤等大宗业务共同发展，并不断开拓战略新兴业务；2013年上半年，上海分公司成立，开拓化工原料等战略新兴领域。

未来年富将以产业供应链系统优化为目标，整合、集成优秀的财务供应链资源及合作伙伴，为客户提供全面的线上线下平台化精益供应链运作服务。

（三）财务供应链

1. 财务供应链的定义

一体化财务供应链服务，是年富经过多年行业积累而摸索出来的独创模式。财务供应链，是指供应链活动中因商品交易而产生的资金流和单据流转所形成的企业外部财务业务网链，其涵盖了企业对外融资、结算、汇兑以及相关的税务、票据、保险等处理活动。

经济全球化以及供应链时代的来临给企业的发展带来了众多挑战：采购、生产和销售跨区域或全球化；多个供应链参与者介入；生产时间延长、交付延后；在库、在途成本增加；关税、汇兑、金融监管问题；融资难、融资成本高等使企业的管理变得更加复杂和困难。财务供应链管理是决定企业经营成败的关键因素，其本质是财务管理与供应链管理的有机结合，核心内容是对供应链中营运资本及收支活动的管理，目的是优化现金流转，提高资金利用率，最终降低整个供应链财务总成本。

财务供应链管理与服务的实现需要具备两个因素，一是金融工具必须到位，二是财务管理水平必须要高。运用金融和财务两个杠杆，根据客户业务特点，将商业流程和金融服务结合到一起，为客户制定供应链融资方案和融资操作，帮助客户盘活资金流，更好地控制物料或商品库存造成的隐形资金消耗，促进上下游合作伙伴的业务发展安全，顺畅完成交易和供应链运作过程。

财务供应链的价值有三方面：对于客户，可外包非核心业务，提升企业外部财务供应链运作水平，提高企业融资及现金流通能力、稳定供销网络有效、降低供应链成本、提高供应链效率；对于银行，财务供应链可有效规避风险，优化业务结构，扩大盈利空间，有利于商业银行由传统的借贷型银行向先进的交易型银行转型；对于产业经济，则有利于调整当地产业结构、形成完善的产业生态链、提升区域产业竞争力和可持续发展能力。

2. 年富财务供应链的特点

年富的财务供应链服务是现代供应链主流产业模式下创新与整合思想的产物，能够根据国内的经营环境和企业的特点，为供应链的特定环节或全链条提供定制化的综合性企业外部财务服务。具体有以下四个特点。

① 以提供供应链财务/金融解决方案为核心的一体化服务。国内多数中小企业处于成长期，存在偿债能力弱、融资规模较小、财务规范性差、缺乏完善的公司治理机制等问题，而

大型金融机构一般缺乏相关的金融服务方案，因此年富在为中小企业提供服务的过程中常常需要以财务或金融作为切入口，为客户提供包括供应链优化，管理提升、风险控制等内容的一揽子供应链财务/金融解决方案。

② 金融工具的充分运用。根据客户业务特点，年富将商业流程和金融服务结合到一起，为客户制定供应链融资方案和融资操作，帮助客户盘活资金流，很多对中小企业而言比较陌生的金融工具能够被有效采用，大大提高了运营资金的来源和使用效率。

③ 高水平的财务管理服务。一体化财务供应链服务必须要有较强的财务专业人才，提供高水平的财务管理服务，而年富的高管团队拥有众多来自上市公司或知名企业的财务管理人员，有多年的财务从业经验，年富的财务供应链专业服务可以帮助企业更好地控制采购和销售过程物料或商品库存造成的隐性资金消耗，促进上下游合作伙伴的业务发展安全，顺畅完成交易和供应链运作过程。

④ 信息系统的充分对接。年富不仅自身拥有现代化的信息系统工作平台，不断开发与升级信息管理系统；同时，还通过与海关、银行、企业客户等信息系统实现对接，获取巨大的信息资源，实现信息共享。

四、年富业务模式与服务特色

（一）年富的创新服务模式

长期以来，年富非常重视商业模式和服务价值创新，经过多年的发展和不断积累，年富的业务已经发生了深刻的变化，业务模式和服务内涵不断深化及延伸，自身和外部的资源不断得到有效整合。

年富的基本服务模式涵盖了设计、生产、流通环节的国际国内采购、贸易代理/执行、分销代理/执行、进出口代理、口岸通关、保税与非保税物流、流通加工、VMI、虚拟生产、供应链财务、供应链金融、保险等领域，提供供应链相关节点的嵌入式服务，如图4-3-3所示。

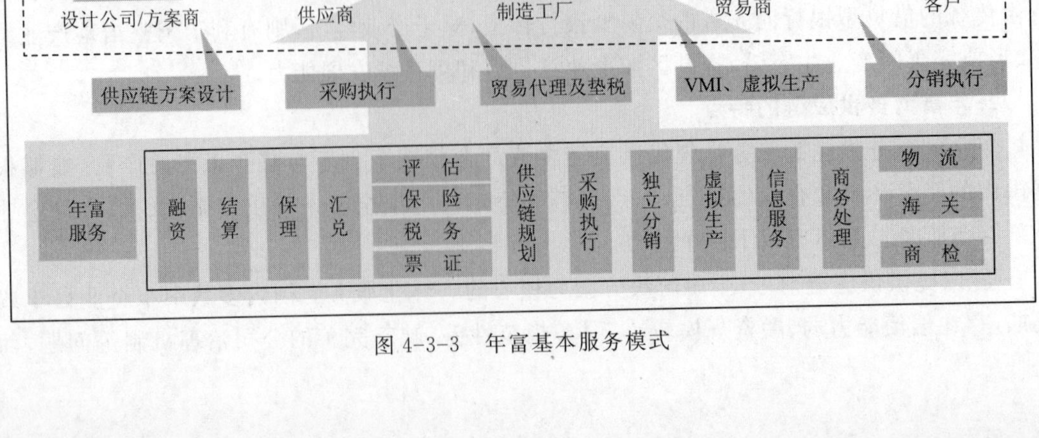

图4-3-3　年富基本服务模式

（二）年富的商业模式

年富是一个创新型企业，所以年富的商业模式有别于其他供应链服务企业。年富的基本商业模式包含价值创新能力和资源整合与业务执行能力两个方面。年富根据客户需求，依托内部供应链管理、进出口贸易、关务、财务/金融、法务、IT等方面的人才和专家团队，经过调研、分析、评估和创新策划，形成了一体化财务供应链解决方案。在方案执行层面，年富通过一体化财务供应链服务平台，凭借自身强大的资源整合能力以及专业的服务团队，为客户提供一体化财务供应链及配套服务，如图4-3-4所示。

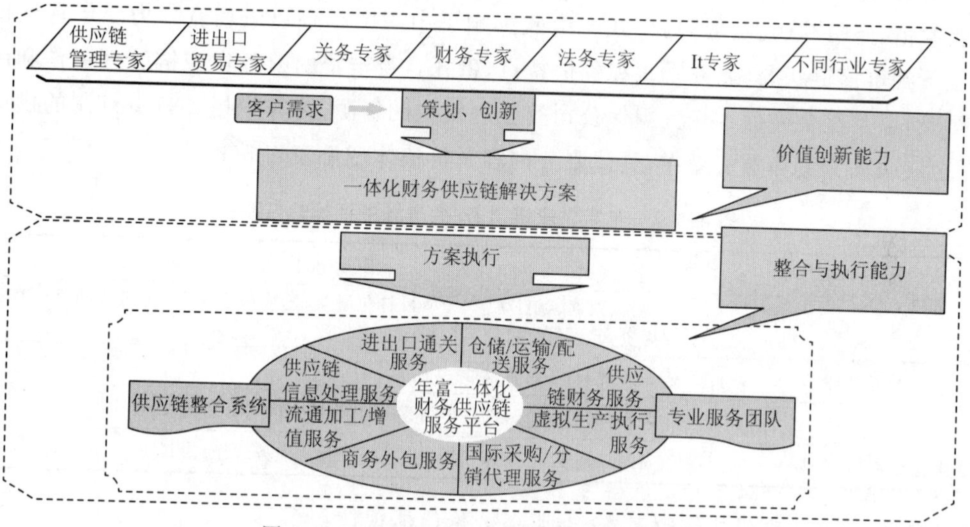

图4-3-4　年富一体化财务供应链服务模式

年富根据客户的上下游价值链状况、业务模式和资信特点，整合银行、保险、担保公司等金融机构的资源，为客户提供量身定制一体化财务供应链解决方案。年富的服务成果一般体现在以下几个方面。

① 利用年富一体化供应链管理服务平台，在解决客户资金短缺和产能过剩难题的同时，为客户提供专业、高效的物流、通关、商检、信息处理等配套服务。

② 帮助客户优化供应链，实现从采购、生产到交货等全过程的流程优化和实时控制，提高了运作效率。

③ 利用年富专业团队在生产、管理技术等方面的专长，帮助客户提高生产、管理、品管等运作水平，有效放大产能，提升品质。

④ 与客户紧密合作，保证按质按时交货，并确保客户按时收回货款，增加销售能力。

⑤ 利用多种财务工具、金融工具、风险管控手段和技术，有效地规避运作过程中的各种风险。

（三）一体化供应链解决方案

年富一体化供应链解决方案包含几个主要的内容：

① 基于产业链或价值链分析基础上的供应链优化及资源整合方案设计。

② 企业一体化供应链外包规划。

③ 供应链融资及风险控制规划。

④ 业务/项目/单证/债权等融资方案设计。

⑤ 商务、关务、商检、物流等配套方案设计。

⑥ 其他个性化财务供应链方案设计。

（四）供应链财务/金融服务

在目前的国际贸易中，赊销已经是国际惯例。欧美等发达国家赊销的比例占75%以上，甚至在南美、非洲等欠发达地区也开始采用这一付款模式，而国内90%以上的中小制造企业不接受赊销，坚持“款到发货”的模式。由此影响了中国中小企业市场竞争力。年富根据客户的上下游价值链状况、业务模式和资信特点，依托自身丰富的财务供应链管理运作和风险控制经验，以及整合银行，保险、担保公司等金融机构的资源，为客户提供量身订制的供应链财务/金融服务方案和融资操作，具体服务内容及价值体现见表4-3-2。

表 4-3-2 年富供应链财务/金融服务产品的内容

服务内容	服务项目
融　　资	①贸易、票据、项目融资；②项目打包融资；③应收款融资；④租赁融资；⑤抵押、担保融资；⑥预付货款
税务处理	①税务规划；②税务设计
贸易结算	①收汇/结汇/付汇；②代理结算；③代理开/收L/C；④进/出口托收
其他供应链财务服务	①贸易票证规划、运作；②代理保险；③保理业务运作；④其他

对客户而言，年富供应链财务/金融服务的价值体现在：

① 帮助企业拓宽融资途径，解决客户自有资金不足，快速发展业务。

② 减少客户供应链过程的资金占用，改善现金流状况。

③ 帮助企业扩大产能和规模，提升接单能力。

④ 帮助企业稳定供销渠道、降低供应成本。

⑤ 帮助供应商快速回款，增加销售能力。

⑥ 确保客户外部交易过程和供应链过程安全，为客户化解融资风险。

⑦ 专业化协助客户解决税、证、票、汇兑、结算、保险等企业外部财务业务问题。

（五）供应链配套服务

为了配合财务供应链解决方案的全面实施，年富依托多年建立起来的一体化供应链服务平台并整合各种符合标准与要求的供应商资源，结合运营团队操作经验，在信息系统支持下，向客户提供包括商务、物流、通关、商检等配套服务，实现精准、及时的供应链服务运作。

1. 商务服务

在为客户提供进出口贸易（包括一般进出口贸易、加工贸易）和国内贸易融资的过程中，年富利用自身的专业团队和运作平台，提供代理批文、申办手册、订单处理、开证收证、收汇结汇、报关商检以及保险、税务等交易过程的商务配套服务。

对于客户而言，年富的商务服务，可以更专业化地作业，同时使贸易过程更加快捷顺畅，且能更好控制交易成本和风险。

2. 进出口通关及商检服务

主要的服务内容有：代理报关、商检、代办批文/3C 认证、进出口税务服务、办理 C. O/Form A、代理商检等。

因为拥有海关客户协调员制度企业、海关 AA 类管理企业等资质，所以年富拥有电子审单、提前申报、自动验放、事后交单；网上支付和先放后税；货物实行优先查验；进口环节货物先放行后征税；一般贸易“分批放行，集中报关”；“一站式”服务，便捷办理海关、商检手续等便利措施。

于客户而言，这些服务能提高通关、商检效率，快速交付，减少货物在途时间。再加上年富可协助预归类、审价、预申报，为快速通关提供保障。

3. 物流服务

年富的物流服务有两个主要的内容，一是传统的仓储、运输及配送服务，二是流通加工及增值服务，见表 4-3-3。

表 4-3-3　年富供应链配套服务的物流服务内容

仓储、运输/配送服务	流通加工及增值服务
① 仓储、装卸、分拨 ② 系统库存管理、分析 ③ 汽运/空运/铁运/海运、专线运输 ④ 进出口通关运输 ⑤ 区域、同城配送	① 装配/包装、制作/贴标签 ② 条码扫描 ③ 产品组装、测试 ④ 上架/上线服务 ⑤ 质量控制 ⑥ VMI、JIT 配送 ⑦ 库存盘点 ⑧ 简单加工作业外包

为了满足客户对仓储物流服务的需求，年富在福田保税区和香港建立了仓储配送基地。福田保税区的富裕仓储总投资达 1.3 亿港元，建筑面积 28 125 m^2、库存容积达近 60 000 m^3，是福田保税区内功能最全、设施最齐的现代化仓库。仓储内配备有高达 15 m 的现代化高架立体仓库，空调恒温仓 4 400 m^2、平面普通仓 15 000 m^2，此外仓库内还设有 1 000 m^2 的产品展示厅台。为了满足客户进出口的需要，年富在香港的大型标准化仓库可为客户提供海外货物集散、分拣、流通加工及配送等服务。

年富专业的物流服务，为客户优化仓库与在途管理，使库存管理清晰化，优化运输路径，缩短货物运输时间，保证货物安全、准时交货。对于客户特定的需求，年富还能提供“门到门”配送，快速响应与即时配送服务，并提供在库、在途实时在线查询，规模化的经营大大降低了客户的物流与供应链成本。

（六）虚拟生产

年富的专业团队凭借财务供应链的有效驱动，整合行业内上下游的各项资源，合理规划原材料供应联盟和生产联盟之间的精益配置和优选组合，构建包括国内外原材料采购，料件分拣集成，外包加工制造，品质监控到成品交付等环节的协同生产价值链，完成客户虚拟生产全程委托。其独特的服务价值体现在以下几个方面：

① 有效利用生产制造设备效率，节省固定资产投资费用。

② 发挥专业制造商的制造技术和品质管控优势。

③ 实现生产人力在不同生产周期的弹性配置。

④ 推动原材料供应资源的最佳配置。

⑤ 实现生产联盟的资源最优组合和有效协同。

⑥ 使客户可以更专注于产品研发,品牌建设和渠道建设。

随着服务的延伸及资源的积累,年富正在构建一个融多种服务功能和包括第三方研发、生产、渠道、服务等资源于一体的供应链服务平台,为不同的客户提供个性化的供应链解决方案和一揽子专业服务。通过这个平台,客户可以很放心地外包采购、商检、报关、运输、仓储、流通加工、配送等非核心业务,也可以得到非常专业的供应链财务、资金流规划和贴心的供应链融资、结算、保理、汇兑、税务、保险、票证等财务供应链服务。在一些产业链比较成熟的行业,方案商或研发机构甚至可以通过这样的平台,实现从原来只销售方案到销售产品的跨越,期间的采购、集货、分拣、VMI、JIT、虚拟生产、交货等环节都由年富来完成。年富潜心搭建一体化财务供应链服务平台的实践,为社会化/专业化分工合作、企业转型升级、非核心业务外包和资源有效整合与配置提供了一条有益的探索之路。

五、年富的创新模式案例介绍

(一) 电子厂商的财务供应链之道

珠三角某电子厂商,拥有多项生产专利和较先进的生产设备,年产 1 千万台平板电脑、智能个人终端和多媒体视听设备,产品原来主要销往欧美、日本、非洲等国。金融海啸发生后,由于国际订单减少,产能严重过剩,资金周转出现困难,2013 年初,公司争取到一宗国外采购大订单,但公司因资金周转困难向银行贷款却未获批准,后来银行建议该公司找年富。

年富对客户的需求进行了调研后发现,客户有三方面的困难和需求:第一,现金流紧张,缺少采购资金;第二,需要专业的物流、通关、商检等服务;第三,物流齐套周期长,仓库料件周转率低,导致产线空转。在综合分析了该厂商供应链上存在的资金、运营、通关物流等问题后,年富联合银行、信保等机构一起,为其量身定制了解决方案,并提供一体化财务供应链服务,如图 4-3-5 所示。

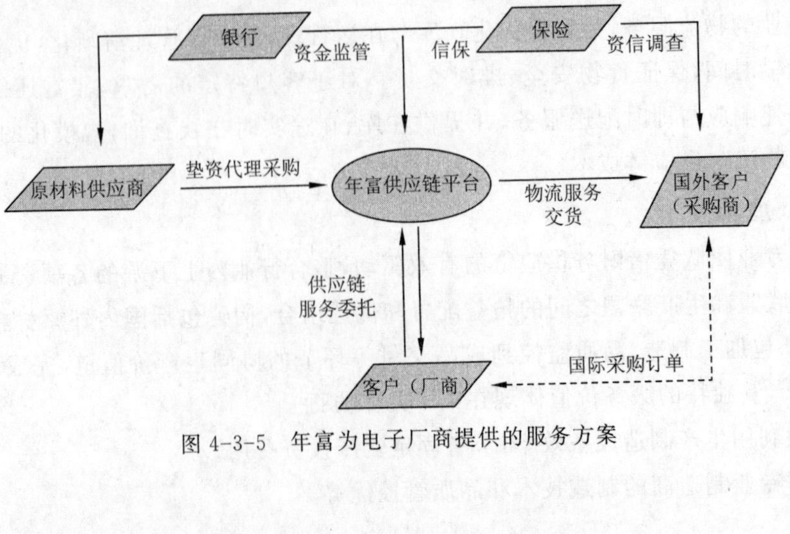

图 4-3-5 年富为电子厂商提供的服务方案

项目启动后，年富选派了有丰富相关行业经验的人员成立项目组，制定了详细的执行计划和风险管控方案，并派出驻厂协调、监管人员，根据客户的生产和交货要求为客户提供料件采购，并协助优化生产/管理，物流直接在年富的仓库里进行分拣，集中配送，确保生产；利用金融组合手段等方式，客户只需要支付20%的定金给年富，年富提前垫付全额货款进行采购，缓解了客户的资金压力，客户资金周转率大幅提升；同时通过年富的专业进出口代理服务，物流、通关、商检等服务较以往缩短，节约了10%～30%的物流开支，客户生产经营渐入佳境。

在本案例中，客户利用年富的资源、技术和一体化财务供应链服务平台，首先，不仅解决了资金短缺和产能过剩等实际困难，而且在物流、通关、商检、信息处理等配套服务方面有了很大的改善；第二，借助年富专业团队在生产、管理技术等方面的专长，提高了生产计划、现场管理、品质管制等运作水平；第三，实现了从采购、生产到交货等全过程的实时控制，提高了运作效率；第四，通过年富的供应链管理体系，该厂商与其客户深度合作、及时沟通、解决问题，保证按质按时交货，并确保客户按时收回货款；第五，利用多种财务工具和风险管控手段和技术，年富协助该厂商规避了整个运作过程各种风险；第六，在后续的深度合作中，年富还为客户穿针引线，导入代工生产或虚拟生产需求，使客户的产能得到释放和提升，实现了资源共享，多方共赢。

（二）终端产品供应链服务方案

S公司是一家国际知名企业在中国大陆的分子公司，主要为中国的客户提供端到端的电子通信解决方案，以及相关产品和服务，其产品及服务涵盖有线、无线、光接入及网络核心技术应用、网络管理及服务等诸多领域。

S公司的产品主要供应中国移动、联通、电信运营商，产品的生产、装配由国内OEM厂商完成，生产加工完成后需按照运营商的订单指令配送至全国近100个城市。

由于S公司、OEM厂商、运营商三者之间复杂的协调配合、账期与交付之间的资金的需要，以及对VMI、JIT配送的管理和财务供应链管理运作的需求，S公司开始在国内找寻能满足以上要求的优秀供应链公司合作，经过了3个月左右的实地考察、方案评估及整体运作模拟演练和分销配送体系的评估检验，最终在一系列完善性及弹性服务能力的综合评估下，在众多的国内外备选公司中，选择由深圳市年富实业发展有限公司作为合作伙伴。

年富专业团队调研后，确定S公司的需求有六方面，分别为供应链融资与财务供应链服务，代理采购、料件仓储及流通加工、成品配送交付、信息管理与信息共享、供应链与上下游协调与管理。

基于对S公司供应链业务的分析和理解，年富为客户制定了一整套包括料件采购融资、采购代理、VMI与JIT配送、成品运输交付、在库在途信息管理与定期进销存报表提交，以及上下游运作协调和供应链体系优化方案，同时安排年富商务平台与客户上下游进行对接，利用先进的信息管理系统对全流程进行监控、协调，以保证项目运作的可靠性、安全性和稳健性，服务方案如图4-3-6所示。

项目实施后，在采购端，S公司获得年富采购资金支持，改善了现金流，提升资金使用效率，而且由于提前付款给供应商，获得采购价格折让，降低了约5%～10%的采购成本。同时实现对采购、在库、在途过程的实时数据采集、监控，提高采购执行和物流运作效率。

在成品配送端，年富的一站式服务，帮助客户实现各环节之间的协同运作，降低物流成本。在仓储方面，年富为客户进行 VMI 管理，实行 Min-Max 库存管理，有效降低库存风险；在配送方面，年富通过整合第三方资源实现全国性分销网络干线运输、仓储及配送分级管理，实现 JIT 物流配送，响应终端客户及时交付和加快反应要求，提升了客户满意度。

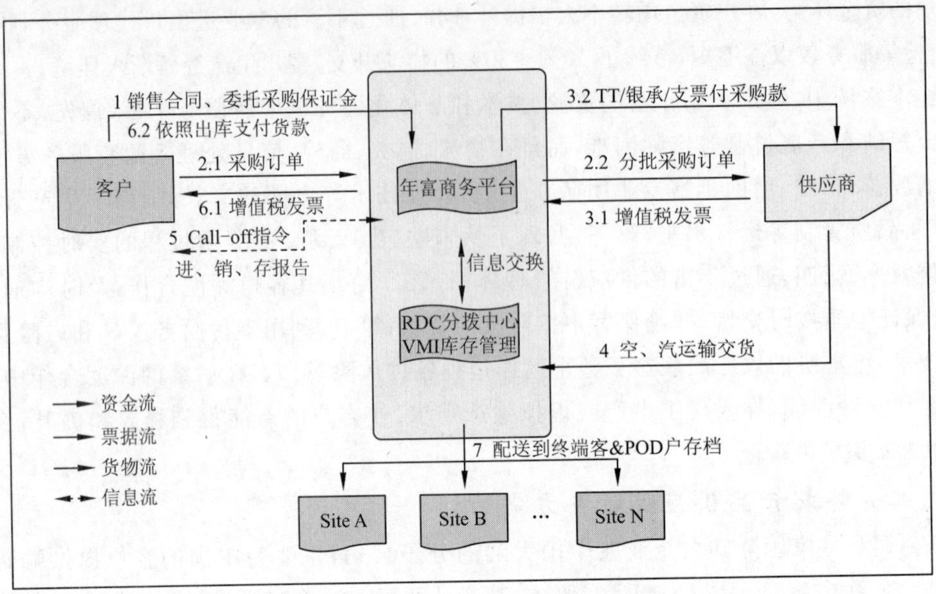

图 4-3-6　年富为 S 公司提供的服务方案

六、总结与展望

目前，年富已经发展成为中国领先的一体化供应链服务平台及全国首家一体化财务供应链服务集成商，并着力打造外贸综合服务平台。纵观年富发展的历史，其成功并不偶然。不断创新、发展的“年富模式”，孕育于国家改革开放、经济快速发展的大环境，得益于深圳先行先试、鼓励创新的政策支持，提炼于年富人勇于探索、不断追求的创新实践。事实也在不断地证明着年富模式的生命力和社会价值所在。

年富紧跟时代发展步伐，以市场和客户需求为导向，以优秀人才和管理技术为依托，以供应链财务/金融服务作为切入点，不断完善服务功能和风险管理技术，逐步形成了自己独特的业务模式和服务优势，其强大的资源整合能力和日趋完善的一体化供应链服务平台正在发挥着越来越重要的作用。

未来，年富将结合自身优势，以价值创新和产业供应链系统优化为目标，不断提升专业化服务水平和资源整合能力，进一步完善一体化公共服务平台建设，为客户提供精益供应链解决方案和运作服务，帮助客户优化供应链，提升客户盈利和抗风险能力，同时也为助推中小企业转变经营方式，实现转型升级贡献自己的力量。

撰稿人：郑凯平　深圳市年富供应链股份有限公司副总裁
蒋冬冬　深圳市年富供应链股份有限公司

案例4 中企数据:建设符合国际电子数据交换(EDI)标准的供应链协同运营服务平台

一、企业简介

(一)企业概况

中企永联数据交换技术(北京)有限公司(以下简称中企数据)是获得国家主管部门颁发"在线数据处理与交易处理"(电子数据交换 EDI)牌照的电信业务运营服务商,并提供业界领先的供应链协同可视化和 B2B 电子商务的专业解决方案和运营服务。公司管理团队拥有电信运营经验和互联网系统间安全通信的专有技术和丰富的制造业信息化行业经验。

中企数据成立于 2005 年 8 月,是在北京中关村登记注册的高科技公司,通过了 ISO9001:2008 质量管理体系认证,获得了科技部和北京市的创新基金支持,有 11 年 B2B 电子商务平台建设和运营服务,专注于国际 EDI 标准在供应链协同应用的技术开发、应用推广和业务咨询。

中企数据于 2006 年底获得了用友软件(上交所交易代码:600588)的策略投资,承担国家发改委 2005 年电子商务专项批准立项的"B2B 在线商务平台"规划建设和运营服务,在中国建设运营了第一个汽车行业的电子商务数据交换平台(China e-Auto Hub),为汽车制造厂及其供应商提供基于 EDI 的供应链可视化协同解决方案和运营服务,同时推进用友软件 ERP 用户的电子商务应用,实现了用友软件 ERP 用户同使用 SAP、Oracle 和 QAD 等多种不同 ERP 买方企业的供应链业务集成。

(二)产品体系

中企数据自主开发了多种基于 EDI 应用的供应链协同及电子商务产品,与各种不同品牌的 ERP(SAP、Oracle、QAD、用友等)进行业务流程集成,产品包括:用友 ERP T6/U8/U9/NC 的 EDI 接口适配器 DX0/DX1;ERP B2B 数据交换系统(EX6);协同商务应用供应商关系管理(CeA-SRM);供应链协同可视化采购寻源管理(CeA-SSM);供应链协同供应商绩效评估管理系统(CeA-SPM);电子商务财务对账系统(CeA-FOB);资金拨付审批系统;凭证条码和包装条码的传输和打印软件;EDI 数据映射服务;工程图纸和技术文档的安全数据传输服务;基于数字身份证书和电子签名加密的公众互联网安全通信产品和解决方案。

中企数据致力于以有效的信息流高效地驱动物流和资金流,帮助企业降低供应链成本,为企业提供高效的供应链可视化协同平台,持续优化供应链,提升企业的全球竞争力。

二、信息协同平台建设背景

(一)国内国际环境

在工业制造领域国际化竞争日益激烈的今天,竞争的主体已经不再是单个企业,而是整条供应链，即只有提升了整个供应链的竞争实力，企业才能够立于不败之地。

近年来我国汽车行业发展迅速，年产值占 GDP 的 10%以上，已成为国家重要支柱产业。同时，随着我国加入 WTO 组织，全球排名前十的各大汽车制造企业都在我国建立了合资企业，我国汽车制造行业的竞争也是日益激烈，信息化带动工业化的需求变得越来越重要。根据《中国汽车行业信息化建设及 IT 应用趋势报告》，信息化技术在我国汽车行业得到了广泛应用，ERP 软件的普及率已达到 80%以上，但是其中还有相当的企业属于正在实施或实施了部分模块的阶段。

作为一个处于现代化制造行业中的企业，汽车制造企业信息化不能仅仅是实现企业内部的信息化，企业所处供应链的上下游成员之间的信息协同也显得越来越重要。而我国汽车行业信息化的薄弱环节恰恰体现在这个方面，尤其是汽车制造厂与上游零配件供应商之间的信息协同问题，已经制约到汽车制造企业与供应商关系管理效率、整个供应价值链的成本控制力及竞争力的提升。

为了解决这个问题，一些汽车制造商已经开始在积极探索相应的解决措施，在汽车制造商与相应的零配件供应商之间建立供应链信息协同平台被认为是一种解决办法。

另外一方面，随着我国电子化大环境逐渐成熟，防伪税控开票系统的使用已经得到普及，虽然由于一些非技术原因导致电子发票在我国还没有推广，但是税控发票机的普及使用为发票凭证电子化提供了技术基础，使平台实现了供应链协同中信息流、物流和资金流的三流合一。

（二）企业管理和变革的要求

我们认为制约企业供应链管理水平提升的症结在于：

对外，工厂与供应商之间没有能够进行有效的信息沟通，供应链大部分环节处于“真空地带”，供应链管理困难，和供应商的信息协同没有形成闭环，协同仅仅停留在某个阶段的信息单项发布，或者是局部阶段的协同。

对内，工厂内部信息系统间信息彼此分割，“信息孤岛”的现状导致数据无法实现共享及自动化处理。而且由于在供应链管理中，供应商寻源、产品前期的设计和供应商的评价管理分属不同的业务部门管理，而且有可能涉及多个信息化系统，更导致了供应链信息的割裂，无法和供应商协同形成闭环。

工厂的不断发展及产品的升级调整对工厂供应链管理水平的提升提出了更高要求，而以上问题的存在已经严重制约了工厂管理水平的提升，如何解决这些问题就显得日益迫切。通过对工厂面临形势及存在问题的总结及深刻剖析，我们认为问题的解决途径是必须建立一种低成本、简单快捷的汽车厂与供应商进行“面对面”的、实时的信息传递、沟通的方式和渠道以及信息自动处理的数据共享模式。

三、供应链协同平台的运作模式

（一）概述

中企数据基于电子数据交换（EDI）技术，按照第三方公共平台运营服务的形式，建设了电子商务信息协同服务平台。利用该平台，中企数据以信息服务外包运营的方式收取年度运营服务费，承担起大型制造企业用户在原材料采购和物流管理方面的供应链物流信息协同外包的服务。涵盖的服务范围涉及供应链中供应商寻源、采购执行、资金结算、供应商绩效评价。

经过多年运营，中企数据电子商务信息协同服务平台的用户包括北汽福田集团、华晨汽车公司、华晨宝马、卡特彼勒、奔驰、福特等汽车厂的一级供应商。实际运营实践证明，这种第三方公共平台服务模式切实可行，不但能有效地避免汽车制造商用户在供应商关系管理信息化建设过程中可能会存在重复投资、资源浪费、运营效率低下等实际问题，而且提升了用户在采购过程中的信息化水平，降低了企业信息化应用成本，提高了其生产经营管理能力。

这种模式已经被证明是一种切实可行的业务模式。

（二）供应链协同平台建设方案

供应链协同平台（以下简称“平台”）建设的总体方案是由中企数据建设符合国际电子数据交换（EDI）标准的电子数据交换平台，中企数据负责平台上供应链协同可视化的应用开发，和汽车厂的ERP进行互联，中企数据作为第三方为汽车厂及其供应商提供运营服务，为企业供应链的提升和持续改进提供服务和技术支持。

1. 平台的架构

（1）平台架构

平台涉及的程序或软件产品主要为汽车厂供应商统一门户Web网站、后台SRM系统、系统接口程序（数据交换系统）、发票认证系统、ERP Adapter等，平台架构如图4-4-1所示。

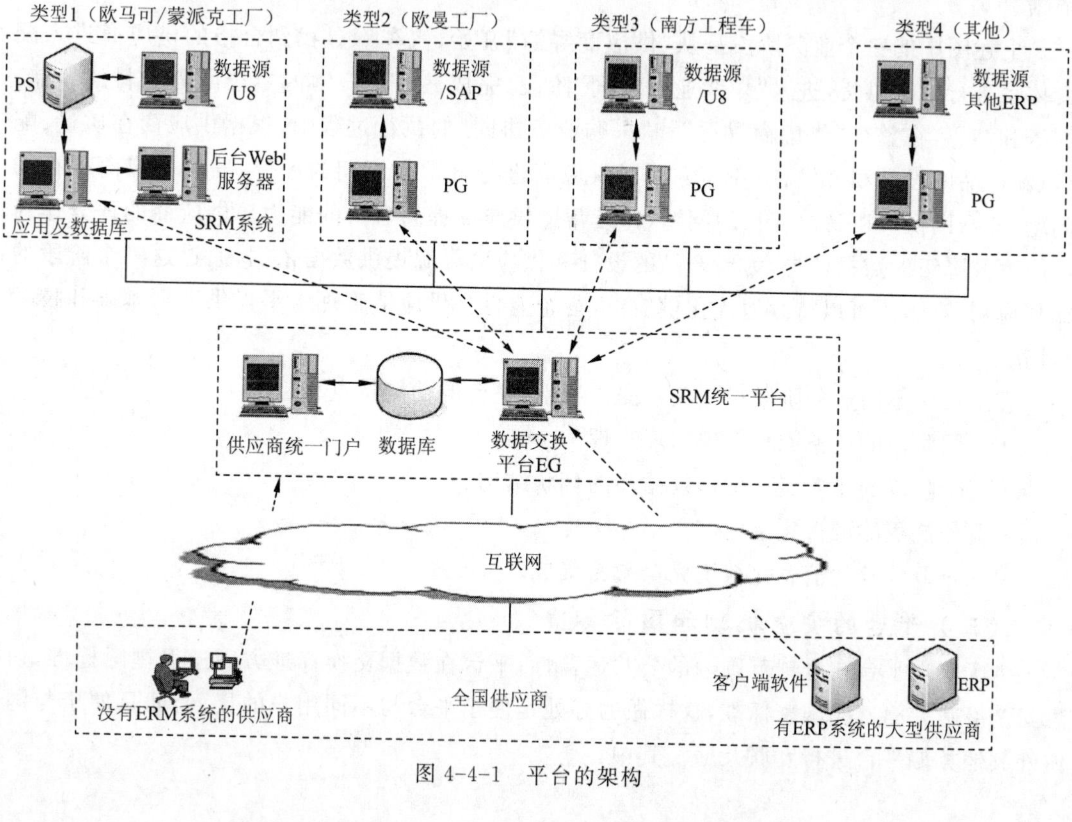

图4-4-1　平台的架构

(2)平台与 ERP 的接口

由于平台需要实现买卖双方的信息协同,其实是实现买卖双方 ERP 系统之间的信息协同,所以需要与不同的 ERP 进行接口。

通过中企数据的自主开发,已经能够提供平台与用友、金蝶 ERP、SAP、QAD、Oracle 等市场常见的 ERP 系统之间的无缝接口。

2. 平台的业务理念和特点

供应链协同平台的业务理念如图 4-4-2 所示,在供应链的业务协同中,有以下三个不同的阶段:

① 供应商寻源:全球范围内搜索符合质量标准的配套产品供应商,完成样件开发和小批量试制,最后将符合标准的供应商纳入配套体系。

② 采购业务执行:在采购执行过程中,实现采购生产信息在买方和供应商之间交互,物流信息在买卖双方的物流部门之间进行交互,零部件质量信息在买卖双方的质量部门之间随时沟通,收货结算信息在买卖双方的财务部门间传递完成对账结算。

图 4-4-2 供应链协同的业务循环

③ 供应商评价:针对供应商在寻源过程、产品质量、物流配送、售后服务等业务协同过程中的数据记录和买方人员主观判断,进行综合分析,结合业内评价指标体系,通过客观评价和主观评价,产生供应商的综合得分和评价等级,作为配套供应商选择和升降级的重要依据。

上述图中的三个业务阶段是从"供应商寻源"开始,汽车厂寻找到合格的供应商进入配套体系进行批量供货,进入"采购业务协同"阶段,完成汽车厂日常的生产所需物料的仓储、配送和结算,在整个"供应商寻源"和"采购业务协同"的执行过程中,根据供应商在质量、配送、新产品的设计和开发、服务等方面对供应商进行日常和周期的评分,发现供应商存在的问题,并帮助供应商解决存在的问题,持续帮助供应商提高自身的能力。供应商的评分作为供应商升降级的数据依据,为新产品的设计和供应商寻源提供数据依据,通过这三个阶段的循环应用,汽车厂可以持续地优化供应链,为企业提升供应链管理水平提供数据基础和技术保障。

在这三个不同业务阶段相互关系的指导下,平台的功能特点有:

- 不同阶段的业务流程实现闭环管理。
- 三个阶段的业务流程是持续循环的环状结构。
- 业务流程的可视化。
- 和企业的其他信息化系统完全紧密集成。

(三) 平台的安全机制和国际标准

为了实现平台在全球范围内的公共运营性,平台在数据交换标准方面遵循国际标准,信息安全措施方面遵循国家标准,这样做的好处是便于平台与不同用户的接入,而且便于与国内外其他类似平台进行互联互通。其中:

1. 数据交换标准

① 国际 EDI 标准。

② 国际 RosettaNet 标准。

③ XML 技术规范。

2. 信息安全标准

① 国家 PKI 体系标准在线证书状态协议 GB/T 19713-2005。

② 证书管理协议 GB/T 19714-2005。

③ 数字签名技术规范 ISO7498-2 标准。

④《国家电子签名法》。

四、供应链协同平台的运营模式

平台运营模式采用了国际上通行的运营服务做法，由中企数据投资建设公共的电子数据交换平台，中企数据负责供应链协同业务应用的开发和信息化系统的集成。在完成供应商上线后，中企数据负责保证平台一年 365 天 7×24 小时的持续稳定运行。中企数据按年度收取供应商使用平台的费用，分期收回前期的投资，并保证平台的维护支持以及后续的业务和管理变更所需要的开发工作。

（一）运营模式的特点

采用第三方运营服务商投资开发统一的平台和应用系统，与汽车厂共同建设公共的、符合国际电子数据标准(EDI)标准的电子商务数据交换信息服务平台。通过第三方专业信息服务公司介入为供应商提供服务，使得汽车厂信息化建设成本减少，风险降低，提高了工厂信息化建设成功的概率。而且通过外部运营服务的介入，使企业能专注于制造的核心业务，同时很好地推动了现阶段制造行业供应商信息化水平低下的供应商信息化应用，为企业信息化建设和推广打下了良好的基础。

第三方专业信息服务公司通过前期的投入，在提供良好服务的基础上，未来能获得稳定的收入，进而保证了平台的维护和升级，使企业对电子商务的应用进入了良性循环，是一种三方共赢的模式。

1. 运营服务的收费模式

运营服务的收费模式按照国际通行的运营服务收费方式，包括以下费用：

(1)一次性费用。一次性费用指的是供应商开通应用账户的费用，该费用需要根据供应商使用模块的多少和使用的情况计算，一般供应商开通账户的一次性费用从 2000～8000 元不等。

(2)年度服务费。按照年度收取供应商的费用，年度费用的计算标准按照供应商的年度供货额计算。一般平均中等规模的供应商收取的一年的年度费用为 1500～3000 元。

2. 平台可支持的服务扩展

供应链协同平台的建设通过与世界排名第一的电子商务服务和解决方案提供商--美国 GXS 公司的合作，在平台后续的业务运营中，还和美国专注汽车行业的 Covisint 以及德国 CrossGate 公司合作，开拓了众多的 B2B 运营网络全球互联的合作伙伴，通过与这些国际第三方运营平台的互联，平台实现服务受众覆盖全球，可帮助企业迅速拓展市场，形成规模效应，为中国汽车零部件供应商加入全球供应链提供长久稳定的服务，进而成为国内汽车制造行业供应链信息协同的专业平台。

（二）平台运营的总体情况

供应链协同平台经过多年的建设和运营，通过在建设初期只支持供应链采购业务协同的几个流程，到现阶段完全实现了整个供应链协同的全业务流程支持，并形成了业务流程闭环和业务流程的可视化，为未来供应链管理的敏捷和智能打下了基础。

1. 客户数量和类型

供应链协同平台的客户不仅包括国内商用车排名第一的北汽福田、华晨汽车集团，还为宝马、福特、奔驰等汽车厂海外和国内的供应商提供电子数据交换和接入服务，现阶段使用平台服务的供应商已超过 3000 家，使用的服务涵盖供应链的各个阶段。

2. 平台的资金总量和交易总量

汽车厂和供应商通过供应链协同平台的交易电子单证数量一年已超过 1 千万张，平台进行交易的资金量每年已超过 200 亿元人民币。

五、实施供应链管理的绩效分析

（一）经济效益

平台经过多年的实际运营，不仅给中企数据带来实际的经济效益，也为使用平台的企业带来了经济效益和社会效益，下面分别进行阐述。

1. 客户的经济效益

(1)为汽车厂带来的经济效益。根据平台实际运营的数据分析，在实际运营过程中，以某汽车厂目前拥有总资产 3.3 亿元，员工 1528 人，其配套供应商有 350 家做分析对象，归纳发现平台能够为汽车制造厂带来的经济效益见表 4-4-1。

表 4-4-1　平台为汽车制造厂带来的经济效益

效益指标	效　益	效益指标	效　益
降低库存成本	23%	减少采购及财务人员工作量	40%
降低采购成本	14%	提高资金周转率	5 次
缩短采购订单处理时间	86%	提高流动资金周转天数	4 天
提高按时发运比例	18%	月底降低资金存货占有	1200 万元
减少结算价格误差比例	85%		

除了上表中的经济效益的具体数据，平台的使用还为汽车厂带来了其他的经济效益：

- 为工厂及供应商提供了一种有效的风险管理工具，提高双方风险管理水平。如：有效规避了纸质入库单丢失带来的供应商无法进行财务结算，假造纸质入库单进行结算，业务员利用其权限挪用、侵吞厂家货款等风险。
- 创新了税收管理手段，方便企业进行税收的管理，轻松达到税收筹划的目的。
- 解决工厂原来各信息系统间无关联的“信息孤岛”问题，实现信息化系统间数据的自动传递、共享，充分发挥信息化建设的效能。

• 建立了一种全新的、“面对面”的、畅通快捷的汽车厂与供应商之间信息传递、共享、沟通平台，实现与供应商实时沟通及业务协同及“一体化”运营，提高了供应链反应速度，提升供应链价值，实现汽车厂与供应商的双赢。

(2)为零配件供应商带来的经济效益。根据平台实际运营的数据分析，在实际运营过程中，归纳发现平台能够为零配件供应商带来的经济效益见表4-4-2。

表4-4-2　平台为零配件供应商带来的经济效益

效益指标	效　益	效益指标	效　益
降低库存成本	45%	提高按时发运比例	18%
缩短排产计划时间	64%	减少结算价格误差比例	85%
降低销售成本	20%	减少销售人员工作量	50%
缩短销售订单处理时间	83%	减少对账成本	200万元/年

2. 平台建设企业的经济效益

中企数据通过建设基于国际电子数据交换标准的供应链协同运营服务平台，通过多年的实际的运营服务，所服务的国内外汽车厂和供应商客户超过3000家；2007年开始业务收入大幅攀升，较2006年1000%的增长并实现平台的赢利。预计平台的业务量每年能以30%的比例成长，到2015年，平台的电子凭证交易量达到5000万张。

（二）社会效益

在当前全球竞争环境下，以信息化带动工业化，转变经济增长方式，提高国民经济运行质量和效率，走新型工业化道路的重大举措，对实现全面建设小康社会的宏伟目标具有十分重要的意义。对于汽车制造企业，其竞争力已经从单个企业的竞争扩大到整个供应链，甚至是产业链的竞争。作为供应链上的中心环节，汽车制造企业不能仅仅关注企业自身利益最大化，应该更加关注供应链的整体竞争实力。为了提升供应链的整体竞争实力，一种有效的信息化带动工业化的手段就是建立供应链信息化，以供应链上的信息流驱动双方之间的物流和资金流，从而达到降低供应链成本的目的。

1. 信息化管理新理念的推广和提升

通过供应链协同平台的建设和推广，在实际运营过程中，为企业创造了以下的社会效益：

① 有利于推动我国制造业以信息化带动工业化的进程，促进两化融合。在当前全球竞争环境下，平台的建设和推广是信息化带动工业化、以工业化促进信息化的走新型工业化道路的两化融合政策的具体体现，是在国家对“两化融合”的高度重视及大力推广下。

② 有利于提高我国汽车制造产业链整体竞争能力，贯彻国家关于汽车产业的振兴规划。21世纪的竞争不再是企业与企业之间的竞争，而是供应链与供应链之间的竞争。通过平台的建设和推广，采用低风险、低成本的第三方公共平台，帮助汽车制造业供应链上各成员企业的供应链协同业务信息等实现高度共享与集成，从而降低企业的采购成本和物流成本，使每个环节都能实现合理的增长，提高整个供应链的整体竞争力，体现了国家《汽车产业

调整振兴规划》的文件精神。

③ 有利于增强我国汽车制造企业的自身竞争能力，帮助其“走出去”，有效地参与国际竞争。平台的建设和推广采用了符合国际标准的 EDI 技术和系统间的通信技术，将在整个供应链上满足全球企业对采购、物流和结算的信息化互联要求，实现供应链信息在世界各成员企业间的快速、准确传递，进而提高汽车制造企业的生产效率和自身竞争能力，从而增强其“走出去”参与国际竞争的优势。

④ 有利于提升我国汽车零配件供应商、原材料供应商等中小企业的信息化水平，进而提高其生产效率。第三方公共平台的建设和推广，是充分利用汽车制造商的供应链龙头效应，带动整个供应链上成员企业的信息化水平、推动中小企业的技术创新、提升供应商整体的管理能力、提升其在各自领域内的竞争力，这不仅是国际化竞争的现实需求，也是《国家中长期科学和技术发展规划纲要(2006—2020)》思想的体现。

2. 资源节约及和谐发展的供应链

通过建设第三方公共的供应链协同平台，为买卖贸易双方在公平、公开、透明、安全、标准的统一平台下提供优质的服务，为建立资源节约，和谐共赢，协同发展的供应链关系提供了手段。

① 汽车制造厂可以通过平台快速的采用新的管理方式提高企业信息管理水平，从工厂供应商选择、日常的生产采购到结算支付，完全摆脱了对纸质单据和纸质凭证的依靠，节约了大量的资源；而且将原来很多效率低下的手工工作转变为高效率、准确的计算机处理，工作效率明显提高，大幅度地降低成本，符合国家提倡建立节约型社会的要求。

② 汽车厂和供应商之间的业务协同信息通过电子化信息的传递，形成了即时的、不可抵赖的、安全的数据；“面对面”的、实时的信息沟通平台，保证了供应链各业务均在“阳光下”开展，对构建透明、规范、有序、和谐、安全的企业关系起到较大作用，有利于推进国家倡导的和谐社会的建设。

③ 平台的建设并经过多年的运营为汽车制造厂及其供应商取得的良好效益，充分说明其在助力企业管理创新、实现管理创造效益、提高企业市场竞争能力等方面起着重大作用，同时通过多年的运营，平台完全具备了在各类企业进行全面推广的可行性，对推进制造行业的企业信息化建设将起到较大的促进作用。

撰稿人：程明光　中企永联数据交换技术(北京)有限公司总裁
廖　斌　中企永联数据交换技术(北京)有限公司副总裁

附　　录

附录A　关于授予香港利丰、深圳怡亚通等12家企业为“中国供应链管理示范企业”称号的决定

在物流业发展的大潮中，涌现了一批供应链管理的优秀企业，经企业自愿申报与专家推荐，有27家企业入围，经专家评审组审定，决定授予香港利丰、深圳怡亚通等12家企业为“中国供应链管理示范企业”。他们是（以英文字母为序）：

1. 安吉汽车物流有限公司
ANJI AUTOMOTIVE LOGISTICS CO. ,LTD
2. 安利（中国）日用品有限公司
Amway(China) Co. ,Ltd
3. 川山甲供应链管理股份有限公司
Chuanshanjia Supply Chain Management Co. ,Ltd
4. 广东卓志供应链服务集团有限公司
Guangdong Top Ideal SCM Service Group Co. ,Ltd
5. 广州市嘉诚国际物流股份有限公司
Guangzhou JiaCheng International Logistics Co. ,Ltd
6. 青岛日日顺物流有限公司
Qingdao Goodaymart Logistics CO. ,LTD
7. 九州通医药集团股份有限公司
Jointown Pharmaceutical Group Co. ,LTD
8. 利丰（中国）发展有限公司
Li&Fung Development(China) Ltd
9. 宁波阿凡达供应链有限公司
Ningbo Avatar Supply Chain Cooperation
10. 深圳市怡亚通供应链股份有限公司
Eternal Asia Supply Chain Management Ltd
11. 真功夫餐饮管理有限公司
Kungfu Restaurants Management Co. ,Ltd
12. 众品-河南鲜易供应链股份有限公司
Henan Xianyi Supply Chain co. ,Ltd

美国供应链管理专业协会（CSCMP）
《中国供应链管理蓝皮书》编委会
2014年9月2日

附录B　关于授予平安银行、深圳市创捷供应链等15家企业为“中国供应链管理示范企业”，授予浙江九好、中国物流股份等12家企业为“中国供应链管理优秀企业”称号的决定

经《中国供应链管理蓝皮书》编委会与美国供应链管理专业协会（CSCMP）商定，鉴于中国供应链管理的快速创新发展与取得的优异成绩，决定在2014年表彰香港冯氏集团、青岛海尔等12家《中国供应链管理示范企业》的基础上，结合今年9月8日成都举办《2016中国供应链管理（成都）论坛暨第七次CSCMP中国年会》，进行第二次评奖表彰工作。

从2011年至2016年进入《中国供应链管理蓝皮书》的107个优秀案例企业中，在自愿申报的基础上，经专家评审组评定，决定授予平安银行、深圳市创捷供应链等15家企业为“中国供应链管理示范企业”称号，授予浙江九好、中国物流股份等12家企业为“中国供应链管理优秀企业”称号。希望授牌企业以创新、协调、绿色、开放、共享五大发展理念为指引，为中国经济的转型发展再立新功。我们希望中国物流企业向他们学习，把中国的供应链管理推向一个新的阶段。

附："中国供应链管理示范企业"15家（以英文字母排序）

1. 北京京东世纪贸易有限公司
Beijing Jingdong Century Trading Co. , Ltd
2. 中物华商集团股份有限公司
CHINA COMMERCE & LOGISTICS CO. ,LTD
3. 中国国际海运集装箱（集团）股份有限公司
China International Marine Containers (Group) LTD
4. 希杰荣庆物流供应链有限公司
CJ Rokin Logistics Supply Chain Co. , Ltd
5. 平安银行股份有限公司
Ping An Bank Co. , Ltd
6. 宝供物流企业集团有限公司
P. G. Logistics Group Co. Ltd
7. 顺丰速运有限公司
S. F. EXPRESS CO. LTD
8. 国药集团医药物流有限公司
Sinopharm Logistics Co. ,Ltd

9. 深圳市一达通企业服务有限公司
Shenzhen OneTouch Business Service LTD
10. 深圳市创捷供应链有限公司
SHENZHEN SJET SUPPLY CHAIN CO,LTD
11. 上海郑明现代物流有限公司
Shanghai Zhengming Modern Logistics Co. ,Ltd
12. 泰德煤网股份有限公司
TADER COAL SCM CO. ,LTD
13. 唯品会(中国)有限公司
VIP
14. 物产中大集团股份有限公司
Wuchan Zhongda Group Co. ,Ltd
15. 深圳市中兴供应链有限公司
ZTE SUPPLY CHAIN CO. ,LTD

"中国供应链管理优秀企业"12 家(以英文字母排序)

1. 上海安硕信息技术股份有限公司
Amarsoft Information & Technology Corporation Limited
2. 北京沱沱工社生态农业股份有限公司
Beijing TooToo Ecological Agriculture INC. , LTD
3. 中都物流有限公司
Central Capital Logistics Co. ,Ltd
4. 中企永联数据交换技术(北京)有限公司
China Enterprise Online Data Exchange Services Ltd. (CEDEX)
5. 中国物流股份有限公司
China Logistics Corporation Limited
6. 广西北部湾弘信供应链管理有限公司
Hon Supply-Chain Management CO,. Ltd. ,Beibuwan,Guangxi
7. 江苏物润船联网络股份有限公司
Jiangsu Wurun United Shipping Internet Co. , Ltd
8. 纽海信息技术(上海)有限公司
New Height (Shanghai) Co. ,Ltd
9. 上海钢银电子商务股份有限公司
Shanghai gangyin E-commerce Holdings Co. ,Ltd
10. 北京众诚一家供应链管理有限公司
Uni-E Supply Chian Serivices Ltd.
11. 浙江宏伟供应链集团股份有限公司

ZHEJIANG HONGWEI SUPPLY CHAIN GROUP CO. ,LTD

12. 浙江九好办公服务集团有限公司

ZHEJIANG NINE-TOP OFFICE SERVICES GROUP CO. ,LTD

美国供应链管理专业协会(CSCMP)

《中国供应链管理蓝皮书》编委会

2016 年 9 月 8 日